敢为人先立潮头

——佛山改革创新实践研究

卷一

中共佛山市委党史研究室

佛 山 市 档 案 馆 编著

佛山市人民政府地方志办公室

SPM 南方传媒 | 广东人民出版社

· 广州 ·

图书在版编目（CIP）数据

敢为人先立潮头 ：佛山改革创新实践研究 / 中共佛
山市委党史研究室，佛山市档案馆，佛山市人民政府地方
志办公室编著. -- 广州 ：广东人民出版社，2025. 5.
ISBN 978-7-218-17510-2

Ⅰ. D619.653

中国国家版本馆 CIP 数据核字第 20245C94C5 号

GANWEIRENXIAN LI CHAOTOU—FOSHAN GAIGE CHUANGXIN SHIJIAN YANJIU

敢为人先立潮头——佛山改革创新实践研究

中共佛山市委党史研究室　佛山市档案馆　佛山市人民政府地方志办公室　编著

出 版 人：肖风华

责任编辑：廖智聪
装帧设计：友间文化
责任技编：吴彦斌

出版发行：广东人民出版社
地　　址：广州市越秀区大沙头四马路10号（邮政编码：510199）
电　　话：（020）85716809（总编室）
传　　真：（020）83289585
网　　址：https://www.gdpph.com
印　　刷：广州市岭美文化科技有限公司
开　　本：787mm×1092mm　1/16
印　　张：47.25　　字　　数：600千
版　　次：2025年5月第1版
印　　次：2025年5月第1次印刷
定　　价：158.00元（全三册）

如发现印装质量问题，影响阅读，请与出版社（020-85716849）联系调换。
售书热线：020-87716172

《敢为人先立潮头——佛山改革创新实践研究》
编纂委员会

前 言
Preface

改革开放是决定当代中国命运的关键一招。从邓小平"不改革死路一条"的大声疾呼，到习近平总书记"将改革进行到底"的铮铮誓言，中国共产党带领全国人民接续奋斗，在中华民族伟大复兴的新征程上阔步向前。

党的二十大报告指出，"深入推进改革创新，坚定不移扩大开放，着力破解深层次体制机制障碍，不断彰显中国特色社会主义制度优势，不断增强社会主义现代化建设的动力和活力"。创新是引领发展的第一动力，是改革开放的生命。创新才能把握时代、引领时代。改革开放40多年来，中国人民弘扬改革创新精神，勇于开拓进取，坚决破除阻碍国家和社会发展的一切思想羁绊、体制障碍和利益藩篱，成功闯出了中国特色社会主义这条新路。

珠江三角洲地区是我国改革开放的先行地区，是我国重要的经济中心区域，在全国经济社会发展和改革开放大局中具有突出的带动作用和举足轻重的战略地位。佛山[①]位于广东珠三角腹地，自古以来就是工商业重镇，明清时期是"中国四大名镇"之一。改革开放后，佛山焕发出无穷的生机活力，实现了从岭南鱼米之乡向全国经济重镇的跃升，与广州共同构成粤港澳大湾区三大极点之一，是广东第三座地区生产总值超过万亿元的城市，也是全省第二个、全国第四个规模以上工业总产值突破 3 万亿元的城市。

佛山的改革创新实践、成就和经验，是中国改革开放事业不断取得进步的重要见证和历史缩影。40多年来，佛山人民在党的领导下紧紧抓住机遇，发扬敢闯敢试、

---

① 本书所称"佛山"，泛指改革开放之初的佛山地区和所辖的佛山市（县级），以及1983年行政区划调整后的佛山市（地级），主要涉及今佛山市五区范围。1983年6月，经国务院批准，撤销佛山地区，成立地级佛山市，下辖南海县、顺德县、三水县、高明县、中山县，以及原来的市区（祖庙、普君、升平、永安）、郊区（张槎、环市、澜石）和石湾镇。同年12月，中山撤县设市（县级），由佛山市代管。1984年6月，佛山市区、郊区和石湾镇分别设为汾江区（1987年改为城区）和石湾区两个市辖区。1988年1月，中山划出设地级市。自此形成今天的佛山市域范围。

敢为人先的精神，砥砺奋进，取得经济、社会全面发展，人民生活水平快速提升的显著成就，在各个领域的体制改革中承担着国家、省的试点任务，探索出许多走在全省乃至全国前列、具有佛山特色的改革创新范例。如在全国率先探索实施以土地为中心的农村股份合作制改革、信息化建设、"一门式一网式"政务服务改革；成为全国制造业转型升级综合改革试点城市，民营企业占全市经营主体的90%以上；推动民营企业"走出去"、打造面向全球的国家制造业创新中心，成为名副其实的"中国品牌之都""中国氢能产业之都"；在全省率先探索"三旧"改造、城乡融合发展改革创新实验、驻点联系制度……这些既是佛山改革创新探索前行的样本，也是波澜壮阔的佛山改革开放史上的华章，体现了佛山的改革创新勇气和时代担当，为新征程上推进高质量发展、实现中国式现代化提供有益的参考。

实践出真知，鉴史昭未来。为记录好、研究好、总结好佛山的改革创新案例，为各级党委和政府提供资政参考，为后来者留存历史经验，中共佛山市委党史研究室联合佛山市档案馆、佛山市人民政府地方志办公室、佛山市新闻传媒中心编写了这套《敢为人先立潮头——佛山改革创新实践研究》，选取改革开放以来佛山在政治、经济、文化、社会、生态及党的建设领域中具有代表性的创新做法与实践探索，图文并茂展现佛山改革创新实践的历程、所取得的成就、得到的经验和启示。

本书编写重点把握好三个定位：一是立足佛山研究佛山，从佛山的实际出发，依托改革开放的历史背景，梳理好佛山改革创新探索过程。二是跳出佛山观察佛山，从更高的站位、更广的视角，客观总结佛山走在全省乃至全国前列的改革举措，印证佛山一系列改革创新"敢为人先""饮头啖汤"的历史意义。三是回顾佛山展望佛山，

以党委、政府为叙事主体，寻找党领导佛山人民大胆改革创新的规律和启示，为佛山高质量发展提供资政参考。

本书编写遵循"党史姓党"的原则，坚持唯物史观和正确党史观，坚持党对一切工作的领导；分为3卷，共设7个板块40个专题，各专题按照编年体与纪事本末体相结合的体例，所述改革历程无明确截止时间节点的，时间下限最迟记至2023年底。以市委、市政府及有关部门的文件等一手权威材料为主要来源依据，吸收市、区档案史志部门的最新专题研究成果，做到论从史出、客观评价；涉及经济发展数据的，主要以市委、市政府和相关主管部门当年公布或最新核定的数据为准；按照党史部门的语言规范，力求表述准确、言简意赅、通俗易懂，对专有名词以页下注或括号注的形式加以说明；为叙事方便和简洁，相关历史事件、活动主体为市、区有关部门的，一般以"佛山"笼统指称。

改革再出发，千秋伟业风华正茂。让我们紧密团结在以习近平同志为核心的党中央周围，深入学习贯彻习近平新时代中国特色社会主义思想和习近平总书记视察广东重要讲话重要指示精神，高举中国特色社会主义伟大旗帜，弘扬改革创新精神，贯彻新发展理念，全面落实省委"1310"具体部署，进一步全面深化改革，加快发展新质生产力，助力中国式现代化建设，在新征程上书写高质量发展的新篇章！

本书编委会

目录 | Contents

产业经济

佛山乡镇企业繁荣发展之路 / 002

"南海模式""顺德模式"的形成和发展 / 020

专业镇和专业市场的兴起和发展 / 036

传统产业的崛起及转型升级之路 / 055

佛山国有企业产权制度改革 / 072

佛山现代企业制度的建立与发展 / 088

信息化建设走在全国前列 / 104

金融、科技、产业融合创新探索 / 121

佛山打造"中国品牌之都"的实践探索 / 141

制造业转型升级综合改革的佛山示范 / 161

"佛山标准"打造中国制造品质标杆 / 180

走在前的佛山氢能产业发展 / 197

附录
总目录 / 217

后记 / 220

产业经济

佛 山

佛山乡镇企业繁荣发展之路

"南海模式""顺德模式"的形成和发展

专业镇和专业市场的兴起和发展

传统产业的崛起及转型升级之路

佛山国有企业产权制度改革

佛山现代企业制度的建立与发展

信息化建设走在全国前列

金融、科技、产业融合创新探索

佛山打造"中国品牌之都"的实践探索

制造业转型升级综合改革的佛山示范

"佛山标准"打造中国制造品质标杆

走在前的佛山氢能产业发展

佛山乡镇企业繁荣发展之路

改革开放后，在党的方针政策引领下，佛山的乡镇企业迅速发展壮大，成为县域农村经济的重要支柱和农民脱贫致富的重要来源，为20世纪90年代佛山民营企业的蓬勃发展奠定了基础，同时奠定了佛山作为制造业城市的"家底"，造就了一批佛山知名品牌和优秀企业家，在中国经济发展史特别是乡镇企业发展史上写下了光辉灿烂的一页。回顾佛山乡镇企业繁荣发展之路，有助于我们更好了解佛山以制造业为主体的实体经济的根脉所系，为佛山坚持"制造业当家"、推进共同富裕提供经验。

一、佛山乡镇企业崛起的背景

佛山的乡镇企业萌芽和诞生于20世纪50年代，起初大都是一些手工副业或手工作坊。其后陆续办起了砖瓦窑、化肥厂和碾米、榨油、酿酒等农副产品加工企业。60年代，又办起了农机修理厂、竹木加工场等一批工业厂场。这些厂场大都是手工操作，工艺落后，技术水平低。70年代，佛山地区公社一级兴办的集体所有制企业，已有一定程度的发展，有些大队、生产队也办起了集体所有的企业，这些企业统称为社队企业。这时候的社队企业，在企业数量、产值和经济总量等方面仍相对较小。同时，由于这一时期受到极左思想的影响，社队企业一度被视为"挖社会主义墙脚"，经常受到清算与批判，动不动被

"割资本主义尾巴",因而生产极不正常。粉碎"四人帮"之后一段时间,由于受"左"的思想影响,社队企业仍处于徘徊状态,[①]群众也普遍存在"惧富""怕富"的心态。

1978年12月,党的十一届三中全会通过的《中共中央关于加快农业发展若干问题的决定(草案)》明确提出:"社队企业要有一个大发展,逐步提高社队企业的收入占公社三级经济收入的比重。""国家对社队企业,分别不同情况,实行低税或免税政策。"党中央这一决定,给佛山地区广大农村发展社队企业和脱贫致富带来了生机。

改革开放的大幕拉开,激活了佛山悠久的工商业基因和佛山人民敢为人先的发展意识。党员领导干部带领广大农民群众解放思想,大力发展生产,把农村经济搞活变富,营造了佛山社队企业崛起的重要氛围环境。1980年初,在全国还在为姓"资"姓"社"争论不休的时候,佛山地委、佛山地区行署和南海县委、县政府率先高举贺富的大旗,旗帜鲜明支持农民劳动致富。这一在全国首创的由政府主导的大规模访富贺富活动,犹如一石激起千层浪,影响巨大,有效地解除了过去"左"的思想、路线、方针和政策对农民的束缚,进一步解放了思想,极大地鼓舞了广大农民致富活力,以南海、顺德为代表的佛山乡镇(社队)企业从一开始就走上了快车道,并保持迅猛的发展势头。

"三来一补"(来料加工、来样加工、来件装配和补偿贸易)成为乡镇(社队)企业迅猛发展的催化剂。依托"三来一补"业务大力发展社队企业,是改革开放之初佛山地区发展农村经济,实现农民脱贫致富的重要路径。

二、佛山乡镇企业发展的历程

(一)农工商综合经营、大力发展"三来一补",社队企业蓬勃发展(1978—1983)

佛山乡镇(社队)企业从起步阶段起,就以农工商综合经营为发展主线(其中又以工业为主),以"三来一补"为主要特征。无农不稳、无工不富、无商不活的思想意识日益深入人心。

---

① 卢荻:《珠江模式的形成、特色、作用与新的发展战略》,《中共党史资料》,2009年第三辑。

1979年1月，广东省委召开常委扩大会议，明确提出要利用广东毗邻港澳的有利条件，利用外资引进先进技术设备，搞补偿贸易、加工装配和合作经营。7月，中共中央下发50号文件，批准广东在对外经济活动中实行特殊政策和灵活措施。

"三来一补"不仅促成了社队企业的勃兴，还推动形成了最早的外向型经济模式。1979年2月，佛山地区革委会成立对外加工装配办公室（3月改为佛山地区对外经济引进办公室），主管佛山地区的"三来一补"，合资合作企业的洽谈、签约、审批等日常工作。9月，佛山地委、革委会召开全地区社队企业、二轻工业及城镇劳动就业工作会议，提出把发展社队企业作为大的战略任务来抓，着力发展外向型社队企业和二轻工业，积极开展来料加工装配业务和补偿贸易。同年秋，佛山地委肯定"三来一补"的创举，并强调社队企业要走农、工、副相结合的发展道路，要充分利用毗邻港澳的有利条件，引进先进技术，吸引外资，大搞"三来一补"，增加外汇收入。

1979年9月，党的十一届四中全会通过《中共中央关于加快农业发展若干问题的决定》，提出了"农林牧副渔五业并举"、大办社队企业等25项发展农业生产的政策措施。11月3日，佛山地委在《南方日报》发表题为《解放思想，走农工商综合经营的道路》的文章，总结佛山30年农村社队大搞多种经营、大办工副业促进农村经济发展的经验，提出县、社、队都要贯彻"围绕农业办工副业、办好工副业促农业"的方针，大搞农工（副）商综合经营，大办社队企业。12月10日，地委批转地区社队企业管理局《佛山地区社队企业农工商综合经营经验交流会纪要》，推广四县（南海、顺德、高明和三水）立足种养发展工副业和因地制宜大办农工商联合企业的经验，要求各地积极抓好社队企业，创造出更多的农工商综合经营的好经验来，使广大农村尽快富裕起来。

1980年5月中下旬，省委召开农村工作会议，分析农村形势，研究如何使农村尽快富裕起来。会议提出："要大办社队企业，提倡公社、大队、生产队三级都办企业。""有条件的地方，可发展来料加工，对外对内的补偿贸易，劳动密集的商品生产，以及种养花鸟虫鱼等，供应城市和出口。"

是年，在党中央政策的指引和省委的鼓励支持下，佛山在党政干部"贺富"和推广"创富"经验的基础上，明确提出"要想富，农工副，加商业，富上富"的口号。佛山地委要求县、社、队领导干部树立"想富""敢富"的思想，学好"会富"的本领，并推广南海县"三驾马车一起跑"、三级经济一起上的经验，提出坚持农工商综合经营和公社、大队、生产队"三驾马车"一起上，大力发展三级社队企业，着重发展大队和生产队办企业，推动佛山地区掀起大办社队企业的热潮。

同年9月，佛山地区行署成立地区对外经济工作委员会，承担佛山地区对外经济

○ 1978年8月8日，大进
制衣厂（后改名为"大进
纺织服装实业公司"）成
立，是佛山首家来料加
工、来样加工、来件装配
和补偿贸易的"三来一
补"企业。①

引进工作，组织、推动、开展"三来一补"、合资合作等各种形式的利用外资业务，
具体负责地区性重点项目的洽谈、签约、审批工作以及组织市、县引进项目的审查、
报批。1978年至1982年，佛山地区签订对外加工装配业务合同6708宗，合同加工费总
额7.2亿美元，引进设备价值3264万美元，加工费收入约1.34亿美元；外商投资409万美
元，项目投产后结汇收入300万美元。②

　　改革开放初期发展起来的社队企业，主要由集体出资，以发展集体经济为主。
1981年2月，佛山地委召开6个富社、26个富队的会议，总结致富经验，讨论如何在
集体致富的道路上继续前进的问题。当时，佛山市的乡镇企业，几乎全部依仗公社
（区）、大队（乡）和生产队（村）的集体经济之力兴办起来，主要有两种模式：一
是在原来社队企业的根基上发展起来。如顺德县北滘的裕华实业公司、陈村的华英风
扇厂、桂洲的顺德电缆厂等一批当时颇负盛名的乡镇企业，其前身就是木器厂、农机
厂、竹器厂。二是依靠自身的农业资金积累，由区公所下辖的镇（乡）政府直接投资
建立。如珠江电冰箱厂，由容奇镇政府在1983年底投资9万元兴办起来。

① 广东大进纺织服装实业公司，位于容奇镇成业路，为镇办集体企业。前身为1978年8月开办的大进制衣
厂，1983年与香港佐达治标信公司签约，引进电脑绣花机、电脑打带机、石磨蓝洗水机等先进设备，逐步
形成牛仔服装系列产品的配套生产能力。1985年，自行设计生产出"AGF"大进牌高档牛仔系列出口服装，
产品远销欧、美、东南亚、中东等地，年创汇100多万美元。1987年10月，容奇针织厂、容奇纺织厂并入，
成立广东大进纺织服装实业（集团）公司，下设大进制衣厂、大进水洗厂、标信电绣厂、大进针织厂、大
进纺织厂、大进服装公司、大进染整厂等。
② 中共佛山市委党史研究室：《佛山改革开放40年纪事》，中共党史出版社2018年版，第81—82页。

1983年，佛山市的社队企业发展到8807家，比1979年增长69.99%，其中公社（镇）办的占13.25%，队（村）办的占86.75%。社队企业总收入17.07亿元，增长214.46%，年递增33.17%；出口产品总值2.04亿元，占乡镇企业总产值的11.96%，占全市出口值的63.89%。在佛山地区改为佛山市前夕，社队企业总产值17.9亿元，占农业总产值（29.1亿元）的61.5%，成为农村经济的重要支柱。

1983年6月，随着佛山地区、市机构合并，佛山市社队企业管理局（9月改为农村集体企业管理局）成立。是年，佛山乡镇企业中"三来一补"企业加工值5065万元，占出口产品总值的24.82%。通过"三来一补"，引进一些比较先进的生产专用设备，使得一批濒临破产的企业得到改造，重新焕发生机。

（二）多成分、多层次共同发展，乡镇企业成为农村经济的重要支柱（1984—1991）

1984年1月，中共中央下发《关于1984年农村工作的通知》，提出在大办社队企业的同时，鼓励农民个人和联户兴办、联办各类企业。2月，为传达贯彻中共中央一号文件精神，佛山市委专门召开电话会议，提出国家、集体、个人一起上，大办社队企业；鼓励农村个人兴办或联户办各类企业，对社员联办、合作和个体企业均视同乡镇企业，予以扶助和优待。这就是后来佛山市"五个轮子一起转"的乡镇企业发展战略的理论雏形。3月，中共中央、国务院转发农牧渔业部《关于开创社队企业新局面的报告》。随着人民公社建制撤销，在农村恢复设立乡、镇一级人民政府。[①]报告相应地将社队企业改称为乡镇企业，其范围从过去的公社、大队两级，扩大到乡、村企业，农民联合企业，其他形式合作企业和个体企业。其后，佛山全市掀起镇、村、联合体、个体多个层次参与兴办乡镇企业的热潮。个体、联合体（联户）兴办的企业比重快速上升。政府对这些由社员联户办的和个体办的企业，引导其向合作经济发展，与乡镇集体企业一视同仁，给予扶助和优惠，改变了原来只依靠社队（乡镇）集体办企业的单一模式，企业经营范围也扩大到各类产业，形成了一个多成分、多层次、多模式、多样化发展乡镇企业的格局。乡镇、村各级集体经济组织纷纷把能工巧匠、有经营能力的"能人"动员和组织起来，兴办企业。乡镇企业也随之成为佛山工业化的主

---

① 在佛山农村，撤销人民公社建制后，改公社为区，设区公所；改大队为乡，设乡人民政府；改生产队为村。同时，在各区所在的城镇设镇人民政府（与乡人民政府同级）。这一建制持续到1987年左右，农村撤区改镇，改乡为行政村，基本形成今天的镇村管理体制。

力军。当时许多农民群众还有顾虑，不敢把联合体、个体企业公开称为"私营企业"（有的称为"股份制企业"），因此，一些个体企业往往打着"乡镇企业"的名号申报，或者"挂靠"于其他乡镇企业。

　　顺德县和南海县的乡镇企业成为佛山乡镇企业的两个县域代表，在发展的过程中各自形成了不同的特色，被称为"南海模式"和"顺德模式"。1984年5月，顺德县召开第五次党代会，提出"农工副商、国营集体一齐上"，大办区、乡工业，并提出发展外向型企业、开展多层次经济联合（国营、集体、个体多成分联合）、开拓国内外市场、走以内涵扩大再生产为主之路、加快商品经济发展等五项关键措施。同月，南海县召开第五次党代会，率先打破"队为基础、三级所有"的局限，提出"国营、集体、个体、新联合体一齐上"。其后，南海坚持多层次齐发展，突出发展乡镇骨干企业，同时放手发展村办、联户（联合体）和户办企业，层层办工业致富，促进了五个层次经济的蓬勃发展，形成了"五个轮子一齐转"的珠三角发展乡镇企业的一种模式。①这一时期，南海县农村经济发展的特点，是在坚持以农业为基础的前提下，以集体经济为主体，以乡镇企业为支柱，以区（镇）、乡工业为骨干，区、乡、村、体、户五个层次一起上，集体经济不断壮大，农民收入连年增加，朝着共同富裕的社会主义道路不断向前发展。②乡镇企业作为南海县农村经济的支柱，为南海从传统农业县向工业大县的蝶变奠定了基础。

　　为了加强对乡镇企业的经营管理，1984年7月，省委、省政府召开全省社队企业工作会议，号召"全党动员，发展乡镇企业"，提出了"四个轮子"（乡、村、联户、个体企业）一齐转，多成分、多层次、多形式发展乡镇企业的方针，并就全省乡镇企业结构、布局、供销、经营管理、利用外资等问题作出12项规定。8月，佛山市农村集体企业管理局改为佛山市乡镇企业管理局，管理所有农村集体、个体工商企业。乡镇企业的发展，推动农村经济"三个转变"（总产值从农业为主转变为工副业为主，种养业从粮食为主转向粮、牧、渔全面发展，劳动力结构从主要劳动力以农业为主逐步转变为以第二、第三产业为主），成为佛山农村经济历史性转折和农村由"穷"变"富"的重要标志。同年10月，市委、市政府决定在农村各区（乡）成立农村经济经营管理办公室，协助当地党委抓好农村方针、政策的贯彻落实，协调三个产业和多层次经济的发展。

---

① 周日方：在南海县八届人大二次会议上的《政府工作报告》，1985年3月23日。
② 李景滔：《在中国共产党南海县第六次代表大会上的报告》，1987年3月23日。

　　佛山发展乡镇企业的经验很快在全省推广。1986年8月，省委、省政府在广州召开全省乡镇企业工作会议，对以发展镇办骨干企业为主、集体企业为主、工业企业为主的"顺德模式"，实行区、乡、村、联户（联合体）、个体"五个轮子一齐转"，放手发展村办和个体办工业企业及农村第三产业的"南海模式"等进行了推广（后来珠三角地区以顺德、南海、东莞、中山"四小虎"为代表的发展模式被统称为"珠江模式"）。

　　在经济形势发展的推动下，佛山更加重视总结乡镇企业发展经验，并开始形成佛山特色的乡镇企业发展之路。1987年1月，市委召开五届二次全会。会议总结佛山各县（市）发展乡镇企业和农村经济的经验，提出了有佛山特色的发展经济的路子，即以外向型经济为导向，以集体经济（农村集体企业、城镇二轻工业）为主体，"三大产业"（农业、工交建筑、商贸服务）一齐上，"五个轮子"（镇、村、社区、联合体、农户）一起转。第一次完整提出佛山特色的"五个轮子一起转"乡镇企业发展战略。此后，佛山乡镇企业进入高速发展时期，形成多成分、多层次、多形式发展的新格局。

　　1988年，佛山落实省委、省政府《关于稳定、发展乡镇企业的通知》精神，对乡镇企业进行结构优化调整，关闭一批污染大、工艺落后的企业，综合整治一批铝型材、陶瓷等污染环境的企业；合并一批生产同类产品的中小型企业，组建集团公司；改造扶助一批有前景、有实力的企业，通过技术改造，推动产品质量提升；培育一批新行业，如光机电、板材、摩托车装配等。经过调整和整顿，佛山乡镇企业继续发展。

　　为了进一步促进乡镇企业的发展，佛山开始有意识地奖励扶持在管理、技术和产品等方面先进的乡镇企业。1990年4月，佛山市委、市政府专门召开乡镇企业工作会议，提出了3项具体措施：一是加速发展外向型经济；二是依靠科学技术，加强管理，挖潜增效；三是扶持帮助经济比较困难的镇的乡镇企业发展。5月，佛山市委、市政府印发《关于奖励先进乡镇企业若干办法》和《关于扶持困难地区发展乡镇经济的意

○ 1989年，北滘美的风扇厂工人正在生产风扇部件。

见》，设立先进企业一、二、三等奖和外向型企业一、二、三等奖，以及对乡镇企业的企业升级奖、产品创优奖、新产品开发奖。

佛山乡镇企业的迅猛发展和调整升级，为佛山地区率先探索建立社会主义市场经济体制打下了基础。1991年8月，佛山分设乡镇企业管理局与市二轻工业局。1991年，佛山市乡镇企业总收入达210.42亿元，占全市农村总收入的88.72%，比1978年增长43.49倍，年平均递增37.2%；乡镇工业产值168.28亿元（按90年不变价计），占全市工业总产值47.32%；拥有固定资产85.14亿元，出口收购总值达45.69亿元，分别比1978年增长91.55倍和128.67倍，从业人员达63万人，占农村劳动力的65%。至1992年，全市乡镇企业达64474家，总产值284.57亿元，分别比1988年增长43.65%和135.97%。以南海为例，1992年乡镇企业发展到1.2万多家，其中个体联合体和私营企业共8721家；①乡镇企业总产值约104.93亿元，实现营业总收入约93.22亿元②。1993年，南海还被评为全国发展乡镇企业先进县（市）。

（三）转换经营机制，建立与市场经济体制相适应的现代企业制度（1992—2003）

为了适应社会主义市场经济发展的需要，佛山乡镇企业在1992年后开始了转制进程。1992年，邓小平南方谈话把经济体制改革和对外开放推上一个新台阶，乡镇企业也进入一个新的发展时期。1993年，顺德在全国率先推行企业转制，政府不再直接干预企业经营管理，不再投资兴办一般竞争性企业，实施以政企分开和建立市场经济体制为目标的"第二次创业"。

这一时期，佛山开始实施乡镇企业转换经营机制，调整优化产业结构。一是保持适度投入，增强产出能力。1993年，全市乡镇企业新上和在建项目225个，投入资金约59.31亿元，年产值增幅达39.17%。

二是稳步推进企业转制，建立适应市场的运行机制。佛山按照"产权清晰、权责明确、政企分开、管理科学"的现代企业制度要求，加大公有企业转制改革力度。至1997年底，全市镇、村两级完成转制的企业达8980家，占乡镇企业总数的80%。

三是调整产业布局，优化生产结构。各级政府以市场为导向，对乡镇企业的产业和行业以及产品结构进行调整和优化，加快发展高技术含量、高附加值和适销对路的

① 林浩坤：《在中国共产党南海市第八次代表大会上的报告》，1993年3月30日。
② 佛山市南海区经济贸易局编：《南海市工业志》，2008年，第92页。

○《人民日报》《南方日报》《经济快报》等多家媒体对顺德产权制度改革进行报道。

产品。其中，南海市1998年共投入技改资金18.8亿元，比1997年增长57%，重点改造纺织、陶瓷、染整等主要行业；三水市也从本地实际出发，促使水泥生产成为三水乡镇企业的支柱工业。

四是以国际市场为导向，大力发展外向型经济。在国家加强宏观调控的情况下，各地加大了利用外资的力度，加快外向型经济的发展，使乡镇企业从引进一般中小型外资向引进国际大集团和知名大企业转变；从产品加工、劳动密集型向资金、技术密集型转变；从短期合作向长期合作转变；从单纯依靠地区政策优惠向发挥基础设施优势转变；从单项引进向市场、技术、资金、人才、管理等综合引进转变；从层次较低的以我方为主的管理型性质向专业化、产业化的管理型性质转变。1995年，全市乡镇企业出口交货值61.12亿元，同比增长39.48%。一批国际知名大企业、大集团相继来佛山投资乡镇企业，加快了乡镇企业与国际市场接轨的步伐。

1997年至2002年，佛山乡镇企业开始由量的扩张向质的提高阶段转变。一是全市各地乡镇企业通过组建企业集团，实行低成本扩张，形成规模优势和雄厚的资本实力，提高市场竞争力。顺德鼓励一批骨干企业打破地域、行业、部门和所有制界限，采取资本输出、资源利用和租赁等形式，发展外延经济。

二是抓住国家拉动国内需求、实施扩张性财政政策的机遇，开拓国内外市场，深化改革，优化产业产品结构，强化企业管理。各地把乡镇企业经济结构调整作为经济工作的中心任务来抓。一方面，注重"扶大、扶优、扶强"，抓基础好、规模大、实力强、效益高的企业，充分发挥大型企业的支撑作用。另一方面，对中小规模的企业，实施扶持、调控政策，促其合理布局，优化组合。

三是依靠科技创新促发展。佛山乡镇企业在推进科技进步的过程中，加强技术创新，把技术改造和技术开发有机结合起来，鼓励发展高新技术产业，提升产业技术水平。1999年，全市乡镇企业有11个产品荣获"广东省优秀新产品"称号，这批新产品具有技术含量高、市场反应好、经济效益高、生命力强等特点。

在这一阶段，乡镇企业发展形成质变，还体现为产权制度改革带来的转制效果。1993年11月，"美的"股票在深圳证券交易所挂牌上市，成为中国第一家经中国证监会批准，由乡镇企业改组的股份制上市公司。12月，佛山市委、市政府召开大会，提出加快企业制度、财税、金融等改革步伐，5年内在全市建立社会主义市场经济基本框架的目标，强调要把乡镇企业产权制度改革作为农村经济工作的一项重要任务来抓。会后，各镇结合实际情况，因地制宜，采取"因厂制宜，一厂一策"的方针，逐步铺开镇、村集体企业的改制工作。主要采取"五个一批"（改组一批，股份经营；出租一批，公有民营；出售一批，私有私营；嫁接一批，合资经营；兼并一批，集团经营）的方法，推进乡镇企业产权制度改革和建立现代企业制度。

从1993年佛山乡镇企业进行产权制度改革，至1999年底，全市镇、村集体企业完成转制9800家，约占乡镇企业总数的91.14%，基本建立起"产权明晰，政企分开，权责明确，管理科学"的现代企业制度。到2001年，全市镇、村两级的乡镇企业完成转制比例达95%，社会资本形式得到普遍的发展，企业基本完成向市场经济转轨。

2000年前后，佛山个体私营经济通过参与企业转制获得快速扩张。佛山乡镇企业转制取得成功，与个体私营经济的参与是分不开的。同时，乡镇企业原先拥有的资源、品牌等，也给个体私营企业的发展提供了深厚的根基。到2002年，全市7691家计划转制企业中有7186家实现了转制，改组或改造成为股份制、股份合作制、有限责任公司等，既保证了国有、集体企业改革目标的实现，又在很大程度上促进了民营企业的发展和扩张。是年，佛山私营经济取代乡镇企业，发展逐步走向规模化、集约化和科技化。①

全市镇、村两级企业完成转制后，"乡镇企业"的实体范畴逐渐被"民营企业""民营经济"代替，一批乡镇集体企业先后转制为民营企业，还有原来一些混合所有制的企业也发展成为民营经济的重要组成部分。随着社会主义市场经济体制的逐

---

① 自2003年起，佛山不再统计乡镇企业数据，而以民营经济和非公有制经济相关数据代之。

步完善，大批民营企业、合资企业、股份制企业出现，尤其是民营经济在佛山国民经济中的比重越来越大，传统意义的"乡镇企业"概念逐渐淡化。2002年，全市民营经济生产总值488亿元，约占全市地区生产总值的41.8%。民营工业总产值占全市工业总产值的近50%。其后，佛山也逐渐开始了以民营企业为依托的"产业强市"进程。

2003年6月，佛山市第九次党代会召开，提出把佛山建设成为"产业强市、文化名城、现代化大都市"的战略目标，明确把民营经济作为佛山建设"产业强市"的一支重要力量。10月，党的十六届三中全会召开，作出《关于进一步深化经济体制改革的若干问题的决定》，明确提出科学发展观。其后，佛山全面贯彻落实科学发展观，着力提升民营企业"软实力"。

随着民营经济的不断壮大，脱胎于乡镇企业的佛山民营企业不断繁衍，从"一镇一品"的专业镇经济中诞生出全国最大的空调、电冰箱、热水器生产基地之一，全球最大的风扇、电饭煲和微波炉的供应地之一，全国乃至亚洲最大的家具原材料集散中心、全球最大的家具采购集散地之一，等等。

三、佛山乡镇企业发展的成效

佛山乡镇企业发展之路，显示了我国农村经济的变迁、壮大和发展，同时也展示了农民、农村的转型进程。相当部分乡镇企业为当地集体所有，贯彻按劳分配原则，从而调动了干部职工的积极性，提高了生产效率。在乡镇企业的推动下，县域农村经济实现了规模化发展，农民生活水平极大提高，城乡差别、工农差距迅速缩小，共同富裕的目标得以阶段性实现。

（一）促进了集体经济和民营经济的发展

佛山乡镇企业的崛起和繁荣发展，对巩固和发展集体经济起着重要的保障作用，成为农村经济和农民最主要的收入来源，并且成为全市国民经济的重要组成部分。1983年佛山乡镇企业基本成形，全市乡镇企业总产值17.07亿元，占农村经济总收入53.7%。

一是通过引进国外先进技术与设备，改变了乡镇企业技术结构，增强了企业实力，把企业发展推向一个新阶段。至1991年，全市通过多形式、多层次利用外资约4.71亿美元，引进设备12.54万台（套），生产线214条，先进设备逐渐占据主导地位，改变了过去乡镇企业设备技术落后的状况。

二是优化了产品结构，扩大了出口。1991年，全市外向型乡镇企业发展到898家，出口收购总值约占镇、村两级企业总产值的三分之一；出口创汇5.49亿美元，占全市出口创汇的五成左右。全市外向型乡镇企业出口产值占乡镇企业工业产值的比例由1985年的6.87%上升到27.15%，产品外销扩

○ 1996年南海市嘉盛玩具厂。（南海区档案馆供图）

大到70多个国家和地区。佛山乡镇企业的产品在全国生产总量中占相当比重，竞争力强，如电风扇产量1990年达1624万台，约占全国的30%，出口则占全国的40%；拉杆天线产量占全国的60%；电饭锅产量占全国的30%；珠江电冰箱厂年生产能力可达60万台，1991年产量达48万台，在全国同行业中位居前列。

三是骨干（集团）企业形式多样。有的以拳头产品为龙头，以骨干企业为依托，延伸或联合其他企业进行配套生产而形成企业集团；有的充分利用乡镇企业机制灵活优势，开展横向联合，组建企业集团；有的扩大生产规模，大厂分蘖小厂，形成"母子集团"。如顺德县北滘、桂洲两镇，通过这种途径组建发展企业集团共12家，1990年两镇的企业集团总产值分别为6.85亿元和3.15亿元，分别占镇办工业产值的45%和40%，创税利分别占90%和30%，创汇分别占37%和30%。至1991年，佛山拥有各类企业集团近百家。

至1999年，全市乡镇企业总产值1466.58亿元，占农村经济总收入的90.85%。乡镇企业的工业产值1360.04亿元，占全市当年工业产值（不变价）的71.76%。乡镇企业出口产品交货总值242.54亿元，占全市出口产品交货总值的67.36%。乡镇企业的充分发展，为后来建设社会主义新农村奠定了雄厚的物质基础。

（二）推动了农业现代化进程

发展乡镇企业，实行以工补农、以工建农，是解决农业现代化资金不足的重要途径。在20世纪90年代初，佛山全市乡镇企业以工补农、以工建农的资金都在7000万元左右，大大地改善了农业生产条件，提高了农业机械化程度，发展了农业社会化服务

体系，促进了农林牧副渔全面发展，形成了现代化农业的雏形。

实现农业现代化的首要条件是大批农业劳动力向非农产业转移，加快土地的集约耕种，形成适度规模经营。改革开放后，佛山乡镇企业迅猛发展，促使大批农村劳动力"洗脚上田"，进入乡镇企业，为土地分散经营向集中规模经营转变提供了有利条件，也为实行专业化、集约化生产，加速传统农业向现代农业转变迈出了坚定的步伐。

乡镇企业的发展，还促进了现代化农业商品基地建设。至20世纪90年代初，佛山累计投入农业商品基地建设资金共6.1亿元（其中有相当部分是来自乡镇工业的利润），兴办农业商品基地（包括出口基地）246个，已投产的近200个。这些基地通过引进国内外先进技术设备、优良品种和先进管理方法，实行专业化、集约化经营，快速迈向现代化生产，1991年产值达9.07亿元（占全市农业总产值的25%），实现利润5900万元，创汇5177万美元，并形成了贸工农一体化、产供销一条龙的现代化农业雏形。到2001年，佛山乡镇农村经济规模又有了新的发展。全市乡镇企业营业收入超10亿元的镇（区）31个，超亿元的村158个，超10亿元的企业3个，超亿元的企业97个。

（三）形成以轻纺工业为主导的多元化产业结构

佛山人多地少、工业原材料资源缺乏，但加工业相对发达，这决定了佛山工业走上了以轻纺加工为主的发展路子。佛山利用乡镇企业机制灵活的优势，根据国内外市场的需要，不断优化行业结构，逐渐形成了以家电、纺织服装、金属制品、塑料皮革、建筑材料、造纸和纸制品六大行业为主要支柱的轻纺型、多元化的行业结构，同时形成了自己的特点。

一是以轻纺为重点，多元化发展。家电、电子、塑料、精细化工等行业的发展，改变了过去传统行业单一的状况，使轻纺工业逐渐成为门类齐全的重要行业，全市镇村两级轻纺工业产值占工业总产值的比例从1978年的69.5%上升到1990年的78.26%。

二是因地制宜，形成地方工业特色。如顺德以家电、塑料、精细化工、金属制造业为主导行业；南海、石湾以纺织、陶瓷、铝型材、日用化工、金属制造业等为龙头行业；三水、高明则以水泥、饮料、食品加工为重点行业。

三是产品市场覆盖面广，质量不断提升。佛山乡镇企业形成几大支柱行业后，企业规模不断扩大，产品质量和市场占有率不断提高，远销全国各地和70多个国家与地区。

（四）推动了农村城镇化和城乡一体化

首先，推进了农业工业化。在20世纪80年代，佛山不断扩大利用外资规模，积极

⊃ 九江玩具制衣厂。（南海区档案馆供图）　　⊃ 顺德桂洲风扇厂。

引进国外先进技术和设备，有效地加速了农村工业的发展，初步形成了以家电等六大支柱行业为主的多样化工业体系。1991年，全市农村工业总收入168.28亿元，占农业经济总收入的70.96%；全市乡镇企业轻工业产值占工业总产值近八成。

其次，推动了农村城镇化。至1991年，佛山市镇一级政府所在地以及部分经济发达的管理区所在地，已初步形成具一定规模的小城镇，成为农村政治、经济、文化的中心，经济结构从过去以商业、服务业和手工业为主体逐步向以工业为主的工、商、建、运、服等多业并举转变，功能从过去主要是农副产品集散地逐步向农村工业、商业、金融、交通、信息、文化、娱乐中心转变。自1980年之后的10多年中，佛山全市乡镇企业在积累中用于小城镇建设的资金超3亿元，大大改善了交通、能源、通信、自来水、文化娱乐等基础设施，在全市形成一大批相对成熟的小城镇。

再次，缩小了城乡差别、工农收入差距。其主要表现：一是农村的交通、通信不比城市差，在顺德、南海、石湾绝大部分农村基本实现了交通道路硬底化，电话自动化，南海、顺德已实现电话程控化。二是农村的物质生活和文化生活不比城市差。许多高档商品和家用电器，如彩电、电冰箱、组合音响等早已进入农民家庭。三是大部分的农村劳动力洗脚上田，进厂当工人或从事第三产业。四是农村的住房比城市还宽敞。五是农民的收入与城市工人收入差距不大，在一些经济较发达的农村地区，农民的收入甚至比城市工人收入还高一点，城乡差别和工农收入差距大大缩小。

（五）为国家财政收入和出口创汇作出了贡献

"七五"（1986—1990年）期间，乡镇企业上缴税金达14.74亿元，成为佛山财政收入的一大来源；乡镇企业为国家创汇26.65亿美元，成为佛山出口创汇的生力军。1990年，佛山镇村两级企业上缴国家税金4.29亿元（比1985年增长2.47倍），占全市农村税收的77.6%，占全市财政收入的31.8%。

2002年（统计乡镇企业数据的最后一年），全市乡镇企业总产值2340.45亿元，比上年增长16.74%；营业收入2266.54亿元，增长15.34%。全市民营企业总产值2144.63亿元，占全市乡镇企业的91.63%，同比增长22.80%；营业收入2071.49亿元，占全市乡镇企业的91.39%，同比增长20.22%。按照新口径，民营经济发展成为经济增长的主要力量。民营经济为佛山全年地区生产总值贡献488亿元，占41.8%；民营工业总产值占全市工业总产值近50%。

四、佛山乡镇企业发展的做法和经验

佛山乡镇企业对促进农业持续发展、增加农民收入、推进农村劳动力转移和城镇化、支撑全市国民经济的发展，起到了重要的作用。作为一段时期的经济现象，佛山乡镇企业也形成了独特的经验和模式。

（一）坚持以集体经济为主体，多层次、多种成分共同发展

改革开放后的较长一段时间，佛山坚持以公有制经济为主体、多种经济成分并存的发展方针，在农村大力发展集体经济，同时注意正确处理集体与个体发展的关系，形成以集体经济为主体，多层次、多种成分共同协调发展的农村经济格局。如在1991年全市乡镇企业总产值186.09亿元中，集体企业占90%（其中，镇级占59.4%，管理区、村级占30.6%），个体（含联户）占10%，充分显示出集体经济的主体地位。在发展经济的层次和步骤上，各地从实际出发，因地制宜，选择不同侧重点的发展路子。

⊃ 2008年6月11日，外宾在顺德区龙江家具城内选购家具。

大体有三种情况：

一是以顺德为代表，坚持以镇办骨干企业为主，带动管理区、村办企业，促进农村各层次经济发展的路子。1991年全县拥有产值超千万元的镇办骨干企业176家，其中超亿元的17家；产值40.32亿元，占镇办工业总产值的60%以上。这批起点高、实力强的龙头企业，辐射、带动了顺德各层次乡镇企业的发展。

二是以南海为代表，区（镇）、乡（管理区）、村、联合体（联户）、户（个体）同时推进的发展路子。1991年南海乡镇企业总产值75.16亿元，其中，镇级占37.32%，管理区、村级占42.82%，个体、联户占19.86%，形成集体经济的"三驾马车"（镇、管理区、村）齐头并进的格局。多层次齐发展的优点是能发挥各层次的积极性，增强各级尤其是管理区、村两级集体经济的实力，有利于以工补农和镇村建设，农民收入也得到较大提高，1991年南海县农民人均收入1976元，其中70%来自乡镇企业。

三是以石湾镇为代表的城郊型发展路子。石湾镇为佛山市郊区，自改革开放后，乡（管理区）、村集体经济如鱼得水，增长速度快于镇级经济，个体经济也得到蓬勃发展。在1991年乡镇企业总产值15.05亿元中，镇级占35.3%，管理区、村占60.66%，个体占4.04%。区、村集体经济占大部分。这种形式的优点在于发挥城乡互补优势，有利于实现城乡工业一体化，促进城乡经济的发展。

（二）以外向型经济为导向，发展双向型企业

佛山乡镇企业大多是双向型企业，在致力发展外向型经济的同时，注重国内市场，实行内外结合，以外促内，以内保外，确保外向型经济和整个乡镇企业持续稳定协调发展。佛山历届党委、政府把握对外开放的机遇，利用毗邻港澳和侨胞众多的优越条件，确立以外向型经济为导向、带动乡镇企业和整个经济发展的战略思想。实践证明，以外向型经济为导向，同时兼顾国际国内两个市场，注重引进国外先进技术设备，并以国际市场产品质量、式样、规格为目标，把乡镇企业的发展建立在一个较高的起点上，对促进乡镇企业发展发挥了极大的作用。

（三）以骨干企业为依托，发展规模经济

20世纪80年代后期，建立以骨干企业和集团企业为主体，实行专业化生产的规模经济，成为佛山乡镇企业发展的新特点。通过多形式、多渠道优化企业组织结构，大力发展骨干（集团）企业，形成强大的合力，参与国内外市场竞争，提高规模效益，

⊃ 容奇大进制衣厂是改革开放初期最早一家"来料加工"的制衣厂。（顺德区档案馆供图）

形成多种优势。1989年全国公布的十大乡镇企业中，佛山占了6家，其中，顺德的蚬华风扇厂名列第一。截至1991年，全市产值超亿元的乡镇企业有68家，其中超7亿元的乡镇企业有31家。至2002年，乡镇（民营）企业规模进一步发展，涌现出一大批企业集团，其中，年产值超千万元的有670多家，超亿元的有70多家。

（四）以科技创新为引导，提高企业竞争力

在抓好乡镇企业改革促发展的同时，佛山十分注重依靠科技创新提高企业竞争力。

一是建立技术创新体系。如南海工业化程度较高，非公有制经济比重较大，但经济总量中75%是传统产业，乃通过实施"五个一工程"，即建设一个行业技术创新中心、一个行业电子商务网站、一批企业管理信息系统、一个现代物流系统和一个知识产权应用与保护中心，以提升传统产业的技术创新能力。

二是推进产学研结合，加大技术创新和技术改造力度。在推进科技进步中，佛山积极鼓励发展高新技术产业，提升传统产业技术水平，引导企业由价格竞争转向科技、质量、品牌和服务等方面的综合竞争。如通过与科研院所、大专院校建立技术依托关系，走产学研的路子，进一步改造传统产业。过去一度被视为"夕阳产业"的建陶、纺织、五金等传统产业经过高新技术改造，延续成为佛山制造业的支柱产业。

三是多渠道、多形式培育开发人才。通过广泛招聘人才、与大专院校及科研部门挂钩借用人才、依托大专院校培养人才、借助港澳和国外智力（主要通过三资企业）训练人才等途径，提高乡镇企业人才队伍整体素质。至1991年，佛山乡镇企业拥有工程技术人员7428人，其中中级以上职称1047人；聘用人才8091人，由乡镇企业选送大专院校代培6696人。这支庞大的技术队伍，为佛山乡镇企业的腾飞发挥了重要作用。

四是加强引进及消化、吸收、创新工作。佛山在扩大利用外资规模，引进国外先进设备技术的同时，积极抓好消化、吸收、创新工作。如桂洲电饭锅、北滘空调机等都是引进外国样机，组织科技人员攻关，择优组合，形成自己的产品。"七五"期间，全市开发新产品上千个，进一步优化了产品结构，促进产品更新换代和升级。进入90年代，佛山各级对科技改造和创新的投入不断加大，如南海1998年共投入技改资金18.8亿元，比1997年增加57%，重点改造纺织、陶瓷、染整等主要行业。2001年，佛山乡镇企业有16个新产品被纳入国家和省级重点新产品试制计划，还有9个产品获"广东省优秀新产品"称号。这些产品具有技术含量高、产品档次高、市场竞争力强等优势。

五是推进管理手段创新。佛山乡镇企业全面推行科学管理。通过强化管理，促进企业上等级、产品创名优。1991年，全市乡镇企业被授予省级以上先进企业称号的有146家，其中国家一级企业1家、二级企业19家；获评全国乡镇企业系统先进企业16家，省级节能企业36家，省设备管理先进企业5家，各类各级计量、会计、统计达标升级企业586家；产品创"国优"9个、"部优"153个、"省优"400个，优质产品的产值占镇村工业产值25%左右。2001年，佛山经省推荐上报全国乡镇企业名牌重点企业4家。

（五）以镇办企业为主体，形成"一镇一品"集群效应

佛山乡镇企业长时间以镇办集体经济为主，带动各层次发展，使镇一级成为乡镇企业发展各种要素的最佳结合部，从而形成一条既有保障、见效又快的经济发展路子。如南海官窑，1978年公社办工业产值仅有240万元，工农业总产值2074万元。改革开放后，官窑集中人才、财力、物力发展公社集体企业，使全镇经济取得突破性发展。1991年，镇办工业产值达到4.9亿元，占全镇工农业总产值（5.3亿元）的92.5%，比1978年增长203.2倍，成为南海县明星镇之一。至2002年，佛山石湾、南海、顺德等地民营经济形成规模新优势，"一镇一品"集群效应凸显。如南海，西樵布匹产量占全国2%，占全省25%；大沥铝型材产量占全国40%，占全省60%；盐步内衣拥有全国十大内衣品牌中的7个，镇域经济和企业日趋活跃。

"南海模式""顺德模式"的形成和发展

　　党的十一届三中全会后，南海、顺德作为佛山地区改革开放先行一步的前沿阵地，积极探索发展县域经济特别是农村经济的路子。20世纪80年代中期，南海、顺德以乡镇企业为载体发展工业致富，逐渐总结形成各具特色的"南海模式"和"顺德模式"。以南海、顺德和东莞、中山为代表，珠江三角洲形成了以"三来一补""三资"企业和乡镇企业为主的发展模式——"珠江模式"，造就了闻名海内外的广东"四小虎"。而"珠江模式"也与"苏南模式""温州模式"成为闻名全国的三大乡镇企业发展模式①。新时代新征程，佛山吹响"制造业当家"、高质量发展的奋进号角。回顾"南海模式"和"顺德模式"的形成和发展历程，有利于充分认识佛山制造业经济的根基所在，有助于增强佛山坚持"制造业当家"的信心和底气。

一、"南海模式"的形成与发展

　　改革开放初期，南海县委积极落实党的富民政策，走农、工、副综合发展的道路，推动了工业化进程。在此过程中，县委不断探索和总结符合南海实际、能够尽快使农民富裕起来的发展模式，从"一个

---

① 卢荻：《珠江模式的形成、特色、作用与新的发展战略》，《中共党史资料》，2009年第三辑。

主体，两个翅膀"（主体是粮食生产，翅膀是多种经营和工副业）的"鸟形经济结构"到"三匹马拉车"，再到"三大产业齐发展，五个层次一起上"，逐步开拓出一条能够充分发挥本地区优势、富有生命力的发展农村经济的路子，总结形成"三大产业齐发展、六个层次一起上"这一发展县域经济的"南海模式"。

（一）"三匹马拉车"引领多层次办工业致富（1979—1983）

1979年，南海县委认真贯彻党的十一届三中全会精神，特别是在农村坚决执行中共中央关于发展农业的两个文件①，放开手脚发展社队企业，使农业生产迅速恢复和发展，农民分配收入和生活水平得到一定提高，农村经济趋于活跃。下半年，县委提出"三匹马（公社、大队、生产队）拉车比两匹马（公社、大队）拉车快"的口号，积极鼓励生产队办工副业。

小塘公社南沙大队是发展工副业脱贫致富的典型。社员积极从事织箩、运输、建筑等副业，大队办起了五金厂，生产生活十分红火。是年，南沙大队以550元的社员人均分配收入，一跃成为南海县首富大队。1980年1月10日，佛山地区行政公署副专员何武、南海县委书记梁广大带队到南沙大队贺富，送去贺信一封、电影一场、20万头本县产的爆竹一串，鼓励社队解放思想，大胆致富。

同年4月19日至20日，广东省委第一书记习仲勋参加了中共南海县第四次代表大会及第一次全体委员会议，要求南海先走一步，走在全省109个县市的前面，起个带头作用，力争到1985年，社员人均分配收入达到500元。是

⊃ 1982年6月10日，《人民日报》头版刊登评论员文章《象南海县这样坚定地前进》，指出南海县是全国先富裕起来的县，号召全国其他县市向南海县学习。

---

① 两个文件：指党的十一届三中全会原则通过的《中共中央关于加快农业发展若干问题的决定（草案）》和《农村人民公社工作条例（试行草案）》。

⊃ 1983年1月，南海县召开农村专业户、重点户表彰大会。

年，全县农村社员人均分配收入341元，居全省首位。1982年，南海社员人均分配收入681.98元，[①]提前3年实现习仲勋提出的人均分配收入500元的目标。

珠三角地区包括南海、顺德等在内，一个很明显的特征是地少人多。1981—1983年，南海逐步推行家庭联产承包责任制，农村出现大量富余劳动力，越来越多农民"洗脚上田"，出现个体、联户办企业及发展工副业的热潮。县委总结出集体、个体同时上富得更快的经验，冲破三级集体所有制的束缚，在扶持家庭办企业的同时大力发展联合体企业，实行多种形式联营。为了适应政策要求，这些企业有的挂靠集体企业，有的以责任承包形式、实质上是具有非公经济成分的个体或联合体企业。这些兴起的企业，得到县委的高度重视，逐渐成为南海农村经济的重要组成部分。

1983年，南海县委、县政府先后出台了《关于继续扶持农民致富的十项规定》《关于促进横向经济联合若干问题的暂行规定》《关于完善社队企业经济承包责任制和加强自营工商业管理的若干意见》等文件，明确规定允许个人搞家庭手工业，联办企业。是年，县委又提出，实行国营、集体、个体、新联合体一齐上，农村、圩镇同

---

① 南海县统计局：《南海县国民经济统计资料1973—1983》，1985年，第27页。

时发展。全县农村突破固有的集体经济模式，形成多层次的经济体系，开创了一个互为促进、竞相发展的新局面。这为"南海模式"的探索打下了较好的基础。

（二）"三大产业齐发展，六个层次一齐上"发展县域经济（1984—1986）

这一阶段，南海县委、县政府深入贯彻中央提出的"积极扶持、合理规划、正确引导、加强管理"的方针，按照县第五次党代会的部署，坚持多层次齐发展，突出发展乡镇（集体）骨干企业，同时放手发展村办（集体）、联户（联合体）和户（个体）办企业，层层办工业致富，促进了农村经济的蓬勃发展。

1985年，国家统计局明确划分一二三产业，统称为"三个（大）产业"。是年起，南海县委在多个场合或文件中强调"多层次齐发展"的方针。随后，县政府对"多层次"作了明确。是年3月23日，在南海县八届人大二次会议上，县政府工作报告总结1984年工作，指出全县继续保持和发展了工业、农业、财贸一齐上，国营、集体、个人一齐上的大好局面。就1985年的南海县工作，县政府要求"实行两个文明一起抓，三大产业齐发展，六个层次一齐上"。其后两年，县政府工作报告均强调了这个要求。由此，"南海模式"在概念和表述上基本成形："六个层次"经济，是在区、乡、村、体、户"五个层次"发展农村经济、"五匹马车"①并驾齐驱发展乡镇企业的基础上，加上县属国营、二轻工业系统这一层，发展整个县域经济，是为"六个层次"。

➲ 20世纪80年代南海县社办企业生产的产品。

---

① "五匹马车"：指的是在发展乡镇企业上，突破"三匹马车"（公社、大队、生产大队）办企业，实行区（镇）、乡、村、体、户"五匹马车"并驾齐驱。

　　1986年全县农村经济总收入为27.41亿元，其中第一产业为5.47亿元，第二产业为17.39亿元，第三产业为4.55亿元；乡镇企业总收入21.57亿元中，区镇企业占36.8%，乡办企业占33.1%，村办企业占13%，联合体企业占7.5%，家庭工业占9.6%。

（三）"五个层次一起上""五个轮子一起转"继续推动乡镇企业大发展（1987—1992）

　　1987年3月上旬，在南海县九届人大一次会议上，县政府工作报告明确提到，近三年来，深入贯彻执行中央提出的"积极扶持，合力规划，正确引导，加强管理"的方针，突出发展乡镇骨干企业，同时放手发展村办、联户和户办企业，促进了五个层次经济的蓬勃发展，形成了"五个轮子一齐转"的珠三角发展乡镇企业的一种模式。3月23日，南海县第六次党代会报告总结南海县过去几年发展农村经济的新路——"三个产业齐发展，五个层次一起上"，指出"南海县农村经济的特点，是在坚持农业为基础的前提下，以集体经济为主体，以乡镇企业为支柱，以区（镇）、乡工业为骨干，区、乡、村、体（联合体）、户五个层次一起上"。这是南海首次在党代会报告上总结和明确"三大产业齐发展，五个层次一起上"的农村经济发展模式。从"五匹马车"并驾齐驱到"五个轮子一齐转"，南海坚持层层办工业致富促进乡镇企业发展，"五个轮子一齐转"成为发展农村经济的一种模式。集体与个体联合办的企业，逐渐成为南海乡镇企业的一股重要力量。至1987年7月，全县该类企业发展到749家，从业人员近2万人。

　　同年11月至12月间，由新华社几名记者组成的采访团队到广东调研珠三角各县（市）发展外向型经济的情况和经验，重点了解南海、顺德、东莞、中山的"来料加工"业务及农村劳动力转移情况。12月20日，新华社刊发这次调研的报道文章之一《广东跃起"四小虎"》，旗帜鲜明地提出广东"四小虎"（南海、顺德、东莞、中山）跃起的口号，认为这四块"虎地"的发展速度之快，可与过去的亚洲"四小龙"（中国香港、中国台湾、韩国、新加坡）起飞相媲美。"四小虎"中，佛山独占3席。[①]体现在数据上，四个县（市）依靠"进口原料—加工生产—出口创汇"开路，1986年的出口创汇额都超过了1亿美元，1987年全年工农业总产值达140多亿元。"过去工业基础比较薄弱的南海县，现在已成为一个拥有电子、服装、制藤、室内装饰、

---

① 此时，中山仍为佛山市代管的县级市。至1988年1月，中山划出设地级市。

建筑材料等在内的乡镇工业出口基地；广东出口海外的藤制品中，70%都是由这个县提供的货源。"著名社会学家费孝通在实地调查了珠江三角洲乡镇企业发展状况之后，将顺德模式、南海模式、中山模式、东莞模式统称为"珠江模式"。

南海县发展农村经济，实行"三大产业齐发展，五个层次一起上"的方针，使乡、村成为受益最大的实体，形成了"村村点火、户户冒烟"的发展局面。1989年4月，南海县委六届五次全会通过《关于强化乡镇企业管理的决定》，要求将个体联合体和私营企业纳入管理轨道，进一步促进乡镇企业快速发展。1990年，全县农村经济总收入66.4亿元，其中乡镇企业总收入55.08亿元，占比超过八成[1]。县委从实际出发，在抓好县、镇两级经济的同时，着力发展乡（管理区）一级集体经济。

20世纪80年代末至90年代初，社会上关于姓"社"和姓"资"问题的争论沸沸扬扬。1992年，南海县委、县政府贯彻邓小平南方谈话精神，旗帜鲜明提出对个体企业等非公有制经济实行"政治上鼓励、政策上扶持、方向上引导、法律上保护"的方针。至该年底，全县（市）乡镇企业发展到1.2万多家，其中个体、联合体和私营企业共8721家。

（四）在市场经济的大潮中调整发展模式（1993—2002）

1992年之前，在县委、县政府大力发展乡镇企业的政策条件下，不少南海人通过流通领域做生意和生产小五金、小塑料，赚到了"第一桶金"。如大沥镇的一些铝型材企业，先做从香港回收废旧金属的小生意，然后又到美国、日本和中东等地收废铝，其中一部分转口香港卖掉，一部分运回广州加工。1995年左右，这些企业从流通转入生产，创建了铝型材加工厂。在南海，这种先做贸易赚取"第一桶金"，再去办实业，一户带动，众人集聚，逐步形成专业镇的做法，造就了20世纪90年代"一镇千家厂，千厂皆同类"的经济形态。

1993年4月29日，南海召开全市[2]企业家代表大会，鼓励和支持民间企业收购一些大型的、过硬的集体企业，发展多种经济合作的混合体经济，建立股份制企业；鼓励有条件的企业到境外发展。至90年代中期，随着社会主义市场经济体制的建立和完善，南海大部分镇办、村办集体企业存在的产权不清、权责不明、政企不分等弊端日益凸显，甚至出现亏损，不适应市场经济发展的形势和需要。

---

① 邹灿华：《改革开放之风焕南海》，《中国百名财政大县》，中国统计出版社1991年版，第58页。
② 1992年9月23日，南海撤县设市。

1994年，南海市委贯彻党的十四届三中全会关于转换企业经营机制、建立现代企业制度的精神，以"抓大放小"为工作方针，在全市各层次公有制企业中大力推进转换企业经营机制，建立与市场经济相适应的现代企业制度。"九五"（1996—2000年）期间，南海加快推进集体企业转换经营机制，在竞争性领域转为民营企业。南海市委八届四次全会明确提出，实施农业稳市、工贸立市、科教兴市、改革强市、法制治市"五大战略"，组建市属、镇属、管理区及民营的"四种类型"现代大企业集团，抓好三大产业、不同类型地区和两个文明建设"三个协调发展"，加快经济体制和经济增长方式"两个根本性转变"。

1996年，市委、市政府提出决战"九五"，主战场在农村的战略思路，推动各级充分重视农业和农村工作，把主要的人力、物力、财力和领导精力投入农村主战场，着力培育民营经济、"三高"农业和第三产业3个新的经济增长点。市委、市政府坚持对民营经济实行"政治上鼓励，政策上扶持，方向上引导，法律上保护"的方针，加大力度扶持引导民营经济的发展。至1997年，南海年产值超千万元的民营企业有200家，超亿元甚至10亿元的企业有39家。南庄镇原来的镇、村两级集体经济占据该镇经济总量的80%，1998年成立了转制专班，对19家镇办企业以公开竞标拍卖的方式进行转制，全部转为民办企业。至90年代末，南海各镇（街道）的民营企业蓬勃发展，大沥有铝型材企业408户，南庄有陶瓷企业130户，西樵有纺织企业2088户，平洲有制鞋企业508户，金沙有五金制造企业1159户，逐步形成专业镇产业集群，年产值少则几十亿元，多则上百亿元。非公有制经济已发展成为南海经济的"半壁江山"。

其后，南海不断深化改革，以信息化推动工业现代化，大力扶持和引导民营企业、民营经济迈上新台阶。过去以"三大产业齐发展、六个层次一起上"为特色的"南海模式"，基本完成历史使命。

二、"顺德模式"的形成与发展

顺德发展县域经济、乡镇企业的整体脉络，与南海相似。"顺德模式"也是以乡镇企业和工业见长，从"工业立县"的思路出发，大力发展乡镇工业企业，对顺德经济走向产业化、规模化影响深远，并形成了自己的发展特点。

20世纪80年代，为了集中资源加快工业发展，顺德县委、县政府逐步总结形成

"三个为主"（以工业为主、以集体经济为主、以骨干企业为主）^①的经济发展思路和方针，大力推进工业化，被称为"顺德模式"，推动顺德乡镇企业异军突起，引起了全国的关注。至1992年，顺德完成了农村经济向工业化的历史性转变，成为广东"四小虎"之一，财政收入居全国县级之冠。

（一）"工业立县"的提出和"三个为主"的初步形成（1979—1984）

党的十一届三中全会后，顺德以大办社队企业为主，开始了农村快速工业化进程。这一时期主要以政府直接投资或担保企业投资为主，并不同程度地依靠减免税、税前还贷等来扶持公有企业发展，开始显现"以工业为主"的"顺德模式"雏形。

1979年7月，顺德县委、县革委会贯彻国务院《关于发展社队企业若干问题的规定（试行草案）》，扩大社队企业经营范围，进一步壮大农村集体经济。1980年1月底，顺德县委召开全县三级干部会议，就积极发展农村多种经营的问题，强调搞副业要因地制宜，发挥顺德的优势，抓准骨干产品；同时，坚持以农为主，按比例处理好生产、分配和消费的关系。同年6月底，佛山地委召开农村经济工作会议，要求各县抓住使集体富裕起来这个问题，进一步解放思想，明确方针政策，探讨致富门路。经过研究，顺德县委就1981—1985年的经济工作，提出总的设想是农工商综合经营，农、钱、人一齐抓，并具体提出扩大多种经营、广泛开展"三来一补"对外贸易、发展联合经营实体等10点设想。

随着改革的推进，顺德农村涌现大批专业户、重点户。1982年，县委进一步肯定了专业户、重点户的发展方向。在县委的支持和推动下，一批专业户和重点户实行联合经营，形成了新经济联合体。至1983年3月，全县共有新经济联合体组织4712个、15579户^②，促使生产和经营不断向广度和深度发展。

与此同时，顺德个体经济开始起步发展。在1980年9月召开的顺德县第四次党代会上，县委工作报告明确"允许在某些行业内从事一些个体经营活动"。在县委一系列政策的鼓励、引导和扶持下，至1983年，全县个体商贩发展到10246户、10433人。

① 随着政策的调整和农村经济的不断发展，这一时期，顺德县委在不同会议场合、材料中关于"三个为主"的表述和内涵并不完全一致，有的总结为"以工业为主、集体经济为主、外向型经济为主"，也有的表述为"以集体经济为主、镇办企业为主和骨干企业为主"。这些表述整体上并不冲突，实际形成了互补，最终形成"以工业为主、以集体经济为主、以骨干企业为主"这样一个被各界普遍接受的提法。
② 中共佛山市顺德区委党史研究室：《中国共产党顺德历史第三卷（1979—2002）》，广东人民出版社2020年版，第48页。

● 1984年顺德裕华风扇厂的工人在工作中。

1981—1983年，顺德的社队企业得到迅猛发展，社队工业总产值占农村工农业总产值的比例上升到66.4%，8万多人转移到工、副、商业领域；除了五金机械行业，家电、塑料、家具、服装、纺织、建材等行业也得到了很大发展。

1984年1月，邓小平视察顺德，极大鼓舞了全县的干部群众。5月，顺德县第五次党代会报告提出大力发展商品生产，全面繁荣农村经济，大力发展区、乡工业；国营、二轻工业要勇于改革创新，拓展新兴工业；外引内联，积极发展联合经济等6个方面措施，实行农工副商一起上，国营、集体、个人一起上，正式确立"工业立县"战略。7月，顺德县委召开全县科局长会议，强调要使顺德人民迅速富裕起来，一定要大办工业；实行县、区、乡、个体"四套马车"一齐上的方针，推动全县工业的迅速发展。

同年10月，顺德县委书记欧广源带队到苏州、杭州等地考察，受到很大的震撼和启发。回来后，县委提出了"五子登科"的战略，下决心在顺德发展乡镇企业。"五子登科"指"路子、班子、票子、才子、点子"，用以比喻顺德县委、县政府推动经济社会发展的重要决策和思路。"路子"，即找准顺德以工业为主、以集体经济为主、以外向型经济为主的经济发展道路；"班子"，即选一批年富力强的人做镇党委书记；"票子"，即加大招商引资力度；"才子"即吸引和重用人才，以才求财，以才生财；"点子"，即用足用活政策，拿出具体措施。

1984年后，乡镇企业经济逐渐成为顺德工业经济和农村经济的重要支柱。1985年，全县拥有乡镇工业企业3779家，从业人员11.26万人，总产值22.89亿元（1990年不变价），占全县工业产值的67.57%。[①]

（二）坚持大办工业，大力发展乡镇企业，"三个为主"从成形走向成熟（1985—1991）

1985年，顺德县委总结经验，进一步明确提出把经济工作的重点转移到大办工业上来，重申实行"三个为主""两个转"的方针。其中，"三个为主"是指在整个经济工作中以办实业为主；在企业经营中坚持国营、集体为主；在经营活动中以提高经济效益为主。[②]"两个转"是指工业项目、产品从内向型转为外向型；农业产品结构从低值转向高值。

1986年，顺德乡镇工业呈现出持续增长的势头，然而，由于乡镇工业企业普遍为作坊式生产、分散式经营，县委意识到，如此下去无法适应激烈的市场竞争和经济发展的要求。1987年3月，顺德县第六次党代会提出，无论国营、二轻工业，还是乡镇企业，都要着眼于上水平，把生产规模搞大，发展多种形式的联合经济，形成更强大优势，更富有竞争能力。1988年3月，顺德县委、县政府又出台相关政策，一是乡镇企业可以以现有的骨干企业、拳头产品为龙头，建立专业公司；二是可以自行组建多种经济成分并存的企业集团公司；三是实行新的定级制度，按产值、税利划分，引导乡镇企业由简单的加工工业，向技术含量高的行业转移，由劳动密集型向资金密集型转移，走出一条具有顺德特色的乡镇工业发展道路。[③]

"七五"时期（1986—1990年），顺德工业产值从37.78亿元增加至87.9亿元，年均增长23.5%；全县工业共引入国外先进技术设备1.3万多台（套），大多数骨干企业的主要生产设备达到20世纪70年代末、80年代初的国际先进水平；形成了包括20多个

① 中共佛山市顺德区委党史研究室：《中国共产党顺德历史第三卷（1979—2002）》，广东人民出版社2020年版，第107页。
② 中共佛山市顺德区委党史研究室：《中国共产党顺德历史第三卷（1979—2002）》，广东人民出版社2020年版，第102页。
③ 中共佛山市顺德区委党史研究室：《中国共产党顺德历史第三卷（1979—2002）》，广东人民出版社2020年版，第105页。

☞ 顺德县坚持以镇办骨干企业为主发展乡镇企业，成为全国乡镇企业较发达的县份之一。1991年，顺德总产值超亿元的乡镇企业已有19家。图为当时美的风扇厂的空调生产。

行业的现代工业体系，其中家电业尤为突出。1990年，全县年销售值10万元以上的工业企业有203家，其中亿元以上企业11家；全国产值最高的十大乡镇企业中，顺德占了5家。

20世纪80年代后期至90年代初，为解决公有企业激励不足的问题，顺德推行企业承包责任制、厂长经理目标责任制等一系列以放权让利为主要特征的政策措施，一定程度上激发了公有企业的生机和活力，生产力得到较快发展，涌现了美的、科龙、容声等一批享誉全国的制造业明星企业。

到1991年，全县乡镇企业以轻工产品为支柱，具有明显的发展特点：一是集体经营企业与个体经营企业并举，以集体经营为主要形式，镇办、村办的集体企业起主导作用；二是乡、镇企业产品在国内市场的覆盖面日益扩大，电风扇、电饭煲、燃气用具等产品市场覆盖率较高；三是形成了一批骨干企业，成立了20多个企业集团，走规模经济发展道路；四是实行外引内联，联营企业和外向型企业在乡镇企业中占有相当的比重。

1991年9月30日，《南方日报》刊发关于顺德经济发展经验和启示的政论文章，解读顺德过去10余年高速发展的经验。文章指出："现在一个顺德相当于1978年的七个顺德。这一增长速度，不仅在国内是较快的，而且大大高于亚洲'四小龙'在经济起飞阶段的发展速度。"文章分析认为，"顺德经济成功的关键在于：选准了一条发展经济的正确路子"。根据顺德县委和一些干部的总结，文章把顺德走过的路子概括成

"产业结构以发展工业为主;所有制结构以发展集体经济为主;企业规模以大中型骨干企业为主"①。这个总结得到社会各界普遍认同。越来越多的人把"三个为主"的发展模式称为改革开放初期推动工业和经济高速发展的"顺德模式"。

这个阶段,顺德经济以行政机制带动工业化发展,公有经济在推动顺德由传统农业经济向现代工业经济的嬗变中发挥了主导作用。

(三)适应市场经济要求,推进公有企业产权改革和转换经营机制,"三个为主"的内涵不断延伸(1992—2002)

经过10余年的发展,顺德实现了从农业社会向工业社会的转变,跃居"广东四小虎"之列。1992年,顺德工农业总产值比1978年增长了20倍,工农业产值比例也从45:55变为92:8。但成就的背后,也隐藏着原来计划经济体制下难以解决的问题,比如原来由政府推动的数量型经济扩张由于市场环境的变化而难以为继;原有的"产权不清、权责不明"的经营机制弊端,随着经济发展越发明显,甚至出现不少"企业负

◐ 格兰仕微波炉生产基地。

---

① 中国人民政治协商会议佛山市委员会:《敢为天下先:佛山改革开放文史资料集》,江苏凤凰科学技术出版社2016年版,第21—22页。

盈、政府负亏、银行负贷"的现象。

自1993年始，顺德推进了以行政改革为先导，以企业产权改革为重点，以社会保障体制改革为保障的综合改革。9月7日，经过深入调研，为了解决企业"产权不清、权责不明"的问题，顺德市委、市政府①以讨论稿的方式印发《关于转换机制、发展混合型经济的试行办法》（又称"二十八条"），明确提出要通过企业产权制度改革，建立以股份制为主要形式的多种经济成分并存的混合型经济格局，建立产权明晰、权责明确、政企分开、管理科学的充满活力的企业发展模式。其后，顺德率先在全国开展一场以产权制度改革为核心的试验。至1996年底，顺德市的企业转制工作基本完成，以公有制为主体的混合型经济格局初步形成。

在此过程中，顺德始终将推进多种成分经济发展作为经济工作的重心。市委反复强调，在进一步调整经济结构的同时，再造经济实力新优势；在加大推进国有企业改革的同时，鼓励个体、私营和外资经济发展，确立"以混合型经济为主、以高新技术产业为主、以规模企业为主"的发展方针。②"三个为主"的内涵不断延伸。

以"三个为主"为主要特征和政策导向的"顺德模式"内涵不断丰富和延伸，带动了顺德工业经济结构的建构和转型，引领了农村经济增长方式的转变，成为过去较长一段时间推动顺德经济社会发展的关键力量。

至2002年12月撤市设区时，顺德区、镇、村三级基本完成公有制产权企业的转制工作，原市属企业的党群事务和社会行政事务，全部移交至企业所在镇（街道）负责；通过转制，政府基本退出一般性竞争投资领域，民营企业迅速发展壮大，成为顺德经济发展的重要支柱。随着市场经济体制的建立和完善，"顺德模式"的内涵转向以集体经济为主的镇域经济和以民营经济为主导的内源型经济发展模式，被赋予新的时代内涵。过去的乡镇企业大部分转变为民营企业，逐渐不再提"乡镇企业"这个概念。

三、"南海模式"和"顺德模式"形成和发展的启示

"南海模式"和"顺德模式"的形成和发展，本质上都是为了实现县域经济特别

---

① 1992年3月26日，顺德撤县设市。

② 中共佛山市顺德区委党史研究室：《中国共产党顺德历史第三卷（1979—2002）》，广东人民出版社2020年版，第261页。

⮕ 顺德区大良街道金凤凰广场及地标性建筑群。(《佛山日报》摄影俱乐部谢小易 摄)

是农村经济的发展，使农民尽快富裕起来。1987年1月，佛山市委召开五届二次全体（扩大）会议。会议在总结南海县委、顺德县委等改革经验和发展模式的基础上，探索具有佛山特色的发展经济的路子，提出以外向型经济为导向，以集体经济为主体，"三大产业"一齐上，"五个轮子"一起转。由此，"南海模式"和"顺德模式"经过整合，上升为佛山的发展战略，成为主导和推动全市经济发展的"佛山模式"。回顾这段历史，可以给我们带来几点启示。

（一）要敢破敢立，让基层有充分的发展自主权

改革开放初期，县域经济的增长，很大程度源自体制改革的驱动力。南海、顺德充分利用中央赋予广东的特殊政策和灵活措施，扩大对外开放，吸引外资和技术设备，大力开展"三来一补"贸易等，发展外向型经济，推动社队（乡镇）企业迅速成为农村经济发展的重要支柱。其后，随着计划经济体制转向市场经济体制改革，政府职能转变，从中央到省、市、县（区），原来高度集中的经济决策与发展权逐级向下释放，即权力下放，让地方基层有了充分的发展自主权，进一步激发了南海、顺德的县域经济活力。

（二）要结合实际，走适合本地经济发展的路子

相比"温州模式""苏南模式"，以南海、顺德等广东"四小虎"为代表的"珠

江模式"取得成功，很重要的一点是各县委、县政府针对本地人多地少、工业原料缺乏的特点，发挥珠三角地区毗邻港澳的地理优势，重点发展"来料加工"这种劳动密集型的业务，"赚国际市场的钱，吃国际市场的饭"，对外赚到了外汇，引进了先进技术、设备和管理经验，熟悉了国外市场信息；对内促进了农村剩余劳动力向第二、第三产业转移，带动了其他产业的发展。

作为广东改革开放先行地、地域相邻的南海和顺德，都以快速的工业化实现了经济腾飞，但在发展模式上又形成了各自的特点。南海县委冲破三级集体所有的束缚，坚持多层次齐发展，放手发展村办企业、联合体企业和个体办企业，层层办工业致富，促进了农村五个层次经济特别是村级经济的蓬勃发展，形成了"村村点火、户户冒烟"的发展格局。这种粗放式的工业增长，在早期推动了南海农村特别是村一级快速完成财富积累，很大程度上实现了藏富于民，然而也造成了村级土地资源的碎片化和产业空间格局的分散经营，为后来南海企业"只见星星、不见月亮"的瓶颈及传统制造业转型升级困境埋下了伏笔。顺德县委早早确立了"工业立县"的发展战略，在发展过程中，也重视发展个体和新经济联合体，但尤为注重发挥集体企业的主导作用，以集体经济为主和以骨干企业为主，推动建立了一批龙头企业集团，走的是规模经济发展道路。

⊃ 鸟瞰南海区城市中心千灯湖。（佛山市新闻传媒中心供图）

（三）要因势利导，在市场经济体制下谋划发展

党的二十大报告强调，要充分发挥市场在资源配置中的决定性作用，更好发挥政府作用。20世纪80年代，南海"三大产业齐发展、六个层次一起上"和顺德的"三个为主"发展模式，发挥了政府的引导作用，推动了农村经济的工业化进程。与此同时，南海、顺德各级政府乃至企业家在发展集体经济、发展乡镇企业、发展"来料加工"等业务时，已具有较开放的商品经济和市场竞争意识。

1991年8月3日，一篇由新华社记者对话整理形成的《珠江三角洲启示录》在《粤港信息报》发表后，引起了全国的震动。文章主要以南海、顺德和东莞、中山的发展为例，指出珠三角地区的乡镇企业家解放思想，按照商品经济的特点和规律，真正通过市场的开发来发展生产力，厂长有困难不是靠"找市长"，而是努力"找市场"。正是基于这种强烈的市场意识，在1992年10月党的十四大提出建立社会主义市场经济体制的目标后，顺德、南海加快培育市场体系，构建大市场、大流通、大商贸的格局，推动公有企业转换经营机制和建立现代企业制度，使民营企业在市场经济的大潮中迅速崛起。

专业镇和专业市场的兴起和发展

改革开放以来，佛山的专业镇和专业市场作为具有鲜明地域特征的产业形态和交易形式迅速兴起。作为珠三角地区重要的中小企业集聚区，佛山的专业镇经济起步早、发展快、特色足，专业市场分布广、规模大、产值高，两者的结合，对区域产业集聚化、城市化进程等产生了深远的影响，推动了佛山产业集群的兴起，在一定程度上造就了今天佛山作为广东制造业大市和经济第三大城市的地位。从以"三来一补"为特色的乡镇企业，到以产业集群为特点的专业镇产业园区和专业市场，再发展到今天的万亿产业集群，佛山闯出了一条从"制造业大市"到"制造业强市"的进阶之路。

一、佛山专业镇的发展历程

专业镇是改革开放初期实行工业化、城镇化和农业产业化并举的产物，与乡镇企业的崛起息息相关。改革开放后，得益于乡镇企业的繁荣发展，佛山在各个镇域范围内自发集聚了大量产业相同、相近的企业，至20世纪90年代，初步形成了"一镇一品"的专业镇经济形态，张槎针织、石湾陶瓷、南庄陶瓷、盐步内衣、大沥铝型材、西樵纺织、丹灶小五金、澜石不锈钢、北滘家电、陈村花卉、乐从家具等产业集群在此基础上形成。佛山专业镇经济的发展，促进了佛山产业集群和专业市场的形成和崛起。2003年以后，随着传统产业不断转型升级，专业镇经济进一步发展，增强了佛山制造业和民营经济的根基。

（一）专业镇的兴起（20世纪90年代初至2002年）

改革开放后，随着乡镇企业的兴起，佛山有不少乡镇利用已有的产业技术条件，办起数量众多的企业，如石湾、南庄的陶瓷业，西樵的纺织业，形成一批以集体经济为主导的骨干企业，迅速引导、带动产业向规模化发展。其后，佛山市委、市政府适时调整产业布局和结构。进入20世纪90年代，佛山出现了一批经济规模超过十亿甚至几十亿元、产业相对集中、产供销一体化、以镇级经济为单元的新经济形态，被称为专业镇经济。起初，专业镇的显著特征是小企业、大产业；小产品、大市场。大量的中小型企业集聚于一定的区域，加深这个区域内生产的分工和协作，降低了采购和流通成本，从而带来高效率、高效益。

至1996年，顺德市北滘镇星火科技城、石湾区张槎镇和南海市平洲街道被列为国家级和省级星火技术密集区。至1999年，佛山市内（含南海、顺德、高明、三水等县级市）普遍建立起镇级开发区、工业园等，实行镇、村经济集中和集约发展，初步形成了各具特色的专业镇产业集群。

2000年前后，专业镇经济出现新的动向。一方面，通过加强工业园区的规划建设，逐步形成园、镇互动的格局。2002年全市规划重点建设佛山国家高新技术产业开发区、禅城高新技术产业开发区、南海高新技术产业开发区、顺德高新技术产业开发区、三水江南工业区和高明沧江工业园等十大生态型工业园区。另一方面，按照发展重点各有侧重的要求，各镇（区）加快培育和形成各自的主导产业，加大各镇工业园区的提升和优化力度。2002年，全市共有各类工业园区79个，进园企业3113家。佛山59个镇（街道）当中，有22个镇（街道）产业集群化程度较高，形成8大类、22个产业集群。如顺德北滘，2002年家电业产值达180亿元，占该镇工业总产值的89.87%；销售收入超亿元的企业有20家。又如南海金沙，有五金生产企业958家，产值113亿元，产品在广东市场的占有率为40%，在国内市场的占有率也达到20%。南海西樵是广东第一个省级专业镇，也是"中国面料名镇"，高峰时期纺织作坊数量达2000多家。禅城南庄[①]的陶瓷企业产能在高峰时占全国的1/4、全球的1/8，2002年被中国建材工业协会、中国建筑卫生陶瓷协会授予"中国建陶第一镇"称号。此外，禅城区张槎镇[②]为

---

① 2002年12月8日，南庄镇从南海划出，划入新设立的佛山市禅城区。

② 2003年9月，张槎撤镇设街道。

"中国针织名镇"，南海大沥镇为"中国铝材第一镇""中国有色金属名镇""中国内衣名镇"，顺德区均安镇为"中国牛仔服装名镇"。

➲ "中国针织名镇"张槎镇的玉带针织城。

专业镇经济的出现，标志着镇域经济的发展壮大，而分布在各镇内的工业园区，成为专业镇经济的新形态，并逐步成为工业发展的重要载体和走新型工业化道路的主要途径。至2003年，佛山的专业镇建设步伐加快，全市已建立15个专业镇，占全省的1/4。[①]

（二）专业镇的集聚发展和转型升级（2003—2021年）

与专业镇在工业化初期产业分散发展不一样，工业园区是在工业化中后期产业集聚发展的重要载体。2003年佛山市委、市政府确立"产业强市"的发展战略后，提出"大力推动工业园区和产业基地发展，把工业园区建设成为产业强市重要载体"的新目标。是年3月31日，市委召开八届八次全会，传达贯彻省委九届三次全会精神，强调镇一级的经济建设要以发展园区经济为重点，并以此推进城镇化，形成园镇互动、富民强市的新格局。

同年12月，市委九届三次全会进一步提出，要创新专业镇发展模式，促进产业的集聚与提升；推进专业镇技术创新体系建设，重点建设技术创新中心、生产力促进中心，构建社会化科技服务网络，优化产业、产品和技术结构，提升专业产品质量和知名度，打造专业镇品牌。同时，要为专业镇和中小企业加快发展创新服务平台，建立支持服务体系。市委强调，专业镇是促进中小企业发展的主要形式，也是产业发展的基础和农村劳动力转移的重要载体，必须加以重视、创新发展。

2005年1月，市委九届七次全会提出，要着眼于提升产业整体效益水平，突出抓好产业集群化和专业镇发展；发挥专业镇在产业集群发展中的基础作用，提升专业镇发展水平，做大特色产业。同年12月，市委九届八次全会提出，要认真总结推广西樵纺织产业、南庄陶瓷产业创新平台建设的经验，在现有24个专业镇的基础上力争新增2个

---

① 梁绍棠：《在佛山市委九届三次全会上的讲话》，2003年12月30日。

专业镇；继续推进集约园区的建设，提升"筑巢引凤"水平。

至2007年，全市工业园区实现工业总产值4218亿元，占全市规模以上工业总产值的50.2%，并形成了以装备制造业、家电业、金属非金属矿物制品业为主的七大重点工业园区。园区经济逐渐成为佛山市经济发展的重要力量。

以专业镇为代表的产业集群，是佛山传统经济发展中的一个重要增长极，也是佛山传统产业的主要载体，与工业园区定位有所不同。2016年，佛山经省批准的专业镇有41个，数量居全省地级市之首，产业分布于全市32个镇（街道）。

与此同时，工业园区逐渐成为构建现代产业集群的主战场。不断崛起的工业园区，推动了佛山产业集群向更高品质发展。2007年，市内重点园区共有企业4203家，合同投资总额1157亿元。高新技术产品产值占园区工业总产值比重为34%，其中佛山高新技术产业开发区高新技术产品产值占其工业总产值比重为83%。2008年起，佛山与科技部火炬中心、省科技厅共建佛山国家火炬创新创业园（简称"佛山火炬园"），拉开了佛山大规模建设孵化器的大幕。2013年，佛山火炬园成为全市首批国家级科技企业孵化器后，朝着专业化方向发展，聚焦电子信息、生物医药、人工智能、工业互联网、新能源新材料等五大领域，引入广东省科学院佛山产业技术研究院、佛山大学科技园及一批科研平台。至2020年，佛山火炬园共孵化核心企业342家，其中57家获得高新技术企业入库和认定；园区企业近200家，市值超过百亿元；培育发展了一批高成长创新型企业，为佛山新兴产业集聚发展和新旧动能转换提供支撑。同年底，佛山全市科技企业孵化器达到115家，其中国家级孵化器24家。

从2011年开始，广东省委、省政府把加快专业镇转型升级作为全省加快转变经济发展方式的重要举措，放在全省战略的高度。然而，专业镇的打造难，转型升级更难。如丹灶的"家底"是五金行业，在21世纪初共有2500多家五金企业，从业人员超6万人，年产值超200亿元，占全镇工业总产值75%以上，在国内行业市场占有率超过20%，2004年8月获"中国日用五金之都"称号。为了实现转型升级，丹灶谋划了3条路，一是全面升级传统产业，二是引进高品质产业项目，三是重塑生态环境。在此过程中，政府和企业始终坚守一条底线，不背离制造业这个方向，造就了"珠三角制造业创新小镇"的转型升级路径。在新发展阶段，丹灶既有机械、五金、汽配作为存量，又有氢能、智能安全、生命电子作为增量，还有7位院士领衔的仙湖实验室、5G网联无人机自驾系统、医用冷箱、增材修复与再制造、先进金属基复合材料、车载高压储氢瓶、国内第一台五轴联动的数控机床等。"丹灶现象"成为佛山打造面向全球的制造业创新中心的强大支点，为其他专业镇转型升级提供了范式。

这一时期，专业镇与专业市场同步升级，推动传统产业实现了创新发展和蜕变。在这一进程中，以南庄、大沥、狮山、北滘、大良等镇为代表，佛山各个专业镇既有共同点，也各具特色。

1. 禅城区南庄镇。传统产业升级是南庄镇的特色。建陶产业在南庄蓬勃发展起来，生态保护却没有跟上，严重制约这一产业的可持续发展。2006年起，佛山开始铁腕整治南庄陶瓷产业，以推进"两转型一再造"（即产业转型、城市转型和环境改造）为主线，对全镇75家陶瓷企业分类整治。2008年，在市委、市政府的领导和推动下，南庄镇落实省委、省政府"双转移"战略，实施"腾笼换鸟"，推进陶瓷生产技术设备升级改造，在降低能耗和污染的基础上，努力提高产品附加值；同时，腾出土地，进军现代陶瓷服务业，发展陶瓷总部经济。南庄镇从工艺提升到品牌塑造，逐步转型升级，实现从纯农业镇到工业强镇再到生态新城的蜕变。2010年，南庄镇被中国陶瓷工业协会授予"中国陶瓷商贸之都"称号。南庄建陶产业进入以仓储和总部展厅销售为主的2.0时代。到2021年，南庄镇进一步打造文化更多元化、市场更有活力的"智造高地"，迈向以千亿高端产业集群为导向的3.0时代。

2. 南海区大沥镇。大沥镇走的也是传统产业升级的路子，然而更多地把传统的铝型材制造产业链向上下游延伸。以"铝"材料升级为家具成品的全铝家具，成为铝型材转型升级的重要方向和传统家具市场的新品类。经过十多年的发展，大沥镇已建立涵盖技术、物流、会展、信息交流及国际合作平台等完备的铝产品产业链体系，聚集近140家上规模的铝型材企业，年产值达600亿元，成为全国乃至全球铝型材企业集聚化程度最高的区域。

3. 南海区狮山镇。狮山镇是推动专业镇经济向园区经济转型的典型。作为佛山高新区核心区，狮山镇大力推进园镇融合，着力打造以园区经济为特色的千亿大镇。至2021年，镇内年产值100亿元以上的主导产业有6个，包括汽车整车及零部件制造、高端装备制造、有色金属、光电显示及照明等，其中共引进汽车及零部件配套产业规模以上工业企业74家；地区生产总值连续3年突破千亿大关，跻身国家新型城镇化试点镇，连续多年位居全国千强镇前3名（广东省第1名），并获2021年全国镇域高质量发展第1名。

4. 顺德区北滘镇。北滘镇积极探索传统产业升级与全产业链打造、上市与国际化并行等多种模式。北滘镇家电制造业优势尤为显著，产业集群度高、产业链完善，是国际级家电生产基地。2020年北滘镇家电产业产值约2709亿元，约占全镇工业总产值的74%，约占全国家电产业总产值的10%。截至2020年底，全镇上市及控股上市企业有14家，其中家电类上市企业6家。家电产业已经成为北滘镇区域经济发展的首要支柱产业，产业集群度高、产业链完善、自主创新能力强、市场竞争优势大，更在产业链带动及配套能力上形成了一整条全国乃至全球规模最大、品类最齐全的家电配件产业链，大部分配件的采购半径都在50公里范围内。随着美的全球创新中心、广东潭洲国际会展中心、广东工业设计城、广东顺德创新设计研究院等重点载体的建设，北滘家电产业链不断延伸提升，建立起一个集家电产业集群、设计研发、贸易会展、商贸物流等于一体的，配套完善、良性互动的家电全产业链体系。

5. 顺德区大良街道。大良实行专业镇与工业园区"两条腿走路"的模式。大良的工业以机械及电气装备制造业、汽配产业为支柱，以高新技术产业为主导，智能制造、精密机械、智能家电、电子信息、新材料等行业全面发展，形成了行业门类比较齐全的现代化工业体系，涌现出一批全国行业知名企业及著名品牌。由此，大良于2005年、2012年先后被省科技厅认定为"机械及电气装备技术创新专业镇"和"广东数控一代机械产品创新应用示范工程示范镇"，又于2018年被评为"中国产学研合作创新示范镇"。同时，大良拥有汇创方·智造园和顺德创意产业园等主题特色园区，是华南地区重要的汽配产业基地之一。自2014年起，大良紧紧抓住建设顺德机器人产业发展示范区、数控一代机械产品创新应用示范专业镇等机遇，紧密结合国家智能制造发展方向，加快构建智能制造战略性新兴产业和主导产业并驾齐驱、制造业和现代服务业相互促进、信息化和工业化深度融合的产业发展新格局。

（三）专业镇的数字化智能化转型（2021年至今）

进入"十四五"时期，佛山专业镇经济融入数字经济时代，向数字化智能化转型。2021年7月，佛山召开全市制造业数字化智能化转型发展大会，并出台《佛山市推进制造业数字化智能化转型发展若干措施》，推出五大方面共25条措施，推动制造业全方位、全角度、全链条的数字化智能化改造。同年11月，佛山市第十三次党代会报告提出"515"高质量发展战略目标，要求在创新、协调、绿色、开放、共享五个方面发展向高质量快速跃升，在营商环境制度改革等15项重点工作中成为地级市高质量发展领头羊。至年底，佛山通过科技部评估，成功创建国家创新型城市，科技创新综合竞争力居全国地级市第4位。

是年，全市有20家企业入选工信部专精特新"小巨人"企业，累计达34家。在2021年度地级以上市人民政府质量工作考核中，佛山连续第3年获评"A级"（最高等级）。为落实高质量发展目标任务，佛山高标准谋划建设"一区一园一城"科技创新高地，新成立"有研（广东）新材料技术研究院"，使全市科技创新平台达到41个；三龙湾科技城、佛山国家高新区支撑作用逐步凸显；佛中人才创新灯塔产业园加快建设；季华实验室基础设施建设速度和成效均居省实验室前列；仙湖实验室引进全职院士团队，促进氢能领域科研成果加快落地转化。

新发展阶段构建新发展格局，佛山专业镇也迎来"村改"升级和特色小镇清理的倒逼转型升级。2021年起，佛山启动实施《佛山市村级工业园升级改造总攻坚三年行动计划（2021—2023年）》，拓展和深化"村改"（村级工业园升级改造）工作，对"村改"发起"总攻坚"，计划用3年时间完成形态破旧、产能落后、安全隐患集中的村级工业园地上物拆除工作。为此，佛山成立由市政府主要领导担任组长的村级工业园升级改造工作领导小组，各区也相应成立"村改"工作领导机构，以镇（街道）为主战场推进"村改"。截至该年底，佛山在推进"村改"的过程中，累计引进超亿元项目318个，引进项目总投资超3500亿元。同年，佛山在全市范围内开展特色小镇清理工作，引导特色小镇规范健康发展，全市有31个特色小镇被纳入广东省特色小镇管理清单，有5个小镇（石湾陶谷小镇、千灯湖创投小镇、白坭文创小镇、西樵岭南文旅小镇、三水水都小镇）获评优秀，数量均居全省各市首位。

至此，佛山专业镇在产业数字化升级、城镇化推进和宜居城乡建设中，产业和村镇形态都发生了根本性变化，传统产业与城市化在数字化进程中全面升级、加速转型，战略性新兴产业加快集聚。

2022年12月，广东省委作出《关于实施"百县千镇万村高质量发展工程"促进城乡区域协调发展的决定》，要求建强中心镇、专业镇、特色镇，培育更多全国经济强镇。为贯彻落实省委"百千万工程"战略部署，佛山召开全市镇（街道）党（工）委书记座谈会，提出要培育引进战新产业和未来产业等，争取在新领域实现新超越。2023年4月，市委召开农村工作会议暨贯彻"百县千镇万村高质量发展工程"大会，加快布局和推进"千亿镇街"建设。7月，市委十三届六次全会强调，要抓镇域经济跃升，积极建设"千亿镇街"，建强中心镇、专业镇、特色镇，建设一批工业重镇、商贸强镇、文旅名镇、农业大镇，为佛山建设城乡区域协调发展示范市提供有力支撑。

二、佛山专业市场的发展历程

20世纪90年代起，随着社会主义市场经济体制的不断探索和建立完善，佛山专业市场迅速兴起和发展，对专业镇经济和产业集群化发展起到了重大的推动作用。整体来看，专业市场在佛山的兴起和繁荣发展，大体上与各专业镇经济崛起和发展同步。这些专业市场对全国乃至全球的辐射力强，潜力巨大，共同推动了佛山制造业和民营企业、民营经济的繁荣发展。

（一）佛山专业市场的高速发展（20世纪90年代初至2005年）

20世纪80年代，在乡镇企业蓬勃发展的浪潮中，镇域专业市场已有一定的产业基础。至90年代初，佛山已形成闻名全国的石湾陶瓷市场、澜石有色金属市场、南海西樵布匹市场、大沥摩托车市场、顺德乐从钢铁及家具市场、三水耕牛市场等一批专业市场。

1991年12月，市委六届四次全会报告提出，要确立发展大商业、建设大市场、搞活大流通的观念，有计划、有步骤地建设一批吸引力大、渗透力强、辐射面广、互相配套协调的商贸中心、专业市场。市、县级城镇重点建设一批现代化水平高的大型商场、购物中心；镇级小城镇要建设有规模、有特色的专业市场，提高全市商品集散、科技和经济信息交流的能力。

1992年，佛山提出"宁可让利，不让市场"的思路，多元化、全方位开拓市场。同年，全市投入资金4000万元，新建和扩建市场8个，面积5万平方米。当年，城乡集贸成交额达25.8亿元，集贸市场发展到161个，其中专业批发市场29个。随着市场经济体制改革的不断深入，在南海大沥广佛路一带催生了以专业市场为代表的"马路经济"，形成38个大小、种类不一的专业市场（含夹板、机电五金、布匹、皮革、粮油、小商品、茶叶等），成为"广佛黄金商贸走廊"。

1993年起，佛山将建设商品流通市场放在突出位置来抓，着力加快市场体系的培育，重点发展批发市场，特别是生产资料的批发市场，建立一批服务全省、沟通全国、渗透到周边地区、规模较大的专业批发中心。是年，全市新建成并投入使用的市场16个，专业市场成交总额约6.56亿元，同比增长近1倍。1994年，全市建成并投入使用的市场有20个，全市农副产品批发专业市场成交额约10.75亿元，同比增长43.75%；各类专业商品市场成交额约8.90亿元，同比增长35.67%。

为了加强网点建设，提高国营合作商业的竞争力，仅1995年全市国营合作商业共有网点1572个，网点面积61.7万平方米，分别比1994年增长6.4%和13.2%。

1993年至1997年的5年里，佛山各级坚持"大商业、大市场、大流通"的发展战略，加强流通设施建设，形成一批规模大、档次高、功能全、有特色的现代化商业网点；发展了一批各具特色的批发市场、仓储式商场、连锁店和超级市场，逐步推行经销代理制。

2001年，佛山市"十五"规划纲要提出，建设和完善一批有特色的专业市场。重点搞好佛山陶瓷市场、汽车市场，顺德花卉市场、家具市场，南海纺织品市场、有色金属市场等大型专业市场建设，以物流信息网络带动专业市场发展，提高物流商品运作方式的现代化程度。

到2002年，佛山市场成交总额270亿元，登记注册的各类市场共393个，其中消费品市场332个，生产资料市场58个，生产要素市场3个。市场体系与专业市场的繁荣与发展，有力地推动了佛山制造业的发展，为第三产业的发展提供了充分条件。

（二）佛山专业市场开始转型升级（2006—2020年）

然而，经历近10年的高速发展之后，随着电子商务、连锁店、大型综合商业体等新兴商业业态的崛起，专业市场受到强烈的冲击，出现发展拐点。2005年起，佛山专业市场销售规模和销售额逐步呈下滑趋势。2008年的利润总额是2005年的2倍，但经营性利润却出现滑坡，市场出现了规模报酬和边际效益递减的现象。

2006年1月，佛山市"十一五"规划纲要提出，要加快发展现代服务业，优化提升

⊃ 1996年，南海狮山广东农产品中心批发市场。

● 佛山新八景之一、全国工农业旅游示范点、佛山最大的花市——顺德陈村花卉世界。（汝百乐　摄）

和建设陶瓷、钢铁、不锈钢、铝材、塑料、家具、纺织、机械、汽车及配件等中高级专业市场或批发市场。

2010年前后，佛山专业市场进入大卖场时代，向购物中心看齐，典型代表是瓷海国际交易中心。该中心是南庄镇政府13项重点工程之一，于2008年7月开业，定位为全球一站式陶瓷商贸采购基地。从石湾到南庄一带，陶瓷企业和专业市场众多，包括华夏陶瓷博览城、中国陶瓷总部基地、河宕陶瓷交易中心、石湾置业陶瓷批发市场等。为避免同质化，瓷海国际交易中心突出自身优势，突出艺术瓷砖，打造中国艺术瓷砖节和国内首条艺术瓷砖精品街等，与其他专业市场形成错位发展。

同时，佛山专业市场也走向总部展厅时代。典型代表是乐从国际家具博览中心，2008年正式更名为罗浮宫国际家具博览中心，定位为高端家具市场，并于2009年起承办中国（乐从）国际家具博览会，对接国际市场。此后，佛山的专业市场逐渐摆脱过去单一的展销功能，开始加入餐饮、休闲等元素。

2011年1月，佛山市"十二五"规划纲要进一步提出，要建设一批具备综合调配能力的物流园区，推进传统专业市场向现代物流中心转变；运用现代信息、物流和网络技术改造提升铝型材、轻纺、不锈钢、装饰材料、陶瓷制品、家具原辅料等优势行业专业市场，快速发展汽配、新材料、光电产业等先进制造业与战略性新兴产业专业市场。市委提出，进入城市引领产业发展的新阶段，要想实现更高水平的发展，就要进一步转变城市发展理念，从"产、城、人"融合向"城、产、人"融合转变。专业市场也开始走向线下和线上平台相结合的时代。

平台时代的出现，使专业市场成为多功能平台，发挥了产业集群效应。典型代表是华南医博城，2013年经省政府批复同意立项，为广东省重点建设项目，以佛山市高新技术产业区为依托，建设国际化科技都市型产业载体、中国创新国产医疗器械工程应用示范基地，集总部基地、展览商贸、技术创新、成果鉴定等于一体，被称为"第四代展贸中心"。2015年开业后，华南医博城引进并培养500~800家医疗器材企业落户项目，建设以信息服务业、先进制造业、商贸展示推广为三大核心驱动力的主体产业群，推动信息服务现代化、产业发展集聚化、产业竞争高端化。

与平台模式发展相适应，电子商务从根本上改变了专业市场和展会经济的单一线下发展路径。如乐从镇，作为一个以家具、钢材、塑料三大专业市场为主要经济支柱的商贸重镇，被称为"中国家具商贸之都""中国塑料商贸之都""中国专业市场示范镇"以及"中国钢铁专业市场示范区"，2006年成为广东电子商务试点镇，2010年成为国家电子商务试点镇，电子商务业走在全国镇级前列。2012年11月，省出台《关于加大金融支持力度，促进广东电子商务加快发展的指导意见》。此后，为适应新形势，以大沥镇为典型，佛山坚持实体经济与电子商务互动发展，大力发展电子商务和展贸经济，构建更立体、开放的商贸流通格局。2013年起，大沥镇在广佛国际商贸城中心区打造国际电商采购中心，并依托广佛智城打造"中国电商体验之都"。"电商＋专业市场""电商＋会展经济"等

● 2000年后，佛山各专业镇开始兴建展销平台，发展会展经济。2002年9月，佛山市石湾区中国陶瓷城和南海市南庄镇华夏陶瓷博览城同时落成，并在当年10月成功举办"2002中国佛山陶瓷博览会"。

模式，为发展"商贸大沥"带来更多活力。

2018年12月，佛山正式启动国家市场采购贸易方式试点工作，成为继广州之后省内第二批先行先试推进市场采购贸易新方式的城市。2020年3月，佛山获批建设中国（佛山）跨境电子商务综合试验区，积极探索建立线上线下结合的品牌产品海外展示交易平台和线上跨境电子商务平台集群。2021年2月，中国（佛山）跨境电子商务综合试验区·佛山国际贸易港园区和中国（佛山）跨境电子商务综合试验区·佛山口岸跨境电商物流园园区两家线下园区揭牌，标志着佛山跨境电商综合试验迈出坚实的一步。

（三）专业市场的都市化、国际化发展（2021年至今）

在购物中心化、展厅化、平台化、电商化等转型后，至2021年，佛山专业市场已经出现了明显的都市化倾向。是年，佛山组织有关部门编制《佛山市建设区域性消费中心城市行动计划（2021—2024）》，计划通过建设高品质消费商圈街区，加强商业网点规划与城市空间规划、城市轨道交通规划、产业规划及其他专项规划衔接，引导城市商圈街区合理化、差异化布局，打造一批高品质商圈和特色街区。

与此同时，专业市场日益受到国际展会（平台）的牵引，成为另一个发展动向。2021年，佛山市有佛山潭洲国际会展中心、佛山国际会议展览中心、中国陶瓷城、龙江前进汇展中心、顺联国际机械博览中心、佛山顺德罗浮宫国际家具博览中心、南海国际会展中心等重要会展场馆，其中有不少是从专业市场升级而来。佛山潭洲国际会展中心全年安排展会约40场，主题涵盖纺织工业、家居家电、塑料橡胶、木工机械、陶瓷建材等，其中超八成为工业类展会，极大地提升了专业市场自身办展会的能力。同年3月5日，佛山出台《佛山市重点品牌展会认定扶持办法》，积极引导佛山会展业向品牌化、专业化、市场化、国际化发展。

三、佛山专业镇和专业市场发展的特点

在社会主义市场经济的浪潮中，佛山着力建设大市场，发展大贸易，搞活大流通，专业镇和专业市场相互促进、相辅相成，形成了较为鲜明的发展特点。

（一）"一镇一品"的格局明显。如南庄、石湾的建筑陶瓷产业，澜石的不锈钢产业，平洲的鞋业，官窑的玩具业，等等。产业集群成为佛山专业镇经济发展的一大特色。

（二）**产业体量大、产值高**。拥有北滘和狮山两个千亿大镇。2021年，北滘镇规模以上工业总产值超4000亿元，位列2021年度全国综合实力千强镇第六位；大良街道实现地区生产总值643.8亿元，规模以上工业企业产值575.7亿元；南庄镇实现地区生产总值311.16亿元，其中规模以上陶瓷制造业产值107.73亿元；狮山镇实现地区生产总值1226.64亿元，新基建、新材料、装备制造、汽车等行业成为支柱产业；大沥镇实现地区生产总值580.39亿元，铝型材加工和贸易、内衣产业贡献了大部分力量。

（三）**产业集聚度高**。石湾和南庄的陶瓷，不仅有强大的产业实力，而且有庞大的专业市场。石湾陶瓷专业市场总面积达75万平方米，年销售额100多亿元，汇聚了上海、四川、山东、福建、河北等省市1000多家国内知名企业的总经销、总代理机构。意大利、美国、日本、德国等国家和中国台湾地区的企业、商人也在石湾设立经销点。南庄镇的华夏陶瓷博览城是中国乃至世界最大、配套最齐备的陶瓷城，辐射全球100多个国家和地区。

（四）**专业镇与产业集群、专业市场发展紧密相连**。改革开放后，乡镇企业得到蓬勃发展，推动各镇（街道）逐步形成独具特色的产业链条和产业集聚。佛山陶瓷、顺德家电、西樵纺织、张槎针织、大沥铝型材、乐从家具等知名区域品牌的背后，都有一批规模庞大、产业链条完善的产业集群和专业市场作为支撑。此外，在专业市场的带动下，周边区域开始出现酒店、住宿、餐饮、休闲等商业形式，并呈现出集聚效应，带动了当地商业和服务业的发展。

⊃ 1996年，西樵纺织品市场。

（五）**经营主体多元化，产品丰富，配套完善，产业链不断延伸。**佛山的专业批发市场涉及电子产品、建筑装饰材料、农副产品、陶瓷、服装、汽配等200多个行业类型，基本覆盖日常生活的方方面面。部分产业集群产业链的延伸已突破镇级行政区域范围，成为产业关联度较大、专业分工明确的产业地区集群。随着信息技术的高速发展，各专业市场积极推行电子商务模式，推动有形市场和无形市场协调发展。

四、佛山专业镇和专业市场发展的成效

佛山经省批准的特色产业专业镇达41个，是全省拥有省级专业镇数量最多的地级市。据统计，41个专业镇经济总量对佛山经济总量的贡献率保持在80%以上，这一比例在全省也是排名第一。此外，佛山有31个特色小镇入选《广东省特色小镇清单管理名单》，数量亦居全省第一。从某种意义上说，佛山的经济就是专业镇经济。佛山在辖区内重点发展专业镇经济，以专业镇有序整合资源，同步推动专业市场发展，实现了差异化发展。

（一）助推万亿产业集群的崛起

专业市场和专业镇的发展相互推动，促进了佛山传统产业集群的崛起。以万亿级产业为代表的大规模产业集群，意味着产业影响、发展质量、城市品牌的新跨越。万亿级产业集群是产业集群的高级形态，也是专业镇发展的结果。在佛山产业集群崛起的过程中，各具特色的专业镇以及专业市场发挥了重要作用。2022年，佛山拥有装备制造和泛家居2个超万亿的先进制造业产业集群，实现了2019年市委十二届七次全会提出的打造两大万亿产业集群的新目标。在佛山万亿级产业集群形成的背后，既有专业镇集聚各类企业的功能，也有园区和平台对产业专业镇升级的拉动和对新兴产业的吸引力。

在专业镇载体转向产业园区的进程中，产业园区向新兴产业的倾斜十分明显。如位于南海丹灶的佛山金海（世海）机械城，前身为一个传统的钢铁市场。随着佛山装备制造业逐渐发展壮大，该市场瞄准这一产业方向转型，于2019年起建设机械城。截至2022年，该机械城已引入宝鸡机床、广州数控、海天精工等多家知名品牌企业落户，发展成集展览、研发、商贸、酒店、办公、仓储于一体的机械装备产业科技园。

○ 2008年，平洲玉器城动工。

（二）促进了产业更新迭代

经过十数年的创新发展，佛山在专业镇建设方面取得了明显成效，自主创新能力全面提升，89%以上的专业镇建立了公共创新服务平台，根据产业特色的不同，先后构建了40余个公共创新服务平台；产业层次走向高端，专业镇中的家电、陶瓷、铝型材、不锈钢等传统产业从低端加工走向高端制造，形成生产、营销、研发等环节构成的全产业链发展模式；整治高耗能高污染取得明显效果，尤其是2008年实施"双转移"以后，全面开展淘汰落后产能工作，推动清洁生产，取得了明显的成效；传统产业数字化智能化迅速跟进，各个专业镇普遍运用CAD、ERP、物联网等信息化技术，增强了产品研发能力，提升了经营效率。

（三）成为全市高质量发展主战场

经过转型升级，专业镇成为佛山推动产业高质量发展的主战场。2020年以来，佛山积极探索专业镇在高质量发展中的新定位，重新审视和制定区域产业规划，强调专业镇协同创新平台建设，促进城市和产业融合发展；因地制宜有选择性地发展光电、环保、新材料、新医药、新能源等战略性新兴产业，形成了新的经济增长点和产业集群；创新产业科技合作模式和机制，加强公共服务协同创新平台建设，有效引导高端创新资源向相关专业镇集聚；优化和完善新型产业链，改变了过去产业链短、地位低、空间分散的特征，通过鼓励和引导特色产业由加工生产向装备制造、创意设计、品牌营销等高附加值产业环节延伸，进行优链、强链和补链，推动产业规模化、专业化、集聚化发展；建立了较健全的人才政策体系，依托专业镇协同创新平台、中国科学院专业中心、工程中心、博士后工作站和院士工作室等平台，引进了一批科技特派员、领军人才和创新团队，引领高质量发展。

（四）提升了佛山制造在全国乃至全世界的影响力

实力雄厚的专业镇和专业市场，进一步提升了佛山制造在全国乃至全世界的影响力。"有家就有佛山造"蜚声海内外。顺德区乐从镇和龙江镇分别是"中国家具商贸之都"和"家具名镇"，有全球最大的家具市场——乐从国际家具城，在全市还有南华家具城、盐步家具城、龙江国际家具城等大型家具批发零售市场。龙江镇至2017年已聚集家具生产企业1200多家，产品及原辅材料销售商店800多家，产品在全国家具市场占有率达16%以上。大沥镇聚集了1000多家有色金属冶炼和压延加工及相关企业，占全国铝型材产量的35%。张槎街道拥有针织加工企业1600多家，原材料销售商铺700多家。在专业镇经济带动下，形成了张槎玉带针织城、西樵轻纺城、顺德富安国际牛仔城等纺织服装批发零售市场，以及陈村花卉世界、伦教保发珠宝产业中心、平洲玉器街、大沥（盐步）环球水产批发市场等各类特色专业市场，等等。大沥镇盐步国际内衣城有内衣生产及相关联企业500多家，满足国内内衣市场需求并出口美国、欧盟、韩国、日本等30多个国家和地区。顺德区乐从镇还是"中国塑料商贸之都""中国钢铁专业市场示范区"，形成有乐从德富塑料城、乐从钢铁世界等集聚度较高的塑料和钢铁专业市场，其中乐从钢铁世界年促成钢材贸易总量超2000万吨。石湾街道也形成了"不锈钢一条街"，成为全国最大的不锈钢集散地，占全国不锈钢流通量的1/3。南海区丹灶镇成为中国安全产业的聚集地和中国氢能产业的高地，走在中国氢能产业的最前列。

⊃ 20世纪90年代顺德市乐从镇家具城一角。

五、佛山专业镇和专业市场发展的启示

佛山专业镇和专业市场的发展历程，见证了佛山制造业的崛起和产业转型升级的全过程，可为今天推动城产人文融合和区域协调发展带来一些启示。

（一）专业镇和专业市场造就了一批特色产业的集聚，有利于推动产业链供应链的健全发展

佛山制造业大市地位的形成，得益于众多专业镇的产业集聚功能发挥作用。这种专业镇生产加工和专业市场商贸流通的集聚功能叠加，促进了佛山制造业的蓬勃发展，在全国制造业产业链供应链中拥有一定的定价权，凸显了佛山城市功能作用。

（二）专业镇与专业市场相互依存、相互促进，才能更好地推动高质量发展

佛山专业镇在形成产业集聚的同时，促进了专业市场的配套发展。在这种相互依赖、相互促进发展的过程中，工业化、城市化、信息化对其不同阶段的发展提出新的

要求。从发展历程来看，专业镇有向工业园区转型升级的态势，同时推动自身走向高质量发展，转化为新兴产业集聚平台，如丹灶氢能产业。而专业市场在购物中心化、展厅化、平台化、电商化和都市化、国际化的进程中，也在重新定位并走向高质量发展。专业镇在生产端和专业市场在销售端的高依存度和良性互动，有利于实现事半功倍的产业高质量发展。

（三）专业镇和专业市场的提升必须重视和发挥科技创新体系的作用

佛山以创建国家创新型城市为契机，推动各专业镇建设区域创新体系。如西樵镇以南方技术创新中心为平台，形成了五大体系：产品研发体系、检测和质量认证体系、教育和培训体系、信息化服务体系、电子商务和现代物流配送体系。在2004年全国纺织集群产业创新现场会上，这种提升产业集群的做法被总结为"西樵模式"。2006年，南庄镇与景德镇陶瓷学院共同创办"华夏建陶研究开发中心"。该中心申请

○ 中国（三水）国际水都饮料食品基地内的可口可乐装瓶商生产（佛山）有限公司。（《佛山日报》记者王澍　摄）

的陶瓷发明专利服务于600多家企业。类似的研发创新机构还有华南家电研究院、广东数字媒体技术研究开发院、华南精密制造技术研究开发院、广东省建筑陶瓷研究院、华南家具设计研究院等。仙湖实验室的建设，也为丹灶镇打造氢能小镇增强了动力。专业镇和专业市场的进一步转型升级，要更加重视科技创新力量的作用。

（四）专业镇和专业市场的升级方向要与经济形态和城市（城镇）发展定位相协调

佛山专业镇和专业市场的发展为民营经济和民营企业的发展提供了肥沃的土壤，成为佛山民营经济占据全市经济总量近2/3的重要根源。佛山专业市场历次转型升级，也与民营经济的发展壮大息息相关。早期的专业市场具有初级市场经济特征，也与工业化初级阶段相适应。进入21世纪以来，传统专业市场功能弱化，后工业化、都市化、信息化促使专业市场向集约型经营管理、展贸中心、物流中心转变。

同时，根据城市发展定位的要求，实施科学的战略规划，推进专业镇和专业市场产业集群化，实现其与现代化城市建设功能对接、协调，十分重要。在这方面，佛山顺应了时代的变化需求，推动了城市升级与专业镇、专业市场发展的协同。如提高专业市场的集中度，通过重组改制、拆迁、土地置换等措施形成物流区、深加工区和服务区等配套协作群体，吸引社会资本参与专业市场的建设与改造，提升佛山产业体系和专业市场的现代化程度，为城市（城镇）高质量发展提供新的空间。

传统产业的崛起及转型升级之路

　　党的十一届三中全会以来，佛山贯彻落实以经济建设为中心，迅速完成以传统产业为基础和主导的工业化之路。至21世纪初，佛山传统产业迅速崛起，成为国民经济的重要支柱产业，形成工业门类齐全的专业化产业集群，传统产业占工业总比重70%以上，主要从事传统产业的企业数量占民营企业的比例接近80%。2003年起，面对国内外市场经济环境的严峻挑战，在国家宏观调控政策的指导下，佛山以建设资源节约型、环境友好型社会为目标，不断推进产业转型升级，把传统产业作为战略性支柱产业，促进传统产业与数字化、智能制造相结合，推动国民经济发展不断迈上新台阶。总体而言，传统产业发展的质量很大程度上决定和代表了佛山经济发展的质量水平。至2022年，佛山约有10万家工业企业，规模以上工业企业9000多家，其中有超3000多家开启了数智化转型之路。[①]在推进中国式现代化的新征程上，深化推进传统产业的转型升级，仍然是佛山实现产业和经济高质量发展的重要路径。

一、佛山传统产业的崛起

　　佛山传统产业特别是手工业有着数百年的根基，明清以来一直是

---

① 肖霞：《佛山：乘势而上建设制造业创新高地》，《南方日报》，2022年8月29日。

手工业重镇，陶瓷等产业发达。改革开放后，佛山传承和发扬这种产业基因，在20世纪70年代末，已经成为华南地区知名的轻工、电子工业城市。包括纺织、家电、陶瓷、塑料、电子等在内的一批传统产业在改革开放的大潮中迅速崛起。

（一）佛山传统产业在工业化大潮中崛起（1978—1992）

改革开放推动了佛山的工业化进程，传统产业随着乡镇企业的大发展率先崛起。佛山在引进外资和技术的背景下，从点到面，至20世纪90年代，逐渐形成了庞大的传统产业集群。

1979年，南海县盐步与港商合办丽斯内衣厂，拉开中国现代内衣工业的序幕。其后，大批社队（乡镇）企业如雨后春笋般在佛山迅速涌现。从家电到饮料，从纺织到陶瓷，"家庭作坊式"的各类工厂遍地开花，奠定了佛山制造业和民营经济的根基，也形成了佛山传统产业集群的雏形。

1983年5月，佛山成立对外经济工作委员会（简称"外经委"），内设引进科，负责"三来一补""三资"（中外合作、中外合资、外商独资）以及技术引进等利用外资项目的审批工作。6月，佛山成立社队企业管理局（9月改为农村集体企业管理局），与市二轻工业局合署办公。这些机构的设立，有利于推动乡镇企业（含"三来一补"企业）的发展壮大。

改革开放初期，"三来一补"引进的大多是传统产业，乡镇企业的涌现也承接了这种产业结构。乡镇企业的发展，推动佛山农村经济实现"三个转变"：总产值从农业为主转变为工副业为主；种养业从粮食为主转变为粮、牧、渔全面发展；劳动力结构从以农业为主逐步转变为以第二、第三产业为主。这是佛山南海、顺德等县域农村由"穷"变"富"的主要标志，同时也是佛山传统产业崛起的驱动力量。

1985年5月，经市委、市政府同意，市外经委撤销对外经济贸易服务公司，成立佛山市对外经济发展公司，为外商投资提供政策咨询，代办外商投资企业的立项、报批、工商登记以及税务、外汇、海关登记备案等。是年，佛山全市有中外合作项目300个，中外合资项目51个，以劳动密集型加工项目和旅游、服务设施等第三产业项目居多。

这一时期，佛山的"三资"企业也侧重于发展传统产业。1988年1月，佛山市第一家外商独资企业——南海嘉扩纸品有限公司成立。同年11月，由香港溢达控股有限公司独立投资，集纺、织、染于一身的大型纺织企业——广东佛山溢达纺织有限公司成立，成为是年佛山引进的最大的外商独资企业。1989年7月，佛山第一家台资企业——

● 1988年，香港溢达集团在高明县建立高丰纺织染联合企业有限公司，总投资为2亿美元，逐步建成纺织厂、针织布厂、梭织布厂、制衣厂等多个生产基地，形成集棉纺、染色、织布及制衣于一体的产业链。

南海里水金履鞋业有限公司注册成立。各类"三资"企业在发展的起步阶段，大都选择了传统产业领域。至1990年4月，随着中外合资企业佛山普立华科技有限公司成立，佛山对外资的引进利用向技术先进型、出口创汇型转变。但这种新兴产业的引入和发展，并没有改变佛山以传统产业为主的产业结构和工业格局。

1991年8月，佛山乡镇企业管理局与市二轻工业局分设，在一定程度上显示出产业结构与作坊式乡镇企业切割的态势。至1992年，佛山乡镇企业总数达64474家，总产值达到284.57亿元。是年，全市已形成工业门类较齐全的以轻纺和电子工业为主的生产体系，初步形成了纺织、陶瓷、塑料、电子、日用轻工食品、化纤、丝绸、家电、石化、医药、机械仪器、电器、服装、工艺、五金等一批产业集群雏形。其中，陶瓷墙地砖、陶瓷卫生洁具、塑料薄膜人造革、塑料纺织布、酱油、软包装饮料盒、卤钨灯系列、铝电解电容器、压力温控器等产品销量大，成为全国同行业中的"单打冠军"。这些产业集群雏形的形成，标志着佛山传统产业的全面崛起。

（二）在市场经济体制下不断优化传统产业结构（1993—2002）

佛山传统产业的崛起并非一帆风顺。1992年党的十四大提出建立社会主义市场经济体制的目标之后，佛山传统产业也在产业结构优化调整中不断向前发展。

"九五"期间（1996—2000），佛山投入48.7亿元用于支持传统产业改造，解决工业发展的关键问题，同时积极争取纳入国家和省科技发展计划项目内，取得国家对高新技术产业在政策、税收、土地优惠、能源供应等方面的支持。对传统工业的改造，佛山主要是积极引进科技人才和先进技术设备，大规模改造传统产业技术，实现生产手段和产品技术升级换代，同时积极组织应用技术研究，运用高新技术改造和开发产品，提高产品的技术含量和附加值。与此同时，佛山也在积极培育新兴产业群，加速产业结构的调整优化，重点发展综合性、科技领先、行业交叉的边缘性新兴产业，初步形成以电子信息、节能家电、电器元件、精细化工、医疗保健器械、新型包装材料、仪器仪表等为主导行业的高新技术产业雏形。

1998年9月，佛山市委召开工作会议，贯彻落实省委"外向带动""科教兴粤""可持续发展"三大发展战略，以及增创"体制、产业、开放、科技教育"四大发展新优势的部署，提出要加快改革的深化和突破，加快经济结构的调整优化，加快科技进步，加快新经济增长点的培育和发展等。市委要求，要以产业结构、企业组织结构、所有制结构和资本结构为重点，研究市、区（城区和石湾区）经济结构优化调整的方向、目标、战略、布局以及政策与机制等方面问题；要在大力培育新兴产业、加快发展主导产业、改造提高传统产业这3个层次上对市、区第二产业结构进行优化调整的同时，在第三产业中大力优化提高传统产业，大力培育新增长点，目标是到2010年，第二、第三产业比例达到60∶40。

"九五"时期，佛山一方面强调要落实"科教兴市"，同时又着力于传统产业的升级。1999年5月，佛山市委、市政府在开展市、区经济结构优化调整调研活动的基础上，出台《关于依靠科技进步促进产业结构优化升级的若干政策》《关于加强人才队伍建设、推动经济结构优化升级的决定》《关于进一步促进个体私营经济发展若干问题的意见》等若干文件，推动全面提高佛山市经济、社会发展的整体素质以及综合竞争力。市委强调，要以电子、陶瓷、塑料、纺织、家电、建材、机械、食品饮料等行业为骨干的主导产业群，继续向外向型、科技型、系列化、集团化发展，增强经济发展后劲。由此可见，当时的主导产业集群也是以传统产业为特色。为全面落实"科教兴市"战略，佛山在市一级成立生产力促进中心，向中小企业提供科技服务。同时，

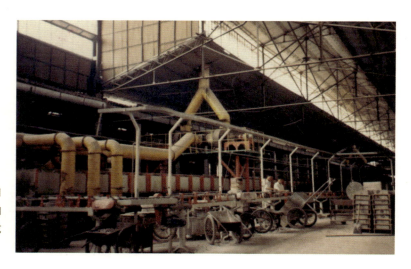

⊃ 20世纪80年代末，佛山陶瓷产业成功仿制先进的辊道窑，代替了昔日的龙窑与轮窑。

优化外资结构，拓宽利用外资领域，提高传统产业利用外资水平。此外，围绕经济结构调整，加大传统产业企业在产权、行政管理体制、社会管理体制等方面的改革。

（三）"产业强市"推动传统与新兴产业协调发展（2003—2006）

20世纪末至21世纪初，随着信息技术的迅猛发展，佛山产业结构升级逐渐加快，三大产业相互渗透、相互作用，传统产业生产成本快速上升，高污染、高能耗、产能低的产业带来的问题日渐突出，资源环境承载压力不断增大，土地、劳动力资源日益紧缺，产业层次低端、竞争力不强等问题成为进一步发展的障碍。此时，佛山传统产业占工业总比重在70%以上，然而绝大部分大而不强，处于产业价值链的中低端，企业产业转型升级缺乏动能。

2003年1月19日，在省十届人大一次会议记者招待会上，佛山提出要推进传统产业与新兴产业协调发展，立足于"产业强市"，除让现有的家用电器、纺织服装、陶瓷、建材和金属材料加工等支柱行业做大做强外，还需开拓发展信息产业、环保产业、物流业、信息服务业等，形成产业集聚优势和规模优势，增强竞争力，从而在珠江三角洲区域整合中打造一个雄厚的"制造业基地"。同年5月，市政府在市十二届人大一次会议上的工作报告中明确，佛山要积极实施"产业强市"战略，走出一条科技含量高、经济效益好、资源消耗低、环境污染少、人力资源优势得到充分发挥的新型工业化道路。

自确立"产业强市"战略以来，佛山立足实际，走出了一条新型工业化道路，形成了家用电器、机械装备、金属材料加工及制品、陶瓷建材、纺织服装、电子信息、食品饮料、塑料制品、精细化工及医药、家居用品制造10个各具优势的行业。

二、佛山传统产业的转型升级

佛山制造业以民营企业、中小企业居多，传统产业占工业总比重在70%以上，绝大部分都是小而不强、散而不聚、聚而不联，在快速发展的同时，也面临着创新能力不足、土地资源瓶颈、信息化水平参差不齐等问题，产业层次不高、竞争力不强、新兴产业规模小等问题成为高质量发展的障碍。因此，企业发展迫切需要产业转型升级，地方政府急切需要新的产业制高点。

2006年底，佛山市委、市政府提出，宁可掉几百亿的GDP，也要把环境搞好。其后，佛山开启以节能减排为突破口的传统产业转型升级工作。省委主要领导高度重视这项工作，指出"今天不积极调整产业结构，明天就要被产业结构所调整"。

这一时期，佛山按照党中央关于"扩内需、调结构、保增长、促发展"的方针和省委"三促进一保持"①的工作部署，将保增长、调结构作为首要任务，将体制机制改革创新作为重点突破口，全面贯彻实施《珠江三角洲地区改革发展规划纲要（2008—2020年）》，推动传统制造向现代制造转型，从传统产业向绿色环保产业转型。

（一）产业结构调整与总部经济同步推进（2007—2010）

2006年至2008年，佛山传统产业在产业升级过程中，出现了升级为总部经济的趋势。2006年，佛山南海投资24亿元，在广东西樵纺织产业基地打造"统一供水、统一供气、统一治污"的"三统一"工程，使西樵镇成为全国首个环保纺织基地。2007年9月，美的集团新总部基地在顺德北滘新城区奠基。同月，中国陶瓷产业总部基地在禅城南庄授牌。这标志着佛山家电和陶瓷两大传统产业率先向总部经济升级迈进。

2007年12月，佛山市第三次加快推进高耗能高污染产业治理工作现场会在南庄召开，在"扶持一批、整改一批、关停一批"的政策下，通过各种形式关停并转低端陶瓷企业。2008年起，佛山加大了产业结构调整力度，以高新技术和信息化促进传统产业转型升级，推进产业和劳动力"双转移"。通过"双转移"和技术改造，淘汰落后产能，发展清洁生产，使陶瓷、水泥等传统高耗能高污染企业得到进一步调整，清洁、安全、节能生产得到推广。

总部经济的推进，推动了企业上市和产业集群形成国家级、世界级规模。2008年4月，佛山启动以创新试点计划、基金引导计划和企业上市"463计划"为主要内容的金融发展三项计划。"463计划"中，佛山提出在四年内至少推动60家企业上市，融资超过300亿元。同年11月，中共中央政治局常委、国务院总理温家宝到佛山调研，考察了格兰仕集团有限公司、万和集团有限公司和国星光电股份有限公司等，鼓励企业在金融危机时期逆势而上，加大产品自主创新力度。2009年6月，佛山制定实施《佛山市"3＋9"特色产业基地实施方案》，建设白色家电、新型显示器件、现代陶瓷三大世界级特色产业基地和专业机械装备、金属材料加工与制品、纺织服装、食品饮料、家具、医药保健、汽车及零配件、新材料、节能环保九大国家级特色产业基地。

2009年8月19日，中共中央政治局委员、广东省委书记汪洋到佛山，就产业转型升

---

① "三促进一保持"：促进提高自主创新能力、促进传统产业转型升级、促进建设现代产业体系和保持经济平稳较快增长。

级开展专题调研，肯定佛山利用区位优势发展新产业、运用信息技术改造传统产业、引进高端人才打造新兴产业、建设技术服务平台帮助企业转型升级等做法，指出信息技术可极大推动传统产业生产、经营等各个环节的创新、变革，使传统产业加速向现代产业转型，要求佛山乘势而上，为全省经济又好又快发展、推动"三促进一保持"增强信心，提供经验。

产业集群化是佛山传统制造业的规模化发展特色，而总部经济的形成，促使佛山传统制造业走向"做大做强"，拥有国家级、世界级影响力。2010年10月，市政府发出《关于佛山市落实"三着力一推进"①工作方案的通知》，加快推进传统产业转型发展。至2010年，佛山家电、陶瓷、金属材料加工与制品、纺织服装等四大优势传统产业工业总产值达5466.58亿元，占全市工业总产值的42.9%。是年，广东公布现代产业500强项目，包括了101个优势传统产业项目，其中佛山有23个。一方面，这些传统产业呈现出佛山镇域经济的发展优势。"一镇千家厂、千厂同类"的专业镇集聚了数以万计的专业分工明晰的中小企业。另一方面，从这些专业镇中小企业中走出了一批百亿级乃至千亿级的企业集团。截至2010年，佛山拥有上市企业27家，比2007年翻了一番。

（二）全面推进传统产业转型升级（2011—2018）

到2011年，佛山的工业总产值达到国内其他城市平均水平的6倍之多，成为名副其实的制造业基地。第二产业已成为佛山的主体产业，形成了家用电器、机械装备、金属材料加工及制品、陶瓷及其他建材、纺织服装、电子信息、食品饮料、塑料制品、精细化工及医药、家居用品制造十大优势传统行业。

2011年1月，为贯彻落实省委部署，进一步推动产业转型升级，保持产业发展势头，市委召开十届十次全会，总结"十一五"（2006—2010）时期佛山的发展情况，提出以"四化融合，智慧佛山"为主线，以"民富市强，幸福佛山"为核心，全力推进产业转型、城市转型和环境再造，努力争当"加快转型升级，建设幸福广东"的排头兵。同年9月，广东省产业转移和劳动力转移工作会议在佛山召开。佛山落实省委"双转移"要求，加快传统产业升级转型，不断优化产业结构。在实施"双转移"过

---

① "三着力一推进"：着力转变经济发展方式，加快构建现代产业体系；着力实施农村居民收入倍增计划，加快城乡一体化发展；着力提升民生社会事业，加快建设和谐佛山；推进以改革促发展，实现产业转型、城市转型和环境再造。

程中，佛山关停了一批包括陶瓷、小熔铸、小印染、小电厂等在内的高污染、高耗能、低效能企业。传统产业进入深度调整的阵痛期。在实施"双转移"后，佛山增加了20多万亩（1亩≈0.067公顷）可重新开发的"三旧"存量土地，在一定程度上突破了土地发展的瓶颈，增强了佛山吸引重大项目的空间和能力。在2011年度全省产业转移和劳动力转移目标考核评价中，佛山市在全省各市中得分名列第一。

2012年起，特别是党的十八大以来，佛山加快以信息化提升传统产业的进程，鼓励引导传统优势行业通过信息化手段提升产品附加值，改进装备水平，改造运营模式和流程。对此，市委、市政府制定了实施机械装备、陶瓷、纺织服装和铝型材等4个行业"质量提升、效益提升"行动计划。

2014年8月，中共中央政治局委员、广东省委书记胡春华到佛山调研装备制造业发展情况时，要求佛山在打造珠江西岸先进装备制造产业带中发挥龙头带动作用。同年8月11日和11月4日，佛山先后出台《佛山市打造万亿规模先进装备制造业产业基地工作方案》和《佛山市打造万亿规模先进装备制造业产业基地扶持试行办法》，启动万亿规模先进装备制造业产业基地建设，以先进装备制造业推动佛山经济结构调整与传统产业转型升级。是年，佛山市获批为国家知识产权示范城市、全国陶瓷产业知名品牌创建示范区。广东工业设计城、顺德创意产业园成为全省有影响的工业设计产业集群区域。

2015年，佛山提出"建成中国制造业一线城市"构想，把智能制造作为实现制造业转型升级的主攻方向。是年5月，市委、市政府召开全市工业转型升级攻坚战动员大会，推出工业转型升级6项举措，推动佛山由"制造业大市"向"制造业强市"转变。强调要"坚持两条腿走路"，既要推进存量优化，加速传统产业的转型升级，又要推进增量优质，大力培育发展新兴产业，走出一条符合佛山实际的工业转型升级之路。同年6月，市政府印发《〈中国制造2025〉佛山行动方案》提出，通过实施创新体系建设、智能制造发展、工业强基提质、质量品牌提升、绿色改造升级5个专项行动，重点发展新一代信息技术、智能制造装备、汽车制造业、新能源装备、节能环境保护装备、生产性服务业六大领域，推进新一代信息技术与制造业深度融合，推动家电、金属材料加工、陶瓷、纺织服装、家具、食品饮料等传统行业改造提升。其后，在市委、市政府的推动下，东鹏控股、蒙娜丽莎等10家佛山企业单位发起成立联盟，共同推动佛山传统企业转型升级。

同年12月，佛山成为全国唯一的制造业转型升级综合改革试点。随后，佛山制定了《广东省佛山市制造业转型升级综合改革试点方案》，把制造业的智能化、数字化、信息化摆在更为突出的位置，作为一项重点工作来推进。2017年，佛山规模以上工业总产值达到2.4万亿元，加上规模以下工业总产值，总量超过2.5万亿元，在全国各大中城市排名第6位。

在传统产业转型升级过程中，佛山全力打造起特色鲜明的"一镇一品"的专业镇经济形态。至2017年，有国家级特色产业基地26个、省级特色产业基地10个，国家级产业集群升级示范区4个、省级产业集群升级示范区12个，中国产业名都、名镇41个，广东省专业镇38个。专业镇经济与产业集群化同步发展，在全市形成了各具特色的产业集群，如容桂、北滘家电，乐从、龙江家具，石湾、南庄陶瓷，大沥铝型材，陈村花卉，西樵纺织等。专业镇已经成为佛山传统产业的主要承载体。与此同时，佛山的食品饮料业保持持续稳中增长的态势。2018年，佛山市食品饮料业实现工业增加值191.12亿元，比上年增长8.4%，占全市规模以上工业增加值（4590.05亿元）的4.16%，规模以上企业有163家，其中，海天味业主营业务收入超百亿元，入围《福布斯》2018年度亚洲最佳上市公司50强，成为唯一上榜的调味品企业。

○ 佛山维尚家具制造有限公司的智能制造场景。（黄国维　摄）

2018年2月，佛山先进制造科学与技术广东省实验室第一届理事会成立大会召开。自2018年至2022年，佛山计划用5年时间，由市、区财政每年投入10亿元、总计投入55亿元，用于建设佛山先进制造科学与技术广东省实验室（后正式命名为"季华实验室"）。7月，市委十二届六次全会通过佛山为广东实现"四个走在全国前列"作出更大贡献的系列决议。其中提出，到2022年，佛山全面建成国家创新型城市；规模以上工业企业建有研发机构的比例达52%，大中型工业企业实现研发机构全覆盖，并实施"高校＋高端研究院所＋龙头企业"的创新发展模式；通过中国（佛山）知识产权保护中心，建立"政府、企业、协会、专利联盟、运营中心、研发机构协同合作"的工作体系。先进制造业发展和国家创新型城市建设，推动佛山传统产业进入一个发展新阶段。

（三）以数字化、智能化助推高质量发展（2019年以来）

2019年4月，习近平总书记在重庆考察时强调，要坚定不移推动高质量发展，扭住深化供给侧结构性改革这条主线，把制造业高质量发展放到更加突出的位置，加快构建市场竞争力强、可持续的现代产业体系。佛山贯彻落实习近平总书记重要讲话精神，着力推进传统产业与新兴产业融合，推动产业数字化和智能化，建设现代产业体系，引领佛山传统产业迈向高质量发展。在市委、市政府的支持下，南海区在推动经济高质量发展上先走一步，不断深化供给侧结构性改革，加快构建面向未来的"两高四新"①现代产业体系，持续推进传统产业转型升级，推动质量变革、效率变革、动力变革，为高质量发展提供强力支撑。

2020年1月，主题为"加快工业互联网应用推动制造业高质量发展"的中国制造论坛在佛山召开，提出要重点推动数字化转型。同年7月，《佛山市深化"互联网＋先进制造"发展工业互联网的若干政策措施》正式实施。按照有关政策，2020—2023年，佛山市级财政安排佛山市工业互联网发展专项资金不少于1亿元。

2021年5月，佛山举办2021年制造业数字化转型成果展示及交流会，探索佛山制造业数字化转型的观念、思路、技术方法等。会上发布2021—2023年佛山市制造业数字化转型升级的政策思路，提出到2023年，佛山要力争完成制造业数字化转型"十百千万"工程，即打造50个数字化示范工厂、100个数字化示范车间，推动3000家制造企业实施数字化转型，带动10万家各类企业"上云用云"。7月25日，市政府印发

---

① "两高四新"：在"两高三新"的基础上，培育发展新型生物医药产业。

⊃ 数字化、智能化为万和集团有限公司保驾护航。（《珠江商报》记者陈炳辉　摄）

《佛山市推进制造业数字化智能化转型发展若干措施》，要求加快制造业数字化、网络化、智能化转型升级，推动制造业高质量发展。9月18日，首届粤港澳大湾区（佛山）数字化智能化转型高峰论坛在佛山市南海区举行。在论坛上，佛山市政府主要领导指出，佛山将数字化智能化转型作为主攻方向，推动现有传统产业通过加大科技创新实现转型升级。同年10月，按照市委、市政府部署，顺德区第十四次党代会提出建设高质量发展先行示范区，目标包括在构建现代产业体系上先行示范，推动顺德制造业数字化智能化转型成为全国样板。

2022年1月，佛山举办大湾区制造业数智化转型交流大会，提出要推动数字基础设施升级改造、产业数字化和数字产业化，促进数字经济和实体经济的深度融合。同年2月，市政府工作报告明确提出，佛山要推动数字经济和实体经济融合发展，加快推进制造业数字化智能化转型，发挥广东（佛山）制造业转型发展基金和"数字贷"工程的杠杆带动作用，支持企业应用数字技术和智能制造装备进行全流程改造升级。产业数字化智能化的全面推进，促进了佛山优势传统产业与战略性新兴产业的进一步融合。

2023年，佛山市委围绕落实省委"百千万工程"战略部署，提出要引导产业项目向"双十园区"①集聚，培育引进战新产业和未来产业；推进传统产业转型升级，深入

① "双十园区"："十大创新引领型特色制造业园区"和"十大现代服务业产业集聚区"。

推进数字化改造、智能化生产，坚定不移推动老旧工业园区改造，让传统产业焕发出新的光芒。

三、佛山传统产业的改革发展经验

高质量发展是全要素生产率高、企业利润率高、附加值高的发展。高质量发展不是要淘汰传统产业，而是要提升传统产业的竞争力。多年来，佛山持续探索产业转型升级和供给侧结构性改革，积累了传统产业从快速发展到高质量发展的宝贵经验。

（一）与时俱进推动传统产业转型升级

经过改革开放30多年的发展，佛山形成了家用电器、机械装备、金属材料加工及制品、陶瓷建材、纺织服装、电子信息、食品饮料、塑料制品、精细化工及医药、家居用品制造十大优势行业。多年来，这些传统产业在全国同类行业发展中保持一定优势，但大部分产业在佛山产业结构中并不具备主导产业优势。至2015年前后，全市的主导产业主要为装备制造业、家电制造业和非金属矿物制品业。如何避免"主导产业

➲ 20世纪80年代末的健力宝生产线。

⊃ 2008年10月18日，位于佛山季华西路与南庄紫洞路交汇处的中国陶瓷产业总部基地启用。

无优势，优势产业不主导"的产业格局，以佛山陶瓷产业、饮料产业等为代表，在推动传统产业转型升级上探索了重要经验。

一是体制转型，增强企业活力。1995年，海天成为由国资委持股30%、749名职工（登记股东为47位职工代表）共同持股70%的混合所有制企业，增强了职工的积极性和企业的凝聚力；2002年，佛陶集团和健力宝也分别进行了战略性重组和股份制改革；等等。

二是节能降耗，淘汰落后产能。2008年起，佛山通过"双转移"和技术改造，淘汰落后产能，发展清洁生产。最突出的是陶瓷产业，面对"今天不积极调整产业结构，明天就要被产业结构所调整"的形势，佛山陶瓷产业按照"扶持壮大一批，改造提升一批，转移淘汰一批"的方针，进行了艰难的转型。

三是龙头企业带动，形成产业集群。早期的佛陶集团对产业集群的崛起发挥了带动作用；后来的东鹏、蒙娜丽莎等企业成为"新势力"，带动形成石湾、南庄陶瓷产业集群。在饮料产业，早期的三水健力宝成为带头的龙头企业，而后在水都基地建设之初，则是百威啤酒发挥带动作用，也形成了饮料企业品牌"群雄并起"的局面。

相对来说，传统产业占比较大，意味着先进制造业和高新技术制造业占比偏低。按照佛山市委在2018年提出的到2022年全面建成国家创新型城市的目标，规模以上工业企业建有研发机构的比例要达到52%。[①]由此，为了保持在新一轮竞争中的产业优势，佛山在传统产业的高质量发展上狠下功夫，着力推动把一批传统产业升级为先进制造业。

（二）以数字化、智能化制造推动高质量发展

随着数字经济时代的来临，企业数字化转型成为一种趋势。对此，佛山在2022年市政府工作报告中就明确提出，佛山市要推动数字经济和实体经济融合发展，加快推进制造业数字化智能化转型。作为生产全国1/5机器人的产业高地，智能制造装备等先进制造业成为佛山推动传统产业"数智化"的重要抓手。佛山"十四五"规划提出，到2025年，佛山智能制造装备及机器人等四大产业集群将冲刺3000亿元产值规模。在传统产业的数字化智能化升级中，佛山制造逐步向佛山智造转型。

一是推动产业数字化、数字产业化深度融合。早在2013年，佛山就将数字化转型写入市政府工作报告，报告提出，要着力推动产业转型升级，增强实体经济核心竞争力。其后，佛山通过行业准入标准或调整提升标准、节能减排、环境保护等倒逼机制，促进传统产业进行技术创新，推动产业从价值链低端向高端延伸；继续推动"两化"深度融合，积极探索云制造模式，建设"云制造"服务平台，推动百家规模企业实施生产设备、流程、能力的数字化改造，做大做强数字产业；支持传统产业开展科技创新和商业模式创新，加大品牌、标准、专利战略实施力度，推动佛山制造向佛山创造、智造转变。作为国内较早一批推动企业开展数字化转型的城市之一，佛山对标德国"工业4.0"，在2015年，市委就首次把"工业4.0"写入全会报告，推动企业适应"机器换人"的浪潮。

二是以龙头企业引领数字化转型。数字化转型是产业转型升级的必然趋势。经过近8年的发展，数字化转型在佛山的各大龙头企业中已有成熟的经验与案例。如2021年3月，选址顺德区杏坛镇建设机电工业4.0项目，建设继美的南沙工厂后又一个世界级的"灯塔工厂"。作为家电龙头之一的格兰仕集团，在各工序生产线的PLC设备铺设，以及设备联网采集数据，PLM、MES、WMS、SCM等与生产链相关的系统也进行了大规

---

① 实际上，佛山规模以上工业企业研发机构建有率在2020年已超过57.3%，2021年成功创建国家创新型城市。

➲ 美的微清"灯塔工厂"车间。(《佛山日报》供图)

模的数字化投入。

三是推动中小企业探索数字化转型升级。佛山以行业协会为依托，以优势企业作为主体，通过一系列政策，推动中小企业抱团转型。具体从3个方面入手：商业模式上要找准牵头和运营的主体；做好平台的支撑；抓住两类"领头羊"，即培育产业工人和"创二代"。佛山通过建立各类产业的数字信息公共平台，帮助企业打通信息渠道，让更多企业使用平台，共享本行业所需的信息资料，从而降低企业生产成本，提高生产效益。

（三）发挥政企在传统产业转型升级中的能动性

习近平总书记指出，经济体制改革的核心问题，仍然是处理好政府和市场的关系。推动佛山传统产业的转型升级，要厘清政府与市场发挥作用的边界，使市场在资源配置中起决定性作用和更好发挥政府作用。同时，要发动行业商协会、企业协同努力，打造有利于传统产业高质量发展的营商环境。

1. 加强政府对产业发展和升级的引导

一是引导传统产业实施转型升级。如2006年在南海区西樵镇纺织产业基地打造的"统一供水、统一供气、统一治污"工程。政府通过规划、政策配套，引导传统产业的转型升级，推动传统产业集群的重组调整，推动重点产业规模化、集群化，并与新兴产业结合，是实现传统产业转型升级和高质量发展的重要因素。

二是营造有利于传统产业转型升级的政策环境。传统产业转型升级除了增强企业自身的核心竞争力外，还需要营造一个良好的政策环境。如2009年6月实施的《佛山市"3+9"特色产业基地实施方案》，确定白色家电、新型显示器件、现代陶瓷为三大世界级特色产业基地。市政府针对不同的传统产业集群的发展特点给予不同的支持。其中，对于在近期和中长期都具有竞争优势的产业，帮助其在研发、品牌、组织结构等方面拓展新的竞争优势；对于近期会受到一定冲击，但中长期仍具有广阔发展前景的产业，则帮助其加快市场开放，鼓励参与市场竞争，不断发掘潜力。

三是重视对现有资源进行整合。在规划好传统产业转型升级的发展蓝图及创造有利的政策环境的基础上，佛山从过去单一增加资源投入的决策转向对现有的资源及运用能力进行整合，从而避免资源的浪费，形成有序的传统产业发展机制，促进产业集群的发展。

2. 充分发挥行业协会的协调作用

行业协会在市场经济中担任重要角色。一方面是积极引导企业有序竞争和寻求合作。如1999年，作为佛山市工业企业改革工作的一个重要举措，佛山先后筹建了陶瓷行业协会、电子行业协会和服装行业协会。这些行业协会成为政府与企业间的重要桥梁，促使企业通过分工、合并、重组的方式，推动品种的差异化、工艺的差异化、经营方式的差异化以及销售对象的差异化，促使企业间由完全竞争关系转向竞合关系。另一方面，帮助行业内企业寻求或为它们提供有效的产业信息资源，遏止供应商哄抬价格、违约背信的投机行为并使活动透明化；举办各类行业展会并引导企业积极参与，使佛山成为各行业最新的材料、设备、技术、工艺、产品发布中心，全国性价格及行情的权威信息源头，以及海内外同业对接的首选平台，提高传统产业集群的协作效率。

3. 重视龙头企业在产业集群发展中的带头作用

由龙头企业带头，发挥产业集群优势，带动行业内企业纷纷看齐，形成规模化发展；政府顺应产业和市场的发展需求，科学规划，整合资源——这是佛山传统产业发展的一条普遍经验。如1982年佛陶集团率先引进意大利年产30万平方米彩釉砖的自动生产线，80年代中期又率先从德国引进了现代化的卫生陶瓷生产线，带动整个中国陶瓷业逐步告别传统工艺和传统生产方式，充分体现了龙头企业对产业集群发展的引领作用。

佛山传统产业在转型升级过程中，坚持发挥龙头企业带动作用，通过股份制、合作制、业务外包等多种途径，带动一大批中小企业发展，引导行业内的兼并重组，使各种生产要素迅速地向龙头企业集中。同时，鼓励龙头企业积极利用资本市场和风险投资来发展壮大，建立起大中小企业间在整机与零部件、硬件与软件、科研与生产、核心产品与辅助产品等方面相互配套的分工协作，形成比较完整的产业增值链条和相互促进的产业群体，打造优质的产业集群区域品牌。

此外，龙头企业也不断提高自身的研发能力，进而带动整个行业的技术进步和设备升级。过去较长一段时间，佛山传统产业中的多数企业属微利型，以一般的制造和加工组装为主，进入门槛低，产业层次不高，产品竞争力不强，研发水平低。随着市场竞争的日趋激烈和综合成本的上升，产品利润下降、产品销售增长停滞，这些企业容易陷入经营危机。对此，佛山重视传统产业的研发投入，引导和鼓励整合产业内技术资源、人力资源、智力资源，建立健全产业集群创新体系，发挥企业比较优势，增强企业自主创新能力。如大力推动供应链产业链"补链强链"工程，由市、区政府牵头组织行业协会、大专院校科研机构和第三方专业机构开展系统的传统产业诊断，从产业集群、供应链产业链、重点企业等方面进行分析研究，并对标对表国内外先进水平，为制定佛山传统产业相关政策提供科学依据。此外，佛山重视以龙头企业带动，通过技术中心、研究院、专家工作室等载体建设传统行业的共性技术研发平台，鼓励和引导上下游企业按照产业集群、产业链关联等开展科技研发等合作。

⊃ 佛山新明珠集团5G数智化中央控制系统通过搭建智能制造八大系统运营中心，实时监测各生产环节。（佛山市新闻传媒中心供图）

佛山国有企业产权制度改革

改革开放40多年来，佛山市委、市政府领导市属国资国企敢闯敢试、开拓创新，坚持以改革的精神、改革的方法、改革的举措破解前进道路上的问题，增强了国有经济的活力、控制力和影响力，实现国民经济持续健康发展。进入"十四五"时期，特别是党的二十大以来，佛山围绕国资国企高质量发展，聚焦重点领域、关键环节深化改革，重塑佛山国资国企功能定位，不断优化国资结构和布局，强化企业平台建设，推动企业重组上市，为推进中国式现代化贡献力量。

一、佛山国有企业产权制度改革的历程

佛山早期的国有企业改革以经营管理体制改革为主，在20世纪90年代又被称为"公有企业改革"。1993年，佛山公有企业改革拉开序幕，以产权制度改革为核心，以产权多元化为目标，通过股份制、股份合作制及出让、拍卖、承包、租赁等多种形式，全面开展和推进公有企业转制工作。在此过程中，佛山把产权制度改革与建立现代企业制度有效结合起来，推动企业进行规范化的公司制改造。党的十八大以来，佛山进一步深化国资国企改革，持续增强国有经济的活力、控制力和影响力。

（一）扩大国营工商企业经营自主权，推行承包经营责任制（1979—1992）

改革开放之初，佛山的一些社办企业开始自发地通过集资入股、股份合作、股金分红等办法探索发展之路。80年代中期，一些小型商业服务业国企悄悄尝试所有权改革，将国有转为集体所有，或将个别国有制和集体所有制企业转为私营企业。由于私有化受到比较严格的防范，国有大中型企业的私有化仍然属于禁区。同时，开始出现一些以私人资本投资设立，而以公有制企业（包括国有和集体企业）的名义进行注册登记，或者挂靠在公有制企业之下的企业（又称"红帽子"企业）。

这一阶段，佛山尚未真正开展以产权制度改革为核心的国有企业改革，主要在经营管理体制层面进行了一些改革。

一是扩大国营工商企业经营自主权。1979年8月，根据省的统一部署，佛山地区首批19家企业铺开扩大自主权试点，其中包括省直属的佛山地区汽车运输公司、佛山石湾建陶厂等。从1980年1月1日开始，佛山地区的江门市、南海县分别在国营商业企业和基层供销企业开展扩大经营自主权试点。自7月1日起，佛山地区的江门市、佛山市（县级市）第二批共12家企业铺开扩大自主权试点，至此，佛山地区第一、第二批开展扩权试点的省选县级以上企业达到31家。1981年起，在总结近一年企业扩权试点经验的基础上，佛山在国营工交企业全面推开扩大企业经营自主权的工作，使企业在人、财、物、产、供、销等方面拥有更大的自主权，同时要求各市、县在所属企业中选一个厂作为"以税代利、自负盈亏"经济责任制和职工代表大会领导下的厂长负责制改革试点。1983年2月26日，佛山地区下发《关于印发佛山市等三个工业体制改革材料的通知》，围绕健全企业经济责任制，全面推行工交企业管理体制改革，在一些试点企业建立党委领导下的厂长负责制。1983年、1984年，国家实行企业"利改税"（向所属各级政府上缴利润改为向国家统一缴纳税款）、"拨改贷"（基本建设拨款改为银行贷款）制度，把国家和企业之间的分配、投资关系用法律的形式稳定下来。同一时期，佛山以"地区改市"[①]和地、市工业部门合并为契机，改革工业管理体制，改变原工业局直接管理企业的建制，陆续组建行政经营性行业公司，形成"市经委—行业公司—工业企业"三级工业领导管理体制。1984年9月，佛山选择10家企业进行企业内部领导体制改革试点，试行厂长（经理）负责制，由厂长（经理）统一领导、全

---

① 1983年6月，佛山地区撤销，成立新的地级佛山市。

面负责企业的生产经营和行政管理工作。1986年8月，佛山召开全市推行厂长（经理）任期目标责任制会议，在搞好厂长（经理）负责制试点的基础上，选择100～120家工交企业（占全市工交企业总数20%）进行厂长（经理）任期目标责任制的第一批试点。市委强调，厂长（经理）任期目标责任制要做到"横向到边"（根据厂长经理任期目标制定党委书记和工会主席任期目标）、"纵向到底"（将厂长经理任期目标层层分解、层层合同承包）。

二是推行企业承包经营责任制。1987年7月，市委、市政府召开全市深化企业改革会议，决定在佛山普遍推行多种形式的承包经营。1988年8月，市政府发出《关于深化企业改革，进一步完善企业承包经营责任制的意见》，提出实行承包经营、改革企业管理、搞好企业生产，继续推进政企分开和所有权、经营权"两权分离"改革。1990年9月14日，市政府转发省政府《关于搞好全民所有制企业新一轮承包经营责任制的通知》，提出加强领导，限期承包，兼顾国家、企业、个人三方利益，健全考核制度和理顺企业分配关系等5条措施。

三是推行国营（集体）企业工资改革。1983年9月，佛山在市无线电一厂、石湾

● 佛山电器照明股份有限公司是1958年成立的全民所有制国营企业，1992年10月改组为佛山市第一家股份制试点企业。1993年11月在深圳证券交易所成功上市。

化工陶瓷厂结合工资调整，实行统一、简化、归并工资标准的企业内部分配制度改革，实行职工工资向技术高、劳动复杂的岗位倾斜，与职工实际劳动贡献挂钩。1984年，市政府贯彻国务院《关于国营企业发放奖金的通知》精神，取消奖金"封顶"，实行奖金征税，从而使奖励工资和计时工资、计件工资、提成工资一起成为企业工资的重要形式。1985年4月，市政府成立佛山市企业工资改革领导小组。同年

○ 1992年，佛山市有21家国营企业获省批准进行股份制改革，市兴华商业集团股份有限公司是其中之一。

10月，佛山对4家企业改革工资管理体制，实行工资总额与上缴税利挂钩试点。1986年1月，佛山市国营、集体企业内部实行以统一、简化、归并职工工资标准为主要内容的工资套改。1987年8月15日，市政府发出《关于深化我市经济体制改革的几点意见》，提出深化包括工资制度改革在内的企业内部配套改革。1988年7月8日，市政府办公室印发《关于预算外企业推行工资总额同经济效益挂钩的若干规定》，将工资制度改革的范围推行到商办工业以及机关事业单位办实体企业等。1989年8月10日，市政府办公室印发《关于全面推行"工效挂钩"、加强工资基金管理的通知》，完善"工效挂钩"企业工资制度，企业按比例提取效益工资后要留有结余，保持以丰补歉的工资储备金。通知要求，未实行的要在9月底前全面实施，已经享受行政事业单位工资的企业要按照"政企分开""企事分开"的原则转为企业工资。

1991年和1992年，市政府先后印发《关于批转市直企业有关奖励试行办法》和《关于试行六个改革方案和意见的通知》，在市直企业中试行"一奖六制"，推出企业级别浮动定级、职工工资与效益挂钩、优势企业兼并、股份制试点、一厂多制、厂长和书记"一肩挑"6条搞活企业的工作意见。

（二）推进国有企业产权制度改革和转换经营机制（1993—2003）

1992年9月，佛山顺德获省批复同意开展综合改革试验。1993年9月，顺德出台《关于转换机制，发展混合型经济的试行办法》，率先拉开一场以产权制度改革为核心，围绕建立产权明晰、权责明确、政企分开、管理科学的充满活力的企业发展模式，建立以股份制为主要形式的多种经济成分并存的混合型经济格局的企业制度改革的帷幕。是年起，在顺德取得经验的基础上，佛山迅速部署，选择了一批经济效益好

的企业，按规范化要求进行股份制改造，开展股份制企业试点工作。在试点企业成功的基础上，佛山于1994年全面推进公有企业转制工作，全市直属企业及下属其他县级市、区的国营企业掀起产权制度改革的热潮，奠定了佛山市场经济发展的新格局。

1994年1月19日，市委制定《关于市直工业深化改革，转换企业经营机制，建立现代企业制度的试行办法》，强调要进一步深化企业改革，发展以股份制为主要形式的多种经济成分并存的混合型经济，建立以股份公司和有限责任公司为主要企业组织形式的现代企业制度；坚持"抓大、放小、攻难"的方针，要求用3年左右的时间，完成全市企业转制改革任务，并成立领导机构，搞好清产核资，严格资产评估，摸清家底，界定产权；搞好试点，积累经验，逐步推进。

企业转换经营机制，主要有5种方式：一是中外联营。通过向外商出让股权，引进外资，实行中外联营，尤其是与国际大公司联营，引入其资金、技术，进入其市场。二是公私合营。对生产比较稳定的大中型企业，实行股份制改造，通过出让股权给各种经济成分的法人，加大法人股份占有量，降低国家股比例。三是公有民营。对生产比较稳定的中小型企业，通过租赁经营的办法，实行公有民营，并通过分期付款，在租赁期满后由承租者购买，最后转为民营企业。四是股份经营。对新办企业，原则上都要实行股份制，改变以往由公有经济全资投入的做法，尽量吸入国内外资本和民营资本，让股让利于国内外的公司、个人，实行股份合作经营。五是私人经营。对亏损、微利企业实行兼并或拍卖，转为私人经营。

至1995年底，全市有900多家企业完成产权制度改革。是年12月，市委七届四次全体（扩大）会议就"九五"时期（1996—2000年）重点工作，提出要用3年左右的时间完成全市企业转制改革任务，以明晰产权、优化资源配置为方向，抓好"三个一批"[①]。1996年，佛山在"抓大"方面取得重大突破，全市11家大集团被列入省70家重点发展的大型企业集团，市直企业佛陶集团、塑料集团、纺织集团、电子集团、电器集团实行了资产授权经营。

1999年是企业转制的攻坚年。佛山加快公有企业产权制度改革。对公有中小企业的改革，继续采取改组、联合、兼并、租赁、承包经营、股份合作、出售等各种形式放开搞活；对大企业大集团，采取资产出让划转、以小参大、以弱靠强、公司制改造、推荐上市等方式，加大资产重组和结构调整力度，加快建立现代企业制度，推动

---

① "三个一批"：推行公司制改组改制一批；利用内外资嫁接改造一批；运用股份合作制、兼并、租赁、拍卖、抵押承包等形式，放开、盘活一批中小型企业和困难企业。

生产要素向优势企业集中；对转制困难的企业，采取职工注资租赁、托管、债权转股权等方式，促使企业产权改革到位。鼓励和引导非公有制经济参与公有企业改革。

为顺利推进公有企业产权制度改革，佛山同时进行了相应的配套改革，包括组建市工业投资管理有限公司，加快公有资产管理体制改革步伐；完善社会保障体系，加快城镇职工医疗制度改革，不断提高参保率和社会保障覆盖面，各种所有制企业人员都要依法纳入社会保障范围；全面实施党政机关、企事业单位离退休人员社会化管理，强化社区管理的服务职能；建立完善再就业机制，积极推进再就业的社会化。同时，抓好党政机构改革，切实转变政府职能。

1999年9月22日，党的十五届四中全会审议通过《中共中央关于国有企业改革和发展若干重大问题的决定》，全国掀起新一轮国有企业改革。10月22日，市委八届三次全会提出，要鼓励个体、私营等非公有制企业参与国有企业产权改革和战略性重组，实现所有制结构和投资主体多元化；加大以产权改革为中心的国有企业改革力度，尽快建立现代企业制度；继续推进政企分开，积极实行规范化的公司制改革，加快建立规范完善的法人治理结构，着力转换企业经营机制，强化企业管理，加大技术创新的力度；积极探索国有资产管理的有效形式，以产权为纽带，建立和完善三个层次的国有资产管理体制。

佛山市委、市政府按照"三个有利于"的标准，围绕经济体制和经济增长方式两个根本性转变，以建立现代企业制度为目标，以产权制度改革为突破口，着力推进公有经济布局的调整和公有企业的战略性改组，全市公有企业转制与发展取得显著成效。

同年12月13日，市委、市政府召开市直党政机关脱钩企业交接暨商贸及建设交通资产经营公司成立大会，宣布357家企业由原主管部门分别移交给市商贸资产经营公司、市建设交通资产经营公司、市工业投资管理有限公司。至此，市直党政机关与所办的经济实体和管理的直属企业脱钩工作取得了阶段性成果，全市国有资产管理已形成体系，为政府退出市场、企业走向市场迈出实质性的一步。

2000年起，佛山按照省的部署，进一步加大以产权改革为核心的企业改革力度，重点在于加快机制转换，取得了一些新突破。7月24日至25日，省国企改革与脱困工作检查组到佛山检查工作，肯定佛山的两个明显特色：一是以高新技术改造传统产业，二是通过嫁接外资改造传统产业和困难企业。

到2000年底，佛山全市镇以上公有应转制企业2433家，已转制企业2083家，转制面85.6%。实行产权制度改革的企业所占比例逐步增加，各市实行产权制度改革的企业占转制企业的比例达62%，其中市直属企业、南海所属企业达到77%。转制企业呈现良好发展势头。90%以上的转制企业运行良好，效率提高，经营情况逐步改善；经济运行质量逐步改善，效益逐步好转，经济表现出稳步发展的态势。

2001年10月30日，市政府召开国有企业改革暨安全生产分析会，传达全省国有企业改革与发展暨工业龙头企业经验交流会的精神，就如何进一步深化全市国有企业改革与发展等工作做了部署，要求在推进公有经济布局调整、建立现代企业制度、资产重组、做大做强骨干企业等方面有所突破。12月5日，全国人大代表团到佛山调研国有企业改革情况。市政府表示，佛山将加大劣势企业退出市场的力度，让国有经济在关系到国民经济发展命脉和经济发展后劲的重要行业和关键领域得到重点发展，提高控制力和发展效益。其后，佛山加大力度推进产权制度改革，积极稳妥推进劣势企业退出市场，加快完成公有企业转制任务。

2003年，佛山继续调整国有经济的布局和结构，扩大公有资本退出领域，加快垄断行业改革，放开供水、供气、污水处理等行业，实行产权多元化改造，实现城市公用事业投资主体多元化。1月23日，市委八届七次全会提出加强公有资产管理，建立公有独资和控股企业激励和监管机制。市委强调，要按照党的十六大提出的"建立代表国家履行出资人职责，享有所有者权益，权利、义务和责任相统一，管资产和管人、管事相结合的国有资产管理体制"的要求，进一步深化佛山公有资产管理体制改革：一方面，进一步规范资产经营公司和授权经营公司的监管营运，根据新的发展形势，进行优化和整合，实现国有资产的高效运作和更大的产出；另一方面，探索改革和完善国有资产管理机构，实现国有资产有效的保值增值，提高国有资产管理水平。

同年6月17日，佛山市第九次党代会报告提出，要继续深化包括公共事业单位在内的国有企业产权制度改革，完善企业法人治理结构和分配激励机制，加快建立现代企业制度，为产业发展注入新的动力。

经过10年的改革探索，通过调整改造、剥离激活等措施，佛山市属国有企业逐步形成电建、华新、照明、海天、正通、通宝、新纺织、佛陶等一批骨干企业，带动了相关产业的发展。至2003年底，全市公有大中型企业和已转制企业普遍实行了现代公司制改造，建立了比较完善的法人治理结构。

（三）推进国有资产管理体制改革（2004—2015）

2003年3月，国务院组建国资委，以规范国有企业改制，加快建立健全现代产权制度。2004年6月，根据机构改革方案，佛山市国资委挂牌成立，监管六大资产（授权）

经营公司（公控、公盈、佛塑股份、交通发展、路桥、东平新城开发建设）、市东平资产经营公司和市电影发行放映中心。

佛山市国资委成立后，加大力度统筹推进市属国资改革。9月30日，市国资委举行推介会，宣布将佛山宾馆（五星级）、金城大酒店（四星级）、华侨大厦（四星级）、禅城酒店（三星级）四大国有星级宾馆股权（资产）向国内外投资者转让。此举被视为佛山酒店史上最大规模的国企转制潮。

截至2004年底，全市公有企业转制面已超过95%，其中进行了产权制度改革的企业占已转制企业的85%。2004—2007年，市属近800家企业以转制、破产、清算等方式从竞争性领域全面退出。

2005年10月20日，市委、市政府召开佛山市深化国有企业改革工作会议，全面贯彻落实省委、省政府有关精神，部署推动全市新一轮国有企业改革与发展工作，提出要以制度化、规范化运作，保持社会稳定，激活存量资产为原则，采取整体转制、股权转让、打包处理等方式，加快推进国有企业改革工作，全面完成国有资产改革任务。

经过3年时间的努力，至2008年10月，佛山累计实现劣势企业退出758家，其中破产173家，撤销163家，解散124家，合并13家，吊销233家，转制转让52家；国企产权转让70家，涉及资产总额106.24亿元。

其后，随着国有资产、国有企业从竞争性领域退出工作的大体完成，佛山国资改革进入转型调整阶段。改革思路也从单纯的退出转向有进有退、重点发展。

2011年，市委、市政府提出，市国资工作"发展要有新思路、稳定要有新举措、改革要有新突破"。10月，佛山出台《佛山市"大国资、全覆盖"总体工作方案》，提出通过盘活国资存量资产，注入增量资产，管理市场化、运作企业化、资产资本化来进一步做强、做专、做大国有经济；通过重点集中在城市重大基础设施和城市（CBD）建设、公用事业和公共服务领域，发挥国资的控制力和主导力；通过部分集中在战略性新兴产业、现代服务业和文化产业等领域，发挥国资的引领力和带动力；通过整合资源、统筹突破，发挥国资在处理历史遗留问题方面的保障力和稳定力。

在这一轮改革中，佛山围绕"大国资、全覆盖"的改革思路和方案，按照"主业明显、机制灵活"的要求，将市国资委监管的一级企业和机构从原来的"6＋2＋3"整合为"6＋1＋3"："6"为授权经营类的市路桥建设有限公司（集团）、市铁路投资建设集团有限公司、市公用事业控股有限公司、市公盈投资控股有限公司、市投资控股有限公司（2013年12月组建为市金融投资控股有限公司）、市建设开发投资有限公司；"1"为直属机构类的市国资土地储备中心；"3"为授权管理类的市东平新城开发建设有限公司、市珠江传媒集团有限公司、市火炬创新创业园有限公司。佛山的目标是在"十二五"期间，佛山国企要通过改革形成"主业明显、经营有方、机制灵活、队伍精干"的新格局。

2014年起，为深入贯彻落实《中共中央、国务院关于深化国有企业改革的指导意见》和广东省《关于全面深化国有企业改革的意见》等文件精神，市委、市政府发出《关于进一步深化佛山市国资国企改革、促进国资国企发展的意见》，形成深化国资国企改革的"一主八辅"系列方案，从改革重组、混合所有制改革、国企领导人员管理、外部董事、监事会管理等方面作出详细规定。

经过20余年的改革，佛山的国有企业在竞争性领域全面退出，逐步转向重大领域、重点平台企业（集团）改革重组和发展。向社会和市场释放资源，激发民营经济的活力，推动了佛山经济的良性发展。

（四）聚焦重点领域、关键环节深化改革，推动国资国企高质量发展（2016年至今）

2016年12月29日，佛山召开全市深化国资国企改革工作会议，公布《佛山市属国有企业改革重组方案》，明确新一轮佛山国资改革重组的目标任务，提出用半年时间，完成市属国有企业改革重组。

这一轮的改革，佛山首先组建了八大企业平台。由市国资委直接管理的市属一级企业、直管企业被划分为准公共类和竞争类两类企业平台。其中，公控、路桥、铁投、中力和储粮5家企业为准公共类企业平台，公盈、金控和建投3家企业为竞争类企业平台。各大平台企业在管理上互相独立、互不统属。市国资委还对平台企业之间的产权关系进行统筹，将部分平台企业的股权进行叠加，以增加资产流动性和企业融资能力，实现国有资产二次证券化。

同时，从原来多达六级公司缩减为三级公司。在分类改革的基础上，市属一级企业、直营企业为各自领域的平台企业，负责各自领域内的产业投资及重组业务；二级企业为经营主体，负责产业运营，对企业经营绩效直接负责；三级企业为下属子公司等。

2017年起，在市委、市政府的支持和推动下，市国资委推进24个重点项目和国企改革重组、僵尸企业出清、招商引资等重点工作。在改革重组方面，推动国资改革方案全面贯彻落实，要求各公司按时间要求完成所有重组任务，并在重组完成后，根据新一轮重组后的公司主业定位、资产规模等情况制定5到10年的发展战略，以进一步明确企业发展方向。同时，贯彻推进供给侧结构性改革，推动国有企业转型升级。

○ 2022年8月8日，佛山市召开国资国企改革推进会暨市属企业集团集中揭牌仪式，市属八大集团正式挂牌成立。（佛山市国资委供图）

至2019年，佛山国有资本结构和布局得到进一步优化，累计完成僵尸企业市场化处置353户。企业战略重组改革稳步推进，推动国有资本向重大基础设施、重要公共服务等关键领域和新能源、环保、教育、电商等优势产业集聚，挖掘国有资产营收新增长点。

2021年11月，佛山市第十三次党代会提出，市国资国企要成为现代企业制度改革领头羊和政企联动协同发展领头羊。12月30日，省国资国企高质量发展会议召开，从高质量发展路径、布局优化结构调整、创新发展、深化市场化经营机制等方面对省内的国资国企提出了一系列要求。这为佛山深化国资国企改革提供了方向。2021年12月到2022年7月，佛山市委书记先后12次带队到市国资国企调研，研究部署国资国企改革工作，明确国资国企改革发展的功能定位、实施路径和重点任务。

2022年8月，佛山出台《佛山市推动国资国企改革促进国资国企高质量发展的实施方案》，并召开深化国资国企改革推进会，推进国资国企重点领域和关键环节改革，实施全市国有企业资产规模倍增计划，释放国资国企内生动力、市场活力。佛山在强化佛山控股集团的产业投资平台功能、佛山交通集团的交通产业投融资平台功能的基础上，持续跟进省市区联动项目，联合省市区国企推动园区建设、水环境治理、基金组建、工程代建、地块盘活等重大项目；市、区属国企共同组建平台公司，包括重点开发建设运营云东海生物医药港、佛北新能源汽车产业园等。

佛山重构国资国企框架，组建佛山控股集团、佛山工贸集团、佛山交通集团、佛山地铁集团、佛山建发集团、佛山食品物资集团、佛山人才集团和佛山医药集团①八

----

① 其中，佛山人才集团和佛山医药集团为新设平台。

○ 2022年9月27日，佛山市禅城、南海、顺德、高明、三水五区人才开发公司揭牌亮相。

大市属企业集团，在保持基础性、公共性的定位基础上，更加突出先导性，在招商引资、服务全市战略性新兴产业发展等方面发挥更加积极的作用。佛山市委提出，要围绕"中部强核、东西两带、南北两圈"的产业布局，积极推进十大创新引领型特色制造业园区、十大现代服务业产业集聚区的建设和企业上市倍增计划，稳妥有序开展产业投资并购，在推动新兴产业培育、产业园区建设运营、现代服务业发展等领域主动作为。同时，实施"上市公司＋"战略，建立佛山的上市后备企业梯队，推动国资优势资源向上市公司聚集。

同年11月10日，佛山市国资委出台《国资国企改革推进专业化整合实施办法》，针对市属企业存在的产权关系不清、主责主业不明、重复投资、同业竞争、交叉持股等问题，提出了股权注入、资产划转等31项重组整合改革措施，理顺产权关系，聚焦重点领域加大国有资本投资布局，推动资源向优势企业和主业企业集中，支持有条件的市属企业走向全国。12日，佛山召开深化国资国企改革暨专业化整合工作推进会，对新一轮国资国企改革进行再部署、再攻坚、再提升。市委强调，专业化整合是从根本上减少重复投资和同业竞争的有效手段，对于提高产业集中度和企业核心竞争力具有重要意义，要以更实的举措推动国资高质量发展，在稳增长、增后劲、添活力、强担当上展现更大作为。

二、佛山深化国资国企改革促进国有经济高质量发展的做法和经验

党的十八大之前，从顺德产权制度改革试验到佛山全市的产权改革，佛山的国有企业产权制度改革主要围绕市场化、民营化的方式和路径来进行，侧重点在于转换经营机制、建立现代企业制度、退出竞争性领域等。进入新时代，佛山不断深化推进国

有企业的改革重组和转型升级。从退出为主到发展为主，平台企业重组的方向发生了深刻变化，改革的思路和方向也要发生变化。在党的二十大前后，佛山全面贯彻新发展理念，围绕落实"515"高质量发展目标任务，先后出台了《佛山市推动国资国企改革促进国资国企高质量发展的实施方案》和《佛山市国资委国资国企改革推进专业化整合实施办法》，深化推进国资国企改革、重组和布局，促进国有经济高质量发展，经验和做法值得总结。

（一）统筹推进解决五大突出问题

《佛山市推动国资国企改革促进国资国企高质量发展的实施方案》的制定，是针对佛山国有企业过去在制度层面存在的定位不够准确、主业不够突出、治理不够科学、机制不够灵活、层级不够简洁五大突出问题，从统筹优化国有资本布局、做强做优主责主业出发来设计的。佛山市属国企以往集中于基础性、公共性领域，改革方案增加先导性定位，提出要服务全市战略性新兴产业发展。重新整合的八大市属企业集团，对应原来的产业投资平台、工贸发展平台、交通投资平台、轨道开发平台、城市建设平台、民生保障平台、人才创新平台和医疗物资平台八大平台，对原有的国企进行了整合优化，以更好地发挥国资国企在服务城市安全、民生事业、产业体系、招商引资、人才发展、服务中心工作六大方面的作用。其中，佛山市公用事业控股有限公司改组为佛山控股集团，强化产业投资平台功能，通过归集放大市级产业类基金，投资一批事关佛山产业发展战略布局的龙头企业项目，撬动社会资本投资完善上下游产业链，共同打造形成若干千亿级产业集群；佛山市公盈投资控股有限公司改组为佛山工贸集团后，加大工业领域投资并购，积极布局工业园区服务、工业会展服务、商贸流通业、商务服务业等业务板块；新组建的佛山医药集团则参与推动生物医药、医养健康产业发展，重点打造医疗康养、医疗物资生产流通和服务、医药产业投资、生物医药产业金融等主营业务；新组建的佛山人才集团主要强化人才服务、科技类园区开发建设、研发平台建设和运营管理、科研成果转化服务。这些主业与佛山的中心工作息息相关，成为佛山国有经济发展的新引擎。

（二）重视发挥国资的关键牵引作用

党的十九大之后，国内许多城市把国有企业改革发展作为一项重大战略来推进。2019年7月底，上海、深圳、沈阳、青岛、西安、武汉、杭州等城市成为全国区域性国资国企综合改革试验区，得到国务院一系列政策支持，促进了这些城市国企的发展。

◐ 2022年11月，在新一轮佛山国资国企改革中，佛山食品物资集团首个混改项目——佛山市中央厨房供应链有限公司率先落地。（佛山食品物资集团供图）

其他一些没有列入试点的城市也在积极进行战略性改革，如安徽合肥以京东方项目为代表的战略性新兴产业投资布局，使合肥建投一举迈入全国城投行业的先进行列，形成了培育产业的"合肥模式"；又如珠海投资，通过产业并购在一年内控股近20家上市公司。

这些改革试验，给了佛山国企改革启发。围绕服务招商引资，佛山提出改变政策招商、资源招商等传统模式，推行"国有引领—项目落地—股权退出"循环发展招商新模式，发挥国资的关键牵引作用，以股权投资吸引大型优质项目，国有资本实现保值增值后投向下一个产业，实现良性循环。

（三）大幅度提升国有企业资产规模

2022年，佛山全市国有企业资产总额新增超过1000亿元，达到7083.11亿元，规模总量居全省第5位，然而与佛山作为全省第三个GDP超万亿城市和经济总量排名全省第三位的经济地位仍不匹配，存在规模实力总体偏小、盈利水平不高、产业引领作用偏弱、服务招商能力偏低、产业空间拓展不足等问题。

在《佛山市推动国资国企改革促进国资国企高质量发展的实施方案》中，佛山提出实施国有企业资产规模倍增计划，目标是到2025年，全市国有资产总额超1万亿元，营业总收入超3000亿元，控股上市公司20家左右。其中，市属国有企业资产总额超5000亿元，营业总收入超2000亿元，一级企业数量保持在8家左右，控股上市公司10家左右。

（四）深化人事、劳动、分配三项制度改革

佛山市委强调，劳动、人事、分配三项制度改革是国企改革中最重要的基础工作，也是提升企业活力、效率的关键之举，佛山要深化这三项制度改革，建立市场化的选人、用人、留人、育人机制。《佛山市推动国资国企改革促进国资国企高质量发展的实施方案》相应提出深化市场化选人用人机制改革、深化薪酬分配机制改革、构建中长期激励约束机制的三项制度改革，实现企业管理人员"能上能下"，员工"能进能出"，薪酬"能增能减"，并鼓励国有控股上市公司实施股权激励。

（五）分类推进混合所有制改革

混合所有制改革是佛山新一轮国资国企改革的重要突破口，也是做强做优做大国有资本的重要抓手。按照佛山市第十三次党代会提出的"务必成为现代企业制度改革领头羊"的要求，佛山通过合资新设、并购投资等方式，分类推进混合所有制改革，不断深化混合所有制企业党建工作，积极为适宜混改企业引入具有高匹配度、高认同感、高协调性的战略投资者，动态优化混改企业股权结构，支持混合所有制企业全面建立灵活高效的市场化运营机制，等等。

⊃ 佛山国有企业——国星光电的固封车间。

（六）全面推进"上市公司+"战略

截至2022年，佛山市属国有控股上市公司仅有4户，总市值为220亿元。《佛山市推动国资国企改革促进国资国企高质量发展的实施方案》提出，至2025年，全市国有控股上市公司将在20家左右，其中市属企业10家左右。这需要佛山优化增量投向。为此，佛山加快市场并购步伐，实施"上市公司+"战略。以产权为纽带，推进重大资产重组，做好企业上市培育，创造条件实现集团公司整体上市；建立上市公司直投基金，对具有上市潜力企业进行股权投资，并积极推动其实现上市，切实提升国资国企资产证券化水平。同时，深化市、区合资合作，建立上市后备企业梯队，推动国资优势资源向上市公司聚集。

三、佛山国有企业产权制度改革的启示

从20世纪90年代以来，在中央、省的指导和推动下，佛山国有企业产权制度改革从试点铺开，逐渐深化，改革的目标从"靓女先嫁"到争当现代企业制度改革领头羊和政企联动协同发展领头羊，积累了一定的改革经验，具有相当的借鉴意义。

（一）国企产权改革是加强国有经济控制力的路径

国有经济的主导作用主要体现在控制力上，而不是简单的数量上，这就要求从战略上调整国有经济布局。发挥国资的关键牵引作用，即是国有企业发挥控制力、影响力的体现。无论怎么改，对关系国民经济命脉的重要行业和关键领域，国有经济必须占支配地位，这与佛山坚持大力扶持民营经济的发展并不冲突，两者形成了重要的互补。国有经济的控制力又表现为国有资产整体质量的提高，这也正是佛山国有企业退出竞争性领域，在关系到国民经济发展命脉和经济发展后劲的重要行业和关键领域得到重点发展，提高控制力和发展效益的意义所在。

（二）建立现代企业制度是国企改革的重要方向

国资国企改革与发展的大方向，归根结底是为了促进生产力的发展和现代化的建设。以现代企业制度的要求进行的传统的企业制度改革，其核心是建立多元化产权关系，建立产权明晰、责任明确、利益共享、风险共担的经营管理体制，推动政企分开和企业机制转换。在佛山的探索实践中，企业转换经营机制的方式有中外联营、股份

经营、公有民营、赎买经营、兼并和拍卖、抵押委托经营、控股经营等，使企业成为自主经营、自负盈亏、自我发展和自我约束的市场行为主体，同时承担经营风险和社会责任。构建新发展格局，必然要求进一步深化国资国企改革，依然不能离开建立现代企业制度的主题。

（三）构建服务型政府需要进一步转变政府职能

实行政企分开，转变政府职能，对于为企业营造公平的市场竞争环境十分重要。在竞争性领域，政府尽可能减少不必要的对企业的干预和约束，发挥市场在资源配置中的决定性作用和政策的调节作用，建立公平的市场竞争环境，引导企业依靠自身的条件、在制度创新基础上产生的活力等参与市场竞争。多年来，佛山市委、市政府对经济工作的领导，逐步从直接管理转向间接管理，从微观管理逐步转向宏观管理，从以行政手段为主转向以经济手段为主，做好宏观调控、政策导向、社会服务和基础设施建设等工作，实现了从管理型政府向服务型政府的有效转变。

（四）深化国资国企改革必须重视配套改革

企业经营机制转换和产权制度改革，必然带来利益格局的调整，产生利益的大碰撞。要保证改革的顺利推进，需要做好一系列的配套改革措施，从思想上、政策上、物质上等多个方面稳定人心、稳定队伍、稳定经济、稳定社会。对于已经转制的企业，仍需要做好几项工作，包括完善法律责任、经济责任和信贷关系，解决"企业办社会"相关问题，减轻企业负担，完善劳动管理关系等，巩固改革成果。

佛山现代企业制度的建立与发展

　　建立现代企业制度，不仅是国有企业改革的重要内容和发展方向，也是民营企业克服家族式弊端的必然要求。1993年，佛山在产权制度改革、建立现代企业制度方面先走一步，率先推动公有企业转制，逐步建立适应市场经济发展需要的现代企业制度。进入21世纪，随着佛山民营经济的大发展，佛山深化推进市内国有企业的现代企业制度改革，引导、推动民营企业同步开展，为全国其他地区特别是制造业城市提供了重要经验和样本。2021年，佛山市委围绕落实高质量发展目标任务、建设现代产业体系，提出要打造现代企业制度改革领头羊和政企联动协同发展领头羊，推动现代企业制度改革向纵深发展。

　◔ 1981年，作为广东省扩大企业自主权试点单位之一的佛山地区棉纺厂积极利用外资，引进先进技术和设备，完成改扩建工程，正式投产。

一、佛山推进现代企业制度改革的进程

改革开放初期，佛山经过扩大经营自主权、承包经营责任制等一系列改革，取得了显著的成效。1992年后，佛山在邓小平南方谈话精神的鼓舞下，围绕党的十四大提出的建立社会主义市场经济体制的目标，坚持在稳定中求发展、促改革，在改革中促发展、求稳定，以转换企业经营机制、建立现代企业制度为突破口，大力推进企业制度、企业资产、企业结构的调整、改革和重组，解决好经济运行中的深层次矛盾，增强经济发展的活力。随着改革的不断深入和经济形势的变化，佛山在不同时期推进现代企业制度改革，体现出不一样的侧重点和特点。

（一）以企业产权制度改革为核心推动建立现代企业制度（1992—2000）

在某种意义上，佛山推进现代企业制度改革是从企业产权制度改革起步的。1993年，党的十四届三中全会通过的《中共中央关于建立社会主义市场经济体制若干问题的决定》提出，要进一步转换国有企业经营机制，建立适应市场经济要求、产权清晰、权责明确、政企分开、管理科学的现代企业制度。而从1992年开始，顺德率先开展包括企业产权制度改革、行政机构改革、社会保障机制改革、农村管理体制改革、用人用工制度改革、住房制度改革等多个方面的综合改革试验，初步建立起社会主义市场经济体制的框架。在一系列的改革中，产权制度改革是最关键、最根本的。其主要内容：一是优化公有资产结构。通过对公有企业资产进行调整，抓住一批基础性产

⊃ 20世纪80年代初，南海县南庄镇广东兴发铝型材厂的生产车间。（何建新 摄）

业和专营性行业以及对当地经济举足轻重的骨干企业做好管理经营；把一批风险大的一般竞争性行业的企业转让出去；着重发展一批高新技术产业。二是调整优化企业产权结构。改变单一公有制（含国有和集体经济）的产权结构，大力发展股份制和劳动者股份合作制等混合所有制企业。三是进行配套改革。争取在解决人员和债务负担上有所突破，减轻政府负担，创造平等竞争环境，使企业真正成为市场竞争主体。四是实行政资分离和政企分开。成立公有资产管理委员会和若干个投资管理公司，负责公有资产的管理监督和运营，由过去的实物形态管理转为价值形态管理，保证资产的保值增值，促进政府职能转变，切实实行政企职责分开。

顺德企业产权制度改革取得初步成效。然而，随着改革的深入和发展，国有、集体企业产权不清、权责不明、政企不分的弊端日益凸显。

1993年至1995年，佛山在吸取顺德经验的基础上，在市属企业中推行现代企业制度改革。这时，佛山的市属企业改革主要以转换企业经营机制为主，同样涉及产权的多元化、社会化改革，为佛山现代企业制度的初步建立打下了基础，其中一些探索更是走在了全国的前列。

改革的初始阶段，佛山着眼于使企业真正成为"自主经营、自负盈亏、自我发展、自我约束"的法人实体和市场竞争主体，随之把转换企业经营机制、建立现代企业制度作为建立社会主义市场经济体制的一项改革，改革的方向是实现企业产权的多元化、社会化，变政府直接控制企业产权为间接占有产权，变单一公有产权为以公有制为主体的多元化混合所有产权，变实物形态占有产权为价值形态控制产权。混合型经济成为转制的一大特征，很大程度上影响企业转制后的经营管理及制度改革。因此，在1993年7月召开的经济工作会议上，市委提出要大力发展混合经济，加速经济发展。

● 20世纪80年代初期，美的公司借助"星期六工程师"的支持，管理水平不断提高，生产工艺愈加成熟，企业发展迅猛。

❍《人民日报》对顺德企业产权制度改革进行报道。

在试点企业改革成功的基础上，佛山市直属企业及下属各县级市、区国营企业于1994年全面拉开了产权制度改革的序幕。1994年1月19日，市委制定出台《关于市直工业深化改革，转换企业经营机制，建立现代企业制度的试行办法》，强调要进一步深化企业改革，发展以股份制为主要形式的多种经济成分并存的混合型经济，建立以股份公司和有限责任公司为主要企业组织形式的现代企业制度，使市直工业经济体制改革在市场经济新形势下取得突破性的进展。其后，市委又提出"抓大、放小、攻难"的方针，力争用3年左右时间完成全市企业转制改革任务。

同年11月15日，时任中共中央政治局常委、中央书记处书记胡锦涛到佛山视察，听取佛山在企业改革等方面的汇报，勉励佛山切实转换企业经营机制，加快建立现代企业制度，以适应市场经济发展的需要。

为了加快企业转制的步伐，佛山各级、各有关部门制定了规划和部署方案，逐步完善配套政策，使企业转制有章可循。佛山还建立了由市委常委、市政府副市长、市人大常委会党组成员、市政协党组成员与转制企业的挂钩点，加强联系，加快大中型企业转制的步伐。至1995年初，全市已有1300多家企业采取多种形式，基本完成了转制，为逐步建立现代企业制度打下了基础。

1995年12月，市委七届四次全体（扩大）会议指出，"九五"（1996—2000年）时期是逐步建立社会主义市场经济体制框架的重要时期，以建立现代企业制度为核心的经济体制改革向深层次推进，将为佛山经济的健康发展提供良好的体制环境，同时也给佛山的经济发展带来竞争更加激烈的市场环境。佛山市委强调，要把加快企业制度创新、转换企业经营机制、建立现代企业制度作为整个经济改革的中心环节和主攻方向，力争用3年左右的时间完成全市企业转制改革任务；要以明晰产权、优化资源配置为方向，抓好"三个一批"，即：推行公司制改组改制一批，大中型企业多数要逐步改制为有限责任公司，有条件的要改制为股份有限公司，已实行公司制改革的企业要不断规范和完善，争取早日建立现代企业制度；利用内外资嫁接改造一批，并且把嫁接的重点放在吸引国际国内大公司、大财团的直接投资上；运用股份合作制、兼并、租赁、拍卖、抵押承包等形式，放开、盘活一批中小型企业和困难企业，实现产权重组、债务重组和企业结构重组。

是时，佛山市直企业大部分是国有（集体）小企业。如果能把全市的小企业都放开搞活，使其技术水平、管理水平和效益水平有较大的提高，那么也将从总体上提高佛山市直经济的素质，从根本上增强市直经济的发展后劲。为此，佛山贯彻党的十四届五中全会通过的《中共中央关于制定国民经济和社会发展"九五"计划和2010年远景目标的建议》中提出的"抓好大的，放活小的"的精神和"区别不同情况，采取改组、联合、兼并、股份合作制、租赁、承包经营和出售的办法，加快国有小企业改革改组步伐"的战略思路，出台《关于加快佛山市直经济发展的若干意见》和《关于加快推进市直小企业改革的意见》两个指导性文件，决定在抓好大中型企业改革的同时，加大市直小企业改革力度，进一步放活小企业。

1996年7月底，佛山市委、市政府召开市直经济改革与发展工作会议，在总结前一阶段市直大中型企业转制经验和成果的基础上，作出了全力推进市直国有（集体）小企业改革的战略部署。至年底，市直小企业已完成转制88家；转制方案已获批准、正组织实施52家；已拿出转制方案、正在报批的41家；其余仍在酝酿转制思路的49家。

在推进市直小企业改革过程中，佛山注意把各项改革措施协调推进，落实到位。一是深入学习和理解中央关于放开、搞活小企业的战略思路及有关政策精神，统一思想认识，鼓励基层大胆探索、大胆实践。二是立足制度创新，选择适用的企业改制形式，尤其重视运用股份合作制来改组集体小企业；大多数小企业贯彻合作制原则，实行股份合作制，重建劳动者入股制度。三是深化企业内部改革，完善法人治理结构，处理好"新三会"（股东会、董事会、监事会）与"老三会"（党委会、职代会和工会）的关系，形成各负其责、互相促进又相互制约的新机制；四是积极推进企业兼并，对一些企业实施破产试验；五是加强管理，提高企业自身素质。要求改革中的小企业注意按照市场经济的要求和精简高效、责权对等的原则，设置管理机构，强化营销、财务、开发、质量、信息和人才等管理系统，建立规范而又能长久调动职工积极性、不断提高劳动生产率的管理制度；六是加强改革政策的协调落实工作，推动政府各部门积极转变观念，树立为企业服务的思想，积极扶持小企业的发展。

为同时做好职工权益的保护，1996年2月，佛山市委批转市总工会《关于现代企业制度试点企业和部分转制企业工会工作的报告》，要求各级党委、政府和企业切实加强现代企业制度试点、转制企业的工会和职工民主管理工作。该报告指出，要进一步加强《中华人民共和国劳动法》《中华人民共和国工会法》等法律法规的宣传学习和贯彻实施的检查督促；工会要参加企业转制领导机构和转制工作的全过程；坚持和完善职工民主管理制度；建立平等协商和签订集体合同制度；企业要依法按时足额拨交工会经费。同年12月，市委七届五次全会又提出，要加快新一代企业家的培养步伐，把选派年轻优秀的厂长经理到国外学习培训作为一项制度，长期坚持下去，并以国内高等院校为依托，选派有培养前途的年轻企业骨干进修工商管理硕士课程，逐步建立一支现代企业家队伍。

1999年是佛山企业转制改革的攻坚年。市委八届三次全会提出，要在坚持公有制经济为主体的前提下，进一步加快国有经济战略性改组步伐；加大以产权改革为中心的国有企业改革力度，尽快建立现代企业制度。按照市委部署，市政府加快推进国有企业产权制度改革，对国有中小企业的改革，继续采取改组、联合、兼并、租赁、承包经营、股份合作、出售等各种形式放开搞活；对大企业大集团，采取资产出让划转、以小参大、以弱靠强、公司制改造、推荐上市等方式，加大资产重组和结构调整力度，加快建立现代企业制度，推动生产要素向优势企业集中。是年挂牌成立的佛山市康思达液压机械有限公司，由职工出资购买了90%的股份，其前身为1993年由市内45家老国营企业重组合并成立的康思达液压机械总公司，通过调整组织结构，精简机构，建立起现代企业的管理模式，成为市直机械行业国有企业规模最大的一个转制单位。

到2000年底，全市镇级（含）以上公有应转制企业2433家，已转制企业2083家，占85.6%。实行产权制度改革的企业所占比例逐步增加，各级实行产权制度改革的企业占转制企业的比例达62%，其中市直属企业、南海所属企业达到77%。随后，佛山各级通过股份制改造、产权转让、租赁经营、抵押承包、关停、拍卖、兼并、破产等形式，继续推进公有企业转换经营机制。2001年1—5月，佛山112家国有（含控股）工业企业实现利润增幅居全省地级市前列。

至2002年7月，全市应转制的2375家[①]公有企业，已有九成多实现了转制。转制后的企业在不同程度上建立和健全了管理机制、分配激励机制和人才竞争机制，调动了

---

① 对比2000年之前的2433家，数量动态增加。

经营者和生产者的积极性，效益显著提高。

（二）在市场经济体制下深化现代企业制度改革（2001—2020）

1. 进一步推动国有企业建立现代企业制度

2001年10月，市政府召开国有企业改革暨安全生产分析会，就进一步深化全市国有企业改革与发展作出部署，要求在推进公有经济布局调整、建立现代企业制度、资产重组、做大做强骨干企业等方面有所突破，以保证国民经济持续稳定增长。

2003年6月17日，佛山市第九次党代会报告提出"产业强市"发展战略，要求加快建立现代企业制度，为产业发展注入新的动力。至年底，全市公有大中型企业和已转制企业普遍实行了现代公司制改造，建立了比较完善的法人治理结构。是年底，市属国有企业总资产588.8亿元，净资产145.31亿元。

随后，佛山市以提高企业国际竞争力为核心，大力推进国有经济布局的战略性调整，继续深化部分国有企业（资产）的产权制度改革，逐步建立与市场经济相适应的新体制和新机制，提高企业的发展质量和经济效益。2004年6月21日，佛山市国有资产监督管理委员会（简称"市国资委"）成立，监管六大资产（授权）经营公司（公控、公盈、佛塑股份、交通发展、路桥、东平新城开发建设）、市东平资产经营公司和市电影发行放映中心。至2008年10月，市属国企资产总量854.47亿元，比2003年增长45.12%；净资产总量204.61亿元，比2003年增长40.81%。

2011年9月，市委、市政府召开国企改革与发展工作会议，启动新一轮佛山国资国企改革。10月，《佛山市"大国资、全覆盖"总体工作方案》出台，按照市委、市政府关于市国资工作"发展要有新思路、稳定要有新举措、改革要有新突破"的指示，市国资从过去七年的"战略退出收缩期"转入"战略引领集中发展期"，通过盘活国资存量资产，注入增量资产，管理市场化、运作企业化、资产资本化来进一步做强、做专、做大国有经济。2013年6月6日，佛山又出台方案，进一步深化"大国资、全覆盖"改革工作。2014年，佛山出台深化国资国企改革"一主八辅"系列方案。其中，主方案《关于进一步深化佛山市国资国企改革促进国资国企发展的意见》，明确改革的总体目标、基本路径和具体措施；8个辅方案从改革重组、混合所有制改革、国企领导人员管理、外部董事、监事会管理等方面作出详细规定。2016年12月20日，市政府出台《佛山市属国有企业改革重组方案》，随后召开佛山市深化国资国企改革工作会议，明确新一轮佛山国资改革重组的目标任务。

2. 同步推动民营企业建立现代企业制度

20世纪90年代中后期，随着大部分公有企业陆续转换经营机制和退出竞争性领域，在佛山各级党委、政府的引导、鼓励和扶持下，民营企业数量和规模迅速提升，推动了佛山民营经济的大发展。2001年，佛山民营企业有25010户、从业人员79.2万人，分别占佛山市工商登记企业数的66%、就业人数的47%；民营企业创造的税收占佛山税收总额的41%，其中在制造业和批发零售餐饮业创造税收的比重高达68%。佛山的民营经济进入了一个全新的发展阶段。

随着社会主义市场经济体制的不断完善和经济全球化的推动，特别是中国加入世贸组织后，过去以家族式管理为主要特征的佛山民营企业也面临着建立现代企业制度的形势和要求。2002年10月，市委、市政府召开全市民营经济工作会议，深入研究民营经济发展新阶段的新特点和新趋势，就进一步加快民营经济发展、全面提高发展质量和水平进行研究部署。2003年5月，佛山市委、市政府出台《关于贯彻落实广东省委、省政府〈关于加快民营经济发展的决定〉的实施意见》。2004年7月，经市政府同意，市经贸局（内设中小企业局）印发《关于加快佛山市民营经济发展系列活动方案》，探索加快民营经济发展的新思路、新途径，其中提出，要加快现代企业制度建设，走资本经营的发展道路。10月，佛山还建立了促进民营经济发展联席会议制度，按照统一、高效的原则，将原设在市工商联的企业投诉中心并入了市政府行政投诉中心，加强与民营企业对接。

2006年8月，市委、市政府召开全市民营经济工作会议，实施中小企业社会化服务体系培育工程、中小企业信用服务体系建设工程、中小企业自主创新工程、中小企业信息化工程4项工程，扶持中小民营企业发展壮大。2007年至2012年，佛山规模以上民营工业总产值从5100亿元增长到9400亿元，年均增长16.52%，至2012年底，规模以上民营工业总产值占全市规模以上工业总产值的64.0%。2012年8月，顺德民营企业美的集团率先推行职业经理人制度，开创了中国民营企业将千亿公司交予职业经理人管理的先河。

党的十八大之后，佛山各级进一步扶持民营企业做大做强。2013年2月，市政府出台《佛山市推动民营企业跨越发展实施方案》，提出推动民营企业跨越发展，提高产业集中度，培育一批超100亿元、500亿元、1000亿元并具有国际竞争力的企业，促进产业转型升级和经济发展方式转变；同时，围绕建立企业诚信机制，引导重点培育企业建立诚信管理制度，按照现代企业制度要求，实施信用管理。2015年12月，市政府出台《提振民营企业家信心促进创业创新的若干措施》。从降成本、助融资、促创新、拓市场、强保障五大方面，提出40条具体务实举措。2016年7月5日，市委、市政府召开全市农村工作会议，研究部署佛山市"十三五"时期农业农村工作，提出要支持龙头企业多渠道筹集资金，鼓励有条件的企业进行现代企业制度改革，争取上市融资，做大做强。

2017年1月，佛山出台《进一步鼓励和引导民间投资加快发展若干措施》，围绕进一步强化金融支持、畅通投资融资渠道，提出以引导企业建立健全现代企业制度为抓手，促进民营企业上市、登陆新三板和区域股权交易中心，推动产业资本和金融资本融合发展。

（三）落实高质量发展目标任务打造现代企业制度改革领头羊（2021年以来）

2021年11月，佛山市第十三次党代会召开。大会提出，今后五年，佛山务必成为现代企业制度改革领头羊，国有企业产权、劳动、人事、分配制度更有效率，民营上市企业数量实现翻一番，职业经理人市场发育良好，困扰民营企业的"家族化"问题得以逐步破解。

1．开展民营企业家常态化、数智化培训推动破解"家族化"难题

新时代十年，随着佛山数量庞大的民营企业进入"新老交替"的关键时期，佛山不少"创二代"接过了父辈的担子，"70后""80后"逐渐成为主角，"90后"也开始崭露头角。对佛山民营企业来说，如何破解"70后""80后""90后"接班了，制

➲ 2022年12月20日，广东奔朗新材料股份有限公司举行上市敲钟仪式，正式登陆北京证券交易所，佛山企业在北交所上市实现零的突破。（温达斌　摄）

度却还是"60后"的难题？这直接关系到佛山民营经济的可持续发展。市委、市政府也在思考，新发展阶段面对复杂多变的国内外经济环境，佛山民营企业如何培养领军人才，超越"创二代"的接班传承现状，造就一大批新时代高素质的民营企业家和现代化的民营企业品牌？

为实现这一目标，自2021年起，佛山定期举办民营企业家培训班，培训的内容聚焦制造业数字化转型、现代企业管理等主题。市委提出，要通过实施新时期民营企业家培育工程，常态化开展民营企业家培训，实施百千万培育工程，力争到2023年底实现全市规上工业企业的出资人、接班人或主要管理者约1万名企业家培训全覆盖。市委主要领导多次在重要场合强调，要像培养党政领导干部一样，对广大民营企业家群体开展常态化、全方位的培训。培育新时期企业家，已成为佛山人才工作的重要组成部分。2021年9月，佛山在市委党校举办了一场民营企业领军人才培训班，组织了50多位民营企业家参加。

佛山着力为民营企业构建现代企业制度提出的另一个路径，是推动数字化倒逼和带动管理的现代化。截至2022年上半年，全市9000多家规上工业企业中，有超3000家企业已开启数智化转型之路。"企业家＋科创人"引领新兴产业崛起。

实现数字化，必然要求实现管理现代化。在这个方向，南海进行了具有启发意义的探讨。2021年12月23日，南海区委围绕南海民营企业如何建立现代化管理制度的话题，开展"思想再解放，改革再出发"的大讨论，提出7个方面的思路。一是要加强政府对企业传承问题的引导，处理好财富传承和企业持续经营发展的关系，以持续经营能力为出发点进行企业转型升级和现代化制度层面的顶层设计；二是推动企业积极利用资本市场，在上市中推动企业高效融资、规范管理、创新发展；三是大力推动企业全要素、全流程数字化智能化转型；四是把科技创新作为提高竞争力的突破口，不断加大技改、研发投入，推进技术创新、产品创新、营销创新和管理创新，提高企业核心竞争力、行业号召力；五是深入实施品牌强企战略，以此提升产品的市场竞争优势；六是履行好企业社会责任，积极构建和谐的劳资关系，在遵章守纪、诚信经营中实现企业发展行稳致远；七是要注重企业文化建设，为企业经营发展提供源源不断的内在驱动力。

与此同时，南海提出在3年内投入财政资金65亿元，进一步加大力度支持民营企业开展数字化、智能化转型，提升工业互联网发展水平，推动新一代信息技术与制造业融合发展。

2.健全国资国企市场化经营机制，完善中国特色现代企业制度

新的历史条件下，市委、市政府高度重视国资国企改革发展。为贯彻落实市第十三次党代会提出的市国资国企成为现代企业制度改革领头羊和政企联动协同发展领头羊的要求，从2021年底开始，市委、市政府用了近8个月时间，深入调研，充分论证，针对佛山国有企业制度层面主要存在的定位不够准确、主业不够突出、治理不够科学、机制不够灵活、层级不够简洁五大突出问题，于2022年8月制定出台《佛山市推动国资国企改革促进国资国企高质量发展的实施方案》（以下简称《方案》）。这是佛山把握高质量发展首要任务、全力推进国资国企改革的一项系统性工程。

实施该《方案》之前，全市90%以上的国有资本都集中在城市基础设施和公用事业领域。实施之后，佛山国资国企将在保持基础性、公共性定位的基础上，更加突出"先导性"，在招商引资和服务、引领全市战略性新兴产业发展等方面发挥更积极作用。

同时，针对佛山国企干部队伍选用渠道比较单一、保守，干部交流较少，新老交替周期较长，队伍结构不合理、年轻干部比例偏低、梯次配置结构性不足等问题，佛山把国企现代企业制度改革的重点放在人才体制机制上，从两个方面推进。一是坚持中国特色现代企业制度，强化公司治理中党的领导作用，明确党组织在决策、执行、监督各环节的权责和工作方式，推动公司股东会、党组织、董事会、监事会、经理层、职工代表大会等各治理主体边界清晰、权责明确、高效有序运行；二是坚持以体制机制改革为突破口，深化国有企业劳动、人事、分配3项制度改革，建立市场化的选人、用人、留人、育人机制，全面激发国有企业的发展活力。

截至2021年，佛山的国企员工有3.3万人。《方案》深化薪酬分配机制改革和构建中长期激励约束机制，坚持党管人才原则，实施人才兴企工程，统筹谋划国资国企人才工作，创新人才发展制度体系，加强企业家、高层次人才、国际化人才、核心骨干和技能型人才队伍建设；分类推进混合所有制改革，对适宜混改企业积极引入具有高匹配度、高认同感、高协调性的战略投资者，动态优化混改企业股权结构；通过实施"上市公司+"战略，建立上市后备企业梯队，推动国资优势资源向上市公司聚集。

二、佛山推进现代企业制度改革的成效

经过改革，佛山各所有制经济的结构、运作机制及企业的经营管理制度发生了深刻的变化，既明晰了企业产权，又分散了政府的投资和经营风险；既摸清了家底，

理顺和消化了亏损企业的历史债务，又更新了人的观念，无论是国有企业还是民营企业，均能不同程度地依照《中华人民共和国公司法》办事，逐步建立起适应社会主义市场经济发展需要的现代企业制度，增强了企业内部的约束机制。同时，相应建立起职工的社会保障制度，实现了养老、医疗、工伤保险等需求的社会化解决方案；推动政企分开，转变政府职能，为企业服务及创造公平竞争的市场环境，使佛山经济发展动能和体制机制不断优化提升。

（一）逐步在各领域、各行业建立起现代企业制度

一是明晰了企业产权关系，为加快建立现代企业制度打下了良好的基础。大部分参与转制的企业从单一所有制形式转变为混合型、多元化的所有制形式，实现了投资主体的多元化和产权的社会化，进而以新型的产权关系促使企业内部调整或建立起所有者、经营者、劳动者之间利益与共、相互制衡、面向更高市场谋求长远发展的经营机制，加快了现代企业制度建设的步伐。

二是提高了利用外资的水平。改革开放初期，佛山引入的外资以境外中小商号为主。1994年以来，大批国际知名的企业集团到佛山投资，包括美国杜邦、通用电气，瑞典利乐、德国欧司朗、拜耳，香港地区的长实集团、生力啤酒等，大大提高了佛山利用外资的水平。

三是促进生产要素的流动和重组。一大批企业通过产权的出让、拍卖、兼并、租

⊃ 2022年12月27日，佛山纬达光电材料股份有限公司在北京证券交易所上市。

赁和资产一体化改造、授权经营等多种转制形式，一方面使企业的存量资产得到合理流动和优化组合，推动公有资产在流动中实现了保值增值；另一方面使产业格局和企业组织结构得到调整和优化，进一步增强了优势企业的实力，为其后组建跨行业、跨所有制的大型企业集团打下基础。

四是帮助民营企业逐步摆脱"家族化"的烙印和局限。特别是进入新时代以来，佛山市委、市政府着力推动民营企业走上高质量发展之路，在加大人才培育和引进力度的基础上，加快推进职业经理人市场化与职业化进程，推动民营企业形成了现代企业制度下的良性运转。此外，通过加强对"创二代"的培训，推动民营企业完成从人到制度的迭代，促使民营企业家更加积极主动地拥抱现代企业制度，锻造出佛山民营企业的制度竞争力。

五是增强了企业发展的活力。在思想观念上，经营者的责任感和风险意识大大增强，职工的企业主人翁意识逐步提高；在组织机制上，不少转制企业建立起全新的公司制度，设立了股东会、董事会、监事会和经理班子等分层次的组织结构和权力结构，形成了各自独立、相互制约的运作体制；在投资决策上，由过去的政府主导转变为市场导向，由董事会、股东会决定，并强化了监督机制；在分配制度上，职工既是劳动者，又是股东的双重身份，实行了按劳分配和按资分配相结合，建立起有效的薪资和分红动力机制，在很大程度上增强了企业的活力。

（二）推动了政府职能转变和政企分开

佛山以建立现代企业产权制度为导向，推动甚至倒逼政企分开、政资分离，使政府职能从经营者、管理者向服务者转变，即政府通过经济杠杆、营商服务、政策法规和必要的行政手段调控市场，由市场引导企业经营行为。围绕政府职能的转变，市委、市政府贯彻推进大部制机构改革和行政审批制度改革，减少部门分工交叉重叠及对企业的过多干预，建立起统一、高效、协调的领导体制；严格依法行政、规范行政、透明行政、高效行政、服务行政和廉洁行政，落实"三个服务"（为改革开放服务、为经济建设服务、为基层群众服务），提高服务质量，打造企业和群众满意的服务型政府，为建立现代企业制度提供了良好的营商环境。

在1992年的机构改革中，佛山按照"转变职能，理顺关系，精兵简政，提高效率"的要求，走"小机关、大服务"的路子，建立精干、高效、运行灵活的管理和调控体制。新的体制机制下，党政机构一律不能办企业，并与原来办的企业脱钩，同时严禁党政干部经营企业。在2019年的机构改革中，佛山进一步推进政企分开、政资分

○ 截至2021年4月29日，佛山市登记在册的市场主体突破100万户，其中企业超42万户。

开、政事分开，以及政府与市场中介组织分开的改革，逐步减少政府对企业和社会的直接干预。

（三）使各项改革协调配套、相互促进

佛山以企业产权制度改革为突破口，盘活了劣势企业的不良资产，又使优势企业获得更多的要素投入，从而激发了公有资产的活力，进而能够在企业管理制度、党政机构、社会保障、教育卫生、科技体制等方面进行全方位的综合改革。各项改革协调配套，相互促进，从而减少新旧体制的摩擦，解决了企业的一些历史包袱问题，如安置下岗职工、归还银行债务等，减轻了企业负担，帮助企业轻装上阵，促进现代企业制度建设。

（四）促进了社会保障制度的建立健全

佛山社会保障制度和体系的建立健全，与现代企业制度的建立完善同步推进。1992年11月，佛山在全国率先推行社会保险一体化，2008年起，佛山统一了全市最低生活保障制度。"十一五"期间，逐步建立和完善了最低生活保障对象分类救助制度、城乡低保特困居民基本医疗救助制度、农村特困家庭危房改造制度、农村五保对象补助制度和基本生活费用价格指数上涨与低收入居民临时生活补助联动机制等各项制度和机制，切实提高了佛山市社会救助水平。2017年起，佛山率先推进医保一体化改革，居民与职工医保待遇统一，惠及全市近500万参保人；启动基本医保的跨省异地就医费用直接结算工作，满足市内大量外来务工人员的需求。2022年以来，深化住房制度改革，通过新建、改建、租赁等方式增加供应公共租赁住房、保障性租赁住房、

共有产权住房等不同类型的保障性住房，进一步完善住房保障体系，构建以货币、实物配置相结合的人才安居体系。

三、佛山推进现代企业制度改革的启示

佛山推进现代企业制度改革是全方位的，既包括国有企业和集体企业，也涉及民营企业，对经济社会各方面影响深远。面向未来，佛山深化企业改革，加快现代企业制度的建立和完善，既是从整体上深化市场经济新体制的客观要求，也是从根本上解决企业面临问题、提高企业市场竞争力的迫切需要。回顾过去30余年，佛山在这项工作中的实践，可以给我们带来一些启示。

（一）建立现代企业制度需要解放思想

在一步步推动建立现代企业制度的过程中，佛山充分调动了广大干部职工参与转制的积极性和主动性，首先是解放思想，敢于打破"铁饭碗"。初期，由于企业转制处于不断探索之中，理论准备存在不足，有关政策还不统一、不明确，因此，思想观念的更新是改革突破的关键。在各个阶段，佛山认真分析总结企业改革发展的新情况、新问题和新挑战，对各阶段改革取得的进展和随着形势发展出现的一些局限性，以及改革还没有触动到的体制深层问题，保持着清醒认识，并竭力使广大干部职工在思想观念上意识到这一点，从而增强了各领域、各行业乃至各岗位对建立现代企业制度的自觉性、紧迫性和坚定性，不断推动改革向纵深发展。

（二）现代企业制度改革要把握基本原则

佛山在推进企业转制、助推现代企业制度改革的过程中，坚持把握6项原则，包括：以"三个有利于"为检验标准，积极探索、大胆推进改革；明确优先出让顺序，发挥优势企业力量，确保资源优化配置；实事求是，因企制宜探索最适合、最有利的发展方式，不搞一刀切、一个模式；确保资产不流失；不能急于求成，要做实做细群众的思想政治工作，成熟一个推进一个，并逐步完善失业、养老、医疗等有关配套政策，以确保社会稳定、不出现大震动；按现代企业制度要求建立实效的运作机制，即企业转制后，还要在决策、积累、分配、管理等方面建立新机制，真正按照现代企业的模式进行运作。

（三）规范国资国企管理需优化运营机制

佛山国有资产管理的两大方面任务，一方面是切实有效地保护公有产权利益，防止损害公有资产产权的行为发生，另一方面是要提高营运效率，增强盈利能力，推动存量的合理流动，形成多元化的国资结构和合理化的产业结构。1996年，构建公资委——公有资产经营公司——公有独资、控股、参股企业的管理架构，实现了从实物形态管理向价值形态管理、从行政手段管理向经济手段管理、从"人治"转向"法治"的三大转变，为后来的国资管理提供了有益的经验，建立起完善的国企投资约束风险机制，大大提高了国有资产的营运收益，壮大了公有制经济的力量，实现了安全、保值和增值。2004年，构建国有资产监管机构（国资委）——资本投资运营公司——国有投资控股企业的管理体制。

（四）要帮助民营企业转变人才观念，克服家族化弊端

民营企业要顺应社会分工日益专业化、精细化的潮流，转变人才观念，克服家族化经营和管理模式带来的各种弊端。同时，职业经理人要从观念和心理上破解民营企业家的信任危机。此外，政府要扮演好服务者的角色，重视和加大人才的培育和引进力度，在社会上和各行业内营造尊重人才、爱护人才、用好人才的氛围，加快推进职业经理人市场化与职业化进程。

信息化建设走在
全国前列

　　20世纪90年代中期，随着电子计算机开始广泛应用，互联网在发达国家迅速普及，在全球掀起了信息化、数字化的浪潮。佛山南海是全国最早开始探索信息化的城市，也是首批国家信息化试点城市。1995年，南海率先提出以信息化推动现代化，信息化建设起步早、发展快，在全国处于领先地位，得到党中央、国务院的高度肯定。在南海实践和经验的基础上，佛山于2000年全面启动信息市建设，又于2008年进一步提出以信息化带动工业化、提升城市化、加快国际化。2010年，佛山启动"四化融合，智慧佛山"建设，建设智慧城市。2017年，佛山设立数字政府建设管理局，数字政府改革建设走在全省前列。佛山的探索经验和做法，对全国的信息化、数字化建设起着良好的示范作用。

一、佛山率先探索信息化建设的历程

　　经过改革开放近20年的发展，特别是在社会主义市场经济条件下，佛山已初步建成基础设施完善、社会安定富足的新兴城市，综合经济实力连续多年在全国同级城市中名列前茅。与此同时，一些私营大企业直接从国外进料加工，供应国内订货，如南海就有亚洲最大的铝型材加工企业，迫切要求推动国际化、信息化，先行一步与国际接轨①。面对风起云涌的信息化大潮和经济全球化的发展趋势，佛山如何争创新优势，实现经济的可持续发展，在新一轮的竞争中继续领先，成为佛山市委、市政府思考的一个重要命题。佛山的信息化建设较早起步，以南海市②为代表，从一开始就思考如何用信息化提升传统产业和政府治理社会的能力。此后，信息化建设长期处于全国领先地位。

（一）南海率先探索信息化建设（1995—1997）

20世纪90年代，伴随着信息技术迅猛发展，产生了信息经济这一新的经济形式。互联网、电子商务和通信技术在这种新经济形式中扮演着重要角色，催生了信息产业。作为知识经济的重要载体和经济发展的新动能，信息产业已成为发达国家经济新的增长点。自因特网（Internet）出现之后，南海市委、市政府敏锐地意识到信息化时代的来临，把建设信息市提升到南海未来发展战略的高度，并付诸实践。

正是意识到信息化对未来经济发展、社会进步和人民生活提高所带来的革命性影响，1995年，南海市委、市政府不失时机地提出了以信息化推动现代化的战略决策，决心通过信息化促进国民经济的持续发展，促进政府效率的进一步提高，促进社会管理的进一步完善，促进市民素质的不断优化。同年10月，南海成立由市委、市政府主要领导挂帅的信息化工作委员会，主要任务是统筹、协调南海的信息化建设工作。

⊃ 20世纪90年代，南海市信息化应用干部培训班场景。

1996年9月，南海在全国县级市中率先开通因特网接入节点，建起了统一的计算机信息交换平台。1997年6月，作为"九五"国家重点科技攻关项目，"广东省南海市通信与有线电视综合业务试验网"可行性通过由国家科委、省科委主持的专家论证。

---

① 桁林：《"珠三角"国际化与区域发展的矛盾与困境——"珠三角"未来发展报告》，《特区经济》，1998年第8期，第14页。
② 1992年9月23日，南海撤县设市（县级），由佛山市代管。

同年，南海建成城市综合信息网，所辖的19个镇（区①）全部联网，成为全国第一个全面开通计算机信息网络的县级市；南海信息化建设的重要基地——南海科技中心落成，建筑面积6000平方米，共8层，内设南海综合信息网网络平台、网络信息技术开发中心、演示大厅、具备同声传译系统的多功能会议室等。在这一阶段，南海的信息基础设施建设取得了可喜成绩。

⮑ 1985年12月，南海县实现全县电话交换自动化，13个区和县局交换中心联成网，装机容量达9800门，成为全国第一个建成农村自动电话交换网的县。图为南海县邮电局大楼。

（二）南海创建国家信息化试点城市（1998—2000）

1998年，南海作出"建设信息市"的决策，全面启动信息化系统工程建设，全力打造"数字化南海"。5月，南海被省信息化工作领导小组办公室列为广东省信息化建设综合试验区。

在推进信息化中，南海提出了"政府引导、企业参与、效益推动"的建设模式，即政府宏观引导但不进行具体操作，让企业做投资主体，充分发挥社会各部门、各运营企业在信息化建设中的积极作用，以达到企业发达、地方发展的目的。

1999年1月，南海市委、市政府在狮山高新技术开发区南海信息产业基地举办以"创建信息市、迈向新世纪"为主题的系列活动。同年7月，《南海市建设总体规划》（纲要）出台，首次全面系统地将南海市信息化建设各方面的内容进行了科学的界定和描述，推动南海的信息化建设迈上新台阶。按照该规划，"信息市"的内涵是：信息技术广泛应用于社会和经济各个领域，信息网络构成管理社会、服务社会的数字神经系统，通过信息流实现对物质、资金、人力资源和其他社会资源的合理配置和优化，使传统产业得到全面调整和升级，社会管理、社会保障体系高度智能化，政府管理和决策过程信息化，电子商务成为流通领域的主流形式，信息产业发展成为支柱产业，信息消费成为社会生活的主要消费，全面素质进一步提高。该规划第三个阶

---

① 南海撤县设市后，下辖街道对外又称为"区"，设区办事处。

段（2006年至2010年）要达到的目标是全市实现基础通信网络以宽带IP为基础，光纤到户，家庭信息化，三电（电信、有线电视、电脑）一体的格局；应用信息系统和信息资源覆盖社会经济各个领域，信息消费成为市民的主要消费之一；产业结构充分调整，其他高科技企业迅速崛起，经济发展、政府管理社会和服务社会的能力、水平达到信息社会和知识经济时代的要求，实现网上政府，信息化城市初步建成。

在创建"信息市"的过程中，南海市委、市政府清醒意识到，信息化成功的关键在于人的信息素质的提高，如果没有群众基础，仅靠各级领导来推动，信息化便如海市蜃楼般虚幻。只有将最先进的信息技术变成社会大众日常生产和生活的"必需品"，信息化才能获得成功。为此，南海市委、市政府把提高人的信息素质上升到信息化建设的战略高度来看待。南海市委强调，南海创建信息化城市，教育要起带头作用。《南海创建信息市的主要内容和要求》提出"推行全民教育，提高全民信息素质"，在"信息市"的定义里有"全民信息教育高度普及"的指标。1997年，南海完成了45岁以下教师的初级培训。1998年，南海又在培训内容上增加了互联网的应用。至1999年，南海完成了对所有校长的互联网应用培训。教育信息化的实施，使网络成为青少年的"必修课"。至1999年底，南海200多所学校统一连上教育城域网，实现了全市教学资源共享和教育行政办公自动化；建有900多个应用系统，拥有计算机（系统）5000多台，个人电脑（PC）约7万台，在社会管理、企业、金融、医疗、卫生、教育等领域，信息化技术已充分应用和初见成效[①]。如在农业农村领域，开通了面向农村基层、服务千家万户的南海市农业信息网。

2000年6月，南海成为全国唯一的电信、有线电视、电脑三网合一的"信息市"。7月，南海召开信息化工作会议，要求按照"全民培训，广泛应用，高起点规划，高标准建设"的指导方针，进一步加快信息市建设步伐，推动各项信息化应用的实施，促进信息化工作再上一个新台阶。

同年8月8日，南海被国务院信息化推进工作办公室列为国家信息化试点城市。在南海市委、市政府的推动下，电信光纤接入网连接南海252个行政村，实现村村通光纤、户户可上网，形成与世界同步的高速、开放、互联的宽带网络环境。这一时期，信息化建设在经济与社会各领域取得了重大进展，以电子商务为主要运作机制的专业市场在南海比比皆是，依托信息技术，精明、务实的南海人建起了一年365天、一天24

---

① 《信息化驱动南海进军现代化》，《佛山日报》，1999年9月15日。转引自中共佛山市南海区委党史研究室编：《中国共产党南海历史大事记（1978—2011）》，中共党史出版社2014年版，第198页。

小时"永不落幕的市场"。2000年11月23—25日，信息产业部电信管理局、信息化推进司、人民邮电报社、广东电信公司等单位联合召开第二届中国信息港论坛暨南海信息化经验交流会。会议提出，要积极推广南海经验，全方位推动信息化。

2001年4月，南海市信息产业投资有限公司成立，作为南海信息产业的龙头，统一投资和建设南海市内的信息产业项目，促进信息产业的发展壮大。至2001年，市、镇（区）、村三级电子政务工程同步推进，农村管理、计划生育、教育、卫生、统计、税务、社会保障、知识产权、广播电视等信息系统分别成为国家、省的推广试点项目，国土、法院、公安、供电等信息系统建设也走在全国或全省的前列。是年，南海信息产业产值达102亿元，信息化综合指数达66，超过省确定的现代化准值，居全国信息化建设前列。10月，南海被省政府授予"广东省信息化建设综合示范市"称号。至年底，南海农村管理基本实现信息化①。

同年10月，时任中共中央政治局常委、国务院总理朱镕基到南海考察信息化工作，并作出重要指示。11月11日，时任中共中央总书记、国家主席、中央军委主席江泽民到南海视察信息化工作。在观看了南海电子政务应用等多个系统的演示后，江泽民发表重要讲话，对南海的同志说："你们搞得挺好，在信息化建设方面取得了这么好的成绩，我要祝贺你们。"他强调："搞信息化建设，必须要冲破原来几千年的封建主义的桎梏，不冲破这个东西，信息化就搞不起来。如果'躲进小楼成一统'，那更不行，因此一定要冲破。南海的信息化建设就表现了这种精神。"他希望南海继续努力，不断完善，又强调信息化是系统工程，各级领导干部要进一步提高认识，解放思想，深化改革，不仅自己要掌握信息技术，更要加强领导，协调统一，着眼于应用，以信息化带动工业化，推动现代化②。12月25日，朱镕基在中南海主持召开国家信息化领导小组第一次会议，专题听取南海市信息化建设的情况汇报。南海信息化建设的做法和成效，得到中央的充分肯定。12月27日，《人民日报》以《红土地上信息流》为题，报道南海整体推进信息化建设的情况，指出南海以应用为龙头带动信息化建设，再以建设成果促进信息化更广泛、更深入地应用，如此相互促进，推动信息化工作不断深入；建立在应用基础之上的信息化，取得社会效益和经济效益。

南海还把信息化建设的经验引入纪检监察工作，包括设立会计结算中心，推动财

---

① 中共佛山市南海区委党史研究室编：《中国共产党南海历史大事记（1978—2011）》，中共党史出版社2014年版，第225页。

② 中共佛山市南海区委党史研究室编：《中国共产党南海历史大事记（1978—2011）》，中共党史出版社2014年版，第240—241页。

⊃ 2002年建成的佛山科技学院信息化教学大厅。（佛山市档案馆供图）

政管理信息化等。2002年6月21日，中纪委机关在北京举行南海市国民经济和社会信息化专题报告会，南海市委在会上作题为《与时俱进"e"法治国——南海市推进国民经济和社会信息化的实践和探索》的报告，介绍南海以"制度＋技术"促进党风廉政建设与反腐败的实践。

（三）佛山推动全面信息化建设（2000—2011）

以南海信息化建设为示范带动，佛山迅速走在全国信息化建设的前列。自20世纪90年代中期开始，传统制造业优势明显的佛山大力推进信息化建设。2000年，佛山全面启动信息市建设。同年9月，佛山市委、市政府在南海召开信息市建设工作现场会，总结南海信息化建设经验，进一步明确建设信息市的目标、任务、思路和措施，加快佛山市的信息化建设进程。是年，佛山信息产业硬件产值超过50亿元，系统集成和软件销售额接近5亿元，信息服务业收入近30亿元。

2001年11月，佛山市委、市政府主要领导率领市几套班子领导在南海召开信息化建设现场办公会，就落实朱镕基总理考察南海信息化所作的重要指示进行部署。会议提出，要在佛山全市推广南海信息化建设经验。12月，佛山又在南海召开信息化建设现场会，提出要以江泽民总书记和朱镕基总理视察南海信息化建设为契机，大力推广南海信息化建设经验，在佛山掀起新一轮信息化建设高潮。

在推进信息化建设的进程中，佛山实行"政府推动，市场引导，社会化运作"的运行机制，把推进信息化建设作为"一把手工程"来抓，重点加强信息基础设施建设，坚持以信息技术应用为龙头，把发展信息产业作为产业结构的调整方向，加大以信息技术来改造、提升传统产业的力度，推进信息产业化和产业信息化；加快电子政务工程建设，全面提高社会各领域应用信息技术水平，营造出良好的信息化发展环境。2001年4月，南海市被列为中国电子政务应用示范工程试点市。2002年，佛山成为广东省唯一信息化建设试点地级城市，信息化综合指数达到55.5，实现全市行政机关办公内网部门相联，市、区、镇三级相通的目标。

2008年12月，佛山出台《佛山市信息化发展"3＋1"规划纲要（2008—2012）》，提出信息化发展的目标是以信息化带动工业化、以信息化提升城市化、以信息化加快国际化。在此基础上，2009年，佛山被列为国家首批信息化与工业化融合试验区。同年9月，市政府出台《佛山市电子信息产业发展规划（2009—2012年）》，明确将电子信息产业作为佛山支柱产业之首，在未来重点发展。

自2010年起，佛山发挥信息化技术优势，启动和推进"智慧佛山"建设。5月，佛山市委召开工作会议，明确提出建设"四化融合，智慧佛山"[①]。7月，佛山市委十届九次全会提出，佛山要力争通过3到5年的努力，以信息化带动工业化，以信息化提升城镇化，以信息化加快国际化，实现产业、城镇的国际化提升，基本形成"四化融合，智慧佛山"的雏形，使佛山成为宜居宜商宜发展的智慧城市和人民安居乐业的美好家园。8月，佛山市委召开"三着力一推进"[②]工作情况汇报会，要求制定重点发展计划，有意识地大力培植发展物联网，把应用物联网技术及其他信息产业技术有效提升佛山传统产业作为重中之重，尤其是发展智能家电、智能家具、智能陶瓷等，重点扶持相关企业，继续打响佛山原有品牌；把抓好信息化与城镇化的融合作为"四化融合，智慧佛山"最重要的切入点，有效推进与人民群众切身利益密切相关的智能交通、智能治安、智能医院、智能教育、智能文化、智能城管等领域的发展。11月，佛山市委、市政府出台《"四化融合，智慧佛山"发展规划纲要（2010—2015年）》。

---

① "四化融合，智慧佛山"：指通过信息化、工业化、城镇化、国际化的相互融合、互相促进、共同发展，把佛山打造成为新兴产业发达、社会管理睿智、大众生活智能以及环境优美和谐的智慧城市。

② "三着力一推进"：着力转变经济发展方式，加快构建现代产业体系；着力实施农村居民收入倍增计划，加快城乡一体化发展；着力提升民生社会事业，加快建设和谐佛山；推进以改革促发展，实现产业转型、城市转型和环境再造。

随后，佛山贯彻落实市委、市政府的规划纲要，出台具体实施方案，提出到2015年，把佛山建设成为战略性新兴产业聚集区、"四化融合"先行地、宜居宜商宜发展美好家园，体现在：现代产业体系基本形成，培育形成若干个接近或达到世界先进水平的战略性新兴产业集群，成为引领佛山经济发展的支柱产业；物联网产业形成规模；信息技术普遍应用，信息资源合理利用，覆盖整个经济社会领域的信息化体系较为完备；"三网融合"全面实现，网络化、数字化、智能化和移动化成为市民工作生活的主要方式；节能减排和低碳发展成为佛山经济社会发展的主要模式；"四化融合"成为提高城市综合竞争力、实现经济社会可持续发展的主导力量。

2011年1月，市委十届十次全会进一步提出，要以"四化融合，智慧佛山"为主线，以"民富市强，幸福佛山"为核心，全力推进产业转型、城市转型和环境再造，努力争当"加快转型升级，建设幸福广东"的排头兵。

经过探索和实践，"四化融合，智慧佛山"战略实施有了初步成效。一是以智慧产业带动新兴产业发展。佛山抓住成为国家新兴产业基地、广东省战略性新兴产业重点地区的契机，将智能装备产业作为发展新兴产业的主要内容，引进和建设了佛山超级计算中心、南海云计算中心等重大项目。二是以信息化提升传统产业。佛山鼓励引导传统优势行业通过信息化手段提升产品附加值，改进装备水平，改造运营模式和流程。随着一批重大信息基础设施项目相继完成，佛山的信息网络体系逐渐完善，城市信息化基础环境日益优化，城市管理和服务更加智能，并向社会民生关键领域延伸。如在卫生领域，通过智能卫生工程，市民健康卡可在全市6家主要医院联网试点应用，实现病人诊疗信息的共享。在交通领域，智能交通工程建成了市、区、企业3级营运车辆GPS监控平台，公交智能调度系统投入使用，作为智能交通系统试点区的禅城、南海开通交通诱导、红绿灯自动调节、公交电子站牌、智能指路牌、电台实时播报等服务。在社会管理方面，佛山推进智能社保工程，上线全市新社保信息系统，使参保人员在全市定点医疗机构就医可实现现场结算，社保关系市内转移自动接续。同时，佛山还推行集社保、银行卡、电子支付和身份认证于一体的"市民卡"，使市民生活更为便利。

2011年6月，佛山成为"智慧广东"建设示范试点城市，智慧城市建设的"佛山模式"得到各界认可，取得显著的阶段性成果。

（四）在创新型城市建设中推进"佛山智造"（2012—2020）

2013年1月，佛山出台《佛山市建设国家创新型城市总体规划（2013—2020年）》

《佛山市建设国家创新型城市实施方案（2013—2020年）》及《佛山市科技创新团队资助办法》《佛山市重大科技项目资助办法》《佛山市科技创新平台资助办法》《佛山市专利资助办法》4个配套文件，形成建设国家创新型城市"1＋1＋4"系列文件，搭建全方位的政策支撑体系，明确将打造创新型城市①作为佛山新一轮发展的主要推动力，实施创新驱动的核心战略，目标是到2017年，基本建成国家创新型城市；到2020年，全面建成国家创新型城市。同时，佛山确定建设"国际高端制造业基地""国家产业技术创新高地""全国科技、产业、金融'三融合'示范区""国家创新驱动示范城市"四大战略目标，面向光电产业、新材料、新型电子信息、新能源、生物医药、节能环保、机械装备、家用电器等重点产业和领域，加快引进一批瞄准国内外技术研发前沿、具有较强竞争力的科技创新团队。

2014年11月，市政府召开全市加快先进装备制造产业发展暨工业技术改造投资工作会议。会议提出，要从"增量优质"和"存量优化"两个维度，分别以领衔打造珠江西岸先进装备制造产业带和全面推动工业技术改造为抓手，推进佛山经济结构调整与产业转型升级；对高端装备制造业实施"智能制造提升"战略，同时，加大对传统装备制造业工业企业技术改造政策扶持力度。

在佛山市委、市政府的部署推动下，南海发挥信息化、数字化建设经验和优势，使智慧城市建设走在前列。2014年5月，南海率先成立全国首个县区级数据统筹局，把南海信息化建设积累多年的"数据仓库"变成"数据银行"，并成立了以区政府主要领导为组长的新型智慧城市建设和大数据产业发展工作领导小组，制定了《佛山市南海区新型智慧城市建设三年行动计划（2017—2020年）》，目标是到2020年，南海区新型智慧城市建设水平持续全国领先，促使大数据成为南海社会发展新动能。2017年，南海结合国家和省、市大数据发展战略部署，确立数据统筹工作新思路，打造"数据财政局"，实现各类数据的共享、挖掘和利用，充分发挥大数据"惠民、强政、兴业"的引领作用，全面推进南海新型智慧城市建设、大数据产业集聚发展，并完成了一系列重点工作，包括：规划南海新型智慧城市的顶层设计，发布《佛山市南海区新型智慧城市建设三年行动计划（2017—2020年）》，投入15亿元开展智慧城市重点项目建设，在重点领域率先发力，如实现全过程公共安全管理的城市大安全体系

---

① 创新型城市：以科技创新为经济社会发展的核心驱动力，拥有丰富的创新资源、充满活力的创新主体、高效的创新服务和政府治理、良好的创新创业环境，对建设创新型省份和国家发挥显著支撑引领作用的城市。

○ 2015年9月10日，首届中国（广东）国际互联网+博览会在佛山新城举行。共计456家企业参与，其中包括国内互联网三大巨头——百度、阿里巴巴、腾讯。

项目、丰富环保大数据应用场景的智慧环保2.0项目、提高公共交通服务质量的智慧交通项目、打造全联接医疗平台的智慧医疗项目等；2018年，南海成立了区数据统筹局统领下的大数据投资建设公司，并着手开展智慧城市国际标准试点工作。

2015年5月，佛山市委、市政府召开全市工业转型升级攻坚战动员大会，推出促进工业转型升级的6项举措，推动佛山由"制造业大市"向"制造业强市"转变。会议提出，要以"互联网+"为引领，推动全行业转型升级；以技术改造为核心，推进"机器换人"，推动经济结构向"存量优化"深度调整等。同月，佛山出台《佛山市互联网+行动计划》，提出通过实施互联网+博览会、互联网+智能制造、互联网+创新创业、互联网+社会管理、互联网+金融、互联网+商贸的生产性服务业"六大行动计划"，引导传统制造行业转型升级、创新发展。9月，佛山成功举办首届中国（广东）国际"互联网+"博览会。11月，全国首个"互联网+"众创金融示范区在佛山挂牌，承接创新"互联网+金融"体系和"互联网+众创、众包、众扶、众筹"平台综合金融服务体系建设，引导企业开展"互联网+"应用推广，带动传统企业与互联网企业跨界融合。同月，佛山出台《佛山市深入实施知识产权战略加快创新驱动发展行动计划（2015—2017年）》，实施"鲲鹏计划""繁星计划""英才计划""乘龙计划"和"清风计划"五大计划，推动佛山到2017年发明专利年申请量达1万件。

2016年，佛山围绕打造面向全球的国家制造业创新中心，走"世界科技＋佛山智造＋全球市场"的创新发展之路，制定实施《佛山市创新驱动发展三年行动计划

（2016—2018年）》。至2017年8月，全市装备制造企业超过1.1万家，其中规模以上智能装备制造企业有300多家；机器人研发生产企业达到100家；推行"机器换人"的企业超过300家，工业领域应用机器人超过6000台（套）。

2018年2月，佛山先进制造科学与技术广东省实验室（4月被命名为"季华实验室"）第一届理事会成立。自2018年到2022年，佛山每年由市、区财政投入10亿元、总计投入55亿元，用于建设季华实验室。

2019年6月，佛山召开市委网络安全和信息化委员会第一次全体会议，提出构建"大网信"工作格局，推动互联网这个最大变量变成佛山市网信事业发展的最大增量。

至2021年底，佛山通过科技部的评估，成功创建国家创新型城市，正式进入国家创新型城市行列，科技创新综合竞争力居全国地级市第四位。

（五）"数字佛山"将信息化建设推进到新阶段（2020年至今）

2020年5月，佛山在广东省地级市率先出台《佛山市推动数字经济发展实施方案》，提出数字经济发展"三步走"战略安排：第一步是到2022年，推动佛山数字经济快速发展，成为省内数字经济发展重要生力军；第二步是到2025年，推动佛山数字经济扩张壮大，成为全国数字经济发展新兴基地；第三步是到2035年，推动佛山数字经济持续倍增，跻身全国数字经济发展标杆城市行列。

2021年，佛山召开全市制造业数字化智能化转型发展大会，并出台《佛山市推进制造业数字化智能化转型发展若干措施》及操作细则，推出五大方面共25条措施，推动制造业全方位、全角度、全链条的数字化智能化改造。对此，佛山设立总规模300亿元、首期100亿元的广东（佛山）制造业转型发展基金，着力培育省级标杆示范项目9个，打造市级示范工厂22家、示范车间64个。是年，全市有20家企业入选工信部专精特新"小巨人"企业，累计达34家，数量增加1倍多。美的微波炉顺德工厂加入世界经济论坛"全球灯塔网络"，成为佛山第一个"灯塔工厂"；美的洗涤入选工信部"5G+工业互联网"重点行业实践案例。

同年11月，佛山又出台《"数字佛山"建设总体规划——佛山市智慧城市和数字政府改革建设（2021—2025）》，高起点、高标准谋划推进"数字佛山"和智慧城市综合改革试点建设，塑造"数字佛山·善政智城"城市新名片。一是打造全国地级市数字化发展样板。佛山提出，到2025年，"数字佛山"建设基本实现打造一流营商环境走在前列、制造业数字化转型发展水平走在前列、数字经济发展水平走在前列、政务服务水平继续走在前列、民声诉求响应能力走在前列、市域社会治理水平走在前列、数字基础设施和支撑保障能力走在前列、数据治理和深度应用能力走在前列、城市体征感知能力走在前列、政府整体运行效能走在前列10个走在前列。二是形成"5+5"总体架构体系。统筹建设"以数字智能中枢、数字基础设施为核心支撑，以组织能力、标准规范、安全保障为体系支撑"的"五位一体"统筹管理框架，以需求和应用为导向，以"数字+科创"为抓手，以"数字+兴业"为主线，以"数字+优政"为突破口，全面提升"数字+惠民""数字+智城"体验，形成具有佛山特色的"5+5"总体架构体系。三是通过"三步走"推动"数字佛山"建设。按照夯基础、强能力、优应用的数字化发展路径，2021—2022年为夯实基础，急用先行；2023—2024年为强化能力，拓展应用；2025年为优化应用，形成体系。

二、佛山开展信息化建设的成效

信息技术革命不仅是一场巨大的科技革命，也是一场意义深远的社会革命，催生了令国内外瞩目的信息文明。从信息化一步步向数字化、智能化演进，对政务服务、产业发展、城市管理和社会治理等产生很大的影响，有力推动了佛山的现代化建设进程。

（一）推动了传统制造业转型升级

一是推动了生产型制造向服务型制造转型。如维尚家具集团建立起家具企业大规模定制生产系统，将企业的设计、生产、销售和服务等各个环节有机地结合起来，实现了定制设计个性化、销售接单网络化、生产排程及成品零库存，促进企业价值链以制造为核心向以服务为核心转变。

二是推动了传统制造向先进制造转型。如海天调味食品有限公司把工艺技术、设备装备、信息技术紧密结合起来，使生产系统与企业资源计划（ERP）管理系统全面对接，构建了一个完整的数字化工厂，与传统方式相比，生产效率有了显著的提高。据信息产业部推进司有关负责人讲述，有一次，联合国秘书长安南有点不解地问："中国为什么要提信息化？"中国官员向他举出佛山南海的例子。当听到南海通过信息化使大批传统的中小企业得到提升，特别是农民也会上网时，安南高兴地竖起了大拇指[①]。

三是推动了传统产业从粗放式发展向绿色发展转型。如新明珠陶瓷集团响应国家节能减排号召，通过推进数控智能生产，优化利用企业能源系统，减少能源消耗和污染排放，使单位产品能耗下降，综合节能取得明显成效。

四是推动信息化与服务业融合，形成新的信息服务业。如美的集团剥离信息服务业务，衍生出广东省嵌入式软件公共技术中心、广东美的自控科技有限公司等一批软件和信息服务企业。

（二）提升了现代物流的效率

一是改善了物流业的基础设施和经营效能。佛山将建设现代物流信息平台作为主要内容纳入规划，大力推进城市物流公共信息服务、城市物流设施资源管理、城市物流与电子商务协同处理、物流信息标准化支持、物流服务产品标准化服务等物流信息基本设施和功能建设，使物流信息化建设基础设施日益完善。如欧浦物流利用互联网络构建起"大型仓储＋剪切加工＋快速配送＋电子交易"的综合服务模式，实现管理系统化、仓储公开化、装卸机械化、加工配送一体化的高效管理和钢铁现货电子交易。

二是促进了第三方物流企业的不断壮大。从信息市建设到"数字佛山"建设，在各级政府和有关部门的积极引导、扶持下，佛山物流企业不断加大对信息化建设的投入，涌现出一批市场潜力大、发展后劲足、服务范围广和技术创新能力以及企业综合竞争力不断增强的第三方物流企业。

三是加快了物流信息化的发展，为佛山"制造业立市"提供了重要保障。早在2004年底，佛山信息化指数已达到76.8，各项信息基础工作处于全省乃至全国地级市的前列，为物流信息化的建设奠定了良好的基础。至2023年，佛山已建成遍布全市的完善的电信、广电光纤基础通信网络系统。物流信息化推动佛山形成一批市场潜力大、发展后劲足、具有一定技术创新能力的物流企业，充分利用佛山（国际）物流合作洽谈会平台。佛山市委、市政府大力支持和协助国际物流与运输学会及广东轻工职业技术学院在佛山联合建立供应链管理学院，为佛山市及珠三角地区提供物流业智力支撑，推进物流信息化建设为制造业发展和城市建设服务。

---

① 梁钢华：《数字南海：中国信息化城市先驱》，广东人民出版社2002年版，第128页。

⮕ 佛山信息化建设提升了现代物流的效率。图为2009年1月，各类货船在顺德港内装卸货物。

（三）提高了政务服务水平

一是发挥信息技术优势建立起"一网统管"的"城市大脑"等信息化系统，推进了数字政府建设，推动了政务服务改革创新。如佛山市政务服务数据管理局推动建设市级智慧城市大脑，通过打通数据底层，实现各部门数据互动和共享。在此基础上，市政务服务数据管理局深入推进市域治理"一网统管"，建成市域治理"一网统管"基础平台并投入使用，实现政务应用智能化、管理智能化，助力佛山打造治理能力现代化标杆城市。

二是实现了政务服务让数据多跑路、群众少跑腿，增进了政府与群众、企业的联系，助力解决更多民生实事。自2010年起，佛山启动"智慧佛山"建设，将信息化应用到"一门式一网式"政务改革中，持续推进政务服务"全程网办、全市通办"。2022年，佛山着力提升全程网办便利化，推进全市通办规范化，让群众和企业享受到线上线下无差别、同标准的服务；推动"全程网办"向"好办易办"提升，推出了一批主题一件事"联审联办、掌上联办"。

（四）促进了佛山智慧城市建设和管理

一是形成了多样化的智慧服务场景。作为住建部开展"新城建"的首批试点城市，佛山以城市信息模型（CIM）基础平台、城市运行管理服务平台、工程建设项目审

⊃ 2021年，佛山市成功入列国家第三批社会信用体系建设示范区公示名单。佛山通过"人工智能+双随机"智慧监管平台，提升监管效能，有力保护了消费者的权益。图为荣获第六届"中国法治政府奖"的"人工智能+双随机"智慧监管平台。（佛山市市场监管局供图）

批管理系统、智慧房产、智慧工地为重点工作任务。其中的CIM基础平台，通过接入物联设备，将"传统社区"与"数字世界"深度融合，在一个平台上汇集智慧安防、智慧消防、智慧医养等场景有效落地，实现社区智慧运营，支撑市域治理"一网统管"。

二是有效保障了建设项目施工安全。佛山在建项目工地的现场实况可以通过CIM平台一目了然。其中通过智慧工地专题可以了解全市房屋建设项目投资在建总体情况，聚合建筑信息模型（BIM）、地理信息系统（GIS）、物联监测数据全方位掌握在建工地实时情况。佛山还持续推进CIM基础平台对市域治理"一网统管"各应用场景的整合和智能建造试点工作，总结智能建造相关产业、技术、标准、工艺流程等要点，为智能建造试点推广积累了"佛山经验"。

三是初步建立起"智慧社会"管理模式。佛山通过信息化手段的广泛应用，提升了政府管理、决策与服务水平。"智慧社会"把佛山现有的政府、社会、企业信息化项目整合到一个统一的平台上，让市民更直观地体验到智慧城市的各种便利。智慧城市建设已经成为佛山转变经济发展方式、提升城市发展品位、保障和改善民生的重要载体和有效路径。

三、佛山推进信息化建设的经验

信息化建设是转变经济增长方式的有效手段。多年来，佛山在信息化建设进程中探索出了一些经验。

（一）把提高全民的信息意识放在重要位置

各个领域的现代化都离不开信息化。发挥信息化对国民经济的"激活""诱发"与"倍增"效应，有助于充分发挥科技作为"第一生产力"的作用。这是促进经济增长方式转变的关键。从南海信息化试点的探索实践来看，信息化建设能够做到党政领导带头转变信息观念，提高全社会特别是广大群众的信息意识。同时，注重宣传信息化和信息资源的重要性，采取多种手段和新闻媒介，广泛宣传信息先行意识、信息产业意识、信息生存意识和信息有偿意识，培养尊重信息的社会风气，并走出知识、信息无偿使用的误区，形成正确的信息消费意识。

（二）坚持统筹规划、整体协调

信息化是一项宏大的社会工程、一项长期的战略任务，涉及众多领域、地区和部门，需要加强领导和统筹，才能更好地发挥多方面的积极性和创造性。如南海在探索信息化建设之初，就成立了由南海市委、市政府主要领导挂帅的信息化工作委员会，统筹、协调南海的信息化建设工作。

（三）突出重点，兼顾一般，分层分步渐进

在推进各领域信息化建设工作的过程中，佛山注重根据实际情况，按每个时期的工作重点，逐步缩小差距。计算机产业和软件产业的引进和发展，是信息化的基础。因此，佛山从一开始就注重把这两大产业作为重点来抓。同时，考虑到农村地区不仅在交通、通信等方面与城市有很大差别，在信息意识、信息需求、信息处理手段和信息消化吸收能力上也有差距，因而把信息化的重点放在城市，兼顾农村信息化建设，分步渐进，全面发展。

（四）强化政策研究和制定，搞好政策扶持

20世纪90年代以来，面对全球信息高速公路建设热潮带来的数字革命，佛山把握机遇，大力推动信息网络等基础设施建设的相关规划和政策，对信息技术及信息产业

的发展进行扶持，对发展各种形式的信息产业化和产业数字化，给予鼓励和必要的指导。在此过程中，佛山坚持需求驱动为主、供给驱动为辅的原则，设法把潜在的需求激发起来，推动各部门、各地区及民间与政府联合共建、优势互补。

（五）面向国内外市场，增强国际竞争力

信息技术和信息产业的发展必须面向国内外市场，信息产品和信息服务必须具有国际竞争力。佛山对此有着深刻的认识和实践，因而在信息化建设中注重以需求为引导，组织社会化的信息生产和服务体系，全方位开拓市场，有重点地突破一些环节，优化数字化资源配置和合理利用，努力使信息技术及信息产业走出一条投入少、产出高、效益好的发展之路；加强对外开放和国际合作，强化对引进技术的消化和吸收，同时在合作中加强自主研究与开发的能力。

（六）加强信息化教育，培养信息人才队伍

人才是第一资源。信息人才的培养，是推进信息化建设的关键一环。佛山围绕建设信息市，十分注重信息化教育，探索建立社会化、信息化、国际化的人才培养新格局，多渠道、多层次、全方位地培养和选择人才，如南海很早就提出并实施"全民培训"的方针，在全国率先掀起了全民学电脑的热潮，培养了一批高素质的信息人才，也造就了一批在信息化、全球化时代具备国际竞争意识和竞争能力，有远见、有魄力的复合型人才。

金融、科技、产业融合创新探索

金融是实体经济的血脉，科技是第一生产力，产业是现代经济的根基。改革开放后，特别是21世纪以来，我国大力推进金融改革开放和发展，金融业取得了伟大成就。2007年起，在广东省委、省政府的大力支持下，佛山市委、市政府抓住国际金融产业兴起创新发展浪潮的机遇，以推动全市产业转型发展、助力实现金融强省战略为目标，以广东金融高新区为平台支撑，以建设广东金融科技产业融合创新综合试验区为契机，奋力推动金融科技产业融合发展，取得了令人瞩目的成绩。

一、佛山探索金融科技产业融合发展的背景

佛山探索金融科技产业融合发展，既是经济全球化大势所趋，也有中央、省相关政策的利好和扶持，更是佛山产业转型升级的迫切需要。

（一）经济全球化推动国际金融业发展新趋势

进入21世纪以来，特别是加入世贸组织后，我国的金融业进一步扩大对外开放，与国际金融发展的联系更加紧密。随着全球金融业的产业格局、地域分布、增长方式和盈利模式等方面的改变，以及我国各地区经济的快速增长、区域经济一体化的加快，在香港、上海、北

京建设国际金融中心的同时，深圳、天津、武汉、广州等城市陆续提出了建设区域金融中心的目标，付诸实践并取得了积极成效。其间，国内银行业借鉴国际金融业发展经验，加快了业务整合，逐步走上了前后台业务分离的探索之路。国内城市，如北京、上海等一线城市，在争抢金融前台业务的同时，为了更好地承接国内外金融机构后台业务的转移，抢抓机遇，大力建设金融后台基地，金融产业园区、金融服务区等如雨后春笋，相继面世。全球金融业发展大趋势如此，国内不少地方纷纷探索体制机制创新，推动佛山开辟科技金融产业良性互动与深度融合的新路径。

（二）广东实施金融强省"三步走"发展战略

在2006年之前较长一段时间，广东省金融业占地区生产总值的比重徘徊在3%上下，直到2007年才开始达到5%以上。而在融资方面，截至2006年底，广东省共有上市公司220家，其中境内上市公司162家，总市值超过10000亿元，累计融资1300亿元，然而与江浙等省迅猛的发展势头相比，广东面临着上市后备资源不足、地区分布失衡等问题。同期相比，与南京GDP相近的佛山市，上市公司数量仅有南京的1／3。

在产业优化升级的压力之下，大力发展以金融产业为龙头的现代服务业迫在眉睫。2007年6月5日，广东省委、省政府召开全省金融工作会议，就大力发展金融产业、加快建设金融强省提出"三步走"发展战略，目标是到"十三五"期末，保持金融产业稳定发展，具有广东特色的地方金融市场体系比较健全，与香港紧密联系的、辐射泛珠三角地区的广州、深圳区域性金融中心地位与作用得以确立。会议还明确提出要建设广东金融高新技术服务区（简称"广东金融高新区"）。这为佛山金融、科技、产业融合发展提供了重要的政策依据和平台支撑。

（三）佛山亟需以金融科技创新推动产业转型升级

20世纪90年代中后期，佛山民营企业迅速发展，建立起种类丰富、链条完备、规模庞大的制造业体系，而随着社会主义市场经济体制的初步建立，民营经济和民营企业亟需进一步拓宽融资渠道。1995年12月，佛山市委七届四次全体（扩大）会议提出，要拓展金融保险业，完善金融市场，努力争取设立和引入更多的金融保险机构，形成比较完善的金融体系。为了拓宽企业融资渠道，1997年7月，在原佛山市区7家城市信用社的基础上，组建了佛山市商业银行。这一时期，得益于佛山市委对金融业发展的日益重视和扶持力度的不断加大，逐步发展壮大的金融业为佛山的产业发展提供了有力的支持。

○ 2009年5月，广东省新光源产业基地在佛山市南海区狮山镇启动建设。2010年9月和2011年3月，华南（国际）电光源灯饰市场、基地核心园区先后开业和建成。该项目是省重大科技专项和重点建设项目，成为国内重要的半导体照明产业基地。图为基地建筑群。

进入21世纪后，随着信息化和经济全球化的加快，佛山产业结构调整逐渐加快。如何更好地推进产业转型升级，实现可持续发展，成为佛山面临的紧迫任务。《佛山市服务业发展规划纲要（2001—2010）》明确提出，要建立符合市场经济体制要求、适应国际竞争、具备高效服务功能、具有防范和处理风险能力的金融体系。其后，为贯彻落实国家产业政策和建设广东第三大城市，佛山大力推进金融业支持产业发展，加大对中小企业的信贷支持力度等，以市场为导向，推进金融业务创新，进一步提高金融服务水平。

2006年，佛山提出以规划引领金融业的良性发展，把"实施金融生态示范市工程，不断优化金融环境"写入"十一五"（2006—2010年）规划纲要，并出台《关于创建金融生态示范市促进经济协调发展的意见》。

在此背景下，佛山积极把握经济发展新方向，坚持走新型工业化道路，把发展高新技术产业、现代制造业作为产业转型升级的战略方向，更加重视金融业与实体经济的结合，开启金融、科技、产业融合发展之路。

二、佛山探索金融科技产业融合发展的历程

从2007年成立广东金融高新技术服务区起步，佛山探索金融科技产业融合发展的起点高，为其后尤其是新时代建设广东省金融科技产业融合创新综合试验区、建设国

家创新型城市、打造金融科技产业"三融合"示范区等提供了很好的平台支撑。

（一）以广东金融高新区为平台，支持产业转型升级，开启金融科技产业融合发展之路（2007—2012）

2007年7月31日，广东金融高新技术服务区在佛山市南海区千灯湖畔挂牌成立，开启探索金融支持制造业转型升级之路，成为广东省人民政府批准的唯一省级金融后台服务基地，广东建设金融强省的七大基础性平台之首。佛山逐步形成了以禅城和南海桂城等中心城区为核心的金融业竞争发展局面。2008年，"广东金融高新技术服务区"被写入《珠江三角洲地区改革发展规划纲要（2008—2020年）》，纳入国家发展战略，明确支持建设广东金融高新技术服务区，大力发展金融后台服务产业，建设辐射亚太地区的现代金融产业后援服务基地。

是年，佛山首次将金融业列为第三产业中重点发展的行业。2月25日，市政府工作报告提出要加快发展金融、物流、会展、商贸、旅游等现代服务业，其中以广东金融高新技术服务区为重点，发展现代金融服务业，大力引进国内外知名金融机构。7月

➲ 2009年，汇丰银行、东亚银行、恒生银行3家港资银行在广东金融高新技术服务区设立全国首批外资银行同城异地支行。

17日，佛山出台《佛山市实施"三三三"产业发展战略的指导意见》和《佛山市加快第三产业发展的指导意见》，实施"三三三"产业发展战略，即：一、二、三产业要协调发展，其中第一产业要精细发展、第二产业要优化发展、第三产业要加快发展；在三大产业中每个产业要重点扶持三个或者以上的支柱行业；在每个支柱行业中要重点扶持三家或者以上的龙头企业。第三产业重点发展七大支柱行业，包含加快发展金融、物流、会展三大生产性服务业，提升发展商贸流通、旅游餐饮娱乐两大传统优势服务业，培育发展商务和科技两大新兴服务业。

同年，佛山市出台《佛山市金融产业发展规划（2008—2015）》，响应广东建设金融强省的号召，提出实施金融发展三项计划（又称"三P"计划），即金融市场发展的创新试点计划，创业风险基金、产业投资基金和担保基金发展的基金引导计划，以及企业上市的"463计划"。"三P"计划的出台，标志着佛山市金融业发展开始提速。

2010年和2011年，佛山市政府工作报告均提出要重点发展金融业，强化金融、科技、人才支撑作用，促进金融、科技、人才与产业相融合，让金融、科技成为产业发展的"双翼"，让人才成为产业发展的助推器。2010年，广东金融高新区提出建设"产业金融中心"的新口号，确立了"国际金融后台基地"及"现代产业金融中心"双定位。在此推动下，佛山市南海区以千灯湖金融商务区为基础打造城市高地，促进"工业南海"向"城市南海"的转型。作为佛山传统金融中心的禅城区，亦着力打造佛山"金融街"，形成以季华路为主线的金融集聚区。至"十二五"（2011—2015年）期初，全国性股份制银行先后落户佛山。佛山初步形成以禅城区季华路一带、南海区千灯湖一带为核心的金融业集聚区。

2011年6月，佛山出台《关于全面推动金融创新发展促进经济产业转型升级的指导意见》，明确金融业将以金融高新区为平台，以资本市场发展为支撑，以金融创新为动力，融合金融、科技、产业，支持全市转向以先进制造业为主、战略性新兴产业兴起的经济转型和产业升级工作。同年11月，佛山市第十一次党代会明确提出，佛山转型升级之路主要依靠现有的产业和企业家资源，以产业链和企业家招商，推动产业、科技、文化、金融相融合，促进产业裂变，实现经济做大做强做优。在佛山的积极推动下，12月，广东省"广佛莞"地区和深圳市成为首批促进科技和金融结合试点地区，将金融、科技、产业"三链融合"作为发展战略，出台多项政策措施，支持产业转型发展。

2012年，佛山进一步提出要促进产业、科技、文化、金融融合发展。同时，实施金融"聚变"计划,引入国内外各类金融机构、股权投资基金,引导动员民间资本参与设立本地金融机构,着力构建服务于中小微型企业融资发展的新型金融体系,使金融成为助推产业转型升级的核动力。同年,《佛山市促进金融服务实体经济若干意见》出台,提出要促进金融、科技、产业深度融合,试点设立科技金融机构,金融支持产学研合作,解决中小企业融资难题等。

(二)以建设广东省金融科技产业融合创新综合试验区为契机,着力打造全国科技金融产业"三融合"示范区和国家创新驱动发展示范城市

2013年1月,《佛山市建设国家创新型城市总体规划(2013—2020年)》明确提出,有序推进佛山国家创新型城市建设,把佛山建设成为国际高端制造业基地,国家产业技术创新高地,全国科技、金融、产业"三融合"示范区,国家创新驱动发展示范城市。同时,着手实施八项行动计划;实施科技金融产业融合等十大创新工程;建设佛山高新区、广东金融高新区、佛山国家火炬创新创业园、中国南方智谷等十大创新园区。佛山提出,要以金融创新促进产业转型升级,建设广东省金融科技产业融合创新综合试验区,把"金洽会"打造成为金融资本与科技、产业对接的高端平台,打造民间金融一条街等。是年,佛山设立产业金融引导基金,用于扶持和引导重点支持的产业。

2014年1月,佛山市金融科技产业融合取得新进展。南海区获批全省金融科技产业融合创新综合试验区,顺德区获批国家知识产权试点城市。7月,佛山市政府与省科

⤷ 实体经济发展,离不开金融"活水"的精准滴灌。图为广东金融高新区。(佛山市新闻传媒中心供图)

技厅签订《共建广东省科技金融服务体系试验区框架协议书》，明确提出把建设佛山科技金融综合服务中心作为广东省科技金融服务体系试验区建设的重要内容，建设广东省科技金融综合服务中心佛山分中心，使其成为广东省首个科技金融服务体系试验区。是年，佛山设立总规模15亿元的支持企业融资专项资金、总规模不低于3亿元的科技型中小微企业信贷风险补偿基金等，帮助中小企业缓解融资困难；出台《关于促进金融科技产业融合发展的实施意见》，明确佛山金融科技产业融合发展的指导思想、基本原则、战略目标和主要任务；依托广东金融高新区，大力发展各类金融创新机构和金融服务产品，创建"广东省民间金融改革发展试验区"，激发民营金融机构创新活力，着力引导民间资本参与农信社改革和设立民营银行、小额贷款公司、融资性担保公司、融资租赁公司等地方金融机构。佛山还成立金融发展与稳定领导小组、启动佛山科技保险试点等，以防范和化解企业财务风险，优化金融生态环境。

在一系列政策的有力推动下，到2014年末，广东金融高新区股权交易中心挂牌企业融资38.6亿元，佛山民间金融街引入60多家金融机构。全市新增银行2家、保险公司4家、小额贷款公司3家、股权投资企业56家、融资租赁公司10家、新三板企业11家、上市企业2家。

为促进金融科技产业深度融合，2015年，佛山贯彻实施创新驱动发展战略，发挥金融支持实体经济发展的作用，引导民间资本投入科技型、智慧型企业，加快建设省金融科技产业创新融合综合试验区和产业金融改革试验区，完善"政策金融、科技金融、民间金融"三位一体的金融服务模式，充分发挥佛山民间金融街、广东金融高新区股权交易中心、深交所路演中心等平台作用，创新发展互联网金融、知识产权证券化、众筹融资、融资租赁等金融产品和服务，构建科技金融服务体系。同年11月，佛山出台《佛山市"互联网＋金融"行动方案》，着力推动互联网金融产业发展，提升金融服务实体经济能力。12月，佛山又在全省率先制定《佛山市商业银行科技支行认定及管理暂行办法》，鼓励和引导商业银行在佛山网点设立"科技支行"，支持和帮助科技型企业加快发展。

佛山"科技支行"一览表（截至2022年）

序号	科技支行名称
1	中国银行股份有限公司佛山古大路支行
2	中国银行股份有限公司佛山亿能国际广场支行
3	广东南海农村商业银行股份有限公司科创支行

续表

序号	科技支行名称
4	中国农业银行股份有限公司佛山高明明城支行
5	中国农业银行股份有限公司佛山三水乐平支行
6	中国银行股份有限公司顺德祥和路科技支行
7	中国建设银行股份有限公司佛山里水支行
8	广东南海农村商业银行股份有限公司高新区支行
9	中国农业银行股份有限公司佛山石湾张槎开发区支行
10	中国工商银行股份有限公司佛山南海里水支行
11	中国工商银行股份有限公司佛山顺德勒流支行
12	中国工商银行股份有限公司佛山狮山支行
13	中国农业银行股份有限公司佛山南庄支行
14	中国农业银行股份有限公司佛山季华支行
15	中国农业银行股份有限公司南海罗村支行
16	中国农业银行股份有限公司南海大岗支行
17	中国农业银行股份有限公司南海汾桥支行
18	广发银行股份有限公司佛山顺德大良支行
19	广东南海农村商业银行股份有限公司三水乐平科盈分理处
20	广东顺德农村商业银行股份有限公司大良信合支行（科技创新支行）

（资料来源：佛山市金融工作局）

（三）以"三链融合""互联网＋金融""区块链＋"等为抓手，持续推进金融科技产业深度融合（2016年至今）

"十三五"期间，佛山进一步推动"产融"结合，金融科技产业融合发展的步伐加快。

2016年，佛山将金融、科技、产业融合发展思路进一步升级为产业链、创新链、资金链"三链融合"的新思路。同年，《佛山市金融业发展"十三五"规划》出台，提出优化地方金融生态环境，加快建设全市重大金融平台，努力打造具有全国示范意义的产业金融中心。同时，鼓励五区金融错位竞合：鼓励禅城区强化传统金融中心优势，提升全市金融资源配置能力；鼓励南海区发挥广东金融高新区高端平台优势，进一步集聚创新型金融机构，提升对外开放和合作水平；支持顺德区产业金融示范区建设，为创建全国综合改革试验区、国家自主创新示范区、全球智能制造基地建设提供战略支撑；支持高明区、三水区发展普惠金融和绿色金融。依托佛山民间金融街，佛山大力建设广东"互联网＋"众创金融示范区，构建"互联网＋金融"服务体系，打造众创、众包、众扶、众筹平台。同年11月，佛山市第十二次党代会提出，要深入实施"金科产"融合发展战略，促进资金链、创新链和产业链的无缝对接，不断提升金融服务实体经济的水平。佛山进一步着力聚集金融创新要素，推动广东金融高新区升级发展，着力打造珠江西岸创投中心和珠江西岸融资租赁区域中心，促进股权投资基金和融资租赁产业集聚发展。是年，佛山还设立总规模100亿元（其中市财政出资20亿元作为母基金，各区财政、专业管理公司、金融机构和其他社会资本共出资80亿元）的创新创业产业引导基金，鼓励和支持创新创业。

2017年，佛山出台《关于进一步促进金融科技产业融合创新发展的实施意见》，在城市发展战略高度和制度层面继续加大支持力度，大力推动金融、科技、产业融合。为此，佛山制定《佛山市金融业发展三年行动方案（2016—2018）》，提出优化引导间接融资、提高直接融资比例、加快金融产品及服务创新、完善金融组织体系和监管体系、优化地方金融生态环境等。为降低企业融资成本，佛山设立初始规模1.25亿元的债券融资风险缓释基金。同时，针对股权投资、融资租赁等也制定相应的扶持办法，优化投资环境，高标准打造珠江西岸创投中心、千灯湖创投特色小镇等，鼓励形成以市场为导向的创投行业集聚区，建设华南地区具有品牌影响力的创新创业创投生态圈。2018年，千灯湖创投特色小镇一期建成（2019年正式开园）。

为进一步深化金融科技产业融合，2018年，市政府工作报告提出，要深化金融科技产业融合，全力发展壮大金融产业，优化融资结构，打造充分满足实体经济需求的金融链，包括在广东金融高新区建设"区块链＋"金融科技产业集聚基地，以"区块链"技术为切入点大力发展金融科技产业。是年，佛山出台促进民营经济高质量发展"1＋3"的政策文件，包括《佛山市关于促进民营经济高质量发展的若干意见》及配套的《佛山市降低制造业企业成本支持实体经济发展若干政策措施（2018年修订）》（又称"降成本十条"）、《佛山市金融促进民营经济高质量发展若干政策措施》（又称"金融十条"）、《关于依法保护民营企业家人身和财产安全的若干意见》3个文件，支持和帮助民营企业融资，降低制造业企业成本，为民营企业发展创造良好的金融生态环境等。

2019年，为进一步破解中小微企业融资难、融资贵问题，改善中小微企业融资环

○ 佛山农商银行发放"数字贷"支持不锈钢企业升级改造。(《佛山日报》供图)

境，佛山设立融资担保基金，在省内率先探索国家、省、市三级合作模式，由市级财政出资，起始规模为3亿元，扶持对象原则上为佛山市内的民营中小微企业、"三农"和创业创新等市场主体，高新技术企业贷款额度放宽到最高2000万元，融资担保机构收取不超过2%的担保费。至2021年，佛山在融资担保基金框架内设立2000万元规模的"佛山高新区融担贷"专项合作资金池，打造高新区科技金融产品"超市"，还设立总规模10亿元的佛山市"数字贷"工程风险补偿资金，补偿比例根据企业累计贷款总额分档确定，最高为50%。

2021年2月，佛山进一步提出，要大力发展现代金融业，提升金融服务实体经济能力，努力建设具有全国示范意义的产融结合城市。9月，佛山发布《佛山高新技术产业开发区"十四五"金融发展规划（2021—2025）》，引导银行加大对高新区信贷支持、鼓励科技成果转化的金融服务、加大独角兽（潜在、种子）企业培育力度等，致力打造具有国际影响力的"金科产"发展活力区、具有全国示范意义的产融结合示范区，以及全省民营和小微企业金融服务先行区。

2022年3月，佛山制定《佛山市产业"六大升级行动"方案》，明确建设支撑产业协同升级的金融服务体系。支持广东金融高新区打造珠江西岸创投中心和融资租赁区域中心，加快建设特色金融集聚区，鼓励各区依托自身产业特色打造特色金融产业板块，逐步建立全方位覆盖的市、区金控平台体系。围绕市内制造业转型升级需求，佛山大力发展科技金融、供应链金融、普惠金融、绿色金融、跨境金融等多元化金融服务。同年7月，佛山市委十三届四次全会部署高质量建设"十大现代服务业产业集聚区"。其中，佛山现代保险产业集聚区积极创建广东保险高质量发展试验区，全力构建"一带一区一园一基地一圈"的空间格局，打造具有区域辐射力、影响力的保险创新发展示范区；佛山千灯湖金融高新技术产业集聚区聚焦"国际金融后台基地"和"现代产业金融中心"功能定位，大力发展证券信托、金融租赁、公募基金、私募创投、融资租赁等金融产业，推动广东金融高新技术服务区建设提质增效。

新发展阶段，佛山以金融业服务实体经济的力度不断加大。截至2022年第三季度末，佛山辖区制造业贷款余额3499.32亿元，制造业中长期贷款和信用贷款分别占比38.51%、13.02%；累计向210个村级工业园改造项目授信656.99亿元，贷款余额269.00亿元，投向先进制造业、高新技术企业的贷款余额2277.09亿元。佛山对重点科研项目、重大科技平台以及传统制造业核心技术突破"攻关"融资的支持力度持续加大，塑造了产融结合的范本。

三、佛山推动金融科技产业融合发展的成效

在市委、市政府的支持和推动下，佛山金融科技产业融合发展起步稳、发展快，有力地促进了佛山经济发展，提升了佛山作为GDP万亿级城市的竞争力和含金量。

（一）促进了金融业持续健康发展

一是金融业规模大幅增长。截至2022年末，佛山银行业总资产2.76万亿元，占全省（不含深圳）近1/8；各项存款余额2.38万亿元，是2005年的6倍多；各项贷款余额1.82万亿元，是2005年的8.6倍；佛山保险业总资产1957.95亿元，保费收入506.14亿元，是2007年的6倍多；金融业生产总值709.29亿元，是2006年的11倍；金融业增加值占GDP比例达到5.6%，连续3年超5%，对经济增长的贡献度不断提升。

二是区域集聚和示范作用显著。截至2022年末，全市形成三大特色金融区，即：以南海千灯湖创投小镇为主体的私募股权、风险投资集聚区；以禅城区万科金融中心为核心，绿地金融中心、智慧新城片区为两翼的保险创新发展示范区；以顺德金融小镇为核心的供应链金融、产业投资基金和大资管项目为主的金融业态集聚区。

在南海区，2022年，广东金融高新区正式启动创建"数字金融+高端制造创新示范基地"，提出打造一个数字金融发展重点区域、探索一批数字金融＋高端制造试点项目、支持建设一个数据要素综合服务基地、打造一个数字金融产业发展联盟等十大主要举措。截至2023年2月底，广东金融高新区已集聚海晟金融租赁、中科沃土基金、佛山金控期货等5家金融法人机构，累计吸引汇丰、友邦保险、中国人保财险、法国

○ 位于南海千灯湖片区的"创投小镇"。（《佛山日报》供图）

凯捷、毕马威、德讯等1684家金融及类金融机构、知名外包服务企业等进驻，总投资规模超2620亿元，基本实现银行、保险、证券、期货、金融租赁、公募基金、融资租赁、私募创投及金融科技等金融业态全覆盖。同时，集聚金融和科技人才6万多名，成为国内规模最大、功能最为完善的国际金融后台基地和现代金融、科技、产业融合创新中心。

在禅城区，形成了季华路金融商务区，包括万科金融中心、绿地金融中心、智慧新城总部集聚区，以及金海广场等金融综合载体。全区建成4家金融示范载体、5家金融发展载体和3家保险创新发展示范园，集聚了全市53%的金融"亿元楼"；拥有核心金融机构250多家，包括银行市级分支机构16家、保险主体机构及保险中介机构129家、证券期货公司营业机构35家，以及各类创新型金融机构总部近百家。

在顺德区，形成了以大良街道为核心区的特色金融集聚区，并形成"一心""一街""一镇""一区"的金融服务格局,即天津股权交易所广东运营中心、顺德众创金融街、桂畔海产融生态小镇以及金凤凰产融集聚区。截至2022年,大良片区已引进3家上市公司总部,累计进驻金融类机构、类金融机构、投资机构145家。

三是金融服务体系日趋完善。截至2022年,佛山市共有银行业金融机构47个、保险机构80个、证券期货机构155个[①],构建起包括支持企业融资专项资金、政策性小额贷款保证保险补贴、中小企业信贷风险补偿基金、债券风险缓释基金、商业银行科技支行认定及管理、扶持融资租赁业、股权投资行业集聚发展政策等在内的政策性金融服务体系。佛山还先后引入首家澳资银行、首家产险法人机构,设立首家金融租赁公司等,进一步完善多层次、广覆盖的金融服务体系。

四是形成错位竞争格局。在推动金融科技产业融合发展过程中,佛山鼓励各区结合自身实际有序推进,达到以点带面、错位竞争的效果。其中,结合南海区实际,

---

① 《佛山年鉴》编纂委员会编:《佛山年鉴(2023)》,广东人民出版社2023年版,第304页。

⊃ 禅城区季华路上的万科金融中心,3栋甲级写字楼提供精致商业环境。
(《佛山日报》记者符诗贺 摄)

佛山把握金融产业发展的分工趋势，在千灯湖金融商务区的发展基础上，着力建设广东金融高新技术服务区，定位为"亚太金融后援基地"及"产业金融中心"，与广州、深圳等一线城市形成错位竞争；结合禅城区实际，佛山以季华路为主线打造佛山"金融街"，在禅城区东至南海大道、西至佛山大道、北至同济路、南至魁奇路的区域范围内，集中了佛山大部分银行、保险乃至证券期货等传统金融总部，形成了佛山最早、密度最高的金融集聚区；结合顺德区实际，佛山以顺德大良街道为核心区，打造以供应链金融为主，绿色金融、财富管理、科技金融、金融科技为辅的五大金融体系。

（二）助力产业经济实现快速增长

一是金融支撑了实体经济发展。佛山银行业投向实体经济的贷款余额不断增加，全面激发实体经济发展新动能。截至2022年9月末，佛山辖区制造业贷款余额3499.32亿元，投向先进制造业、高新技术企业的贷款余额2277.09亿元，对重点科研项目、重大科技平台以及传统制造业核心技术突破"攻关"融资的支持力度持续加大，有力地推动佛山经济快速发展。

从地区生产总值来看。2022年，佛山地区生产总值达12698.39亿元，是2006年的4.34倍，是广东省GDP第三大市，仅次于深圳、广州，位居全省地级市第一位。

从财政收入来看。2022年末佛山市地方财政一般预算收入796.94亿元，是2006年的5倍多。

从市场主体来看。截至2022年6月底，佛山市场主体达到121.76万户，是2007年的19倍，占珠三角地区市场主体总量的9.84%。

二是产业结构得到持续优化。通过高效配置金融资源，佛山市有效促进国内外资金、资本向优势产业、新兴产业集聚，向有竞争力的企业、有市场的项目集聚，促进了产业整合优化、自主创新和产品技术升级，佛山得以加快推进以传统产业改造升级、构建先进制造业和战略性新兴产业、发展现代服务业为主要内容的产业转型升级。

经过10多年的发展，佛山第一产业占比逐年降低，从2007年的5.5%下降至2022年的1.7%；第二、第三产业占比不断提升，分别占56.2%和42.1%。制造业当家的特征十分明显，当前佛山产业结构中，既有家电、陶瓷、纺织服装、家具等传统优势行业，又有新材料、新医药、光电产业、节能环保、新能源汽车等战略性新兴行业，初步形成了以高新技术产业为引领、先进制造业为主体、现代服务业为支撑的产业发展新格局。

○ 2023年2月21日，佛山市十大制造业园区暨重大项目投融资对接会举行，旨在以十大制造业园区和重大项目为载体，强化金融对实体经济的支持，为佛山制造业当家注入更大动能。

其中，现代产业蓬勃发展，汽车制造业、通用设备制造业、化学原料和化学制品制造业、电气机械和器材制造业增长较快，为佛山建设现代化产业体系奠定了坚实的基础。

2022年末，佛山市规模以上工业增加值达到5761.84亿元，比2005年翻了两番。在金融业的有力支持下，佛山大力发展高新技术产业，逐渐形成高端装备制造、光电、新材料、智能家电、生命健康、汽车整车及零部件制造等一批高新技术产业集群。

三是推动了优质企业上市。佛山金融业与资本市场的联动持续增强，有力推动了佛山企业上市。2007年，佛山在境内外上市公司仅15家，总市值约2200亿元。截至2022年末，佛山市累计境内外上市公司76家，总市值近1.3万亿元，位居全省地级市前列。其中，境内上市公司累计53家，境外上市公司累计23家；顺德区37家，南海区22家，禅城区13家，三水区4家，高明区1家；深圳主板28家、创业板14家，此外在股权交易中心挂牌企业445家，中小企业股权融资业务发展成效初显。

四是"明星企业"持续增多。佛山坚持用金融"活水"浇灌实体经济，促进产业人才、资本等要素资源高效配置，优化产业结构，促进产业现代化水平整体跃迁。10多年来，在金融业的有力支撑下，佛山产业经济发展表现出强大的韧性，明星企业不断增多。据广东省企业联合会、广东省企业家协会发布的《2022广东500强企业发展报告》，佛山共有40家企业进入广东企业500强，10家企业进入广东民营企业100强，11家企业进入广东制造业企业100强，6家企业进入2022广东服务业企业100强。其中，顺德碧桂园位列广东民营企业百强榜第四位和广东制造业企业百强榜前十；美的集团位列广东民营企业百强榜第六位和广东服务业企业百强榜前十。此外，佛山的碧桂园、美的集团、海天味业、美的置业、海信家电、联塑集团进入2022年《财富》中国500强。

四、佛山探索金融科技产业融合发展的经验

佛山探索金融科技产业融合发展虽然迄今只有10多年，但积累了较丰富的经验。

（一）金融业与高新技术产业互相借力

佛山在推动金融科技产业融合发展过程中，始终牢牢把握金融本质，通过加强园区间的联动，为实体经济发展注入金融"活水"，滋养实体经济。其中，在广东金融高新区与佛山高新区"一区五园"的联动上，佛山采取了3个方面的举措。

一是打造创投行业品牌"中国（广东）金融科技产业融合创新洽谈会"（简称"金洽会"）。佛山围绕广东金融高新区和佛山国家高新区两个重点平台，建立定期互动交流机制，并借助"金洽会"平台，推动金融产品创新，坚定不移走科技、金融、产业融合发展之路。自2011年广东省"广佛莞"地区成为国家首批促进科技和金融结合试点地区以来，广东金融高新区和佛山国家高新区积极引导和促进银行业、证券业、保险业金融机构及创业投资等各类资本创新金融产品，实现科技创新链条与金融资本链条的有机结合。此外，佛山还通过举办佛山高新区科技金融服务推介会活动等，向企业推介各类金融产品信息，帮助企业融资和提升企业价值。

二是依托佛山高新区，探索建立知识产权质押融资企业信用及风险控制体系和风险补偿机制。佛山高新区发展初期，佛山市主要采取地方财政扶持、建立和用好科技发展基金、设立科技贷款、设立科技风险基金等方式，扶持高新技术企业发展。2012年开始，在佛山市委、市政府的推动下，佛山高新区逐步建立知识产权作价入股、信托、保险、拍卖机制。加大力度吸引国内外创投资本、科技创业资源集聚，建立和完善区域创业投资体系。先后设立佛山高新区"一区五园"的高鑫科技产业投资基金、中科数智创业投资（佛山）基金、南海园广东猎投基金、顺德园城发顺盛基金等一批产业投资基金。2020年以来，由佛山高新区向"佛山市知识产权质押融资风险补偿专项资金"增资1000万元，形成全国唯一的由省、市、高新区、区、镇五类财政共同组成的风险补偿资金池，资金总量累计达到1.3亿元。截至2022年末，佛山市专利和商标质押融资金额达184.17亿元，占全省的18.98%，排名全省第二；质押登记332笔，惠及近300家企业，增长速度高于全省平均水平。

三是上线广东省中小企业融资平台佛山高新区专区。2021年12月，广东省中小企业融资平台佛山高新区专区上线。截至2022年11月，已吸引26家金融机构进驻，发布金融产品84个，其中为高新区企业提供专属优惠产品12款，累计吸引5000多家企业

注册登录，259家企业提出融资需求近7亿元。借助这一平台，佛山大力实施科技金融创新服务"十百千万"专项行动，打造"高成长企业科技贷""科技型企业融保通""佛山高新区融担贷"等具有高新特色的金融产品。

（二）坚持创新驱动发展战略

2007年以来，随着产业转型升级向纵深发展，佛山坚持创新引领，先行先试，不断探索金融科技产业融合创新发展新路径，创下了多个全省乃至全国第一。

一是敢于创新试验，形成金融创新驱动力。2008年8月，佛山市南海区以唯一的县级区身份，成为第一批全国6个知识产权质押融资试点单位之一，开启通过运用知识产权质押贴息、引入和扶持中介服务等手段，解决中小企业融资难问题的新路径。2011年，广东省"广佛莞"地区成为国家首批促进科技和金融结合试点地区，佛山随之开启融合创业投资、银行信贷、多层次资本市场、科技保险等多元化金融资源，支持科技创新发展的探索之旅。2014年1月，佛山市南海区成为"广东省金融科技产业融合创新综合试验区"，依托广东金融高新区和佛山国家高新区核心园区，在全省率先探索一条金融科技产业融合创新发展的新路径。同年，顺德区获省政府批复同意建设"产业金融改革试验区"。2015年12月，佛山被国家知识产权局认定为首批国家知识产权投融资试点城市。2016年，佛山获批国家专利保险试点，南海区、顺德区获国家专利质押融资示范区，禅城区获国家专利保险示范区。2019年7月，佛山成为全国首批深化民营和小微企业金融服务综合改革试点城市，获得由中央财政提供的发展专项资金，用于城市金融机构的民营和小微企业信贷风险补偿或代偿等。2022年8月，广东金融高新区提出建设全省首个"数字金融+高端制造创新示范基地"，助力广东建设国家数字经济创新发展试验区，为粤港澳大湾区数字金融与高端制造要素的结合提供试点经验及应用场景，赋能高端制造业高质量发展。

二是搭建三方融合平台，推动金融科技创新。其一是鼓励银行设立"科技支行"，对科技企业融资服务业务给予补助。截至2023年5月，佛山已认定20家科技支行。其二是成立各类综合服务平台。2013年12月，佛山组建佛山市金融投资控股有限公司，作为推进金融科技产业融合发展的重要抓手和市、区金融资源联动聚合共同支持产业转型的实施平台。其后，佛山还先后成立了广东省科技金融综合服务中心佛山分中心、顺德分中心、广东金融高新区分中心三大科技金融综合服务中心，又于2015年成立了佛山市科技金融协会等，支持科技型企业成长，助力金融科技产业深度融合发展。

三是通过出台多项有针对性的人才引进政策，为金融业可持续发展创造良好环境。从2004年开始，佛山全面实施人才强市战略。2007年，实施优秀人才培养引进工程，引进紧缺人才和高层次人才，支持海外优秀人才到佛山创业。2009年，实施人才开发战略，完善和落实人才政策。2010年，实施优秀人才引进培养工程。2011年，着力强化金融、科技、人才支撑作用，完善人才落户、住房、税收等优惠政策，建立"人才绿色通道"，大力促进金融、科技、人才与产业相融合，让金融、科技成为产业发展的"双翼"，让人才成为产业发展的助推器。2013年，推进金融创新"九个一"工程①，着力引进一批高端科技金融人才。2017年3月，佛山出台《佛山市高端金融人才引进培育办法（试行）》，大力引进和培育高层次金融人才，加快推进各类金融机构集聚发展。

在市委、市政府的推动下，各区也相继出台或修订相关人才配套扶持政策。如禅城区2017年修订的《佛山市禅城区扶持金融产业发展办法》，对金融机构上年度纳税达到500万元且实现正增长的，对年缴纳个税达到5万元的该机构从业人员进行扶持；2020年2月出台的《佛山市禅城区推动金融业创新发展实施办法》，每年组织评选禅城区金融发展创新团队，对获奖金融机构高管团队给予补贴。

四是着力营造科技金融创新的良好氛围和环境。佛山自2006年6月起全面启动"金融生态示范市"建设工程，并将"实施金融生态示范市工程，不断优化金融环境"列入"十一五"规划纲要，从社会征信体系建设、开展"守银行信用企业""红名单"制度、加强对失信行为惩戒机制、稳妥处置各类金融风险和突发事件等多方入手，优化金融生态环境，建立健全金融风险应急处置机制。同时，出台一系列支持政策，形成政银企多方联动、全方位支持金融业发展的良好政策氛围，为金融业可持续发展及助力科技、产业发展创造良好的外部环境。

五、佛山金融科技产业融合发展的启示

（一）党委和政府支持是重要保障

从佛山金融科技产业发展历程看，政府在财政直接扶持、政策间接引导、金融营

---

① 金融创新"九个一"工程：打造民间金融一条街、做好一个OTC市场、办好一个对接会议、建设一个广东省金融科技产业融合创新试验区、建设一张网上金融服务网、吸引一批创新型金融机构进驻、搭建一个融资创新平台、完善一套金融创新发展制度、引进一批高端科技金融人才。

商环境的营造等方面所发挥的支持和引导作用必不可少。如2006年，广东省提出"发展金融产业，建设金融强省"，并在珠三角城市中选择了佛山作为试点，建设广东金融高新区，出台政策支持佛山大力发展金融业。为了促进金融服务实体经济，佛山于2012年出台《佛山市促进金融服务实体经济若干意见》，形成顶层设计，提出试点设立科技金融机构、推广"商圈"融资模式等创新举措服务实体经济。2014年，佛山围绕试验区建设，出台《关于促进金融科技产业融合发展的实施意见》，坚定不移地推进创新、科技、产业深度融合。2017年，佛山出台《加快股权投资行业集聚发展实施办法》《促进融资租赁发展扶持办法》等，完善投融资制度体系。为了解决企业融资难题，又探索建立了包括"科技支行"等在内的科技信贷融资体系，等等。佛山市委、市政府出台的一系列政策和举措，大大推动了金融资源和金融业态在佛山地区集聚，加快了金融创新的步伐，激发了金融科技产业活力，为佛山金融科技产业融合创新发展铺平了道路。

（二）精准定位是发展前提

佛山金融科技产业发展的实践表明，市场经济条件下，要加快城市发展、提升整体竞争力，准确定位是前提。而要做到精准定位，就要一切从实际出发，深刻认识到自身在区位优势、资源禀赋、产业基础、人文环境、金融生态、体制和制度创新等方面的优势和不足，找准特色，先谋后动。

以广东金融高新区建设为例，21世纪初，国内一线城市和省会城市，包括北京、上海、天津、重庆、广州、深圳等，依靠自身区位优势，以及国家或地方的政策优势，纷纷争抢金融业前台业务，热衷于将打造全国或者区域性金融中心作为其城市发展定位。而彼时金融后台相对冷门，国内主动提出建设金融后台服务中心的城市屈指可数。

佛山正是清醒地看到了自身与全国一线城市、省会城市的比较优势，看到了国内金融业发展的空白之处，立足制造业基础雄厚、自主品牌较多、毗邻广州的区位优势、土地资源充足且在成本上有较大的比较优势，甘当"配角"，避开在城市知名度、人才资源、金融政策等方面的不足，选择了将广东金融高新区定位为金融后台基地，在市场竞争中脱颖而出，逐渐在激烈的金融业发展竞争中占有一席之地。随后，又紧跟时代发展的步伐，适时从"金融后台"的单一定位向"国际金融后台基地"和"现代产业金融中心"双定位转变，从而为实体经济发展提供源源不断的动力。

（三）服务实体是本源初心

金融是国民经济的命脉，也是现代市场经济的核心。服务实体经济发展，是金融业发展的一项重大使命。无论是广东省建设金融强省的战略目标，还是佛山打造金融后台基地，其目的都是更好地服务实体经济，推进产业转型升级，提升经济社会发展水平。佛山金融科技产业融合发展之所以能取得今天的成效，关键就在于这些年来佛山转变了金融业发展思路，实现由注重融资行为向发展金融产业的转变，致力于引导金融业投身于服务实体经济发展，为实体经济源源不断地输送金融"活水"。蓬勃发展的佛山实体经济，在政府的积极引导下，又反哺金融业，形成了良性循环的发展态势。

（四）创新发展是不竭动力

创新是时代进步永恒的主题。为了更好地践行金融业的责任与使命，佛山在探索中不断创新，走出了一条独具佛山特色的"金科产"发展之路。在毗邻广州的南海区成立广东金融高新区，助力广东打造金融强省，推动佛山传统产业转型升级，就是其中的一大创举。如今的广东金融高新区，已经形成金融后台基地、产业金融中心、"互联网＋"众创金融"三足鼎立"的一个综合性金融服务平台，成为国内规模最大、功能最完善的金融后台产业园区。与此同时，面对产业升级动力不足的难题，佛山以"产业金融中心"为目标，改变以往过度依赖传统信贷业务的发展理念，运用好政府"有形之手"，通过设立佛山民间金融街、广东金融高新区股权交易中心、千灯湖创投小镇等平台，实施金融"聚变"计划，引导和撬动民间资本参与设立本地金融机构，着力构建服务于中小微型企业融资发展的新型金融体系，进一步推动了以市场为导向的金融、科技、产业融合发展。正是这种不断突破自我、改革创新、先行一步的胆略和勇气，使得佛山在一次次改革发展中勇立潮头，饮了"头啖汤"。

（五）人才集聚是发展关键

人才是第一资源，是引领高质量发展的强大引擎，这已然成为当下的共识。发展金融、科技和产业，均需要汇聚金融、科技、法律、会计等各类高端人才。为了吸引人才，围绕金融、科技及产业发展需要，佛山历来注重落实各项人才政策，优化创新创业环境，完善人才配套服务，大力培养和引进高技能人才、创新团队和领军人物，从而为推动佛山高质量发展创造了坚实的人才基础。

佛山打造"中国品牌之都"的实践探索

　　品牌被视为企业、城市乃至国家竞争力的重要体现，也是构建"双循环"新发展格局的重要力量。2014年，习近平总书记提出推动中国制造向中国创造转变、中国速度向中国质量转变、中国产品向中国品牌转变的"三个转变"，为推动我国产业结构转型升级、打造中国品牌指明了方向。经国务院批准，自2017年起，将每年5月10日设立为"中国品牌日"。

　　佛山历来重视工业产品质量和品牌建设，取得了世人瞩目的成就和经验。2006年获评"中国品牌之都"。中国驰名商标数量居全国地级市首位，企业标准"领跑者"数量居全国第一位。在区域品牌方面，佛山获批"全国知名品牌创建示范区"13个，数量居全国城市首位。2021年，佛山在全国293个地级市中名列品牌综合影响力指数第二位，居广东省首位。新征程上，佛山着力实施区域品牌、产品品牌、企业品牌"三位一体"品牌发展战略，从"质量经济"向"品牌经济"迈进。

一、佛山打造"中国品牌之都"的进程

　　佛山对品牌建设的重视深植于制造业之都的整个形成过程中。品牌建设与工业制造相互成就，持续促进产业经济的发展，有效提升佛山产品、佛山质量和佛山品牌在全国乃至世界范围内的地位。

（一）重视产品质量，争创优质产品（1987—1992）

改革开放初期，在乡镇企业和工业化快速发展之时，佛山就十分重视产品的质量，并从推行全面质量管理开始，积极参与国家和省有关质量评选活动，争创优质产品。

1987年1月9日，市委五届二次全会报告指出，佛山适应形势新变化，及时、大胆调整工业产品结构，引导企业更新观念，突破"产品经济"的旧框框，组织生产适销对路产品，以适应优胜劣汰的市场机制，轻工工业公司的优质产品产值占工业总产值的比重已达60%。市委强调，要把加强企业管理、提高产品质量作为一件非常重要的工作来抓，上技术、上水平、创名牌产品。

1990年12月25日，市委六届三次全会报告提出，要抓好产品结构调整，向高档次、高附加值转移，提高传统产品的技术含量，实现升档升级，力争在"八五"期末，新产品产值率和优质产品产值率分别达到35%和30%以上。市委强调，企业升级、产品创优是增强企业竞争力的手段，要努力做到产品牌子响，企业知名度高，就一定要抓好这项工作。

截至1992年，佛山工业企业共有1854家参与产品创优活动，其中38家企业的45个产品获国家金质奖、银质奖，287家企业的313个产品获部优质产品奖，713家企业的744个产品获省优质产品奖。1992年，国家停止了优质产品评选活动，但佛山并没有停下创优质产品的脚步。

○ 1989年，全国公布十大乡镇企业，佛山占了6家，顺德蚬华风扇厂名列前茅，该厂吊风扇出口在全国风扇行业中居首位。图为工人正在检查产品质量。

（二）实施名牌战略，提高经济增长质量（1993—2002）

随着市场经济发展走上快车道，市委进一步认识到，拥有名牌产品和名牌企业，才能更好地提高产品的市场竞争力并赢得市场。1993年1月13日，市委六届六次全会提出，要以优势主导产品或名优产品、高科技产品为龙头，扩大市场覆盖面和提高创汇能力。6月16日，市第七次党代会强调，要下苦功夫抓好创名牌、发展拳头产品和现有名优产品的扩能等工作，加速产品结构向优质、名牌、高档、高效转移。在实施过程中，主要选择在国内外有一定知名度的产品，通过提高技术含量、附加值和档次，形成合理经济规模，创出名牌。

随后，按照市委的部署，佛山在工业企业中加快了开发新产品、创名牌产品的步伐。1994年，全市企业共试制成功新产品223个、投产202个，开发新花色、新品种超过1.1万个。其中被评为"广东省优秀新产品"68个，占全省的22%。1995年底，佛山有14个产品被审定为广东省名牌产品。此后，佛山保持创名牌的主动性。1996年，全市共开发新产品95个，新花色、新品种4300个，有54个新产品被省评为优秀产品。是年，广东省公布的两批次144个名牌产品中，佛山有26个，占全省总数的22.6%。

在创名牌活动中，佛山乡镇企业的表现尤为显著。1996年，佛山各县级市、区确立依靠科技进步推动乡镇企业发展的思路，下大力气发展新技术产业和开发名优产品，树立企业形象，不断提高市场竞争力。如南海市南庄兴发铝型材厂，在大力开发新产品的同时，不断提高产品质量，增强企业知名度，年产销值连年列全国同行之首；美的集团股份有限公司、科龙空调电器有限公司、康宝电器有限公司、中南铝合金轮毂有限公司和兴发铝型材集团公司5家企业的产品被评为广东省名牌产品。此外，佛山有21家乡镇企业被评为广东省质量信得过企业。

1997年5月，广东省经委下发《关于广东省工交系统开展创优质产品活动的通知》，恢复优质产品评选活动，大大促进了佛山创名牌战略的实施。一是新产品开发能力增强。1997年，佛山乡镇企业有6个产品获广东省乡镇企业科技进步奖，11个产品获广东省优秀新产品奖，18家企业被评为广东省产品质量信得过企业。二是名牌产品不断增多。随着各地乡镇企业大力推进"名牌战略"，争创名优品牌，提高市场占有量，佛山涌现了大批叫得响、过得硬、深受消费者欢迎的名牌产品，如容声冰箱、科龙空调、美的电器、格兰仕微波炉等。三是各级、各部门逐步改变过去广铺摊子、争上项目的粗放型增长方式，确立经济发展新思路，把经济工作的着眼点和立足点转移到提高经济增长质量上来。四是品牌经营和资本运营取得实质性的进展。一些骨干企业充分发挥名牌产品和市场网络的优势，通过对中小型企业实行委托加工、挂靠销售等多种形式，加大名牌产品的集约发展力度，在实施品牌经营上进行了有益的尝试。与此同时，一些困难企业通过转换经营机制，引入优势企业，实行资产重组、资源优化配置，使企业摆脱困境，焕发了生机。其后，佛山的优势名牌产业不断发展壮大，各级党委、政府对市场知名度较高、市场潜力较大和市场占有率较高的产品，进行重点扶持，使其逐步发展成为知名品牌，从而推动佛山的名牌战略结出硕果。

2001年，"科龙""美的"空调、"万和""万家乐"热水器、"容声"冰箱、"格兰仕"微波炉、"健力宝"饮料、"山水"啤酒、"鹰牌""钻石"陶瓷、"海天"酱油、"双箭"温控器、"汾江"灯泡、"力泰"陶机、BOPP薄膜、"利乐包"饮料盒、"汤姆逊"彩管、"普立华"照相机、"日丰管"、"星星冷柜"等产品成为全市名牌产品中的佼佼者。至2002年底，全市各区产业发展已形成一批具有较强竞争力、市场占有率较高的优势行业、龙头企业和著名品牌，拥有中国名牌产品6个、广东省名牌产品27个、中国驰名商标7个、广东省著名商标30个。其中，"美的"品牌以101.36亿元、"科龙"品牌以98.08亿元、"容声"品牌以55.06亿元的价值分别名列2002年"中国最有价值品牌"第8、10、16位。

在落实广东省委、省政府提出的名牌带动战略中，佛山非公有制企业特别是民营企业发挥了重要作用。2002年，佛山市被省认定的30件广东省著名商标中，有17件是非公有制企业的商标，占65.4%。至该年底，佛山市非公有制企业拥有"美的""格兰仕"等7件中国驰名商标。至2004年，全市新增中国名牌产品15个，拥有"中国名牌产品"的总数达到30个，居全国城市之首。除了工业之外，佛山在农业领域也开展争创名牌活动。2002年，全市经省认证的无公害生产基地33个，面积6.2万亩，主要产品包

⊃ 佛山市海天（高明）调味食品有限公司。

○ 1984年10月28日，广东顺德珠江冰箱厂成立，开始生产"容声"品牌电冰箱，成为全国较早的电冰箱生产企业之一。1993年度成为"全国十大乡镇企业"之首。

括蔬菜、水果和鱼类；绿色食品3个，面积2.4万亩，主要产品有大米、龙眼和粉葛。至2004年，全市有74个生产基地取得省无公害农产品产地认证，6种农产品被认定为国家绿色食品，3种产品获评为省名牌产品。

名牌战略的实施，使佛山企业整体素质有新的提高，经济结构得到优化，经济效益进一步提升，更重要的是培养了工业企业的创新精神，使佛山制造业有了持续不断的发展动力。

（三）实施品牌战略，造就"中国品牌之都"（2003—2010）

2003年1月，市委八届七次全会召开。会议就新型工业化要取得突破性进展，形成人口、资源、环境协调发展的新格局，提出以著名品牌和骨干企业为载体，进一步做大做强工业簇群。对此，着重发展一批高附加值的产业，发展科技型、品牌型的企业和企业集团；进一步推进资本优势、品牌优势、技术优势、管理优势、市场优势的整合，加快形成一批拥有自主知识产权的技术和产品、一批国内外驰名的品牌和商标等。会议还围绕优化产业结构、提升产业竞争力，提出要抓住已形成的优势行业、龙头企业、著名品牌，全力扶持，促其做大做强，迅速提高国际竞争力。

2004年10月20日，市委九届六次全会指出，"顺德家电""乐从家具""大沥铝型材""西樵纺织""石湾陶瓷""澜石不锈钢"和数码光学、电子信息、汽车配件等新兴产业，以及"白坭电子电器产业基地""沧江新材料产业基地"等区域品牌和

◯ 广东省最大的纺织服装企业——广东溢达纺织有限公司。（《佛山日报》记者吕润致　摄）

30个中国名牌产品、7个中国驰名商标，代表着佛山产业的实力、特色和优势。通过做大做强这些品牌，加快建设产业强市。市委明确提出，大力实施品牌战略，加快创造一批国内品牌，积极培育一批国际知名品牌，推动产业竞争力的提升。

2005年1月14日，市委九届七次全会进一步提出，抓好品牌的创建，推动民营企业走品牌立企之路，加快区域品牌、产业品牌、企业品牌、产品品牌建设。11月6日，在中国品牌经济城市峰会上，国家统计局发布《中国城市品牌经济状况报告》，在中国品牌经济城市参考性排名中，佛山名列第五，仅次于上海、北京、深圳和广州。

2006年，佛山等6个城市获中国品牌研究院授予的"中国品牌之都"称号。此后，佛山蝉联这一称号[①]。根据中国品牌研究院的评定标准，"中国品牌之都"的总数不超过10个，一个城市（含地级、副省级）只有同时符合3个条件才能参加评定：一是拥有"中国驰名商标"10件以上；二是拥有"中国名牌产品"超过25个；三是拥有"中国行业标志性品牌"不少于5个。

① "中国品牌之都"每两年评定一次（有效期两年）。

为了巩固"中国品牌之都"的地位，2007年4月，佛山提出了"五阶段"和"三三三"两大发展战略。其一是以企业"五阶段"发展战略，扶持龙头企业的形成，主要通过发挥政府引导经济发展的作用，推动企业实施夯实基础、创造品牌、抢注专利、制定标准、"让他人为我做贴牌生产"五个阶段发展战略。其二是以"三三三"产业发展战略，包括促进三大产业协调发展、在每个产业中重点扶持三个或以上的支柱行业和在每个支柱行业中重点扶持三家或以上的龙头企业，推动产业的优化提升。

"十一五"时期（2006—2010年），佛山市委按照"培育、做大、拓宽"的发展思路，开拓名牌带动工作的新局面。一是把品牌建设与技术进步结合起来，通过优化产业结构，促进技术进步，提高自主创新能力，使产品品牌、企业品牌和区域品牌拥有更强的技术进步基础。二是优化品牌建设体系，在较薄弱的电子、装备等行业，通过推进争创驰（著）名商标，带动产业发展质量提高；加快农业、服务业等领域的品牌建设，引导各个产业集群注册集体商标、地理标志，以龙头企业带动发展区域品牌；通过资产重组和生产要素整合，形成品牌兼并，发挥名牌产品的辐射带动效应。三是加大保护知识产权的力度，强化企业保护知识产权的意识，开展保护知识产权专项行动，加大查处假冒伪劣商品的力度，尤其要重视对商标权的保护。四是加强对佛山品牌的宣传推广，通过表彰、奖励各类品牌建设的先进单位等做法，加大对品牌的扶持和宣传力度，提高佛山品牌企业和商标的知名度，强化佛山作为"中国品牌之都"的城市形象[1]。2011年8月9日，在北京举行的第五届中国品牌节颁奖晚会上，佛山首次入选"中国十大品牌城市"。

（四）建设质量强市，推动品牌建设（2010—2021）

2010年12月，佛山市政府发出《关于全面推行质量强市活动的意见》，积极建设质量强市，努力实现"四化融合，智慧佛山"的战略目标。2012年9月，佛山与武汉大学质量发展战略研究院签署佛山市质量强市合作协议，并成立佛山市宏观质量观测与创新基地，为佛山质量工作提供科技和研发支撑、决策咨询和建议方案。

2013年起，佛山组织开展市政府质量奖评审，同时推动全市五区政府分别设立了区政府质量奖，形成了"分级培养、市区同创"的格局。2014年7月，佛山出台《佛山

---

[1] 《佛山：两大战略夯实"中国品牌之都"》，《南方日报》，2007年4月27日。

市建设质量强市2014—2015年行动计划》，明确提出要通过加强标准化工作、知识产权工作、品牌培育等十大重点任务，加快质量强市建设。2015年4月，佛山评选出首批"佛山十大区域文化产业品牌"，并组团参加5月29日开幕的中国—东盟博览会文化展。是年，佛山获批"国家知识产权示范城市""国家知识产权投融资试点"。2016年，佛山被列为"国家专利导航产业发展实验区"。

2017年，市委、市政府提出了打造"质量佛山"的战略部署，并在全国率先出台了《佛山市工业产品质量提升三年行动计划（2017—2019年）》。为确保行动计划顺利实施，佛山市还配套出台了一系列扶持办法，对质量管理、标准和品牌三大类25个工作项目予以资金扶持。为了顺利实施"扶持办法"，佛山市市场监督管理局积极引导示范区企业开展品牌建设，参与标准化活动，不断完善质量管理体系，取得了一定的成效。2020年4月，市委、市政府出台《佛山市推动制造业高质量发展的实施意见》和"强核""立柱""强链""优化布局""品质""培土"六大工程三年行动方案，并组织实施"品质工程"三年行动方案（2020—2022年），作为产品质量提升三年行动计划（2017—2019年）的延续和深化。

2017年，佛山启动中国（佛山）知识产权保护中心建设，2018年基本完成。2018年，佛山获批建设"国家知识产权服务业集聚发展示范区"。同年7月，市委十二届六次全会通过系列决议，要求通过中国（佛山）知识产权保护中心，建立"政府、企业、协会、专利联盟、运营中心、研发机构协同合作"的工作体系，目标是到2022年，拥有有效发明专利4万件，新增具有自主知识产权的先进标准20项以上，注册商标总量达33万件。

到2021年，佛山品牌建设进入了全面发展的新阶段。2021年，佛山以创建全国质量强市示范城市工作推进"质量强市"战略实施。通过开展2021年佛山市政府质量奖（第五届）评审，开展细分行业龙头企业认定工作，开展佛山市2021年企业质量管理成熟度评价，开展产品质量安全"问诊治病"活动和"品质工程"暖企三年行动（2020—2022年），举办2021年佛山市质量管理成果大赛，与市内14家重点行业协会签订协议推进行业质量共治工作，并发布全国首份企业质量文化建设成熟度评价地方标准——《企业质量文化建设成熟度评价规范》，全面提升企业及产品发展质量。在广东省2021年度地级以上市人民政府质量工作考核中，佛山连续第三年获评"A级"（最高等级）。同年，美的集团获第四届"中国质量奖"，成为佛山首家获得该荣誉的企业。

与此同时，市委、市政府加快构建新型标准体系，推进"佛山标准"建设工作。

2021年，"广东佛山禅城扶持政策实施服务体系标准化试点"等4项国家级和6项省级服务业标准化试点获批建设；143项企业标准入选国家企业标准"领跑者"名单，使佛山入选国家企业标准"领跑者"名单的企业标准累计达到249项，数量居全国第一；出台佛山标准品牌宣传推广、消费维权保障、产品质量监督和行政执法4个专项工作方案，加快编制《佛山标准产品消费者权益保障资金管理办法》，强化商标保护；与佛山农商银行、京东物流集团、佛山传媒集团等单位签订战略合作协议，搭建"佛标贷""佛山标准产品馆"等合作平台，推广佛山标准品牌和产品，促进产品销售。

在"佛山标准"的推动下，佛山的质量强市战略和品牌建设成效明显。2021年，在中国地级市品牌综合影响力指数排名中，佛山在全国293个地级市中名列第二位，居广东省首位。

（五）锚定"全球品牌"，实施"三位一体"品牌发展战略（2022年至今）

2022年，佛山市政府工作报告提出，要积极创建全国质量强市示范城市，深化工业产品质量提升，优化质量认证服务，加强全国知名品牌创建示范区、地理标志产品等区域品牌建设，新增"佛山标准"产品超过100个，擦亮"佛山制造"品牌。

7月26日，由世界品牌实验室（World Brand Lab）主办的第十九届"世界品牌大会"在北京举行。会上发布2022年《中国500最具价值品牌》分析报告。美的、冠珠瓷砖、碧桂园、蒙娜丽莎瓷砖、新中源陶瓷、博德BODE、海天、箭牌、万家乐、万和、萨米特瓷砖、FSL佛山照明、格莱斯瓷砖、亿合、惠万家瓷砖等15个佛山品牌入围2022年《中国500最具价值品牌》名单。其中，陶瓷企业品牌占近半数（7家），家电企业品牌3个，家居品牌2个，房地产、照明、食品品牌各1个，传统制造业品牌依旧强势。8月，"品牌金融"（Brand Finance）发布《2022年全球品牌价值500强》名单，碧桂园、美的、海天3个企业品牌入围，向全世界彰显佛山制造、佛山品牌的实力。佛山在打造和蝉联"中国品牌之都"的基础上，把眼光瞄准"全球品牌"，提出更高的发展目标。

2023年3月，佛山出台《关于高质量推进制造业当家的行动方案》，其中在品牌方面，实施区域品牌、产品品牌、企业品牌"三位一体"品牌发展战略和"1234"计划，即出台1份品牌工作文件《佛山市关于推进制造业品牌建设工作的实施意见》，构建"十百千万"品牌矩阵，擦亮"有家就有佛山造"城市名片；建立"佛山市制造业品牌建设协调推进联席会议制度""佛山市制造业品牌发展联盟"2个品牌工作机构；探索实施品牌建设示范企业培育认定、区域品牌运营、佛山品牌"出海"计划3个品牌

⊃ 格兰仕工业4.0示范基地。
（格兰仕集团供图）

创新项目；搭建线上线下品牌集中展示平台、盛典活动平台、电商推广平台、展会论坛平台4个品牌推广平台。

二、佛山推进品牌建设的主要做法

大力推进品牌建设，全面提升企业的知名度和竞争力，是佛山市委、市政府结合佛山实际情况，服务地方经济，扶持产业发展，建设产业强市、质量强市和"中国品牌之都"的重要举措。佛山品牌建设的推进，实现了从名牌产品到名牌企业，再到名牌产业的发展历程，有效提升了区域内品牌资源的整合，向国内外展示出一个"中国品牌之都"的整体城市形象。

（一）坚持制造业立市，厚积品牌土壤

改革开放以来，佛山坚持制造业立市、兴市、强市，逐步建立门类齐全、配套完善的现代产业体系，为品牌发展提供了肥沃的土壤。2015年，佛山成为全国制造业转型升级综合改革试点城市。2019年，佛山地区生产总值突破万亿规模，迈入万亿城市行列，其中工业规模居全国第6位，是万亿级城市中不多见的工业占比近六成的城市。佛山制造的产品远销100多个国家和地区，"有家就有佛山造"享誉全球。

一是推动形成门类齐全的工业体系。佛山制造业几乎涵盖制造业各行各业，机械装备、家电家具、陶瓷建材、食品饮料等传统优势产业基础雄厚，机器人、新能源、新材料、电子信息、生物医药等新兴产业蓬勃发展，现有规模以上工业企业9456家。

二是推动制造业集群化规模化发展。佛山现有国家级特色产业基地26个，形成

"一镇一主业"的专业镇经济形态，各主要行业的本地产业配套率高达90%以上，装备制造、泛家居产业规模已突破万亿元，氢能产业走在全国前列。

三是加快制造业转型升级步伐。佛山出台制造业数字化智能化转型发展政策25条，设立总规模300亿元的制造业转型发展基金，企业累计应用机器人近2万台。

四是重构优化产业空间格局。佛山划定450平方公里以上工业用地保护红线，规划建设54个万亩以上工业集聚区，加快重塑"中部强核、东西两带、南北两圈"高效联动产业格局。正在建设的佛北战新产业园，是广东省首批七大大型产业集聚区之一，重点发展高端装备制造、新能源（氢能）、机器人、生物医药等战略性新兴产业。佛山临空经济区规划面积160平方公里，重点发展航空物流、高端装备制造、电子商务等产业。

五是促进"制造＋服务"融合发展。佛山大力提升金融服务实体经济能力，2021年各类政策性金融工具为2万多家次中小企业解决融资超690亿元，上市企业总数达70家。

（二）推动科技创新，为品牌发展提供动力

多年来，佛山在重大创新平台建设、技术创新能力提升、创新生态环境营造上不断突破，构建"人才引育＋技术研发＋成果转化＋产业应用"协同创新体系，促进全球创新资源加速集聚，而这也为品牌发展提供了源源不断的发展动力。2018—2022年，佛山科技投入累计400多亿元，其中2022年全社会研发经费投入占地区生产总值比重达2.88%。

⊃ 1985年初，中国第一代后制式燃气热水器在顺德县广东省石油气用具发展有限公司研制出来，后正式以"万家乐"品牌上市。图为广东省石油气用具发展有限公司奠基典礼。

⊃ 美的集团从家电起步，坚持通过技术创新提升产品品质和服务，成为一家全球化科技集团。图为美的集团总部。

一是打造高水平区域创新平台。佛山国家高新技术产业开发区是1992年国务院批准建设的首批国家级高新区之一，在全国高新区综合排名第29位，管理面积470平方公里，核心区域布局建设佛中人才创新灯塔产业园。广东金融高新区是2007年挂牌成立的广东首个金融科技产业融合创新综合试验区，拥有千灯湖创投小镇等平台载体，已有超1300家金融机构及知名企业落户，总投资超2000亿元。三龙湾科技城是佛山参与粤港澳大湾区建设的省级重大战略平台，位于广佛同城发展核心区域，面积130平方公里，覆盖中德工业服务区等省级开放合作平台。

二是不断提升科技创新能力。佛山深入实施科技攻关"揭榜挂帅"机制，集中力量突破"卡脖子"关键核心技术。与中国科学院、中国工程院、清华大学等78家科研院校合作，组建季华实验室、佛山仙湖实验室等一批科技平台载体。其中，季华实验室作为先进制造科学与技术广东省实验室，面向光学工程、机械工程、电子科学与技术等六大学科方向，着力打造先进制造领域国家实验室。仙湖实验室作为先进能源科学与技术广东省实验室佛山分中心，聚焦氢能和燃料电池等新能源、新

材料技术研发应用，着力打造新能源领域国家重点实验室。2021年12月，佛山成功创建"国家创新型城市"。

三是优化创新创业环境，突出企业创新主体地位。佛山是国家知识产权示范城市，拥有首批国家级知识产权保护中心、广东高校科技成果转化中心，2021年专利授权总量9.65万件，有效发明专利量3.46万件。

多年来，佛山积极深化科技体制机制改革，重构优化人才政策体系。截至2022年，累计培育引进省、市科技创新团队214个、博士超5000人，人才资源总量达226万人[1]。

---

[1] 佛山市科技金融协会：《佛山概况》，佛山科技金融网，2022年12月21日。

⊃ 2022年，佛山以美丽乡村建设为重要抓手，全力推进"百里芳华"乡村振兴示范带建设，这是佛山植根于自身乡村特点、打造乡村振兴特色本土品牌的典型案例。图为顺德区陈村花卉世界。（《佛山日报》记者王澍　摄）

（三）加强宣传，提高公众商标和品牌意识

在品牌建设中，佛山还重视商标和品牌意识的培育工作。自2006年举办全市商标保护讲座后，每年4月26日，佛山都会充分利用"世界知识产权日"的机会，积极组织"知识产权宣传周"活动，宣传《中华人民共和国商标法》，编制"佛山市十大知识产权案件"等，不断提升公众的商标和品牌意识。

随着佛山成为"中国品牌之都"，全社会的商标意识不断提高，企业的商标注册和保护意识也不断增强，保护知识产权得到普遍认可。2007年，全市共有注册商标约5万件，数量位居全省前列。

2014年4月30日，佛山召开质量强市工作暨市政府质量奖总结大会，发布首届佛山市政府质量奖企业名单。会上提出，佛山要在社会上营造一种以提供高质量产品为荣、以创出全国全球品牌为荣、以参与行业标准制定为荣的氛围。

（四）以"商标富农"推进新农村品牌建设

佛山在品牌建设中坚持"工农兼重，并驾齐驱"的思路，在打造工业品牌的同时，做好农产品的商标注册工作，推进农业和农产品的品牌建设。2006年，"三水黑皮冬瓜"农产品证明商标正式注册成功，成为广东省第一个蔬菜类证明商标。同年，高明"合水粉葛"获批成为国家地理标志保护产品，2009年又成功注册"合水粉葛"文字和图标两个地理标志证明商标。从建设社会主义新农村到推进乡村振兴，佛山持续落实"商标富农"政策，在农村地区推进农业和农产品的品牌建设，拓展了佛山品牌建设的领域。

（五）深化品牌建设，夯实制造业当家

多年来，佛山坚持质量兴市，建设质量强市，深化推进"质量佛山""品牌佛山"建设，合力打造具有佛山特色的品牌之路。同时，贯彻新发展理念，引导企业把握新技术、新业态、新模式，通过数字化升级重塑品牌形象，将品牌建设与动能转换有机结合起来，为制造业当家注入强大动力，为高质量发展赢得主动。

为巩固"中国品牌之都"的地位和影响力，从2007年至2019年，佛山每两年举办一届"品牌佛山"系列活动，打造佛山品牌"奥斯卡"。2020年，在佛山产业数字化和数字产业化的升级态势下，佛山开展"线上消费者最喜爱的佛山品牌""佛山数字化升级标杆企业品牌"系列活动，赋能助力佛山产品品牌、企业品牌升级，引导佛山

企业品牌积极拥抱数字经济新领域。

为营造良好的品牌发展环境，2021年6月，市委提出把打造一流营商环境作为"一号改革工程"。同年，市委、市政府出台《构建佛山"益晒你"企业服务体系打造一流营商环境的行动方案》。

2022年起，顺应新一轮的发展战略，佛山加大对佛山质量建设和品牌建设的推广力度，加强质量基础设施建设，包括加强质量基础设施（NQI）"一站式"平台建设等，为中小企业提供全链条、全方位、全过程质量基础设施综合服务；完善质量建设的人才体系，优化人才引进、培育、评价、激励等机制，高水平建设佛中人才创新灯塔产业园，打造具有佛山特色的粤港澳大湾区最优人才品牌；确定每两年举办一次"品质革命、品牌佛山"品牌建设盛典活动，并发布"品牌佛山"系列榜单，树立品牌标杆，挖掘品牌人物和故事，助推"佛山制造"迈进品牌经济时代。

在推进中国式现代化的新征程上，佛山以更高站位、更高质量、更高标准，通过品牌建设夯实制造业当家"台柱子"作用，将品牌战略融入产业链条，走出一条以质量品牌提升赋能区域经济高质量发展的新路子。2022年12月，市委十三届五次全会提出实施产品品牌、企业品牌、区域品牌"三位一体"的品牌发展战略。会议强调，佛山要以建设全国质量强市示范城市为引领，深入实施品牌带动战略，筑牢品牌建设在制造业当家中的"台柱子"作用，促进产业和企业的经济增长向高附加值方向发展，全力推动制造业品质革命。

三、佛山推进品牌建设的成就

作为制造业大市，一直以来，佛山坚持以名牌战略和品牌战略推动工业制造业发展，取得了全国瞩目的成就。

（一）佛山品牌的数量和质量走在全省前列

改革开放后，佛山先后开展创优质产品、创名牌等创建工程，适时推进品牌战略，于2006年获评"中国品牌之都"，2011年成为"中国十大品牌城市"之一，奠定了以产业品牌为主体的品牌城市地位。至2021年，佛山名列中国地级市品牌综合影响力指数前100名城市第2位；市场主体突破100万户，其中有超过40万户的工业企业，并培育出众多享誉全球的知名品牌。

在产品品牌方面，佛山拥有广东省名牌产品580个，占全省总数的26.1%，连续多年位居全省第一；共有11家企业累计18个产品获得"广东优质"品牌认证，数量位居全省第一；拥有中国驰名商标163件，数量居全国地级市第一；累计有效注册商标总量44万件，居全省前列。2020年佛山获得第21届中国专利奖48项，获第七届广东专利奖24项，获奖数量均居全省第二位，其中中国专利金奖更是实现零的突破。

在企业品牌方面，截至2022年9月，佛山共有1家企业获"中国质量奖"，4家企业获得"中国质量奖提名奖"，14家企业获得"省政府质量奖"，30家企业获得"国家知识产权示范企业"称号，151家企业获得"国家知识产权优势企业"称号，数量均居全省首位。

佛山企业获中国质量奖、省政府质量奖情况表

获奖名称	获奖企业（获奖年份）
中国质量奖（1家）	美的集团股份有限公司（2021）
中国质量奖提名奖（4家）	广东格兰仕集团有限公司（2013）、广东坚美铝型材厂（集团）有限公司（2015）、广东美的制冷设备有限公司（2015）、蒙娜丽莎集团股份有限公司（2017）。
广东省政府质量奖（14家）	广东格兰仕集团有限公司（2009）、美的集团有限公司（2009）、广东联塑科技实业有限公司（2011）、广东美的生活电器制造有限公司（2013）、广东科达机电股份有限公司（2013）、广东坚美铝型材厂（集团）有限公司（2013）、广东美芝制冷设备有限公司（2015）、广东万和新电气股份有限公司（2015）、蒙娜丽莎集团股份有限公司（2015）、广东伊之密精密机械股份有限公司（2017）、佛山市燃气集团股份有限公司（2017）、佛山市顺德区美的洗涤电器制造有限公司（2019）、广东伟业铝厂集团有限公司（2019）、广东华昌集团有限公司（2022）

在区域品牌方面，截至2023年底，佛山获批"全国知名品牌创建示范区"13个，数量居全国地级市第一位。其中，佛山陶瓷、南海铝材、张槎针织、南海半导体照明、盐步内衣、佛山电源、三水陶机、高明人造革、南海西樵面料9个知名品牌示范区区域品牌价值总和达1280亿元；"佛山陶瓷"区域品牌价值达到581.29亿元，在全省的区域品牌中排名第一。全市拥有地理标志商标7件、地理标志产品5个，数量均位居全省前列。

佛山获批的13个全国知名品牌创建示范区一览表

序号	区域品牌	示范区名称	辖区
1	禅城电源	全国现代电源（不间断电源）产业知名品牌创建示范区	禅城区
2	张槎针织	全国丝光棉针织服装产业知名品牌创建示范区	禅城区
3	南海铝材	全国铝合金型材产业知名品牌创建示范区	南海区
4	盐步内衣	全国内衣产业知名品牌创建示范区	南海区
5	佛山陶瓷	全国陶瓷产业知名品牌创建示范区	南海区
6	南海半导体照明	全国半导体照明产业知名品牌创建示范区	南海区
7	北滘家电	全国家电配套制造产业知名品牌创建示范区	顺德区
8	高明皮革	全国人造革合成革产业知名品牌创建示范区	高明区
9	三水陶瓷机械	全国陶瓷机械产业知名品牌创建示范区	三水区
10	西樵面料	全国梭织面料产业知名品牌创建示范区	南海区
11	三水饮料	全国功能性饮料产业知名品牌创建示范区	三水区
12	三水天线	全国通信天线产业知名品牌创建示范区	三水区
13	高明石英石	全国人造石英石产业知名品牌创建示范区	高明区

（二）佛山品牌的档次和内涵大大提升

2006年以来，佛山有针对性地选取了多家具备条件的企业进行重点培育和扶持，向国家工商总局商标局推荐了多家企业的商标进行驰名商标认定，最终"东鹏""碧桂园""万和""兴发""萨米特""蒙娜丽莎"和"志高"7个商标被成功认定为"中国驰名商标"。2007年4月，广东省著名商标认定委员会增加认定佛山的36个商标为"广东省著名商标"，38个已满3年的"广东省著名商标"继续保留。[①]至此，佛山累计获认定"中国驰名商标"16个，"广东省著名商标"179个，数量均位居全省第二位，为之后蝉联"中国品牌之都"打下了坚实的基础。

佛山通过名牌带动战略，为自主创新技术支撑体系建设和产业结构优化提供了契机和动力。一是全面提升了自主创新能力。截至2022年，佛山拥有国家高新技术企业

---

① 2017年，国家工商总局明确要求规范驰名商标和知名商标认定，暂停著名商标认定。同年7月，广东省政府废止《广东省著名商标认定和管理规定》，并在2018年全面清理、废止涉及著名（知名）商标制度的规范性文件，停止著名（知名）商标认定。

8700家，居全国前列；省重点实验室32家，居全省第二位；省工程技术研究中心890家，市工程技术研究中心1374个[①]。二是全面提升了高新技术产业平台水平，科技企业孵化育成体系深化完善。2020年，科技企业孵化器达115家，是2015年的4.2倍，其中国家级科技企业孵化器24家，实现各区国家级孵化器全覆盖；拥有众创空间86家，是2015年的6.1倍，其中国家级众创空间23家[②]。三是全面提升了产业结构层次。在"一镇一品""一镇一主业"的产业格局和区域品牌基础上，传统产业得到巩固和发展；同时，在三龙湾高端创新集聚区、佛山高新技术产业开发区等高科技产业平台的带动下，战略性新兴产业成为新的经济增长点，由此形成了品牌发展与产业提升相互促进、相得益彰的良好态势，为全市产业高质量发展打开了新的局面。

四、佛山打造"中国品牌之都"的经验

佛山40多年品牌建设经验，可为全国制造业城市跨越"质量经济"时代、迈进"品牌经济"时代，助推制造业高质量发展提供一条可借鉴的佛山路径。

（一）党委、政府长期重视质量工作和品牌建设

产业质量是品牌的基础。改革开放以来，佛山市委、市政府坚持以产业发展和品牌建设为抓手，先后围绕建设产业强市、打造和巩固"中国品牌之都"、建设"质量佛山""品牌佛山"，开展产品创优活动，实施名牌战略、品牌战略。2021年起，佛山又以创建全国质量强市示范城市为契机，实施以区域品牌为龙头，产品品牌、企业品牌和区域品牌"三位一体"的品牌建设工作，全市各级财政每年累计投入质量品牌扶持资金约3亿元。市委、市政府的长期重视和支持，是佛山品牌建设工作取得各项成就的重要推力和保障。

（二）坚持品质工程与品牌战略结合

品质是品牌的基石和保障。在建设质量强市的道路上，佛山开展了10余年的探索和实践，大力实施产品质量升级行动，坚持用标准提高产品质量、用质量支撑产品品牌的理念，推进制造业品质革命。

---

① 佛山年鉴编纂委员会编：《佛山年鉴（2023）》，广东人民出版社2023年版，第368页。
② 佛山市人民政府办公室印发：《佛山市科学技术发展"十四五"规划》，2022年4月2日。

一是加大政策扶持力度。2015年以来，佛山先后出台《佛山市商标国际注册资助办法》（2015年）、《佛山市工业产品质量提升扶持办法》（2017年）、《佛山市知识产权局商标品牌战略资金扶持办法》《佛山市技术标准战略专项资金管理办法》（2018年）和《佛山市商标品牌战略发展三年行动计划（2018—2020年）》等一系列品牌扶持政策。同时，通过"品质工程"暖企行动"百千万"系列活动，为企业送上相关扶持政策，对企业开展精准服务，着力解决制约企业发展的困难和问题，保障质量品牌工作取得实效。

二是广泛开展品牌和质量培训。针对不同规模、不同行业的企业实际需求和特点，组织开展品牌战略、质量管理标准化、先进管理方法、质量文化、首席质量官等方面的培训，并邀请质量管理专家开展"质量义诊"，引导企业提升产品质量和经营管理水平。

三是积极营造品牌建设氛围。积极引导大中型企业制定实施品牌战略规划、重视品牌和质量工作，鼓励企业参加全国品牌价值评价，培育和推动企业争创中国质量奖、省政府质量奖和市政府质量奖等。

四是以佛山标准推进质量和品牌建设。2020年以来，佛山在全省地级市率先启动"佛山标准"工作，对通过"佛山标准"产品评价且产品使用专用标识的企业，每获得一个"佛山标准"产品证书，给予一次性财政扶持资金20万元，推动各行业高标准打造"中国制造"品质标杆。严格的标准和过硬的产品质量要求，推动佛山企业打造出无数畅销海内外的名优产品，形成众多闻名海内外的产品品牌、企业品牌和区域品牌。

（三）注重培育企业品牌和行业龙头

在良好的品牌建设氛围下，佛山大力实施品牌战略规划，积极引导大中型企业制定实施品牌战略规划，在各行业培育一批叫得响、过得硬、受欢迎的龙头企业和品牌。同时，引导企业重视品牌营销，树立一批企业品牌、产品品牌和品牌人物标杆，提升品牌声誉。加强对企业商标和知识产权的保护，为行业品牌标杆的打造和维护提供公平公正的环境。对此，佛山积极发挥全国首个商标预警监测平台系统的作用，实现对山寨商标"一键识破"，仅2021年就发出商标被异议预警1391份、企业国际商标注册保护建议书728份等，有效保护了佛山地区知名企业的商标和品牌安全。

（四）重视打造区域品牌，全面构建品牌强市

区域品牌是产业向高级阶段发展的重要标志。建立区域品牌，有利于提升和巩固区域内某一产业的优势，同时有利于打造城市品牌文化名片。佛山制造业历经数十年发展形成的产业集群，拥有了一批成熟的区域品牌，如"顺德家电""南海铝材""佛山陶瓷""盐步内衣"等。2020年9月，"顺德家具SHUNDE FURNITURE及图"集体商标注册成功并在上海虹桥举办的中国家博会亮相。至2021年，佛山拥有13个"全国知名品牌创建示范区"，位居全国第一。依托领先全国的区域品牌优势，佛山继续鼓励推动区域品牌注册集体商标，探索建立区域品牌集体商标使用的准入和退出机制及"全国知名品牌创建示范区"骨干企业评价机制等，推动区域品牌建设取得新突破。

制造业转型升级
综合改革的佛山示范

　　佛山是广东乃至全国最重要的制造业城市之一，经济总量居广东省第三位。佛山制造几乎涵盖各行各业，机械装备、家电家具、陶瓷建材、食品饮料等传统优势产业基础雄厚，机器人、新能源、新材料、电子信息、生物医药等新兴产业蓬勃发展，拥有一大批骨干企业和细分行业"隐形冠军"。党的十八大以来，特别是2015年以来，佛山作为全国制造业转型升级综合改革试点城市，坚定践行新发展理

　　◐ 2022年2月8日，佛北战新产业园正式开园，佛山战略性新兴产业迎来更广阔的增量空间。（《佛山日报》记者王澍　摄）

念，把发展经济着力点放在以制造业为主体的实体经济上，不断深化供给侧结构性改革，工业规模继续位居全国前列；装备制造、泛家居产业规模突破万亿元，机器人、新能源汽车、生物医药等战略性新兴产业茁壮成长；现代生产性服务业成为重要引擎。2022年全市工业增加值占地区生产总值50%以上，规模以上工业总产值、增加值在全国城市中排第五，自主品牌产品销往223个国家和地区，"有家就有佛山造"享誉全球，形成"三五成群、十有八九"①的产业格局和具有国际竞争力的现代产业体系。2022年8月，广东省委、省政府下发《关于支持佛山新时代加快高质量发展建设制造业创新高地的意见》，要求佛山建设制造业创新高地，增强珠三角地区核心引擎的战略支撑。回顾佛山制造业发展之路，特别是作为全国制造业转型升级综合改革试点城市的探索，不仅为中国式现代化中佛山建设现代化产业体系、推动制造业高质量发展提供经验，也对全国制造业转型升级具有示范作用。

一、佛山制造业发展之路

佛山成为全国制造业转型升级综合改革试点城市，不是偶然的，而是依托于佛山深厚的制造业基础。近代以来，作为"中国四大名镇"之一的佛山，陶瓷、铸铁、缫丝、制药等传统制造业闻名海内外。至改革开放之初，佛山的轻工业仍保留相当的基础。其后，得益于中央赋予广东的特殊政策和灵活措施，佛山的工业化进程加速，开启了佛山制造业的发展腾飞之路。

（一）工业制造业与乡镇企业同步崛起（1978—1994）

佛山制造业的发展几乎与佛山社队企业（乡镇企业）同步崛起，早早开启了佛山工业化之路，打下了佛山传统产业集群的基础。

1978年12月，党的十一届三中全会原则通过《中共中央关于加快农业发展若干问题的决定》，正式明确"社队企业要有一个大发展"，成为佛山社队企业和佛山制造业崛起的起点。

1978—1982年，佛山地区签订对外加工装配业务合同6708宗，合同加工费总额7.2

---

① "三五成群"指佛山拥有8个超千亿的产业集群，其中3个是新兴产业，5个是传统产业。"十有八九"指的是制造业大类中，佛山应有尽有、十全十美，其中八成的产品会走进千家万户，九成的产业可以实现自我配套。

亿美元，引进设备价值3264万美元，加工费收入约1.34亿美元，剔除偿还设备价款等，实际净收入7457万美元；签订补偿贸易合同35宗，外商投资409万美元，项目投产后结汇收入300万美元。通过"三来一补"，引进一些较先进的生产技术和设备，大大推进了佛山的工业化进程。

为推动佛山乡镇企业和轻工业的发展，加强管理，1983年6月，成立佛山市社队企业管理局（9月改为农村集体企业管理局），与市二轻工业局合署办公（至1991年8月分设）。

1984年3月，中共中央、国务院批转农牧渔业部《关于开创社队企业新局面的报告》，把社队企业改称为乡镇企业，提出了"四个轮子"（乡镇企业、村办企业、农民合作企业、个体企业）、六大产业（农业、工业、商业、建筑业、运输业、服务业）同时发展的方针。5月28日至31日，佛山市南海县召开第五次党代会，率先打破"队为基础、三级所有"的局限，提出"国营、集体、个体、新联合体一齐上"，改革管理体制，推进技术进步，使区、乡工业有了一个大的突破。80年代中后期，以南海模式、顺德模式为代表，佛山的乡镇企业蓬勃发展。1990年4月，市委、市政府专门召开乡镇企业工作会议，分析乡镇企业面临的形势，部署乡镇企业发展工作，推动南海、顺德等地乡镇企业继续向前发展。

与此同时，推动佛山制造业发展的另一支力量也在崛起。1983年5月25日，佛山市对外经济工作委员会成立，内设引进科，负责"三来一补""三资"（中外合作、中外合资、外商独资）以及技术引进等利用外资项目的审批工作。1985年，佛山全市有中外合作项目300个，中外合资项目51个，以劳动密集型加工项目和旅游、服务设施等第三产业项目居多。这一时期，相对于"三资"企业，以"三来一补"尤其是以来料加工为主要业务的乡镇企业，对佛山制造业发展的贡献要更大一些。

1988年1月，佛山市委召开五届三次全会，提出促进经济结构从以加工工业为主向加工工业、能源、原材料并重转变，从低档次初级加工向中高档次深度加工为主转变，从中小型分散企业向大中型骨干企业为主转变。这一时期，佛山一方面依照政策和规划发展电子、电气机械及器材等产业，另一方面在经济上全方位对外开放的政策影响下，利用地理上毗邻港澳的独特区位优势，通过"三来一补""前店后厂"等模式，在全国"生活品短缺"背景下发展以满足民众"吃、穿、用"为主的食品饮料、纺织服装、陶瓷建材、塑料制品、家具用品等制造行业，并逐渐形成了电子电气、纺织和陶瓷三大支柱产业。

1991年，佛山市"三资"企业出口70885万美元，首次超过一般贸易出口，占出口总值的51.37%，成为佛山最主要的出口贸易方式。外商投资的结构有较大改善，生产性项目及产品出口企业大幅增加。佛山初步形成了一个多层次、多渠道、多元化利用外资，发展外向型经济的格局。政策导向和市场需求相结合，共同助推佛山制造业向前发展。至1994年，佛山市工业总产值为873.71亿元，轻重工业产值占总产值比重分别为63.69%和36.31%。这一时期以附加值较低和技术含量较低的轻工业产品为主，轻工业的产值几乎是重工业的一倍。

（二）形成一批强大的制造业产业集群（1995—2002）

20世纪90年代中后期，佛山市出现了一批经济规模超过十亿、几十亿元的产业相对集中、产供销一体化的制造业产业集群。

1995年，佛山市委、市政府十分重视做好结构调整，结合研究制定"九五"发展规划，积极组建大企业集团。到2000年要形成4个产销值超100亿元，8个产销值超50亿元，6~8个产销值达30亿~50亿元的大型企业和企业集团，促进全市经济跃上一个新台阶。

1996年，佛山市及代管的各县级市在抓"大"方面取得重大突破，全市11家大集团被列入省70家重点发展的大型企业集团，市直的佛陶集团、塑料集团、纺织集团、电子集团、电器集团实行了资产授权经营。在市委、市政府的有力推动下，组建大企业集团工作在1997年取得新突破：确定了市属工业重点扶持的14个大集团、大企业（其中工业战线8个）和16个高新技术企业（其中工业战线14个）。顺德也作出了组建包括冰箱、空调、风扇、热水器、微波炉、电饭煲、消毒柜七大品牌基地的重要战略部署，产业集群成为镇域经济的一大特色。

1999年3月26日，佛山召开市、区（城区、石湾区）经济结构优化调整调研工作总结大会，提出调整优化市、区经济结构是当前乃至今后一段时期内加快市、区经济发展的根本任务；要在大力培育新兴产业、加快发展主导产业、改造提高传统产业这三个层次上，对市、区第二产业结构进行优化调整的同时，大力优化提高第三产业中的传统产业、大力培育第三产业的新增长点。

"九五"期间，佛山以纺织、电子、陶瓷、塑料、电器、建材、食品饮料、机械等行业为骨干的主导产业群进一步壮大。至2002年，佛山市主要行业骨干企业的生产设备基本达到20世纪90年代中期的国际先进水平，包括纺织、陶瓷、轻工在内的多数传统行业的技术装备水平在全国同行中处于领先地位，并继续向外向型、科技型、系列化、集团化方向发展。与此同时，以电子信息、节能家电、电器元件、精细化工、医疗保健器械、新型包装材料、仪器仪表等为主导行业的高新技术产业群发展势头良好，涌现出佛山塑料、陶瓷、电子、纺织、电器，顺德新力、科力，南海三纶，三水健力宝，高明高丰等一批拥有雄厚经济和科技实力的大型企业集团。

至2002年，全市产业集群化程度较高的有22个镇（街道），形成8大类、22个产业集群，占全市59个镇（街道）的37.3%。部分产业集群产业链的延伸已突破镇级行政区域范围，成为产业关联度较大、专业分工明确、相辅相成、互为依托的产业地区集群。如家具产业，由顺德市伦教镇生产家具工作母机（木工机械），容桂镇生产涂料，南海市南庄镇、顺德均安镇生产五金配件，顺德龙江镇专门供应家具原辅材料，顺德龙江、乐从镇进行家具的生产和展销，形成横跨南海、顺德多个镇的家具产业链。

（三）推进"产业强市"战略（2003—2015）

2003年1月，佛山就传统产业与新兴产业协调发展思路，提出要立足于"产业强市"，除了对现有的家用电器、纺织服装、陶瓷、建材和金属材料加工等支柱行业做大做强外，还需开拓发展信息产业、环保产业、物流业、信息服务业等，形成产业集聚优势和规模优势，增强竞争力，在珠江三角洲区域整合中发展为一个"制造业基地"。市政府在5月召开的市十二届人大一次会议上作的《政府工作报告》，市委在6月召开的市第九次党代会上作的工作报告，均明确佛山要推进"产业强市"战略。

至2003年末，随着经济实力的不断提高，市场经济的活跃，市场需求导向影响的加大，佛山市制造业已经从简单的"来料加工"模式朝提升技术水平、树立品牌方向发展，产品功能从"弥补人民生活用品短缺"转向"提升人民生活品质"。具有较高技术含量和制造水平的重型制造业和高技术制造业开始萌芽，如电气机械及器材制造、金属制品制造、电子及通信设备制造、交通设备运输设备制造等行业逐步兴起壮大，渐渐取代食品、饮料、家具等行业的领先位置，先后进入十大支柱制造业行列。2003年，佛山市工业总产值为3300.16亿元，轻重工业产值占总产值比重分别为54.6%和45.4%。产业结构渐趋合理，轻重工业比例趋于平衡。

2004年佛山市规模以上工业总产值中，重工业比重（51.6%）首次超过轻工业（48.4%），成为开启佛山市制造业适度重型化、高级化的发轫之端。

在推进"产业强市"战略的过程中，佛山发展成为一个以工业为主导、三大产业协调发展的制造业名城。2007年，佛山实现地区生产总值3588.50亿元，同比增长19.2%，约占全省的11.0%，位居广东省第3位、全国第11位。

工业制造业是佛山"产业强市"战略的重要支柱。自确立"产业强市"战略以来，佛山走出了一条新型工业化道路，以做强做大工业经济为中心任务，促进工业制造业的持续快速健康发展。2007年佛山市全社会工业总产值9358.05亿元，同比增长28.2%；工业增加值2410.85亿元，同比增长27.4%，工业增加值占地区生产总值的67.2%。以科学发展观为引领，工业制造业已成为推动佛山"产业强市"战略的主导力量，优势行业不断发展壮大，形成了家用电器、机械装备、金属材料加工及制品、陶瓷及其他建材、纺织服装、电子信息、食品饮料、塑料制品、精细化工及医药、家居用品制造10个各具优势的行业。十大优势行业工业总产值和工业增加值约占规模以上工业的90%。其中，装备制造业迅速发展，成为佛山的重要支柱产业。2007年全市规模以上装备制造实现产值2005亿元，约占规模以上工业总产值的24%。

2008年2月，佛山制定《关于转变经济发展方式加快推进产业强市战略的若干意见》，同时颁布《佛山市工业产业结构调整指导目录（2007—2010年）》，提出传统产业升级换代，新兴产业、先进制造业和高新技术产业快速发展，服务业比重和水平有较大提升；形成产业布局日趋合理，经济结构明显优化，科技创新能力显著增强，经济国际化水平不断提高的现代产业体系。

2009年，佛山的工业总产值甚至超过了广州。2010年，佛山的工业总产值达到中国其他城市平均水平的6倍之多，成为名副其实的国家制造业基地。是年2月，佛山编制完成《佛山市现代产业体系建设规划（2009—2020年）》，明确佛山市现代产业体系建设思路、目标和框架，并制定《佛山市重点发展产业规划编制工作方案》，确定太阳能、新光源、数字家庭、金融服务等15类重点发展产业。除了机械装备、家用电器、陶瓷建材、金属材料加工及制品等几大支柱产业外，光电、环保、新材料、新医药、新能源汽车等新兴产业发展迅速，配套能力日趋完善的现代工业体系初步建立。

2012—2015年，佛山主动适应发展新常态，按照稳中求进的工作总基调，以实施《珠江三角洲地区改革发展规划纲要（2008—2020年）》为抓手，坚定不移落实"稳增长、调结构、促改革、惠民生、防风险"，发展质量稳步提升，经济转型取得扎实进展，在"三个定位、两个率先"①征程上迈出了新步伐。

2015年6月18日，佛山围绕打造制造业强市的目标，规划实施"创新体系建设、智

---

① "三个定位、两个率先"是习近平总书记在2012年末视察广东时提出的殷切期望：广东要努力成为发展中国特色社会主义的排头兵、深化改革开放的先行地、探索科学发展的试验区，为率先全面建成小康社会、率先基本实现社会主义现代化而奋斗。

能制造发展、工业强基提质、质量品牌提升、绿色改造升级"5个专项行动，发展"新一代信息技术、智能制造装备、汽车制造业、新能源装备、节能环保装备、生产性服务业"六大领域；同时，依托新一代信息技术和智能制造装备，推动家电、金属材料加工、陶瓷、纺织服装、家具、食品饮料等传统行业改造提升，推动"佛山制造"向"佛山智造"转型，目标是到2025年，将佛山打造成中国制造业示范区、国内领先的智能制造产业基地。

（四）开展国家制造业转型升级综合改革试点工作（2015—2018）

2015年12月，佛山获批成为全国制造业转型升级综合改革试点，发挥在广东省乃至全国制造业转型升级中的示范作用，为地方服务国家经济发展创造基层改革探索经验，为中国制造探路闯关，促进传统制造向高端制造、智能制造转变。

2016年，佛山制定《广东省佛山市制造业转型升级综合改革试点方案》。市委、市政府把制造业的智能化、数字化、信息化摆在更为突出的位置，将其作为一项重点工作来推进。在佛山依托雄厚的产业基础，催生发展新动能，加快实现从制造大市向智造强市转变的过程中，一批批"专精特新""小巨人""隐形冠军"，深耕在佛山各行各业。同时，通过积极探索转型升级，佛山制造业迈向"世界科技＋佛山智造＋全球市场"的创新发展之路。

同年，佛山市规模以上工业总产值突破2万亿元大关，达21263.98亿元，在全国大中城市中排第六位。其中装备制造业实现总产值6628.79亿元。智能制造装备、汽车及零配件、新能源装备、3D打印装备、通用及专业机械装备、石油及精细化工等优势行业本地配套率高达90%以上，涌现出大批在国内外市场综合竞争力强的名企、名牌、名品。陶瓷机械、木工机械、塑料机械等主导行业市场占有率高，约占全国市场的90%、60%和30%。2017年，佛山规模以上工业总产值达到2.4万亿元，加上规模以下工业总产值，总量超过2.5万亿元。

2018年，佛山市完成规模以上工业总产值21591.09亿元，比上年增长6.2%；实现规模以上工业增加值4590.05亿元，增长6.3%。工业总量继续位居全国大中城市第六位，仅次于苏州、上海、天津、深圳和重庆。美的、碧桂园、兴海、联塑、格兰仕、利泰等6家佛山民营企业进入"2018年中国民营企业500强"，美的集团、碧桂园集团进入"中国企业500强"、《财富》"世界500强"、福布斯"世界企业500强"。是年，佛山出台《佛山市深化"互联网＋先进制造"发展工业互联网的实施方案》、印发实施《佛山市工业企业技术改造三年行动计划（2018—2020年）》、发布《佛山市

⊃ 赛恩特新数字工厂。（佛山市新闻传媒中心供图）

推动机器人应用及产业发展扶持方案（2018—2020年）》，进一步推动智能制造产业发展。

这一时期，与先进制造业的快速发展对比，传统制造业的高耗能、高污染、低附加值、对外依存度高等竞争劣势逐渐显现。为适应形势的变化，佛山一方面通过政策导向等手段改造提升现有优势传统制造业，提高产品技术含量和产品附加值；另一方面在产业布局上大力发展装备制造、汽配等现代制造业，全力推动以传统制造业为主向适度重型化、高级化转型，并已初露端倪。

（五）推动制造业高质量发展（2019年至今）

2019年1月，中国制造论坛在佛山举行。论坛上，佛山发布《中国制造业转型升级——佛山攻略》，介绍佛山制造业品质提升发展之路。是年，佛山印发《广（州）佛（山）产业协作实施方案》，修订《佛山市推动机器人应用及产业发展扶持方案（2018—2020年）》，出台《佛山市工业企业技术改造固定资产投资奖补实施方案（2019—2021年）》，坚定以现代产业技术的发展推动佛山制造业的整体提升。

同年12月，佛山召开推动制造业高质量发展大会，研究部署推动制造业高质量发展各项工作。随后，佛山制定出台《佛山市推动制造业高质量发展的实施意见》和"强核""立柱""强链""优化布局""品质""培土"六大工程行动方案，促进制造业发展水平全面提升，加快实现由制造业大市向制造业强市的历史性转变。与此同时，佛山以加快推进三龙湾高端创新集聚区、佛山国家高新区等重大载体和季华实验室、华南高等研究院等重大战略平台建设为突破口，集中力量突破一批"卡脖子"的关键核心技术，提前布局新一代信息技术、生物医药等未来产业，努力抢占产业制高点。其后，佛山立足制造业发展优势，提出

⊃ 位于顺德的美的库卡智能制造科技园，是华南最大的机器人本体生产基地。

要争创全国制造业高质量发展示范区。

　　2020年，佛山继续提升企业品牌和区域品牌竞争力，推动全市优势产业升级发展。企业品牌方面，全市拥有广东省名牌产品580个，占全省总数的26.2%；全市有18家企业品牌进入由世界品牌实验室（World Brand Lab）发布的2020年"中国500最具价值品牌"，其中美的、冠珠陶瓷、新中源陶瓷位居全市前三位，品牌价值分别达到1352.62亿元、468.45亿元和307.08亿元。区域品牌方面，全市获批"全国知名品牌创建示范区"13个，数量位居全国地级市前列。佛山陶瓷、南海铝材、张槎针织、南海半导体照明、盐步内衣、佛山电源、三水陶机、高明人造革、南海西樵面料9个区域品牌价值总和达1280亿元。"佛山陶瓷"区域品牌价值581.29亿元，在全省各区域品牌中排名前列。全市拥有地理标志商标7件、地理标志产品5个，数量均位居全省前列。

　　2020年以来，佛山牢牢把握高质量发展这个首要任务，深入实施制造业高质量发展"六大工程"，持续巩固提升制造业实力与优势；助力打造一流营商环境，把佛山制造业长板做得更长，持续提升佛山制造发展能级，重点打造"2＋2＋4"产业集群。

1. 全面实施"六大工程"

　　佛山各区、各部门坚决落实市委、市政府工作要求，深入实施"六大工程"，在制造业高质量发展的重点领域和关键环节取得一系列新突破。一是实施"强核工程"，打响关键核心技术攻坚战。重大平台载体的引领带动作用更加明显，高标准推进三龙湾、佛山高新区建设，季华实验室、仙湖实验室等一批创新平台建设步伐明显

加快。

二是实施"立柱工程"，推动制造业数字化转型。佛山一市五区主动顺应新一轮科技革命和产业变革趋势，全面推进产业数字化和数字产业化。市、区两级政府计划3年拿出超100亿元，引领推动制造业开展数字化转型。一批主营收入超10亿元、超50亿元、超100亿元、超1000亿元的大型骨干企业成为经济高质量发展的中流砥柱，一批"专精特新"中小企业成为细分领域"单打冠军"。

三是实施"强链工程"，探索建立重点产业"链长制"。由市工信局牵头制定实施的《佛山市产业链链长制工作方案》提出，要坚持一链一中心、一链一图、一链一制、一链一策，支持龙头企业向上游设计、研发和下游终端产品等环节延伸，推动资源要素向产业集群集聚、政策措施向产业集群倾斜、工作力量向产业集群加强。禅城、南海、顺德、高明、三水均有针对性地开展产业链重大项目精准招商，引进一批引领性、科技型、国际化的重大新兴产业项目，加快培育壮大新兴产业集群。

四是实施"优化布局工程"，全面发起村改总攻坚。在总结顺德、南海"村改"经验的基础上，佛山以壮士断腕的勇气，全力推动破旧低效的村级工业园总体退出历史舞台，力争至2023年完成形态破旧、产能落后、安全隐患集中的工业园地上物拆除共13.80万亩，以此作为重塑产业空间格局的重要突破口，对产业发展空间和功能定位进行重新规划布局，规划打造一批千亩万亩现代化主题产业园区。

五是实施"品质工程"，打造"中国制造"品质标杆。通过实施"品质工程"三年行动方案，佛山开展重点行业质量提升行动，大力推行"佛山标准"，建立"优品无忧"保障机制，建设全国质量强市示范城市。同时，引导企业参与制（修）订国际、国家、行业标准，推进企业标准"领跑者"和"对标达标"专项提升，推动内外销产品"同线同标同质"，提高终端产品供给能力水平。

六是实施"培土工程"，争创国家营商环境创新试点城市。佛山持续深化"放

⟲ "专精特新　数智赋能"——2021企业数智化转型峰会于11月24日在顺德举行，此次峰会的举办有助于为"专精特新"企业提供数智转型解决办法。（《佛山日报》供图）

○ 2023年，佛山临空经济区智造产业园大力引进宜家、万洋、平谦、星亦等生力军。图为星亦项目。
（《佛山日报》记者洪海　摄）

管服"改革，全面推进行政审批流程优化再造，全面落实产业建设项目"拿地即开
工"；完善有利于制造业发展的体制机制，深入落实促进民营经济高质量发展和各项
减税降费政策措施，把打造一流营商环境作为一号改革工程，打造"中国制造业成本
洼地"。

2．大力推进"2＋2＋4"产业集群建设

2020年12月21日，佛山出台《关于培育发展"2＋2＋4"产业集群的实施意见》，
着力构建具有国际竞争力的现代产业体系。培育发展"2＋2＋4"产业集群，指重点培
育发展装备制造、泛家居、汽车及新能源、军民融合及电子信息、智能制造装备及机
器人、新材料、食品饮料、生物医药及大健康八大产业，形成两个超万亿元核心产业
集群、两个超5000亿元支柱产业集群、四个超3000亿元新兴产业集群的"2＋2＋4"梯
队产业格局。其中，第一个"2"是装备制造、泛家居两个规模超万亿元产业集群，这
一目标已经实现；第二个"2"是汽车及新能源、军民融合及电子信息两个产业集群，

力争到2026年规模均突破5000亿元；"4"是智能制造装备及机器人、新材料、食品饮料、生物医药及大健康四个产业集群，力争到2026年规模均突破3000亿元。

佛山市"2+2+4"产业集群发展目标表

序号	产业集群名称	目标年度	目标产值规模（单位：亿元）					
			全市	禅城	南海	顺德	高明	三水
1	装备制造产业	2020	10000	450	2700	5050	800	1000
2	泛家居产业	2020	10000	600	2700	3850	1450	1400
3	汽车及新能源产业	2026	5000	210	2150	1930	190	520
4	军民融合及电子信息产业	2026	5000	570	1510	1330	770	820
5	智能制造装备及机器人产业	2026	3000	267	899	828	437	569
6	新材料产业	2026	3000	100	870	690	460	880
7	食品饮料产业	2026	3000	78	757	715	640	810
8	生物医药及大健康产业	2026	3000	540	1310	570	150	430

迈入"十四五"时期，佛山经济发展处于新旧动能接续转换的关键期。佛山市委、市政府贯彻落实习近平总书记重要讲话和重要指示精神，坚持以实体经济为着力点建设现代化产业体系，推动以"2+2+4"产业为代表的佛山制造加快向数字化、高新化、服务化、国际化方向转型。

2021年，佛山继续贯彻落实省政府《关于培育发展战略性支柱产业集群和战略性新兴产业集群的意见》[①]，在工业领域主要形成新一代电子信息产业集群、绿色石化产业集群、智能家电产业集群、汽车制造产业集群、先进材料产业集群、现代轻工纺织产业集群6个战略性支柱产业集群，以及高端装备制造产业集群、智能机器人产业集群、软件与信息服务产业集群3个战略性新兴产业集群。

是年，佛山加快制造业转型升级步伐，出台《佛山市推进制造业数字化智能化转型发展若干措施》及配套操作细则，投入100亿元，从制造业转型、金融支持、服务供给能力、人才培养、公共服务5个方面，加快推进制造业数字化智能化转型发展。

2022年4月，佛山印发实施产业"六大升级行动"方案，计划用5年时间，推动

---

① 省政府《关于培育发展战略性支柱产业集群和战略性新兴产业集群的意见》于2020年5月发布，提出巩固提升新一代电子信息、绿色石化、智能家电、汽车产业、先进材料、现代轻工纺织、软件与信息服务、超高清视频显示、生物医药与健康、现代农业与食品"十大战略性支柱产业集群"，培育壮大半导体与集成电路、高端装备制造、智能机器人、区块链与量子信息、前沿新材料、新能源、激光与增材制造、数字创意、安全应急与环保、精密仪器设备"十大战略性新兴产业集群"。

○ 三水区大塘新材料产业园内的广东宏大金谷创新科技有限公司，是"工业上楼"的新标杆，以精细化工为主导产业。（佛山市新闻传媒中心供图）

制造能力升级、产业协同升级、产品质量升级、产业结构优化升级、职业技能升级和产业载体升级。其中，《佛山市制造能力升级行动方案（2022—2026年）》提出，每年推动超1000家制造业企业技术改造；《佛山市产业协同升级行动方案（2022—2026年）》要求在全市范围内划定54个工业集聚区；《佛山市产品质量升级行动方案（2022—2026年）》强调推动"佛山制造"享誉全球；《佛山市产业结构优化升级行动方案（2022—2026年）》力推形成以高新技术产业为引领的产业新格局；《佛山市职业技能升级行动方案（2022—2026年）》计划每年评选不超过100名市级首席技师；《佛山市产业载体升级行动方案（2022—2026年）》则划定了佛山市工业用地红线。

同年7月，佛山市委十三届四次全会召开，部署打造"十大创新引领型特色制造业园区"和"十大现代服务业产业集聚区"（简称"双十园区"），以万亩千亿产业发展大平台为抓手，破解佛山市"工业不连片、产业不成带"问题，重构产业空间布局，推动佛山高质量发展。

二、佛山制造业转型升级综合改革成效

佛山始终坚持制造业立市不动摇，开展制造业转型升级综合改革工作基础扎实、起步稳健、推进有力、成效明显。

（一）制造业保持稳定增长，重点产业集群培育壮大

通过数字化、高新化、服务化、国际化，推动制造业形成全国性集群优势。2021年，佛山优势传统工业增加值比上年增长9.3%。其中，传统纺织服装业增长7.1%，食品饮料业增长10.9%，建筑材料业增长11.6%，金属制品业增长11.4%，家用电力器具制造业增长7.6%。佛山先进制造业增加值比上年增长8.7%，占规模以上工业增加值的比重为49.4%，其中先进装备制造业增长11.4%，先进轻纺制造业增长9.2%，生物医药及高性能医疗器械业增长19.6%。

产业集群升级示范区、特色产业基地、专业镇的集群平台推进了"2+2+4"重点产业集群的培育和壮大。2020年，装备制造、泛家居产业集群均实现万亿规模目标，产值分别达到11221亿元和10719亿元。2021年，佛山市政协组织产业链专题调研，在装备制造、泛家居、汽车及新能源、军民融合及电子信息、智能制造装备及机器人、

⊃ 文华公园上空蓝天白云，周边绿化茂盛、高楼大厦，体现了禅城现代城市形象。

新材料、食品饮料、生物医药及大健康八大产业中，以装备制造（28.83%）、泛家居（27.33%）企业数量居多；从企业规模来看，八成以上受访企业2020年度营收在2000万元以上，为规模以上企业。

（二）产业结构趋向合理，新兴产业蓬勃发展

工业结构向适度重型化和高级化方向发展，佛山的机械装备、家电家具、陶瓷建材、食品饮料等传统优势产业基础雄厚，机器人、新能源、新材料、电子信息、生物医药等新兴产业也在蓬勃发展。汽车及新能源、生物医药及大健康等6个产业集群均保持平稳健康发展态势，产业链更加健全，并形成禅城、南海、顺德三区突出和高明、三水两区平衡发展的局面。2021年，佛山全面实施制造业高质量发展"六大工程"，建立重点产业"链长制"，支持产业链龙头企业开展强强联合、上下游整合。政策引导之下，佛山各产业链各环节企业频频联动互助，推动实现成本最小化、资源合理化、技术管理协同化。

2021年4月，工业和信息化部公布代表我国最高水平、参与全球竞争合作的国家先进制造业集群名单，佛山参与的广佛惠超高清视频和智能家电产业集群、广深佛莞智能装备产业集群被列入25个重点培育的国家先进制造业集群。

（三）企业创新能力不断提升，龙头企业形成品牌优势

企业作为创新主体，其研发活力决定了佛山整体的研发实力。佛山通过出台一系列鼓励企业参与技术创新、发明利用、专利申请的政策措施，推动制造业企业研发（R&D）投入和专利申请量呈逐年增加态势，科技创新理念进入企业的发展视野之中。众多企业除了在技术提升上发力，制定工业和技术改造投资计划，还与科研院所、高校等机构开展协同创新、合作研发，不断强化科技自立自强的战略支撑。

作为全国专利工作试点城市、国家知识产权示范城市创建市、创新型国家十强市、全国制造业高质量发展示范区等，佛山制造业的创新能力得到增强。截至2019年底，佛山累计成立112个标准联盟，累计制定联盟标准308项，覆盖佛山85%传统优势、战略性新兴产业，参与各级标准制修订数量达2020项，位居全省前列。2021年，佛山成功创建国家创新型城市。截至2023年4月，佛山拥有企业标准"领跑者"407项，数量连续3年位居全国第一。

随着企业创新能力不断增强，龙头企业形成品牌优势。作为"中国品牌之都"，佛山的"中国名牌产品"数量位居全国前列，龙头企业辐射带动能力较强，如美的电

器、佛山照明、凤铝铝材、海天调味品等，不但带动佛山市本地同行业企业的发展，还成为全国性行业龙头企业，引领行业标准。

三、佛山制造业转型升级综合改革的经验

作为全国制造业转型升级综合改革试点城市，佛山坚持"制造业立市"和"制造业当家"，牢牢把握实体经济这个关键，以智能制造为主攻方向，面向全球配置创新资源，致力打造国家制造业创新中心，实现"佛山制造"向"佛山智造"转型，为广东在全面深化改革、扩大高水平对外开放、提升科技自立自强能力、建设现代化产业体系、促进城乡区域协调发展等方面继续走在全国前列提供了佛山的经验和样本。

（一）把科技创新作为佛山制造之核，努力提升科技自立自强能力，走出了一条从"佛山制造"到"佛山智造"的创新发展之路

佛山着力打造面向全球的国家制造业创新中心，通过深入实施创新驱动发展战略，走出一条"世界科技＋佛山智造＋全球市场"的创新发展之路。

一是高水平规划建设区域创新平台。通过大力推进珠三角国家自主创新示范区建设，高起点规划、高标准建设三龙湾高端创新集聚区，构建"一环创新圈""1＋5＋N"创新平台体系，主动对接广深科技创新走廊。

二是积极抢占行业创新制高点。依托优势新兴研发机构和产业链头部企业，在陶瓷、家电、铝型材、装备制造等优势产业领域打造省级制造业创新中心乃至国家级制造业创新中心。推动政产学研用协同创新，深化与高等级国内外科研院校战略合作，组织开展核心技术和关键共性技术攻关，在行业创新研究上占据制高点、争取话语权。

三是搭建完善制造业创新服务网络。建设创新交易网络平台，深化科技要素供给侧改革，组建"佛山市制造业技术转移转化中心"实体机构，打通科技成果产业化的"最后一公里"。积极转变财政科技项目资助方式，把产业技术创新战略联盟建立新型研发机构作为财政资助的重要载体。另外，将广东省四大实验室之一的季华实验室打造成为先进制造领域国家级实验室，让佛山创新资源集聚有了制高点。

四是加强国际科技交流合作。支持企业设立海外研发机构、技术推广中心，鼓励企业通过收购、直接投资等方式获得海外高科技企业控制权。加大对国际技术转移中心的支持力度，承接国际创新成果集成转化。

（二）找准自身定位，打造先进制造业集群，补强产业链，着力建设现代化产业体系，从而筑牢了佛山"制造业当家"的底气

2020年5月，广东省政府《关于培育发展战略性支柱产业集群和战略性新兴产业集群的意见》提出巩固提升"十大战略性支柱产业集群"和培育壮大"十大战略性新兴产业集群"。佛山涉及"双十"产业集群的有12个。而早在2019年1月，佛山就提出以三个梯次打造"2+2+4"先进制造业集群，与《意见》中的"双十"产业集群布局基本一致。佛山作为传统制造业大市，对自身产业链条的精准定位和认识十分明确，坚持传统制造业转型升级和战略性新兴产业谋划布局齐抓共进，得到省委、省政府的肯定。

一是以智能制造助推产业培育提升。从2015年开始，佛山连续出台一系列扶持政策，每年安排1.3亿元专项扶持资金，用于推动工业机器人及智能装备广泛应用，自动化、智能化成套设备（机器人）技术研发和智能制造公共平台项目等，并于2017年建立国内首个中德合作"佛山机器人学院"，围绕机器人产业生态圈打造服务平台，推动众多行业和企业通过"机器换人"实现了生产制造环节的智能化改造。

二是以"互联网＋"助推产业协同发展。多年来，佛山引导利用互联网技术加快产品、技术、业态、模式和服务创新，实现协同发展、整体蜕变。如佛山众陶联产业平台，是东鹏陶瓷、新明珠、中国陶瓷城、佛山市陶瓷产业联盟、蓝源资本5个股东及15家企业抱团发起的产业互联网平台，以"产业＋互联网＋金融资本"为核心路径，以陶瓷供应链为切入点，以金融资本为驱动，以互联网平台为支撑，将各陶瓷企业的采购集中到平台上，构建E2E（端到端供应链）＋O2O（线上到线下）的陶瓷产业链全球性集采平台和陶瓷产业上下游协作共赢的生态系统。

三是以链条打造助力产业发展壮大。佛山制造业产业体系完善，拥有10个传统

⊃ 新明珠集团三水5G智能车间。（《佛山日报》供图）

⮌ 2023年5月20日，三水区云东海生物医药健康产业园科创中心项目正在如火如荼地建设中。（佛山市新闻传媒中心供图）

优势行业，然而仍然十分注重在产业链的薄弱环节进行"强链"。早在2012年，佛山就启动了产业链招商行动计划，主要对平板显示、汽车制造和半导体照明等产业链条缺失的高附加值环节进行"补链"，对标国际国内最高最好最优，着力打造"中国制造"品质标杆。在汽车产业上，佛山通过"建链、强链、补链"，成功引进了一汽—大众等整车生产企业，以及泰罗斯、长江氢动力等新能源企业项目，不仅建立了完整的产业链，成为国内汽车重要生产基地，而且实现了从传统产业向新能源产业的引领性转变。

（三）以品牌发展战略推动"佛山制造"品质全面提升，以"佛山标准"增强产业竞争力，由此带动了佛山制造业的持续高质量发展

佛山通过"以质取胜、标准引领、品牌带动"三大战略，全面提升"佛山制造"品质。一是全力提升工业产品质量总体水平。佛山实施《佛山市工业产品质量提升三年行动计划（2017—2019年）》，在全国率先制定了完整的工业产品质量提升规划体系。二是以"佛山标准"推动高质量发展。佛山鼓励集群企业主动参与国际、国家、行业、地方标准制修订工作，强化高标准引领高质量发展，增强产业竞争力。三是以质量品牌提档升级带动"2 + 2 + 4"产业集群提质增效，促进产业集群价值链整体跃升。佛山鼓励企业制定品牌发展战略，引导集群大力开展区域品牌创建、维护、运营等工作，持续提升区域品牌影响力。

（四）努力为制造业发展创造一流营商环境，重视和爱护企业家，弘扬"工匠精神"，持续激发了佛山的市场活力和社会创造力

作为民营经济大市，佛山历来重视和爱护民营企业家，努力为民营企业营造市场化、法治化、国际化的一流营商环境，给民营企业家吃"定心丸"。一是厘清边界，发挥企业主体积极性。佛山对小微企业坚持实施国家最低税负标准，放水养鱼，抓大放小，激发和保护企业家精神，让市场活力和社会创造力竞相迸发。二是加强要素配置，联动打造产业发展引擎。佛山致力于推动金融活水浇灌实体经济，多元化多渠道多平台为产业发展提供金融支撑。三是加强产城融合，提升城市吸引力。大力推进广佛全域同城化、主动融入粤港澳大湾区建设，以全球视野和战略眼光谋划开放布局，通过提升城市形态、功能和品质，不断增加佛山作为产城融合城市的吸引力。四是充分激发基层活力，使区、镇（街道）成为经济发展主战场。佛山持续推动财力、资源和管理权限向基层下沉，使基层发展活力、动力较足。五是崇尚和弘扬"工匠精神"，强化智能制造人才支撑。佛山提出，要让工匠精神成为佛山这座制造业之城的文明灯塔，成为全体佛山人共同的精神家园。2016年起，佛山在全国率先探索弘扬工匠精神的体制机制，每两年举办一次"佛山·大城工匠"命名表彰大会，每次命名表彰一批（30名）来自各行业的能工巧匠，将佛山制造业锲而不舍、精益求精、勇于创新、追求卓越的工匠精神不断发扬光大，推动佛山制造向高端跃升，挺起制造业大市发展的脊梁。

"佛山标准"
打造中国制造品质标杆

　　标准决定质量，只有高标准才有高质量。佛山是制造业大市，也是全国唯一的国家制造业转型升级综合改革试点城市，市委、市政府历来重视标准、追求质量。2020年1月，佛山正式提出打造"佛山标准"。新发展阶段构建新发展格局，佛山坚持制造业当家理念，积极贯彻落实中央和省关于推动高质量发展的决策部署，大力实施标准化战略，对标国际国内最高最好最优，加快构建具有佛山特色的先进标准体系，以先进标准引领制造业高质量发展，着力打造"中国制造"品质标杆。至2023年4月，佛山拥有企业标准"领跑者"407项，数量连续3年位居全国第一，成为中国制造品质标杆。

一、佛山对标准化工作的早期探索

　　在正式推出"佛山标准"之前，佛山的标准化工作实际上早已开展。

（一）贯彻落实"星火计划"，成为佛山早期推动科技创新和标准化工作的重要抓手

　　1986年6月，佛山市科委召开全市农村科技工作会议，传达省贯彻

实施"星火计划"①工作会议精神，部署推动国家科委"星火计划"在佛山市实施，要求力争尽快上一批项目，特别是与农副产品出口基地、乡镇企业发展有示范和推广意义的、科技与经济紧密结合的"短、平、快"项目。自此，佛山开始有意识地探索和开展标准化工作。1986—1989年，佛山共实施"星火计划"项目42个（工业22个、农业20个），列为国家级的项目11个、省级20个、市级11个，总投资近1.2亿元。

与此同时，在"院企合作"中也萌发了佛山标准化建设。1986年7月，佛山市政府批复同意市科委《关于共建航空工业部624研究所佛山科技开发中心的协议书》，成立624研究所佛山科技开发中心，承担市内外厂矿企业技术开发任务。1987年2月，市政府又批复同意市科委与洛阳船舶材料研究所（725研究所）横向联合，共建725研究所佛山科技开发中心，与佛山本地企业开展"院企合作"，进行新技术、新产品开发。

1987年4月，佛山召开首届科技进步奖颁奖大会，表彰奖励获得"佛山市1984—1985年科学技术进步奖"的70位科技人员，推动全社会形成"尊重知识、崇尚科学"的良好氛围，同时也使科技、工业领域开始重视标准化工作。同年10月，国家科委批准顺德县北滘镇列入国家首批、广东省第一家"星火技术密集区"建设试点，在北滘镇实施引进技术设备和国内科研成果相结合的4个"星火计划"项目，推动北滘镇迅速从一个落后的农业镇变为新兴的工业卫星镇。1992年11月5日，国家科委正式授予北滘镇"国家星火技术密集区"和"国家星火科技产业示范镇"称号。

同年12月，经国务院批准，佛山国家高新技术产业开发区（简称"佛山高新区"）成立，作为全国52个国家高新技术产业开发区之一，享受国家扶持发展高新技术产品产业政策。这标志着佛山的高新技术产业进入新的发展阶段。

1998年9月，佛山市委召开工作会议，研究贯彻省委部署，推进"外向带动""科教兴粤""可持续发展"三大发展战略，增创"体制、产业、开放、科技教育"四大发展新优势。1999年5月，佛山出台《关于依靠科技进步促进产业结构优化升级的若干政策》，推动佛山初步形成以高新技术产业为先导、制造业为支撑的产业格局，使标准化工作有了产业支撑。

至2002年，佛山市主要行业骨干企业的生产设备基本达到20世纪90年代中期的国际先进水平，包括纺织、陶瓷、轻工在内的多数传统行业的技术装备水平在全国同行中处于领先地位，并继续向外向型、科技型、系列化、集团化方向发展。2002年2月4

---

① "星火计划"是经党中央、国务院批准实施的第一个依靠科学技术促进农村经济发展的计划，是我国国民经济和科技发展计划的重要组成部分。

日，佛山市被科技部授予1999—2000年度"全国科技进步先进市"称号。

2003年4月，佛山出台《佛山市农业发展规划纲要》《佛山市工业发展规划纲要》《佛山市服务业发展规划纲要》，对标准化工作在三大产业的探索和推进发挥了重要的推动作用。

（二）"产业强市"目标的提出和推进，为佛山标准化工作增强了产业基础

2003年6月，佛山市第九次党代会围绕建设"产业强市、文化名城、现代化大城市、宽裕小康社会"，明确提出佛山要全力打造产业强市、积极推进现代化大城市建设、努力提升历史文化名城时代特色。"产业强市"的目的，就是推动产业实现由大到强的转变，实质上就是发展方式从规模速度型、粗放型向质量效率型、集约型转换，产业结构由中低端水平向中高端水平转换。

2008年2月，佛山出台《关于转变经济发展方式加快推进产业强市战略的若干意见》，同时颁布了《佛山市工业产业结构调整指导目录（2007—2010年）》《佛山市关于加快第三产业发展的指导意见》《佛山市关于促进和引导中小企业发展的指导意见》《关于推进名牌带动战略的实施意见及其奖励办法》《关于加快推进我市陶瓷产业调整提升工作的通知》等14份相关配套产业政策文件。在"产业强市"目标和政策体系中，标准化工作得以全面体现。

⊃ 2016年6月21日，首届"佛山·大城工匠"命名大会在市机关大礼堂举行。向首批30名"大城工匠"颁发证书。

（三）开展全国制造业转型升级综合改革试点工作，推动标准化工作全面提升

2015年底，经国家发展改革委批复，佛山成为全国唯一的制造业转型升级综合改革试点。作为以实体经济为基、以民营经济为根的制造业大市，再次为中国制造探路闯关，促进传统制造向高端制造、智能制造的转变。2016年，佛山制定了试点工作方案，把制造业的智能化、数字化、信息化摆在更为突出的位置。2017年，佛山规模以上工业总产值达到2.4万亿元，加上规模以下工业总产值，总量超过2.5万亿元，在全国各大中城市中排名第六位。"工业立市"的发展格局使佛山标准化建设有了坚实的产业基础。

⊃ 2016年佛山市被原国家工商总局确定为首批国家商标战略实施示范城市。

在这一时期，佛山先后成为中国品牌经济城市、中国品牌之都、全国陶瓷产业知名品牌创建示范区、国家商标战略实施示范城市等。截至2016年，佛山拥有157个有效中国驰名商标，471个有效广东省著名商标，500个广东省名牌产品，占全省总数的25.5%，连续多年位居全省各地级市之首。这为佛山标准化工作的全面提升提供了条件。

2018年，国家出台《关于实施企业标准"领跑者"制度的意见》。佛山迅速推进，在制造业领域贯彻推行企业标准"领跑者"制度，推动形成一批领跑标准、领跑企业、领跑行业。

二、"佛山标准"的启动和推进

2020年以来，佛山持续强化顶层设计和资金投入，出台《关于推进佛山标准工作的实施意见》《深化实施标准化战略助力制造业当家专项行动方案（2023—2025年）》等系列重要政策文件，市、区两级财政每年投入超3000万元；创新打造"佛山标准"，以先进团体标准打造中国制造品质标杆，推动全市标准化工作不断取得新成效。

"佛山标准"是代表佛山制造先进质量和技术水平的系列标准，是市场主体主导制定、权威技术机构评估、政府部门采信的先进团体标准。"佛山标准"最大的创

新体现在模式的创新，"佛山标准"采用"先进标准＋产品评价＋维权保障"模式，对标国际、国内先进标准，推动企业围绕市场需求和消费升级方向制定与国际标准接轨，高于国家、行业标准又符合产业实际需求的标准。同时，以先进标准为前提，从标准、质量、创新、品牌、效益、社会责任6个维度，对"佛山标准"产品进行综合评价。通过"佛山标准"评价的产品，成为佛山制造的"优等生"、行业品质标杆、名企优品。

（一）"佛山标准"的启动（2020）

1. "佛山标准"的发布

2020年10月，佛山市政府出台《关于推进佛山标准工作的实施意见》，落实省委、省政府"1＋1＋9"工作部署，倡导"标准决定质量，只有高标准才有高质量"的理念，深入实施标准化战略，聚焦佛山制造业重点产业优势产品，坚持"国内领先、国际先进"定位，打造一批具有佛山产业特色的先进佛山标准，推动"标准、质量、品牌、信誉"一体化发展，实现以先进标准供给更优质量，创造更高价值，建设知名

● 2022年"五一"国际劳动节期间，"佛山标准"登陆美国纽约时代广场。（佛山市市场监管局供图）

⊃ 2020年10月16日，佛山市知识产权证券化暨佛山标准成果发布会在佛山新城中欧中心举行。

品牌，建立更好信誉，促进"优标优质优价"，以高标准打造中国制造品质标杆，满足人民日益增长的美好生活需要。

同月，在佛山市知识产权证券化暨佛山标准成果发布会上，佛山正式公布"佛山标准"专用标识和首批"佛山标准"重点领域，标志着"佛山标准"工作正式启动。"佛山标准"专用标识的设立和推广，旨在强化佛山标准品牌宣传、培育和保护，为企业赋能、为产品赋值，推动更多企业自觉对标和实施标准，提升佛山制造的美誉度、认可度。

2．"佛山标准"的发展目标

作为全国唯一的国家制造业转型升级综合改革试点城市，佛山在广东制造业高质量发展的大局中被寄予厚望。以高标准、高质量引领佛山产业发展从"增量"迈入"提质"阶段，发掘内生动力，引导更多优质产品走向全国乃至全球高端市场，是一种必然选择。

"佛山标准"定位为"国内领先、国际先进"，由佛山市政府牵头组织，当地企业响应参与，代表着佛山制造先进质量水平和技术水平的系列标准，旨在增强制造业质量竞争力，提升佛山制造的知名度和影响力。

《关于推进佛山标准工作的实施意见》提出，第一阶段，到2023年，制定佛山标准超过100项，通过评价的"佛山标准"产品超过300个。第二阶段，到2025年，制定

"佛山标准"超过200项，通过评价的"佛山标准"产品超过500个，"佛山标准"成为中国制造品质标杆，引领佛山制造业高质量发展。

3. "佛山标准"的"五大工程"

按照市政府《关于推进佛山标准工作的实施意见》，佛山围绕打造"佛山标准"，增强制造业质量竞争力，主要实施"五大工程"。

一是实施"佛山标准"供给工程，加快构建覆盖重点行业优势产品的"佛山标准"体系，制定一批与国际标准接轨并高于国家、行业标准的佛山标准，开展"佛山标准"提升工作。鼓励企业实施高标准、追求高质量，对照佛山标准，制定高于佛山标准或填补空白的企业先进标准。

二是实施"佛山标准"评价工程，建立"佛山标准"产品评价制度，完善"佛山标准"评价技术支撑体系，成立佛山标准专责机构，组建标准化战略专家库，建设佛山标准公共服务平台。

三是实施"佛山标准"点亮工程，强化生产经营者标准和质量主体责任，开展"佛山标准"亮标行动，鼓励在相关产品生产经营现场、产品外包装明示佛山标准核心指标以及佛山标准专用标识，将佛山标准标识植入有关广告设计、品牌宣传中。

四是实施"佛山标准"培育工程，加强"佛山标准"企业培育，对"佛山标准"企业实施"绿色通道"，培育一批标杆企业，建立佛山标准品牌培育运营管理机制，培育和发展佛山标准品牌，全力将"佛山标准"打造为先进标准、高端产品、先进技术、优势服务和品质保障的品牌象征。

五是实施"佛山标准"保护工程，通过规范"佛山标准"品牌标识管理，对佛山标准专用标识进行设计、商标注册及版权登记，严格专用标识管理，健全监督和退出机制，提升"佛山标准"标识的整体形象和公信力；加强"佛山标准"品牌保护，建立企业自我保护、行政依法监管和司法维权保护"三位一体"的品牌保护体系；加强"佛山标准"消费维权保障，探索建立佛山标准产品先行赔付和产品质量安全责任保险等系列消费者权益保障制度，降低消费维权成本，确保消费者"使用无忧"。

（二）佛山标准产品的发布（2021—2022）

2021年，佛山举办中国标准化论坛，全面探讨提升产品质量、促进产业转型升级的新路径、新方法，提升"佛山标准"在全国标准化工作中的引领地位。5月12日，经企业申报、专家资料评审、认证机构现场评价、评价结果公示等多个环节，第一批佛山标准产品目录发布，涉及家电、陶瓷、卫浴领域37家企业的56个产品。同年11月，第二批佛山标准产品目录发布，涉及家电、陶瓷、卫浴、铝型材、塑料管材等重点产业领域41家企业的70个产品入选。佛山标准产品采用统一专用标识，提升产品辨识度，并结合消费习惯创新运用三维码，佛山标准扫码可快速查询产品标准关键指标信息，消费者可以真正了解产品优在何处，还可以通过三维码进行消费维权，大幅提升消费体验。

在"佛山标准"工作的起步阶段，佛山加快佛山标准供给、产品评价工作，扩大到机械装备、电线电缆、涂料、五金制品等领域，完善"市场自主制定+权威机构评价+政府采信"的标准供给机制。将"佛山标准"政策与科技政策、产业政策等相衔接，鼓励采购"佛山标准"产品。

2021年10月，佛山市市场监督管理局与京东物流签署战略合作协议，开展"佛山标准产品优品无忧上京东"系列宣传推广活动，在京东商城搭建"有家就有佛山造，佛山标准产品馆"，美的、小熊、万家乐、简一、箭牌等23家佛山标准重点企业与56个佛山标准产品进馆，充分发挥京东物流、京东商城渠道功能，撬动线上线下多方面媒体资源，助力佛山标准产品线上销售。

此外，从2021年开始，佛山积极探索标准融资增信"佛山经验"，推动"标准"变"信用"，与本土银行创新设计标准融资增信新产品、新渠道，降低企业融资成本，助力实体经济发展。是年9月，佛山探索推出总授信300亿元的标准融资增信项目"佛标贷"，帮助6家企业获得融资授信2.5亿元。

佛山标准最终要通过产品面向消费者，接受市场的考验。为更好保护消费者权

○ 2021年5月12日，佛山市人民政府召开佛山标准工作会议暨第一批佛山标准产品发布会。

益，佛山建立完善的佛山标准产品消费者权益保障制度，成立佛山标准产品消费者权益保障资金池，对佛山标准产品进行增信，在佛山标准产品消费品领域推行"线上线下七天无理由退货、先行赔付和产品责任保险"三位一体的消费维权保障措施，实行快速维权，确保消费者"使用无忧"。

截至2021年底，佛山共制定发布24项佛山标准，涉及家电、陶瓷、卫浴、铝型材八大领域，有66家企业126个产品通过了佛山标准产品评价。佛山标准产品形成一定规模，提高了品牌知名度和影响力，推动佛山标准产品更好走向国内及国际市场。

2022年5月24日，佛山出台《制造业行业质量共治实施指南》《佛山标准产品评价通用规范》2项佛山市地方标准。同年9月，第三批佛山标准产品目录发布，涉及电线电缆、五金和家具等领域的74家企业，共102个产品。

（三）"佛山标准"引领制造业高质量发展（2022年至今）

为进一步完善扶持政策，加快打造"佛山标准"，引领佛山制造转型，2022年11月，佛山制定《2022年佛山市国际标准化专家工作室项目名单》，重点打造8家以上国际标准化专家工作室，引入国际标准化专家；培养重点企业、本土技术机构国际标准化人才；在智能家电、机械装备等领域，加大企业指导和培育力度，增加国际标准产出。截至2022年，全市累计推动企业参与制定国际标准45项。其中，首个由非欧美国家主导成立的IEC智能家电控制器工作组落户佛山。

为推进全域标准化工作，佛山在社会管理、家政服务、工业园改造升级、地理标志保护产品等领域上加强服务创新，推进48项市级地方标准研制，推进标准化与经济社会全域融合，更好满足佛山经济社会发展需求。

与此同时，佛山坚持以支柱产业为重点领域，以优势产品和骨干企业为重点对象，对标国内国际先进标准，提升标准关键性指标，彰显技术和质量优势。全市企业标准"领跑者"多点开花。

2022年，佛山还推动专利转化104项先进标准，102个产品通过佛山标准产品评价，完成161项企业标准对标提升，推进30项国家、省和市级标准化试点建设。2022年佛山市"领跑者"企业中，62%为佛山标准产品企业，73%开展了企业对标达标等工作，以标准创新服务产业发展[1]。截至2023年4月，全市64.2%的企业标准"领跑者"融

---

[1] 王越：《先进标准引领制造业当家——广东佛山以标准化工作加速推进由制造大市向制造强市转变》，原载《中国质量报》，转引自中国质量新闻网，2023年4月11日。

⊃ 2021年1月21日，佛山市举行"品质工程"暖企行动政策宣讲暨质量共治工作推进会。

入专利技术；全市累计立项建设25个专利标准化试点，对233家企业的321项专利标准化项目给予3430万元资金扶持，涌现出一大批通过"专利标准化"抢占产业发展制高点的企业，如隆深机器人通过专利转化为先进企业标准《空调底盘机器人装配线》，实现空调装配生产效率提高30%、工作稳定性提高20%，2022年销售额达7006万元，年增长率超128%[①]。

2023年，佛山进一步提出，要继续贯彻落实《国家标准化发展纲要》《质量强国建设纲要》部署要求，坚持以标准化服务制造业当家，深入实施标准"领跑"、国际

---

① 佛山市市场监督管理局：《绿色"领跑"助力制造业高质量发展交流会在佛山成功举办》，2023年4月27日。

标准化、专利转化标准及佛山标准等工作，加快构建推动佛山制造高质量发展的标准体系，发挥标准引领作用，为佛山新时代加快高质量发展、建设制造业创新高地提供坚实支撑。

是年3月，佛山创新建立"佛标贷＋知识产权融资质押"综合金融服务模式，在全国率先推行"知标快贷"，扩大增信企业范围。是年4月，佛山联合中国标准化研究院举办绿色"领跑"助力制造业高质量发展交流会，启动佛山标准产品京东馆"领跑者"专区，并发出"万亿电缆"绿色低碳领跑倡议。

三、"佛山标准"建设推进成效

（一）企业标准"领跑者"数量位居全国前列

企业标准"领跑者"是指产品或服务标准的核心指标处于领先水平的企业标准。一般而言，获得该荣誉的企业标准需严于国家标准和行业标准。佛山市有超过250家企业依照佛山标准实施更高水平的标准，有效提升产品品质，以先进标准引领佛山制造提质升级的成效显现。

自2020年探索实施"佛山标准"以来，全市累计评价出128家企业、228个"佛山标准产品"。截至2023年4月，佛山拥有企业标准"领跑者"407项，数量连续3年位居全国第一；累计参与制修订国际标准、国家标准、行业标准3050项，制定发布团体（联盟）标准805项，推动943项企业标准完成对标达标，数量均位居全省地级市第一、全国地级市前列；累计推动专利转化标准超5000项；在全省率先开展粤菜标准化示范店建设，擦亮"世界美食之都"金字招牌。在广东省对各地市先进标准增长率的考核中，佛山2020—2021年连续两年位居全省第一。

○ 2014年1月4日，陈村举办花卉文化博览会之千人共享陈村粉活动。由陈村粉传承人制作的长达20.6米的陈村粉，创下世界最长纪录。（《佛山日报》记者崔景印 摄）

佛山企业标准"领跑者"分布多个重点领域，截至2023年4月，家电领域65项，纺织服务43项，电线电缆及电工器材41项，石材、陶瓷砖41项，制冷、空调设备40项，家具20项，产业集体"领跑"多点开花、亮点纷呈，有力夯实制造业当家质量基础。以陶瓷产业为例，19家陶瓷砖标准"领跑者"企业2022年总产值约200亿元，约占全市陶瓷砖总产值的20%，蒙娜丽莎集团的"瓷质砖""领跑"标准，产品耐污染性达5级，摩擦系数大于0.6，各项指标处于行业领先地位，2022年"领跑者"产品销售收入达28.2亿元，标准领跑意义凸显。在2023年中国标准化大会上，佛山市质量和标准化研究院获评2022年"领跑者"标准突出贡献评估机构。

（二）"佛山标准"引领创新进入新阶段

随着佛山迈入GDP万亿城市行列，佛山产业发展也由"增量"迈入"提质"阶段。进入"十四五"时期以来，佛山在全国首创细分行业龙头企业培育认定，498家企业被认定为细分行业龙头企业；佛山企业主导或参与制修订国际、国家、行业、地方标准数量位居广东地级市第一。在佛山已有上百个企业的产品标准被认定为行业标准的领跑者。这个数量位居全国地级市前列。2021年9月，佛山美的集团获得"中国质量奖"，是佛山乃至全省唯一的获奖企业。美的旗下企业亦曾2次获得中国标准创新贡献奖，产品也多次获得企业标准"领跑者"称号。至2023年4月，全市完成的943项对标达标提升标准中优于国际标准水平的占比超50%；累计参与47项国际标准制修订，近5年制修订数量比历史同期增长超90%。其中，美的制冷将新冷媒相关关键技术转化为IEC 60335-2-40国际标准，促进销量增长10倍以上，以标准"走出去"带动产品"走出去"[1]。

佛山还在全国首创了制造业标准联盟，对标欧美最高、最优、最好的标准，组织机器人、陶瓷、模具等多个行业，自发制定了200多项高于国家标准的"佛山标准"。得益于对标准的执着，佛山先进制造业增加值总量和增速均超过优势传统产业。

为了保障消费者权益，让消费者"使用无忧"，佛山标准强化维权保障，推行"七天无理由退货＋基金先行赔付＋产品责任保险"三位一体的消费维权保障措施。此举可实现快速维权，为佛山标准产品增信，提振市场信心，促进佛山标准产品放心消费。

---

[1] 佛山市市场监督管理局：《绿色"领跑"助力制造业高质量发展交流会在佛山成功举办》，2023年4月27日。

截至2022年，佛山共推动约150家企业执行佛山标准相关指标，先进标准引领作用逐渐体现出来，很多的企业通过对标佛山标准实现了产品质量和服务提升。

（三）"佛山标准"形成多层次标准体系

2019年，党中央、国务院印发的《粤港澳大湾区发展规划纲要》有14处提及"标准"，包括"对接高标准贸易投资规则""营造高标准的国际化市场化法治化营商环境"等。佛山顺德区主动承接粤港澳大湾区共通执行标准（简称"湾区标准"）[①]研制任务，探索开拓广府美食文化湾区标准工作新领域，取得积极成效。

2021年以来，佛山企业参与制定、修订的国际、国家、行业、地方标准，数量位居广东省地级市第一。此外，佛山通过标准引领，服务本地优势产业"走出去"，并探索将政府治理体系建设纳入标准化轨道。其中，顺德协同开展的村改标准化和"湾区标准"等创新标准，在全省和全市标准化工作中开先河；顺德《村级工业园区改造标准体系规划与路线图》也提升到佛山市一级发布。

截至2021年，顺德共有14家单位的5个项目获得标准化领域最高荣誉——中国标准创新贡献奖，35家（次）企业的54项标准入选全国企业标准"领跑者"名单，数量居全国县域第一。同时，顺德参与制修订国际标准49项（已正式发布的16项、其他33项），居全国县域首位。顺德20家企业的35个产品通过佛山标准评价，佛山标准产品数量居全市五区首位。累计组织制定发布团体（联盟）标准437项，指导和督促1381家企业自我声明公开9133项标准，标准数量占全市近40%，同样居全市首位。

2023年4月，粤港澳大湾区标准化研究中心发布110项"湾区标准"，由顺德区牵头制定的有12项（含"广府菜　双皮奶""广府菜　煎鱼饼""广府菜　拆鱼羹""广府菜　四杯鸡""广府菜　烧鹅""广府菜　豉汁蒸盘龙鳝""广府菜　清蒸石斑鱼""广府菜　烤乳猪""广府菜　八宝冬瓜盅""广府菜　白灼虾""广府菜　姜葱炒蟹""广府菜　椰子炖竹丝鸡"），占粤港澳三地总数超过一成。

---

① "湾区标准"指的是经粤港澳大湾区相关方共商确认，在区域内实施的国际标准、国家标准、行业标准、地方标准、团体标准等各类标准。"湾区标准"是一种倡导性而非强制性标准，各行业的企业、组织根据自身条件选择是否使用。使用单位可以标明"湾区标准"并享受标准化产品在三地市场的准入便利，获得更高的品牌辨识度。"湾区标准"形成方式有两种，对已有且适宜在大湾区实施的标准，经确认后纳入清单；在大湾区无统一或互认的标准，由粤港澳三地共同制定并确认纳入。

（四）"佛山标准"得到初步推广

截至2023年4月，佛山已制定62项"佛山标准"，评价通过128家企业228个"佛山标准产品"，涵盖家电、陶瓷、铝型材等18个重点优势产业，超过300家企业执行"佛山标准"指标要求，带动佛山标准产品线上销售超1.1亿元，以佛山标准"上央视、上高铁、上电商"系列宣传发出了佛山"质"造好声音。

1."佛山标准"系列宣传片在央视发布。2022年3月1日，"佛山标准"系列宣传片在中央广播电视总台发布，通过国家平台展现佛山标准的品牌形象，讲好佛山标准和佛山制造故事。佛山集结美的、简一、万和、蒙娜丽莎、家家、鹰牌、箭牌等品牌登上CCTV-1综合频道《新闻30分》以及CCTV-4中文国际频道《国家记忆》，同步推广佛山标准品牌，通过示范带动作用，让更多的企业认识到品牌以及标准的重要性，全力推动区域产业的转型升级，更好地服务社会。

2."佛山标准"在国内外一线城市发布。2022年1月31日晚（除夕），"佛山标准"在广州塔发布，在新的一年里，向社会展示了"佛山标准"引领佛山制造高质量发展的成绩，也展现了"佛山标准"将进一步打造优标优质区域品牌乃至中国制造品质标杆的意愿和决心。同年5月，"佛山标准"在纽约时代广场视频播出，展示"佛山标准"品牌实力和中国"质"造形象，进一步擦亮佛山制造金字招牌，推动佛山制造和佛山标准走向国际市场。

四、"佛山标准"建设推进工作经验

质量是国家综合实力的集中反映，是振兴实体经济、深化供给侧结构性改革的要点。"佛山标准"的提出和实践，提升了佛山中高端产品和品牌竞争力的声誉，增强了消费者对佛山产品和售后服务质量的信心。

（一）坚持标准引领，以标准领跑促产业升级，提升制造业质量和效益

推进"佛山标准"这项工作，不仅仅只是制定标准，更要促进标准、质量、品牌、信誉一体化发展。"佛山标准"创新应用佛山标准三维码，公开产品信息、关键指标与国家标准、行业标准要求比对情况，提高消费者知情权和参与度，充分给予消费者保障和承诺，让标准成为质量的保障。

在制造业领域，佛山全面推行企业标准"领跑者"制度，对企业标准"领跑者"企业及评估机构实行"双激励"政策，坚持以支柱产业为重点领域，以技术优势产品

为重点产品，以骨干企业为重点对象，瞄准国内国际先进标准，提升标准关键性指标；推广标准融资增信"知标快贷"，对企业标准"领跑者"增信，助力产业提质增效。

"佛山标准"的推进发展，有赖于社会各界的努力。为了让更多消费者享受佛山优质产品，让"佛山标准"成为先进标准、高端品质、优质服务的象征，佛山通过电商和物流平台，倡导"佛山标准"的优标优品，充分利用各种电商物流一体化供应链物流服务的核心优势，既帮助"佛山标准"为企业实现品效合一的目标，同时也让全社会了解"佛山标准"是佛山制造、佛山产品的质量保证。

（二）坚持市场导向，以国际标准对接国际市场，更好融入"双循环"格局

国际标准是国际贸易的通行证，是企业"走出去"战略的重要支撑。佛山市高度重视国际标准化工作，根据国际标准化工作特点，全要素强化扶持政策。深入推进陶瓷、家电等重点产业集群对标达标提升，对标国际标准开展比对分析、技术验证和产品创新，提升企业标准与国际标准一致性，促进产品"同线同标同质"。强化国际标准化培训，在家电、机械装备、新能源、中药等优势领域立项建设10个国际标准化专家工作室，集中引进一批国际标准化领军人才和高层次团队，拓宽企业参与国际标准

⮞ 2021年9月16日，中国质量大会在杭州开幕，美的集团（右二）获得第四届中国质量奖。

化活动渠道。

产品的好坏最终需要消费者来判断，打造"佛山标准"体系离不开消费者的参与。佛山探索成立佛山标准产品消费者权益保障资金池，建立先行赔付和产品质量安全责任保险制度，依靠这一制度，购买、使用"佛山标准"产品的消费者一旦发生质量纠纷，将从资金池中实行先行赔付。这种制度可以提升消费者对"佛山标准"产品的认可度，从而放心消费。

满足消费者的消费需求，是经济发展的出发点和落脚点。当前，受全球经济增长放缓的影响，国内居民收入水平和消费力都出现了不同程度的下降。要进一步释放消费动能，需要为消费者提供更为安全、放心的消费环境。"佛山标准"加大了消费者权益的保护力度，确保"优品无忧"。成立佛山标准产品消费者权益保障资金池可以提升消费者对"佛山标准"产品的认可度，还有助于加快佛山标准产品质量信用体系建设。同时，佛山还通过健全守信激励和失信惩戒联动机制，完善企业质量信用档案数据库，建立产品质量失信"黑名单"等制度，支持、引导第三方信用服务机构对企业开展质量信用评价，营造放心消费的良好市场环境。

此外，为提高"佛山标准"品牌保护能力，佛山还致力于建立企业自我保护、行政依法监管和司法维权保护"三位一体"的品牌保护体系，依法严厉打击伪造"佛山标准"标识等违法行为。

（三）坚持突出重点，以专利转化提升标准水平，增强制造业核心竞争力

标准是促进科技成果转化应用的重要桥梁。佛山鼓励"技术专利化、专利标准化、标准产业化"，探索将专利技术转化先进标准的机制、路径，在机械装备、家电等科技创新活跃领域，引导企业加快新技术、新工艺、新产品等专利成果转化，形成一批具有自主知识产权的先进企业标准，满足传统优势产业"高"标准以及战略性新兴产业标准"快落地"的需求，实现将技术优势转化为质量优势和竞争优势。

（四）坚持开放协作，以佛山标准打造区域品牌，擦亮制造业"金字招牌"

佛山探索推行先进团体标准引领产业升级发展新模式，创新采用"先进标准＋产品评价＋维权保障"模式，按照"国内领先、国际先进"定位，打造一批具有佛山产业特色的佛山标准，培育和推出一批"先进标准、优质产品、品牌企业"。大力实施佛山标准"优品无忧"保障机制，加强品牌培育、保护和消费维权保障工作，推行"七天线上线下无理由退货＋先行垫付＋产品责任保险"三大消费维权措施。强化品

牌宣传，唱响"有家就有佛山造城市"IP，提升品牌高度和影响力。以先进标准引领企业"标准、质量、品牌、信誉"一体化发展，擦亮佛山制造"金字招牌"。

标准化也是城市治理的重要手段。"佛山标准"的推广与"佛山品牌"建设一样，有助于营造和强化佛山企业知标准、守标准、用标准、创标准的浓厚氛围，提升"佛山制造"乃至整个城市的竞争力。从食品安全到计量、村改，佛山标准引领的作用体现在城市各个领域。佛山一直坚持以技术标准引领企业发展，技术标准化工作切实地推动了佛山制造业的高质量发展。

走在前的佛山氢能产业发展

佛山是国内较早发展氢能产业的城市之一。自2009年开始，佛山氢能产业快速起步，经过10多年的发展，形成了从制氢、储氢、加氢到新能源汽车零部件、整车制造的完整产业链，建成了世界首条商业运营的氢能有轨电车示范线，国内首座由央企参与的油氢合建站，国内首条中外合资的燃料电池电堆生产线，等等。佛山南海被授予"中国氢能产业之都"称号等。"世界氢能看中国，中国氢能看佛山"已成为佛山氢能产业的品牌形象。氢能产业走在前，为佛山在中国式现代化中建设更具国际竞争力的现代化产业体系提供了重要支撑。

一、佛山发展氢能产业的历史背景

佛山发展氢能产业，顺应了全球能源发展的趋势，也得益于国家能源战略的鼓励和推动，成为佛山制造业转型升级的风口。

（一）发展氢能产业成为全球趋势

在世界范围内，20世纪70年代起，许多国家和地区已广泛开展氢能源研究。进入21世纪以来，氢能作为一种清洁、高效、可持续的二次能源，被视为最具发展潜力的清洁能源，逐渐成为低碳经济的重要组成部分，受到越来越多国家的青睐。为了逐步淘汰化石燃料并限制全球变暖，氢开始被用作燃烧燃料，只向大气释放干净的水，而不向大气释放二氧化碳。2002年，世界上第一辆氢燃料电池动力系统机车诞生。其后，全球多个国家纷纷抢滩氢能产业。

按照国际氢能源委员会2017年发布的《氢能源未来发展趋势调研报告》，2050年全球氢能源需求将增至2017年的10倍，氢能产业链产值将超过2.5万亿美元。氢能源在推动能源结构转型升级及实现全球"碳达峰""碳中和"目标方面的重要作用及其巨大的商业价值，驱动全球各主要经济体氢能开发与利用的脚步不断提速。2017年以来，日本、德国、美国等发达国家纷纷将氢能上升为国家战略[①]，明确了氢能源产业发展路线图和战略目标，持续加大对氢能源技术的研发投入和技术突破，解决了氢燃料电池汽车基本性能研发的若干关键技术问题，同时推出商业化氢能源产品，

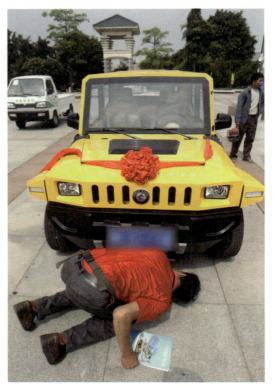

◯ 2021年5月11日，佛山高明区新能源汽车推广应用综合示范试点启动仪式现场，好奇的市民趴着查看新能源汽车的电池。（王伟楠 摄）

以抢占产业发展先机和制高点。至2022年，全球有42个国家和地区发布了氢能政策，另有36个国家和地区的氢能政策在筹备中。当前，《全球氢能和燃料电池技术规范》和《联合国氢能和燃料电池汽车规范》基本解决了氢能利用产业链的技术障碍，促使全球氢能产业发展进入导入期，发展的重点在于降低成本。

（二）发展氢能产业成为国家能源战略

在不断升级的全球能源危机影响下，世界能源格局深度调整，我国的能源供应和安全问题受到巨大挑战。要实现高质量发展，更要降低对一次能源尤其是石油的依赖。基于我国"多煤、贫油、少气"的国情，风电、光伏、氢能等新能源成为新时代国家能源战略的重要方向。尤其是来源丰富、绿色低碳、应用广泛的氢能源，对我国

---

① 2017年12月，日本发布《氢能源基本战略》。2020年6月，德国发布《国家氢能战略》。2022年9月，美国能源部发布《国家清洁氢战略与路线图》草案（2023年6月正式发布）。

构建清洁低碳、安全高效的能源体系、实现"碳达峰""碳中和"目标，具有十分重大的意义。

我国拥有庞大的氢能资源，是世界上最大的产氢国，年产氢近2200万吨，占世界产氢量的34%，氢能市场潜力巨大。2019年，国务院在十三届全国人大二次会议上的《政府工作报告》中首次提出"推动充电、加氢等设施建设"。其后，国家密集出台各项氢能支持和扶持政策，推动氢能制、储、输、用、加全链条关键技术攻关、基础设施建设和示范应用等。2020年，国家"十四五"规划提出，要在氢能与储能等前沿科技和产业变革领域，组织实施未来产业孵化与加速计划，谋划布局一批未来产业。

2022年3月，为促进氢能产业规范有序高质量发展，经国务院同意，国家发展改革委、国家能源局联合印发《氢能产业发展中长期规划（2021—2035年）》（简称《规划》），以实现"双碳"目标为总体方向，明确氢能是未来国家能源体系的组成部分，是战略性新兴产业的重点方向，是构建绿色低碳产业体系、打造产业转型升级的新增长点。氢能产业上升到国家能源战略高度。

《规划》提出了氢能产业发展基本原则：一是创新引领，自立自强。积极推动技术、产品、应用和商业模式创新，集中突破氢能产业技术瓶颈，增强产业链供应链稳定性和竞争力。二是安全为先，清洁低碳。强化氢能全产业链重大风险的预防和管控；构建清洁化、低碳化、低成本的多元制氢体系，重点发展可再生能源制氢，严格控制化石能源制氢。三是市场主导，政府引导。发挥市场在资源配置中的决定性作用，探索氢能利用的商业化路径；更好发挥政府作用，引导产业规范发展。四是稳慎应用，示范先行。统筹考虑氢能供应能力、产业基础、市场空间和技术创新水平，积极有序开展氢能技术创新与产业应用示范，避免一些地方盲目布局、一拥而上。

《规划》同时部署了推动氢能产业高质量发展的重要举措：一是系统构建氢能产业创新体系。聚焦重点领域和关键环节，着力打造产业创新支撑平台，持续提升核心技术能力，推动专业人才队伍建设。二是统筹建设氢能基础设施。因地制宜布局制氢设施，稳步构建储运体系和加氢网络。三是有序推进氢能多元化应用，包括交通、工业等领域，探索形成商业化发展路径。四是建立健全氢能政策和制度保障体系，完善氢能产业标准，加强全链条安全监管。

随着氢能纳入国家能源战略体系，国家明确政策鼓励的应用场景和领域等，氢能源产品技术得到快速提升，从基础研究到局部示范应用阶段，已经有核能、电力、设备、石油化工、节能环保、汽车、船舶、钢铁、军工等领域的20多家央企着手布局氢能产业。同时，形成了一支以高等院校、科研院所、石油化工及汽车工业等部门为主的从事氢能研究、开发和应用的专业队伍，推动我国氢能和氢燃料电池技术领域不断取得新突破。

（三）发展氢能产业成为佛山制造业升级的风口

佛山在全省乃至全国较早探索和发展氢能产业，不是偶然的。作为制造业大市，佛山同时也是能源消费大市。传统制造业是佛山经济的基本盘。进入21世纪，佛山制造业几乎涵盖制造业各行各业。然而，佛山制造业特别是传统产业面临着创新能力不足、产业层次不高、竞争能力不强和能耗大等问题，转型升级压力大、困难重重。要实现产业经济的整体提升，佛山亟需占领新的产业制高点。

2009年，佛山敏锐把握到氢能产业的发展机遇，从基础抓起，把氢能作为佛山未来发展的重要支柱产业抢先布局，并作为战略性新兴产业进行重点培育。依托前瞻布局、市场体系、产业政策和基础设施等方面的先发优势，佛山较早形成了在全国氢能产业上的领先优势，随之肩负起为国家氢能产业发展提供实践经验和样本的使命和任务。

二、佛山氢能产业发展历程

2009年以来，佛山的氢能产业开始起步，经过几年的探索，日趋成熟，其后逐渐突破一系列关键技术，产业集聚效应显著，形成了涵盖制氢及加氢、设备研制、加氢站设计与建设、氢燃料电池及核心部件、整车研发制造、氢能产品检测及设备研制、氢能标准制定等多个环节的氢能产业链条。

（一）探索起步（2009—2013）

在起步阶段，佛山摸着石头过河，引进和扶持新能源企业，主要通过关键零部件切入氢能源产业，以燃料电池为突破口，引进企业、成立机构、举办峰会、建设基地等，积极探索氢能产业发展新赛道。

2009年，佛山南海引进广顺新能源公司，斥资3000万元开展燃料电池空压机生产项目，探索燃料电池车核心零部件研制，迈出了佛山发展氢能产业的第一步，成为我国较早探索发展氢能产业的地区之一。同年，佛山市政府和中国科学院签约共建的中国科学院佛山产业技术创新与育成中心成立，落户佛山南海。

2011年5月底，燃料电池及氢源技术国家工程研究中心华南中心暨广东广顺新能

○ 南海瑞晖加氢站。

源动力院士工作站在佛山市南海区丹灶镇奠基。11月，广东广顺燃料电池核心部件园区正式动工。12月，在佛山市政府和中国科学院院地合作局、中国科学院广州分院、省发展改革委、省科技厅联合主办的2011年国际燃料电池及氢能技术发展峰会上，市委、市政府提出，要进一步加大新能源汽车产业的投入力度，完善相关发展规划和扶持政策，把佛山打造成为广东省新能源汽车制造的核心区以及广东省新能源汽车应用的示范区。为此，佛山南海规划了3300亩土地，布局广东新能源汽车产业基地，为燃料电池汽车"心脏"——动力装置提供核心配件。

2012年，国务院发布《"十二五"国家战略性新兴产业发展规划》，鼓励推进燃料电池汽车的研究开发和示范应用。2013年7月，广东省政府和中国科学院签约共建佛山中国科学院产业技术研究院（简称"佛山中科产业技术研究院"）。同年11月，佛山中科产业技术研究院和中国燃料电池汽车技术创新战略联盟、燃料电池及氢源技术国家工程研究中心在佛山市南海区丹灶镇联合主办2013年燃料电池及氢能技术应用及产业发展国际峰会，《佛山市南海区新能源汽车产业发展报告》正式发布，在氢能及燃料电池行业发力。

（二）快速发展（2014—2016）

这一阶段，在市委、市政府的重视和推动下，佛山氢能产业快速发展。佛山坚持规划引领，研究出台扶持政策，推动五区瞄准氢能不同环节发力，协力打造广东氢能产业发展的重点城市。其中，南海成为佛山氢能产业的先行区，从规划政策、产业引进、配套服务、人才引进、标准制定、平台搭建等方面持续优化，重点攻关核心基础材料、关键零部件、燃料电池系统和整车技术等。高明区、三水区、顺德区和禅城区也相继把氢能产业作为新的经济增长点，加快基础设施建设，推动构建多元应用、协同高效的产业体系，不断提升佛山氢能产业的竞争力。

在此过程中，佛山与对口帮扶的云浮合作发展氢能产业，成为一大亮点。2014年起，佛山把氢能作为对口帮扶、产业共建的支柱产业，集中精力培育氢能产业，引进佛山飞驰客车集团、加拿大巴拉德集团、中国中铁建设投资集团等，布局建设氢能源整装客车生产、氢燃料电池模块、高纯氢气生产装置建设、加氢站及综合配套等项目，着力把云浮打造成为全国最大的氢能源汽车生产基地，创新推动氢能全产业链的协同布局发展，为广东乃至全国氢能产业跨区域发展积累了重要经验。

与此同时，佛山着力打造产业共建平台——佛山（云浮）产业转移工业园，推进氢能全产业链跨区域协同布局发展，率先整合构筑起领跑全国的氢能源产业体系和集群。佛山和云浮组织了考察团，到加拿大巴拉德公司（全球燃料电池龙头企业）考察，学习外部先进经验，借鉴"中国高铁模式"（消化、吸收、自主创新）发展佛山（云浮）园区氢能产业。在佛山的推动下，佛山（云浮）产业转移工业园大力引进国际前沿技术，发展氢能产业。

⊃ 高明有轨电车加氢站。（佛山市新闻传媒中心供图）

2015年6月，佛山与云浮共同打造的产业帮扶项目广东国鸿氢能科技有限公司（简称"国鸿氢能"）落户佛山（云浮）产业转移工业园南园（思劳镇）。是年，国鸿氢能参与研发的首辆氢燃料电池客车正式亮相，并拿到了300辆的生产订单。

同年7月，佛山制定出台《佛山云浮氢能源产业"1135"战略部署方案》，提出"一个战略规划"，即制定一个战略规划，作为帮扶产业指导性文件之一，并成为两市发展氢能产业的总指引；"一个资金平台"，即通过省、市合作共建氢能产业基地的途径，搭建氢能源产业重大资金筹措平台；"三大工作计划"，包括28台氢能源公交车投入运行计划、佛山市高明区（氢能）现代有轨电车试验线项目推进计划、1000台氢能公交车生产运行计划；"五大项目布局"，包括飞驰氢能源整装客车项目、氢燃料电池模块项目、加氢站建设项目、3条氢能源车示范线的试运行项目等。这是国内最早的地方性氢能产业战略规划。

为加强产学研对接，10月，佛山对口帮扶云浮指挥部与佛山科学技术学院合作共建佛山（云浮）氢能产业与新材料发展研究院。是年，佛山还与清华大学联合举办了国内首个氢能产业专题培训班，集聚国内外氢能专家智慧，深入探索佛山氢能产业发展路径，在政府系统完成氢能启蒙教育。[①]

2016年5月，市政府印发《佛山市国民经济和社会发展第十三个五年规划纲要》，明确要落实新兴产业扶持政策，重点推动纯电动汽车、插电式混合动力汽车（含增程式）、氢能源汽车开发、产业化和示范推广，促进新能源、节能环保、新能源汽车等成为新优势产业。下半年，佛山在氢能领域动作频频。8月，在北京中国科技会堂联合举办氢能产业宣传片《第一元素》首发式暨当前中国氢能产业面临的形势和策略圆桌论坛；9月28日、10月18日，先后将云浮基地首批量产的28辆氢能源公交车投放到佛山（三水）、云浮公交系统，率先在国内开通氢能公交车试运行示范线路；10月19日，飞驰客车整体从佛山搬迁至云浮，建成年产5000辆氢能汽车整车柔性化生产基地；10月28日，佛山（云浮）产业转移工业园与中国标准化研究院签约共建首个国家级氢能及燃料电池实验室。

（三）关键突破（2017—2020）

2017年，佛山把氢能产业发展思路写入市政府工作报告。其后，佛山进一步明晰

① 广东省人民政府地方志办公室、佛山市人民政府地方志办公室：《生态佛山 | 世界氢能看中国，中国氢能看佛山》，载于广东省情网，2022年9月23日。

氢能产业方向，以燃料电池汽车为主要培育方向，以商用公交车为中国氢能汽车产业的突破口，同时开展覆盖氢农业、氢健康医学等不同领域的氢能示范应用，并推动氢能产业企业集聚；举办了全国首个"氢能周"，推动技术研究，探求产业发展方向，推动氢能产业集聚发展；加大佛山、云浮产业共建力度，推进佛山（云浮）产业转移工业园等"两园六区"①建设，加强城市充电桩和加氢站基础配套建设；加强汽车尾气治理，切实提高包括氢能源汽车在内的城市新能源汽车推广比例，稳步改善空气质量；在南海区丹灶镇仙湖规划8200多亩土地用于建设广东新能源汽车核心部件产业基地，规划建设48平方公里的"氢谷"，全力打造氢能产业总部、科研集聚区。

2017年9月，佛山和云浮组织考察团赴德国、比利时、法国学习交流和洽谈项目，加快引进具有国际领先水平的氢燃料电池、燃料电池整车研发以及制氢储氢装备、加氢站等创新性项目，努力打造国内最具竞争力的氢能全产业链示范基地。佛山（云浮）产业转移工业园成为广东省氢能与燃料电池产业化基地、国内具有重要影响力的氢能产业的发展高地：一是引进了加拿大巴拉德公司最新一代FC-9SSL燃料电池技术；二是建成飞驰氢能汽车整车柔性化生产基地和东风（华南）新能源商用车生产基地；三是创建国家级氢能技术标准创新基地，设立氢能产业股权投资基金及氢能产业发展基金，建成示范运营平台。同月，佛山举行科技部／联合国开发计划署（UNDP）"促进中国燃料电池汽车商业化发展项目"佛山项目启动仪式暨佛山市南海区新能源汽车（氢能）产业招商推介会。12月，佛山又以"氢产业、氢生活、氢未来"为主题，举办第二届氢能与燃料电池产业发展国际交流会暨第一届中国（佛山）国际氢能与燃料电池技术及产品推介会系列活动（即"氢能周"活动），发起成立中国氢能产业联盟、广东省氢能燃料电池汽车产业协会，发布我国第一项氢燃料电池质子交换膜品质团体标准，开建加氢加油合建站和举办氢能源现代有轨电车下线仪式等。

2018年3月，佛山获批建设国家技术标准创新基地（氢能），由佛山绿色发展创新研究院（4月成立）负责基地创建项目实施，云浮（佛山）氢能标准化创新研发中心等单位协力推进，构建涵盖国家标准、行业标准、地方标准、团体标准和企业标准的氢能标准创新服务链，建立涵盖技术、检测、认证的氢能技术服务链，打造集标准制修订、标准孵化、标准验证、试点推广、实施监督、水平评价、流程与质量管理、信息

---

① "两园六区"："两园"指佛山（云浮）产业转移工业园、佛山顺德（云浮新兴新成）产业转移工业园；"六区"指佛山（云浮）产业转移工业园的北片区、思劳片区、云安片区、罗定片区、郁南片区、云城片区。

服务、辅导培训、合作交流、项目研究、咨询分析、检验检测认证、应用开发于一体的标准化工作全链条。11月，市政府出台《佛山市氢能源产业发展规划（2018—2030年）》，目标是到2020年，完成氢能源产业及核心产品的培育[①]；到2025年，将佛山打造成国内知名的氢能产业典范城市；到2030年，不断扩大氢能源产品在城市各个领域的应用与示范，将佛山建设成国际知名的氢能生态城市。3个发展阶段的氢能源相关产业累计产值分别为200亿元、500亿元、2000亿元。

为此，佛山成立了由市政府主要领导担任组长的氢能产业工作领导小组，进一步提高站位，理顺机制，打通产业发展道路上的政策障碍，进行全方位的探索，选择氢能汽车产业作为主攻方向，以氢能商用公交车为突破口，加强与加拿大巴拉德公司的技术合作，研发30千瓦电堆系统，在国内率先提出建设"氢能社会"，加速布局氢气自主制备。

2020年10月，由联合国开发计划署、科技部指导，联合国开发计划署驻华代表处、中国汽车技术研究中心有限公司联合主办，佛山市政府和南海区政府承办的2020年联合国开发计划署氢能产业大会在樵山文化中心召开。大会以"发展绿色氢能，提振世界经济"为主题，设置了6个主题论坛，围绕燃料电池技术、氢能技术与应用、政策标准、氢安全、中日韩氢能合作等方向展开深入研讨；作为本次氢能产业大会的一部分，第四届中国（佛山）国际氢能与燃料电池技术及产品展览会（CHFE2020）同期举行。

（四）集群发展（2021年以来）

2021年1月，中共佛山市委十二届十二次全会提出，要全力以赴把高端装备制造、智能机器人、新能源、氢能源等战略性新兴产业培育壮大成未来支柱产业，着力提高产业链供应链韧性，增强产业链供应链安全可控性，加快构建具有国际竞争力的现代产业体系。4月，市政府印发《佛山市国民经济和社会发展第十四个五年规划和2035年远景目标纲要》，提出要做优做精汽车及新能源、军民融合及电子信息两个冲5000亿元产业集群，并着力提升其辐射带动能力，力争到2025年，两大产业集群产值规模均接近5000亿元。同时，坚持传统汽车与新能源汽车共同发展，巩固传统汽车及零配件

---

① 实际上，截至2020年12月，佛山已在氢能产业培育、示范应用、技术标准构建和发展环境优化方面取得了显著成效，汇聚超过90家制氢企业和科创平台，建立起一条涵盖制氢、加氢设备、加氢站设计和建设、氢燃料电池及核心部件、汽车整车生产等多个环节的产业链。

制造优势，发力新能源汽车整车、燃料电池汽车关键部件及零配件制造，推动燃料电池系统、电堆、核心零部件、基础材料等产业链环节发展壮大，配套建设新能源汽车充电及加氢基础设施，发展氢能等新能源产业及应用。5月，市委专门听取全市氢能产业发展情况汇报，充分肯定佛山市氢能产业发展所取得的突出成效，要求尽快突破关键部件"卡脖子"技术，居安思危、敢于创新，始终保持核心技术上的制高点。

同年8月，财政部等5个部委联合下发《关于启动燃料电池汽车示范应用工作的通知》，同意广东、北京和上海等5个首批国家燃料电池汽车示范城市群启动实施燃料电池汽车示范应用。广东城市群由佛山作为牵头城市，联合广州、深圳等11个城市共同组建燃料电池汽车示范应用广东城市群。其中，以佛山、广州、深圳及山东淄博、安徽六安和内蒙古包头六大燃料电池技术创新和产业高地为引擎，联动东莞、中山、云浮等关键材料、技术及装备研发制造基地，依托珠海、阳江及福建福州、内蒙古包头等氢源供应基地，推动示范应用，全面实现示范城市群跨越式发展。12月，广东燃料电池汽车示范应用城市群在2021年联合国开发计划署氢能产业大会上正式启动，并召开广东燃料电池汽车示范应用城市群工作协调会。

作为广东省燃料电池汽车示范城市群的牵头城市，佛山在上游燃料电池研发、制造到下游加氢站建设、运营及氢能汽车应用推广等多个环节承担"引路者"角色。为此，市委、市政府把培育壮大氢能产业作为推动制造业转型升级的一项重要举措，进一步优化营商环境，完善支持新能源产业发展的政策，着力引进和培育高端人才团队和优质的产业项目，加快推动氢能产业链条建设。

⮑ 2021年11月22日，全国首个氢能进万家智慧能源示范社区项目投运仪式在南海区丹灶镇举行。（《珠江时报》供图）

至2021年底，随着河南城市群、河北城市群相继获批，全国燃料电池汽车示范应用城市群初步形成跨省、跨区域协同发展的"3+2"格局①。其中，京津冀城市群致力于技术自主创新、全产业链闭环持续发展、区域一体协同产业生态；上海城市群聚焦长三角联动、产业链协同及"中长途+中重载"应用场景的推广；河南城市群以氢走廊建设为核心内容；由佛山牵头的广东城市群则聚焦电堆、膜电极、双极板、质子交换膜、催化剂、碳纸、空气压缩机、氢气循环系统八大关键零部件技术的攻克，形成一批技术领先并具备较强国际竞争力的龙头企业。

2022年8月，为贯彻落实国家《氢能产业发展中长期规划（2021—2035年）》，省发展改革委等8个部门联合出台《广东省加快建设燃料电池汽车示范城市群行动计划（2022—2025年）》，以佛山和广州、深圳3个燃料电池技术创新和产业高地为引擎，连同东莞、中山、云浮重点建设燃料电池汽车产业创新走廊，重点支持电堆、膜电极、双极板、质子交换膜、催化剂、碳纸、空气压缩机、氢气循环系统八大关键零部件企业及制氢、加氢、储运设备企业在广东省内进一步扩大生产能力，目标是到2025年末，关键零部件研发产业化水平进一步提升，建成具有全球竞争力的燃料电池汽车产业技术创新高地。

氢能产业方兴未艾，国内其他城市群迅速跟进，积极寻求新的经济增长点，抢占国内氢能产业的制高点。北京出台了《北京市氢能产业发展实施方案（2021—2025年）》（2021年8月）和《北京市关于支持氢能产业发展的若干政策措施》（2022年8月）；上海出台了《上海市氢能产业发展中长期规划（2022—2035年）》（2022年6月）；河北出台了《河北省氢能产业发展"十四五"规划》（2021年7月）；河南也出台了《河南省氢能产业发展中长期规划（2022—2035年）》（2022年9月），为地方寻找新的经济增长点，谋求国内氢能产业的制高点。京津冀城市群、上海城市群与佛山牵头的广东城市群一样，基本建立了氢能政策体系，明确了产业链发展路径，形成了从省级到区县级发展规划的衔接。各氢能产业高地寄希望于发力氢燃料电池产业布局，为氢能源产业投资、技术提升、产品示范推广、产业和基础设施配套等带来新的发展机遇。

2023年1月，佛山市委召开经济工作会议，谋划部署2023年全市经济工作，提出优化战新产业布局，推动新能源汽车、工业机器人、新能源、新材料、新型储能等新兴

---

① "3+2"格局包括第一批广东城市群、上海城市群、京津冀城市群和第二批河北城市群、河南城市群。

⟳ 2024年10月18日，2024年中国氢能产业大会在佛山市南海区樵山文化中心举行。

产业集群发展，抢占战新产业制高点；积极布局未来产业，从实际出发，坚持以市场为主导，重点瞄准有一定基础的绿色氢能、循环经济、显示装备等产业。

得益于在发展氢能产业上保持的前瞻性谋划，佛山在国内较早布局燃料电池汽车产业，战略布局关键零部件、关键材料、关键产业增长点，出台多项助力氢能或氢燃料电池汽车的专项政策，使佛山氢能产业发展一直保持领先水平，走在全国前列。

三、佛山发展氢能产业的主要做法和特点

氢能产业在佛山五区均有不同程度的发展，其中以南海区最为典型和突出。

（一）南海：佛山氢能产业先行区和主要承载区

南海在佛山率先布局和培育氢能产业，经过10多年的前瞻布局和探索推进，取得了较为突出的发展优势，成为国内最具代表性的氢能产业发展区域之一，也是国内氢能产业政策体系较为完善的地区之一。至2023年，南海区已经聚集氢能企业和机构150多家，其中超过120家在丹灶镇仙湖"氢谷"周边布局，基本实现氢能"制、储、运、加、用"链条全覆盖，被评为"中国氢能产业之都"。

1. 规划先行引导氢能要素集聚

2015年出台《佛山市南海区新能源汽车产业发展规划（2015—2030年）》，确

定了以氢燃料电池汽车为新能源汽车产业的发展方向，重点培育丹灶新能源汽车核心部件配套产业集群等七大新能源汽车产业集群，在动力电池（尤其是氢燃料电池）、高端电池材料、新能源汽车驱动电机和电控系统等产业链的关键环节实现突破，打造国内领先的氢燃料电池汽车核心部件研发生产基地、华南地区重要的新能源汽车研发生产基地、广东省重要的战略性新兴产业基地，率先提出了国内领先的氢燃料电池汽车核心部件研发生产基地的发展定位。2017年出台全省首个专门针对新能源汽车和氢能产业的扶持政策《佛山市南海区促进新能源汽车产业发展扶持办法》，把新能源汽车产业打造为南海经济发展的新增长点和抢占未来产业发展和竞争的制高点。2018年出台全国首个加氢站建设运营及氢能源车辆运行扶持政策《佛山市南海区促进加氢站建设运营及氢能源车辆运行扶持办法（暂行）》，在国内率先对加氢站运营环节进行补贴，加快了氢能与燃料电池产业项目落地及氢能源车辆的推广应用步伐。2020年出台《佛山市南海区氢能产业发展规划（2020—2035年）》，提出"标准引领、核心带动、品牌助力"发展战略，推动南海成为中国氢能产业商业化创新发展区。2022年出台《佛山市南海区推进氢能产业发展三年行动计划（2022—2025）》出台，全面对接国家氢能产业中长期规划，糅合广东燃料电池汽车示范城市群的任务要求，引导氢能产业良性发展。

2．形成良性的氢能产业生态圈

南海区以丹灶镇仙湖"氢谷"为核心，规划建设48平方公里的氢能产业载体，分为仙湖核心和北部、南部、东部三大园区，依托"一湖一城三园区"的空间布局，致力打造城、产、人、文融合发展的国际知名的自主氢能技术先行地、高端氢能产业集

⏵ 氢能源公交车139号线驶入公交站。（《佛山日报》记者王澍　摄）

聚地、先进氢能社会示范区，推动南海区氢能产业快速形成"研发—生产—推广"良性产业生态圈。

截至2023年4月，仙湖"氢谷"集聚了国家电投氢能、星源材质、康明斯恩泽、广东韵量、广东爱德曼、广顺新能源佛山攀业、海德利森、广东济平、广东清能、鸿基创能、佛燃天高等多家氢能企业，形成了涵盖制氢及制氢加氢设备研制、氢燃料电池及系统、整车研发制造、氢能产业检测及设备研制、核心材料与部件、加氢站设计与建设、氢能标准制定、人才培养八大环节的较完整的、具有国内自主知识产权的氢能产业链，已进驻包括国家电投集团华南氢能产业基地项目、星源材质华南新能源材料产业基地、康明斯恩泽质子交换膜电解水制氢装置研发生产基地项目和清能万台大功率燃料电池系统及空冷电堆研发生产基地项目等在内的一批优势项目。

3．着力打造氢源全链条

在氢源保障方面，为确保氢源稳定、氢气价格合理，南海区积极推进不同工艺和技术路线的制氢项目落地建设，推动长海电厂与西安交大郭烈锦院士合作首试煤炭超临界水气化副产氢；瀚蓝可再生能源（沼气）制氢加氢母站利用南海固废处理环保产业园内餐厨垃圾、渗滤液产生的沼气等富氢气体作为原料气进行制氢；华特气体制氢项目通过甲醇裂解制氢。

在储运方面，南海区推动氢气储运材料和技术的创新，破解氢气储运瓶颈。广东瀚锐利用新型液态有机储氢材料技术实现低成本安全的氢能存储和运输；仙湖实验室利用液氨作为氢能的载体运输，再通过氨裂解制取得氢气；广东省特检院建设了国内首个可商业运营的液氢加氢站。

在加氢站点建设方面，南海区在2015年就制定了国内首个加氢站审批、建设、验收流程，2017年建成国内首座商业化加氢站，2019年建成国内首批高密度商用标准化加氢站、首个油氢合建站。截至2023年5月，全区建成14座加氢站，在建1座加氢站，投运加氢站11座，加氢网点覆盖全区7个镇（街道），成为国内商业化加氢站数量最多、加氢网络最完善的地区。2023年9月，全国首个大规模沼气制氢加氢一体化项目——瀚蓝可再生能源（沼气）制氢项目在南海区正式投产，可年产约2200吨氢气。

4．推动产学研用平台建设

南海引进并培育了一批氢能源及燃料电池创新机构，共同开展氢燃料电池汽车领域核心关键零部件重大技术攻关及产业化项目；加强与高校合作，其中与武汉理工大学合作成立了由张清杰院士领头的佛山仙湖实验室（先进能源科学与技术广东省实验室佛山分中心）及李峻院士工作站、程一兵院士工作站，还成立了省级氢能技术研究平台——广东省武理工氢能产业技术研究院，致力于燃料电池、双极板、燃料电池检测等领域；与浙江大学合作成立了由中国工程院郑津洋院士领头的华南氢安全中心，致力氢安全领域研究；与西安交大合作成立了由中国科学院郭烈锦院士领头的鑫锦伟华洁净能源研究院，致力于超临界水蒸煤制氢技术的产业化；与北京理工大学合作成立了由孙逢春院士领头的新能源汽车大数据中心；发挥华南师范大学理工学院、佛山科学技术学院、佛山市南海技师学院、南海开放大学（广东理工职业学院南海校区）等高等院校和职业院校优势，设立联合国开发计划署氢能经济职业学院，加强氢能技术人才培养。

同时，南海区与中标院、广东省特检院、中标集团等推动氢能标准化及检测平台建设，创建国家技术标准创新基地（氢能）；开发了南海区氢能汽车综合监管平台，并升级为广东省燃料电池汽车示范城市群的监管平台，为氢能车辆的商业化推广应用提供有力的支撑。

5．创新拓展应用场景

2021年11月，南海区启动建设"氢能进万家"智慧能源示范社区项目，安装4套商用、394套家用燃料电池分布式热电联产设备，打造未来"氢能社会"解决方案，推动智慧能源社区国家标准和建设规范的制定与实施。翌年，国家发展改革委价格成本调查中心批复同意南海区以"氢能进万家"项目为应用场景，成立清洁能源价格成本研究（佛山）基地。

同月，蒙娜丽莎集团股份有限公司氢能叉车项目启动，国内首个氢能叉车应用整体解决方案率先在南海区落地。2022年8月，南海区首批氢能叉车获得了型式试验认证并获颁发牌照，国内首批氢能叉车具备了合法使用身份。

2022年10月，国内首批25辆氢能共享单车在南海区丹灶镇仙湖"氢谷"投入试运营，投放在仙湖实验室、澹如书屋、金融街、环湖南路4个站点，可满足市民游客环仙湖骑行。同时，推进省内首艘氢能源船舶"仙湖1号"和国内首艘高温甲醇燃料电池示范游船"嘉鸿01"下水，开展氢能游船的示范运营服务。

截至2023年5月，南海区推广应用氢能源汽车945辆（含397辆公交车、472辆物流车、8辆渣土车、57辆市政环卫车、8辆中巴车、3辆乘用车），投运燃料电池汽车公交线路32条，在建氢能有轨交通线路1条，成为国内氢燃料电池汽车运行规模最大的地区之一，推动了氢能源在其他领域的推广应用。

6．搭建国际性重大活动交流平台

自2017年起举办全国首个"氢能周"开始，南海通过举办一系列重大活动，搭建起国内最具影响力的高端氢能产业交流与展示平台，树立氢能品牌和影响力。

2017年，南海率先启动科技部／联合国开发计划署"促进中国燃料电池汽车商业化发展项目"，2017年和2018年连续举办"氢能周"活动，同期还分别举办第一届和第二届中国（佛山）国际氢能与燃料电池技术及产品展览会。2019—2021年，南海区与联合国开发计划署连续3年合作举办氢能产业大会，分享产业趋势报告、前沿技术成果和应用案例，展开国际合作，同期举办了第三届至第五届中国（佛山）国际氢能与燃料电池技术及产品展览会，国内外参展企业增长到近320家。

2022年起，中国氢能产业大会改由国家发展改革委、国家能源局指导，广东省政府和中国国际经济交流中心联合主办，层级更高、影响力更广、品牌效应更强，成为国内规模最大、参展人数最多、影响力最大的氢能盛会。11月，以"零碳中国氢能未来"为主题的2022年中国氢能产业大会在佛山市南海区樵山文化中心举行，围绕氢能助力实现碳达峰碳中和目标、贯彻落实《氢能产业发展中长期规划（2021—2035年）》、推动示范城市群协同发展、共建全球绿色氢能体系等议题展开研讨，同期举行了第六届中国（佛山）国际氢能与燃料电池技术及产品展览会、技术论坛、氢听剧场等系列活动。

2023年4月，南海区举办2023年氢能装备安全论坛。作为国内级别最高的氢能安全专业会议，论坛聚焦氢能"制—储—输—用"装备安全，共谋"碳达峰碳中和"目标下氢能装备安全技术的未来。5月，由中国科学技术协会、中国机械工业联合会、国际氢能协会联合主办的2023年世界氢能技术大会也落户南海，主题为"氢能与双碳战略——从现在到未来"。

（二）高明：以有轨电车开启氢时代

2014年，国企中车四方签约落户高明，建设氢燃料有轨电车制造基地。基地规划面积约263亩，依托中车四方现代有轨电车、泰极动力科技、国联氢能等涉氢项目，以氢燃料电池有轨电车制造和示范应用为重点，加快推进氢能源有轨电车产业化及规模化应用，是国内首个以氢能源为动力的有轨电车示范项目。基地涉及制氢、加氢等基础设施，膜电极、燃料电池核心部件及动力总成、有轨电车装备制造等环节，初步形成了以氢燃料电池有轨电车为核心的氢能源产业链。

2017年，高明与中车四方签订现代有轨电车示范线项目首期工程总包供货合同。这是当时中国首个落地的氢能源现代有轨电车订单，首期工程8列氢能源有轨电车均属自主研发。

在2019年11月举办的佛山氢能源产业交流峰会上，世界首条商业运营的氢能有轨电车在高明启动上线。现场还发布了《佛山市高明区氢能源产业发展规划》。12月30日，高明有轨电车示范线正式开通。2021年以来，高明抓住珠三角枢纽（广州新）机场、临空经济区等建设机遇，深化推动氢能商用开发。

（三）三水：作为佛山试点推广氢能公交车

2016年9月，全国第一条氢能源城市公交车示范线路在三水区开通试运营，首批投放11辆氢能源公交车。截至2022年9月，佛山全市地面公交已实现100%新能源化，其中氢能源公交车累计投入使用1000辆，占比15%。佛山也因此成为国内首个大规模使用氢能源公交车的城市。

（四）顺德：探索氢能冷链物流新模式

2017年，顺德企业隆深机器人进入氢燃料电池生产设备领域，定做氢燃料电池膜电极的生产线，在较高的起点上开启顺德氢能产业的追赶步伐。2020年2月，顺德区投放首批20台氢能源公交车上线试运营。2021年4月，全球首款搭载氢动力和5G应用技术的环卫作业机器人在盈峰环境顺德产业园下线。2022年10月，昇辉科技旗下氢能源运营平台公司获交付100台新能源物流车辆，探索氢能冷链物流的新模式。

（五）禅城："氢"车上阵助力传统产业升级

2022年4月，禅城区南庄镇与广东新氢动力科技有限公司签订合作协议，投资约10亿元打造氢燃料电池工业车辆发动机生产基地项目。这是禅城区引入的第一家氢能产业，全力应用与推广氢能叉车，着力构建"氢陶都——绿色搬运体系"，推动氢能产业与传统制造业有效结合，助力传统产业升级。2022年12月，粤港澳大湾区首条（套）专属氢能工业车辆制造生产线在南庄镇贺丰园正式投产，推动禅城陶瓷行业"氢"车上阵，加快产业升级。

四、佛山氢能产业发展的成效

佛山氢能产业经过10多年的发展，在氢能技术标准、产业链和示范区等方面形成了突出的优势。佛山也成为国内氢燃料电池汽车和加氢站规模最大的城市之一。

（一）形成了多项全国首创和示范性应用

佛山积极探索拓展氢能应用场景，在加氢站审批、标准创新、商业化运营等方面先行先试，让氢能走近大众、服务大众，先后建成世界首条商业运营的氢能有轨电车示范线、国内首座油氢合建站、国内首条中外合资的燃料电池电堆生产线，先后投入运营国内首款氢能共享单车、全国首个氢能进万家智慧能源示范社区项目，成功研发全球首款氢动力环卫作业机器人，等等。截至2023年6月，全市地面公交车辆6214辆，已实现100%新能源化，其中氢能公交车投放达1000辆。累计建成公交充电站135座、加氢站36座，为公交能源清洁化、多样化带来有力支撑。

（二）成为氢能技术标准的制定者和带头人

通过大力引进、培育等系列措施，佛山氢燃料电池汽车、氢燃料电池电堆等产品技术创新能力得到提升。通过与青岛四方机车车辆有限公司合作，佛山与青岛四方共同掌握了氢燃料电池现代有轨电车技术；佛山飞驰客车联合上海重塑、北京亿华通、广东国鸿氢能等企业共同研制的氢燃料电池公交车达到世界先进水平；佛山（云浮）产业转移工业园引进的加拿大巴拉德动力系统公司的氢燃料电池电堆已经下线，并达到国际先进技术水平；由佛山科学技术学院牵头，联合云浮（佛山）氢能标准化创新研发中心等单位共同申请创建的国家技术标准创新基地（氢能）得到了省政府、市政府的高度重视，带动氢能与燃料电池技术创新标准化，以标准促进技术转化，提升了佛山氢能产业的核心竞争力。2018年，经国家市场监管总局技术标准委员会批准，佛山成为唯一的中国氢能产业创新标准基地。

（三）形成了完备的氢能产业链

经过10多年发展，佛山氢能产业涵盖制氢、加氢设备、加氢站设计和建设、氢燃料电池及核心部件、汽车整车生产运营等环节，在核心技术、产业政策、创新标准、配套设施和示范商用车数量等方面均属全国一流水平。随着上游氢能基础设施、中游氢燃料电池核心部件和动力总成、下游氢能源汽车制造等环节的集聚和构建，佛山初步形成了完备的氢能产业链。

（四）推动形成一批强有力的新能源科创平台

10多年来，佛山十分重视包括氢能源在内的新能源技术研发和攻关，组建佛山中科产业技术研究院、佛山绿色发展创新研究院、云浮（佛山）氢能标准化创新研发中心、燃料电池及氢源技术国家工程研究中心华南中心、清洁能源价格成本研究（佛山）基地，分别与多所高校成立了仙湖实验室（先进能源科学与技术广东省实验室佛山分中心）、广东省武理工氢能产业技术研究院、华南氢安全中心、联合国开发计划署氢能经济职业学院、鑫锦伟华洁净能源研究院、新能源汽车大数据中心等等，不断夯实新能源科创平台阵地，共同开展氢燃料电池汽车领域核心关键零部件重大技术攻关及产业化项目。

（五）氢能产业的国内外影响力不断提升

2011年起，佛山先后举办燃料电池及氢能技术发展国际峰会、中国（佛山）国际氢能与燃料电池技术及产品推介会（氢能周）、国际氢能标准和安全（南海）高端论坛、UNDP氢能产业大会等多场规模较大的氢能产业盛会，在国际上和行业内产生了很大的影响，使佛山氢能产业在国内外的品牌形象和产业地位不断提升。在2023年世界氢能技术大会上，佛山南海还被中国机械工业联合会授予"中国氢能产业之都"称号。

五、佛山氢能产业发展的经验

经过10余年的创新实践，佛山氢能产业发展迅速走在全国前列，探索出不少宝贵经验。

（一）坚持规划引领，强化政策扶持

谋划氢能产业布局，政策和规划先行。从过去10多年佛山发展氢能产业历程来看，中央、省、市在产业规划、政策扶持等方面的重视和支持，对佛山氢能产业技术进步、推广应用等方面发挥了重要的决策作用。如2018年11月出台的《佛山市氢能源产业发展规划（2018—2030年）》成为编制氢能源领域相关专项规划的重要依据，也为国家《氢能产业发展中长期规划（2021—2035年）》积累了宝贵经验。在新能源汽车领域，佛山市委、市政府出台的《佛山市加快新能源汽车产业发展及推广应用若干政策措施》《佛山市新能源汽车产业发展规划（2019—2030年）》等重要文件及系列配套政策，在全国率先建立了完备政策体系，持续引导氢能产业合理布局和提速发展，推动了氢能资源和企业的集聚，激发了氢能科技创新的活力，不断拓展氢能场景应用。

（二）依托产业基地，推动产业集聚

氢能产业集聚发展，是打造完整产业链的前提。作为全国氢能产业的排头兵，佛山通过在氢能产业培育、技术标准制定、场景示范应用和发展环境优化等方面的技术优势，形成了南海仙湖"氢谷"、高明现代氢能有轨电车修造基地、佛山云浮两市共建氢能产业基地三大氢能产业基地，并依托基地形成从氢气制备、储运、氢燃料电池电堆到整车制造、商业化示范的完整产业链，极大推动了产业集聚发展。

（三）重视平台建设，提高科创水平

氢能产业持续健康发展的动力来源于创新和研发。佛山历来重视氢能技术研发和技术攻关，通过"走出去"和"请进来"，与中国科学院大连化学物理研究所、浙江大学、武汉理工大学、中国标准化研究院、联合国开发计划署、国际氢能协会等多所高校和机构深入合作建设了仙湖实验室、国家技术标准创新基地（氢能）等一系列国家、省、市级研发创新平台和基地。

（四）组建产业联盟，赋能产业服务

氢能产业长远发展，不可能依靠单打独斗，而是要谋求多方面的协同合作，抱团发展。为发动新能源汽车和氢能产业行业企业、社会组织等共同推动氢能产业发展，佛山分别于2018年、2019年、2020年成立了南海区新能源汽车产业技术创新战略联盟、佛山氢能产业标准联盟和中国城市燃气氢能发展创新联盟，全面及时掌握氢能产业发展方向、技术前沿、产业标准、创新应用、市场变化等信息，为下一步的发展决策提供参考。

佛山氢能产业虽然在全国氢能示范城市群商业化布局中走在前列，但一时领先并不代表步步领先，更不意味着永远领先。面对即将到来的氢能产业商业化爆发期，要保持强烈的忧患意识、竞争意识和服务意识，不断保持在产业链各环节技术上的竞争优势，才有可能不断涌现更多国家级制造业"单项冠军"企业、"小巨人"企业、"瞪羚"企业和"独角兽"企业。

附录 | Appendix
总目录

卷一

产业经济

佛山乡镇企业繁荣发展之路 / 002

"南海模式""顺德模式"的形成和发展 / 020

专业镇和专业市场的兴起和发展 / 036

传统产业的崛起及转型升级之路 / 055

佛山国有企业产权制度改革 / 072

佛山现代企业制度的建立与发展 / 088

信息化建设走在全国前列 / 104

金融、科技、产业融合创新探索 / 121

佛山打造"中国品牌之都"的实践探索 / 141

制造业转型升级综合改革的佛山示范 / 161

"佛山标准"打造中国制造品质标杆 / 180

走在前的佛山氢能产业发展 / 197

卷二

城乡融合

佛山行政区划和中心城区规划发展历程 / 002

以土地为中心的农村股份合作制改革 / 021

农村综合改革为全国探路 / 040

城市环境综合整治的佛山经验 / 059

"三旧"改造开创"佛山模式" / 077

广佛同城化发展历程、成果及启示 / 098

农村"三块地"改革激发土地新活力 / 117

广东城乡融合发展改革创新实验区的建设实践 / 132

商贸流通

"以桥养桥、以路养路"投融资模式创新 / 152

率先取消购物票证和首创开架式销售 / 167

对外开放

改革开放初期佛山引进外资的作用和影响 / 180

佛山外向型经济发展的历程与启示 / 197

佛山企业"走出去"的探索与经验 / 217

卷三

社会事业

全省农村精神文明建设学南海 / 002

率先探索社会保险一体化 / 018

改革大潮中的佛山文化建设 / 032

"科教兴市"战略的实践 / 053

持续擦亮卫生城市"国字号"招牌 / 073

创建全国文明城市的历程和经验 / 090

"智慧安全佛山" / 109

政务服务

佛山推进行政审批制度改革的创新实践 / 126

顺德综合改革试验为全省全国探路 / 141

大部制改革的顺德样本 / 159

"简政强镇"事权改革的探索与经验 / 174

"一门式一网式"改革成为全国示范 / 189

持续优化营商环境的改革之路 / 204

党的建设

构建大党建工作格局的佛山探索实践 / 222

率先探索驻点联系制度创新基层治理 / 239

后 记
Afterword

　　面朝大海，春暖花开。佛山是改革开放的前沿阵地，改革开放给佛山带来了天翻地覆的变化。改革开放40多年来，佛山人民在党的领导下勇于改革、大胆创新，形成了大量具有鲜明时代特色的改革样本和实践经验。

　　为记录这段光辉历史，总结提炼改革创新历史经验，进一步激励佛山人民坚定历史自信、增强历史主动，加快推动改革开放史研究事业繁荣发展，更好地服务佛山市委、市政府工作大局，中共佛山市委党史研究室联合佛山市档案馆、佛山市人民政府地方志办公室、佛山市新闻传媒中心开展佛山改革创新实践研究，并将研究成果编著成《敢为人先立潮头——佛山改革创新实践研究》，为探索新时代佛山改革开放的实践路径提供借鉴和启示。

　　本书成稿后，广泛征求意见，并组织召开专家评审会，根据各方反馈意见加以修改完善，数易其稿。在编写过程中，得到了广东省委党史研究室、广东省社会科学院、佛山市委组织部、佛山市委政策研究室、佛山市委党校、佛山市发展和改革局、佛山大学等单位和部门的大力支持，王莹、邢益海、蒙荫莉、戢斗勇、张帆、牛麒麟、张磊等专家开展了深入细致的评审，提出了客观具体的指导意见。同时，还参阅了其他一些单位和部门以及研究者的资料汇编或研究成果，也吸收了许多专家学者的真知灼见，在此一并表示感谢。

　　实践发展永无止境，改革创新永无止境，对改革创新经验的总结和提炼未有穷期。作为历史经验总结的一种创新实践，希望本书能够成为读者认识佛山、了解佛山，读懂中国改革开放基层实践的重要窗口和宝贵资料。未来，我们还将继续开展佛山改革创新实践的研究与整理工作，不断挖掘、总结、提炼改革创新的"佛山经验"。相信在共同努力下，佛山改革开放史一定能像改革开放一样，"没有完成时，只有进行时"，不断取得丰硕成果。

　　由于编者水平、经验、思考和研究有限，本书存在不少粗浅、疏漏和不当之处，敬请广大读者批评指正。

本书编委会

2024年12月

敢为人先立潮头
——佛山改革创新实践研究
卷二

中共佛山市委党史研究室
佛 山 市 档 案 馆 编著
佛山市人民政府地方志办公室

SPM 南方传媒 | 广东人民出版社

·广州·

图书在版编目（CIP）数据

敢为人先立潮头 ： 佛山改革创新实践研究 / 中共佛
山市委党史研究室，佛山市档案馆，佛山市人民政府地方
志办公室编著. -- 广州 ： 广东人民出版社，2025. 5.
ISBN 978-7-218-17510-2

Ⅰ. D619.653

中国国家版本馆 CIP 数据核字第 20245C94C5 号

GANWEIRENXIAN LI CHAOTOU—FOSHAN GAIGE CHUANGXIN SHIJIAN YANJIU

敢为人先立潮头——佛山改革创新实践研究

中共佛山市委党史研究室　佛山市档案馆　佛山市人民政府地方志办公室　编著

版权所有　翻印必究

出 版 人：肖风华

责任编辑：廖智聪
装帧设计：友间文化
责任技编：吴彦斌

出版发行：广东人民出版社
地　　址：广州市越秀区大沙头四马路10号（邮政编码：510199）
电　　话：（020）85716809（总编室）
传　　真：（020）83289585
网　　址：https://www.gdpph.com
印　　刷：广州市岭美文化科技有限公司
开　　本：787mm×1092mm　1/16
印　　张：47.25　字　　数：600千
版　　次：2025年5月第1版
印　　次：2025年5月第1次印刷
定　　价：158.00元（全三册）

如发现印装质量问题，影响阅读，请与出版社（020-85716849）联系调换。
售书热线：020-87716172

《敢为人先立潮头——佛山改革创新实践研究》编纂委员会

主　　　任	周紫霄			
副　主　任	文　曦			
执行副主任	朱月嫦	孙少娜		
编委会成员	陈建明	唐　卫	卢继纫	关珏华
	赵会端	郑海峰	彭　澎	

主　　　编	朱月嫦	孙少娜		
副　主　编	陈建明	卢继纲	郑海峰	
成　　　员	王晨力	王丽娃	姚开端	龚　瑜
	柳立子	郭贵民	姚松华	彭　燊
	张子龙	吴保生	田思谦	杨韵婷
	何燕玲	郑锐鑫		

前言
Preface

改革开放是决定当代中国命运的关键一招。从邓小平"不改革死路一条"的大声疾呼，到习近平总书记"将改革进行到底"的铮铮誓言，中国共产党带领全国人民接续奋斗，在中华民族伟大复兴的新征程上阔步向前。

党的二十大报告指出，"深入推进改革创新，坚定不移扩大开放，着力破解深层次体制机制障碍，不断彰显中国特色社会主义制度优势，不断增强社会主义现代化建设的动力和活力"。创新是引领发展的第一动力，是改革开放的生命。创新才能把握时代、引领时代。改革开放40多年来，中国人民弘扬改革创新精神，勇于开拓进取，坚决破除阻碍国家和社会发展的一切思想羁绊、体制障碍和利益藩篱，成功闯出了中国特色社会主义这条新路。

珠江三角洲地区是我国改革开放的先行地区，是我国重要的经济中心区域，在全国经济社会发展和改革开放大局中具有突出的带动作用和举足轻重的战略地位。佛山①位于广东珠三角腹地，自古以来就是工商业重镇，明清时期是"中国四大名镇"之一。改革开放后，佛山焕发出无穷的生机活力，实现了从岭南鱼米之乡向全国经济重镇的跃升，与广州共同构成粤港澳大湾区三大极点之一，是广东第三座地区生产总值超过万亿元的城市，也是全省第二个、全国第四个规模以上工业总产值突破 3 万亿元的城市。

佛山的改革创新实践、成就和经验，是中国改革开放事业不断取得进步的重要见证和历史缩影。40多年来，佛山人民在党的领导下紧紧抓住机遇，发扬敢闯敢试、

---

① 本书所称"佛山"，泛指改革开放之初的佛山地区和所辖的佛山市（县级），以及1983年行政区划调整后的佛山市（地级），主要涉及今佛山市五区范围。1983年6月，经国务院批准，撤销佛山地区，成立地级佛山市，下辖南海县、顺德县、三水县、高明县、中山县，以及原来的市区（祖庙、普君、升平、永安）、郊区（张槎、环市、澜石）和石湾镇。同年12月，中山撤县设市（县级），由佛山市代管。1984年6月，佛山市区、郊区和石湾镇分别设为汾江区（1987年改为城区）和石湾区两个市辖区。1988年1月，中山划出设地级市。自此形成今天的佛山市域范围。

敢为人先的精神，砥砺奋进，取得经济、社会全面发展，人民生活水平快速提升的显著成就，在各个领域的体制改革中承担着国家、省的试点任务，探索出许多走在全省乃至全国前列、具有佛山特色的改革创新范例。如在全国率先探索实施以土地为中心的农村股份合作制改革、信息化建设、"一门式一网式"政务服务改革；成为全国制造业转型升级综合改革试点城市，民营企业占全市经营主体的90%以上；推动民营企业"走出去"、打造面向全球的国家制造业创新中心，成为名副其实的"中国品牌之都""中国氢能产业之都"；在全省率先探索"三旧"改造、城乡融合发展改革创新实验、驻点联系制度……这些既是佛山改革创新探索前行的样本，也是波澜壮阔的佛山改革开放史上的华章，体现了佛山的改革创新勇气和时代担当，为新征程上推进高质量发展、实现中国式现代化提供有益的参考。

实践出真知，鉴史昭未来。为记录好、研究好、总结好佛山的改革创新案例，为各级党委和政府提供资政参考，为后来者留存历史经验，中共佛山市委党史研究室联合佛山市档案馆、佛山市人民政府地方志办公室、佛山市新闻传媒中心编写了这套《敢为人先立潮头——佛山改革创新实践研究》，选取改革开放以来佛山在政治、经济、文化、社会、生态及党的建设领域中具有代表性的创新做法与实践探索，图文并茂展现佛山改革创新实践的历程、所取得的成就、得到的经验和启示。

本书编写重点把握好三个定位：一是立足佛山研究佛山，从佛山的实际出发，依托改革开放的历史背景，梳理好佛山改革创新探索过程。二是跳出佛山观察佛山，从更高的站位、更广的视角，客观总结佛山走在全省乃至全国前列的改革举措，印证佛山一系列改革创新"敢为人先""饮头啖汤"的历史意义。三是回顾佛山展望佛山，

以党委、政府为叙事主体，寻找党领导佛山人民大胆改革创新的规律和启示，为佛山高质量发展提供资政参考。

本书编写遵循"党史姓党"的原则，坚持唯物史观和正确党史观，坚持党对一切工作的领导；分为3卷，共设7个板块40个专题，各专题按照编年体与纪事本末体相结合的体例，所述改革历程无明确截止时间节点的，时间下限最迟记至2023年底。以市委、市政府及有关部门的文件等一手权威材料为主要来源依据，吸收市、区档案史志部门的最新专题研究成果，做到论从史出、客观评价；涉及经济发展数据的，主要以市委、市政府和相关主管部门当年公布或最新核定的数据为准；按照党史部门的语言规范，力求表述准确、言简意赅、通俗易懂，对专有名词以页下注或括号注的形式加以说明；为叙事方便和简洁，相关历史事件、活动主体为市、区有关部门的，一般以"佛山"笼统指称。

改革再出发，千秋伟业风华正茂。让我们紧密团结在以习近平同志为核心的党中央周围，深入学习贯彻习近平新时代中国特色社会主义思想和习近平总书记视察广东重要讲话重要指示精神，高举中国特色社会主义伟大旗帜，弘扬改革创新精神，贯彻新发展理念，全面落实省委"1310"具体部署，进一步全面深化改革，加快发展新质生产力，助力中国式现代化建设，在新征程上书写高质量发展的新篇章！

本书编委会

目录 | Contents

城乡融合

佛山行政区划和中心城区规划发展历程 / 002

以土地为中心的农村股份合作制改革 / 021

农村综合改革为全国探路 / 040

城市环境综合整治的佛山经验 / 059

"三旧"改造开创"佛山模式" / 077

广佛同城化发展历程、成果及启示 / 098

农村"三块地"改革激发土地新活力 / 117

广东城乡融合发展改革创新实验区的建设实践 / 132

商贸流通

"以桥养桥、以路养路"投融资模式创新 / 152

率先取消购物票证和首创开架式销售 / 167

对外开放

改革开放初期佛山引进外资的作用和影响 / 180

佛山外向型经济发展的历程与启示 / 197

佛山企业"走出去"的探索与经验 / 217

附录

总目录 / 235

后记 / 238

城乡融合

佛 山

佛山行政区划和中心城区规划发展历程

以土地为中心的农村股份合作制改革

农村综合改革为全国探路

城市环境综合整治的佛山经验

"三旧"改造开创"佛山模式"

广佛同城化发展历程、成果及启示

农村"三块地"改革激发土地新活力

广东城乡融合发展改革创新实验区的建设实践

佛山行政区划和中心城区规划发展历程

从20世纪70年代横跨珠江三角洲10多个县市的佛山地区，到1983年"市领导县"的地级佛山市，再到20世纪90年代撤县设市、2002年底各县级市撤市设区，佛山行政区划经历多次调整变化，城市规划特别是中心城区不断进行适应和调整，促进了佛山城市综合实力的整体提升。"大佛山"城市空间格局的变迁和发展，为佛山制造业的持续发展壮大提供了重要的体制机制保障和发展空间，也为今天佛山推进广佛全域同城化，打造粤港澳大湾区极点城市、全省地级市高质量发展领头羊、面向全球的国家制造业创新中心打下了坚实基础。

一、改革开放以来佛山行政区划调整变化

改革开放以来，佛山主要经历过三次重大的行政区划调整。在1983年的第一次区划调整中，佛山地区撤销，一分为二组建了地级佛山市、江门市，并由此形成"市辖县"管理体制。1992年至1994年，为适应市场经济和城市化快速发展的需要，经国务院批准，顺德、南海、三水、高明先后撤县设市（县级市），由佛山代管。经过又一个10年周期的发展，南海、顺德等县级市经济实力不断增强，佛山区域经济发展不平衡不充分的矛盾凸显，更由此产生了低效用地、产业同质化竞争、重复建设、生态污染治理各自为政等一系列问题。至2002年，党的十六大提出全面建设小康社会，把促进区域协调发展作为重

大战略来推进。在佛山，迫切需要突破原有的行政壁垒，实现全市一盘棋，促进整体可持续发展。为此，佛山通过"撤市设区"调整，开创了佛山"一市辖五区"的城市发展格局。截至2023年底，佛山市行政区划面积3797.72平方千米。年末户籍人口509.07万人；常住人口961.54万人。

（一）佛山市建置和各县（市、区）行政区划调整

1. 成立地级佛山市，实行"市领导县"（1983—1992年）

20世纪70年代起，南海、顺德等县一直由省直管、佛山地区分管。改革开放后，各县充分发挥自身的条件和优势，工业化快速起步，经济发展水平走在全省的前列。1980年1月，佛山地区革委会撤销，改设佛山地区行政公署，辖中山、斗门、顺德、南

○ 1983年6月1日，佛山地区和佛山市合并，成立地级佛山市，实行市领导县体制。图为挂牌后的佛山市委、市政府驻地。（大福路14号，现岭南大道北12号）

海、三水、高鹤①、新会、台山、开平、恩平10个县②和佛山、江门2个县级市。

1983年6月，经国务院批准，撤销佛山地区，原属佛山地区的南海县、顺德县、三水县、高明县、中山县③和佛山市（含祖庙街道、普君街道、升平街道、永安街道、郊区和石湾镇）合并成立地级佛山市（建置延续至今），实行"市领导县"体制④。全市行政区域面积5496.44平方公里，人口约313.42万人。7月，佛山市委发出《关于改革政社合一体制，建立区乡政权的意见》，根据宪法规定，撤销人民公社政社合一体制，建立区、乡、村政权，实行党、政、企分设：将公社党委改为区委，公社管理委员会改为区公所，作为县的派出机构，不属一级政权；将大队党总支（支部）改为乡党总支（支部），大队管委会改为乡政府，是基层一级政权单位；以生产队为基础成立村民委员会，生产队与村民委员会实行一套班子、两个牌子，同时具有行政职能与经济职能；原有企业坚持谁办归谁所有，不打乱原来的基础。

1984年6月，佛山成立汾江、石湾两个市辖区（县级），其中汾江区辖祖庙、普君、升平、永安4个街道，石湾区辖石湾镇及原佛山郊区的张槎、环市、澜石3个区公所。1986年底至1987年，佛山撤销各区公所改建镇（辖原来的乡村和城镇⑤），同时撤乡改行政村（不属一级政权）⑥。全市共有77个镇和12个街道。1987年，汾江区更名为城区。1988年1月，经国务院批准，中山划出升格为地级市。至此，佛山辖城区、石湾区两个区和南海、顺德、高明、三水4个县，基本形成现今的行政区域。

2．撤县设市，城市化进程提速（1992—2002年）

随着工业化和市场经济的快速发展，为更好统筹县域城乡一体化的发展，1992年4月至1994年4月，顺德、南海、三水、高明先后撤县设市，由佛山代管。

撤县设市后，佛山4个县级市在行政管理、产业谋划和城市建设等方面获得了更多发展空间，推动佛山城市化进程整体提速。同时，佛山两区四市⑦城市建设步伐加快，呈现各具特色的发展格局。市区高新技术开发区、城西工业开发区及城南商住区完成

---

① 1981年12月，经国务院批准，撤销高鹤县，复设高明、鹤山两县（1982年3月挂牌）。
② 1970年佛山专区改称佛山地区时，辖12个县，其中还包括番禺、珠海两县（1956年起属佛山专区）。1975年，番禺县划归广州市。1979年，珠海县划出设市。
③ 同年12月，中山撤县设市（县级），由佛山市代管。
④ 同时，原佛山地区的开平县、恩平县、台山县、新会县、鹤山县和江门市合并成立地级江门市。
⑤ 原区公所之下还在各城镇（圩镇）设镇政府，与乡政府同级。
⑥ 1989年，行政村改为镇的管理区。1999年，管理区又改为行政村。
⑦ 两区四市：城区、石湾区、南海市、顺德市、高明市、三水市。

控制性规划；顺德市撤销大良等4个镇建置，将市区面积扩大到310平方公里，制定了建设现代化花园式河港城市规划；南海市先后撤销了大沥、盐步等5个镇（设街道），并加快了桂城、三山、狮山和西樵山国家旅游度假区等四大经济区的建设；三水撤县设市，扩大了城区面积，确立了现代化河港城市的建设目标；高明县也扩大了城区范围，建设了直通香港的客运港，并着手规划建设现代化的江滨城市。

3．撤市设区，融入大佛山（2003年至今）

2002年，广东省委作出把佛山建设成为广东省第三大城市的重要战略决策。同年12月，国务院批复同意佛山行政区划调整，撤销原作为佛山市辖区的城区、石湾区以及佛山代管的县级南海市、顺德市、三水市和高明市，设立佛山市禅城区（辖原佛山市城区、石湾区及原南海市南庄镇）、南海区（南庄镇划出）、顺德区、三水区和高明区。五区下辖24个街道、35个镇。2003年1月8日，佛山市禅城区、南海区、顺德区、三水区、高明区正式挂牌，并分别举行成立大会。佛山"一市辖五区"的行政管理体制正式开始运作。各区属下各镇、街道办事处领导机构也相继挂牌运作。

撤市设区调整后，"大佛山"的城市功能与空间重组获得了历史性机遇。同时，佛山市委清醒地认识到，完成行政区划调整后，新型工业化和城市化建设的任务仍很艰巨，虽然通过调整行政区划，达到了大城市所必须具备的行政管理体制、区域面积、人口规模、经济总量等方面的基本条件，但在城市建设的规模和水平、工业化的规模和水平、教育科技文化卫生发展的规模和水平等方面，都离大城市的标准要求还有很大差距，政府各部门的管理职能、管理方式、管理理念和管理行为有待进一步提高。

为此，佛山提出要紧紧抓住区划调整带来的良好机遇和创造的优越条件，实现经济建设、城市建设和文化建设的更快发展，在加快建设广东省第三大城市进程中，努力完成三大任务，一是新型工业化要取得突破性进展，形成人口、资源、环境协调发展的新格局；二是积极探索创新城市化建设路子，推动城市化进程在现有城镇分布基础上实现历史性新跨越；三是以教育、文化、科技、卫生、体育等事业为载体的现代城市文明建设呈现生机勃勃的新态势，形成全省城市文明建设新亮点。

自2002年底各县级市撤市设区后，佛山的市级统筹力大大增强，推动制造业整体迸发出新的活力，区域协调发展格局更加稳健。经过20年的发展，至2022年，佛山实现地区生产总值12698.4亿元，成为全国第17个、广东省第3个经济总量超万亿元的城市。佛山顺德、南海两个制造业强区更连年位居全国综合实力百强区前两名。

↪ 2003年1月8日，高明区举行挂牌仪式，佛山正式建立"一市辖五区"行政管理体制。

（二）撤镇设街道和镇（街道）撤并的开展

佛山行政区划调整的另一条主线，是适应城市化（城镇化）和管理层级扁平化，先后推进撤镇设街道和镇（街道）撤并工作。1992年起，随着佛山各县相继撤县设市，城市空间格局不断拓展，镇域层面行政区划和建置调整加快，一批镇改为街道，范围不断扩大。2001年起，根据中央、省的决策部署，佛山扎实推进乡镇撤并工作，从60多个镇（街道）调整为30多个，撤并比例近50%，大大提高了行政效率，降低了管理成本。

1．撤镇设街道（1992年起）

随着顺德、南海、三水、高明相继撤县设市，将部分中心镇改设为街道，成为各县级市推进城市化建设的一个重要环节。如南海，1992年9月23日撤县设市时，桂城、平洲、凤鸣3个镇改为街道，设街道办事处；次年9月，又把大沥、盐步、黄岐3个镇改为街道。截至2002年底，佛山全市共有35个镇、24个街道（其中禅城区8个，南海区6个，顺德区4个，高明、三水各3个）。2003年9月，为进一步优化资源配置，适应建设广东第三大城市中心组团的要求，禅城区进行行政区划调整，撤销张槎、澜石、环市3

个镇，改设为街道。至此，禅城区从原来的5个镇、8个街道调整为1个镇（南庄）、8个街道。

2．撤并小镇（2000年起）

2001年，为贯彻落实中共中央、国务院关于地方政府机构改革精神，加快城乡一体化进程，推动农村经济社会跨越式发展，广东省委、省政府作出了在全省范围内开展乡镇撤并的重大决策，对规模偏小、不适应市场经济发展和城市化进程的"麻雀乡镇"进行了优化调整。在此之前，顺德先行先试，于2000年撤销容奇镇、桂洲镇，成立容桂镇，造就了后来全国首个千亿工业大镇[①]。

2001年8月，省委下发《关于调整我省乡镇行政区划的通知》，推进乡镇撤并工作，计划撤并目标是15%。目的一方面是精简机构，减少乡镇行政人员和开支，为农民减负；另一方面是推进农村城市化、产业化，加快城市化进程。佛山贯彻落实省的部署，从2001年下半年起，陆续将南海的西岸镇、三山港街道（原凤鸣街道），三水的青岐镇、范湖镇进行了撤并。佛山此次调整镇（街道）行政区划，严格按照省里的统一标准进行，即面积45平方公里以下、人口4万以下的乡镇，都划入撤并的行列。

---

① 2009年，容桂规模以上工业总产值突破千亿，达1126亿元。

◔ 1994年9月，高明撤县设市。

根据这一标准，佛山当时符合撤并条件的镇（街道办）约有11个，这些"麻雀镇（街道）"大多分布在禅城区、南海区、高明区，其中有的镇（街道）人口仅1到2万人，人口最少的才1300人；有的镇（街道）面积很小，在20平方公里以下。

然而，截至2003年6月25日，全省撤并比例只有11.7%。省随即下发《关于加大乡镇撤并工作力度的通知》，要求各地坚决完成任务。按照省的部署，佛山开展了新一轮镇（街道）撤并工作。

三水区经过2001年和2003年两次调整，按照"撤小并大，撤弱并强，以中心镇带一般镇"原则，调整为4个镇、1个街道及2个经济区。其中，2003年将六和镇并入大塘镇、南边街道并入乐平镇，使邻近发达地区的大塘、乐平和白坭3个镇有足够的工业用地，主动接受工业梯度转移，加速发展成为三水的三大工业重镇；保留历史文化名镇芦苞镇，将其发展为旅游强镇；将河口、金本、西南3个镇（街道）合并为200多平方公里的三水中心城区，将其发展成为物流、商住中心。2008年，经省政府同意，在原迳口华侨经济区和云东海旅游经济区的基础上分别设立迳和镇（2009年更名为南山镇）和云东海街道。至此，三水区形成2个街道（西南、云东海）、5个镇（大塘、乐平、白坭、芦苞、南山）的格局。

2003年9月，禅城区撤销城门头街道，并入祖庙街道；撤销永安街道，并入升平街道；撤销同济街道，并入普君街道；撤销石湾镇、江湾街道，合并设立石湾街道（2005年更名为石湾镇街道）。2006年6月，禅城区进一步将升平、普君和环市街道并入祖庙街道；将澜石、城南街道并入石湾镇街道。至此，禅城区形成1个镇（南庄）、3个街道（祖庙、石湾、张槎）的格局。

高明区首先在2003年9月将新圩镇并入更楼镇，2005年5月加大撤并力度，将富湾镇、三洲街道、西安街道并入荷城街道；撤销杨梅镇、人和镇，合并设立杨和镇；撤销合水镇、更楼镇，合并设立更合镇；将原属更楼镇、西安街道的部分行政村并入明城镇。至此，高明区形成1个街道（荷城）、3个镇（杨和、更合、明城）的格局。

南海区于2004年底将17个镇（街道）撤并为8个镇（街道），调整后辖桂城、罗村2个街道①和九江、西樵、丹灶、狮山、大沥、里水6个镇。2010年，南海区根据发展态势和形势，把全区细分为东、中、西三大片区，实施"中枢两翼、核心带动"差异化发展战略，进一步优化区域空间布局，推动同城异质、错位发展。

---

① 2013年，南海区撤销罗村街道，将其区域与原属大沥镇的5个社区并入狮山镇（辖官窑、小塘罗村、大圃4个社会管理处），形成佛山又一个千亿大镇。

至2010年，佛山五区共有21个镇、12个街道，数量比2001年减少近50%，撤并比例远超省下达的15%的目标。至2022年，佛山共32个镇（街道），其中，全国4个千亿大镇，佛山占了2个（南海狮山、顺德北滘）；9个镇进入全国综合实力千强镇前100强；15个镇进入全国高质量发展500强镇。

二、改革开放以来佛山中心城区规划发展

随着行政区划几次调整变化，佛山的城市规划和空间形态也在不断调整和演变，城市中心区域不断扩大和延伸。

（一）以改造为主，适当扩展新区（1980—1992年）

改革开放之初，佛山城市空间的发展主要集中在汾江河两岸，并有南拓趋势。1981年2月，经省政府批准，《佛山市1980—1990年城市总体规划》（以下简称《规划》）实施。《规划》提出，旧市区以改造为主，适当扩展新区，调整完善陶瓷工业区，重点开发澜石工业新区。城市性质定为轻纺工业发达、科学文化繁荣、内外经济活跃、整洁文明的社会主义现代化城市。目标是到1985年，城市建成区为16.89平方公里；全市总人口29.2万人，其中市区21万人、郊区8.2万人。

1983年地级佛山市成立后，原佛山市区（祖庙街道、普君街道、升平街道、永安街道一带）成为佛山四县一市的中心城区。城市建设用地主要集中在祖庙—东华里地区（汾江河以南、季华路以北、佛山大道以东和文华北路以西），是佛山城市发展的核心区。

1984年，佛山设立了汾江区和石湾区，并相应出台《佛山市1984—2000年城市总体规划》（1986年3月起实施），对城市道路与交通、城市公共建筑、市政设施、环境保护、城市防洪、人民防空工程、古建筑保护、郊区

⊃ 1988年，佛山城区俯瞰图。（《佛山日报》记者甘建华 摄）

发展等都作了总体规划。石湾区设立后，逐步发展起以制陶业为主的石湾中心区。汾江区（城区）和石湾中心区之间零星散布着建设用地板块，并有逐渐接合趋势。

同年，南海县委、县政府确定建设新县城的意向[1]。6月，由县政府、县人大常委会组成县城建设考察小组赴深圳宝安、高明等地调研考察，回来后拟出《南海县县城建设方案》。7月22日，县几套班子召开了县城建设专题会议，确定了县城建设的指导思想、建设规模、建设标准、城市风格与县城选址等问题，并决定就县城选址问题上报佛山市政府。鉴于南海县城是一个新建城区，原来没有基础，而且原县属机关就在佛山市区东郊，因此，经过反复考虑，决定县城定位于佛山市区东郊，在桂园之东、蟠岗山之西、平洲水道之北、佛山水道之南。这样的好处是：在经济发展上可以依托佛山市区，在初期建设上，又可利用县原有机关做基础，积极创造条件，逐步形成一个独立的、自成一体的南海县城。1984年8月14日，佛山市政府、市人大常委会及有关部门的负责人亲临南海县城新址实地勘察。9月1日，佛山市政府批复：同意南海新县城的选址报告，并提出两点意见：一、新县城的规划是佛山市总体规划的一部分，规划要体现新县城既独立又与佛山市相联系的总体布局；二、新县城规划范围控制在4至5.7平方公里，人口规模为3万至5万人，发展方向是：从佛山市市东下路起，向平洲区的蟠岗方向推进。后因桂江公路建成通车，情况发生了变化，南海县政府提出总体规划调整意见：即从市东下路向东发展至东二南兴村边止，顺桂江公路走向，向北面的佛山水道推进。这一调整意见得到上级的认可，并将南海新县城正式定名为"桂城"。

按照1985年7月佛山市政府批准同意实施的《南海县城区总体规划（1985—2000年）》，南海新县城应建成一个具有南方特色、南海风貌、高标准的现代化新城区。新县城的建设使南海具备了各项城市功能，确定了南海的发展中心，奠定了南海城市化的基石，也为今天佛山禅桂一体化的中心城区发展格局奠定了重要的基础。

（二）城市轴线导向，开放式发展（1993—2002年）

1992年4月至1994年10月，佛山各县相继撤县设市，形成由市中心城区、南海桂城、顺德大良和容桂、三水西南、高明荷城等组成的多中心发展格局，原来实施的《佛山市1984—2000年城市总体规划》已不适应新的发展需要。为此，佛山着手组织编制《佛山市1994—2010年城市总体规划》，于1996年4月起实施。

---

[1] 自1951年南海与佛山分治后至改革开放初期，南海县没有自己的县城，县治仍设在佛山市城区。

○ 1984年9月25日，高明新县城开城庆典在荷城奠基石广场举行。（旅港乡亲　摄）

　　按照新的规划，佛山的城市定位为珠江三角洲西翼经贸中心城市，以高新技术产业为主导的现代化、开放型城市，国家级历史文化名城。城市人口规模近期（2000年）为55万人，远期（2010年）为70万人；用地规模则相应设定为45平方公里、65平方公里。城市结构发展模式由组团式转变为团状、沿轴分片、多中心开放式发展模式。城市空间结构由原来的城区、石湾、澜石的组团式结构演变成为由城市轴线导向而形成的城南区、旧城区、石湾区、城西区四个综合区。交通形成两轴、三环、混合式道路网结构。园林绿地与历史文化名城保护方面，构建一环（环绕佛山的古水道）、一网（古镇道路网）、五片（祖庙博物区及古商业街片、南风古灶片、古民居东华里片、广东四大名园之梁园片、莲花路片）的保护格局。

（三）组团式发展，强中心格局（2003年至今）

　　2002年，就在佛山完成新一轮行政区划调整之际，市委、市政府确定了以"组团"方式来建设"大佛山"的发展思路。2003年，佛山市委八届七次全会提出：佛山将走组团发展的大城市道路，把佛山建设成为一个组团式的大城市。"佛山市是多个组团构成的大城市，五个行政区就是五个经济发展组团，也是五个城市发展组团，只有让五个城市组团获得更充分、更快速、更全面的发展，才能使城市化整体水平得到快速提高，并最终完成大城市建设的历史使命。"

2003年6月，市委、市政府作出重要战略部署，提出加快建设现代化大城市的奋斗目标，明确以"2＋5"组团[①]式城市发展模式，将位于中心组团南部的新城区定位为佛山建设现代化大城市的重要组成部分，并开始了第一轮的基础设施建设热潮。2004年2月底，佛山公布《佛山市城市发展概念规划》，按照"制造业高度发达、岭南文化特色鲜明"的城市定位和"2＋5"组团城市模式，突出经济、文化特色，助力建设产业强市、文化名城、现代化大城市的发展目标。2005年7月，《佛山市城市总体规划（2005—2020）》向社会公布，"2＋5"组团从战略细化到战术层面，标志着佛山全面进入"城市运营"阶段。

《佛山市城市总体规划2005—2020》是"撤市设区"后关于佛山五区的第一个城市总体规划，提出了佛山城市发展的总体构想，目标是到2010年，全面协同地推进佛山经济、社会、文化等各项工作，在保持发展活力的前提下调整体制结构，努力在全国率先基本实现现代化，加强区域协作，构建广佛都市区的基本构架；到2020年左右，力争全面实现现代化，建设经济繁荣、生活富裕、环境优美、城乡协调、体制完善、社会文明的小康社会；与珠江三角洲其他城市一起，确立具有鲜明特色的国际大都市区的地位。

实施组团式城市发展模式后，经过整合发展，佛山中心城区区域迅速拓展，禅城和南海桂城连片发展，逐渐形成了高度集中的禅桂一体核心区域，并不断向南拓展，加强了中心城区和顺德城区的联系。2007年，佛山市中心组

---

① "2＋5"组团："2"是指中心组团和大良容桂组团，"5"是指狮山组团、西南组团、西江组团、大沥组团和九江—龙江组团。

○ 2006年11月18日，佛山"一环"建成通车，全长99.2公里，为佛山经济和社会发展发挥了巨大作用。

团新城区更名为佛山市东平新城（2011年更名"佛山新城"），明确定位为"佛山市的中心城区、中央商务区、总部经济发展区、公共服务配套区，具有浓郁岭南风貌的绿色新城"，逐渐成为佛山"强中心"的重要组成部分。

同一时期，广东省制定的《珠江三角洲城镇群协调发展规划（2004—2020）》《珠江三角洲地区改革发展规划纲要（2008—2020年）》《广佛肇经济圈发展规划（2010—2020年）》和广州、佛山两地共同制定的《广佛同城化发展规划（2009—2020年）》等，对佛山城市规划产生了较大影响。

2008年12月31日，国务院批准实施《珠江三角洲地区改革发展规划纲要（2008—2020年）》（以下简称《纲要》）。为贯彻落实《纲要》，佛山制定工作方案，按照城乡规划一体化、产业布局一体化、基础设施建设一体化、公共服务一体化的总体要求，继续完善《佛山市城市总体规划》和各专项规划，以《纲要》为指导，继续大力推进"2+5"组团城市规划建设，增强组团城市对乡镇地区的经济、社会发展的辐射力和凝聚力，以实现城乡协调发展。

2016年12月，经国务院原则同意，《佛山市城市总体规划（2011—2020年）》（以下简称《总体规划》）正式公布，成为佛山城市规划发展史上最为重要的指引文件之一。文件确定了佛山市域形成"双环、四轴、三心、五组团、多个重点镇（街道）"的"1+2+5"的"强中心、多组团"网络型城镇空间结构。一是构建佛一环交通廊道和珠二环交通廊道两条发展环带，其中佛一环交通廊道整合中心城区与周边镇（街道）发展空间，形成佛山内环城市发展带。二是打造市域四条发展轴线，包括：依托贵广铁路，南广铁路，广佛肇城际轨道，城市轨道5号、8号和14号线，二广高速—324（321）国道的东西向发展轴线；依托城市轨道2号线、广佛环线城际轨道、广明高速—魁奇路的东西向发展轴线；依托广佛江珠城际轨道、广佛环线城际轨道、城市轨道1号和5号线、佛开高速、佛山一环高速公路西段—佛清从高速的南北向发展轴线；依托广珠城际轨道、城市轨道3号线、105国道—佛江高速北延线—广清高速的南北向发展轴线。三是形成1个市级主中心（中心城区）、2个市级副中心（大良—容桂、狮山）和5个区级中心（西南组团、高明组团、大沥组团、西樵组团和北滘—陈村组团）。四是规划里水镇、乐平镇、芦苞镇、大塘镇、南山镇、白坭镇、丹灶镇、杨和镇、明城镇、更合镇、九江镇、龙江镇、勒流街道、杏坛镇和均安镇15个重点镇（街道）。国务院批复文件强调，佛山是全国重要的制造业基地、国家历史文化名城、珠三角地区西翼经贸中心和综合交通枢纽，要严格实施《总体规划》，重视城乡区域统筹发展，合理控制城市规模，完善城市基础设施体系，建设资源节约型和环境友好型城市，创造优良的人居环境，重视历史文化和风貌特色保护。

佛山的空间形态演化趋势主要是轴向填充式的用地扩展，具有较强的轴线与多极发展趋势，蔓延和点轴扩散式的发展成为佛山空间拓展的主要特征，拓展方向主要向东、向南。广佛全域同城化的推进，使东南方向的拓展逐渐整合，广佛两地基本可实现"无缝对接"。2019年以来，佛山抢抓"双区"发展机遇，主动融入粤港澳大湾区建设，中心城区向东、向南发展的趋势日益突出。

2023年1月，市政府决定将佛山市城市规划委员会调整为佛山市国土空间规划委员会，主任委员由市长担任，常务副主任委员由负责自然资源工作的副市长担任。2月，第一届佛山市国土空间规划委员会第一次全体会议审议通过《佛山市国土空间规划委员会章程》和《佛山市国土空间总体规划（2021[①]—2035年）》。会议强调，国土空间规划是一项系统工程，涉及面广、工作量大、专业性强，关系到佛山未来发展空间，各区、各部门要强化政治意识，切实维护规划的严肃性和权威性，保障规划得到严格

---

① 文件草案公示时为《佛山市国土空间总体规划（2020—2035年）》，文件正式印发时改为《佛山市国土空间总体规划（2021—2035年）》。

执行和落实。4月，《佛山市国土空间总体规划（2020—2035年）》（以下简称《规划》）草案公布。

根据《规划》草案，佛山进一步升级为"一主两副七组团"的城镇网。"一主"为佛山市中心城区，包括禅城区，南海区桂城街道、大沥镇、狮山镇（原罗村区域），

● 2003年1月8日，佛山市南海区成立大会。

顺德区乐从镇、陈村镇、北滘镇。"两副"为大良—容桂、佛北两个城市副中心，"七组团"为高明组团、三水组团、西樵组团、里水组团、九江—龙江组团、空港组团、丹灶—白坭组团七个城市组团。南海区大沥镇、顺德区陈村镇和北滘镇是首次纳入中心城区规划范围。原狮山副中心也升级为佛北副中心。

《规划》草案针对加快推进广佛全域同城化建设，提出共建世界级城市群核心区，加快建设"1＋4"广佛高质量发展融合试验区等，同时推动佛山与大湾区其他城市协同发展，加强与珠江口东西两岸融合发展。佛山的城市性质，也从原来的"全国重要的制造业基地、国家历史文化名城、珠三角地区西翼经贸中心和综合交通枢纽"升级为"全球重要的智能制造中心、国家历史文化名城、粤港澳大湾区西部综合枢纽城市"。目标是到2025年，成为面向全球的国家制造业创新中心、粤港澳大湾区极点城市、全省地级市高质量发展领头羊；到2035年，成为全球重要的智能制造中心、特色鲜明的国家历史文化名城、粤港澳大湾区西部综合枢纽城市；到2050年，实现"全球智造中心，岭南魅力名城"的目标愿景，全面建成高品质现代化国际化城市。

三、佛山行政区划调整与中心城区规划发展的经验

自1983年地级佛山市建立以来，特别是2002年实施"撤市设区"调整、形成"一市辖五区"的格局后，佛山市委、市政府积极探索通过下放审批权，在市、区、镇（街道）三级政府中实现从传统的垂直管理到扁平化管理的转变。市政府从日常的审批管理中解放出来，主要精力集中在城市战略层面的决策和全市宏观协调管理上，先

◌ 2003年1月8日，佛山市五区同时举行挂牌仪式，实行"一市辖五区"的行政管理体制。图为禅城区举行挂牌仪式。

后分三批向区一级下放了近300项行政管理事项。各区在全市统一框架下履行区范围内的日常管理职责。佛山五区之间由过去的竞争合作关系逐步向协同发展关系转变。

（一）行政区划调整要适应经济发展的要求

行政区划调整不是简单的机构撤并，而是着眼于经济和社会发展，协调、优化经济和社会管理体制机制改革的一部分。县域完成工业化、经济发展起来之后，面临城市建设用地和配套资源不足等难题。撤县设市，激发了县域城市建设的活力，加快了佛山城市化的整体进程。各县级市城市化发展到一定程度，产业同质化竞争、环境保护和治理各自为政、区域发展不平衡等矛盾日益凸显，迫切需要"全市一盘棋"的思维，统筹协调发展。在"一市辖五区"的行政区划架构确立之初，佛山已经意识到，层级协调的困难是区划调整首先要解决的难题。在镇级层面，如果镇（街道）划分过多过细，不仅不利于生产力空间布局和产业结构的调整，还会带来重复建设、资源浪费、行政效率不高等问题。为此，2001年至2005年，按照上级的决策部署，佛山大力推进镇（街道）撤并工作，使镇域原有的活力和调整后赋予的合力得到充分发挥。

（二）城市规划要构建合理的管理体制

一是建立有佛山特色的"两级政府、三级管理"的城市规划管理行政架构。"两级政府"指由市政府和区政府领导，"三级管理"指由市自然资源局、区自然资源分局和镇自然资源管理所进行市域规划管理工作。区自然资源分局受区政府（行政）和市自然资源局（业务）双重领导。市自然资源局保留成立初期和一定时期的人员调配权，在统一规划审批、统一管理法规、统一业务领导的原则下，明确市、区两级城市规划的管理权限和责任。

二是成立推进"1＋2＋5"组团规划建设的领导协调机构。为了协调五区的发展要求，对应"1＋2＋5"组团的城市结构，佛山按照"分类指导，统筹兼顾"的原则，成立了全市统一的规划建设领导协调机构，由市领导牵头，市、区有关部门参加，统筹推进"1＋2＋5"组团城市建设。中心组团和跨行政区的组团城市建立相应的规划建设领导协调机构，由市分管领导和各相关区主要领导担任协调机构的负责人，共同协商解决基础设施建设、利益分配和城市规划等重大问题，推动跨区基础设施的共建共享，防止重复建设、资源浪费和环境污染。

⊃ 进入21世纪的佛山市禅城区掠影。

　　三是科学合理划分事权。在佛山，区一级经济发展较为活跃和强大，要实现以"1＋2＋5"组团为主体的现代化大城市的建设目标，就必须处理好城市建设的统一规划、管理与激励地方经济发展之间的关系，处理好行政管理上的"条条"和"块块"之间的关系，既要有有力的集权管理机制，又要有有效的分权激励机制，还要有统一和严格的区域管理措施。对此，佛山制定实施《佛山市城市规划管理暂行办法》（2004年），按市、区两级明确的事权划分，严格各项规划的编制、审批、修订程序和制度，增强其法定效力。同时，规划实施管理的重心下移。如将对分区规划、控制性规划的编制权放在区一级，充分尊重区一级政府对地区发展的思路。市自然资源局的主要职责是负责统一规划、决策咨询、评估监督、宏观协调，负责市域宏观层面的规划编制及控规以上层面的规划审批工作。区自然资源分局的主要职责是规划管理、实施执行、项目管理、行政服务，负责微观层面的规划组织编制，面向社会的"一书两证"的行政许可等，除市政府特别指明的项目或区域外，市自然资源局一般委托区分局执行。

（三）城市规划和空间布局要注重整体性

　　佛山每一轮行政区划的重大调整，都会带来城市空间形态演化方向的转变，因而需要在更大区域范围内考虑城市空间资源的整合问题。对此，市委、市政府及时调整

　　◯ 根据"2＋5"组团式城市发展规划，2006年，佛山中心组团新城区完成首期道路工程等基础建设项目，并建成东平大桥、世纪莲体育中心、新闻中心等重点项目，初步形成新城核心区的空间框架。

⊃ 高明支持荷城街道冲刺"千亿镇街"。（佛山市新闻传媒中心供图）

城市空间中长期总体规划。交通轴线是城市空间蔓延和拓展的重要载体，也是推动城市空间结构演变的最为重要的因素。因此，未来佛山城市空间建设（包括中心城区和城镇空间）要在依托交通网络体系的基础上，加强五区在产业、居住空间上的整合，特别要重视区域重大建设项目的空间布局；要重视市域交通体系建设，注重与区域交通网络的衔接与协调，合理引导人口与经济集聚的空间布局。此外，自然生态环境体系既是城市空间结构的基础，也是城市空间发展的载体。因此，佛山城市空间发展重视自然山水生态体系的保护，合理引导城市空间与生态格局的整合。

（四）城市规划和建设要与周边区域协调

原来的佛山市中心城区处于南海和顺德的包围之中。经过多年的发展，禅城区与南海桂城、大沥、狮山（罗村片区）、顺德陈村、北滘、乐从等建成区逐渐连成一片，使佛山中心城区不断外拓和延伸。佛山三龙湾就是这样的一个城市新区，已成为佛山中心城区提档升级的重要一极。

随着广佛全域同城化的推进，佛山的建成区与广州的建成区已形成无缝对接的态势，这为广佛城市规划和空间布局带来强大的牵引力。广佛新城的规划建设，推动了广佛大都市圈融合发展。2016年编制、2017年4月印发的《佛山2049远景发展战略规划》就提出了"超级城市"的概念，并得到广州的积极回应。

与此同时，在粤港澳大湾区的框架下，珠三角西岸城市群成为未来区域发展的新兴地带。佛山作为连接粤西和泛珠三角西部省区的重要节点，佛山中心城区的发展壮大，可以增强其对粤西和泛珠三角西部省区的辐射带动能力，努力成为西岸城市群的领头羊，促进珠三角的产业链向粤西乃至泛珠三角西部等腹地纵深推进。

（五）以新发展理念看待区划调整与城市规划的相互影响

自2002年底实施"一市五区"行政区划调整以来，从《佛山市城市总体规划2005—2020》到《佛山市城市总体规划（2011—2020年）》，再到《佛山市国土空间总体规划（2020—2035年）》，佛山经历了几轮城市总体规划。特别是2012年以来，为进一步提升佛山综合竞争力，市委、市政府坚持新发展理念，立足资源共享、经济共荣、风险共担，统筹城市规划建设新格局，确立市域发展新思维，持续推进各区之间实质性的合作与协调发展，使各区之间产业分工更科学、资源利用更充分、经济关联更密切；推动"强中心"和搞活"镇经济"双管齐下，深入推进组团式发展，带动和提升镇（街道）发展活力，努力打造一批全国镇域高质量发展排头兵。

组团化发展是推进区域高质量融合发展的有效方式。就中心城区而言，由禅城区与南海区桂城等组成的中心组团，适宜发展第三产业尤其是高端服务业，以增强对市域的辐射力和吸引力，提升佛山制造业整体形象，推动五区优势互补、整合发展。佛山以交通基础设施建设为抓手，强化禅城区与南海桂城等周边建成区的空间联系，纾解老城区发展压力；推进数字化智能化转型，以产业升级转型带动城市空间重构；完善提升中心城区行政、商业、文化服务功能，改善中心组团的居住和营商环境，为市域高质量发展探索了佛山模式和佛山经验。

以土地为中心的农村股份合作制改革

1992年下半年起，为了推动工业化与城镇化发展，同时解决农村土地产权结构、经营体制及收益分配的矛盾，南海在全国率先探索以土地为中心的农村股份合作制改革，核心是引入股份制这一市场运作机制，以此改造合作制、稳定和发展家庭联产承包责任制。南海推行的农村股份合作制，以原有经济合作组织为基础，将原属集体的土地等资产通过清产核资、评估作价，把实物形态变为价值形态，以股份的形式量化为各村（经济社）的社员共同占有，实现土地产权归属明晰、权责明确、保护严格、流转顺畅。农村股份合作制在南海的推行，不仅让"村民变股民"，还深刻影响了农村城镇化的进程，推动了基层治理方式的变革。

一、南海推行农村股份合作制改革的背景与动因

20世纪90年代初，农村土地股份合作制改革最早出现在南海，有其历史必然性，既得益于党的农村经济政策调整带来的机遇，也缘于南海农村经济和城镇化快速发展对土地非农化利用的巨大需求。在此之前，南海作为全国农村土地改革试验区，敢闯敢试，也为进一步探索农村集体土地经营管理体制改革积累了经验。

（一）推行农村股份合作制改革的历史背景

1984年底，南海已全面实行家庭联产承包责任制。1985年1月，中

共中央、国务院《关于进一步活跃农村经济的十项政策》提出，按照自愿互利原则和商品经济的要求，积极发展和完善农村合作制，提倡"股份式合作"。

1987年9月，南海县被确定为全国14个农村土地改革试验区之一，试验主题是"土地制度建设与土地适度规模经营"。试验初期，土地规模经营的效果不算很理想。1989年，南海结合自身实际，在取消塘鱼、甘蔗统派购任务地区转换土地承包机制，改"平均分塘"为"投标承包"；在开发丘陵种水果时提倡"土地入股，统一开发，专业承包"。此举打破了土地分包的固有格局，促进了土地流转，逐步把分散经营转变为适度规模经营，较好地解决了几个问题，一是在经济关系上明确和维护了土地的集体所有权，使耕地的真正价值逐步体现出来；二是在经济利益上调整了集体内部的分配关系，初步实现了土地支配权、土地使用权及土地收益权的分离[1]；三是促进了基塘的流转，解决了鱼塘承包的零碎分散问题，推进了水产养殖的规模经营和连片集中。

1990年起，南海在粮食统派购任务尚未放开的地区实施土地有偿、达标承包，建立土地积累机制。由于粮食统派购任务未放开，不能像基塘地区那样通过分包改投包来解决问题。同年底，南海县委批转《进一步完善基塘地区和禾田地区联产承包制的工作意见》，决定对除基塘之外的农地实行有偿承包。1991年，土地有偿承包工作全面铺开，取得了不错的效果。在落实了土地有偿、达标承包的地方，普遍实现了土地承包的"四个改"：一是改无偿承包为有偿承包；二是改方案式的承包为合同化的达标承包；三是改单向承包为双向承包；四是改"补农"为"奖农"。这些改革试验较好地解决了农村土地的利用、集中和保养等难题，促进了土地规模经营和农副产品出口商品基地建设，推动了农村土地管理实现制度化和规范化，也为进一步探索农村股份合作制打下了坚实基础。截至1992年底，南海1470个经济社中落实土地有偿承包的有1228个，占总社数的83.5%；落实有偿承包的土地53.22万亩，占耕地总面积的77.8%[2]。

1992年春，邓小平视察南方，发表了"三个有利于"[3]的重要谈话，并指出改革开放的胆子要大一些，看准了就要大胆地试，大胆地闯。在邓小平南方谈话的鼓舞和推动下，南海农村掀起发展第二、第三产业的新高潮。随着引发了对土地非农化利用的巨大需求，"向农村要土地"成为大势所趋[4]。

[1] 中共佛山市南海区委党史研究室编：《佛山市南海区改革开放实录》，中共党史出版社2018年版，第88页。
[2] 佛山市南海区农业局编：《南海市农业志》，2008年，第115页。
[3] "三个有利于"：是否有利于发展社会主义社会的生产力，是否有利于增强社会主义国家的综合国力，是否有利于提高人民的生活水平。
[4] 中共佛山市南海区委党史研究室编：《佛山市南海区改革开放实录》，中共党史出版社2018年版，第89页。

（二）推行农村股份合作制改革的动因

1992年4月，广东省率先取消粮食统派购、放开粮价、放开经营。这项改革使人多地少的南海摆脱了粮食统派购的束缚，同时打破了土地使用权的局限，拓宽了农民利用土地的空间，可根据市场需求发展非农产业和多种经营，为农村产业结构和经济结构的调整创造了条件，同时也为进一步推行农村土地制度改革提供了机遇。

1. 农村产业结构的调整变化激发了土地非农化利用的需求和活力

随着粮食统派购任务的取消，南海的农业用地结构发生转变，水稻种植面积减少，鱼塘开发和改种经济作物的土地增加；非农产业得到了快速发展，土地开发利用价值也得以提升。在农村城镇化和第二、第三产业快速发展的刺激带动下，土地随非农用途扩展，逐步转化为工业资本，房地产市场兴起，级差地租升级，农民务农的兴趣逐渐降低，提高了农民对地产收益的预期。然而，按照国家的建设用地政策，工业用地和城市建设用地需要首先将集体土地收为国有，高昂的税费在很大程度上提高了中小企业的用地门槛，同时也带走了集体土地非农利用的增值。因此，如何理顺土地的所有者、承包者和经营者三方的关系，统一规划和经营管理集体土地，调整土地开

○ 1992年，石湾区张槎镇探索利用农村集体土地建设农民公寓，由集体负责土地报建，统一规划设计，村民只需交建筑成本费即可入住。图为新建成的上朗农民公寓。

发利用结构，将农用地转为第二、第三产业用地过程中所产生的高额增值收益保留在农村集体，成为了南海迫切需要解决的问题。

2.大量农村劳动力涌向第二、第三产业激发了农村生产关系变革诉求

南海地处珠三角腹地，地少人多的矛盾长期存在。随着20世纪80年代乡镇企业的蓬勃发展，农民"洗脚上田"，涌入第二、第三产业。市场经济的迅猛发展，过去家庭联产承包责任制下的个体农业生产，已不适应南海工业化和市场经济的发展需要，亦无竞争优势。农村土地、劳动力、资金（如征地补偿款）等生产要素配置不合理的问题日益突出，甚至出现了"有人无田耕"和"有田无人耕"的现象。因此，推动以土地产权制度为核心的农村生产关系变革，按照市场经济和价值规律重新配置生产资源，促进生产要素的科学组合和资源合理配置，有利于解决土地"撂荒"问题，保障农民土地承包权益。

3.土地征收、流转与土地增值的矛盾激发了对农村土地经营管理体制的改革诉求

改革之前，南海农村经营管理体制存在不少矛盾和突出问题，一是平均分包土地的零散格局与社会化大生产大市场的矛盾；二是农村集体产权归属模糊不清与土地资产开发无序效益不高的矛盾；三是土地开发流转与经济利益分配不公的矛盾；四是实施城镇规划和统一布局与征地难的矛盾。1992年10月，党的十四大吹响了建立社会主义市场经济新体制的号角。原来的农村土地经营管理体制已不适应市场经济发展的需要，迫切需要进行改革，建立健全科学化、市场化、专业化的经营模式和管理体制。

二、南海探索推行农村股份合作制改革的进程

1992年下半年起，针对农村经济社会发展面临的现实困境和矛盾，南海从创新土地制度入手，把解决土地的所有权、承包权、使用权"三权分离"作为农村改革的突破口，在全国率先探索推行以土地为中心的农村股份合作制。

（一）改革的试点工作（1992—1993年）

在南海县（市）委[①]初探选点试验之前，南海的一些地方对土地管理制度已有一定的探索，为试点推行股份制打下了较好的基础。如下柏管理区作为南海农业机械化规模经营的试点，在1992年初已实行农村土地"三区"规划，即把集中起来的土地按发

---

① 1992年9月23日，南海撤县设市。

⊃ 1992年，南海在里水沙涌、罗村下柏、平洲洲表3个村开展农村土地股份制试点，把土地划分为农业保护区、工业开发区、群众商住区，统一规划经营，折股分红。1993年，佛山在全市范围推行以土地为中心的农村股份合作制改革。图为南海农业生产场景。

展的需要分为农业保护区、工业开发区和群众商住区，实行统一规划、统一管理、统一开发。其中农业保护区实行规模经营、机械化作业。

1992年下半年，经过调研，南海县（市）委选择了领导班子较强、群众基础较好、条件比较成熟的罗村镇下柏管理区、里水镇沙涌管理区和平洲镇夏北管理区的洲表经济社作为第一批试点，并于1993年初开始试验。

下柏管理区在原来的"三区"规划基础上，把农村股份合作制引入土地制度改革之中，完善实施"一制三区"。具体做法上，一是成立下柏股份集团公司，制定了股份制章程和管理制度，对入股的资产实行规划、管理、使用、开发"四个统一"；二是由经济社把全部资产通过清产核资，评估折价，向集团公司下辖的农业发展股份公司入股，然后向农民配股，按16岁以上配1股、16岁以下配0.5股发放股权证，按股分红。

沙涌管理区在一村多社内同时开展试点工作，重点解决以土地为主体的产权归属、将市场竞争机制引入土地承包和集体经济壮大后出现的再分配问题，创建农村股份合作制。先是广泛宣传，制定方案，订立并通过股份制章程和管理制度；接着将土地承包权变为股权，通过清产核资、评估将全部资产折价入股，股权由"三权十股制"①组成，按不同档次给社员配股，发放股权证并按股分红。

平洲镇夏北管理区洲表经济社围绕解决"一社多队"的问题，以经济社为单位创建股份经济合作社，具体做法上与沙涌相似，即通过广泛宣传，制定股份制章程、管理制度及实施方案；将土地承包权变为股权，通过清产核资、评估，将包括土地在内的全部资产折价入股，按不同档次给社员配股、发放股权证，实行按股分红。

在南海市委、市政府的推动下，试点工作顺利推进，3个试点均按股份制的要求成立了董事会、监事会和股东代表大会，把农民的土地承包权变为股权，从实物形态转变为价值形态，形成土地所有权、承包权、使用权"三权分离"，并实行民主选举、民主决策、民主管理、民主监督，以保障股份制的运营。

1993年上半年，南海又组织了12个不同类型的镇（区②）按照各自的实际情况办起14个试点，经过半年多的探索和实践，试点工作收到了良好的效果，达到了预期目标，为全面推行以土地为中心的农村股份合作制探索了路子，提供了经验③。

（二）改革的全面推进（1993—1995年）

在试点取得经验的基础上，1993年3月30日，南海市委在市第八次党代会上明确提出要推行以土地为中心的农村股份合作制。南海市委下定决心，计划用两年时间，在全市农村基本实现以土地为中心的股份合作制。8月，南海市委发出《关于推行农村股份合作制的意见》，提出力争用一两年时间，分期分批，在南海农村中全面建立起农村股份合作制。根据部署，各镇（区）组织了首批22个管理区、142个经济社铺开这项改革。为更好地领导和推动这项工作，市、镇、管理区三级均成立了领导小组，由党委书记或抓农村工作的副书记任组长，并组成了近1500人（含市直机关干部98人、镇干部380人、管理区干部近1000人）的工作队，分赴各试验点，帮助开展工作。9月和10月，南海市委先后召开推行农村股份合作制的动员会和举办农村股份合作制培训

---

① "三权十股制"：设置基本股（占30%）、承包权股（占30%）、劳动贡献股（即农龄股，占40%），每一种股分若干个档次，满股共10股。
② 南海撤县设市后，下辖各街道办事处对外又称区办事处。
③ 中共佛山市南海区委党史研究室编：《佛山市南海区改革开放实录》，中共党史出版社2018年版，第93页。

班。到1993年底，首批试验点基本结束阶段性工作，并达到预期的效果。

然而，在推行农村股份合作制过程中，一些干部、农民的切身利益受到触动，出现了一些质疑的声音。而这项改革在当时尚无先例，没有明确的政策支持。为此，1994年1月，南海市委和广东省农研中心联合召开"以土地为中心农村股份合作制"论证会。出席会议的有中央、广东省、佛山市的专家和领导。会上讨论十分激烈，有些观点也颇为尖锐，但多数与会人员对南海实行以土地为中心的股份合作制给予肯定，认为在改革方向上是正确的，符合社会主义市场经济的总目标，试验是成功的。专家们甚至把南海实行以土地为中心的股份合作制称为"南海模式"①。

➲ 《人民日报》对南海股份合作制改革进行专题报道。

农村股份合作制改革从南海起步后，在佛山顺德等地迅速启动和铺开，也引起了省委的关注和重视。1994年4月，省委在南海召开珠三角农村股份制改革座谈会。会上，省委主要领导肯定了南海的做法，并指出，这个工作在珠江三角洲可以推行，但要逐步推行，东西两翼有条件的，可以搞一些试点②。各级领导的重视和省委的支持，为南海放开手脚推行农村股份合作制改革给予极大的鼓励。

至1995年3月，南海在农村全面推行以土地为中心的股份合作制的工作基本完成。全市建立股份合作经济社1574个（含有限公司25个），占总数的96.8%；股份经济联合社177个（其中集团公司91个），占总数的73.4%；土地和财产折股112.3亿元，配置给76万农民；建立"三区"1287个，总面积56.3万亩；投包土地面积41.2万亩；投资新办

---

① 中共佛山市南海区委党史研究室编：《佛山市南海区改革开放实录》，中共党史出版社2018年版，第94页。

② 谢非：《珠三角农村股份制改革座谈会上的讲话》，载南海农村改革试验区办公室编：《南海市农村土地股份合作制论文集》（六），1995年，第9页。

企业、新建厂房店铺6.8亿元；投入村政建设1.7亿元①。

（三）改革的完善提升（1996—2004年）

南海率先推行的农村股份合作制经过几年实践后，仍然存在不少问题，如有些股份合作经济组织挂上新牌子，还走老路子；有些在经营管理上章程不规范，制度不完善；有些在股红分配上还是零分红；等等。这些都亟待深化改革，对农村股份合作制进行完善提升。

从1996年起，南海从股权配置、股权界定、股权流转入手，逐步推进以"固化股权，出资购股，合理流动"和"生不增，死不减；迁入不增，迁出不减"为主要内容的股权制度改革，完善"三会"（董事会、监理事会、股东代表大会）制度。

1997年9月，党的十五大报告提出，城乡大量出现的多种多样的股份合作制经济，是改革中的新事物，要支持和引导，不断总结经验，使之逐步完善。其后，南海市委贯彻党的十五大精神，决定进一步完善、巩固、提高农村股份合作制，重点从"五有""三要"②入手，推动股份合作经济组织管理信息化，创新发展模式，转变生产方式，积极探索试验"固化股权"等做法，进一步增强农村股份合作制的活力和凝聚力。

1998—1999年，南海在九江镇开展的农村财务管理电算化试验取得成功，并在南海250个行政村③中全面推广应用，成为了广东省农村财务管理电算化试点市。在此基础上，南海又将西樵旅游度假区研发的涵盖整个农村管理工作的农村管理信息系统在农村中推广应用。2000年，南海成为全国农村改革试验区、农村管理信息化试点市。2002年，南海又被评为广东省农村信息化示范单位。农村管理信息化的实现，进一步规范了股份合作经济组织的运作和管理。

同时，根据党的十四届五中全会提出的"两个转变"④的要求，南海在总结推行农村股份合作制经验的基础上，将股份合作经济组织从经营上分为城郊城区型、混合

---

① 《南海市农村股份合作制开展情况及基层建设统计表》，转引自中共佛山市南海区委党史研究室编：《佛山市南海区改革开放实录》，中共党史出版社2018年版，第97页。
② "五有""三要"："五有"指有章程、有组织机构、有管理制度、有发展规划、有开展经济活动。"三要"指要清产核资，并逐项登记入册，纳入账务管理；要给农民配股并发股权证书；要换领股份合作经济组织登记证。
③ 1999年3月，南海将各镇（区）的管理区改为行政村。
④ "两个转变"：经济体制从传统的计划经济体制向社会主义市场经济体制转变，经济增长方式从粗放型向集约型转变。

型、农业型3种类型，积极引导股份合作经济组织转变经济增长方式，改变高投入、高消耗、低效益的状况，促进土地资产重组优化配置集约经营。

2001年12月，国家农业部农村改革试验区办公室和广东省政府发展研究中心，在南海西樵召开发达地区农村土地股份合作制改革研讨会。与会领导和专家肯定了南海农村股份合作制改革的创新性经验，认为在全国同类地区具有重要的借鉴意义。随后，南海对研讨会提出的问题和建议进行研究，提出要深化农村股份合作制改革。

2003年6月，广东省政府下发《关于试行农村集体建设用地使用权流转的通知》，允许并逐步规范农村集体建设用地使用权的流转。2004年6月，佛山市政府出台《佛山市试行农村集体建设用地使用权流转实施办法》。按照省、市的指导，南海区[1]着力加强农村集体建设用地使用权流转管理，规范农村集体建设用地使用权市场秩序，保障农村集体建设用地所有权人和使用权人的合法权益，促进土地资源优化配置和高效集约利用。到2005年底，南海农村适应市场经济需要，形成了几种土地资产重组优化配置集约经营的模式，一是镇级构建利益共同体（镇、村、社）的发展模式；二是村委会一级构建利益共同体的发展模式；三是突破村域界限实行村村合作共同发展的模式；四是创建新型的农村股份合作经济组织。这些新型股份合作经济组织按照市场经济运行规则，实行"自我投资、自我经营、自我管理、自负盈亏"的机制，对股不对人，村民投资入股获得的股权不受行政管理的制约，股权打破村社的福利性、封闭性，可以自由转让、继承、赠与等，充分注重股权的资本权能，具有较高的市场化程度，成为引领南海农民共同富裕的新载体[2]。这几种发展模式，解决了南海在转变农村经济增长方式过程中土地资源资金短缺、征地难、集约经营难、效益低、污染大等问题，搞活了农村集体建设用地使用权，开创了集体建设用地上的工业化、城镇化模式，也为农民分享城镇化进程中的土地增值收益提供了机遇。

2003年10月，南海区委下发《南海区深化农村股份合作制改革工作指导意见》，在农村中掀起以市场经济为导向，以保护农民利益为核心，以农村产权制度改革为主线，以股权配置、股权界定、股权流动为突破口，对农村股份经济组织实行"固化股权、出资购股、合理流动"改革的热潮。2004年2月13日，《南方日报》以《手拿"土地股" 喜做城里人》为题，报道了南海区农村股份合作制股权改革的做法。

---

① 2002年12月8日，国务院批复同意南海撤市设区。

② 中共佛山市南海区委党史研究室编：《佛山市南海区改革开放实录》，中共党史出版社2018年版，第100页。

这次股权结构的调整完善，为南海进一步深化农村股份合作制改革向纵深推进打下了良好的基础。2004年，南海农村经济总收入1705亿元，比1998年的638.6亿元增加了1倍多；农民人均分配收入8326元，比1998年的6214元增长了33.99%[①]。农村股份合作经济组织的活力大大增强。

（四）改革的深化（2004—2018年）

随着城市化（城镇化）的发展，2004年7月，佛山实施户籍制度改革，取消农业户口与非农业户口的性质区分，统一登记为居民户口，在佛山五区内可自由迁移。与此同时，随着集体经济的规模越来越大，农村股权分红金额也越来越多，如何界定股东资格引发了包括"出嫁女"问题在内的诸多矛盾。此后，迁入迁出、"出嫁女"及其子女、"非转农"的利益诉求等问题接踵而来，农村股份合作制的改革深化势在必行。

⊃ 2008年11月28日，南海区丹灶西联村给"出嫁女"及其子女配发股权证。

2006年5月，南海区委在西樵、丹灶镇开始了农村集体资产产权确认、农村集体经济组织成员身份与股权确认（以下简称"两确权"）的试点工作。2007年3月又增加了10个村作为试点。同年底，试点工作完成。2008年7月，为解决"出嫁女"股权纠纷这一焦点问题，南海区出台《关于推进农村"两确权"，落实农村"出嫁女"及其子女合法权益的意见》，规定按照"同籍、同权、同龄、同股、同利"的原则进行股权配置。同年9月，区委召开全区动员大会，全面铺开"两确权"工作。

一是产权主体确认确权。2008年10月，南海按照《广东省农村集体资产管理条例》《南海区农村集体资产管理暂行规定》，重新开展清产核资，按照集体资产的权属依法登记确权，村级集体资产的主体登记确权为股份经济联合社（经济联合社）成员集体所有；村民小组级集体资产的主体登记确权为股份合作经济社成员集体所有。

二是成员确认确权。为保障佛山户籍制度改革后原属农业户口的南海农村居民

---

① 中共佛山市南海区委农村工作部：《南海农村经济统计（2004年）》，第1页。

合法权益，2008年10月，南海出台《南海区农村集体经济组织成员资格界定办法》和《南海区农村集体经济组织成员登记管理办法》。在成员资格界定上，（1）按原有的户口性质进行界定。（2）实施农村股份合作制时的持股股东。（3）符合南海区委下发的2008年11号文件（即《关于推进农村"两确权"，落实农村"出嫁女"及其子女合法权益的意见》）规定的"出嫁女"及其子女。（4）户口迁入、迁出集体经济组织所在地的农民，经集体经济组织管理机构审查批准确定其成员资格。

截至2010年12月3日，全区1766个经济社、19534名"出嫁女"及其子女中，有1756个经济社、19395名"出嫁女"及其子女的股权得到了落实，完成比例达99.3%；有1572个兑现了"出嫁女"及其子女分红，兑现比例达89.5%[1]。截至2013年9月，全区224个股份经济联合社（经济联合社）和2031个股份合作经济社的所有权界限已全部核定，核发集体土地所有权证16314个，发证覆盖率达97%。[2]

2011年1月，南海区委发出《关于深化农村体制综合改革的若干意见》，提出坚持农村"两确权"，着力探索农村股权从动态调整型向稳定规范型转变，逐步实行农村股权固化和市场化。在桂城街道平南村股份经济组织2010年率先实现股权确权"固化到户"的经验基础上，南海区委提出2011年试点先行、2012年起分期分批推进股权确权到户工作。

2013年，中共中央、国务院发布《关于加快发展现代农业　进一步增强农村发展活力的若干意见》，提出用5年时间基本完成农村土地承包经营权确权登记颁证工作。2015年3月，南海召开全区集体经济组织股权确权登记颁证工作会议，按照《佛山市南海区集体经济组织股权（农村土地承包经营权）确权登记颁证工作实施方案》，全面部署推进"确权到户、户内共享、社内流动、长久不变"的工作，倡导户内股权均等化，明确以户为单位进行股权登记和股份分红，进一步明晰了集体产权和股份分配关系，促使农村股权从动态调整型向稳定规范型转变。截至2018年1月，南海区有1823个集体经济组织完成股份制章程民主表决股权确权到户，完成率为91.24%[3]。

---

[1] 南海区解决农村出嫁女及其子女合法权益工作领导小组办公室：《南海区落实农村出嫁女及其子女合法权益工作总结》，2011年4月19日。
[2] 中共佛山市南海区委党史研究室编：《佛山市南海区改革开放实录》，中共党史出版社2018年版，第105页。
[3] 新华社：《广东佛山市南海区探索农村集体产权制度改革模式》，中国政府网，2018年1月22日。

三、南海农村股份合作制改革的主要做法和成效

南海在全国率先推行以土地为中心的农村股份合作制，做法上没有先例可循，只能结合本地农村实际情况，"摸着石头过河"，在一步步的探索中建立完善、取得成效。

（一）南海农村股份合作制改革的主要做法

南海推行的农村土地股份合作制，核心是引入市场运作机制，在不改变土地集体所有制的前提下，以股份制来改造合作制，以此来稳定和发展家庭联产承包责任制。各级按照南海市委《关于推行农村股份合作制的意见》，以原有社区经济合作组织为基础，将原属集体的土地等资产通过清产核资、评估作价，以股份的形式量化为社员共同占有，把原有的所有权、承包权"两权分离"上升为所有权、承包权、使用权"三权分离"，以明晰集体资产的所有权、完善农民的承包权、搞活使用权为主要内容，最终达到土地产权归属明晰、权责明确、保护严格、流转顺畅的目的，为土地使用权流转和生产要素优化、组合、重组、开发、利用奠定基础。

1. 建立组织

依照《广东省农村社区合作经济组织暂行规定》，在原有经济合作社、经济联合社的基础上，建立股份合作经济组织，明确农村股份合作制的主体和产权归属。组织类型有4种：股份集团公司、股份合作有限公司、股份经济联合社和股份合作经济社。股份形式有4种：合作组织股份制、土地股份制、企业股份制、联合股份制。经营、核算、分配方式有3种：一级经营、一级核算、一级分配，一级经营、二级核算、二级分配，二级经营、二级核算、二级分配。各股份组织根据自己的实际情况选择适合自己的形式。在实际操作中，各个村也有不同做法。如南庄堤田等村，将全村所有土地和资产入股，成立集团公司；有些村则在村小组或生产队分别成立股份公司；也有一些村根据自己的实际情况，略有调整。改革后，南海农村主要形成了两种类型、两个层级的集体经济组织，一种是村一级的股份经济联合社和经济联合社（统称"经联社"）；另一种是组（社）一级的股份合作经济社（统称"经济社"），其构成较为复杂多样，有一社一组、一社多队、一社多组以及一组多社等情形。为了规范集体资产经营管理和集体收益分配，无论"经联社"还是"经济社"都建立起完善的组织架构体系。

2．清产核资

就协调推进清产核资工作，南海市、镇两级分别成立指导小组和领导小组，按照"谁投资、谁拥有、谁受益"和"平等协商、有利发展"的原则，开展资源性资产、经营性资产、非经营性资产清查核定，经上墙公布确定后，实行评估作价。其中，对土地这一资源性资产的作价依据，一是参照政府规定的征用地价，二是参照土地市场价（一般是办了国有或集体建设土地证的），三是根据土地经营的效益等。在土地用途上，沿用"三区"规划，按照土地功能的不同，统一将农村土地划分为农田保护区、工业开发区和商业住宅区。

3．量化配股

在清产核资和评估作价的基础上，按照配股要求，主要设置集体股、个人股和募集股（现金股）。股份合作经济组织按共同占有的原则将资产净值量化配股到集体和个人（一般集体股占51%作公积公益金，个人股占49%，也有一些股份合作经济组织不设集体股，在利润中规定集体提留公积公益金比例的前提下，其余全部分配给农民）。个人配股的方法有3种，一是结合因素配股法（沙涌试点的做法）；二是两级配股法，合作经济社以部分土地或资金向村一级的集团公司入股形成一级法人股，再向社员配股；三是年龄配股法，在一些经济发展水平不高的村社，可以根据村民的年龄，拉开适当距离进行配股。

4．颁发两证

一是对已建立的股份合作组织，由南海市政府发放登记证，其中申领集团公司、有限公司的股份合作组织由市政府批准在工商行政管理局领取登记证。二是向农民颁发政府统一格式的股权证，同时规定"五不准"，即不准转让、不准抵押、不准赠送、不准继承、不准退股取值。各股份合作经济组织制作股东名册，列明每个股东

⊃ 20世纪80年代南海县信用合作社股金证。

成员持有股份的性质、股数、每股面值和股权总金额，并以个人或户为单位发放股权证。

5．按股分红

各股份合作经济组织针对集体资产管理和财务管理等建立一套民主管理、监督制度，以保障股份合作经济组织和股东权益。对于集体资产的运营，由股东大会公开投票决定。每年的集体收益实行按股分红，具体分红办法由各股份合作经济组织通过制定章程决定。

经过股份制改造，以村和村小组（经济社）为单位的农村集体土地经营权代替了过去主要以家庭为单位的个体经营权，农民的土地承包权转变为集体资产的股权，完成了村集体内部利益关系的调整，并使集体产权变得越来越明晰。

针对"出嫁女不走""迁入人口多""人口非转农"以及股权"五不准"缺乏流动性等关键问题，从1995年开始，部分村社按照"固化股权、出资购股、合理流动"或"生不增，死不减"的原则，允许股权在社区范围内流转、继承、赠送、抵押。1995年底，里水镇草场管理区突破股权不能转让、抵押、继承、买卖的限制，开展股权"生不增，死不减"的试验。把集体资产全部折股量化到个人，股权可以在一定范围内流动，允许转让、赠送、抵押、继承。1997年，桂城街道办事处南约管理区实行了"生不增、死不减，迁入不增、迁出不减"的改革。1998年4月，里水镇邓岗管理区实行了"生不增，死不减"的改革。

为调整完善股权结构，1999年10月，南海市农村改革试验区办公室和广东省农村改革试验区办公室召开深化农村土地股份合作制研讨会。到2000年底，南海农村股份合作经济组织实行"生不增、死不减，迁入不增、迁出不减"或"固化股权、出资购股、合理流动"改革的有114个，占全市股份经济合作组织的6.8%，初步形成了里水、桂城、平洲3种模式[①]。

至2004年8月，南海区共建立"固化股权、出资购股、合理流动"的股份组织1368个，其中村级建立的24个，股份合作经济社1344个；折价入股资产总值276.2亿元；按户发放股权证16582个，按个人发放股权证55.85万个；落实"出嫁女"及其子女权益19180人，按政策规定给大、中专生配股5702人[②]。

[①] 中共佛山市南海区委党史研究室编：《佛山市南海区改革开放实录》，中共党史出版社2018年版，第101页。

[②] 中共佛山市南海区委党史研究室编：《佛山市南海区改革开放实录》，中共党史出版社2018年版，第102页。

（二）南海农村股份合作制改革的成效

农村股份合作制在南海的推行，初步实现了"四个突破"。一是突破了旧的产权制度，实现了生产要素组合方式的转变。二是突破了家庭联产承包制的土地单家独户零散经营的格局，实现了农村土地的适度规模经营和基地化生产方式的转变。三是突破了利益分配上的平均主义，实现了农村集体利益分配方式的转变。四是突破了人民公社时期遗留下来的农村集体组织管理制度，实现了农村集体组织体制的转变[①]。

1. 激发了农村发展的活力

南海推行以土地为中心的农村股份合作制，在农村基层干部看来是真正解决农村问题、促进农村两个文明建设的重要基础性工作。对广大农民来说，推行股份合作制，能真正解决好集体和农民之间的利益关系，使集体有发展、农民有出路。从农村长远发展的角度，这项改革使农村取得"一个实现"，推动"两个转化"，加速"三个过渡"，解决"四个难题"，激发了农村经济活力。其中，"一个实现"是促成农村土地实现所有权、承包权和使用权的"三权分离"；"两个转化"一是推动了传统农业向规模化、商品化和现代农业的转化，二是推动土地征收的补偿资金向发展第二、第三产业资金转化；"三个过渡"一是加速了农村管理体制从行政领导制过渡到股东（代表）大会制，二是加速农村土地从按人均分包经营过渡到按能力投包经营使用，三是加速农民谋生手段逐步从土地过渡到第二、第三产业；解决"四个难题"，一是理顺了村和经济社的组织关系，二是调整优化了村集体的利益分配关系，三是解决了集体经济发展中的资金不足问题，四是促进了农村精神文明建设。

2. 优化了农村管理体制

南海的农村股份合作制改革突破了股权设置的单一性、股权配置的福利性和股权处置的封闭性。改革在党和政府的领导推进下，从个别地方的自发行为变成全面推行的体制机制创新，体现了在市场化的进程中广大农民的创造性，有效解决了农村社会经济发展过程中的一些矛盾和突出问题。一是以股权收益的形式延续和提升农村土地承包经营权的权益。农民手持股份享受集体收益分配，按股分红，不再与承包土地的直接收益挂钩，对土地从传统的实物形态占有转变成为价值形态的占有，促成农民"离土、离乡、离户"，促进了农村生产要素的合理流动和优化组合，推动了三大产业协调发展，增加了农村集体和农民的收入。二是使农村集体资产经营管理体制更趋

---

① 李允甜、余伟基：《农村经营管理者怎样当发展生产力的促进者》，载《南方农村》2001年第1期。

合理。实行农村股份合作制后，农民成为股份合作经济组织的股东，对村、社的经营活动更加关注，监督更加到位，改变了过去农民形式上参与管理、实际上由干部说了算的状况，使农村集体经济的民主管理水平有了较大提升，特别是在农村股份合作经济组织中建立健全股东会、董事会、监事会的"三会"制度，形成了目标一致、权责清晰、相互制衡、相互促进的运行机制，提高了民主管理、民主决策、民主监督的水平。

3. 加快了土地市场化和农村城镇化进程

一是推动了土地向市场化过渡。过去土地承包制度不允许农村集体土地进入一级市场。当土地转为非农用地，采用股份制的形式，可将土地作为资本，农民不直接参与开发土地的经济活动，而是以股权的形式获得土地增值带来的收益，有利于农村集体土地向市场化过渡。二是加快了农村的城镇化进程。在实行股份制的村庄，多数按照规划对集体土地进行了"三区"——农田保护区、工业开发区和商业住宅区的功能划分，改变了农村工业布局零碎分散的状况，可有计划、有条件地进行交通、能源、通信等基础设施建设，同时促进农村剩余劳动力向第二、第三产业转移，推动农村工业化和城镇化的进程。

4. 提升了农村基层治理水平

一是加强了政府对土地使用的宏观调控。以南海为代表的珠三角发达地区农村，土地非农化利用程度较深，农田保护成为十分尖锐的问题。实行股份制后，土地能在更大范围内进行规划和功能分区，有利于加强政府对土地的宏观调控，规范农村对土地的保护、开发和利用。二是农村社会事务的管理水平得到提升。经股东大会或股东代表大会表决通过的农村股份合作组织章程，普遍把缴交承包款、计生、征兵、殡葬改革、治安等管理工作与股权、分红相挂钩，对一些违反法律、法规和村规民约的行为，减少分红甚至在一定期限内不予分红，用倒逼的方式增强了农民的法治意识和文明素质，较好地解决了基层征兵难、计划生育工作难、收承包款难等问题。发生在农村的刑事案件明显减少，文明村、户不断增

◯ 1995年10月，国家统计局、中国农村评价中心授予南海市第三届中国综合实力百强县（市）连续三年进入百强前10名锦旗。

加，促进了农村基层治理工作的顺利开展，促进了农村社会稳定。

四、南海农村股份合作制改革的经验启示

南海推行以土地为中心的农村股份合作制改革，用股份制改造合作制，能够运用市场经济规律，抓住农村实际问题改革旧的农村经济和管理体制，推动农村生产关系变革，并着力解决农村在新旧体制转换中出现的"出嫁女"权益纠纷等各种新矛盾、新问题，为南海深化推进农村"三块地"改革开辟了路径，对全省乃至全国农村土地制度改革进程影响深远。

（一）解决农村实际问题是改革的出发点和落脚点

南海农村股份合作制是在农村合作经济组织基础上建立起来的，通过将原属村集体所有的土地等有形资产以股份的形式量化为农民（社员）共同占有，或在合作经济组织内部集中各种闲散资金形成股份，以股份制方式运行的一种农村新体制。在改革的推进过程中，无论是在试验阶段还是在推广阶段，南海县（市、区）委、县（市、区）政府始终围绕四大方面实际问题开展工作。一是坚持以解决土地问题为中心，下决心将土地折股量化，进而为流动、转让、出让、组合开发利用等创造条件，将土地这一农村各种矛盾的聚焦点分解开来。二是坚持以原有的合作经济组织为基础。农村合作经济组织是农村一级法人，是农村土地集体所有制的代表，推行农村股份合作制不是要拆散这个集体另起炉灶，而是要巩固这个集体，更好地维护这个集体的法律地位。三是要真正体现农民对集体资产的共同占有关系。通过集体资产量化配股，明确集体资产的总体价值由每个农民（社员）的股值所组成，一方面明确农民在集体经济中的主体地位，激发农民关心集体、支持集体发展的积极性；另一方面明确农民所持的股权属于集体配置，并不等同于农民的私有财产，让农民自觉执行股权不能随意转让、买卖、继承和向集体退股取值的股份制管理规定。四是坚持从实际出发，不搞"一刀切"。由于南海农村各地的经济发展水平不同，村民的思想观念、认识水平的层次也有差异，因而在推行农村股份合作制时，南海强调要因地制宜，在与国家政策、法律不相抵触的前提下，可选择合作经济股份制、土地股份制、联合股份制和合作组织企业股份制等不同的股份制形式，并在经营、核算、分配方式上允许多样化。

（二）农村土地制度改革创新要遵循党的基本政策

党的十九大报告提出，保持土地承包关系稳定并长久不变。南海推行农村股份合作制，将土地承包经营权入股，以价值形态承认和延续农民的土地承包关系，从现在来看，也符合党关于深化农村改革的一贯政策。1993年10月，中央农村工作会议提出"对各种类型的股份合作制，要积极引导，使其不断完善，促进农村经济发展"。同年11月党的十四届三中全会通过了《中共中央关于建立社会主义市场经济体制若干问题的决定》，明确"少数经济比较发达的地方，本着群众自愿原则，可以采取转包、入股等多种形式发展适度规模经营，提高农业劳动生产率和土地生产率"。南海作为改革开放的前沿阵地，较早实现生产商品化、经营效益化、企业集团化和乡村城镇化，对非农用地的需求迫切，在农村推行股份合作制，既遵循了党的方针政策，也为适应农村经济发展的新要求作出了探索性的尝试。

（三）农村土地制度改革的目的是解放和发展生产力

农村改革的目的在于通过调整生产关系，以适应农村生产力进一步发展的需要。南海推行股份合作制的目的很明确，就是要按市场经济的要求，对农村的产权制度、经营制度、组织制度、管理制度和分配制度进行全面的调整优化，以达到明晰产权、稳定承包、调整关系、改善管理、解决矛盾、合理分配、促进农村全面发展的目的。这实际上是对农村生产关系的一次大调整，使农村集体土地、集体经济的优势在市场经济条件下得到更充分的发挥。

（四）农村股份合作制是市场经济发展的需要

改革开放初期，包括南海在内的广大农村逐步建立起统分结合、双层经营的合作经济体制，然而农村的集体经济在经营和管理上仍在较大程度上受到计划经济体制的影响。南海率先在农村推行股份合作制，就是引入市场机制，用股份制改造合作制，使农村经济尽早从组织形式、经营管理体制上与市场经济接轨。在产权制度上，用明确的农民共同占有制代替原来模糊的集体所有制；在组织形式上，以股东（代表）大会及董事会管理制代替原来的领导干部"家长式"管理制；在经营运作上，用市场调节生产代替原来的以计划指令生产；在组织管理上，以章程、合同、群众监督等制度规范"股民"行为代替原来以指令、权力约束农民的行为；在利益分配上，用按股分红代替原来的平均分配，从而达到明晰产权、稳定承包、调整关系、改善管理、解决矛盾、合理分配、促进发展的目的，与发展市场经济的要求相衔接。

南海在全国率先探索和推行以土地为中心的农村股份合作制，是围绕建立社会主义市场经济体制目标的一个大胆改革和创新之举，在改革开放史上具有里程碑意义。

农村综合改革为全国探路

——以南海、顺德为例

2008年以来，佛山市委、市政府贯彻《中共中央关于推进农村改革发展若干重大问题的决定》和省委部署，在改革开放30年探索农村土地股份合作制等改革的经验和基础上，以南海、顺德为试验田，进一步解放思想，全面深入推进农村综合改革，在农村股权固化、"村改居"、集体经济组织管理体制、基层社会治理体系等农村体制改革关键环节上不断取得新突破，有效激发了农村发展的内生动力和活力，形成了一批可复制、可推广的经验做法，为全国探索基层社会治理现代化探路。

一、南海、顺德推进农村综合改革的背景

2006年之后，我国农村税费改革转入以乡镇机构改革、农村义务教育改革、县乡财政管理体制改革为重点的农村综合改革阶段[①]。2008年10月，党的十七届三中全会提出要继续推进农村综合改革，到2012年基本完成乡镇机构改革任务，着力增强乡镇政府社会管理和公共服务职能。全会系统回顾总结我国农村改革发展的光辉历程和宝贵经验，研究了新形势下推进农村改革发展的若干重大问题，并通过《中共中

---

① 新华社：《农村综合改革迈出坚实一步——08年"三农"工作述评》，中国政府网，2008年12月27日。

○ 顺德区北滘镇黄龙村鲤鱼沙公园。（《佛山日报》供图）

央关于推进农村改革发展若干重大问题的决定》。《决定》强调，必须坚持党管农村工作，始终把加强和改善党对农村工作的领导作为推进农村改革发展的政治保证；坚持党在农村的基本政策，加强农村基层组织和基层政权建设，完善党管农村工作的体制机制和方式方法，保持党同农民群众的血肉联系，巩固党在农村的执政基础，形成推进农村改革发展强大合力。实现农村发展战略目标，推进中国特色农业现代化，必须按照统筹城乡发展要求，抓紧在农村体制改革关键环节上取得突破。

自20世纪90年代开始，南海率先探索以土地为中心的农村股份合作制改革，促进了农村经济发展，同时也形成了传统农村基层管理体制，党组织、自治组织、经济组织的负责人——书记、主任、董事长集于一身，权力高度集中，矛盾也高度集中。与此同时，顺德也较早探索农村综合配套改革，率先推行以产权制度改革为核心的综合改革，并在农村全面推行股份合作制，推动农村的区域设置、经营机制与市场经济接轨。随着经济的发展和城镇化的加速，进入21世纪之后，过去形成的农村管理体制逐渐显现弊端，制约南海、顺德农村经济的进一步发展。农村基层社会矛盾和纠纷加剧，如不及时化解，矛盾越积越多，就会影响社会稳定，甚至演变成群体性事件。根据形势的变化，广东省委提出必须推进农村综合改革，从根本上解决农村问题。

二、南海农村综合改革的历程、做法和成效

2008年后，南海从农村集体经济管理体制改革入手，推进农村综合改革取得新突破。党的十八大之后，南海又以国务院农村综合改革示范试点、中央农办全国农村改革试验联系点、广东省统筹城乡综合改革试验区建设为契机，不断推进以"政经分离"为突破口的农村管理体制综合改革，逐步挺进农村综合改革深水区。

（一）南海农村综合改革的历程（2009—2022年）

2009年3月，为贯彻落实党的十七届三中全会精神，进一步深化农村集体经济管理体制改革，南海出台《南海区深化农村集体经济管理体制改革试点工作的实施方案》，提出积极推进农村"四改"，即改革农村基层组织管理体制，积极探索自治组织与经济组织分离，理顺"一社多队"的历史遗留问题；改造农村集体经济组织，积极培育农民新型合作组织，转变农村集体资产增长方式和实现形式；改革农村集体经济收益分配形式，适度调整分配结构，理顺农村收益分配关系；改革农村股权管理模式，将股权固化到家庭，实行以户为单位管理。南海计划用3年左右时间基本完成深化农村集体经济管理体制改革的试点工作任务，并在总结试点成效和经验的基础上，在全区逐步推开农村集体经济管理体制改革工作。

2009年至2010年间，南海在深入村（居）调研的基础上，提出农村"六个转变"[①]的设想，涵盖农村体制、社会管理、集体资产、村民服务、居民住宅、居民保障6个方面的改革。2010年11月，南海区委召集全区8个镇（街道）的书记，就《南海区深化农村管理体制改革若干意见》（讨论稿）和《南海区城市更新行动计划》作进一步研讨及征求意见。

2010年，南海在全省率先设立了集体资产管理交易平台、集体经济财务监管平台、集体经济组织成员股权（股份）管理交易平台三大平台，创新形成农村"三资"管理模式。

2011年1月，南海区委十一届九次全会提出，要继续深化农村体制综合改革，重点

---

① "六个转变"：农村体制从政经结合型向突出核心、政经分离型转变，社会管理从农村管理型向城市社区管理型转变，农村集体资产从集体分红型向自主经营、盈亏共担的风险经营型转变，社会服务从无偿福利型向有偿分担城市管理型转变，农村居民住宅从传统单家独户型向现代社区公寓型转变，农村居民保障从不稳定的分红式保障向稳定的城乡统筹式社会保障转变。

实施四大举措①。同月，南海区委、区政府发布《关于深化农村体制综合改革的若干意见》（以下简称《意见》），明确深化农村体制综合改革的主要方向及主要措施，计划按照"城乡统筹、突出核心、政经分离、强化服务"的总体思路②，用5~8年的时间完成改革目标，一是坚持农村党组织核心领导地位，着力探索农村体制从政经结合型向突出核心、政经分离型转变，逐步实现农村社区化管理；二是坚持农村"两确权"（农村集体资产产权确认和农村集体经济组织成员身份确认），着力探索农村股权从动态调整型向稳定规范型转变，逐步实现农村股权固化和市场化；三是坚持宜居城乡建设，着力探索农村居民从传统单家独户型向现代社区公寓型转变，逐步实现农村土地集约节约；四是坚持民生优先，着力探索农村居民保障从不稳定的分红式保障向稳定的城乡统筹式社会保障转变，逐步实现城乡一体的民生保障新体制。

南海启动农村综合改革，首先要解决权力高度集中、政经混合的农村管理体制问题。《意见》强调，要正确处理改革、发展、稳定三者之间的关系，以维护多数村民根本利益为基础，以深化农村体制综合改革为动力，以优化农村基层组织机构设置、深化农村集体资产产权制度改革、推进农村新社区建设、引导农村居民离土离股进城为突破点，先行先试，积极稳妥推进农村各项改革，逐步实现村务精细化、资产公开化、经济监督化、政务社会化。

为此，南海通过推进"村改居"（行政村改为社区，村民委员会改为社区居民委员会），理清基层政经组织体制，要求农村向社区转变，社区党组织书记、社区居委会班子成员不再兼任原村集体经济组织管理层成员；村委会过渡为社区居委会；经济组织负责村里的经济事务管理。根据南海区委统一部署，各村着手实施"政经分离"，首批119条村实行"村改居"，并在所有村（居）建立社区行政服务中心。村（居）"政经分离"后，重新梳理明晰基层三大组织职能，将村（居）的自治职能、社会管理职能与集体经济管理职能分开，转换村（居）干部角色，实行选民资格、组织职能、干部管理、账目资产、议事决策"五分离"。南海全面推进"政经分离"的改革经验，受到省委的批示和肯定，并在全省"村改居"社区中推广。

南海推进"政经分离"的改革，"三资"监管尤为重要。针对农村"三资"分

① 四大举措：实施"植产兴业"策略，加快构建现代产业体系；实施"城市更新"策略，加快推进城市化进程；实施"育才引智"策略，加快构筑人才集聚高地；实施"机制创新"策略，着力提高社会治理水平。
② 其后又表述为"城乡统筹、集约发展、政经分离、强化服务"的总体要求，见中共佛山市南海区委党史研究室编：《中国共产党南海历史大事记（1978—2011）》，中共党史出版社2014年版，第445、453页。

⊃ 南海农村集体资产网上交易系统。

布散、监管难，容易诱发腐败和利益纷争等问题，南海建立健全农村产权流转交易市场，先后建成集体资产管理交易平台（2010年）、集体经济财务监管平台（2011年）和集体经济组织成员股权（股份）管理交易平台（2013年）三大平台，实现村（居）资产管理交易的阳光化、财务管理的透明化、股权管理交易的规范化，促进了农村资源要素的优化配置和有序流转。

2013年2月19日，南海区委、区政府印发《关于推进全区集体经济组织转型改制的工作意见》，提出通过加快推进集体资产确权登记，积极推进经济社股权固化[①]、活化等六大措施，力争用2~3年的时间基本实现集体经济组织股权固化，经联社级集体经济逐步走向公益化或公司化，经济社级集体经济逐步走向市场化、规范化，初步构建具有南海特色的新型集体经济产权制度。6月，南海区集体经济组织成员股权（股份）管理交易平台开通运行暨集体经济成员股权（股份）管理交易中心揭牌。南海区集体经济组织成员股权（股份）管理交易平台设置成员管理、股权管理、分红管理、特殊群体管理四大功能模块，初步实现"六个统一"[②]。9月，省委农办组织佛山、东莞、南海、顺德等市、区有关单位在南海举行农村集体产权制度改革座谈会，就农村集体产权确权登记颁证、农村土地管理与流转、农村集体经济转型升级等问题展开研讨。南海区城乡统筹办作"深化集体经济转型改制建设高品质新型城市"主题发言，介绍南海区深化农村体制综合改革工作情况和经验。

南海在农村综合改革中推进集体经济信息化管理的做法，引起了中央的重视，被写入2014年11月《关于引导农村土地经营权有序流转发展农业适度规模经营的意见》等政策文件中。其后，南海相继成为国务院农村综合改革示范试点、中央农办全国农村改革试验联系点、国家积极发展农民股份合作赋予农民对集体资产股份权能改革试

[①] 南海区集体经济组织股权固化参考模式包括"股权固化到人、社内流动""股权固化到人、户内流动"和"股权固化到户、社内流动"等。

[②] "六个统一"：统一成员界定、统一管理制度、统一网络平台、统一信息发布、统一交易监管、统一发放成员股权证。

点，承担更多国家级农村改革试点任务。

2015年开始，针对股权频繁调整引发的农村股权争议矛盾等问题，南海全面推进股权改革。3月19日，南海召开股权确权到户改革工作大会，明确按照"确权到户、户内共享、社内流转、长久不变"的模式推进集体经济组织股权确权工作，提倡户内股权均等化，明确以户为单位进行股权登记和股份分红，以户代表作为股权登记主体，从而进一步明晰集体产权和股份分配关系，促使农村股权从动态调整型向稳定规范型转变[①]。

在完成了土地确权等基础性工作后，南海从2016年开始正式启动集体经济组织股权（农村土地承包经营权）确权登记颁证工作，建立更长期稳定的股权关系，从源头上减少新增的股权争议问题。

南海以中央农办全国农村改革试验联系点，中央农办和国家农业部、林业局集体资产股份权能改革试点单位为依托，进一步深化农村集体产权制度改革。2017年7月4日，南海区政府办公室印发《佛山市南海区股份合作经济组织户内股权及成员证管理办法》；11月7日，区政府印发《佛山市南海区村（居）集体经济组织成员股权（股份）管理流转交易办法》。南海的探索，形成了关于股份权能改革的典型示范样本，为党和国家下一步制定和修改相关法律、法规、政策提供了依据。截至2018年7月，全区完成股权确权章程表决的集体经济组织有1945个，完成率为97.35%。

2017年6月，财政部下发通知，确定由山东、安徽、湖南、广东、云南、陕西6个省份分别选择2个县（市、区），并由每个县（市、区）选择一定数量的乡村开展农村综合性改革试点试验。经过申报，南海区入选国家农村综合性改革试点，并选择西樵镇为试点开展试验工作。接着，区委、区政府将西樵镇国家农村综合性改革试点工作列入南海区2018年深化改革重点项目清单，并成立由区委主要领导担任组长的领导小组，领导推进国家农村综合性改革试点试验工作。试点范围核心区包括山根、显岗、大同、朝山、七星、儒溪6个村。试点目标是要逐步壮大村级集体经济实力、不断完善基层治理模式、实现农民持续增收和生态环境进一步改善。

2018年7月，南海区召开全面深化改革暨乡村振兴工作会议，发布乡村振兴"1+6

---

① 中共佛山市南海区委党史研究室编：《中国共产党佛山市南海区历史大事记（2012—2016）》，中共党史出版社2018年版，第184页。

➲ 2023年3月30日，南海区桂城街道全域土地综合整治"春雷"行动暨南海睿创中心动工签约仪式举行，平南"黄字号"工业园正式被拆除。拆除完成后，总投资额超过10亿元的南海睿创中心即刻动工建设。（佛山市新闻传媒中心供图）

+X"①系列政策文件，吹响新一轮深化改革的号角，致力于城乡社区形态的融合、城乡经济体制的融合、城乡社会治理的融合。2019年7月，南海区成为广东省唯一的省级城乡融合发展改革创新实验区（以下简称"省实验区"）。2020年，南海把省实验区建设作为改革发展的"一号工程"，全面深化改革进入新的阶段。

2021年，南海明确把"抓改革、促转型"作为建设现代化活力新南海的工作主线，推进重点领域和关键环节改革，农村改革步入深水区。2022年1月，南海出台《佛山市南海区关于实施"三农"改革转型推动南海乡村高质量振兴的实施意见》，进一步深化农村综合改革。该意见围绕"改革转型、城乡融合、乡村振兴"工作主线，提出用3年时间，通过"四聚焦、四打造"②等举措，加快"三农"改革转型，推动南海乡村高质量振兴，迈向共同富裕。6月，南海出台《关于深化农村体制机制改革推进

---

① "1+6+X"："1"为乡村振兴主文件，即南海区委、区政府《关于推进乡村振兴战略的实施意见》；"6"为推进乡村产业振兴、人才振兴、文化振兴、生态振兴、组织振兴、治理有效六大方面重点任务；X为系列配套文件（首批55份）。

② "四聚焦、四打造"：聚焦传统农业转型，打造现代都市农业新格局；聚焦家园建设转型，打造美丽乡村新空间；聚焦集体经济转型，打造资产管理新模式；聚焦农民素质转型，打造农民现代化新工程。

基层治理现代化的意见》，并召开推进基层治理现代化暨党建引领乡村治理试点动员部署大会，把农村综合改革推向深入，目标对准基层治理现代化的体制机制完善，进一步规范村社权责、深化党群联系服务机制、完善监督考核机制、健全资源整合共享机制、创新要素配置机制等，着力破解"政府干、群众看"等基层治理难题。同年，南海还出台《关于开展全域土地综合整治促进区域平衡协调发展的指导意见》《关于开展"三券"推动全域土地综合整治的指导意见》，以全域土地综合整治试点为战略支点，深化省实验区建设，系统集成推进10方面30项改革，推动村社"权责倒挂"和"政府干、群众看"、土地碎片化等长期想解决而没有解决的难题实现重要突破。南海区以"三券"制度推动全域土地综合整治，入选"中国改革2022年度地方全面深化改革典型案例"。

（二）南海农村综合改革的主要做法

2009年以来，南海农村综合改革从酝酿到实施，到不断深化，主要在"村改居""股权固化""政经分离"和"三资"管理等方面做文章。

1．"村改居"：农村综合改革的破题

2009年之前，南海农村在经济快速发展的同时，面临着经济发展方式粗放、集体利益纷争突出、城市化进程滞后等深层次矛盾和问题。为了进一步统筹城乡发展，南海实施"村改居"工程，加速推进"政经分离"，力求在基层管理体制、城乡公共服务均等化、城市化建设和基层维稳工作4个方面实现新突破。

2010年底至2011年初，南海就深化农村体制综合改革、创新社会管理出台的一系列政策和指导性文件中，"村改居"仍是一项首要的制度性变革，为其他各项改革提供体制机制保障，尤其为下一步的"政经分离"改革奠定基础。

2010年12月，南海"村改居"工程正式启动，丹灶镇南沙村在南海率先通过村民投票。2011年1月12日，南海召开村（居）委会换届选举暨"村改居"动员大会。全区76个村被纳入首批"村改居"范围，定于2011年4月底前完成。为顺利实施"村改居"工程，加快农村城镇化步伐，南海制定了"六个不变"①的原则。同时，进一步强化社会保障，南海明确，原来参加农村基本医疗保险的农村居民，参保方式保持不变；"村改居"后的农村社区居民享受与城市居民同等的就业与社会保障优惠政策。

---

① "六个不变"：管辖范围不变，"两委"班子职数不变，原农村集体经济组织资产产权权属不变、集体资产权益不变，村民福利不变、计划生育政策不变。

2.“股权固化”：完善集体利益分配制度的改革

在南海区，户籍制度与农村集体股份合作制是划分农村人口权益的两个“硬杠杠”。户籍制度的作用实现了“一级区分”，划清了“本地人”与“外来人”的区别，以及“本地乡下人”与“本地城里人”的界限。是否持有集体股份，则决定了一个“本地乡下人”是否享有股份分红的权利。这就在“本地乡下人”（特别是“出嫁女”及其子女）中埋下了利益纠葛的种子。

2008年，南海出台一系列政策，尝试解决这个“未能享受集体利益分配的群体”的问题。是年3月起，南海在全区组织开展“两确权”工作。按照区有关文件要求，凡是农村“出嫁女”及其子女股权权益纠纷激烈的镇（街道），必须按照本文件下决心彻底解决好其股权权益纠纷问题；凡是农村“出嫁女”及其子女股权权益矛盾纠纷尖锐的村、组（社），各镇（街道）必须首先重点解决好。9月，南海召开全面推进农村“两确权”、落实农村“出嫁女”及其子女合法权益工作会议，总结大沥镇、狮山镇试点工作经验，部署各镇（街道）全面铺开该项工作。至2009年1月4日，南海全区落实权益的“出嫁女”及其子女共17485人，约90%的“出嫁女”及其子女的权益问题得到了解决[①]。

在开展“两确权”工作过程中，南海积极探索“股权固化到户、股权与福利分离”的新模式，逐步建立“固化股权、出资购股、定期调整、合理流动”的股权制度，对于实行“生不增，死不减”股份制模式的村、组（社），若章程符合法律法规规定、未出现股权权益争议的，可以按照《中华人民共和国继承法》的规定，由合法继承人继承股权，一般地，自然人的民事权利自死亡时终止；若因股权固化时间过长、人口变动引发股权争议矛盾激烈的，可依照区有关文件精神修改股份章程，按照“生增死减，股权赎回”的模式进行调整；对死亡或自愿放弃股权退出集体经济组织成员的，则由集体经济组织赎回股权或进行内部流动处理，最终实现股权固化。股权固化到户的改革逐渐完善后，股权成为家庭财产，股份只能在户内流转，至于分给谁、由谁继承股份及成为股东，属于家庭内部的问题，村集体不再负责“嫁入的媳妇、嫁出的女儿是否有股权”之类的事宜。

3.“政经分离”：农村综合改革前期探索的重点

实施“村改居”“股权固化”之后，2011年7月，在佛山市委十届十一次全会上，

---

① 中共佛山市南海区委党史研究室编：《中国共产党佛山市南海区历史大事记（2012—2016）》，中共党史出版社2018年版，第394页。

南海区委表态，将重点从"政经分离"角度，理顺基层自治组织、社会组织、群团组织等关系，强化政府采购服务，实现城乡公共服务均等化。同年8月，南海贯彻《广东省农村集体经济组织管理规定》精神，出台集体经济组织选举办法等文件，结合南海农村实际，大胆创新实践，全面推进集体经济组织换届选举，积极推进"政经分离"，实现村级事务中"政"（自治与社会管理）与"经"（集体经济管理）的相对分离。

4. 创新"三资"管理：农村管理体制的重大变革

随着村级集体经济的进一步发展，南海农村集体股份分红总额快速增长。2011年，南海村社（组）两级经营资产达260亿元，每年可产生50多亿元的可支配收入；集体股份分红总额约50亿元，比2009年翻了一番多。农村集体资产总量大，监督管理缺乏规范和公开透明机制，管理和交易环节容易出现问题，成为容易诱发农村不稳定的因素。

为此，南海积极创新农村经济发展管理模式，在全省率先探索建立农村集体资产管理交易平台和农村财务监管平台。2010年起，南海区相继出台《关于全面推进农村集体资产管理交易平台建设工作的意见》《佛山市南海区农村集体资产管理交易办法（试行）》《关于深化农村体制综合改革的若干意见》等文件，并在丹灶镇、西樵镇、狮山镇的试点工作经验基础上，全面展开农村集体资产管理交易平台建设推广工作。2011年，南海各镇（街道）全面建立农村集体资产管理交易中心。这为实现农村集体资产的效益最大化、逐步构筑农村集体资产管理交易防腐防变屏障打下了坚实基础，实现了信息化管理和"阳光化"交易，为集体经济发展和村（居）民收入增加提供了保障。2014年1月，南海区集体土地交易中心、集体产权交易中心和集体经济股权管理交易中心挂牌成立。三大中心的建立，从源头上明晰社员、股东权益边界，推动农村集体资产经营管理效益最大化。

（三）南海农村综合改革的主要成效

一是基层党的建设取得新突破。全区224个村（居）党支部全部升格为党总支部（其中4个社区设立党委），并在集体经济组织、村民小组中建立了422个党支部，实现基层党组织的全覆盖。同时，提高了党组织、自治组织和社区服务中心的任职交叉率，建立了大学生村官"选、管、育、用"机制。2010年8月，时任中共中央政治局常委、国家副主席习近平在《南海区实施大学生村官战略的调研报告》上作出重要批示，认为"南海区在大学生村官工作方面做了有益的探索和尝试。要加强经验总结和交流，不断健全完善工作机制体制，把大学生村官工作抓实抓好"。2012年9月，在全

省推广顺德南海综合改革试点工作现场
会上，省委主要领导肯定了南海经验，
支持南海深化农村综合改革、统筹城乡
发展、加快城乡一体化。

⊃ 1991年，在首次"中国农村综合实力百强县
（市）"评比中，南海县位列第四。

二是基层社会治理模式取得新突
破。实施"政经分离"改革后，党组织
的领导核心地位得到进一步加强，农村
股权矛盾和邻里纠纷得到有效解决，村
民利益得到有效保障，社会更加和谐稳
定。2014年，南海区城乡统筹办公室做过一次民意调查，结果显示，村民对村干部的
满意度从2011年的70%提高到90%。

三是集体资产运营监管取得新突破。农村集体资产管理交易平台和农村财务监管
平台建立后，初步形成"三权分离（所有权、发包权与经营权分离）的现代集体资产
管理交易新机制，有效化解了农村不稳定因素。南海通过"政经分离"改革，将基层
农村负责经济建设的经联社从原来的村（居）委中剥离出来，构建以党组织为统领，
经济组织、自治组织各司其职的新架构，实现"经济组织交给市场去监管，自治组织
回归公共服务"。

四是城市化（城镇化）进程取得新突破。南海的"村改居"工程进一步理顺了
城乡基层管理体制，促进了城乡经济社会协调发展；同时，按照城市化建设和管理标
准，提高了区、镇（街道）的社会事务管理水平。

五是基本公共服务城乡一体化取得新突破。2009年后，南海制定了推进城乡一
体化建设的五大政策措施[①]。实施"村改居"后，农村社区设立了"三大中心"（政
务服务中心、文化活动中心和综治维稳中心）和"三站"（"一站式"便民办事服务
窗口、社区卫生服务站、社工工作站），在全国率先建成城乡一体化公交体系，促进
公共服务由户籍人口向常住人口覆盖，形成"15分钟便民服务圈"和"城乡10分钟文
化圈"，城乡一体化建设取得明显成效，走出了一条"城乡互动、融合并进、协调发
展"的路子。

---

① 一是推进新型工业化，提升农村发展；二是科学规划建设，统筹区域发展；三是建立三大保障制度，推
动社保覆盖城乡；四是发展社会事业，提高城乡"共享"水平；五是加大创新力度，增强农村发展后劲。

三、顺德农村综合改革的历程与成效

改革开放以来，顺德几乎是每10年推行一次重大的农村体制改革。在2011年启动新一轮农村综合改革之前，顺德已经历两轮农村综合改革。在1993年的首次改革中，顺德通过启动农村区域建制改革、推行农村股份合作制、完善土地承包制度，实现了从农民到股民的转变，促进了农村的区域建制、经营机制与市场经济接轨。2001年，顺德又率先开展以固化股份合作社股权、量化股份合作社资产为核心的第二轮农村体制改革，明确集体股与个人股的占比，鼓励村级集体资产交由村的资产公司来管理，从而加快了顺德城乡一体化步伐，基本建立起适应城市化进程的农村体制机制。

（一）顺德农村综合改革的历程（2009—2020年）

2009年，顺德获广东省委、省政府批复同意成为综合改革试验区，以社会体制综合改革统领三大改革（"大部制"改革、行政审批制度改革、法定机构改革）。自2009年起，顺德区按照"政社分离、管治与自治分途"的改革方针，积极探索构建以党组织为核心的协同共治农村治理格局。12月，在"简政强镇"事权改革试点背景下，顺德容桂在华口、马冈、海尾和红星4个村（居）建立行政服务中心，其目的是将基层公共事务分为行政事务和社区（村）事务，从而厘清政社关系。

2010年5月10日，佛山下发《政府服务延伸到村居工作指导意见》（以下简称《意见》），围绕落实国家、省关于做好农村社区建设的有关要求，深化佛山市"简政强镇"各项改革，加强政府在基层的服务能力，推进统筹城乡工作向纵深发展，要求建立适应统筹城乡发展需要的管理服务体制，推进公共服务均等化，增强党和政府的服务能力和威信，实现政府行政管理与基层群众自治有效衔接和良性互动。为解决政府在村（居）工作中存在的服务职能缺位问题，加强政府服务能力，《意见》提出，在村（居）建立行政服务中心［按"一村（居）一中心""多村（居）一中心"两种模式设置］，作为镇政府（街道办事处）行政服务在村（居）的延伸机构和便民服务平台。

2011年，顺德出台《关于深化农村改革统筹城乡发展的意见》及10多份配套文件，正式启动新一轮农村综合改革，以进一步理顺关系，将基层事务分为行政事务和社会事务，并在村（居）设立行政服务站。这是对上一轮改革的延续和深化，主要着眼于建立农村集体资产交易平台，规范股份社股权继承、转让、赠予的流转原则和办理程序，有效地赋予股份社股东的股份权能，着力解决部分农村留用地和宅基地问题。

同年，在容桂试点取得显著成效的基础上，顺德以"一村一站"的形式在全区推广建设村级行政服务站，作为镇级在农村的行政管理站点和便民服务平台，负责承担人口户籍、社会治安、国土建设、流动人员和出租屋管理、卫生计生、民政救济、征兵优抚、劳动社保等与群众日常生产、生活密切相关的行政服务。农村党组织与行政服务站实行"一套班子，两块牌子"，班子成员交叉任职、合署办公。强化党组织对农村各类组织和各项工作的领导核心作用，确保在党的领导下，服务站依法行政，村委会依法自治，股份社依章发展经济。明确村委会是村民自我管理、自我教育、自我服务的基层群众性自治组织，实行民主选举、民主决策、民主管理、民主监督，从而形成"党的领导、人民当家作主、依法治村"三者有机结合的农村基层社会管理体制。

在从村（居）"两委"到"两委"与行政服务站"三驾马车"并行的转变后，自2012年起，在厘清政府行政工作和村（社区）自治事务的基础上，顺德区在杏坛镇马东村、雁园社区试行政府购买服务，区、镇两级政府向两个试点村居委会购买211项行政服务事项。与此同时，顺德将城乡公共服务均等化提到与经济发展同等高度，放手

○ 蝶变的村级工业园——顺德华腾芯城工业园。（《佛山日报》供图）

培育社会组织，广泛承接公共服务，形成政府、社会组织和村民"协力"服务群众的公共服务供给新模式。2012—2014年，顺德区、镇两级财政将每年在前一年基础上新增2亿财政资金支持农村综合改革，以期逐步实现公共财政基本覆盖农村基础设施建设和民生领域。

2018年，顺德启动村级工业园改造（以下简称"村改"）工作，并将其作为"头号工程"来抓，全力为农村经济高质量发展腾出空间。2018年9月19日，顺德获批率先建设广东省高质量发展体制机制改革创新实验区。省委鼓励顺德先行先试，大胆试、大胆闯、自主改，为全省高质量发展闯出一条路子来。佛山市委、市政府对市属权限按照"能放尽放"的原则予以放权，全力支持。

2019年2月，顺德区第十三次党代会第四次会议提出坚持和加强党对农村工作的全面领导，进一步完善农村管理体制机制，构建农村崭新的政治生态、良好的社会秩序，以农村综合改革引领乡村振兴。围绕推进农村综合改革，顺德着力完善农村股权固化分配政策，规范村务公开及股份社经营管理；推进农村集体产权制度改革，建立健全集体资产各项管理制度，实现各类集体产权和资产流转交易公开规范、运行顺畅、保值增值；结合村级工业园改造，探索农村集体经济发展新模式。顺德区委强调，村级工业园改造是建设广东省高质量发展体制机制改革创新实验区的首要任务，要将村级工业园改造与乡村振兴结合起来，与淘汰落后产能、推动产业转型升级和推进城乡生态文明建设结合起来，按照"2019年大突破、2021年定格局、2022年成示范"的目标，闯出一条高质量发展的顺德之路，为佛山走在全省地级市最前面提供重要支撑，为广东实现"四个走在全国前列"[①]作出顺德贡献。

2020年3月，顺德召开推动新一轮农村综合改革助力乡村振兴工作会议，吹响新一轮农村综合改革的冲锋号，发布《关于开展新一轮农村综合改革推动乡村振兴的决定》（以下简称《决定》）。《决定》围绕"听党话、明规则、惠股权、换新颜、促发展、清旧账、转观念、齐参与"八大方面，在农村基层治理、自治法治建设、集体产权、"两地"（宅基地和征地留用地）问题、农业发展、人居环境、文化建设等重点领域和关键环节提出36条改革举措。

为推动落实《决定》36条改革举措，顺德抓住"两委"工作机制这个重点，着

---

① "四个走在全国前列"：在构建推动经济高质量发展的体制机制上走在全国前列；在建设现代化经济体系上走在全国前列；在形成全面开放新格局上走在全国前列；在营造共建共治共享社会治理格局上走在全国前列。

力解决基层党建存在薄弱环节、农村议事制度体系不够健全、农村集体经济基础比较薄弱、村容村貌仍有较大提升空间及农村历史遗留问题五大方面问题，确保治标更治本；按照问题导向、错位发展的原则，选取若干试点先行先试，破解当前农村改革的主要难题，包括农村股权固化衍生的"死人有得分、生人没得分"，"外村人"无需履行集体义务却能享受集体经济收益等新问题，稳定有序推动农村股权固化政策改革。

（二）顺德农村综合改革的主要成效

1. 完善了农村集体经济可持续发展机制，促进了农村基层治理水平的提升

通过农村综合改革，顺德农村集体产权制度改革不断深化，股权固化政策不断完善、集体经济组织多元发展和集体经济形成可持续发展机制。随着新一轮农村综合改革趟进深水区，顺德在持续摸索前行的过程中改出了成效，进一步完善优化了农村集体经济管理制度。2020年，顺德被农业农村部评为第二批全国农村集体产权制度改革试点典型单位。

2011年以来，顺德农村综合改革从一开始就直接进入深水区，直面农村集体资产管理、宅基地管理等难点问题，优化了农村集体经济经营管理体制，促进了农村基层治理水平的提升。为顺利推进改革，顺德通过出台《顺德区党建引领社会治理"三人小组"百日行动工作方案》等系列文件，强化党对改革工作的领导，使农村议事决策流程和机制更加集中、民主和规范；通过制定《顺德区农村集体城市更新项目投资合作方公开选定工作指引》，在农村集体资产公开交易管理平台搭建了投资合作方公开选定模块等，加强了城市更新项目范围内的集体资产监管；通过深化村级集体经济组织改革，完善了农村集体经济组织登记管理、宅基地管理、经联社管理等工作机制；通过制定实施《顺德区农村固化宅基地改革推进方案》《农村集体建设用地手续办理指南》等文件，以规划引领解决征地留用地问题，将历史留用地问题与顺德区的国土空间规划编制工作相衔接，使留用地选址不符合规划或留用地难以选址等问题得到进一步解决，完善了农村集体建设工程管理制度，促进建设用地相关办理手续提速。

2. 激发了农村高质量发展的活力，促进了乡村振兴

在党建引领之下，顺德通过持续深化农村综合改革，建立起区、镇、村三级党群先锋组织体系，在乡村凝聚了党员、村民、乡贤及企业家等社会力量，激发了农村高质量发展的活力，成为推动乡村振兴的新动能。2020年顺德聚焦八大重点领域和关键环节提出的36条改革举措，为全省农业农村高质量发展提供了"顺德样板""顺德示

⊃ 顺德区北滘镇黄龙村获评全国乡村治理示范村。图为黄龙村新时代文明实践站。（顺德区委宣传部供图）

范"。2021年1月，勒流街道龙眼村获评为第二批"广东省文化和旅游特色村"；2月，逢简水乡继2020年被农业农村部评为"中国美丽休闲乡村"后，再获评为"广东省文化旅游融合发展示范区"；3月，勒流街道黄连社区获评为2020年度"广东省休闲农业与乡村旅游示范点"。

四、南海、顺德农村综合改革的经验启示

2012年1月，佛山市政府在市十四届人大一次会议上的《政府工作报告》就深化农村综合管理体制改革，在全市推广南海"政经分离"、顺德"政社分离"模式，推进农村基层管理体制改革，建立农村基层管理协同共治机制和经济发展利益共享机制。同年9月，省委、省政府召开全省推广顺德、南海综合改革试点工作现场会，省委主要领导指出，广东改革最鲜明的特色是改革试点工作全面统筹、系统配套，既有广度又有深度。南海区的农村综合改革，以"政经分离"为重点，统筹推动农村集体资产产权制度、集体土地管理制度、集体资产监管制度、村居社会管理体制、公共产品供给体制5个方面的改革，注重城乡统筹发展。顺德区的综合改革以转变政府职能为核心，以大部制改革为着力点，以商事登记制度改革作为行政审批制度改革的龙头，以社会体制改革为主体，以基层治理改革为基础，以法定机构试点、群团组织向枢纽型组织转型作为打开社会建设新局面的重要突破口。南海、顺德的实践，为全省乃至全国树立了鲜活的、有说服力和震撼力的改革样板。

⮑ 2023年6月13日，宏成合创（南海）智慧产业园被认定为南海区村级工业园改造提升示范项目。（佛山市新闻传媒中心供图）

（一）理顺农村集体资产管理体制是改革的关键

南海、顺德推进农村集体经济市场化改革，均绕不开一个改革命题：集体土地及由此衍生的物业、股权股份如何创新流转，以有效盘活集体建设用地，提升土地利用价值和效益？又如何做好农村集体资产的经营管理？南海比其他大多数地区更早、也更迫切地意识到了这一点，开创了集体建设用地上的工业化、城镇化模式，也为农民分享城镇化进程的土地增值收益提供了机遇，实现农村与城镇发展的共赢。同时，南海、顺德均着眼于农村集体经济组织管理和发展、股权固化等关键环节深化改革，加强对农村集体资产管理和交易的监管，不断取得新突破。

（二）乡村治理体系建设是保障农村改革成果的核心

2017年，党的十九大报告提出健全自治、法治、德治相结合的乡村治理体系。基层治理是国家治理的基石，建设"三治结合"的乡村治理体系，是乡村经济社会发展的必然要求，更是推进国家治理体系和治理能力现代化的重要方面。南海、顺德贯彻落实党的十九大精神，加强社会治理制度建设，完善党委领导、政府负责、社会协同、公众参与、法治保障的社会治理体制，着力打造共建共治共享的社会治理格局。顺德以社会体制综合改革统领三大改革，基本形成以党组织为核心，行政服务站、自治组织和其他各类组织多方参与、协同共治的基层治理体系。南海自2019年入选全国乡村治理体系建设首批试点后，在乡村治理工作中形成了"一目标一主线一平台四领域"①工作体系，进一步打通基层治理的"最后一公里"。在南海、顺德经验的基础上，2020年，针对佛山农村不同程度存在的乡村治理体制机制滞后，"两委"干部队伍老化、固化，乡村生态环境问题突出等7个方面问题，佛山出台"党建统领·三治融合"农村基层治理工程、乡村生态提升工程、乡村规划建设提升工程、绿色优质农业发展工程、村级工业园综合提升工程、农村集体经济转型发展工程和乡风文明建设工

---

① "一目标一主线一平台四领域"："一目标"是建设现代化活力新南海，"一主线"是"抓改革、促转型"工作主线，"一平台"是广东省城乡融合发展改革创新实验区，"四领域"是城、产、人、文四个方面，是支撑现代化活力新南海的"四梁八柱"。

○ 顺德海创大族机器人产业园，由原西海二支工业区改造而成，曾经是一片典型的珠三角村级工业园。（《佛山日报》记者符诗贺　摄）

程七大行动方案，作为市委、市政府《关于推进乡村振兴战略的实施意见》的配套文件实施，完善乡村治理体系，保障农村综合改革成果。

（三）让农民共享改革和发展成果是推进农村综合改革的根本落脚点

改革的目的是促进发展。习近平总书记多次强调，要探索建立更加稳定的利益联结机制，让广大农民共享农村改革和发展成果。无论是集体土地流转，还是股权固化、活化，农村集体经济经营管理体制改革最终都要落实到农村经济的健康可持续发展，实现乡村全面振兴。通过全面深化农村改革，全面激活市场、要素和主体，让广大农村群众最大程度地分享改革和发展的红利。2018年以来，南海、顺德推进村级工业园区整治提升，调动政府、社会和集体经济组织各方参与工业园区改造和产业转型的积极性，着眼于长远发展，提升农村土地利用效能，提高农村集体经济收益，实现乡村产业和生态发展的高质量融合发展，促进农民增收、农村富裕和社会持续稳定。

（四）提高农村综合改革的系统性、整体性、协同性

农村综合改革是全面深化改革的重要内容。随着新型工业化、信息化、城镇化、农业现代化持续推进，农村经济社会发生深刻变革，农村改革涉及的利益关系更加复杂、目标更加多元、影响因素更加多样、任务也更加艰巨。农村改革综合性强，靠单兵突进难以奏效，必须树立系统性思维，做好整体谋划和顶层设计，找准牵一发而动全身的"牛鼻子"和主要矛盾，进一步提高农村改革决策的科学性。要从总体上把握好农村改革的方向，提出深化农村改革总的目标、大的原则、基本任务、重要路径，从全局上更好地指导和协调农村各项改革，加强各项改革之间的衔接配套，最大限度释放改革的综合效应[1]。

---

[1] 中共中央办公厅、国务院办公厅：《深化农村改革综合性实施方案》，中国政府网，2015年11月2日。

城市环境综合整治
的佛山经验

改革开放后，佛山在水环境治理、大气污染防治、城市基础设施建设、市容市貌整治、工业污染源监督管理等方面不断加大力度，积累了不少先进经验。1982年，全省爱国卫生工作"城市学佛山"，为佛山城市发展增添动力。1992年，佛山（城区）成为全国首批"国家卫生城市"，城市环境质量不断改善和提升。进入21世纪后，佛山以创建"国家环境保护模范城市"、五区同创"国家卫生城市"为抓手，落实减排治污，全面推进城市环境综合整治工作，城市化建设迈上新台阶。党的十八大以来，佛山又以创建"全国文明城市"为目标，开展城市升级等一系列行动计划，落实推进"河长制"等，为新时代新征程佛山经济高质量发展创造了良好环境条件。

一、佛山城市环境综合整治的历程与举措

佛山探索推进城市环境综合整治，从20世纪80年代初的汾江河污染整治起步，从局部治理走向"大治理"，主要经历了几个发展阶段。

（一）城市环境综合整治体制的初步建立（1981—1994年）

佛山城市环境综合整治发端于对汾江河的整治，并逐步形成了系统的管理体系。20世纪80年代，随着工业发展、城市规模扩大和人口

增加，佛山市区很多内河涌被填埋、覆盖①，建成商住小区的公园或沿街绿化带。汾江河成为生活污水和工业废水的主要纳污河段，污染情况日益严重。为缓解汾江河的污染，1981年2月，佛山市政府投入260万元兴建沙口引水冲污工程，工程包括疏浚河道、兴建沙口水闸等。1983年4月，沙口水闸竣工，有效地遏制了汾江河水质的恶化。

1982年9月19日，广东省政府下发《关于加强城市卫生管理工作的通知》，总结和推广城市卫生管理工作的先进经验，提出在全省开展"城市学佛山、城镇学水东"的卫生活动。这一先进经验，与佛山很早就注重城市总体规划和环境综合整治是分不开的。在改革开放初期的城市总体规划中，佛山提出迁出布局不合理、"三废"（废水、废气、废渣）污染严重的工厂车间，严格按排污标准管理工业废水排放，新工业区集中配设6个污水处理站等举措。通过逐年实施，至1985年，先后完成"三废"和噪声治理项目172项，占实施总项目的92.5%。

"城市学佛山"的名片也成为佛山环境工作的新动力。1983年3月，佛山成立环境科学研究所，着手建立区域环境影响评价报告制度。1986年3月，佛山成立环境保护监理所，次年10月起实行环保监察员制度，规定环境执法人员须经过培训考核合格取得证书，方能从事一线执法，在市区率先推行"行政执法公开委托制"，并先后制定并建立了环境执法、查处分开制度，法律审查制度，执法过错追究制度等，加强基层环境执法队伍建设。

其后，佛山环境执法检查以"三废"污染严重的行业和污染大户为重点，主要对印染、食品、化工、皮革、陶瓷、铸造等行业的污染大户进行监督检查，同时做好对市区道路交通噪声污染、夜间施工噪声等扰民行为的监督管理。至20世纪90年代初，佛山以创建国家卫生城市为目标，加强对烟囱黑烟、交通噪声、高音喇叭、食品行业污染等执法检查。

1984年，佛山市区开始监测区域环境噪声。1986年起，佛山市区和顺德、南海、高明、三水（县城）先后开始监测交通噪声。

佛山自20世纪80年代初向有关单位开征排污费以来，主要用于向重点企业提供"环境保护补助基金"，帮助单位治理和开展综合防治措施、补助环境保护监理和监测等。1990年起，顺德开始实行排污许可证制度，向食品、印染等行业核发排污许可证。

1985年开始，随着工业和城市排放物剧增，汾江河水污染又逐步加重。以治理汾

① 至20世纪90年代，佛山市区已覆盖或填埋的内河涌有张槎涌、同济涌、石角涌等。

⊃ 1985年航拍的三水西南涌，当时河涌狭窄，淤泥积聚。（杨耀桐 摄）

江河污染为切入点，佛山探索并初步建立起城市环境综合整治管理体制。1986年7月，佛山召开城市环境保护工作会议，建立由市长负责的城市环境综合整治管理体制。1987年初，汾江河污染被列入国家第二批限期治理项目。同年5月，市八届人大五次会议通过《要求彻底根治汾江河》议案，提出用3年时间，将汾江河水质改善到地面水环境三级标准。1989年6月，市委、市政府成立由副市长任组长的汾江河综合整治领导小组，成员单位有市建委、经委、环保局、城市建设局、航道局、交通局、乡镇企业局、水利电力局、工商局及南海县。6月19日，市政府批转市环境保护局《综合治理汾江的实施方案》，提出用3年时间抓污染源治理。

1989—1991年，佛山市政府实际投入6282.2万元进行治理工作，并按照"谁污染、谁治理"的原则，责成污染企业筹集资金建设污水处理工程，汾江河水环境有所改善。1992年4月，汾江河及军桥涌疏浚工程通过验收。同年6月30日，佛山市城市生活污水处理厂在环市镇镇安乡破土动工。是年，佛山（城区）成为全国首批"国家卫生城市"。1993年8月，汾江河限期治理工程通过国家环保局、国家计委验收。

至1995年，佛山全市二氧化硫年平均浓度为0.048毫克/立方米，总悬浮物为0.26毫克/立方米；氮氧化物为0.081毫克/立方米，达到二级标准要求；饮用水源东平河水质达到Ⅱ类标准，汾江河水质基本达到Ⅳ类标准，由重污染转为轻污染；区域环境噪声和交通干线噪声达到了标准要求[①]。

佛山以整治汾江河污染为主要抓手，同时推进空气环境、噪声环境等治理，推动建立了由市政府主要领导负责的城市环境综合整治体制，形成城市环境综合整治领导小组、出台综合治理方案等。这种体制延续了汾江河整治的管理模式雏形，其后不断完善。

（二）全面实施城市环境综合整治（1995—2002年）

这一时期，佛山以工业污染防治为重点，开展城市环境综合整治，通过加强行业性环境综合整治，使全市的大气质量显著改善。

1. 通过"佛山市环保年"推进环境综合整治

在市委、市政府的领导和推动下，佛山把1995年定为"佛山市环保年"，大力开展环境综合整治行动。一是开展环保宣传工作。在《佛山日报》开展"环保大家谈"征文活动，增强市民的环境意识。二是推动政策保障。1996年9月25日，佛山召开党政主要领导参加的全市环境保护工作会议，出台《关于加强环境保护工作的决定》，进一步完善全市"九五"期间环境保护规划和2010年奋斗目标。三是深入污染企业调查摸底，为有针对性地开展治污做准备。四是逐步增加环境治理的投入，1999年至2001年，全市先后投入17亿元、24.4亿元、28.4亿元，用于环境治理。

在水资源治理和保护方面，佛山坚持把东平河饮用水源保护和汾江河综合整治作为工作重点。其中，汾江河综合整治被列为1995年市政府"为市民办实事"中的第一件，成立以市长为主任的汾江综合整治委员会，制定《汾江综合整治规划》，颁布《佛山市汾江管理暂行规定》，对汾江沿岸建、构筑物进行普查，清拆了侵占河道的违章建筑等。结合汾江整治和东平河饮用水源保护，加强纺织、印染、陶瓷等行业污染源头的治理，对全市53家污染严重的企业实施关闭、停产处理，对119家污染物排放不达标的企业，下达限期治理任务。1998年，全市大江大河水质达到国家地面水环境质量Ⅲ类标准以上，饮用水源水质保持在Ⅱ类标准以上。

在噪声、大气治理方面，一是对机动车辆和建筑施工工地的噪声实施控制，包括在市区汾江路、同济路、卫国路、祖庙路4个路段竖立禁鸣标志，在祖庙路竖立噪声显示牌，城市建成区的施工工地实行封闭式施工，并大范围推广使用预拌混凝土，消

---

① 佛山市地方志编纂委员会编：《佛山市志》，第776页，方志出版社2011年版。

除现场搅拌的污染和扰民噪声。市区道路交通噪声自1984年开展监测以来持续下降，1997年降至69.1分贝，达到国家标准。二是对市区重点污染单位加强管理，清除了新堤路涌边污染、扰民的饮食大排档。三是自1998年10月1日起，全市统一销售、使用无铅汽油，对机动车尾气实行路检，并对排气不合格的车辆实行强制治理和安装净化器，同时对市区460多个单位自备发电机作出了封存和限制使用的决定。四是巩固扩大烟尘控制区范围，至1998年，全市建成烟尘控制区面积85.07平方公里，市区覆盖率达到100%；主要城镇区域环境噪声、交通噪声均基本达到国家标准。除高明、三水空气环境质量达到二级标准外，南海、顺德等亦有不同程度达标。

1998年，佛山城市环境综合整治考核得分74.551分，比1997年增加了3.081分。通过"环保年"的开展，佛山城市综合整治从河涌到噪声、大气和烟尘治理，环保工作取得明显成效。

2. 推动经济与生态环境保护协调发展

1999年起，佛山城市环境整治工作以经济与生态环境保护协调发展的可持续发展为指导思想，紧紧围绕"一控双达标"这个中心任务①，制定了《佛山市区2000年工业污染源达标排放工作方案》和《佛山市酸雨控制区二氧化硫污染综合防治规划》，对全市工业污染源达标工作和二氧化硫污染防治工作进行具体部署，着力控制和减少污染物的排放总量，确保工业污染源排放污染物达标和城市环境功能区达标。

在水治理方面，为进一步改善佛山的水资源质量和生产、生活环境，2000年12月，市委、市政府召开汾江综合整治工作会议，提出用6年时间进行新一轮整治，实现汾江河"河水清、两岸美、交通畅、无洪涝"的整治目标。为此，佛山加强对污染企业的执法检查，对有违法行为的单位加大处罚力度。2001年，广州、佛山成立由政府领导和有关部门负责人组成的佛山水道联合整治工作领导协调小组，加强对该项工作的领导与协调。

噪声与大气治理方面，佛山市城区、石湾区，南海桂城区，高明荷城，三水西南的饮食服务业全面推广使用石油气、电等清洁燃料。从2000年10月1日起，佛山市城区、石湾区和南海正式向网站报送和向公众发布"当日空气质量状况"日报，加强社会监督。同时，严格执行环境保护有关规定和佛山产业导向政策，加强对建设项目的环保审批和管理工作。

---

① "一控双达标"，指全国主要污染物排放总量控制在规定的排放总量指标内；所有工业污染源排放污染物要达到国家或地方规定的标准；重点城市的空气、地表水环境质量，按功能分区分别达到国家规定的标准。

⊃ 2006年，汾江河畔。

1999年1月8日，佛山和南海、顺德获建设部表彰，被评为1998年度全国城市环境综合整治优秀城市（县）。2001年，佛山城市环境综合整治定量考核得分为84.58分，成效显著。至2002年，全市共建立省级生态示范区17个，总面积10678平方米。汾江河水质下降为轻污染级；全市饮用水源水质达标率为100%。市区烟尘控制区覆盖率达到了100%；区域环境噪声平均等效声级降至57.9分贝；道路交通噪声平均等效声级维持68.6分贝，与上年持平，环境综合整治工作仍有较大压力。

总体上，1999—2002年，经过全市党员干部和广大群众的努力，佛山的环境整治取得一定成效，群众的环保意识也普遍增强。然而，环境治理是一项长期工程，需要持续不懈的坚持与投入，必要时还需要省委、省政府来统筹协调，才能取得更好的成效。

（三）围绕"创模"、减排全面改善环境质量（2003—2012年）

2002年底，佛山启动行政区划调整。2003年，禅城区、南海区、顺德区、高明区、三水区正式挂牌，形成一市五区的格局，城市化建设迈向新台阶。围绕节能减排和产业转型升级发展需求，对城市环境整治工作特别是水环境的系统治理提出了更高的要求。

2002年11月，省委、省政府印发《关于加强珠江综合整治工作的决定》，要求包括广州、佛山等珠江流域范围内的各个城市联合行动，实现"一年初见成效，三年不黑不臭，八年江水变清"整治目标。随后，市委、市政府召开全市珠江综合整治工作会议，进行动员和部署，吹响了综合治理水环境的号角。2003年8月，佛山正式成立珠江综合整治委员会。9月，佛山市珠江综合整治委员会第一次联席工作会议召开，要求确保珠江综合整治"一年初见成效"的目标在年内实现。12月，佛山珠江综合整治"一年初见成效"工作通过省的考核，达到预期目标。

2003年底，佛山市提出创建国家环境保护模范城市（以下简称"创模"）的目标。2004年起，佛山实施洁净、碧水、蓝天等几大工程，围绕主要污染物减排和汾江河综合整治的中心任务，全面改善环境质量。

这一时期，佛山市委、市政府坚持以科学发展观为指导，以减排为主线，以解决突出环境问题、改善环境质量为重点，科学筹划、强化措施，建立减排联席会议和督办制度以及减排考核机制，将减排指标纳入社会经济发展评价体系，不断推动环境综合整治工作取得新进展。2007年，佛山市五区同创"国家卫生城市"并获得命名。

2008年6月至2010年12月30日，汾江河综合整治实行"三挂牌一通道"的督查督办制度，包括汾江河综合整治重点项目进展挂牌考核、汾江河流域排污支涌出口水质考核、汾江河流域重点工业污染源环境保护信用管理以及汾江河重点工程建设项目审批绿色通道，"三年江水变清"的整治目标基本实现，获省政府主要领导肯定。2010年2月，佛山被环保部正式授予"国家环境保护模范城市"称号。

通过减排与治理多措并举，佛山城市环境质量有所好转[1]，全市空气质量总体状况持续改善，集中式饮用水水源地水质达标率100%，主要江河水质符合功能区水质标准要求，城市内河涌总体水质状况保持稳定，城市声环境质量、辐射环境质量稳定。

（四）全面推进城市环境升级提升（2012—2018年）

党的十八大以来，佛山牢牢把握"五位一体"总体布局和习近平总书记关于生态文明建设的重要讲话、重要指示精神，开展国家生态市创建，在全市五区先后实施城市升级三年行动计划、两年延伸计划，城市治理三年行动计划，全面推进城市环境升级改造提升，为佛山成功创建和保留"全国文明城市"称号打下了坚实的基础。

---

[1] 2012年环境空气质量新标准实施，新增$PM_{2.5}$、O_3等监测指标，环保任务压力加大。

1. 实施城市升级行动

2012年起，佛山贯彻落实省委、省政府提高城市化发展水平工作会议部署，实施城市升级三年行动计划。为更好推进这项工作，同年2月，市委、市政府成立佛山市城市升级三年行动计划领导小组，同时设立组团中心提升工程、交通基础设施工程、绿化与景观工程、环境整治工程4个专责小组，具体负责统筹协调和督促指导各类项目的推进和完成情况。2月10日，佛山召开城市升级三年行动计划实施暨2012年"创建全国文明城市"工作动员大会，对城市升级和"创文"两项重点工作进行总动员和全面部署。佛山计划用3年时间，实施六大工程（组团中心提升、"三旧"改造、公共交通和市政基础设施、生态环境和宜居城乡、产业新城、城市管理智能化建设）、103项重点项目，建设具备经济可持续发展、景色优美宜人、交通安全便捷、生活舒适方便、文化气息浓厚、社会和谐稳定、公共服务健全、人文关怀备至八大要素的"理想城市"。

这一时期，佛山以组团中心提升、交通基础设施建设、主要轴线和节点更新改造、城乡环境整治等4个方面项目为重点，注重与"三旧"改造和产业升级相结合，注重与市创建全国文明城市工作相结合。2014年7月24日，在佛山市新型城镇化工作大会上，总结了佛山城市升级三年行动计划的阶段性成果。

2015年3月底，市委、市政府组织了城市升级三年行动计划的总验收，为了进一步扩大成果，又从4月起启动实施城市升级两年延伸行动（2015—2016年）。两年延伸行动计划以社会治理、空间、生态、文化、交通、设施六大升级和18项行动计划为抓手，使城市升级向升值转变，更注重城市内涵的提升，目标是到2016年，把佛山建设成岭南山水环境优美、组团城市功能完善、人文氛围文明开放、绿色宜居创新宜业的幸福城市和现代化特大城市。

2012—2016年，佛山共完成投资2400多亿元，444个升级项目聚点成线、串线成网，逐步呈现出连片成面的整体效果，极大改善了城市面貌，增强了市民群众的幸福感和获得感。佛山以城市升级引领产业升级、民生改善、文明创建，实现了"城产人"相互融合、相互促进；将城市修补与生态修复有机结合，实现了城市与生态和谐共生；政府与市场同向发力，市区联动、城乡统筹、建管并重、新旧相融，形成了推动城市发展的长效机制，探索出一条具有佛山特色的城市发展之路。

2. 实施城市治理行动

为贯彻落实中央、省城市工作会议精神，推进佛山城市治理现代化，2016年6月，

◌ 佛山新城河滨公园绿道。

市委、市政府召开了佛山市城市治理工作大会，提出传承发展城市升级的经验，推动佛山城市发展由城市升级向城市升值，再到城市治理现代化的大跨越。7月，市委召开十一届八次全会，强调要着力推进城市更新，提高城市治理水平。11月，市第十二次党代会报告进一步提出，立足于共建珠江三角洲世界级城市群核心区，打造宜居宜业宜创新的高品质现代化国际化大城市的目标。

2017年3月初，《佛山市城市治理三年行动计划》正式出台，总体目标是实现城市形态"四个转变"，即一般的区域性城市向现代化国际化大城市转变，城市社区向广佛都市圈中心城区转变，产业园区向功能多样的城市社区转变，高能耗、低产出的村级工业园区向高品质、高附加值的现代产业园区转变。3月31日，佛山市城市治理三年行动计划正式启动。强调以高水平规划引领城市现代化，以城市现代化促进产业高端化，以精细化城市管理改善生产生活生态环境，着力转变城市治理方式，全面提高城市治理体系和治理能力现代化水平。市委、市政府成立城市治理工作领导小组，全面统筹协调城市治理工作，并与五区签订责任书，形成全市上下协同推进城市治理的工作局面。

在佛山市委、市政府的有力推动下，各区、各部门牢牢抓住规划、建设、管理三大关键环节，做到高水平规划、高标准建设、高质量管理，全面推动城市治理工作不断取得新进展，共建共治共享的城市格局逐步形成。2018年5月11日，佛山召开城市治理巡查现场会暨城市形态提升动员大会，肯定了一年多来城市治理的成绩，动员部署中心城区城市形态提升专项行动。

3. 全国率先全面推行河长制湖长制

为进一步改善全市水环境质量，2013年，佛山市针对全市227条主干内河涌分批制定"一河一策"水环境综合整治方案，设立一批涌长。广佛跨界河涌治理，是其中的重中之重。2013年至2014年，省监察厅、省环保厅连续2年对广州、佛山实施广佛交界区域水环境整治问题挂牌督办。2014年7月，广佛同城化暨广佛跨界河涌整治联席会议召开。这也是广佛两市政府首次召开关于"广佛跨界河涌整治"的专项联席会议。其后，两地加强联合执法和整治，并对整治过程进行制度上的规范和完善。经过两年多的治理，2015年6月，省肯定了佛山的整治效果，对佛山市域的广佛交界区域水环境整治问题的挂牌督办正式摘牌。

2015年，在涌长责任制基础上，佛山将河涌整治的监督和管理责任延伸到村居，由行政村负责人担任河涌分段的"段长"，层层落实河涌整治责任。按照流域治理的思路，佛山市搭建了"流域—控制单元—控制断面"管理体系，将全市划分为22个控制单元，设置46个市控考核断面及6个水质参照断面，并基于省控考核断面水质达标，确定了市控考核断面和227条重点河涌各年度水质项目，全面建立了流域治理的目标体系。

2016年，佛山推行环境保护"党政同责，一岗双责"责任制，"大环保"格局实现再次飞跃。在细化责任上，全市建立环保责任制考核体系，确定各区政府和37个市直部门的环境保护职责，通过下达年度重点任务、建立环保考核金及奖励金、挂牌督办等制度，压紧压实各级各部门环保职责。

同年12月，中共中央办公厅、国务院办公厅印发《关于全面推行河长制的意见》，提出力争2018年6月底前，各省全面建立河长制。2017年3月，佛山在全省率先落实了双总河长，率先完成了市区镇村四级河长名录，建立了河长制组织体系，并扎实推进设立河长公示牌、编制"一河一策"实施方案、实施"互联网+河长制"行动计划、引导公众参与等各项基础性工作，顺利通过省河长制工作验收。5月18日，佛山市召开全面推行河长制工作大会，全面动员部署全市河长制工作。6月12日，《佛山市全面推行河长制工作方案》出台，正式在全市江河湖库全面推行河长制，明确实施市、区、镇（街）、村四级河长制，市委、市政府主要领导分别担任佛山市总河长和副总河长，确立了3207条河道、河涌和146座湖库共计1306名河长。

党的十九大之后，中央全面深化改革领导小组第一次会议提出全面推行湖长制，并于2018年1月4日下发指导意见，要求全国在2018年底前全面建立湖长制。1月22日，佛山迅速贯彻落实，在全市全面推行湖长制。

佛山全面推行河长制、湖长制，推动实现从"多部门负责"模式转向"首长负责、部门协作、社会参与"的水环境治理模式，取得了良好的社会效益。

（五）构建"大环保""大治理"格局（2019—2022年）

2019年起，佛山以持续改善生态环境质量为核心，深入推进大气、水、土壤污染防治，加快构建"大环保"格局和"大治理""大监管"模式，打好污染防治攻坚战，提升了城市宜居水平和群众幸福感，不断筑牢经济社会发展与生态环境改善深度融合的根基，为城市健康发展保驾护航。

一是坚持系统治污、精准治污、科学治污、依法治污四大治理战略，统筹做好环境扩容"加法"和污染减排"减法"。在水环境治理上，佛山经历了从"九龙治水"

➲ 从空中俯瞰顺德区大良街道大良涌，大良涌水质优良，河水清澈，两岸的沿江北路和鉴海南路上行道树郁郁葱葱，楼宇林立。（《佛山日报》记者王澍　摄）

⊃ 2020年4月20日，从空中俯瞰禅城张槎南北二涌，河水清澈，河涌两旁绿化茂盛。（《佛山日报》记者符诗贺　摄）

到"一盘棋"思维的转变。2021年，佛山提出"全流域治理、强统筹推进、大兵团作战、分层次实施"四大治水原则，多措并举强化水环境治理，创新构建治水工作体系、管理体系、监督体系，推动水环境治理工作开创新格局。在提升空气质量上，佛山大力推动节能减排做"减法"，探索建立大气精细化治理和精准化防控体系，如借助激光雷达走航监测车精准锁定污染源，运用黑烟车电子抓拍系统对移动污染源进行监管等，促进大气污染防治由经验式、粗放式向精细化、科学化转变。佛山首创的移动源污染防治"环保取证、公安处罚"模式成为全国样板。2021年，佛山市全年空气质量优良天数比例跃升至85.5%；细颗粒物（$PM_{2.5}$）保持稳定，连续两年达到世卫组织第二阶段标准。佛山在全省率先探索构建危险废物收集贮存第三方治理模式，发动社会力量建设危险废物收集中转贮存企业，将危险废物进行统一收集、分类贮存，达到一定数量后再进行分类处理。

二是抓住重点、深入打好污染防治攻坚战。2021年11月，佛山市第十三次党代会报告提出，佛山要实现从绿色发展向高质量发展快速跃升，务必成为环境系统治理领头羊、生态城市建设领头羊、绿色清洁生产领头羊。在2022年工作计划中，佛山对下一步生态环境保护工作提出了明确方向：深入打好蓝天保卫战，紧盯大气污染防治重点领域和关键环节；深入打好碧水保卫战，全力推进全市水环境全流域、强统筹、大兵团、分层次治理；深入打好净土保卫战，印发实施《佛山市土壤污染防治先行区建设方案》《佛山市地下水污染防治试验区建设方案》；深入开展固废污染防治，建设"无废城市"。从"十三五"坚决打好污染防治攻坚战，到"十四五"期间深入打好污染防治攻坚战，佛山从"坚决"到"深入"，污染防治走向更深层次、更广领域，标准也随之提高。这为佛山发挥环境系统治理、生态城市建设、绿色清洁生产领头羊的作用，为美丽佛山建设打下坚实基础。

二、佛山城市环境综合整治的成效

佛山城市环境综合整治工作从汾江河整治起步，逐渐发展到水环境治理、城市噪声环境治理、大气污染防治、固废治理等系统、科学的污染防治，成效显著。

（一）城市环境和生态环境质量持续改善

佛山长期坚持城市环境综合整治，保证了城市生态环境质量的持续改善。1981年开始探索实施河道引水冲污工程，1983年探索区域环境评价报告制度，1984年起监测区域环境噪声，1986年实行环保监察员制度，1989年成立汾江河综合整治领导小组，1990年起实行排污许可证制度，2000年起向公众发布当日空气质量状况，2003年起以创建国家环保模范城市为抓手实施洁净、碧水、蓝天等几大工程，2012年起实施城市升级三年行动计划和两年延伸行动，2014年建立广佛跨界河涌整治联席会议制度，2017年起启动实施城市治理三年行动计划、落实全面建立河长制，2018年部署启动中心城区城市形态提升专项

⟳ 2021年，佛山开展水环境全流域强统筹大兵团分层次治理，新（改）建污水管网739公里，完成50条农村黑臭水体整治，图为三水区乐平西边涌碧道。（佛山市水利局供图）

行动，等等。这些为促进经济社会发展、持续改善群众城市生活质量打下了基础。至2021年，佛山空气质量各指标中，一氧化碳、二氧化硫、二氧化氮、可吸入颗粒物、细颗粒物等多项污染物浓度均优于国家环境空气质量二级标准。全年无重度污染和严重污染；水环境质量得到明显改善，15个水源地水质均优于地表水Ⅱ类标准，合水水厂地表水断面水质达到Ⅲ类标准，7次国家考核、7次省级考核全部达标，水质优良比例为85.7%，全面达到或优于Ⅳ类水质；全市有3家危险废物综合收集试点单位，16家危险废物专业收集试点单位，收集能力（最大转运量）超过60万吨/年，构建起较为完善的全市危险废物收集网络，企业的治污成本明显下降。

（二）造就生态文明建设"佛山样板"

从改革开放初期对汾江河水污染的整治开始，到城市环境综合整治的实施；从治理污染为主，到综合整治与经济发展相结合，走生态城市的道路；从建立整治指挥部、领导小组等管理体制，到全面落实建立河长制、湖长制等环境治理体系，佛山城市环境综合整治成为新时代生态文明建设的重要窗口和示范。2014年，环保部在佛山开展环保综合督察试点，充分肯定佛山为全国环境保护转型发展做出的探索和实践，向全国各地推广佛山的实践经验。2021年，佛山成功申报成为国家"十四五"土壤污染防治先行区和地下水污染防治试验区，完成110个地块土壤污染状况调查报告的备案；建成19个危险废物收集贮存试点单位，收集能力达到74.93万吨/年；环评审批与排污许可"两证合一"改革被列入生态环境部试点，全年实施改革项目共244个。

（三）生态环境治理体制机制不断优化

进入21世纪以来，佛山加强对河道整治工作的领导与协调，如2001年成立佛山水道联合整治工作领导协调小组，2009年在整治汾江河的进程中建立河长制，2012年在全省率先成立了环境保护委员会，2014年实施全省第一部流域性污染物排放标准，即《汾江河流域水污染物排放标准》，2022年出台若干措施，推动环评审批标准化、便捷化，深入实施"三线一单"①生态环境分区管控，企业环保服务事项实现"一网通办""全程网办"，享受环评审批制度改革红利区域及企业数量持续扩大。同时，深化企业治污"科学化"帮扶，包括在典型行业建立治污样板工程、推进"污水零直排区"建设、实施废水废气集中治理等，构建以污染源自动监控、过程监控为主的非现

---

① "三线一单"：生态保护红线、环境质量底线、资源利用上线和生态环境准入清单。

场监管体系，助推全市生态环境系统治理能力现代化。

三、佛山城市环境综合整治的经验

一直以来，佛山围绕建设城市环境综合整治优秀城市，不断开拓创新，在长期的探索实践中积累了丰富的经验。

（一）因时制宜不断完善领导决策体制机制，是持续推进城市环境治理的重要保障

制造业是佛山的立市之本，环境治理与产业发展紧密关联。工业企业能源消耗量大、生态环境脆弱等问题，已成为佛山生态文明建设和高质量发展的"绊脚石"。改革开放后，特别是党的十八大以来，佛山不断探索加强环境保护领导决策体制机制，以制度创新全面提升环境管理水平。2012年，佛山在全省率先成立了由市政府主要领导担任主任的环境保护委员会（2016年调整为由市委、市政府主要领导担任主任），随后各区也相继成立了环境保护委员会，进一步完善环境与发展综合决策机制。环境保护工作不再是生态环境部门单兵作战，这有利于破解环境治理过程中出现的多头管理、职责不清、合力不足等问题。

（二）发挥文明城市创建的牵引带动作用，是开展城市环境综合整治工作的重要抓手

佛山文明城市创建工作启动后，对城市环境综合整治发挥了重要的牵引作用，城市环境综合整治工作也成为文明城市创建工作的有机组成部分。2011年，佛山市推动创建全国文明城市工作进入全面冲刺阶段，重点围绕交通秩序、环境污染、社会治安、城市景观4个方面进行专项整治，同时提升市民文明素质和城市文化品质。2012年，《佛山市创建全国文明城市工作计划（2012—2014年）》着眼于优化政务环境、法治环境、市场环境、人文环境、生活环境和生态环境，促进全市物质文明、政治文明、精神文明、生态文明协调发展，开展美化、绿化、净化、亮化工程，着力开展城市环境综合整治。至2020年，佛山实现"全国文明城市"三连冠，城市环境综合整治工作贯穿文明城市创建始终。2021年起，佛山围绕文明城市创建工作又推出一系列重点工程，进一步改善市容环境、提升城市文明形象。"15项重点工程"是佛山创建全国高水平文明城市的重要抓手，涉及老旧小区改造工程、公共环卫设施提升工程、交通秩序提升工程、公益广告"文明风景线"工程等领域。这些工程的实施，不仅全面

○ 2020年12月，水环境治理后的亚艺湖。（区政杰　摄）

提升了城市环境综合整治的成效，更丰富提升了文明城市的文化内涵。

（三）建立常态化工作责任制，是实现长效化治理和监管的必要举措

　　纵观佛山城市环境综合整治的历程，整治难，保持整治成效也难。汾江河的整治尤为典型。对此，佛山通过建立常态化工作责任制，强化平时治理和监管。一是市与各区、各部门签订环境整治目标责任书，并根据责任书中的任务要求，制定具体的工作计划和实施方案，将任务层层分解，明确落实各项工作的责任人和完成年限，做到任务到位、责任到位、措施到位。二是加强对城市环境综合整治工作的指导和考核，及时组织监督检查，对整治工作中的难点问题及时研究解决；加强对整治工作的督促考核，每年定期对整治的各项工作进行检查，年终由市委、市政府组织有关职能部门对责任单位工作完成情况进行考评，结果在新闻媒体上公布，接受各级人大代表、政协委员和社会各界监督。三是实行各单位一把手负责制，各个单位的第一把手作为责任人，负责组织完成本单位的各项整治工作任务，层层抓落实。

（四）加大环境整治资金投入，创新投融资机制，是推动全社会参与环境整治的有效手段

　　城市环境综合整治需要投入大量的财力物力。一是强化财政资金的支持和保障。

佛山充分调动有关部门力量，积极支持和保障环境综合整治工作，优先安排解决整治资金。二是按照"谁污染谁治理"的原则，严格督促企业加大投入，推动企业污染治理由主要污染物达标过渡到全面达标。三是建立多元化、产业化、市场化的环保投融资机制。在城市基础设施建设、工业园区污染集中处理等领域，吸引民间资本甚至外资投入，改变环境保护依赖财政投入的状况。通过引入市场机制，加快环保资源配置市场化的步伐，使环境保护走上产业化和良性循环的轨道，实现经济效益和社会效益并举。四是落实优惠政策，鼓励企业开展污染治理。

（五）提高环境整治的专业化管理水平，是构建规范化、制度化、法治化环境监管体系的必经之路

改革开放初期，佛山就已经积极探索出区域环境评价报告制度、环保监察员制度等。全面改善城市环境质量，必须加大环境监督管理力度，使环境保护监管

⊃ 经过整治后，禅城区的丰收涌迎来了翻天覆地的变化，成为一道靓丽河涌景色。（林嘉慧　摄）

⊃ 南海执法人员从智慧环保电子地图中获取桂城街道环保大数据信息。

工作走上规范化、制度化、法治化的轨道。一是依法行政。经过不断深化改革，国家层面已制定一系列比较完善的环保法律、法规，各职能部门在开展环保执法等工作时，要依法行政、规范执法，既要认真查处违规排污企业，又不能过度执法。二是推动监督管理条件的现代化。佛山积极推进环保监督设施的现代化，加强环境监测的标准化建设，建立环境监察信息系统，对

全市建设项目、排污企业等情况实行网络动态管理；全面完成重点企业的实时在线监控，建立市、区两级对重点企业的监控平台，提高污染治理设施的运行率。三是开展经常性的环境监督管理。同时，充分发挥群众监督、舆论监督的力量，建立投诉举报机制，对污染、破坏环境的行为给予曝光，形成有效的监督网络。四是通过一批环境专题信息系统的建设与应用，进一步提高对全市环境监测、预测、决策和污染预防的能力与水平。

（六）增强污染防治和处理能力，是实现科学施策、科学防治的技术保障

针对污染重点展开的处理能力建设，是城市环境综合整治的难点。作为典型的制造业城市，佛山长期面临危险废物处置能力弱、类别少、立项难等难题。2018年起，佛山借助高校等科研力量，积极探索开展危险废物专业收集试点工作，在全省率先探索构建全市危险废物收集贮存体系，增强污染防治和处理能力，降低治污成本。作为全省唯一同时开展土壤污染防治先行区、地下水污染防治试验区建设的地级市，佛山发力全链条加强土壤污染源头防控、全周期保障建设用地安全利用、全方位构建地下水污染防治机制、全地域推进农业农村环境治理。2023年，佛山在全省率先建成18万吨/年的铝灰渣处置能力，危废处置能力达82万吨/年，在全省率先搭建成体系的地下水环境监测网络，为科学防治提供了重要的支撑和保障。

⮕ 治理好的三水西南涌，蓝天绿水，一河两岸，成为当地居民休闲的好去处。（《佛山日报》记者刘世辉 摄）

"三旧"改造
开创"佛山模式"

改革开放以来，在佛山城市化建设和发展进程中，农村土地改革和城市建设用地制度改革发挥着至关重要的作用。2007年起，佛山在全省率先探索"三旧"①改造，成为广东省"三旧"改造试点市，动员社会和市场共同参与，探索出一系列具有佛山特色的创新模式，推动了经济结构升级调整、城市建设和生态环境改善。"三旧"改造开创的"佛山模式"，不仅带动佛山从向增量要土地到向存量要土地转变，从城市升级向城市升值转化，还推广到全省乃至全国其他城市，影响深远。

一、佛山推进实施"三旧"改造的背景

改革开放后，佛山用短时间的高速发展，完成了工业化的积累，大大加快了城市化（城镇化）进程。经过20多年城市化与工业化的叠加推动，特别是乡镇企业（民营企业）蓬勃发展，在佛山广大农村催生了大量的建设用地需求，粗放式经营的厂房、出租屋遍地开花。建设土地的高强度开发和低效利用，产业经济的内在动能和土地增量不足，逐渐成为制约佛山城市建设和经济发展的瓶颈。推进实施"三旧"改造，向存量要空间、要效益，无疑成为改革发展的一个重要突破口。

---

① "三旧"，指旧城镇、旧厂房、旧村居。

（一）土地利用低效，发展动能不足

至2007年前后，佛山经济发展和城市建设取得了令人瞩目的成就，但粗放、外延扩张式的传统经济增长方式已难以为继。2007年启动、2009年完成的第二次全国土地调查结果显示，佛山建设用地总量已达195.56万亩，占辖区面积的34.33%。对比国内外经济发达地区，2010年香港的土地开发强度（即建设用地占土地总面积的比例）只有21%，日本三大都市圈仅为16.4%。因此，佛山的土地开发强度已经达到了生态环境所能承受的极限，不可能再大量增加建设用地。

与此同时，产业的转型升级也对土地利用和管理提出了新的要求。按照这一时期佛山GDP增长与新增建设用地消耗平均水平估算，平均每年需增加建设用地1.8~2万亩，而根据规划，2011—2020年全市年均新增用地仅约7200亩，新增建设用地有限与经济社会发展对土地的巨大需求之间的矛盾日益突出。与此同时，佛山尚有旧城镇、

⊃ 季华五路的建设变迁。左图为1993年早期开发的季华五路，远处季华园规划地块初步形成，南侧的佛山电力大厦是当时城南唯一的高层；右图为高楼林立、现代化的季华五路。（左图杨耀桐　摄；右图刘世辉　摄）

旧厂房、旧村居25.3万亩，相当于全市20多年的新增建设用地指标。这25.3万亩的"三旧"用地利用率低下、布局结构混乱，多是高污染、高能耗、技术含量低的企业，二次开发的空间十分广阔，用干部群众的话来说就是"不是没地用，而是没用好"①。

（二）城市规划和城市建设不协调

至2002年底，经过行政区划调整，佛山形成一市辖五区的格局，城市化进程提速。与国内其他很多城市一样，佛山在城市规划方面进行了积极的探索和实践，然而从总体上看，城市规划与建设存在许多不适应、不协调的地方，也与跻身全国地级市前列的总体经济实力不相匹配。城市总体规划往往滞后于城市建设与发展需求，或迁就于城市发展现状，规划项目缺乏长远考虑，考虑建新城、新区的较多，而考虑旧城改造的较少；考虑建住宅、工业园区的较多，考虑保留生态自然景观和人文资源的较少。

此外，在佛山五区的早期发展中，产业分工、城市功能的重合现象较为严重，虽然各自产业特色相对明显，但在传统产业领域存在部分重叠，在新兴产业领域亦缺乏差异性。城市定位和功能的不明确，导致城市建设缺乏清晰指引，城市基础设施短缺与重复建设情况并存。

在这样的背景下，佛山市委、市政府决定以"三旧"改造作为实现经济社会可持续发展的突破口和切入点，以盘活存量建设用地，有效解决发展用地不足、用地结构混乱、用地效率不高的问题，进而实现产业结构的升级、城市功能的转型、城乡环境的改善和城乡一体化的发展。

二、佛山探索实施"三旧"改造的历程

佛山开展"三旧"改造的试验，始于2006年禅城区的探索。2007年，佛山在禅城区探索经验的基础上，全面拉开对25万余亩旧城镇、旧厂房、旧村庄进行改造的"三旧"改造大幕。10多年来，佛山"三旧"改造规模和成效居全省前列，在撬动市场参与、盘活存量土地资源、节约集约利用土地等方面闯出了佛山特色，形成了"佛山模式"。

---

① 《惠民多赢的助推器——广东省佛山市"三旧"改造调研报告》，载《国土资源通讯》，2011年第4期。

（一）从禅城区首推"三大改造"到全市试验"三旧"改造（2006—2008年）

2006年，佛山市禅城区出台《关于加快物业发展提高现代化中心城区建设水平的决定》及实施方案，首推以旧城改造、物业改造、城中村改造为核心的"三大改造"，为佛山探索"三旧"改造做了初步的尝试。

2007年6月28日，佛山总结禅城区经验，发出《关于加快推进旧城镇旧厂房旧村居改造的决定》，正式明确了"三旧"改造的范围。其中，"旧城镇"改造的范围包括城区内国有土地上的旧厂房、旧商铺、旧民房等的改造；"旧厂房"的改造含镇（街道）、村和工业区内的旧厂房改造；"旧村居"改造则包括"园中村""空心村""城中村"等改造范围内的农民公寓建设、旧物业改造和村容村貌综合整治等。佛山市制定了《佛山市推进旧城镇改造的指导意见》《佛山市推进旧厂房改造的指导意见》《佛山市推进旧村居改造示范村居建设的指导意见》3个配套文件，提出从2007年起用3至5年时间，对全市的旧城镇、旧厂房、旧村居进行改造，并划定南海区的夏西村和禅城区的石头村，顺德区的天富来工业城和禅城区的张槎街道分别为旧村、旧厂房、旧城镇改造的样板，计划通过推进"三旧"改造，进一步挖掘和利用城市资源潜力，提高土地集约化利用水平，提升区域城市功能和城市品位，进一步强化城市管理，改善发展和人居环境，把佛山建设成宜居宜业的花园城市。

2008年1月，全市五区共15个旧村居改造示范村居建设工程同时启动。2月，禅城区祖庙街道东华里片区改造工程——佛山岭南天地建设工程启动，目标是将其改造成为佛山展示城市文化精髓的复合功能城市社区。3月，南海率先出台《关于理顺历史遗留建设用地使用权确权问题的意见》（又称为"海六条"），击破建设用地确权障碍，为"三旧"改造打下了政策基础。6月，全市旧厂房改造经验交流现场会在南海区大沥镇召开。市委、市政府对"海六条"给予充分肯定。同年9月，针对"三旧"改造过程中的一些问题和经验，佛山又出台了《关于加快推进旧城镇旧厂房旧村居改造的补充意见》，进一步探索"三旧"改造政策。

（二）成为全省试点市率先规范化推广"三旧"改造（2009—2011年）

随着省、市、区各级政策的不断出台和完善，佛山五区"三旧"改造工作走向规范化。2009年2月，佛山召开推进"三旧"改造工作暨全市重点建设项目征地拆迁工作会议，提出自2009年起实施"双百计划"，即全市每年启动100个以上有一定规划的

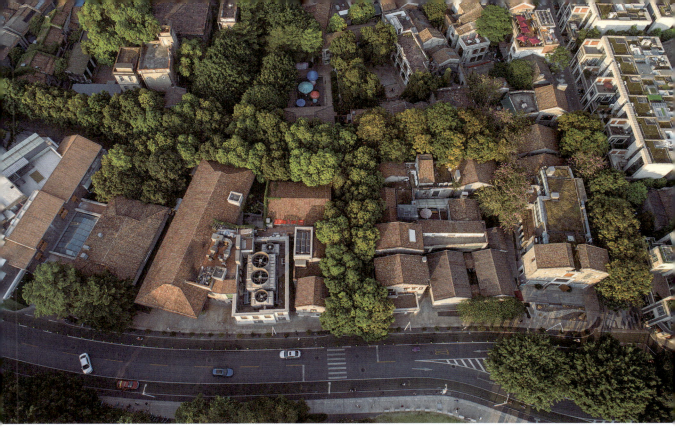

○ 2007年6月，市政府印发《关于加快推进旧城镇旧厂房旧村居改造的决定》及3个相关指导意见，成为全国率先明确提出"三旧"改造的城市。图为改造后的岭南天地鸟瞰图。

"三旧"改造项目，完成100个以上旧改项目改造。

　　佛山的"三旧"改造试点经验受到了广东省和国土资源部的重视，开始推广到全省。2009年，国土资源部与广东省合作，将广东列为全国推进节约集约用地试点示范省，"三旧"改造成为省级发展战略。同年8月，省政府印发《关于推进"三旧"改造促进节约集约用地的若干意见》，随后又印发《关于"三旧"改造工作的实施意见（试行）》，在总结、提炼佛山等地开展的"三旧"改造做法与经验的基础上，对实际操作中遇到的一些关键性问题进行了改策创新与突破，推动了全省"三旧"改造工作的开展及规范化进程，为全国探路。10月，佛山先后通过《佛山市"三旧"改造专项规划（2009—2020）》和出台《关于贯彻省政府推进"三旧"改造促进节约集约用地若干意见的实施意见》。市委、市政府指出，佛山是广东省"三旧"改造试点市，国土资源部要求佛山坚定不移地走下去和先行先试。同时，市政府要求在不突破土地利用总体规划确定的耕地保有量、基本农田面积和建设用地总规模的前提下，积极稳妥推进"三旧"改造工作，将"三旧"改造与农村土地整治有机结合，统筹规划、全面推进土地综合整治；以推进"三旧"改造工作为载体，实现建设用地"二次开发"，统筹城乡发展，优化人居环境，改善城乡面貌，完善城市功能和提升城市

⊃ 2008年2月28日，佛山市禅城区祖庙街道东华里片区改造工程启动，正式开始建设岭南天地工程。岭南天地集文化、旅游、居住、商业于一体，成为"三旧"改造的示范工程。

形象。

经过大胆尝试，佛山根据改造区域特征和目标的不同，制定了改造功能分区；根据土地性质和开发强度是否发生变化，区分了新建型、更新型、改建型、整治型4种改造类型；通过祖庙东华里片区、禅城石头村等典型"三旧"改造范例，探索实践"三旧"改造的"佛山模式"。佛山的改造成效也引起了中央领导的关注。2009年12月15日，中共中央政治局常委、国务院副总理李克强到南海区桂城街道夏西村实地视察"三旧"改造试点工作，强调推进城镇化要坚持统筹城乡发展，注意搞好科学规划，节约集约利用土地，调动各方面参与改造的积极性，使经济得发展，群众得实惠①。

2010年2月，市委、市政府召开佛山市"三旧"改造工作会议，总结3年来的"三旧"改造成效，提出以实施"532工程"（3年内启动改造面积10万亩建造新佛山，其中2010年启动5万亩，2011年启动3万亩，2012年启动2万亩）为目标，使全市"三旧"改造向更高层次、更广范围、更好质量全面迈进。

从2009年至2011年，佛山共建设改造30个市级先进示范的典型项目，包括祖庙—东华里片区、佛山国际家居博览城等，旨在通过集中力量重点突破，树立起一批先进典型，带动全市一大批"三旧"改造项目的开展。2013年6月17日，国土资源部在广州召开"节约集约用地试点示范省"建设会议。佛山被国土资源部和省政府评为建设"节约集约用地试点示范省"先进单位，并在会上介绍"三旧"改造的成效和经验。

（三）以"三旧"改造推进城市更新（2012—2015年）

2012年后，针对前一阶段实施"三旧"改造出现的地产化、产业空心化、政府土

---

① 中共佛山市南海区委党史研究室编：《中国共产党南海历史大事记（1978—2011）》，中共党史出版社2014年版，第411页。

地收益流失等问题，广东省和佛山市均对原来的政策进行了适当调整，其中对土地出让和收入分配方式进行了更严格、细致的规定，并明确将引导产业转型升级作为"三旧"改造的新目标。

这一阶段，佛山以持续推进"三旧"改造为抓手，实施城市升级三年行动计划和两年延伸行动计划，有效提升了城市功能品质。佛山推进"三旧"改造以来，在经济社会发展、城市建设和环境改善等多方面取得了较好成效，得到国土资源部和省委、省政府的肯定。

2014年12月，佛山召开"三旧"改造工作会议，提出把为高端产业项目尤其是制造业项目腾出空间，作为佛山推进新一轮"三旧"改造的基本模式和方向。根据《国家新型城镇化规划（2014—2020年）》提出的"管住总量、严控增量、盘活存量"的新型城镇化原则，全国各大城市积极开展城市更新制度与实践的创新性探索。同年，佛山市南海区成为全省新一轮深入推进"三旧"改造综合试点。2015年7月，在广东省召开的土地管理工作会议上，佛山获2014年度"三旧"改造考核一等奖、节约集约用地考核三等奖。

（四）坚持连片化集聚化"三旧"改造推动佛山高质量发展（2016年至今）

2016年2月，佛山市政府发出《关于以高水平规划引领城市现代化推动城市升级向城市升值转变的若干意见》，提出在总结"三旧"改造工作经验的基础上，深入推进城市更新工作，以优化城市空间、完善城市功能和美化城市环境为目标，推动城市更新实现从零星改造向区域连片改造转变，从传统房地产项目向产业项目、民生项目和基础设施项目转变，从追求改造经济效益向追求社会、环境和经济综合效益转变。同时，完善城市更新相关政策，特别是结合南海区作为省新一轮"三旧"改造试点经验，积极探索完善城市更新相关政策，加强落实城市更新过程中关于产业扶持、公共利益保障等政策。

同年11月，佛山市第十二次党代会报告提出，要加大"三旧"改造力度，持续推进村级工业园综合整治，实现镇村工业园区现代化。12月，在广东省"三旧"改造实践经验的基础上，国土资源部印发《关于深入推进城镇低效用地再开发的指导意见（试行）》，标志着以佛山为代表的广东"三旧"改造经验经提炼形成国家政策，在全国复制推广。

2018年初，佛山市委十二届五次全会提出，要坚定不移走制造业城市生态文明创新之路，开展大规模国土绿化行动，向"三旧"改造要生态建设空间，新建或扩容18

个千亩以上生态绿心，实现森林围城、绿色进城。是年，佛山出台《关于深入推进城市更新（"三旧"改造）工作的实施意见（试行）》，明确了城市更新的内涵；明确了"城市更新单元计划、城市更新单元规划"为核心的城市更新规划体系；明确了城市更新单元规划与全市控规改革创新的衔接；明确了控规需落实城市更新相关内容；明确了对城市更新实行常态化全流程管理；明确加强对实施项目的监管，建立城市更新领导协调工作机制；明确了成立市级城市更新主管部门及其职能；明确了采用多种方式供地，鼓励复垦复绿，确保公益性用地供给和落实；鼓励市场参与"微更新"，允许提高村级工业园兼容比例；鼓励建设商品厂房，推动工业改造利益分配与容积率脱钩，对旧城镇、旧村居改造大幅让利。

截至2018年底，佛山建设用地面积已达1449.85平方公里，占辖区土地总面积（土地开发强度）38.18%，已远超国际警戒线（30%），也远高于珠三角平均水平（16.8%）。其中，禅城、南海、顺德建设用地规模已经超过50%，逼近环境承载容量的极限：一是城市空间破碎无序，屡屡侵占生态空间，生态结构逐步被侵蚀；二是现有建设用地规模已突破土地利用总体规划期末的用地规模，顺德、三水两区建设用地已突破规划期末规模，禅城、南海、高明也都逼近。

然而，与新增建设用地规模收紧形成鲜明对比的是，佛山存量更新资源规模巨大，约占全市现有建设用地规模的41.5%。全市有80多万亩需要改造，已改造仅约11万亩，盘活存量成为下一阶段国土开发的重要路径。其中，旧厂房规模约371平方公里，占全市城市更新资源的63%；旧村居、旧城镇各占全市更新资源比例的14%和23%。对此，市委、市政府清楚意识到，要盘活存量，低效工业用地的旧厂房改造，成为盘活土地资源的关键，同时也是新一轮城市更新的重点领域。

2019年，市委围绕推进大湾区建设，实现高质量发展，提出要坚决打好"三旧"改造攻坚战，强调要坚定不移走国土空间集约高效利用之路，向"三旧"改造要创新发展空间、生态建设空间、优质生活空间。

2019年7月，在新一轮机构改革中，佛山组建市城市更新局，由市自然资源局统一领导和管理，负责开展城市更新和"三旧"改造调查研究，起草全市城市更新和"三旧"改造规范性文件，组织编制市城市更新和"三旧"改造总体工作方案，承接省政府委托市政府行使的"三旧"改造涉及土地征收的审批职权，组织全市城市更新、"三旧"改造和城市治理的统筹管理、考核督查、宣传教育和指导培训工作，等等。

同年11月，市委、市政府出台《关于深化改革加快推动城市更新（"三旧"改造）促进高质量发展的实施意见》（以下简称《实施意见》），提出26条具体措施，其中19条是对省新政策的引用和细化，7条是结合佛山实际进行的补充完善。在"三旧"改造已经到了"啃硬骨头"的关键时期，面对高强度开发与高质量发展之间的矛盾，《实施意见》从规划管理制度、审批机制、连片改造、降低成本、司法保障等方面，着力解决"三旧"改造中的重点难点堵点，提升城市品质和形象，切实增强市民的获得感。

2021年1月，市委十二届十二次全会提出，要坚持连片化、集聚化开展"三旧"改造，推进城市更新三年行

➲ 顺德勒流街道村级工业园升级改造启动仪式后，富华旧厂区项目动工拆除改造。（朱朝贵 摄）

动108个项目建设，加强城镇老旧小区改造和社区建设，推动旧城换新颜。4月，佛山印发《佛山市国民经济和社会发展第十四个五年规划和2035年远景目标纲要》，进一步提出要加大城市更新力度，加快低效空间整合优化，坚持连片化、集聚化开展"三旧"改造，实现系统深度的城市形态整治、空间重塑、功能升级，再造城市生产、生活、生态空间。

➲ 2021年10月24日，顺德区容桂街道马冈工业区村级工业园改造行动现场。（《珠江商报》记者周焯杰 摄）

2021年以来，佛山立足新发展阶段、贯彻新发展理念、构建新发展格局，通过规划引领"三旧"改造，以"制造业当家"和"中心区提质"为改造目标，开展《佛山市城市更新（"三旧"改造）专项规划（2021—2035年）》编制工作，系统推进"三旧"改造，为佛山争当地级市高质量发展领头羊提供空间保障。

2022年4月，佛山出台《关于提高土地利用效率支撑高质量发展的实施意见》，提出加大存量土地盘活力度，到2025年消化处理8万亩批而未供土地，进一步保障工业用地高效供给，支撑全市经济平稳健康高质量发展。

三、佛山推进"三旧"改造的做法和特点

从佛山的实践来看，"三旧"改造是盘活存量土地资源，带动城市建设和可持续发展的重要路径。佛山在广东率先推动"三旧"改造，形成了佛山特色的做法和特点。

（一）注重模式创新，鼓励市场参与

佛山"三旧"改造的模式，主要有政府主导和土地权属人自行改造两种，具体做法有：一是原业主自行改造。佛山首先鼓励原业主自行改造，政府直接通过协议方式供地给原业主。二是挂账收储。在原业主达成一致同意的前提下向政府申请公开出让，出让金按比例分成。此种方式有利于激发原权属人改造意愿、公开出让利益共享、落实和加快已批规划实施。三是公开转让。政府同意收储后，在原业主一致同意前提下允许毛地出让，按比例分成。此种方式除了具有激发原权属人改造意愿的优点，还可免于前期土地整理，利于公开出让。四是引入前期投资人，进行土地前期整理，然后交由原业主开发或出让，投资人利益与原业主协商。由于引入了市场参与前期整理，此种方式能较好地避免"钉子户"问题。

改造管理模式上，在市级层面，主要负责城市更新专项规划和控制性详细规划的编制和审批，全市"三旧"改造工作的整体统筹，以及宏观政策的制定；在区级层面，主要负责"三旧"改造具体项目的审批管理，并根据各区实际情况制定有针对性和差异化的区级改造政策。

具体改造方式上，根据改造前的现状和用途，对城市更新项目分类改造。一是旧城镇改造，涉及城区范围内国有土地上的旧民居、旧商铺、旧厂房等改造。二是旧村居改造，包括"城中村""园中村""空心村"等区域。三是旧厂房改造，主要针对

⊃ 从空中俯瞰顺德村级工业园改造成果，位于容桂街道的华腾工业城，橙色的大楼拔地而起，眉蕉河畔白色的楼宇是恒鼎工业园区。（《佛山日报》记者王澍 摄）

镇（街道）、村和工业园区内的旧厂房进行改造（包括村级工业园整治提升）。

（二）把"三旧"改造作为城市升级和治理的抓手

在推进"三旧"改造的进程中，佛山自2012年起将其与城市三年升级行动计划和两年延伸计划结合起来，2017年起又将其与城市治理行动计划结合起来，一体推进。2017年，市政府出台《佛山市城市治理三年行动计划》，把"三旧"改造与城市治理三年行动计划的目标挂钩，进一步推动城市更新的跨越式发展及产业转型升级。其中，旧厂房改造成为佛山推进城市更新的首要抓手，主要涉及镇（街道）、村和工业园区内的旧厂房以及严重影响城市面貌的老建筑，包括20世纪90年代及以前建设的临时建筑、单层简易结构旧厂房。

2019年，佛山重点统筹推进135个新增"三旧"改造项目，125个完成改造项目建设，完成《佛山市城市治理三年行动计划》共3523亿元的投资目标，主要抓好8个子行动计划的统筹效应，实现中心城区城市形态提升项目完工9个，动工28个，在拆除重建、综合整治、复耕复绿各种类型上抓出示范项目。

（三）把村级工业园改造提升作为重点突破口

村级工业园改造提升，是佛山"三旧"改造的一大亮点，也是改造的重点。至2018年，佛山共有1025个村级工业园。村级工业园是用地低效问题最为突出的地区，单位土地面积GDP产出为2.51亿元/平方公里，单位建设用地财政收入为0.4562亿元/平方公里。村级工业园产业低端，集中了大量五金、纺织、家具等传统制造业企业以及仓储用地，企业规模普遍小，产业附加值低，然而占地规模大、效率低，成为佛山建设用地提质增效的关键区域。

2018年8月，市政府印发《佛山市村级工业园整治提升实施方案（2018—2020年）》，要求到2020年计划完成23.06平方公里村级工业园整治提升。对于以工业制造业为根基的佛山而言，村级工业产业园整治提升成为了这一轮旧厂房改造的工作重点。市委指出，村级工业园区是佛山污染防治的主阵地，要通过"三旧"改造实现环境优化、产业提升、土地升值、农民增收，力争用3年时间打赢村级工业园区整治提升攻坚战。2019年，佛山市委明确提出，要坚持连片化、集聚化推进"三旧"改造，打造一批500亩、1000亩、3000亩以上的产业园区，为城市发展腾出空间。

（四）发挥中心城区和南海、顺德的示范带头作用

按照《佛山市城市更新专项规划（2016—2035年）》，佛山着力优化城市布局结构，加快形成"1+2+5"组团式发展格局，优先对中心城区，南海、顺德等副中心及组团中心范围内的更新对象进行更新改造；依托旧城镇更新，落实"强中心"战略，加快对重点地区的成片改造。

● 南海通过优化双创生态，将村级工业园等片区构建成具有全球竞争力的创新型产业高地。图为村级工业园改造项目之一的桂城天富科技城。（王伟楠　摄）

佛山中心城区旧村居（城中村）规模较大，约为42平方公里，平均容积率仅约1.02，且总体低效。为此，佛山以中心城区的旧村居改造为重点区域，通过对规模大的低效用地进行改

⊃ 2023年3月9日，三水区西南街道云秀片区老旧小区改造提升项目进展顺利，啤酒广场区域建设接近尾声，相关配套已启用。（《佛山日报》记者王澍　摄）

造，争取"三旧"改造取得最大效益，作为推动城市高质量发展的重要工作来抓。

2019年8月，佛山市委十二届八次全会提出，顺德区要高水平建设广东省高质量发展体制机制改革创新实验区，用足用活省级支持政策，大胆闯、大胆试、大胆探索，创造更多、更有效的"三旧"改造新经验、新做法，为全市"三旧"改造提供经验借鉴、作出引领示范；南海区要在全国"三块地"改革试点成绩基础上加速加力；高明区要深入推进低效产业用地整治提升，强化以"亩均效益"为核心价值导向，在低效产业用地盘活、资源差别化配置等方面进行改革创新，走出一条向存量要增量的土地节约利用新路子。

作为广东省"三旧"改造综合试点和国家"三块地"改革试点，南海以推进"三旧"改造为抓手，充分释放"三块地"改革试点政策红利。截至2018年底，南海"三旧"改造规模在全市乃至全省均名列前茅，连续7年获得佛山市"三旧"改造考核一等奖。2019年，南海区修订出台《佛山市南海区城市更新（"三旧"改造）实施办法》，对原有的"三旧"改造政策主文件进行升级，重构政策体系，推动城市更新提速增量、提质增效。其中混合开发、联动改造、片区统筹整备等是全市乃至全省首创，进一步释放政策红利，为城市更新（"三旧"改造）注入新活力。是年，南海清拆整理土地1.36万亩，建成产业载体45万平方米，推动6~8个千亩连片改造项目，力争每个镇（街道）完成1~2个村级工业园改造提升样本工程。南海实施改造的项目平均容积率从0.6提高到1.6，平均建筑密度从60%降低到约35%，优化了城市的空间结构，加快了产业的转型升级和环境的改善提升，促进了城乡居民收入的增加，为促进南海经济社会发展发挥了重要作用。

四、佛山推进"三旧"改造的成效和经验

2003年10月，党的十六届三中全会提出了"五个统筹"的思想（统筹城乡发展、统筹区域发展、统筹经济社会发展、统筹人与自然和谐发展、统筹国内发展和对外开放）。佛山探索实施"三旧"改造工程，最初是为了解决工业化、城镇化加速发展带来的用地指标紧张的问题，但随着"三旧"改造工作的不断深入，土地政策在调控经济中的作用逐渐凸显，土地利用结构的不断优化带动了产业升级和结构调整。佛山牢牢抓住土地这个"牛鼻子"，推动土地利用方式的转变，带动了经济发展方式的转变，形成经济社会统筹发展、城乡统筹发展、人与自然统筹发展、区域统筹发展、地方发展与对外开放统筹发展的和谐局面，步入了科学发展的轨道，为新时代新征程佛山探索城乡融合发展改革创新奠定了坚实的基础。

（一）通过转变土地利用方式和管理方式，有效促进了经济社会统筹发展

佛山通过"三旧"改造改变了过去单纯依靠外延扩张式增加建设用地的城市发展老路，走出了一条内涵挖潜式发展的新路子，有力促进了经济发展方式的转变，推动了社会发展和民生改善。

一是促进了产业结构优化升级。一批规模小、效益差、能耗大的企业逐渐被低能耗、低污染、高附加值的优质大项目所代替。2008年，改造后的每平方公里建设用地第二、第三产业增加值达到3.33亿元，比2007年增加近20%。

二是拉动了经济较快增长。佛山每年推进实施一批"三旧"改造项目，带动了建筑、建材、冶金、轻工、化工、机械、能源等10多个行业、40多个相关产业的发展，对扩大和拉动内需起到了"四两拨千斤"的作用。

三是改善了城乡面貌和人居环境，提高城市综合竞争力。"三旧"改造显著改

⊃ 城市改造项目效果显著。图为改造示范区项目祖庙—东华里片区的岭南天地。

善了部分居民的居住条件、生活设施、道路交通和生态环境，消除了老城区、城中村"脏乱差"的环境和局面，大大改善了社会治安。

四是扩大了就业，增加了居民的收入。如南海区的重点改造项目天安数码城项目，改造后可容纳科技型中、小企业500家，提供就业岗位2万个。

五是促进了建筑文化遗产的传承和保护利用。在"三旧"改造中，具有佛山特色的建筑文化遗产和文化设施，如禅城区祖庙—东华里片区20多处文物保护建筑和一批具有历史价值和传统风貌的建筑、街巷，得到了妥善的保护和利用。

（二）通过优化城乡土地利用结构和空间布局，有效促进了城乡统筹发展

佛山在推进"三旧"改造过程中，着力加大对旧村居的改造力度，促进了城中村与城市发展布局和功能统筹协调，推动了社会主义新农村建设，实现"以城带乡、以工补农"帮助农民稳定增收，打破了城乡分割的二元结构，推动实现统筹城乡规划，共享城乡资源，缩小城乡差距，形成了城乡经济社会发展一体化新格局。

（三）通过增加环境保护用地供应，有效促进了人与自然的和谐统筹发展

佛山在推进"三旧"改造过程中，从资源能源相对不足、生态环境承载能力较弱的现实出发，大力倡导节能减排，积极发展低碳经济，全面建设资源节约型和环境友

➲ 天富来国际工业城是顺德区容桂街道村级改造工业园升级改造项目。这里的入驻企业除本地企业外，还有区外、省外企业，涵盖了家用电子、通信、机械装备、电子商务等领域。（《佛山日报》记者周春 摄）

好型社会，走出了一条人与自然和谐共处、统筹发展的路子。一是土地利用效率切实提高。与2007年相比，2009年每亿元GDP的土地消耗减少8.6公顷，下降了24.4%。二是生态环境大大改善。通过"三旧"改造，打造了"青山、绿地、蓝天、碧水"，实现了人与自然的和谐统筹发展。

（四）通过完善区域土地利用功能定位，有效促进了区域统筹发展

在经济全球化和区域一体化的趋势下，佛山抓住珠三角城市协调发展的有利时机，以"三旧"改造为载体，将区域空间结构调整与产业功能分区、产业转移和产业集聚有机结合，大力发展区域经济，有效促进了区域统筹发展。"三旧"改造激活了土地的再次开发利用，已成为佛山经济社会发展的二次动力；突破各区、镇（街道）原有行政区划的局限，完善了产业功能分区；促进了产业转移和产业集聚，一方面按照"调结构、促转变"和"双转移一再造"战略要求，促进转变经济发展方式，逐步淘汰或转移劣势产业，引入优质产业改造项目，将"腾笼换鸟"和"筑巢引凤"落到实处，另一方面立足"做强传统产业，做优高新产业，做精特色产业"，进一步促进

了以专业镇为主要形态的产业集聚，有力助推了产业规模化发展。

（五）通过实施差别化土地供应管理政策，有效促进了地方发展和对外开放的统筹发展

佛山通过"三旧"改造，统筹地方发展和对外开放，走上了内源经济和外源经济"双轮驱动"的路子。一是夯实了内外源经济进一步发展的基础和平台，优化了土地供应来源，避免陷入"有项目、无土地"的困境。二是提高了引进外资的水平和质量，使外源型经济结果与土地调控政策、产业政策相衔接和协调，提高了外源型经济的水平和质量，实现由"招商引资"到"招商选资"的转变。三是做大做强内源型经济，优化民营企业发展空间，帮助和扶持民营经济得到进一步的发展。

五、佛山探索实施"三旧"改造的启示

"三旧"改造开创的"佛山模式"经验，不仅为佛山的城乡空间再造和产业再造打开了局面，也为其他地区，特别是沿海经济发达城市推进"三旧"改造提供了一条可复制可推广的路径，在土地政策的制定、城市规划、建设和管理等方面提供了有益的启示。

⊃ "三旧"改造的成功案例——顺德容桂渔人码头。

（一）重视城乡规划，提高规划和改造的科学性

城市规划能够反映城市发展和建设整体的、长远的利益，必须给予足够重视。首先，必须提高规划的科学性，保证城市建设空间上的协调性和时间上的连续性。要结合自身的历史、文化、地域条件，依托城市本身定位，从长远角度出发，合理布局，统筹规划。其次，要建立完善的规划监管机制，加强规划的约束力，保证规划的权威性。再次，要加强规划的公众参与。城市规划不仅要广泛吸收专家意见，更要认真听取群众的意愿，提高公众参与度，让群众真正参与规划的制定过程，并将实施过程置于群众的监督之下。最后，城市规划要与城市治理有效结合起来。习近平总书记强调，城市治理是国家治理体系和治理能力现代化的重要内容。一流城市要有一流治理，要注重在科学化、精细化、智能化上下功夫，既要善于运用现代科技手段实现智能化，又要通过绣花般的细心、耐心、巧心提高精细化水平，绣出城市的品质品牌，聚焦人民群众的需求，合理安排生产、生活、生态空间，走内涵式、集约型、绿色化的高质量发展路子。因此，城市建设和发展要告别粗放式发展、"摊大饼"式开发模式，切忌简单化的"圈地"扩张。在节约集约用地、盘活存量土地空间等方面，佛山在"三旧"改造的实践中找到了新的路径，可为其他城市提供借鉴。

（二）注重塑造城市品牌和特色

城市发展远景和价值有赖于城市品牌的塑造。佛山是岭南文化名城，也是制造业大市，还是"中国品牌之都"。这种城市品牌形象得益于上千年历史的积淀，也是改革开放的巨大成就。"三旧"改造，特别是旧城镇、旧村居的改造，要坚持以人民为中心，致力于提高人居环境品质。随着城市生活水平的提高，人们不再仅仅满足于有房子住，不再仅仅局限于硬件设施的建设，更重视的是居住环境的生态化、安全性、舒适性。同时，城市生态文明是城市文明程度的重要体现，要加快生态城市建设，精心布局市区绿地建设，打造宜业宜居的花园城市。

（三）树立建设与管理并重的城市经营理念

现代城市管理是一个复杂的系统工程，科学的城市管理是城市现代化发展的重要保障。建设水平再高的城市，没有科学管理，城市总体水平也不会提升。城市管理既要有利于生产发展，也要方便群众生活。要建立适应现代城市发展的新体制，理顺城市管理机构，实现建管分开，推动城市管理重心下移，强化区、街（街道）、社区

⮑ 金融高新区C区等片区在2010年南海区"三旧"改造城市更新行动中成长为城市标杆。（王伟楠　摄）

在城市管理中的基础作用。要从单一的行政管理向综合性智慧管理转变，综合运用法律、行政、科技和数字化等多种手段，促进城市管理科学化、制度化和社会效益最大化。

（四）发挥政府职能和市场机制双重功效

佛山"三旧"改造取得成功的一个关键因素，就是充分发挥了市场主体作用。佛山"三旧"改造模式延伸出多达9种，其中5种是村集体自行开发，自主改造、自主经营，多村联合开发，或以土地入股、引入开发商联合改造开发，充分保障了土地权利人的市场主体地位。政府的职能就是在党的正确领导下，制定政策，正确引导，提供政策保障；做好规划编制、摸底调查、标图建库，提供技术保障；做好各种协调工作。政府职能外的事务交由市场，按照市场规律办事，充分发挥市场机制在配置资源中的基础性作用，努力做到有问题"找市场"，而不是"找市长"。佛山在"三旧"改造实践中，将政府的"有形之手"和市场的"无形之手"做到了较好结合，从而实现了政府职能推动和市场机制撬动的双重功效。

（五）注重利益分配的平衡，助力改革平稳推进

佛山"三旧"改造取得成功的另一个关键因素，就是找准了利益分配的平衡点。在"三旧"改造中，佛山坚持"统筹各方利益，群众利益在首；实现多方共赢，民赢为先"的指导思想，切实将保障权益作为出发点和落脚点，充分保障权利人的利益，特别是着重保护农民的土地财产权益，积极探索集体建设用地与国有建设用地的同地同价同权，鼓励农民用自己的土地权益参与城市化进程，让广大人民群众从"三旧"改造中分享到发展成果，实现由"让利于民"到"还利于民"的重大转变。因此，要正确处理国家、集体、土地原使用权人及相关权利人、投资方和群众利益的关系，找到各方利益的平衡点，才能够调动全社会的积极性，形成多方共赢的局面。

（六）发挥好土地政策在宏观调控中的作用

通过"三旧"改造，发挥好土地政策在宏观调控中的作用，是佛山"三旧"改

➲ 广佛智城是南海大沥"三旧"改造的标杆。

造工作的一大亮点。影响经济发展的因素很多，从哪个因素入手，实现产业升级和结构调整，促进经济发展方式的转变，是摆在各级党委和政府面前的重大课题。佛山立足自身实际，把"三旧"改造作为转变经济增长方式、推动城市治理和升级的重要抓手，并以土地改革为突破口和切入点，有效发挥了土地政策在参与宏观调控中的地位和作用。如通过实施差别化的土地供应政策，把握产业政策投资方向，优先保障符合产业结构调整和发展模式转型要求的产业，严格限制高能耗、高排放、产能过剩和重复建设项目上马，实现以土地利用结构的优化带动经济结构的优化，以土地利用方式的转变带动经济发展方式的转变。

（七）完善配套政策体系可为改革提供动力

佛山创新研究制定的存量建设用地再开发供应、土地规划计划、土地确权登记、建设用地置换、集体建设用地流转、产业结构调整激励约束以及历史遗留问题处理等一系列政策，涉及土地制度的深层次问题，形成了比较完整的"三旧"改造配套政策支撑体系。其中，有关土地供应方式、土地流转方式、土地确权方式、土地收益分配等方面的一些政策规定，对原来的体制机制做了大胆的突破，是在尊重人民主体地位，保障人民各项权益，走共同富裕道路前提下进行的有益探索。实践证明，佛山为"三旧"改造制定的配套政策体系，有力地保证了这项工作的顺利进行，充分体现了解放和发展生产力的本质要求，也为下一步完善建设用地制度积累了经验。

（八）全面推进存量建设用地再开发大有可为

随着工业化、城市化（城镇化）进程的深入推进，土地资源供需矛盾日益突出，粗放的、外延扩张式的传统经济发展方式已难以为继。转变经济增长方式，降低土地消耗率，必须向存量要增量，向效率要空间，走一条内涵挖潜式①的集约型城市发展道路。对于佛山等珠三角制造业城市来说，盘活存量建设用地的潜力巨大。与之相适应，政府职能的转变和市场经济体制机制的不断完善，为推进存量建设用地再开发营造了良好的政策环境。

---

① 内涵挖潜式，是指通过发掘存量土地潜力，保证城市化发展的用地需要，提高土地集约利用水平的一种方式。

广佛同城化
发展历程、成果及启示

随着改革开放的不断推进，广佛两地经济迅速发展，商贸流通和人口流动日益频繁，原有的城市地域边界不断被"打破"。2000年，《广州城市总体规划（2001—2010年）》提出"西联"开发战略——携手佛山实施区域化开发。佛山对此积极回应，提出"东承"广州战略。在2002年底佛山形成一市五区格局的基础上，广佛两地便提出了重要基础设施一体化的开发思路。2009年起，广佛两市签署《广州市佛山市同城化建设合作框架协议》，从城市规划、交通基础设施、产业协作、环境保护等方面展开合作和建设，正式启动广佛同城化战略合作。经过十余年的发展，广佛两地在经济社会等各领域合作不断加深，从部分区域、领域同城迈向广佛全域同城，积极融入粤港澳大湾区建设，为珠三角地区区域一体化建设探路。

一、广佛同城化的基础和背景

广佛两地不仅地域和产业相连，更有着共同的岭南广府文化渊源，为探索推进广佛同城化奠定了基础。

（一）广佛同城的历史渊源

广佛两地自古同根同源。公元前221年，秦统一六国后，北有匈奴，南有百越，乃继续向南征战。公元前214年，秦军攻下岭南，将百越之地纳入秦的版图，并将岭南东部临近海洋的14万平方公里的广袤疆土（含今广东大部分地区）命名为南海郡，郡治核心区域就在如今的广州老城区。至隋开皇九年（589年），南海废郡，次年改番禺县为南海县，隶属广州总管府，南海县建置自此开始。南海县建县后，县城附廓位于广州府城（与广州府城同处一地），维持了整整1300多年，成为名副其实的广府首邑。至1937年，南海县署正式迁至佛山镇（今属禅城区）。

明代，从南海县分设出顺德县、三水县。至清末民初，南海县域大体包括今佛山市禅城区、南海区全域，以及广州市荔湾区、白云区和越秀区的一部分。顺德县约为今佛山市顺德区范围。与南海、顺德两县交界的番禺县，包括今广州市荔湾区（崇文二十四乡）和越秀区的一部分，以及海珠区、天河区、黄埔区、白云区、番禺区及南沙区等。过去"南番顺"的地域概念，基本涵盖现今广佛两市的核心腹地。

（二）广佛同城化推进的基础

1. 地缘相亲

广佛两市中心距离为25公里，航空距离仅15公里，接壤边界（佛山市为南海、顺德）长200公里左右，路网连接60余处。广佛两地的许多河段与河道互相贯通，两地所共有的以水为象征的相关媒介符号不胜枚举，如三眼桥、五眼桥等遗址，均为两地相亲之见证。

历史上，两地在行政区域上经历了多次分分合合，这也在客观上为广佛同城、融合奠定了坚实的基础。中华人民共和国成立后，广佛两市的联系仅限于跨越珠江的大桥。1989年，广佛高速建成通车，这是广东第一条建成通车的高速公路，也是国内第二条建成通车的高速公路，成为佛山连通广州的主要交通枢纽，在广佛一体化发展进程中发挥着重要作用。

改革开放后，广佛两市形成花都与南海、三水交界，白云、荔湾与南海交界，番禺与南海、顺德交界的城市连绵片区。由于两地在地理关系上有着千丝万缕的联系，广佛路（黄岐段）被誉为"中山九路"，黄岐近20万常住人口中，有6万广州人在这里安家置业，他们自称为"广佛人"。2004年底，"中山九路"通珠江工程开工建设。这条长30余公里的林荫道连接佛山市中心城区和周边10余个城镇（街道），把佛山建成珠三角地区重要的经济增长极，带动周边经济社会发展。

2. 产业相连

20世纪初，随着广三铁路、粤汉铁路等投入使用，铁路取代内河水路逐渐成为广

➲ 1989年，广佛高速公路正式通车前，上万名居民骑车逛高速公路。（胡国球　翻拍）

州与省内外的主要货运通道。大量的佛山民间工商业采取"前店后厂"模式，将门店设在广州、生产基地留在佛山，逐渐形成以广州作为中心商贸城市、佛山作为手工业制造基地的局面。20世纪90年代后，随着广州城市部分功能开始突破行政区划的限制向周边扩散，商贸批发业逐渐沿广佛公路向南海外溢，许多广州市民迁移至广佛交界的南海黄岐、盐步等地发展。

至21世纪初，南海东部特别是黄岐、盐步片区与广州地区同城化的趋势已十分明显。除了人口迁移落户外，商贸流通一体化进程加快。盐步水产交易市场、桂江农副产品市场的大部分货物都是由广州的采购商来采购，其他如小商品城、五金市场等，也有相当比例的客商来自广州。

从产业融合发展进程来看，广佛两地在改革开放初期已出现明显的产业互补性。佛山致力于承接广州部分外溢市场，向广州的优秀产业人才"借脑"，在20世纪80年代掀起了"星期六工程师"的热潮。广东省科委1987年开展的调查显示，广州部分科研单位大约有8%~10%的科技人员参与"星期六工程师"。佛山众多乡镇企业成为两地企业与工程师密切交流合作之地。2000年以来，广佛产业发展各有所长，但互补性依旧突出。广州以现代服务业为支柱产业的第三产业发达，2002年GDP占比约58%，在汽车、石化等重工业领域也有明显优势，佛山工业制造业相对发达，具有民营经济与传统产业经济优势，是广东省重要的制造业基地之一，制造业比重超过60%，在家电、家具、花卉、建材、服装等行业底蕴深厚。

3．文化相通

作为珠江三角洲地区的核心区域，广佛两地同属岭南广府文脉，具有相近的语言文化、饮食文化和民俗文化等，社会交往密切。

一是语言同源。一般认为，唐宋时期，粤方言朝着与中原汉语距离越来越大的方向发展，完成了方言定型，这成为广府文化成熟的重要标志。粤方言大致有6个方言片，分别是广府片（又称粤海片）、四邑片、香山片、莞宝片、高阳片和桂南片。佛山粤语属于广府片，与广州话同属一个方言片。

二是饮食同源。广佛两地民间素有"饮茶"之习，广州和佛山顺德等地的饮食文化渊源甚深，有"食在广州，厨出凤城"之称。顺德是粤菜（含广府菜、潮州菜、客家菜等）中广府菜的主要发源地之一。顺德美食的推陈出新，极大地丰富了广东饮食文化。

三是民俗同源。广佛两地传统民俗相通，尤以龙舟文化、粤剧等"非遗"为代表。每年农历五月初五端午节，两地民众都会自发组织举办"赛龙夺锦"。佛山南海盐步老龙到广州荔枝湾探望"契仔"泮塘老龙的习俗，已延绵数百年。佛山是粤剧的发源地，粤剧（粤曲）文化在广佛两地扎根深厚。此外，两地共同保留的风俗习惯也不胜枚举，如醒狮、行花街等。

（三）广佛同城化推进的全球背景

2001年中国加入世贸组织后，随着经济全球化与区域经济一体化的加深，全球范围内逐渐形成若干规模庞大的城市群，其中在北美洲形成以纽约为中心的东海岸大西洋沿岸城市群、以芝加哥为中心的北美五大湖城市群、以洛杉矶为中心的西南部太平洋沿岸城市群；在西欧形成以伦敦为中心的英国伦敦城市群，以巴黎为中心的欧洲西北部城市群；在日本形成以东京为中心的太平洋沿岸城市群等；在我国沿海地区形成三大城市群，分别是以上海为中心的长江三角洲城市群，以香港、深圳和广州为中心的珠江三角洲城市群，以及以北京为中心的京津冀城市群。此外，还有长株潭都市圈、成渝都市圈、港深都市圈、福厦都市圈等均被纳入重点区域发展战略。

二、广佛同城化推进的历程

广佛同城化至今仍在推进，此前近20年间，主要经历了3个发展阶段。

（一）从民间交流到国家战略的形成（2003—2008年）

进入21世纪后，广佛两地经济快速发展，围绕区域协调发展的同城化建设开始成为重要议题。广州确立要建设成为带动全省、辐射华南、影响东南亚的现代化大都市；佛山确立要建设成为产业强市、文化名城、现代化大城市的目标。根据发展趋势和各自目标定位，关于两地区域合作、协调发展的研讨交流不断，社会各界谈论日盛。

2003年5月和11月，广州、佛山两地有关部门举办了两场"广州·佛山区域合作

⊃ 2006年11月，广东省第十二届运动会在佛山举行。

与协调发展"研讨会。两地专家学者就如何加强广州、佛山在基础设施、产业分工、区域协调等领域的合作进行了深入探讨，在社会上引起了较大反响。2005年12月，广州市、佛山市两地政府联合主办"广州·佛山区域合作发展论坛"，探索适应泛珠三角区域合作和大珠三角大都市圈协调发展，把广佛同城的发展推向新的阶段。2006年7月，广佛联合召开"广佛地区汽车及相关产业互动发展研讨会"，就两地汽车及相关产业分工协作、错位发展、资源共享、逐步形成产业链等战略性问题展开研讨。2007年9月，广佛联合举办广州佛山医学会耳鼻咽喉头颈外科年会暨耳鼻咽喉头颈外科新进展学习班，促进两地医学领域的交流和合作。

2008年10月，广佛新干线通车，一期全长9.235公里，主路双向八车道，设计行车时速60公里（现为80公里），成为来往广佛最快捷的道路之一，有效缓解了广佛路的交通压力，推动广佛商贸物流更加紧密联系。

同年底，国务院制定《珠江三角洲地区改革发展规划纲要（2008—2020年）》（以下简称《纲要》），提出"珠三角一体化，广佛先行""强化广州佛山同城效应，携领珠江三角洲地区打造布局合理、功能完善、联系紧密的城市群"，把广佛同城化提升到国家战略层面。

（二）从合作框架到深化对接（2009—2018年）

为了落实《纲要》和省的部署，2009年3月2日，广州和佛山党政主要领导在广州举行座谈会，就推进广佛同城等问题洽谈，达成签订广佛同城化合作框架协议、制定广佛同城规划等6点共识。3月19日，广佛两市正式签署战略合作协议，正式拉开"广佛同城化"建设的序幕。4月16日，广佛同城化首次市长联席会议召开。会议确定广佛同城化市长联席会议及工作协调机制，研究确定广佛同城化建设2009年度重点工作计划。9月25日，广佛同城化第二次市长联席会议在佛山召开。会议原则通过《广佛同城化发展规划》及交通、产业、环保等一批同城化发展规划，以交通基础设施一体化为切入点，积极探索构建城市规划统筹协调、基础设施共建共享、产业发展合作共赢、公共事务协作管理的一体化发展格局。

随着广佛同城化战略在政府层面正式启动，广佛同城化发展迈出实质性步伐。同年，《纲要》实施，将广佛同城化与广佛肇（庆）经济圈建设联系起来。自此，广佛交通开始加速往立体化方向发展。随后，佛山一环高速（今广明高速、广佛江珠高速、佛清从高速、广佛肇高速等）各线陆续建成开通，加快广佛互通互联。2010年9月，连接广州番禺与佛山南海的海怡大桥正式通车，结束了两区过去没有陆路直通的历史。同年11月，地铁广佛线首期开通，标志着广佛进入轨道交通时代。

这一时期，广佛两地党政互动合作工作机制逐渐成熟。2012年12月14日，广佛同城化第五次市长联席会议在佛山召开。会议提出，要强化广佛同城化在两市对外合作体系中的核心地位，持之以恒地推动广佛同城化迈向新阶段，特别是要在能源共享、环境治理、垃圾处理等重点领域取得突破。

⊃ 2010年6月25日，广佛地铁列车首次运抵佛山。（《佛山日报》记者甘建华 摄）

广佛两地党政推动形成的同城化合作机制，进一步延伸到广佛肇一体化建设。2014年2月21日，广佛肇经济圈第四次市长联席会议暨广佛同城化第六次市长联席会议在广州召开，提出进一步推进重点交通基础设施建设，促进产业梯度转移，推动经济合作区建设，加强环保合作和公共服务体系对接。2015年，广佛肇经济圈继续升级，扩大为广佛肇清（远）云（浮）经济圈、广佛肇清云韶（关）经济圈。同年12月，广佛肇清云韶经济圈市长联席会议在广州举行。会议着眼全省区域协调发展，通过广佛肇＋清云韶的"3＋3"合作模式，把广佛肇清云韶经济圈打造成为珠三角带动粤东西北振兴发展的示范区。

（三）推进全域同城，融入粤港澳大湾区（2019—2023年）

2019年2月，《粤港澳大湾区发展规划纲要》正式公布，将"广州—佛山"作为粤港澳大湾区三大极点之一，提出加快广佛同城化建设，提升整体实力和全球影响力，引领粤港澳大湾区深度参与国际合作。5月13日，在广州召开的广佛同城化党政联席会议提出，两市要紧紧扭住粤港澳大湾区这个"纲"，加快推进广佛同城化，更好发挥"广州—佛山"极点带动作用，在全省构建"一核一带一区"区域发展格局中当好排头兵。在中央、省的部署和直接推动下，广佛两地把推进广佛同城化建设与粤港澳大湾区建设衔接起来，进入粤港澳大湾区广佛极点建设、广佛全域同城化建设阶段。

2020年1月，中共广东省委十二届九次全会明确提出加快广佛全域同城化，对两市提出了更高要求，寄予了更大期望。同年7月1日，广佛同城化党政联席会议在佛山召开。会议指出，广佛全域同城化建设是落实国家战略、实现合作共赢的政治任务和必然要求。会议进一步提出共建大平台、共建大产业、共建大交通、共建大生态、共建大服务的发展思路。

2020年6月，连接广州番禺与佛山顺德的海华大桥正式通车。同年底，连接广州荔湾、白云和佛山南海的广佛大桥动工建设。2021年2月，番海大桥主线建成通车。这使得广佛两地的经济联系进一步加深，加速广佛两地迅速融入粤港澳大湾区1小时通勤圈，促进佛山市三龙湾高端创新集聚区和广州南站片区产业崛起，进一步推动广佛全域同城化和区域经济融合发展。

2022年6月7日，广佛全域同城化党政联席会议在佛山召开。会议进一步提出，要聚焦经济发展同城化，共建共享科技创新平台，强化智能装备、超高清视频、智能家电、汽车等重点产业分工协作和产业链共建，携手建设具有全球竞争力的现代产业体系和竞争有序区域大市场；要聚焦基础设施同城化，加强机场、港口、轨道和道路衔接联通，统筹提升信息、能源、水利等领域合作水平，联手打造全球领先的国际航空、航运和铁路枢纽；要聚焦生态建设同城化，完善跨区域污染协同治理和生态补偿机制，高质量共建广佛跨市碧道，促进经济社会发展全面绿色转型，打造全省生态文明共建示范区；要聚焦品质生活同城化，在落实疫情联防联控、优化政务服务跨城通办、深化医疗卫生教育合作、携手弘扬岭南文化等方面持续发力，打造更高水平的法治广佛、平安广佛、幸福广佛；要聚焦发展平台同城化，做实做细广佛高质量发展融合试验区，谋划建设一批标志性项目，努力打造都市圈协同治理发展的典范。会议还强调，要强化组织领导，进一步优化组织协调机制，深化工作任务落实，携手推动各项工作部署落地见效。同年8月，广佛两市共同编制《广佛全域同城化"十四五"发展规划》。该规划明确了至"十四五"期末（2025年）广佛同城化发展目标，提出打造"一区、三轴、一环"的同城化空间格局，着力推动广佛全域同城化建设走向纵深。

2023年，在与广州共建粤港澳大湾区极点城市的工作中，佛山出台《广佛全域同城化2023年度重点工作计划》，加快推进交通、生态、公共服务等重点合作事项建设，深化交通基础设施互联互通等。

三、广佛同城化的合作领域与主要成果

从最基础的交通一体化，到产业协作、生态治理，再到政务、医疗、文体等领域合作，广佛两地在同城化发展的道路上不断走深走实。

（一）不断推进交通一体化

交通一体化是广佛同城化进程中首要且核心的发展战略。在交通运输枢纽体系建设中，针对推进广佛联系，从地下到地上，广佛交通基础设施的建设，推动了经济、文化、生活等多领域的发展，加速了广佛同城一体化的进程，形成便捷的广佛城际交通服务体系，方便两地市民的出行。至2014年底，广州与佛山之间已经建成了60多条相互联系的通道，其中25条是主要交通通道（含9条高速公路和16条普通公路）。至2018年，两市共推动落实186个重点合作项目，其中交通基础设施项目74个（含城市规划项目24个、产业协作项目31个、生态环境保护项目16个和社会民生项目41个）。至2022年底，广佛两地已形成高速公路枢纽联结，华南区域以广州为中心，禅城、南海、顺德、番禺、花都、增城等路网枢纽（客运货运站）为次中心。截至2023年底，广佛两市规划80条两市衔接通道，已建成通车道路32条；广佛大桥系统工程（一期）已完成主线贯通。

地铁广佛线贯通。2001年8月，广东省通过了《珠江三角洲城际快速轨道交通规划》。2002年10月11日，广佛地铁试验段工程魁奇路车站土建工程开工建设。至2010

⬤ 乘"肇佛广莞深"城际列车，从三水北站出发，30分钟直达广州市区，并直通深圳、东莞等大湾区城市。（《佛山日报》记者王澍　摄）

年11月3日，地铁广佛线首期魁奇路—西塱段正式建成开通。

地铁广佛线是国内首条跨市地铁线路，也是全国最繁忙的跨市轨道交通线路之一。2018年，广佛线全线开通，为广佛同城以及大湾区建设提速。广佛地铁带动了佛山市南海区、禅城区、顺德区的城市和经济发展，加快广佛两地走向全域融合。2021年12月，连接佛山市禅城区、南海区、顺德区和广州市番禺区，接驳广州南站的佛山地铁2号线一期通车。2022年5月，广州地铁7号线西延顺德段开通，成为推进广佛地铁一体化建设的又一重大成果。随着佛山地铁2号线、广州地铁7号线西延顺德段先后通车，广佛间已有3条地铁线路实现互联互通。

据统计，2022年广佛两市间日均出行量174万人次，占粤港澳大湾区城市间出行总量的26%，高于深（圳）（东）莞的20%（128万人次）、珠（海）中（山）的7%（45万人次）。超100万人工作在广州、居住在佛山，其中一半以上的人频繁往返于两座城市之间。地铁使得广佛两地市民工作、学习、就医、办理政务等通勤更为便利，将两座城市的时间距离大大缩短。

城际轨道交通提速。自2009年广佛开启同城化征程以来，广佛肇城际铁路和珠三角城际轨道交通相继动工建设。2013年9月，广佛环线南段开工建设。2016年12月，广佛环线东环段开工建设。2015年12月，广州东环城际铁路北段一期工程开工建设，并于2020年11月30日通车运营，开通后由广州南站至白云机场只需半小时。

2022年8月，广东省出台《广东省都市圈国土空间规划协调指引》，以广佛为核心规划形成13条、6向的高效对外高速铁路通道；加快落实广佛地铁18条衔接通道的建设，优先推进佛山经广州至东莞城际（广州28号线）、佛山11号线的建设。同年9月，珠三角城际轨道交通广佛环线佛山西站至广州北站段（以下简称"广佛西环"）在佛山市南海区开建。广佛西环是粤港澳大湾区城际轨道交通网的重要组成部分，也是联

⊃ 2010年11月6—7日，广佛地铁迎来开通后的首个周末，也是收费运营的首日。

⊃ 2010年4月，广佛地铁首通段隧道全线贯通。图为施工人员在现场摇旗欢呼。（《佛山日报》记者甘建华 摄）

系广佛中心城区、佛山狮山副中心、花都城区等区域的都市圈快线，具备路网中"串组团、衔西北"的地缘纽带功能。广珠城际、广佛肇城际、贵广和南广铁路等也实现了对广佛的全面辐射。

佛山加快广佛极核轨道交通衔接的18条通道一体化规划建设，推动形成广佛轨道交通"一张网、一票通、一座城"的格局，广佛城际铁路与地铁线路双向联合发展，构建1小时通勤圈，提升两地市民的出行效率，最终提升广州核心枢纽能级。

推动广佛公交巴士互联。2021年11月22日，广佛公交线路花81线开通，至此，广佛公交线路共有公共汽车231、657、746、974、974路、夜91路、广清城际公交专线（花68线）及广佛城际公交专线（花81线）等百余条线路。2022年11月，佛202公交线路由千灯湖通往黄沙，串联起广佛两地不少旅游景点，成为许多游客观光广佛风景的首选。

推进建设广佛航空枢纽。2021年9月，《广东省综合交通运输体系"十四五"发展规划》（以下简称《规范》）出台，提出广佛建设综合航空交通枢纽体系。为使产业合作与协调更加顺畅，需要充分利用优质港口资源、铁路交通运输以及加快推进先进国际航空枢纽建成，实现海、陆、空三合一的国际化枢纽体系，创建国际大市场。

该规划提出构建以白云国际机场为核心，珠三角枢纽（广州新）机场为协同，支线机场、通用机场为补充的都市圈机场发展格局。此外，以广州港为龙头，辐射带动都市圈港口发展，推动都市圈各港口深化合作，共建世界级港口群。

（二）大力推进产业协作

从三大产业结构来看，广州呈现"三二一"的基本特征，2008年第三产业增加值占GDP比重达59.02%；佛山呈现出"二三一"的特征，2008年第二产业增加值占GDP比重达65.6%；广州以第三产业服务业为主体，而佛山是以第二产业制造业为主，两者在产业结构上具有一定的互补性。这为两市产业合作打下了坚实的基础。广佛两市的产业合作协调发展，呈现多样化特征。

一是"互补模式化产业"合作。广州与佛山都是经济大市，但两者的产业各有侧重，在各自优势领域中可以形成互补。如广州一直以来集中精力于汽车整车制造中，而佛山的汽车配套零件制造有较好的资源和技术；广州偏向于重工业，佛山偏向于轻工业，而重工业能为轻工业产品的制造提供良好的原材料。2009年6月9日，广佛合作建设的最大发电厂项目佛山市三水恒益火力发电厂奠基，成为广佛同城化产业合作成功实践的范例。

二是创新驱动产业合作。2020年，广佛签署战略合作协议，合力共建高质量发展融合试验区，打造包括广州南站—佛山三龙湾—广州荔湾海龙片区在内的1个先导区，以及广州荔湾—佛山南海、广州南沙—佛山顺德、广州白云—佛山南海、广州花都—佛山三水试验区等4个片区，推动两市在各个领域实现互联融合。2022年，《广佛全域同城化"十四五"发展规划》中首次提出推动形成"广州创新大脑＋佛山转化中心"区域创新发展格局，以广州作为创新大脑带动佛山制造业发展。为引进更多制药业人才，广佛两市将共同构建创新人才联盟，互认人才标准，将佛山市有关高层次人才标准纳入广州市人才绿卡申领条件，以更普惠的条件吸纳人才。其中，优先共建创新产业示范区，可在广州荔湾区和佛山南海区共同试行政务服务一体化，以人才、资源、资金、技术等基础生产要素的彻底流动为条件，打破常规的两地限制，使创新驱动进一步被激活。随后，尝试以点到面的形式，逐步将先进的示范区优势扩展到全域范围，提升广佛同城创新能力。《广佛全域同城化"十四五"发展规划》提出，到2025年，广佛地区生产总值（GDP）要达到5万亿元，研发经费投入强度要稳定在3%以上。

（三）建立常态化党政联席会议协调机制

自实施广佛同城化建设以来，广佛两市对联动社会治理模式进行了探索，构造出地方政府和部门"水平与垂直"相互联系的治理格局，实现跨界、跨区域的合作共治。

广佛两市签订同城合作框架协议后，两地党政部门举行了多次联席会议、协调会议，涉及多个领域和行业。2009年10月，广佛合作举办招聘会，促进两市间人才资源的流通。2011年2月，广佛两市城管部门召开广佛同城协调会议，强化广佛同城化城市管理领域合作，协调解决推进工作过程中的突出问题。同年12月，广佛两市召开农业技术合作座谈会，加强两市对于农业的治理工作。2016年11月，广佛两市开展关于产业合作的座谈会，谋划深度产业合作并达成共识。2017年7月，广佛两市召开互联互通对接会，共同规划两市间的城市轨道网，发挥枢纽服务功能。2021年8月，广佛两市召开关于三防工作的座谈会，双方就防汛抢险救灾物资管理、水雨情监测预报、城市内涝防御措施等问题进行了深入的交流，共同研究探讨做好三防工作的重点和城市之间的合作。两地每年召开一次广佛同城化党政联席会议，形成常态化联席会议制度。"党政四人领导小组—市长联席会议—分管副市长工作协调会议—专责小组"多层次同城化协调机制日趋完善。

此外，作为广佛同城先行区，2016年2月，佛山市南海区与广州市荔湾区正式实施企业登记和财政业务等行政审批服务事项在实体窗口"广佛跨城通办"。这是全国首例行政审批实体窗口"跨城通办"业务，在广佛同城化进程中发挥先行示范作用。其后，南海区不断扩大"广佛跨城通办"区域及行政审批服务事项范围。历经3年的探索，至2019年2月，南海与广州荔湾、白云、花都、南沙、番禺五区实现"自助终端＋实体大厅"通办。

（四）共同推进生态同城化建设

在2009年敲定广佛同城化合作框架后，佛山成立城市建设、交通、产业、环境保护4个专责小组，针对生态环境处理，从3个方面进行整治提升：水资源方面，佛山向广州提供优质水资源包括顺德、三水西江水资源，让半数广州人能用上优质水；河涌治理方面，过去广佛两市都是各自制定治理方案，随着同城化的展开，两市通过联席会议进行协商与协定，将合作治理工作落到实处。2010年9月，广佛两市召开相连河涌河面保洁联系工作例会，确保广州亚运会来临之前切实提升广佛两市的河流治理水

○ 2021年8月17日，南海新交通列车在三山新城试运行。搭乘南海新交通可使用羊城通及广佛通通行，并与广州市公交、广州地铁线网、广佛线实现互联互通。（佛山市新闻传媒中心供图）

平，尤其是确保交界河流清洁。在广佛同城化暨广佛跨界河涌整治联席会议中，广佛两地明确提出加快建立广佛交界水环境整治领导机制、协调机构和联络员机制，进一步完善跨界水污染联防联治机制，尽早纳入广佛同城联席会议的框架中。

此后，广州、佛山两市环境执法部门多次开展联合执法行动，对广佛跨界地区的VOCs排放企业进行执法检查；开展广佛跨界河涌治理联合专项行动等。广佛两市有关部门经常沟通联系，并建立长期合作沟通和行动机制，打好污染防治攻坚战。

（五）加快两地医疗合作

2009年，广州医科大学附属广佛医院在南海区第二人民医院挂牌，广州医学院和南海区第二人民医院在医疗技术、临床工作以及科研教学等方面展开合作。南海区第二人民医院的"平洲模式"，与广州医学院的全科医生"5＋2"培养模式相结合，有利于多个层次的全科医生培养，为社会输送优秀的全科医生，更好地服务两地人民。

2016年，广佛医疗合作迎来了新进展。广东省人民医院南海医院、广东省心血管病医院在南海挂牌，进一步探索广佛医疗服务、公共卫生、临床医学教育与科研合作，实现医疗资源共享，推动广佛医疗高地建设。

2019年，两地实施同城看病同药价政策（广佛药品跨区域联合集团采购框架协议），佛山市民享受到与广州药物同价的政策优惠。广佛两市药品采购量大，两市联合起来，通过规模团购效应，以量换价促进药价降低，减轻人民群众用药费用负担。

医保、社保方面，广佛两地的合作也是成果显著。2009年2月，佛山南海开展的"广佛同城化调研"中，确定把医保社保一体化作为调研重点。"广佛同城化"合作实施后，广州和佛山有关部门签署了《广州市佛山市劳动保障同城化框架协议》，对劳动保障广佛同城化进程达成共识，就两地失业登记、再就业指导、养老保险、失业保险等作出一系列重要部署与安排，实现了就业培训和社会保险信息共享。在两地医保社保一体化的呼吁下，广佛医保同城服务也成功迈出了第一步。2009年10月28日，顺德北滘医院迎来了第一个广州参保就医人员，首次实现了广佛医保同城，广佛两地的医院从此可以为两市社保参保人提供门急诊、住院医疗及特定门诊慢性病等医疗服务。北滘医院与广州市社保系统成功完成联网，使在佛广州人也能实现在家门口看病及享受医疗报销的服务。2020年，广佛两地联合推出"平安佛医保"，标志着广佛医保服务更上一层楼。2021年3月，广佛社保服务迎来了新突破，广州以第三代社保卡发行为契机，率先实现广佛"同城待遇"：第三代社保卡实现了持卡就能乘坐"广佛线"地铁，并享受银行特定优惠；市民通过广州社保卡可激活佛山市图书馆读者证，实现在广州图书馆、佛山图书馆、南海天河城"阅读家"两地双城图书互借互还，广佛两地市民同享免费、便利、标准统一的公共图书馆服务。

（六）联合开展文体建设

广佛两地对于文化建设一直非常关注，文化和体育事业的交流合作是广佛同城化的重要内容。2010年3月，"三水海珠美术书法联展"在广州海珠区文化馆开展。2011年广佛肇图书馆学会联合年会在佛山市图书馆召开，探讨三地图书馆事业的交流合作。自2012年起，广佛两市图书馆通过直播系统将两市图书馆的优质讲座同步直播，至2019年进一步提升，实现两地馆内文献资源共享共用。

2015年5月17日，广佛签署了《广佛区域文化交流合作协议》，搭建共享平台、培养人才、推进文艺创作、打造文艺品牌，进一步提升两地文化竞争软实力。5月30日，顺德"戏曲珠三角洲巡演"首场演出在广州南沙东涌文化中心剧院揭幕，深受广州市民的热烈欢迎。2017年8月，佛山市23个体育场馆正式上线广州市"群体通"全民健身公共服务平台，进一步促进了两地人民的体育与文化交流。2019年1月，广州市人大常委会主任一行到佛山专题调研广佛同城化文化设施建设情况，共同谋划广佛同城文化事业协同发展。同年6月，第二届广佛校园戏剧节暨《岭南英才出少年》粤剧汇演专场在广州粤剧艺术博物馆举行，为来自广佛两地近10所中小学的200多名孩子奉献了精彩表演。2020年4月，"网信佛山"微信公众号、广州日报佛山全媒体传播中心、新花城"广佛同城"频道联合推出"广佛代言人"系列报道，以名人诉说的方式对广佛粤剧文化进行宣传。同年10月19日，广佛首家共建图书馆——广州图书馆南海天河城分馆开馆，实现两地图书馆互联互通。

四、广佛同城化发展的经验和启示

广佛两市结合本地实际，积极探索，务实开展同城化建设综合探索与改革，积累了不少成功经验。

（一）构建同城化党政联席会议机制，强化党政统筹在破解广佛同城基层治理上的重要地位与作用

2021年7月，中共中央、国务院《关于加强基层治理体系和治理能力现代化建设的意见》提出要完善党全面领导基层治理制度、加强基层政权治理能力建设。党委领导、党政统筹和党建引领的社会参与制度，日益成为广佛同城治理的新趋势，基层党组织也已成为破解广佛同城基层治理难题的重要抓手。

在党建引领广佛同城基层治理中，常态化的广佛同城化党政联席会议有效发挥了党的组织优势，将不同部门、不同层级、不同领域的治理主体联结起来，就两地共同关注的建设、治理等问题，打破组织壁垒和领域区隔，实现跨组织、跨领域的行动协同。从2009年开始举行首次联席会议和第二次联席会议以后，逐步形成为年度固定联席会议机制。并且，根据区域发展需要，还延伸出广佛肇经济圈市长联席会议、广佛肇清云韶经济圈市长联席会议等相关机制。

随着广佛全域同城化的不断深入，基层治理出现愈来愈多的新情况、新需求。如"广佛候鸟"①日益增多，广佛交界地区广大社区出现越来越多的非户籍人口，为基层治理增加了不少难度。2022年10月，南海区里水镇建成启用镇级党群服务中心，着力打造广佛同城核心区的标杆性、示范性党群服务中心，充分考虑"广佛候鸟"生活作息，将党群服务中心开放时间延长到晚上9点，每周7天为党员群众服务，使得周边10多万"广佛候鸟"不仅能享受更便捷的政务服务，更能及时参与社区党建及文化活动。

---

① "广佛候鸟"：形容工作在广州、居住在佛山的一类群体。

（二）顺应共建共治共享的社会治理理念，推动广佛社会治理资源整合、力量融合、功能聚合、手段综合

党的十九大提出打造共建共治共享的社会治理格局。党的十九届四中全会进一步确立共建共治共享的社会治理制度。党的二十大站在推进国家安全体系和能力现代化的战略高度，提出要完善社会治理体系，健全共建共治共享的社会治理制度，提升社会治理效能。广佛同城化建设的实践，就是要围绕"共建共治共享"的社会治理新格局，加强社会治理联动，推动广佛社会治理资源整合、力量融合、功能聚合、手段综合。顶层设计方面，广佛同城化党政联席会议的制度化，有利于协调合作过程中存在的问题及督办项目的进展，为跨界合作提供了一定的制度保障。联合立法方面，广佛两地整合两市立法资源，携手打造粤港澳大湾区法治建设高地；医疗协作方面，广佛签署了同心共抗疫情合作备忘录，加强重大疫情防控救治体系和应急能力建设；生态环境治理方面，两市有关部门联合执法，已形成良好的沟通和行动机制。

（三）全面强化交通基础设施对同城化的支撑作用，以两市综合交通互联互通为契机，加速推进"广佛全域同城化"

广佛同城，交通是关键。《广佛全域同城化"十四五"发展规划》提出，展望2035年，广佛两市不仅要实现"广佛同城化"，更要基本实现"广佛全域同城化"，全面打造"一区、三轴、一环"空间格局，建立日趋完善的广佛都市圈轨道交通系统。为实现从"广佛同城化"到"广佛全域同城化"质的飞跃，需要全面持续加强交通基础设施建设，强化机场、港口、轨道和道路衔接联通。道路交通方面，要增强佛山与广州华南公路主枢纽的联系，构建内联外通的综合道路网络，新增两市高速公路通道，大力推进佛清从高速、增佛高速等项目建设。国际航运方面，要持续提升广州白云国际机场、广州站、广州南站、佛山站、佛山西站、广州港等重大枢纽的功能，以及这些枢纽之间的便捷连通性，加快推动珠三角枢纽（广

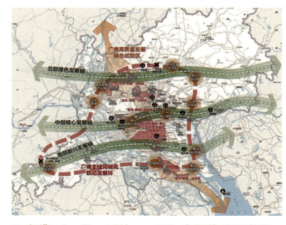

⊃ 广佛 "一区、三轴、一环"空间格局示意图。（佛山市发展和改革局供图）

州新）机场建设，推动航空枢纽30分钟直达中心城区、1小时通达珠三角城市、3小时联通泛珠三角城市。轨道交通方面，深化两市轨道交通衔接，促进干线铁路、城际铁路、市域（郊）铁路、城市轨道交通"四网融合"，构建更加紧密的广佛地铁网络。

（四）不断优化产业结构，提升经济核心竞争力，携手建设具有全球竞争力的现代产业体系和竞争有序的区域大市场

党的二十大报告指出，"建设现代化产业体系。坚持把发展经济的着力点放在实体经济上，推进新型工业化，加快建设制造强国、质量强国、航天强国、交通强国、网络强国、数字中国"。广佛两地的产业结构具有一定的互补性，产业合作协调也呈现出多样化的趋势。进入"十四五"时期，两市的合作从互补模式化产业转变为创新驱动产业，互利共赢仍是目标导向。为持续推进广佛同城化进程，两市应继续优化产业结构，提升经济发展核心竞争力，携手建设具有全球竞争力的现代产业体系和竞争有序的区域大市场，主要包括：携手共建4个万亿级产业集群，深入推动先进装备制造、汽车、新一代信息技术、生物医药与健康产业4个万亿级产业集群发展，切实引导支持相关龙头企业加强合作；加快推进"广佛荟"、广佛大桥、广佛新城等全域同城化标志性项目建设，开创广佛合作交融新局面；携手推动传统产业升级，将数字化、智能化、高端化、绿色化作为提升佛山传统制造业核心竞争力的主攻方向，引导企业集群数字化转型，大力推广工业互联网运用，打造"云"上产业链和虚拟产业园。过去10余年，广佛合作围绕产、城、人、文4个方面展开，在城、人、文3个方面合作较为深入、效果较为显著，如今在粤港澳大湾区建设的背景下，要发挥广佛极点的作用，仍需要在产业的深度合作上有新的突破。

（五）将生态优先理念贯穿到底，尊重自然、顺应自然、保护自然，打造全省生态文明共建示范区

习近平总书记强调，"要让群众望得见绿山，看得见净水，闻得见花香"，在注重产业结构升级的同时，也需要关注与群众身体健康息息相关的生态环境。党的二十大报告提出，要"统筹产业结构调整、污染治理、生态保护、应对气候变化，协同推进降碳、减污、扩绿、增长，推进生态优先、节约集约、绿色低碳发展"。广佛两市历来重视"生态同城化"的建设，在广佛跨界河涌整治提升和大气污染防治等方面不懈努力，如定期召开广佛跨界河涌整治联席会议、河涌河面保洁联系工作例会，两市环境执法部门开展联合执法行动等。新发展阶段构建新发展格局，广佛两地要坚

持走绿色高质量发展之路，将生态优先理念贯彻到底，进一步推进跨界生态环境整治工作。

（六）践行"以人民为中心"的城市发展思想，以改善民生为重点，共建优质都市生活圈，争创城乡区域协调发展示范市

习近平总书记强调，要"坚持人民城市人民建、人民城市为人民"，深入践行以人民为中心的发展思想，想人民之所想、行人民之所嘱，着力打造有温度、有归属感的城市，以实际行动回应人民对美好生活的向往。广佛两市坚持以改善民生为重点，给广佛人民提供了普惠性的公共服务。在医疗保障方面，广佛医疗服务合作让市民不仅享受到更优质的医疗服务，同时在2019年起推行的同城看病同药价政策中享受到与广州药物同价的实惠。在社会保障方面，广佛两地逐步实现信息共享和资源共享。在文化建设方面，也逐步实现"人通""证通""资源通"。

在此基础上，广佛两地应继续深入推进政务服务同城化，加大教育、医疗等资源共建共享；加强公共卫生合作，加强重大传染病防控、突发公共卫生事件应对等卫生应急联动合作；推动文化传承融合，保护好、传承好岭南广府文脉，促进公共文化共建共享，在高质量发展上干出业绩、闯出新路，争创城乡区域协调发展示范市。

农村"三块地"改革激发土地新活力

2015年2月起，佛山市南海区获批为全国33个农村"三块地"改革（农村土地征收、集体经营性建设用地入市和宅基地制度改革）试点之一，也是广东省唯一试点，允许出让、租赁、入股存量农村集体经营性建设用地使用权，实行与国有建设用地使用权同等入市、同权同价等。南海充分利用已有的改革基础和实践经验，推进集体经营性建设用地入市等改革试点工作，激发了农村集体土地新活力，为全省乃至全国城乡协调发展、健全土地法制建设等方面探索出可复制推广的改革经验，被吸收到修订后的《中华人民共和国土地管理法》中，受到自然资源部肯定。

一、南海探索农村"三块地"改革的基础和背景

2015年之前，南海围绕农村土地探索多项重大改革，如股份合作制、政经分离、股权确权等，对搞活农村经济，推动工业化、城镇化发展，乃至为全国破解农村土地问题提供了经验和模式。

按照《中华人民共和国土地管理法》，农村集体建设用地包括农村宅基地、公益性公共设施用地、集体经营性建设用地。随着我国社会主义市场经济的不断深入发展，城乡一体化进程的不断加快，我国的城乡土地所有制二元化结构逐步向城乡用地"同地、同价、同权"靠近。

⊃ 2021年2月26日，南海区村改大攻坚现场会在大沥镇召开。图为村改项目清拆现场。（方智恒　摄）

改革开放后，在相当长一段时间内，围绕土地而展开的改革成为南海农村改革的一项重点工作。1979年起，南海县委贯彻落实党关于农村经济发展的方针政策，放手发展农工商综合经营，激发了农民生产的积极性。1983年1月，中共中央1号文件《当前农村经济政策的若干问题》提出，稳定和完善农业生产责任制，是农村工作的主要任务。南海县委贯彻文件精神，在农村全面推广家庭联产承包责任制。随着农村经济持续发展，以及农业机械化程度不断提高，分散承包的土地逐渐成为制约因素。1987年9月，南海县被确定为全国14个农村土地改革试验区之一，试验主题为"土地制度建设与土地适度规模经营"。从1989年开始，试验区突出抓好土地制度建设，开展土地使用权股份制的试验。1992年下半年，南海在全国率先探索农村股份合作制改革。在试点取得经验的基础上，1993年8月，南海市委①下发《关于推行农村股份合作制的意见》，全面铺开以土地为中心的农村股份合作制试验工作。农村土地股份合作制改革的实施，极大推动了南海的工业化和城镇化进程。

2002年，南海在全国率先开展"三旧"改造，在一定程度上成为农村土地股份合

---

① 1992年9月23日，南海撤县设市。

作制的延续，又与国家土地政策调整的新动向相关。其后南海进一步探索开展土地制度改革的尝试，是基于实际情况、问题导向形成的改革需求。到2007年，南海的土地开发强度接近50%，远超30%的国际警戒线。"三旧"改造为南海探索盘活存量土地提供了一个突破口和现实路径，被称为南海的"第三次土地革命"。同年，南海区委、区政府①出台一系列文件，进一步完善"三旧"改造政策体系。到2014年，南海相继成为全省新一轮深化"三旧"改造综合试点和全国"多规合一"改革28个试点地区之一，继续为全国的土地制度深化改革提供南海思路、南海经验。

2013年11月12日，党的十八届三中全会通过了《中共中央关于全面深化改革若干重大问题的决定》，明确提出要建立城乡统一的建设用地市场，明确了农村土地制度改革的重点和方向。2014年12月2日召开的中央全面深化改革领导小组第七次会议审议了《关于农村土地征收、集体经营性建设用地入市、宅基地制度改革试点工作的意见》，鼓励不同区域进行差别化探索。被称为"新土改"的农村"三块地"改革逐渐拉开帷幕。

2015年2月27日，第十二届全国人民代表大会常务委员会第十三次会议通过《关于授权国务院在北京市大兴区等三十三个试点县（市、区）行政区域暂时调整实施有关法律规定的决定》，授权包括南海在内的33个试点暂停实施《中华人民共和国土地管理法》《中华人民共和国房地产管理法》的6个条款②，按照重大改革于法有据的原则推进农村土地征收、集体经营性建设用地入市、宅基地制度改革试点，原计划为期3年（至2017年12月31日）。

二、南海实施农村"三块地"改革的历程

2015年2月，南海区成为广东唯一入选全国33个农村土地制度改革试点的地区，承担农村集体经营性建设用地入市改革试点任务。

南海农村"三块地"改革于2015年启动，试点期限两次延长，至2019年底收官，历时近5年。改革之初，南海全区土地开发强度已超过50%，且53%的建设用地都来自集体土地。试点探索农村"三块地"改革，是南海区深化农村土地制度改革，推动产

---

① 2002年12月8日，南海撤市设区。
② 暂时调整实施的内容包括暂时调整实施集体建设用地使用权不得出让等的规定（1条）、暂时调整实施宅基地审批权限的规定（2条）、暂时调整实施征收集体土地补偿的规定（3条）。

业升级、城市更新的破题之举。

（一）启动试点探索（2015—2017年）

2015年7月底，省农村土地制度改革试点工作领导小组在南海区召开集体经营性建设用地入市试点启动工作会议，要求南海区充分利用已有的改革基础和实践经验，推进集体经营性建设用地入市改革工作，为全省乃至全国城乡协调发展、健全土地法制建设探索形成可复制、可推广的改革经验。接着，南海被追加了"农村土地征收""宅基地制度改革"两项改革任务，全面实施农村"三块地"改革试点工作。11月27日，南海首宗按农村集体经营性建设用地入市改革试点政策执行的地块[①]在区公共资源交易中心挂牌，标志着该项试点改革进入实质性操作阶段。同年12月，《佛山市南海区农村集体经营性建设用地入市管理试行办法》出台，为加强农村集体经营性建设用地利用管理、规范农村集体经营性建设用地使用权市场秩序提供了政策依据。

南海在试点中提出农村集体经营性建设用地产业载体开发与利用，也就是经认定的出让农村集体经营性建设用地以商服、工矿仓储用途进行开发，促进土地资源的节约集约利用，为土地市场提供了多元化供应途径。截至2016年5月，南海区集体建设用地入市的示范项目有21个，涉及面积1800多亩[②]。其中，星港城是南海改革试点以来按照入市政策认定的第一宗产业载体项目，也是当时南海区规模最大的农村集体经营性建设用地商业综合体开发项目；桂城街道御堡国际商务中心是南海第一个集体经营性建设用地产业载体项目，重点发展高端生物工程和高端医疗产业。

2016年9月，国土资源部到南海调研，肯定南海农村集体经营性建设用地入市改革试点工作"先试一步，积极推进，成效明显"[③]。10月，南海区挂牌成立全国首个集体土地整备中心，并出台《佛山市南海区农村集体经营性建设用地整备管理试行办法》，提出用"托管"形式，对零星碎片的建设用地进行整理，统一招商入市。11月，为进一步拓宽农村集体经营性建设用地融资渠道，规范农村集体经营性建设用地抵押融资管理，南海区出台《佛山市南海区农村集体经营性建设用地抵押融资管理试行办法》。

[①] 首宗出让地块位于大沥镇太平村北海股份经济合作社，面积约28.93亩，建设了一所国际幼儿园。
[②] 付伟、郑可欢：《"入市"释放农地活力》，载《农民日报》，2016年5月27日。
[③] 中共佛山市南海区委党史研究室编：《中国共产党佛山市南海区历史大事记（2012—2016）》，中共党史出版社2018年版，第291页。

2017年8月，南海区出台《佛山市南海区产业用地提升指导意见（试行）》。该意见结合南海产业发展现状，提出进一步优化土地供应方式，全面实行弹性年期出让制度，大力推进"先租后让"的供给制度，建立产业项目准入联审会议制度等。9月，依托整备集体土地，南海区成功引入投资额超百亿元的新能源汽车项目——长江氢动力（佛山）研发中心及整车生产项目。为解决平衡收益这一农村土地改革的关键问题，南海区探索形成城市更新项目自愿申请"集转国"、开发性征地共同开发、基础设施征地按区片综合地价补偿等多种土地增值收益共享机制。

同年11月，南海正式启动农村宅基地制度改革试点工作。随着宅基地改革权籍调查和数据建库基本完成，南海又积极探索宅基地转经营性建设用地等多种统筹利用方式。这项改革涉及70多万村民的切身利益，旨在化解南海区现存的宅基地分户障碍、一户多宅、办证诉求等问题。2018年2月，南海区政府印发《佛山市南海区农村宅基地管理规定》，推进南海区宅基地制度改革，加强南海区宅基地管理，加快推进我区农村新型城镇化建设。农村宅基地的管理和使用坚持规划先行、分区管控、集约节约，按照"一户一宅"、面积合规的原则严格审批，严控增量。5月底，南海区政府印发《佛山市南海区关于推进农村宅基地制度改革试点工作的指导意见》，提出6个方面指导意见，即坚持规划管控和引领，以宅基地用地总规模不增加为目标，严格控制增量，优化盘活存量，提高用地效率；实施资格管理，分类细化，以实现住有所居为前提，规范宅基地取得方式，精准保障居住和财产权益；坚持疏堵结合，正视问题，尊重历史，以解决问题为目标，以经济手段为辅助，优先理顺自住性保障功能的宅基地

○ 2022年6月，南海举办不动产登记"交地即发证"授证仪式，首次推行"交地即发证"服务，使企业可以在确认土地移交的同时取得不动产权证，优化企业办事流程，全面优化营商环境。（彭淑妍供图）

历史遗留问题；立足客观实际，以效率为导向，探索经营性资产功能的宅基地用途转变实施路径，规范经营管理；强化自我管理，放权赋责，以村居自治为主导加强宅基地监督管理，实现日常办理不出村，规范管理不出镇；聚焦节约集约，集聚建设，统筹利用，以改善人居环境为方向，促进城乡融合发展。紧接着，按照区政府的指导意见，南海区迅速出台《佛山市南海区农村宅基地及地上房屋确权登记操作规程》和《佛山市南海区农村宅基地历史遗留问题分类处置实施细则》，规范全区宅基地使用权及房屋所有权确权登记工作，理顺宅基地范围内不动产登记事项存在的历史建成、未批先建、批少用多等历史遗留问题。

（二）试点期限延长（2018—2019年）

2017年10月31日，国土资源部向全国人大常委会作的说明提出，为了进一步深入推进改革试点，更好地总结试点经验，为法律修改打好基础，建议将三项改革试点期限延长1年。11月，十二届全国人大常委会第三十次会议通过了关于延长试点改革截止时间的决定，将试点改革截止时间延长至2018年12月31日。

2018年5月，自然资源部[①]在北京召开农村土地制度改革三项试点工作推进会，肯定南海农村"三块地"改革试点工作是集体经营性建设用地入市的新途径，是统筹推进入市和征地改革的好做法、好经验。在土地入市方面，南海区采用国有土地、集体土地互补的模式，建立城乡统一的建设用地市场，还建立了土地整备中心，创设土地统筹利用模式。其中，工矿仓储和商服用地供应量的70%以上由集体建设用地供给。

这一时期，南海区农村土地制度改革三项试点工作进展顺利。集体经营性建设用地入市改革在入市地块、土地面积、成交总金额等方面的相关数据在全国名列榜首。截至2018年5月30日，南海区共有入市地块88宗，土地面积2472亩，成交总金额达70亿元，抵押融资地块34宗，抵押土地使用权面积873亩，抵押价值36亿元。基于此前的探索经验，南海也在加速推动集体建设用地建设租赁住房等改革工作，完善建设用地使用权转让、出租、抵押二级市场试点工作，增加了试点的延展性，探索出成功经验，得到自然资源部高度肯定[②]。

2018年底，十三届全国人大常委会第七次会议通过关于试点再次延期的审议，将试点时间延至2019年12月31日。自然资源部向全国人大常委会作说明时指出，4年来，

---

① 2018年3月，根据《国务院机构改革方案》，组建自然资源部，不再保留国土资源部。
② 《在佛山市南海区第十六届人民代表大会第四次会议上的政府工作报告》，2019年2月26日。

⮑ 南海区狮山镇莲塘村借助全域土地综合整治，加快推进村级工业园改造，打造新型综合工业园区。
（佛山市新闻传媒中心供图）

各试点地区在坚持"不能把农村土地集体所有制改垮了，不能把耕地改少了，不能把粮食生产能力改弱了，不能把农民利益损害了"的前提下，因地制宜，大胆探索，形成了一批可复制、可推广、利修法的制度创新成果。2019年8月，全国人大常委会通过《关于修改〈中华人民共和国土地管理法〉〈中华人民共和国城市房地产管理法〉的决定》。修改后的两个办法自2020年1月1日起实施。试点改革经验正式以法律条文形式纳入《中华人民共和国土地管理法》，使农村"三块地"改革成果转化为法律依据。

2019年3月，南海出台《佛山市南海区城市更新（"三旧"改造）实施办法》，在全省首创以"工改居"联动改造"工改工"、以房地产业反哺实体经济的模式。

同年11月，区政府召开试点工作推进会，发布实施《佛山市南海区房地一体的农村宅基地和集体建设用地确权登记实施细则》，在全省率先推进房地一体的农村宅基地和集体建设用地确权登记两项试点工作，通过政府主导开展总登记和降低门槛，最大限度化解农村宅基地和集体建设用地确权难题。

截至2019年底，围绕农村"三块地"改革，南海区制定出台近40份文件，形成一整套完备的政策体系。其中，农村集体经营性建设用地入市改革方面形成涵盖入市管理、集体土地整备、片区综合整治、产业载体认定等方面的"1+13"的政策文件体系；农村土地征收方面形成涵盖征收管理、征收程序、补偿标准及安置等"1+7"

的政策文件体系；宅基地制度改革方面形成涵盖宅基地用地审批、规划管控、确权登记、退出补偿等各个环节的"1+N"政策体系。

与农村土地制度改革试点工作同步开展并且联系紧密的是国家新型城镇化综合试点工作①。2015年11月，南海区、狮山镇同时获批为第二批国家新型城镇化综合试点，重点在农民工融入城镇、城市（镇）绿色智能发展、产城融合发展、城市低效用地再开发利用等方面探索新路。2019年6月，国家发展改革委办公厅发出《关于推广第二批国家新型城镇化综合试点等地区经验的通知》（以下简称《通知》），在全国推广南海区等试点工作经验。《通知》指出，在加快推进城乡融合发展上，南海区探索国有土地与集体土地混合出让、产业用地与住宅用地混合出让、出让与流转混合入市，增强村级工业园改造动力，本区70%的建设用地供应来源于存量集体经营性建设用地，推动了农村集体经营性建设用地入市。

（三）改革引向深入（2020—2022年）

⊃ 2022年3月11日，南海区全域土地综合整治攻坚现场会在狮山镇莲塘村级工业园改造项目拆除整治现场举行，各镇（街道）同时启动32个拆除整治项目。（廖明璨　摄）

2020年，南海区以建设广东省唯一的城乡融合发展改革创新实验区②为契机，牢牢抓住土地这个"牛鼻子"，通过"地治改革"，持续向土地要改革红利，推动国土空间再造、城乡空间再造、产业空间再造、生活空间再造、生态空间再造，促进城乡全面融合一体发展。

同年9月，包括南海在内的全国104个县（市、区）和3个地级市启动新一轮农村宅基地制度改革试点工作。2021年4

---

① 国家发展改革委考虑到两项试点工作联系紧密，且33个农村土地制度改革试点中有19个在2014年底已列为第一批国家新型城镇化综合试点，故在2015年把其余14个农村土地制度改革试点全部列为第二批国家新型城镇化综合试点。

② 2019年7月31日，南海区获省批复同意建设广东省城乡融合发展改革创新实验区。

⊃ 2022年1月，南海成为全省唯一以县域为单元的全域土地综合整治省级试点。图为南海区丹灶镇复垦复绿项目完工现场图。（佛山市自然资源局供图）

月，南海召开新一轮农村宅基地制度改革试点暨"一网统管"智慧城市运行管理工作动员会议，部署新一轮农村宅基地制度改革试点任务，探索解决农村宅基地制度中的深层次矛盾和问题，试点时限至2022年底。宅基地制度改革成为新一轮土地制度改革的"硬骨头"。

2022年1月，南海成为全省唯一以县域为单元的全域土地综合整治省级试点。南海农村"三块地"改革被赋予新的内容。南海按照省的要求，围绕试点任务，针对村级工业园拆除改造、集约农用地、整备连片产业用地、低效用地腾退并复垦复绿等工作展开新一轮土地改革，将农村土地制度改革引向深入。3月31日，省发展改革委以《佛山市南海区探索"三块地"改革路径激发农村土地新活力》为题，将南海的试点工作经验做法纳入"广东省城乡融合发展典型做法之十"下发，供各地互学互鉴、共同提升。

三、南海农村"三块地"改革的主要成效

南海作为全国33个试点之一，在农村"三块地"改革试点中，坚持问题导向和底线思维，着力推进政策和制度创新，通过探索集体土地整备、片区综合整治、差别化

土地征收、宅基地统筹利用等一系列做法，较好地解决了集体土地权益保障不充分、征地矛盾多发、宅基地用益物权难落实等问题，为建立城乡统一的建设用地市场、健全严格规范的农村土地管理制度提供了南海方案和样本，进一步保障和提升了农村集体经济和农民的利益，促进了南海乡村振兴。

（一）促进了农村集体建设用地的开发利用

一是率先推进农村集体土地入市改革取得显著成果。相应的政策文件、管理系统、交易平台等规则体系基本完善。入市地块数量、面积及成交总金额等数据屡创新高，在全国33个试点地区中位居前列。2017年，南海按照将华南汽车城打造成爱车小镇的思路，对项目地块以各方份额不变的原则，打破原权属界限，重新划分宗地和确定产权归属，统筹整合土地资源实现连片开发，实施改造的面积超过1万亩，可提供2万个就业机会，每年可吸引超500万人流量。二是农村土地征收改革稳步推进。截至2018年7月，全区协商征地共11个项目，土地面积2565亩；城市更新项目自愿申请土地"集转国"（集体土地所有权转为国有）5个项目，土地面积609亩。三是宅基地制度改革启动后，在分区管控、确权登记、退出补偿等环节形成完善的政策和制度体系，并探索出宅基地转经营性建设用地等多种统筹利用方式。

（二）创新了农村集体土地的使用方式

一是国集互补、租让并举，建立起城乡统一建设用地市场，保障了经济社会的持续发展。集体建设用地的入市形式以租赁为主（占9成），跟国有用地以出让为主形成了错位互补，构建起土地供应新格局。南海以租赁方式入市的土地占89.72%，实现了土地要素灵活配置，推动了新产业、新业态的发展。截至2019年底，南海工矿仓储和商服用地供应量的70%以上由集体建设用地供给，国有用地主要侧重于重大基础设施、重大产业平台和商品房建设。二是分类施策、平衡收益，疏解征地难题，大胆探索推进城市更新项目自愿申请"集转国"、开发性征地共同开发、基础设施征地按区片综合地价补偿等多种土地增值收益共享机制。三是统筹盘活、拓宽思路，鼓励部分富余宅基地转变为集体经营性建设用地，以托管、统租等方式实施规模化经营。

南海推进集约用地的经验得到了省的肯定，并在全省推广。2019年4月，省自然资源厅下发《关于支持产业转移工业园用地提升土地利用质量效益的若干意见》，要求各地借鉴"佛山南海在集体经营性建设用地入市试点工作中总结提炼的集体建设用地托管整备制度，鼓励通过托管方式，由园区管理机构（或委托产业运营机构）为实

○ 南海区桂城街道爱车小镇项目是南海典型的土地碎片化利用样本。（方智恒　摄）

施主体，将园区内产业落后、零星分散的集体建设用地进行整合、土地清理及前期开发，实行统一规划和产业招商，以此实现集体土地的规模化统筹开发利用，提升土地利用效率"。

（三）优化了农村集体土地的管理模式

一是探索集体土地整备制度，实现了集体土地统筹开发。针对农村集体经营性建设用地量大分散、利用低效以及配套设施不足的状况，南海区积极探索农村集体经营性建设用地整备制度，通过成立区、镇集体土地整备中心，配置专门工作人员，以托管方式将符合入市条件的集体经营性建设用地进行整合，以备统一招商入市，实现集体土地的统筹综合开发，提升了土地利用效率。这一探索得到了自然资源部的认可。

二是探索片区综合整治模式，优化了城乡用地结构和布局。结合旧村（居）改造、村级工业园改造提升和产业社区建设等目标和需要，南海区积极探索实施农村片区综合整治，对连片低效的集体土地划定片区范围，通过土地利用总体规划和城乡规划的修改和报批、土地复垦、地类变更、土地权属调整等措施，在片区内重新划分宗地并确定产权归属，统一进行土地前期整理和基础设施配套建设，推动集体土地的连片整合开发。

三是探索差别化审批程序，提高了土地征收效率。为简化征地审批程序、提高征

➲ 2022年3月11日，南海区委、区政府召开南海区全域土地综合整治攻坚现场会。（陈天颢　摄）

地报批效率，南海区探索建立"先许可后实施"与"先协商后批准"并行的差别化征地审批体系。其中，针对线性交通基础设施重点项目征地，采取"先许可后实施"的审批程序，先行办理用地报批手续后组织实施征地，把具体的征地补偿安置等材料与用地报批审查相分离；其他项目则采取"先协商后批准"的审批程序，确保与农民集体达成一致意见。

四是分类确定征收补偿标准，促进了土地增值收益的合理分配。根据具体征地类型，合理确定征地补偿方式和征地补偿标准，在保障国家重大基础设施建设征地项目顺利实施的同时，对因城市规划、"三旧"改造等需求而开展的征地项目，合理测算土地增值收益的分配，充分保障村民利益，从而在交通等基础设施建设征地、产业开发性征地、"三旧"改造自愿申请"集转国"三种征地类型执行不同的征收补偿标准，实现土地增值收益的合理分配。

五是建立宅基地资格权益管理制度，完善了宅基地保障制度和取得方式。在"确权到户、户内共享、社内流转、长久不变"股权固化的工作基础上，南海以"一户一宅、村民自治、实事求是、公平合理"为基本原则，建立农村宅基地权益资格名录库，严格限制准入条件和审批管理，优先满足刚需人口的居住需求，赋予名录库内人员实现"一户一宅"的权益，保障农村居民住有所居。

六是建立规范的审批管理制度，实现全流程规范管理。坚持规划管控和引领，以宅基地用地总规模不增加为目标，开展分区划定工作，科学划定宅基地禁建区、限建区和可建区，配套差异化的管制规则，仅允许宅基地可建区适当增加新增宅基地，严控宅基地总规模。建立宅基地用地审批管理制度，下放宅基地审批权限，提高审批效率。对于申请使用存量建设用地或新增建设用地进行农村住宅的新建、改建、扩建、迁建的情况，若涉及宗地红线图范围发生改变的，应规范报建程序（包括规划报批、施工报备、施工现场管理和竣工验收备案等），严格审核和监督，使农村住宅报建审批流程更加规范化。

四、南海农村"三块地"改革的亮点和经验

南海农村"三块地"改革试点工作起步早、步子大、走得深，探索形成了不少可供全国其他地区复制推广的经验，产生了很大的影响力。

（一）建立了城乡统一的建设用地市场，在"毛地"入市上做了大胆的尝试，积累了经验

一方面，针对全区土地开发强度过大、发展空间不足的现状，南海通过"三块地"改革，让大量权能清晰的农村集体经营性建设用地进入市场，推动实现高质量的土地要素供给，满足市场主体用地需求与农民集体的增值增收期待，为南海城市化发展和产业转型升级提供空间保障。

另一方面，作为"三块地"改革试点的延伸，南海利用建设广东省城乡融合发展改革创新实验区的政策机遇，率先推进"毛地"入市①。按照以往的政策，"毛地"是不允许入市改造的。作为全国试点，南海大胆进行了探索。如2021年4月在大沥镇率先试行的"毛地"入市模式，村集体可以通过土地整理的方式，提前选取新的市场改造主体；市场改造主体也可以在制度性保障土地租约解除或拆除工作完成后直接获得使用土地的权利，提前锁定适合企业发展的土地。随着"毛地"入市有了政策支持和具体指引，集体经营性建设用地入市的标准放宽，市场的疑虑打消，产业升级的空间也得以拓展。试点范围内能够更充分地利用市场力量，盘活土地资源，并对其他众多农村集体土地的改造升级产生积极示范效应。

（二）适时构建了租让并举的土地供应新格局，并由国资主导村级工业园改造，从而能稳步有序推进改革

在尊重农民流转意愿的基础上，南海通过创设集体建设用地租赁使用权，着力完善集体经营性建设用地租赁管理，相对于以公开出让为主的国有土地市场，南海区的集体经营性建设用地以租赁方式入市为主，约占89.72%，与国有土地市场共同构建建设用地市场租让并举的供应格局，实现了土地要素灵活配置，推动了新产业、新业态的发展。

---

① "毛地"入市：指未达到手续齐全（有集体所有权证，没有集体使用权证）或土地上盖建筑物租约未到期的农村集体建设用地上平台招商。

改革后，南海区除作为住宅房地产开发用地须转型为国有以外，大部分产业升级用地、市场用地和城市用地均保留了集体所有性质，用于城市建设的土地有50%~60%都是集体用地。这进一步释放了集体经济的活力。

为新兴产业"腾笼换鸟"，是南海"三块地"改革的重要目的。而这种新兴产业的选择和投产，往往需要一定的前瞻性。在这方面，地方政府可以通过用地发挥引导作用。南海在实施村级工业园改造的过程中，注重以国资带动，确保全区新建的产业载体有一定比例掌握在政府手中，实行"拆""建""储"并重，鼓励集体建设用地转为国有建设用地，从而形成以国资为主导的村级工业园改造格局。这一模式的典型项目是天富科技城。该项目为桂城街道首个"工改工"村级工业园改造项目，由桂城街道公资办下属公司主导，通过向夏南二社区租赁集体土地的方式，将原本业态低端、产值不高的夏南二钢铁市场改造为整齐有序的高新技术产业园区，成为一个集生产、研发、办公、应用、生活为一体的都市型产业园区。至2021年，有包括季华实验室在内的20多家信息技术、生物医药、纳米新材料领域的科技型企业和研发机构进驻。

（三）成立了全国首个集体土地整备中心，在优化土地统筹利用模式、推动集约用地等方面发挥了重要作用

总体而言，农村"三块地"改革就是在保障集体建设用地和家庭宅基地的前提下，发挥集体土地整备统筹利用的效益最大化。南海不仅挂牌成立了全国首个集体土地整备中心，还在镇一级成立了对应的集体土地整备机构。本着村集体自愿的原则，将符合入市条件的集体经营性建设用地以托管或者委托经营的方式，交由整备中心整合后统一招商入市。根据托管合同，村集体在获得集体土地开发收益的同时，向整备中心支付相关托管和经营费用。此外，南海还通过实施地券制度，将不适合提升改造的区域复垦为农用地，腾出的建设用地指标则用于适合改造区域的建设发展。

（四）能够从实际出发，分类施策纾解征地难题，并率先探索出混合开发模式

混合开发是指"产业 + 社区、国有 + 集体、出让 + 出租，以产业开发为主、社区配套为辅"的土地复合利用方式，可实现国有用地和集体建设用地的连片开发。在试点许可的范围内，南海在全国首创混合开发模式，突破了国有用地和集体建设用地置换的操作难题，实现多个开发主体同区域土地无障碍连片置换。混合开发模式在爱车小镇的首次实践，就是国有土地与集体建设用地入市有机融合的有效尝试。

（五）土地"三权分置"有效破解了供需矛盾，开发利用不搞"一刀切"，从而探索出"工改居"与"工改工"联动改造模式

南海农村"三块地"改革切实围绕南海传统产业转型升级对土地的需求，积极探索三权（所有权、承包权、经营权）分置的实践，鼓励部分富余宅基地转变为集体经营性建设用地，以托管、统租等方式实施规模化经营。南海在全省首创以"工改居"联动改造"工改工"、以房地产业反哺实体经济的模式，要求"工改居"项目的改造主体承担一定比例的"工改工""工改绿"等项目的改造任务。同时，联动改造项目不限定在同一更新单元，可在南海全区范围内联动。

通过适当引入房地产开发"反哺"村级工业园改造，可确保在全区层面的工业园改造以"工改工"为主，从而巩固南海制造业发展的根基。这一发展模式的典型项目是大沥全球创客产业中心。该地块原为以铝型材加工、模具加工、废旧金属回收等低端制造业为主的旧工业区，改造后形成一个"众创空间—孵化器—加速器—产业园区"一体的创新创业生态链，具备技术转化、金融服务、孵化加速、设计研发、商住、文化娱乐和运动休闲等复合功能。

广东城乡融合发展改革创新实验区的建设实践

2019年7月，佛山市南海区获批建设广东省城乡融合发展改革创新实验区，成为广东唯一的城乡融合发展改革创新实验区。县域是城乡融合发展的重要平台和关键环节，也是协调新型城镇化与乡村振兴两大战略的交汇点。2023年4月，习近平总书记在广东考察时指出，推进中国式现代化，必须全面推进乡村振兴，解决好城乡区域发展不平衡问题。他要求广东在促进城乡区域协调发展等方面继续走在全国前列。南海探索城乡融合发展的实践和经验，承载着佛山推进城乡高质量发展和乡村振兴的期望，为全省乃至全国其他地区提供"南海经验""南海样本"。

一、南海建设城乡融合发展改革创新实验区的背景

2019年之前的较长一段时间，作为广东"四小虎"之一的南海，以工业化带动城镇化，持续推动以土地制度改革为核心的城乡统筹发展，在土地要素流通、居民户籍制度改革、村（社区）管理体制完善、公共服务覆盖等方面积极探索，走出了一条城乡互动、共同发展的路子，加快了城市（城镇）化和城乡一体化的进程，完成了从传统农业县到工业大区的转变。

随着改革的深入，南海经济社会发展对土地的强大需求与建设用地供给有限之间的矛盾日益凸显。农村集体建设用地特别是村级工业

园的低效，严重制约了南海产业结构优化升级和城乡形态提升，从增量向存量要土地成为南海农村经济突破发展的必由之路。在启动创建广东省城乡融合发展改革创新实验区之前，南海全区土地开发强度已超50%，其中村级工业园612个，占地18.9万亩，占全区工业用地58%，而工业产值却不到10%。产业发展空间不足和土地利用低效，导致重大产业项目落地难、本地优质企业增资扩产难，成为制约产业发展的"卡脖子"问题。

2015年开始，南海作为全省新一轮深化"三旧"改造综合试点和全国33个农村土地制度改革试点之一，承担农村土地征收、集体经营性建设用地入市、农村宅基地制度改革（又称"三块地"改革）试点任务。7月，省农村土地制度改革试点工作领导小组在南海区召开集体经营性建设用地入市试点启动工作会议，要求南海区充分利用已有的改革基础和实践经验，推进集体经营性建设用地入市改革工作，为全省乃至全国城乡协调发展、健全土地法制建设探索形成可复制、可推广的改革经验。

同年11月，南海区、狮山镇同时获批为第二批国家新型城镇化综合试点，重点在农民工融入城镇、城市（镇）绿色智能发展、产城融合发展、城市低效用地再开发利用等方面探索新路。其后，南海通过"三块地"改革，成功试验向存量土地要产业发展空间，不仅吸引了投资额118亿元的一汽-大众MEB电动汽车、投资额110亿元的腾龙

◒ 2009年，佛山被列为省统筹城乡发展综合改革试点城市。随后，佛山加快形成城乡经济社会发展一体化新格局。图为禅城区南庄镇罗南村村貌。

湾区数据中心以及东丽无纺布和水处理膜等一批战略性新兴产业龙头项目落地，也为蒙娜丽莎陶瓷、坚美铝材、南方风机等传统行业品牌的做大做强提供了空间载体。至2019年，南海"两高四新"产业增加值累计达1042.2亿元，千亿产业集群蓄势待发。同年6月，国家发展改革委办公厅下发《关于推广第二批国家新型城镇化综合试点等地区经验的通知》，在全国推广南海区加快农业转移人口市民化、加快推进城乡融合发展和狮山镇加快推动城市高质量发展的试点工作经验。其中，在加快推进城乡融合发展上，肯定南海区探索国有土地与集体土地混合出让、产业用地与住宅用地混合出让、出让与流转混合入市，增强村级工业园改造动力，本区70%的建设用地供应来源于存量集体经营性建设用地，推动了农村集体经营性建设用地入市。

在城镇化发展过程中，南海的城乡二元结构问题日益突出。土地利用碎片化，生产、生活、生态空间分布无序，成为制约南海城乡融合发展的最大瓶颈，直接影响到南海整体人居环境质量。过去重视工业化、城镇化的巨大经济效益，集中农村土地支撑工业化和城镇化建设，对农村发展缺乏针对性、系统性的政策规划和支持，土地指标也基本用于第二、第三产业，农村容貌、环卫、租赁住房等方面的管理缺少制度保障，宅基地建设管理难度大，村民自建住房获取租赁收益，"两违"建筑存量大，"一线天""握手楼"比比皆是。城乡之间道路、厕所、污水处理设施等基础设施的建设和管理标准有着明显差距。

2018年10月，习近平总书记在广东考察时指出，城乡区域发展不平衡是广东高质量发展的最大短板，要下功夫解决城乡二元结构问题，力度更大一些，措施更精准一些，久久为功。

2019年1月，南海区第十三次党代会第四次会议提出，要突出城乡融合构建协调发展新格局，在推动先发地区乡村振兴上先走一步，积极探索城乡融合发展的新路子。2月，南海区政府作出部署，提出要坚持城市治理与乡村振兴并举，破解城乡发展不平衡不充分这一难题，对标最高最好最优，推动城乡深度融合发展。在佛山市委的支持下，南海区委向广东省委提出了创建广东省城乡融合发展改革创新实验区的申请。

南海建设广东省城乡融合发展改革创新实验区，是贯彻落实习近平总书记对广东重要讲话和重要指示批示精神的重要举措，为破除城乡二元结构，推进土地要素市场化配置、促进城乡融合发展探索南海方案。

二、南海建设城乡融合发展改革创新实验区的进程

南海建设广东省城乡融合发展改革创新实验区，自2019年启动，2020年列为"一号工程"，2021年全面推进，2022年全面落实各项重点任务，2023年与"百千万工程"一体推进，实现一年上一个台阶。

（一）获批同意及启动实验区建设（2019年）

2019年7月11日，广东省委全面深化改革委员会（以下简称"省委深改委"）第四次会议召开，研究并原则通过了南海区建设广东省城乡融合发展改革创新实验区的申请。7月31日，省委深改委正式批复同意南海区建设广东省城乡融合发展改革创新实验区。批复指出，实验区建设是推动实施创造型引领型改革的重要举措，是推进粤港澳大湾区建设、构建"一核一带一区"区域发展新格局的具体行动，是加快实施乡村振兴战略、建立健全城乡融合发展体制机制的重要内容，有利于进一步推动解决城乡二元结构问题、提高城乡发展的平衡性协调性，有利于探索粤港澳大湾区世界级城市群城乡高质量融合发展新模式。批复要求南海大胆试、大胆闯、自主改，率先探索建立都市圈城郊经济发达地区城乡融合发展体制机制和政策体系。

自获批建设全省唯一的省级城乡融合发展改革创新实验区以来，南海坚持国资带动、社会参与、连片改造、"混合开发"的思路，将村级工业园升级改造作为高质量发展的突破口。2019年，全区实现清理拆除土地16012亩，超额完成清理拆除村级工业园13620亩的预期目标。

（二）把实验区建设作为"一号工程"（2020年）

2020年1月，南海区第十三次党代会第五次会议明确提出，要将实验区建设作为南海全面深化改革的着力点，围绕腾空间、调结构、转业态、优环境的目标，大力推进连片工业园改造和连片乡村振兴，以城乡融合发展体制机制创新带动各领域改革整体推进。

其后，南海区委、区政府把村级工业园整治提升作为推动城乡融合发展的重要抓手，以"大拆除""大建设"为工作重点，实验区建设初步取得重大成效。南海通过大力推动农村集体土地整备、片区综合整治和"混合开发"，打造支撑高质量发展的现代化工业园区，为制造业发展和优质民营企业增资扩产提供更大空间。与此同时，南海积极谋划打造千灯湖片区、映月湖片区、文翰湖片区等城乡融合发展示范片区，

协同推进连片村级工业园改造、连片产业集聚、连片人居环境整治和连片乡村旅游开发，形成现代都市和田园乡村各具特色、互融互促的城乡发展格局。

9月19日，省委深改委印发《佛山市南海区建设广东省城乡融合发展改革创新实验区实施方案》（以下简称《实施方案》），标志着实验区建设进入全面铺开的阶段。按照《实施方案》，南海区的总体建设目标是到2022年，城乡空间布局将明显优化，城乡高质量融合发展格局初步形成；到2030年，南海将全面实现土地结构优化调整，城乡高质量融合发展格局全面形成。具体目标是到2022年，南海区实施20个城中村改造，建设10个农村居民新型社区；整合9万亩村级工业园区，建设20个千亩连片产业社区，建成5个万亩农业示范片区；归并调整城镇开发边界内全部永久基本农田，腾退生态保护红线内30%不符合管控要求的建设用地。到2030年，基本完成城中村改造，每个行政村都建成农村居民新型社区；将全部村级工业园区归并升级为100个左右主题产业社区，农业全面实现集中连片发展；生态保护红线内不符合管控要求的建设用地全面完成腾退。

为支持南海推进实验区建设，省委深改委赋予南海区8项省级支持事项，包括允许南海区在国土空间总体规划编制期内探索永久基本农田优化布局、探索以县域为单元开展全域土地综合整治等，同时允许实验区"直接复制省其他实验区已获批权限""优先支持实验区复制推广广东自贸试验区改革创新经验"，支持力度之大，前所未有。佛山市委要求南海紧紧抓住这千载难逢的历史机遇，真正把实验区打造成为一个可复制、可推广的样本，在城乡融合发展方面取得新的突破，为南海以及佛山高质量发展提供支撑。

9月27日，佛山市南海区全面建设广东省城乡融合发展改革创新实验区工作推进大会召开，正式吹响攻坚城乡融合改革的号角。作为改革"闯将"的佛山南海，聚焦"土地空间"做文章，着力破解城乡区域发展不平衡难题。会上，南海区委提出把实验区建设作为改革发展的"一号工程"，统领全区各项工作，部署推进重大规划、重大项目、重大平台、重大政策，推动工作项目化、项目清单化、清单责任化，牢固树立"一盘棋"思想，努力将"实验区"建设成为"示范区"。区委强调，要以建设广东省城乡融合发展改革创新实验区为抓手，进行生态、产业和城市布局系统规划，推动城镇、农村、产业和生态合理分区、相对集聚、协调发展，促进城乡高质量融合发展。

佛山市委十分重视和支持南海全面建设实验区，要求南海聚焦《实施方案》中提出的五项重点任务，攻坚克难，在构建城乡空间集聚新格局上下功夫，在构建城乡土地集约利用新格局上下功夫，在构建城乡产业高质量发展新格局上下功夫，在构建城乡生态品质同步提升新格局上下功夫，在健全基层治理服务体制机制上下功夫，在粤港澳大湾区广佛极点建设上下功夫。

（三）全面推进实验区大建设（2021年）

南海区委、区政府期望通过实验区建设，全方位谋划推动城乡建设、产业发展、农村集体经济等各领域系统改革，推动南海高质量发展。为此，南海区委强调，要继续用好改革关键一招，牵住深化改革"牛鼻子"，探索城乡融合发展新路径。

2021年2月，在南海区十六届人大六次会议第二次全体会议上，南海区委、区政府提出实验区大建设、村改大攻坚、产业大招商、交通大会战，建设品质南海、活力南海、幸福南海。为此，南海组织了对城乡融合的巡查，让各个镇（街道）相互学习彼此在工作过程当中的好经验、好做法，取长补短。

8月，在实验区建设迈入两周年之时，省委主要领导作出批示，肯定南海在破解土地利用碎片化问题上，聚焦体制机制创新，统筹推动城乡融合发展改革创新实验区建

➲ 2022年，"醉美南庄"获评省"美丽乡村精品线路"，是佛山市"百里芳华"示范带重要的乡村旅游线路。图为禅城首条乡村水道旅游线路——"紫南船说"水上游。（南庄镇政府供图）

设取得的成效。8月16日，南海区召开推进省实验区建设暨村改大攻坚工作会议，传达学习贯彻省委主要领导对实验区建设工作的批示精神，并对省实验区建设及村改大攻坚工作进行再动员、再部署。

城乡区域发展不平衡是广东高质量发展的最大短板，也是南海高质量发展的最大短板。南海有612个村级工业园，每个面积300亩左右，分布在全区280多个村居。低效能、低租值、土地利用低下的村级工业园，导致城乡发展规划滞后，城乡发展不平衡不协调的问题日益突出。

为了破解历史形成的土地利用碎片化问题，11月，南海在大沥河西片区率先打响全域土地综合整治攻坚战。全区以实验区建设为牵引，以实现产业、城镇、农业农村

◐ 南海不断一体推进广东省城乡发展改革创新实验区建设和"百县千镇万村高质量发展工程"相融合。图为西部片区的桑基鱼塘。（佛山市新闻传媒中心供图）

和生态空间"四集中"为目标,以全空间、全部门、全要素和全周期整治为理念,全面推进全域土地综合整治。

12月,南海区政府印发《佛山市南海区深化土地利用方式改革推动城乡融合集聚发展的若干措施》,提出5个方面措施,包括构建国土空间规划体系,奠定产业集聚基础;实施全域土地综合整治,实现土地集中归并;实施集体土地严格管控,防止土地碎片化利用;灵活创新土地利用模式,促进土地连片利用;建立多项保障体制机制,确保土地连片利用。目标是深化土地利用方式的改革创新,推动城乡融合集聚发展及产业用地成片连片利用,促进实体经济高质量发展。

(四)全面落实实验区建设重点任务(2022年)

2022年1月,南海获批成为全省唯一以县域为实施单元的全域土地综合整治省级试点。以此为契机,南海立足省城乡融合实验区建设的大平台,以"起跑就是冲刺、开局就是决战"的姿态,全面推进全域土地综合整治,取得了一系列成果。

2月,南海区召开推进全面深化改革加快广东省城乡融合发展改革创新实验区建设大会,发布《佛山市南海区推进全面深化改革加快广东省城乡融合发展改革创新实验区建设三年行动计划(2022—2024年)》,提出以广东省城乡融合发展改革创新实验区为平台,全力提升城市功能品质、全域推进土地综合整治、全面提高社会治理现代化水平和全覆盖推进乡村振兴,为推进高质量发展、打造现代化活力新南海提供有力的制度支撑。接着,南海区又出台《关于开展全域土地综合整治促进区域平衡协调发展的指导意见》《关于开展"三券"推动全域土地综合整治的指导意见》,进一步以全域土地综合整治试点为战略支点,深化广东省城乡融合发展改革创新实验区建设,系统集成推进10方面30项改革,推动村社"权责倒挂"和"政府干、群众看"、土地碎片化等长期想解决而没有解决的难题实现重大突破。

12月,南海召开全域土地综合整治攻坚阶段成果展示会。截至2022年12月16日,全区在建设用地整理方面,完成村级工业园拆除改造1.06万亩(历年累计拆除6.78万亩)、村级工业园综合整治4.06万亩(历年累计整治13.07万亩),连片产业用地整备8613.2亩,低效建设用地腾退并复垦复绿5051.4亩,产业保障房建设116.5万平方米;在农用地整理方面,完成新增耕地及垦造水田2784.7亩,集约农用地1.18万亩,划定农业生产保区18万亩,打造5个万亩核心农业产业示范片区,面积合计约8万亩;生态用地方面,完成万里碧道南海段建设达21公里,高质量建设8个万亩公园、4个千亩公园,精细修复20个河心岛。

○ 佛山持续加强交通基础设施建设，通过交通互联互通推动城乡区域协调发展。

经过3年多的建设，南海全面落实实验区建设重点任务。《实施方案》提出的主要目标任务，绝大部分提前1年完成，初步形成了城乡高质量融合发展的新格局。区委提出，南海要继续围绕破解土地利用碎片化难题，加快推进实验区大建设、村改大攻坚，再造高质量发展新南海，努力为全省城乡高质量融合发展创造更多新鲜经验。

（五）以"百千万工程"深化实验区建设（2023年至今）

2023年，南海区贯彻落实省委、市委工作部署，出台《关于推进"百千万工程"深化省城乡融合发展改革创新实验区建设的实施意见》，把实施"百县千镇万村高质量发展工程"与省实验区建设融合起来、统筹推进，抓实区内协调发展、老旧区域振兴、薄弱村社发展和对外帮扶合作，着力打造中国式现代化城乡区域协调发展的南海样板，目标是到2035年，城乡区域协调发展水平走在全国同级地区前列，率先实现更高水平的现代化。为此，区委、区政府提出，要坚持规划引领，优化城乡布局；坚持制造业当家，推进产业协同发展；坚持为民惠民，推进社会治理和公共服务均衡发展；坚持文化赋能，提升城乡区域文化凝聚力；坚持生态优先，全面提升环境品质。

南海区以落实"百千万工程"为契机，推动更高水平、更高质量的城乡融合发展，努力在城乡区域协调发展中走在前列、作出示范。

三、南海建设城乡融合发展改革创新实验区的做法

南海建设广东省城乡融合发展改革创新实验区，着力在国土空间规划、土地制度创新、立体交通和工业园区建设等方面下功夫，加强区镇联动，打造城乡融合发展标杆区域。

（一）科学构建规划体系，引领产业用地集聚开发

为贯彻落实佛山市委关于构建城乡空间聚集新格局的要求，南海加强规划统筹力度，科学构建国土空间规划体系，以"四集中"[①]战略为引领，科学划定"三区三线"，框定城镇开发边界；坚持"像保护耕地一样保护工业用地"的底线思维，全区划定不少于190平方公里工业用地红线，谋划产业空间集聚，划定10个以上万亩产业用地集聚区，严格落实"进一改一"[②]原则。同时，制定村级工业园升级改造空间与产业规划，通过土地空间重构，形成土地与产业相互协调促进的城乡一体化土地利用体系。

（二）以"三券"制度推动全域土地综合整治

全域土地综合整治，是南海区建设广东省城乡融合发展改革创新实验区的重要内容，也是重要的战略支点。为此，南海贯彻生态优先这个发展理念，坚持生态优先、绿色发展，强化环境系统治理，构建城乡生态品质同步提升新格局。通过建立腾退"一张图"，全面调查识别区内零碎分散的低效建设用地，以及生态保护红线和"蓝线"内土地情况，划定腾退区，制定1万亩腾退复垦复绿任务清单，腾退形成的建设用地指标及规模优先用于保障连片产业发展需求。

为建立利益平衡机制，南海区进一步完善"地券"制度，建立周转"指标池"；建立"房券"制度，强化产业用地升级改造或退出的内生动力，保障农村集体土地所

---

① 国土空间总体规划"四集中"战略以识别低效分散建设用地范围为基础，引导生态空间相连成网、农业空间集中连片、城镇空间分片融合、产业空间集聚入园，分类划定集聚空间。
② 现状工业用地按照"进一改一"的规则进行管理，满足"先增后减"的条件后可转为非工业用地功能，引导集聚区外零散工业用地向产业集聚区内集聚，促进工业集聚连片，形成规模效应和集聚效应。

⊃ 2022年，高明区投入2.1亿元，推进"凤鸣朝阳"乡村振兴示范带"万亩稻田、万亩花卉、万亩坚果"三个"万亩工程"。图为高明万亩稻田一角。（高明区财政局供图）

有权人可持续收益；建立"绿券"制度，鼓励边角地整治探索，实行用地指标奖励，提升城市生态品质。同时，创新"征改并用，以改促征"的土地征收制度，按照产业发展需要，征收"三旧"用地占比达到60%以上的连片产业社区，不区分土地现状和规划，而是按照确定的用途比例（公共设施40%、工业30%、居住20%、商业10%）征收，参照"三旧政策"折算土地补偿款，以平衡土地收益，降低土地征收难度，推动产业社区土地连片征收。

南海以"三券"制度推动全域土地综合整治，入选"中国改革2022年度地方全面深化改革典型案例"。

（三）加快打造城乡融合发展标杆区域

获批建设省实验区后，南海首先从"城不城、乡不乡"的现状破局，围绕"实施一个提升、推进两个连片、构建三个格局"①的思路，突出重点、深化改革，努力让南海"城市更城市、乡村更乡村"。

---

① "实施一个提升"是指提升城市功能，增强城市对乡村的辐射带动能力；"推进两个连片"是指协同推进连片工业园区改造和连片乡村振兴；"构建三个格局"是指构建党建引领基层治理再造新格局、基础设施建管一体化新格局和基本公共服务均等化新格局。

接着，南海以空间重塑为核心任务，进一步深化农村土地制度改革，抓住国土空间规划编制试点、探索以县域为单元开展全域土地综合整治试点的机遇，对南海国土空间进行一次结构性大调整，推动城镇、农村、产业和生态合理分区、相对集聚、协调发展，打造若干连片工业、农业聚集区，构建"一轴一核两带"①空间格局。

通过实施"交通大会战"，南海加快构建广佛一体、多网合一、高效畅通的现代化立体交通体系，打造244平方公里的城乡融合发展标杆区域，在土地集约利用、公共服务提升、基础设施完善、资源聚集发展、城乡环境优化等方面强化引领和支撑作用，带动全区城乡高质量融合发展。

（四）推动建设若干个万亩级产业园区

产业是城乡融合发展的基石。南海在加快产业结构优化升级，构建城乡产业高质量发展新格局上，大力推进村级工业园升级改造，坚持以工改工、工改产为主要方向，加快建设一批千亩以上连片产业园区，推动建设若干个万亩级产业园区。为此，南海开展国家先进制造业和现代服务业融合发展试点，做强战略性支柱产业集群，加快构建"两高四新"现代产业体系。

同时，探索建立"政府管控、国企主导、市场化运作"模式，区政府直接授权同意区、镇（街道）全资国有企业一二级开发和园区运营联动的特许经营模式，吸纳社会资本入股联营，实施"一园一国企一平台"策略。允许国有企业和社会资本以合资、合作包括BOT（建设—运营—移交）、BLT（建设—租赁—移交）、LBO（租赁—建设—经营）等具体形式参与基建项目开发，建立"混合公司制"园区管理模式，由镇（街道）和区属国企主导，联合统一招商引资、统一基建配套、统一运营管理的新体制，发挥各方优势，共同推进产业用地连片开发。

（五）成立专责组推动大胆试、大胆闯、自主改

实验区建设既是攻坚战，又是持久战，需要体制机制创新的突破。一方面，省委深改委赋予"允许直接复制省其他实验区已获批权限""优先支持实验区复制推广广东自贸试验区改革创新经验"，为南海的实验探索提供了政策协同保障。在省、市的支持下，南海把实验区建设作为南海发展全局的一号工程，努力将"实验区"建设成为"示范区"，并围绕实验区建设的主要改革领域，成立了9个专责组，分别由区领导

---

① "一轴一核两带"：千灯湖城市发展轴、狮山制造业创新核心区、广佛同城示范带和西部生态示范带。

任组长，负责推动具体任务落实，同时制定了国土空间布局调整、连片村级工业园改造、城乡产业升级等9项具体工作方案，大胆进行改革。

（六）推动镇（街道）争当大湾区城乡融合最佳样板

南海区委、区政府提出，要以实验区建设为契机，加快打造让城市更城市、乡村更乡村的大湾区城乡融合最佳样板，构筑近悦远来的品质之城。随着实验区建设不断引向深入，南海区各镇（街道）对自身在实验区建设中的定位和方向也愈加清晰。

丹灶镇提出"建设国家先发地区城乡融合示范区先行镇"，着力推动"一岛、两湖、十里"片区建设，打造金沙岛、翰林湖、仙湖3个城乡融合示范区。同时，通过"连片村级工业园改造"和"连片乡村振兴"，使仙湖片区发展为城市配套完善的科研中心。

大沥镇通过南海国际会展中心项目打造全新的会展经济业态，为传统产业转型升级赋能，并利用"土地整备、联动改造、混合开发、毛地入市"等政策，腾退出连片开发空间，推动千灯湖北延过河和广佛新城的建设。在城市中轴的建设上，大沥率先推进"三旧"改造的拆除和整理工作，进一步加大土地整理力度，全力做好城市空间、产业空间、生态空间、生活空间的重塑。

西樵镇明确要从粤港澳大湾区建设大格局出发，在建设成为全域旅游发展引领区、产业转型升级示范区、绿色生态发展标杆区、城乡融合共治先行区的过程中，落实好乡村振兴，谋划城乡融合发展。为此，西樵镇大力推进连片改造，破解土地资源紧张、产业空间有限等难题，重塑环西樵山片区的生产、生活、生态空间。同时，以西樵农村综合性改革、村级工业园改造、土地制度改革为重点，推动西樵一二三产业深度融合，特别是西樵山风景名胜区、国艺影视城、渔耕粤韵文化旅游园等在发展自然景观游、文化影视游、农业体验游等方面展开探索。

⮕ 党的十八大以来，佛山大刀阔斧推动城市升级、村级工业园改造、乡村振兴等事业发展，书写城乡融合高质量发展新篇章。图为宜居宜业的佛山新城。（《佛山日报》记者吕润致 摄）

九江镇全速建设"南海区城乡融合发展先行区"，以东丽（佛山）基地建设为契机，瞄准环保型、创新型、功能型材料行业精准发力，致力打造珠西新材料产业高地。

狮山镇围绕城乡高质量融合发展的目标，通过盘活低效产业用地，实行"大拆除、大整治、大建设"，为制造业高质量发展提供广阔的腹地空间，笃定心志发展制造业，扛起村改大旗，努力打造成为湾区产业高地、广佛西部枢纽、佛山科创新城，助力一流营商环境的营造。同时，着眼于打造佛山城市副中心、佛北中心，狮山镇通过空间融合、产业融合、生态环境融合、基础设施融合、公共服务融合五大路径，推动要素资源在城乡之间的自由流动。

桂城街道提出，要在"十四五"时期（2021—2025年）成为"粤港澳大湾区城乡共融的高品质现代化新城区"，包括在滨河景观带营建开放连续式亲水空间，为广大市民提供高品质的公共休闲滨水公园，进一步提升南海城市形象。

里水镇以"建设南海区城乡全面融合发展标杆镇，打造粤港澳大湾区最美岭南水乡"为目标，以"环境共美、产业共融、家园共管、服务共享"四共理念为导向，推动城乡环境、产业、治理、服务等全面融合，着力打造"党建引领、三园（田园、公园、家园）三治（自治、法治、德治）"的城乡融合发展模式，不断擦亮"梦里水乡"品牌。

四、南海建设城乡融合发展改革创新实验区的成效

经过几年的探索实践，南海建设广东省城乡融合发展改革创新实验区取得显著成效，促进了城、产、人、文的深度融合发展，有力推动了现代化活力新南海建设。

（一）优化了土地资源空间配置

围绕破解土地利用碎片化难题，南海通过体制机制改革创新，以全域土地综合整治为抓手，以村级工业园改造提升为突破口，探索实施集体和国有建设用地"混合开发"模式等，进一步完善了集体土地连片整合开发制度体系，发挥了集体土地整备中心的作用，推动了土地连片开发；建立健全了生态用地腾挪动力机制，生态用地修复和生态公园建设形成良好的局面。这使土地资源配置效率和产出效率得到提升，从而有效促进了南海的城镇化质量提升与区域协调发展。

（二）带动了产业高质量发展

南海探索城乡融合发展改革创新，有效激发了城乡高质量发展的动力和活力。破

解土地利用碎片化问题，为南海城市建设、产业发展奠定良好的空间基础，带动了产业高质量发展。在点上，南海建设了一批具有示范效应和带动能力的典型项目，如桂城爱车小镇，通过在全国首创"混合开发"模式，实现村集体收益增长4倍，可提供就业岗位2万个，为全省"三旧"改造提供了经验借鉴。在面上，南海以实验区建设为引领，带动土地、产业、民生等方面多项重大改革项目向纵深突破，形成整体推进、协调联动的全面深化改革新格局。

在实验区建设过程中，南海坚持将"村改"、全域土地综合整治腾出的建设用地空间，优先满足现有企业增资扩产需求，同时，下大力气开展大招商、招大商，推进工业上楼、产业进园。2019年起，南海区锚定"两高四新"①现代产业体系，将新能源、新材料、新型生物医药、新一代电子信息产业作为重点发展方向。2020年至2022年9月，南海区引进超亿元项目281个，计划投资额达2268.71亿元，落户南海的世界500强投资项目累计达43个。至2023年3月，南海引进7个超百亿元新能源项目，打造千亿氢能产业集群，投资总额近1300亿元，氢能产业发展走在全国前列。

（三）推动了城乡融合发展体制机制创新

南海以抓改革、促转型为工作主线，着力破解体制机制障碍，灵活用好省赋予实验区的8项省级支持事项，以推进城乡融合发展为主题、土地要素融合机制为重点，持续健全城乡要素市场化配置、城乡空间集聚、"三旧"改造三大政策体系，联动创新城乡产业发展、社会服务、文化建设、公共基础设施建设管理维护等方面的融合机制，构建系统集成的城乡融合发展体制机制，形成既有南海特色又可复制可推广的制度创新成果，可为全省提供经验借鉴。

（四）促进了城乡融合发展和乡村振兴

2022年，南海区城乡融合发展步伐加快。乡村振兴取得积极进展，累计完工乡村振兴项目1894个，完工率超92%。成功创建全国乡村治理示范镇1个、省乡村治理示范镇4个、省乡村治理示范村16个。深入开展农村人居环境整治，提升改造各类农村公厕50个，全面完成田间窝棚整治。创新落实财政奖补村级资金竞争性分配，统筹设立1亿元的乡村振兴建设引导专项资金，促进集体经济组织可支配收入总额比例占20%以

---

① "两高四新"：高技术制造业、高品质服务业，以及新能源、新材料、新一代电子信息、新型生物医药。

➲ 佛山以头号力度推动实施"百千万工程",推进城乡区域协调发展。图为三水区白坭镇沙围村风景。(王澍　摄)

上投入乡村振兴,人居环境共建共治氛围更加浓厚。探索新型农村社区示范标杆村建设,推进新型农村社区建设试点。乡村精品"四小园"①建设成效明显,全年新建农村"四小园"4300个,超额完成年度目标。农业产业激活新动能,推进农业用地集约整备三年行动,完成集约整备农业用地11843亩和5个万亩农业示范片区总体规划编制,成功申报创建南海区国家现代农业产业园。

五、南海建设城乡融合发展改革创新实验区的经验

南海建设广东省城乡融合发展改革创新实验区,注重体制机制创新,发挥"党建+城乡融合""大数据+城乡融合"的效能,围绕"城""产""人""文"等核心要素,着力破解城乡发展不平衡这一短板,造就了多份可供复制推广的经验模式和样本。

(一)以"党建+城乡融合",构建了"一核多元、简约高效"的党建引领基层治理体系,有效解决以往"政府干、群众看"的难题

南海的发展不平衡不充分,主要短板在农村。南海区在建设广东省城乡融合发

———————
① "四小园":小菜园、小果园、小花园、小公园。

展改革创新实验区的进程中，积极探索党建引领乡村治理的新路子，以"三级党建网格"推动治理格局重构，加大党员和群众参与力度，改变了以往"政府干、群众看"的局面。2022年，南海区出台《关于坚持和加强党的领导规范经济社一级队伍建设的实施意见》《南海区开展党建引领乡村治理试点实施方案》等一系列文件。作为党建引领乡村治理试点地区，南海区坚持大抓基层、大抓支部、大抓队伍、大抓服务，不断提高党的建设质量，着力构建"一核多元、简约高效"的党建引领基层治理体系，全面提升基层党组织领导力和组织力，为深入推进广东省城乡融合发展改革创新实验区建设等深层次改革提供有力的组织保障。镇（一级）作了有益的探索和尝试，如九江镇构建党建网格"三单制"，实现治理与服务清单化管理；里水镇提出"党建星期二"工作制度，打造高密度联动融合镇村党建体系。

同时，南海区重视发挥党员干部的先锋模范作用，在夯实城乡融合治理根基的同时，推动全区党员干部到建设一线、"村改"攻坚一线发挥示范作用。为了打赢"村改"攻坚战，南海7个镇（街道）签下"军令状"，由主要领导负责。南海开展村级工业园改造后，累计拆除4.8万亩村级工业园，启动建设2个万亩和20个千亩连片现代主题产业园，累计新建成产业载体超2291万平方米，全域土地综合整治取得重大成果，为下一步的产业集聚和空间重塑、推动城乡高质量融合发展创造了条件。

（二）以"大数据＋城乡融合"，借助"城市大脑"，从而促进城乡基层治理要素的合理流动和高效配置

南海以创建广东省数字政府城乡融合发展示范区为契机，构建以"城市大脑"为核心的数字政府工作体系，助力城乡治理，推动城乡基层治理要素的双向流动、功能互递、优势互补，从而形成高效能的数字化治理体系。南海"城市大脑"以海量数据为基础，搭建了"1＋3＋N"[①]数字政府建设架构，实现数据要素驱动下的数字化治理，打破城乡治理空间的多重限制，使资金、人才、科技、公共服务等要素在城乡之间加速流动和有效转化。

---

① "1＋3＋N"："1"指统一一套建设标准，"3"指构建区、镇（街道）、社区三级基础平台，"N"指建成产业经济、城乡融合、智慧民生、社会治理、应急管理、政务服务等一批综合性专题应用。

◐ 顺德着力提升城市品质，让市民获得感、幸福感成色足，更是在为顺德"引流"，构建完整的"城市生态链"。图为顺德区大良街金凤凰广场。（《珠江商报》记者林安迪 摄）

（三）从片区入手，借力土地改革，促进城乡建设与产业发展相协调，从而形成"三大模式"和"两个样本"

南海从片区入手，推动城乡融合，形成了"三大模式"。一是让乡村融入城市的"城乡带动型"，比如千灯湖片区、大沥中轴片区、映月湖片区、文瀚湖片区。二是实现乡村生态文化和城市产业服务融合的"城乡互促型"，比如一岛两湖十里片区、环西樵山片区、南国桃园片区、九江滨江片区。三是突出产业和城市共生共荣的"园城共荣型"，示范区包括西站枢纽新城片区、里湖新城片区。

为统筹推进新型城镇化战略和乡村振兴战略，促进城乡融合发展，2022年3月，广东省发展改革委梳理总结省内形成的系列做法，总结了两个南海的样本，一个是"佛山市南海区丹灶镇念好城乡融合'三字经'走出高质量发展新路径"，另一个是"佛山市南海区探索'三块地'改革路径激发农村土地新活力"。

1. 佛山市南海区丹灶镇念好城乡融合"三字经"走出高质量发展新路径。丹灶镇以南海区建设广东省城乡融合发展改革创新实验区为契机，以"建设高质量全面发展标杆镇"目标统筹全镇发展，全面实施"三集中、三活化、三提升"，积极探索城乡高质量融合发展路径，打造国家先发地区城乡融合示范镇。一是推动"三集中"（人口向城市集中、工业向工业园集中、农业向现代农业产业园集中），再造城乡发展空间格局。二是狠抓"三活化"（生态活化助推产业重塑、古村活化留下乡愁、文化活化提升核心自信），丰富城乡发展品质内涵。三是全域"三提升"（党建引领促善治，实现城市向农村的熟人社区及生态环境提升；突出重点抓整治，实现农村向城市的基础配套及卫生水平提升；连片打造抓示范，实现城市农村整体提升），实现城乡发展高度融合。

2. 佛山市南海区探索"三块地"改革路径激发农村土地新活力。南海区在农村土地制度改革三项试点中，坚持问题导向和底线思维，着力推进政策和制度创新，主要通过探索集体土地整备、片区综合整治、差别化土地征收、宅基地统筹利用等做法，较好解决了集体土地权益保障不充分、征地矛盾多发、宅基地用益物权难落实等问题，为建立城乡统一的建设用地市场、健全严格规范的农村土地管理制度、实施乡村振兴战略、建设美丽乡村积累了较好经验。

（四）以体制机制改革创新破解城乡区域发展不平衡的短板，重视发挥政策威力和市场作用，重点围绕城产人文融合做文章，从而增强发展的动力和活力

改革创新是破解城乡二元结构的动力和方式。作为广东省城乡融合发展改革创新实验区，南海围绕"城""产""人""文"等核心要素，立足建设现代化活力新南海，对城乡各项改革进行系统梳理和集成提升，推进城乡融合发展体制机制改革创新，着力破解城乡发展不平衡这一短板，为全省城乡融合发展探索经验。

在推动改革的过程中，南海重视政策先行、释放红利，调动市场和土地权属人的积极性，促使社会各界共同推进城乡融合发展。在改造思路上，南海从最初的零散改造逐步走向连片改造，更加强调以点带面、连片开发、示范引领；改造用途逐渐由单一用途走向综合性开发。为强化土地统筹发展，优化土地资源集约利用，推进城市空间集约开发，南海区以城乡融合发展示范区为抓手，重点推动连片改造，力求形成规模成片、公共优先的改造空间格局，进一步提升城市品质。

南海探索城乡融合发展的历程，既是南海破解城乡二元结构、拓展城市发展空间，同步推进乡村振兴，实现城产人文融合的历程，也是推动产业转型升级、实现产业再造和产业集聚的过程。南海在率先破解城乡二元结构的问题上形成了一些可资借鉴的方式。一是打造生态宜居、宜业、宜游的优质生活圈，破解"城中村"等问题。二是探索"村改居"的新路径，在广大农村社区走出一条城乡一体化的新路径。三是引导农民自愿将集体土地转为国有土地，优化推进城市化进程。

商贸流通

佛山

"以桥养桥、以路养路"投融资模式创新

率先取消购物票证和首创开架式销售

"以桥养桥、以路养路"投融资模式创新

　　"要想富，先修路""路通财通"，这是改革开放后佛山地区在全国率先富起来的经验之谈。然而，要大量兴建路桥，首先必须解决资金来源问题。1981年起，在省委、省政府的领导和直接推动下，佛山在广珠公路建设上探索实践"以桥养桥、以路养路"的投融资模式创新，在全国率先实行"贷款修路、收费还贷"的做法，打开了佛山路桥建设和城乡发展的新局面。1986年起，佛山将这一模式引入高速公路建设，建设广东省第一条高速公路——广佛高速公路，在全国开创了"以桥养桥、以路养路"建设高速公路的先河，逐步建立起"国家投资、地方筹资、社会融资、利用外资"的多层次交通投融资体制，同时也启发了佛山在水、电、通信等其他基础设施建设领域投融资模式的创新应用，加速了佛山经济和社会各项事业的腾飞。

一、佛山"以桥养桥、以路养路"模式创新发展历程

　　改革开放之初，地处珠江三角洲腹地的佛山地区，交通条件仍较为落后。民间戏称："来到佛山就没条好路。"1979年末，佛山市公路通车总里程仅1534.9公里（按现行佛山市行政版图范围内统计）。河涌水网遍布城乡，车辆排队待渡成为当时交通最为突出的问题。这种情况在全省也很普遍。在广东省率先提出"贷款建桥，收费还贷"的路桥建设投融资政策指导下，佛山以先行一步的胆识，抓住机遇，开

始各种筹资方式的探索，拉开了全面加快佛山交通基础设施建设的序幕。

（一）改渡为桥，试水路桥建设收费还贷（1981—1985年）

改革开放之初，公路桥梁交通的不便，是包括佛山在内的广东各地经济发展的"瓶颈"。"路通财通"，意味着经济的发展需建立在商品流通发展的基础之上，而商品流通又以交通运输为前提。彼时，广深、广珠、广湛等主要公路渡口多而等级低，塞车现象非常严重，特别是广湛公路佛山境内的九江渡口，每日交通量超过1万车次，成为广东堵车现象最突出的渡口之一。这种拥堵状况，阻碍了经济联系，导致商品不能顺畅运输和流通，极大制约了佛山乃至整个广东的经济发展。

为扭转渡口阻塞的严重状况，在省委、省政府及省交通主管部门的直接推动下，佛山各级进行了大胆探索和研究，全力支持由省统筹在经过佛山地区（含顺德县、中山县）的珠江口西岸主要通道——广珠公路（105国道）的4个渡口改渡为桥，分别修建三洪奇大桥、细滘大桥、沙口大桥和容奇大桥，并于1981年率先提出"贷款修路、收费还贷"的设想。经过系统的规划，在珠江口东岸主要通道——广深公路（107国

⊃ 1984年11月，顺德容奇大桥通车。

道）的2个渡口（东莞境内）修建中堂大桥、江南大桥，按照上述投融资模式同时推进。

1981年8月，广东省公路建设公司与澳门南联公司在广州东方宾馆签订《关于贷款建设广珠公路四座大桥协议书》。这是中国第一个"贷款修路、收费还贷"的协议书，由省、市自筹资金8000万元人民币，澳门南联公司投资（贷款）1.5亿港元，利息按年利率6%计算，自1984年9月1日起开始计息，分10年还清本息，并协定建成后收取车辆通行费以偿还贷款。由此，广东在全国开创了"以桥养桥，以路养路"的先河。

1984年1月1日，广深线中堂大桥首先建成通车，成为全国首座收费通行的路桥。同年，三洪奇大桥、细滘大桥、沙口大桥、江南大桥和容奇大桥相继建成通车、收费还贷。广深、广珠两条公路实现无渡口通车。11月25日，广珠公路容奇大桥举行隆重的通车典礼，标志着首批以"贷款修路，收费还贷"模式修建的6座大桥全部落实建成及运营。广东省和广州市、佛山市、珠海市、中山市和顺德县党政代表，港澳知名人士柯正平、叶锋、霍英东、马万祺、何鸿燊等及民众近千人参加了典礼。交通部发来了贺信。在剪彩仪式上，广东省委第一书记任仲夷、港澳知名人士代表霍英东先生等作了讲话，祝贺广珠公路4座桥（三洪奇、容奇、细滘、沙口）先后建成通车。任仲夷对这种"以桥养桥，以路养路"的融资方式进行了肯定和赞扬，认为这"在广东交通事业发展史上，是一件很有意义的事"[1]。容奇大桥后来还荣获了1987年度优质工程国家银质奖章。

以此为契机，佛山积极探索各种筹集社会资金兴办交通事业的新形式。1984年5月10日，经省政府同意，佛山以发行股票[2]的形式，筹资2600万元兴建位于佛山市区西部的广湛过境路段及与之配套的重要工程——佛山大桥。

在修建佛山大桥之前，大量的过境车辆通过原来的汾江桥经过佛山市区，而原来的汾江桥不跨铁路，从广州来的车要经过铁路，火车一来，就要关闭闸口，火车一过去，才开闸，两边才能走。佛山市委经过调查研究，下定决心修建一条北至谢边立交、南至澜石大桥，横跨佛山、广州的"跨境路"，并且修建跨铁路的立交桥。同时，市委、市政府决定依靠自筹资金，采取向民间群众集资的办法来修桥。

5月26日，佛山开风气之先，率先成立佛山市信托投资总公司，通过发行股票，吸收群众参股。具体入股办法为：投资入股期限分为1年、3年两种，每股股金100元，单

---

① 周珺：《风起潮涌的广东城乡改革》，中共党史出版社2016年版。
② 虽然形式上为发行股票，但因为给付固定利息，实际上为类似有价债券的集资方式。

位或个人均可入股，股数不限。实行入股自愿，退股自由，保本保息，盈利分红。每年由公司给入股人以不低于银行同档次的定期存款利息的股息，每年根据盈利情况按投资股金分红。为保障入股人的经济利益，公司不论盈亏，均保证入股人收回本金及股息。在6月21日至7月31日的首期招股集资中，全国有20多个省市的群众参股，共集资2200万元。佛山市委、市政府决定将这批资金用于发展能源、房地产和兴办骨干企业、改造中小型企业。这引起了理论界的一些争论。为了统一认识，佛山市政府于9月6日至7日召开佛山市社会集资理论研究会，邀请暨南大学、中山大学的专家教授和省体制改革办公室领导参加会议。与会人士对佛山成立信托投资公司的作用、性质和方向进行了理论探讨和分析，最后肯定佛山成立信托投资公司的必要性，认为符合马列主义原理中关于商品、货币的理论，符合社会主义原则，也符合党在现阶段的政策①。

同年12月，国务院主要领导在《关于沿海地区经济发展的几个问题》中，肯定了广珠公路三洪奇、沙口等大桥集资修桥修路的做法，认为这种集资修桥、收费回收投资的办法"为今后公用事业的投资开辟了一条新路"。在肯定广东佛山等地实践经验的基础上，国务院批准出台"贷款修路、收费还贷"的收费公路政策，打破公路建设单纯依靠财政投资的机制束缚，逐步建立起"国家投资、地方筹资、社会融资、利用外资"的多元化投融资格局，促进我国公路基础设施建设和发展。

1985年2月12日，佛山大桥及过境公路建成通车。同时，经市政府同意，成立佛山大桥收费管理站，自通车之日起向过往车辆收取过桥费，实行"集资建桥、收费还贷"的投融资模式。由此，佛山大桥成为佛山第一条"以桥养桥、以路养路"的集资收费大桥。

○ 1985年2月，佛山大桥正式建成通车。这是佛山市首次采用"集资建桥、收费还贷"方式建设的交通项目。

同年5月，广东省政府下发《关于自筹资金建桥筑路的项目收取过桥过路费问题的通知》，同意"凡属自筹资

---

① 中共佛山市委党史研究室：《中国共产党佛山历史大事记（1919.5—2010.12）》，中共党史出版社2011年版，第391页。

金、银行贷款、利用外资建桥筑路的项目，建成后可以收取过桥过路费偿还本息，还清后停止收费"，由此在全省掀起多种渠道筹措资金建设公路桥梁的热潮。

从设立全国首批公路路桥收费站之一的佛山大桥收费站开始，佛山陆续推广"借款建桥、收费还贷"的模式，推进公路基础设施建设。随后，国内外贷款、民间集资、中外合作建桥筑路等做法广泛推开，经省政府批准建立的路桥收费站逐年增多。与此同时，为了规范资金筹措和路桥收费行为，佛山严格贯彻落实省政府《关于自筹资金建桥筑路的项目收取过桥过路费问题的通知》精神，使"贷款修路、收费还贷"的政策得到了有效执行，形成良性循环。

（二）全面推广"以桥养桥、以路养路"投融资模式（1986—1995年）

1986年起，佛山将这种"贷款修路、收费还贷"的模式引入高速公路建设，首先是兴建广佛高速公路。1987年10月，《中华人民共和国公路管理条例》出台，将"贷款修路、收费还贷"政策以法规形式确定下来，为全国公路建设打开了新局面。

广佛高速是广东第一条、国内第二条高速公路，也是国内首条合资建设、经营、管理的高速公路，东起于广州沙贝，西至佛山谢边，全长15.7公里，由广东省公路建设公司（广东省高速公路有限公司前身）、香港珠江船务有限公司共同出资建设，参照当时的国际标准，按照每小时120公里设计时速、双向四车道标准兴建①。

为了解决资金缺口，香港珠江船务有限公司与广东省公路建设公司签订协议参股25%，成立广佛高速公路有限公司。双方按照"贷款修路、收费还贷"的建设运营模式，约定以各自认缴的出资额对合资公司的债务承担有限责任，通过公路建成后的过往车辆收费获得合理的经济回报，在全国开创了"以桥养桥、以路养路"——利用有偿融资建设高速公路的先河。

1989年8月8日，广佛高速公路正式建成通车，填补了广东省高速公路运营的空白。其后，在省委、省政府的支持下，佛山继续以"贷款修路、收费还贷"的模式筹措资金，建设广三（广州—三水）高速公路、佛开（佛山—开平）高速公路。其中，广三高速公路起于广佛高速公路雅瑶段（互通），由广东省高速公路公司、佛山市公路局、南海县（市）政府、三水县（市）政府与香港惠记集团属下统怡投资有限公司

---

① 随着经济的快速发展，广佛高速公路原有的双向四车道已不能满足车流量通行需要。1997年，广佛高速进行第一次改扩建，其中沙贝至雅瑶段扩建为双向八车道，雅瑶至谢边段扩建为双向六车道。2009年，雅瑶至谢边段扩建为双向八车道。

◐ 1989年8月1日，以中外合作形式建设的广佛高速公路建成通车。该公路东起于广州市郊横沙，西止于佛山谢边，全长15.7公里，设计时速120公里，是全国第二条、全省第一条通车的高速公路。

合作建设和管理运营；佛开高速公路起于佛山谢边，直接连接广佛高速公路，是广东、佛山首次利用世界银行贷款（部分资金），按菲迪克（FIDIC）条款①管理模式进行建设的国家重点工程项目。

经过实践，"以桥养桥、以路养路"的投融资模式在佛山形成了良性循环和成熟的做法，不仅推广到整个交通领域，而且还扩展到其他基础设施建设领域，推广到全省乃至全国其他地区。

"以水养水"。1983年8月，佛山自来水公司按照"谁投资，谁受益，谁获利"的原则，通过自筹、用水大户集资和银行贷款等方式，共筹集资金1200多万元，动工扩建石湾水厂第二期工程。这是佛山第一个实行"以水养水"投融资模式的工程。

"以电养电"。1985年5月22日至24日，佛山市委召开县（市、区）委书记会议，下决心解决用电和原材料不足问题，强调要实行"谁投资、谁用电、谁得利"的政策，改变工厂"开三停四"、居民用电频频拉闸等电力紧张状况。次年1月，佛山发电厂（A厂）全面竣工。该厂由佛山市区电力建设总公司与香港荣山贸易公司合资建设，引进德国道依兹公司柴油发电机组运行发电，是佛山第一家"以电养电"的发电企业。

"以邮电养邮电"。1985年12月，佛山南海成为全国首个建成农村自动电话交换网的县。1986年1月，佛山顺德实现城乡电话自动化。由此，顺德、南海两县成为全国第一批实现城乡电话自动化的县。同年5月，佛山开始试行"以邮电养邮电"政策。是年，佛山市区实现电话自动化，成为省内除深圳特区之后的第一个市话自动化地级市。

1987年5月，佛山市委、市政府召开全市交通、邮电工作会议，提出"以交通养交通""以邮电养邮电"的投融资政策，要求在交通、邮电通信领域改变单一依靠国家投资建设交通、邮电通信事业的模式，推行"集资办事、有偿使用"的多渠道集资新办法，按"自愿，直接受益，合理负担"的原则积极向社会筹集建设资金。1988年1月17日，佛山成立交通发展投资有限公司，接管佛山大桥收费事项，利用自筹、信贷资金以及收取的路桥费进行滚动发展。1989年至1991年，佛山交通发展投资有限公司用"集资建桥、收费还贷"的投融资方式筹资兴建了新澜石大桥、石南大桥等市区重点工程。

---

① FIDIC是"国际咨询工程师联合会"的法文缩写。菲迪克（FIDIC）条款是一种国际惯例，指以业主和承包商签订的承包合同作为基础，以独立、公正的第三方（施工监理）为核心，从而形成业主、监理、承包商三者之间互相联系、互相制约、互相监督的合同管理模式。

⊃ 1991年11月27日晚，高明大桥始设收费点。（黎文东　摄）

1991年4月20日，市政府在市九届人大四次会议上的工作报告指出，佛山在"七五"期间（1986—1990年）积极采取"以电养电""以交通养交通""以通信养通信""以水养水"方针，促使能源、交通、通信等基础设施及市政公用设施建设不断发展。

"七五"期间，佛山全市交通、邮电总投资16.98亿元，通过民工建勤[①]、政府补贴、华侨和港澳人士捐资等方式，投入交通建设12亿多元，比"六五"时期增加了2倍多。至1990年，全市公路密度达到51.96公里。建成或扩建包括广佛高速、南海九江大桥、佛山澜石港、顺德容奇港、佛山沙堤客货两用机场等一批交通设施，初步形成水、陆、空相结合的交通运输网络。

20世纪90年代起，佛山各级政府通过合作投资经营方式，吸引港澳和海外资金投入路桥建设。其中，1992—1993年，与香港合和集团合作投资32亿元，建设顺德的"五路八桥"项目；1993—1995年，与澳门海丰公司合作投资4亿多元，建设三水大桥；1994—1996年，与香港长江实业（集团）有限公司合作投资35亿元，建设南海公路网。

1992年，广东进一步深化交通投资体制改革，把政策性筹集的资金分为经营性投资和非经营性投资两部分，把以定额补助为主的投资方式，改为对经营性项目实行资金有偿使用；对当地经济发展有重要促进作用的项目，除省扶持一部分资金外，不足

----

① 中国公路修建工程术语，指公路两侧的农民按规定每年出一定的义务工，对公路进行养护、修理和改建等工作。民工建勤的范围：凡公路两侧各5公里以内的村镇年满18岁至45岁的男性农民和年满18岁至40岁的女性农民都有建勤义务，其承担建勤义务的数量，视实际需要而定，但每人每年最多不超过5个工作日。

○ 1994年6月18日,龙高公路在高明大桥南海出口处奠基。

部分向社会融资解决。1996年粤高速B股在深交所上市,为拓宽交通建设融资渠道提供了新的发展思路和模式。

在省的指导下,佛山制定了全市行政区域公路规划(1991—2005年),提出"以国道、省道为骨架,以县道、乡道为脉络"的"六纵六横"公路建设规划,成立佛山市公路发展公司、佛山交通建设集团等实体性建设公司。除一般贷款外,还通过银行向社会发放交通建设债券,并吸引香港、澳门的财团如中银香港、国华银行及日本住友银行等金融机构投资,参与佛山的交通建设。此外,先富起来的农民和国有企业、私营企业等也以入股形式参与投资。

"八五"期间(1991—1995年),全市投资公路交通建设资金达88.1亿元,比"七五"时期增加了6倍多。至1995年,全市公路通车里程2610.1公里,其中高速公路39.4公里,一级公路414公里,二级公路387.8公里,新(改)建公路974.5公里,建成大型桥梁51座19135延米,公路密度达73.9公里。全市建设的经营性和非经营性公路桥梁收费收入逐年上升,交通建设部门通过收费项目公司增资扩股,以股份转让和经营权转让等方式进一步吸纳资金,投入路桥建设。如顺德以增资扩股的形式,高标准扩建改造了105国道顺德段;南海向外商出让部分股份,盘活资金15亿元,投入到南海的东西二线和与广州华南大道(华南快速干线)相衔接的广和大桥的建设;三水市通过转让股份,盘活资金建设三水港和改善路网。

(三)规范管理、清理整顿路桥收费站(1996—2010年)

随着贷款和还贷政策的多元化发展,"以桥养桥、以路养路"投融资模式逐渐暴露出一些问题,如收费站过多过密;部分收费站效益太差,没有还贷能力;绝大多数高速公路都没有实行联网收费，影响了通行效率；一些地方还存在擅自批准经营期限和转让收费权、盲目扩大建设规模造成还贷基数扩大、收费公路项目财务管理不够规范、管理成本费用偏高等问题。

针对这些问题，1996年，省政府成立了由相关部门组成的清理整顿公路收费站领导小组，加强对新的收费项目的立项审批、设站、收费标准把关，并采取一系列措施，撤并调整41个站距较密的收费站。经过几年的努力，整顿收费站工作取得了一定的成效。

"九五"期间（1996—2000年），佛山公路建设稳步发展。全市投入路桥建设资金44.12亿元，2001年、2002年分别为6.83亿元、7.4亿元。

2003年起，佛山实施公路车辆通行费年票制，全市共设42个收费站。为提高通行效率，经省政府批准，2010年3月31日零时起，佛山和广州、肇庆三地实施车辆通行费年票互认，广州、佛山、肇庆各自的车辆通行费年、次票收费标准暂保持不变。

（四）探索公路收费退出和延长机制（2011年至今）

经过近30年的发展，"以桥养桥、以路养路"的格局发生了根本转变。公路桥梁回归公共产品属性，融资修路最终要实现"还路于民"——取消收费。这成为佛山公路建设改革新的出发点。2011年起，30年前（即1981年后）改革创新形成的公路收费制度，成为改革的新课题。广东再次率先迈开改革脚步，回购高速公路、规范路桥收费期限、逐步撤销公路收费站。

2017年1月1日起，佛山取消车辆通行费年票制，不再收取年票制年票和次票，仅保留马岗大桥、五沙大桥、顺番公路工程和南海区广和大桥两个经营性公路项目，分别通过五沙、广和收费站对过往车辆收取通行费。2018年3月，广东省发展改革委发布《关于全面深化价格机制改革的贯彻实施意见》，明确提出撤销普通公路收费站，实现全省除大型桥隧以外的普通公路免费通行。

按照原来的《收费公路管理条例》，经营性公路项目的经营期限，按照收回投资并有合理回报的原则确定，一般不得超过30年。2018年12月，交通运输部修订《收费公路管理条例》，对于投资规模大、回报周期长的收费公路，经营期限可以超过30年。

2022年3月3日零时起，广佛高速公路停止收费，保留既有收费设施，按照零费率方式照常运营，对通行本路段的所有车辆免收车辆通行费，并代为收取其他路段的车辆通行费；停止收费后，由广佛高速公路有限公司继续负责广佛高速公路的管理、养护。

二、佛山"以桥养桥、以路养路"模式创新的成效

佛山探索"以桥养桥，以路养路"的模式并形成"有偿使用，滚动发展，良性循环"的机制，在全省推广，引领了全国公路交通建设投资体制的改革，产生了巨大的经济和社会效益。

（一）开启交通建设投融资体制改革先河，推动省、市高速公路建设大发展

1984年起，在党中央、国务院的支持下，"贷款修路、收费还贷"的广东经验逐渐成为全国推行的政策，交通建设投融资体制改革取得实质性的成效。1985年，广东省交通厅开征公路建设基金，从旅客汽车客票中附加收取乘客每人每公里1分钱，用于公路建设。这是全国首例用政策性融资建设公路的收费项目，使广东乃至全国公路建设进入新阶段。至1990年，全省"改渡为桥"52座，新建桥梁1195座，实现了广珠公路、广湛公路、广深公路、广汕公路等省内国道、省道公路主干线无渡口通车。1989年8月8日，引入该模式修建的佛山第一条高速公路，同时也是广东省第一条高速公路——广佛高速公路建成通车。"以桥养桥、以路养路"投融资模式的创新，极大带动了境外资本特别是港资、澳资企业参与佛山和广东交通建设的热潮。

"以桥养桥、以路养路"的投融资模式创新，还带动了整个基础设施建设领域的改革和发展。20世纪90年代初，广东省委、省政府适时提出公路建设"要从抓建桥转变为抓公路建设，从抓主干线公路改造转变为兴建一批高等级公路"的思路。佛山迅

○ 1989年建成的广佛高速公路是广东第一条采用"以路养路"方式建造的高速公路。图为1989年8月1日使用前的自行车万人游活动。（吴礼晖 摄）

速贯彻落实，积极探索多种融资模式，推动公路（含高速公路）、地铁、城际轨道等交通建设，形成公资、民资、外资参与高速公路建设的多元化投融资发展格局，构建了便捷、立体的现代交通体系。至2015年，广东实现"县县通高速"。至2020年底，佛山市高速公路通车里程约550.7千米，佛山"一环"高速化改造完成，高恩高速佛山段、广中江高速佛山段等一批高速公路相继建成，初步形成以广佛为核心的"双轴三环九射"、市域内"两环四纵五横"的高速公路网络。2021年，"开创'以桥养桥''以路养路'基建新模式"被评为100件载入史册的广东党史大事。

（二）迅速改变了城乡区域交通面貌，极大方便了群众的出行，带动了佛山产业经济的发展

"改渡为桥"的做法，改变了过去汽车候渡拥堵几个小时的现象。广佛高速公路的建成通车，更让佛山沿线各地尝到了交通便利的甜头。交通不再是制约经济社会发展的瓶颈，而成为拉动经济快速发展的纽带。广佛高速公路开通后，从广州至佛山的行车时间从原来的2小时缩短至20分钟，明显地改善了交通条件和投资环境，为广佛两地群众出行和货运带来极大便利，极大带动了沿线的佛山工业区发展，成为全国经济效益最高的高速公路之一。建成通车30余年，广佛高速公路车流量快速增长，2015年突破5000万辆，2019年达到7597万辆，是2003年的3倍有余。

"贷款修路、收费还贷"政策引入市场机制，改变了过去长期以来依靠国家财政拨款建设路桥的单一计划经济模式，充分调动各地集资贷款、利用外资多渠道筹集资金建桥修路的积极性，造就了佛山、广东乃至全国路桥建设的飞速发展。在传统的计划经济体制下，如果修桥铺路的费用全部由国家和地方财政承担，不可能取得如此巨大、快速的建设成就。"八五"期间，通过吸引外商投资，佛山全市完成了单纯依靠自己需要50年或更长时间才能完成的公路建设任务。

（三）推动了其他领域投融资模式创新，带动各项基础设施建设迅猛发展

"以桥养桥、以路养路"政策在佛山的率先实践，不仅走出了交通建设投融资体制改革的第一步，逐步建立起"国家投资、地方筹资、社会融资、利用外资"的多层次交通投融资体制，也为其他领域特别是基础设施建设融资打开政策思路和空间，推广形成"以电养电""以水养水""以港养港""以邮电养邮电"等各项政策和做法，极大带动了各地基础设施建设的积极性，为经济社会发展创造了良好的环境和条件。一是大量启动路桥建设工程，直接带动相关行业的迅速发展；二是交通基础设施的完善，优化了投资环境，引进外资规模迅速扩大；三是路桥收费政策对贫困山区给予适当倾斜，改善了落后地区交通条件，为推动山区加快脱贫致富奠定了基础；四是构建了良好的交通环境，为经济结构、生产布局的调整及国企改革提供了条件；五是扩大了社会就业。除了早已开通的广佛高速公路，广佛新干线、广佛地铁相继建成开通，广佛大桥、广佛环线城际铁路等加紧建设，为佛山推进全域广佛同城化打下了坚实的基础。

（四）带来了技术革新，促进了交通服务质量水平提升

通过引进外资修建路桥，吸收国内外先进经验，在桥型、跨径、设计、施工工艺等方面，也创下了很多令人瞩目的"第一"，建成了一批世界级品质工程。在佛山，

◐ 顺德立交桥于1994年7月28日竣工通车，该桥总长度4535米，是当时全国最大的公路立交桥。（陈宇莹 摄）

首个利用世界银行贷款建设、采用"菲迪克模式"进行工程管理的高速公路——佛开高速，就是一个典型。

"贷款修路、收费还贷"的投融资模式创新推动了省、市交通服务创新，交通服务质量水平也得到明显提升。2002年，广东在国内首次实施以安全生产与服务质量为主要内容的客运经营权招投标。2017年，佛山获省同意以佛山市汽车运输集团有限公司为试点，开展包括联程联运、自主组客和个性化服务在内的道路客运试点工作，实现异地务工人员、学生一票到家等服务。2018年，广东被交通运输部列为首批"司机之家"试点省份，建立了"省级统筹、市级监督、企业推进"的协同机制，推进"司机之家"建设工作，切实改善司机的工作休息环境。2020年11月，由中国公路学会主办的全国"司机之家"建设运营经验交流会在佛山举办。截至该年，佛山建成了100座"司机之家"。与此同时，随着互联网的兴起，佛山交通运输服务插上"互联网＋"翅膀，从公交电子站牌开始，互联网技术助力佛山智能交通发展，为市民提供更加智能化的出行服务，全力打造"一张网、一张票、一座城"。

三、佛山"以桥养桥、以路养路"模式创新的启示

改革开放后，佛山以公路交通建设为切入点，推动投融资模式创新，形成了一些值得总结的经验和亮点，可为今天的改革和发展带来启示。

（一）在上级的决策和支持下，突破旧体制的局限，是佛山交通建设模式创新的先导条件

改革开放初期，佛山率先启动引进外资、"以桥养桥、以路养路"投融资模式的创新尝试，离不开省的决策和中央的支持。通过引进外资建桥、收取过桥（路）费来偿还贷款本息，当时在国内还没有先例，引来不少担忧和质疑。在这个过程中，省委、省政府的决策统筹成为关键性因素，突破了过去按计划经济投资体制修路筑桥的局限。当时主管交通建设的省领导表示，中央批准广东实行特殊政策和灵活措施，广东可以打破惯例，大胆尝试，开创新路。同时，广东的做法也得到了国务院有关领导的支持。在上级的决策和支持下，佛山落实推动"贷款修路，收费还贷"政策和进一步推进投融资模式创新，推动建立"国家投资、地方筹资、社会融资、利用外资"的多层次交通投融资体制，迎来交通事业大发展的春天。

◯ 2003年3月23日，全国最早采用"集资建桥，收费还贷"的佛山大桥的路桥收费站被拆除，完成了它的历史使命。（何建新　摄）

（二）政府"有形之手"和市场"无形之手"合力才能破解投融资渠道难题，推动有为政府和有效市场更好结合

投融资渠道、模式等受多重因素影响，难免会遇到各种难题甚至困境。敢于解放思想，用政府"有形之手"和市场"无形之手"合力创新推动工作，是佛山公路交通建设投融资模式创新取得成功的关键。佛山成立信托投资公司和发行股票，吸收群众参股，以建设佛山大桥乃至发展能源、房地产和兴办骨干企业、改造中小型企业，虽然这一举措引起了理论界的争论，但佛山没有退缩，而是组织社会各界展开论证，最后社会各界认为这是符合社会主义原则和党的政策，从而果断继续推行。在实施"贷款修路、收费还贷"政策过程中，不可避免地出现了收费站过多过密、管理不够规范等新问题。广东并没有因此而否定这项政策，而是通过整顿和规范加以解决，并继续发挥市场的资源配置作用，探索多元化投融资模式。佛山创新推进落实，形成了公资、民资、外资参与高速公路建设的多元化投融资发展格局。

（三）交通建设投融资思路和发展模式并非一成不变，要坚持与时俱进，适应时代变化和需要

20世纪80年代末，随着"贷款修路、收费还贷"模式发展成熟和得到广泛推广，广东和佛山创新工作思路，将这种模式引入高速公路建设，造就了省内第一条高速公路——广佛高速公路。至2022年，广佛高速公路停止收费，"少收一段路，同城一大步"。广佛高速公路的免费通行，使过去难以想象的"高速公路免费"成为现实，是适应时代变化，根据政策和实际需要，主动求变的结果，体现了立党为公、执政为民的理念，让广大人民群众共享改革发展成果，具有鲜明的时代意义。

率先取消购物票证和首创开架式销售

改革开放前，在计划经济体制下，我国对绝大部分商品实行凭票凭证供应制度。改革开放后，在党的方针政策指引下，佛山积极推进商业流通体制改革，率先在广东全面放开城乡集市贸易，逐步取消凭票凭证购物制度，放开供应。1989年，作为佛山首家引进超市业态的企业，兴华商场在全国首创"开架式销售"模式，在当时国内商业领域发挥了引领示范作用，引发了一系列经营管理和销售模式的变革，成为全国商业零售业的一面旗帜，影响深远。

一、佛山率先取消购物票证的实践（1979—1992年）

在计划经济时代，凭票凭证购物是人民群众的主要购物方式。改革开放前夕，佛山地区革委会批转《关于大力发展三类农副土特产品、增加社队收入的报告》，放开原属于地区计划管理的59种农副产品购销价格，实行产销见面、购销议价。大量三类农副产品①的上市，推动佛山地区农村集市贸易的恢复。改革开放以后，商品生产日益丰

---

① 一、二、三类农产品，是我国按农产品关系国计民生的程度进行的分类。其中，一类农产品是关系国计民生最重要的农产品，如粮食、棉花、油料等；二类农产品是关系国计民生比较重要，或者有些省、自治区没有生产，或者有生产但还不能自给，以及保证军需、出口而需要进行调剂的农产品，如生猪、鲜蛋、黄红麻、蚕茧、毛皮、毛竹、棕片、中药材等；三类农产品是指一、二类农产品以外的农产品。

富，票证逐步退出历史舞台。

（一）佛山在广东率先全面放开城乡集市贸易

1979年，佛山地区首先在供销系统恢复货栈贸易。至4月，佛山地区各县供销社所辖的180个基层供销社已开设综合货栈或专业货栈74个，实行"高来高去、低来低去、高来低去、低来高去"的作价办法，经营范围突破了规定的三类农副产品，对粮、油、糖、禽、蛋、水产等一、二类农副产品同样开展议价购销。

⊃ 20世纪80年代初，农民在澜石供销社五金交电商场购物。（陈叶熙　摄）

同年10月9日，佛山地区财贸办公室批转《关于进一步贯彻落实市场管理政策的报告》，打破省革委会1975年制定的关于农村集市贸易不准出公社和城市不能办农贸市场的禁令，全面放开城乡集市贸易；取消城镇农贸市场管理检查小组，恢复农村集市传统圩期。同月，佛山地区行署正式成立地区工商行政管理局，加强对城乡集市贸易的管理，也结束了工商行政管理部门长期与商业局合署办公（商业局内设工商行政管理科）的历史。

1980年2月21日，佛山地区财贸办公室下发《关于对农贸市场征收的税款实行地方留成的通知》。同年，佛山市政府（隶属佛山地区行署）拨款61.5万元，在市区新建华安、石湾、山紫3个农贸市场，改建莲花市场，增设燎原路小工业品市场（1983年9月建成并使用）。

1981年11月，佛山地区召开市场建设和市场管理工作会议，贯彻省有关会议精神，提出了"既要搞活、又要管好""活而不乱、管而不死"的市场管理方针。

1983年3月，佛山地委、行署召开全区财贸工作会议，研究进一步放宽政策，搞活流通，加快商业和财贸体制改革的问题。1984年8月8日，佛山市政府出台《佛山市开展城市经济体制综合改革的若干暂行规定》，提出改革的重点是搞活企业、搞活流通，并就改革流通管理体制，要求打破长期以来形成的商品经营分工习惯，允许一业为主，综合经营，允许跨行跨业跨地区，搞活城乡商品流通。

1987年12月，佛山出台《关于县级综合体制改革的意见》，要求积极发展镇与供销社的经济联合，加强镇对供销社的领导，同时加强专业市场和批发市场建设。

（二）佛山取消凭票证购物的改革历程

1979年春，佛山对地方工业产品统购包销方法进行改革，实行超计划产品和三类产品由工厂直接销售，使工厂多得实惠，按市场需求发展生产。对日用工业品的销售价，佛山把国家计划定价的716种产品，陆续放开由生产厂家自行定价，刺激增加生产。同时，佛山推动多种经济成分参与流通，鼓励国营、集体、个体一起上，搞活流通。鼓励商业部门在抓好计划商品供应的同时，开展议价购销，积极收购，扩大销售，增加商品，稳定市场。是年，佛山市商业部门组织的议价商品有400多种，总额1440万元，其中对灯泡、圆钉、圆线、肥皂、香皂、洗衣粉等6种日用工业品不再凭票供应，实行敞开销售。

1980年7月，佛山决定除石油、自行车、缝纫机仍凭证供应外，其他工业日用品全部敞开供应。传统的食品如牛肉、狗肉、羊肉、豆制品和海产品也敞开供应。过去长期脱销的发菜、鱿鱼、金针菜、云耳、冬菇和蚝豉等食品重新上市，免票敞开供应。1981年，佛山宣布取消对活鸡、鲜蛋派购，实行议价购销，免票敞开供应。1982年，佛山宣布对棉布及部分针织品，实行免票敞开供应。至1984年，佛山停发布票，针棉织品全部敞开供应，标志着过去长达29年凭布票购买棉布及棉织品的统销制度终止。同年7月1日，经省委同意，佛山取消粮食统购、派购任务，改为合同收购。随后，佛山市汾江区①把饮食业由牌价供应改为不凭粮票放开供应，佛山取消票证的改革进一步推行开来。

在佛山地区逐步取消购物票证的进程中，佛山兴华商场进行了较早的探索实践。1982年12月25日，位于佛山祖庙路的兴华商场开业，不需要票证就能购买自行车，"用人民币结算，米面制品不收粮票"。这在当时国内商业市场并不多见，因而引起了很大轰动。兴华商场在国内较早推行取消票证的实践，具有重大的探索意义。正是这些商品经济的实体企业为佛山商贸体制改革营造了良好的氛围，先行一步开展了积极的探索试验。

随着生产力的进一步发展，市场上的商品供给能力大大加强。1984年11月，深圳特区率先取消粮、油、猪肉票证，实行议价，敞开供应。接着，1985年1月、4月，

---

① 1984年6月，在佛山市区设立汾江区、石湾区2个市辖区（县级）。1987年2月，汾江区更名为城区。

佛山分别宣布对猪肉、塘鱼取消派购，放开经营，实行免票敞开供应。蔬菜的购销和价格全部放开。是年，广东省将粮油由购销倒挂改为购销同价，部分粮油价格放开，实行自由购销。自4月起，佛山实行粮油供应双轨制，牌价粮油继续凭票供应，议价粮油免票敞开供应。至此，佛山基本结束了近30年仅凭票供应生活日用品和农副产品的历史。1988年，广东首先放开食用油价格，取消居民定量供应。

● 1982年12月，佛山最大的购物中心兴华商场开业。（杨耀桐 摄）

为保障粮食供应，1987年10月，佛山市委、市政府召开经济工作分析会议，提出要进一步深化改革，稳定粮食和甘蔗种植面积，在控制中搞活和进一步发展。在蔬菜供应方面，1989年3月，佛山市委印发市人大常委会党组《关于"菜篮子"问题的视察报告》，要求各级党委和政府在治理整顿中搞好农副产品生产，加强流通领域和农贸市场的管理，保证有效供给。5月，市政府下发《关于进一步抓好市区"菜篮子"工作的通知》，要求各有关部门认真抓好生产基地建设，搞活流通，保证供给，努力保持价格基本稳定。6月，省政府检查组到佛山指导"菜篮子"工作，要求佛山在规模经营、科学饲养、综合利用、能人承包等方面下功夫，搞好副食品生产基地，提高城市副食品自给率。

1992年4月，广东在全国率先放开粮食的购销和价格，取消粮簿，结束了延续近40年的粮食统购统销体制。其后，在广东改革实践的推动下，全国各地商品价格纷纷放开。同年5月，为深化国合商业体制的改革，增强企业活力，佛山市委、市政府决定将原商业、供销、粮食、食品、烟草等5个贸易部门组建为商业、兴华、升平、饮食服务、石油燃料、供销、日用工业品、生产资料、粮油、食品、烟草11个企业集团。

商贸流通体制的深化改革，成为告别"票证时代"的强大推动力，见证了从计划经济体制走向市场经济体制的过程。票证的取消，极大地激发了工农业生产力，丰富了市场商品供应。

二、佛山在全国首创"开架式销售"模式

开架式销售，是指敞开式的货架摆放，区别于专柜销售。在超市零售模式进入中国之前，原有的商品供销模式被柜台将消费者与销售者明确隔离。开架式销售的总体价格比专柜低，有的低很多。

1982年9月，党的十二大提出"以计划经济为主、市场经济为辅"的原则。伴随着商品流通体制改革的初步展开，商品零售市场迎来发展的新契机。11月25日至12月2日，佛山地委召开县（市、郊）委书记会议，提出要以党的十二大为动力，继续解放思想，进一步放宽政策，开创各项工作的新局面，使全区的经济继续以较高的速度向前发展。棉布及部分针织品，实行免票敞开供应。

正是在这样一种政策背景和部分商品（如针织品）敞开供应的市场氛围下，佛山立足商业流通领域第一线，率先从香港引进大型购物中心（Shopping Mall）的商业运营理念和超市业态，在市区祖庙路兴建了佛山第一家超市——兴华商场。12月25日，兴华商场开业，商场内经营有2.2万种商品，还设有音乐厅、展销厅、宝宝乐园、艺术摄影、餐厅等多种业态。每日到商场购物的顾客超过6.5万人次，其中外来客占2/3。

1989年夏天，在市委、市政府的支持下，佛山兴华商场在全国首创开架式销售商业经营模式，对6层楼、1万多平方米的商业面积进行调整布局，打破传统划分柜台摆放商品、封闭销售的模式，实行大范围、多品种、开架式销售。其中，4层营业大楼（约占全场71%的营业面积）全面实施开架销售；一、二、三楼商品部增加了5000多个花式品种，比开架前增加了20%。顾客可在敞开的货架上自由挑选商品。这种商品销售模式打破了传统单一的百货专柜经营模式，受到消费者的极大欢迎。实行开架式销售模式前，兴华商场的年营业额为3000多万元。实行开架式销售模式后，1990年营业额达到2.5亿元，1991年迅速提升到15亿元，实现税利平均每年递增46%，营业面积也由9600平方米增至1.5万平方米。

佛山兴华商场跳出传统售卖模式、推行开架式销售，被称为"国内零售方式的一场革命""全国商业系统的首创"，经媒体广泛报道后，引来包括广州南方大厦百货商店在内的全国各地商场前来考察或效仿。1997年，兴华在深交所挂牌上市，成为省内首家纯商业上市公司。其后，兴华商场几经转型，年营业额保持稳步上升，2010年

起连续多年成为佛山市禅城区^①纳税大户，成为佛山商业发展史上的一颗明珠。

兴华商场首创的开架式销售经营模式，在当时国外并不稀奇，放在今天来看更是再简单不过的商业形态，然而放在当时国内的商业体制下，这种管理理念和销售模式的创新，为商业百货的发展激活了动力，在佛山第三产业发展格局中大放异彩。

三、佛山创新商业经营销售模式的成效

20世纪80年代至90年代初，由佛山兴华商场掀起的超市业态和开架式销售模式创新，在某种程度上是中国商业特别是零售业经营理念与国际理念的接轨，也是对传统商业的重要变革，成为佛山商业经营模式创新的典型，深刻地影响了佛山商业体制改革和发展进程。

（一）跳出传统商业形态的框架束缚，创新了商场营销方式，使商品的销售方式更加开放和多元化，引领了新的商业潮流

兴华商场从开业起就与传统商业形态切割，不局限于一般经营格局的改变，而把方便顾客作为确立商业竞争优势的重要手段之一，率先在花卉区域尝试敞开式销售，逐步积累经验，探索一套为消费者提供更优质、更方便的开架式销售的经营方式。这种方式摆脱了过去生硬的专柜售卖形式，使整个商场营业面积得到充分利用，顾客体验空间和视野更加开阔，加上灯光明亮通透，商品摆设琳琅满目，大大地刺激了消费者的购买欲望，给商场营业带来以下明显好处。

一是促进了商品销售。在开架销售场内，商品摆设开放，顾客可直接接触商品，可任意挑选符合自己需要的商品，选择余地大，从而提高销售效益。

二是有利于增加商品花色品种。过去的售卖方式，几乎每个柜台都要设立"小仓库"堆放商品。开架式销售则取消了"小仓库"，发挥了货场货架叠加层次的优势，同时可以根据商场的不同地形，以及商品不同的个性、特点，更合理地使用营业面积，增强商品陈列的美感。

三是方便顾客选购，刺激顾客附加选购商品的欲望。过去实行柜台式售货时，顾客经过"问""拿""看"三道关，顾客往往只是买一就一、买二就二，有时买一件

---

① 2002年12月8日，经国务院同意，设立佛山市禅城区，以原佛山市城区、石湾区和原南海市南庄镇为禅城区的行政区域。

◯ 佛山王府井紫薇港是商业体验新生态城市综合体，打造以"紫薇花"为地标的城市名片，蕴含娱乐体验、时尚消费、智慧生活的生态花园，承载城市多元生活、人文情感、艺术文化的公共空间。（《佛山日报》记者符诗贺 摄）

商品也要走几次，影响了选购兴趣。实行开架式销售后，由于货架敞开、配套商品齐全，原来顾客仅计划买皮鞋的，可以一并连鞋油、袜子等也配套买齐。

四是提高了售货效率。过去一个售货员顶多接待二、三名顾客的选购，顾客选购一双鞋或一套服装，往往要花上15分钟才能成交。通过开架自选，满足了顾客购物的自主性和随意性，不需要每件商品都通过售货员传递，而是自由选购，大大地加速了售货过程。

五是提升了服务质量，减少了售货员与顾客之间的矛盾，较好地体现了"顾客为上"的文明经商新风。原来售货员一拿一答，每天接待顾客千百次，劳动强度大，大多难以做到"百拿不厌""百问不烦"，而且也不可能把全部商品端出来让顾客挑选。开架则给消费者提供了悠闲挑选的机会，买卖之间可能出现矛盾的机会更少了。

六是提高了企业管理水平。随着销售模式改变，企业从管理措施上、职工素质上和领导方法上都要相应提高。通过掌握和积累开架售货的管理数据，商场总结出一套更加合理、高效的管理措施，从而提高了经营管理和服务水平。

（二）使商场的功能、形态不断丰富和完善，拓宽了消费品零售渠道，树立了佛山商业的一面旗帜

佛山兴华商场（后扩大为商业集团公司）的成立，是改革开放的产物。它没有专业对口的上级百货公司（百货站），也没有商品购销基地，在商业流通领域竞争日益激烈的情况下，要提高销售额，就要开拓创新，探索新型商业模式。在党的方针引导和支持下，经过广大员工的辛勤努力，兴华闯出一条多功能服务、多角化经营、多元化投向的新路子，成为佛山商品流通特别是消费品零售的主要渠道之一，成为佛山商业的一面旗帜，引领佛山商贸模式的改革创新。在改革开放的大潮中，兴华积极转变经营思路，以开架式销售为突破口，在开拓市场、引导消费上下功夫，把商场办成一个行业多、品种丰、特色强、系列服务、选购方便的多功能、综合性的大型商业体，经营项目囊括了商业部门管辖行业的70%，从购物到吃喝玩乐，以至观赏、装扮，都可为消费者提供更自在的服务，从而突破了传统经营方式，给人们提供了一种新的消费方式。

（三）经营和销售模式的创新，带动了商业和企业管理模式的变革，进而加速了佛山商业流通体制的改革进程

佛山支持和鼓励商业经营销售模式创新，推动了企业对管理模式的变革，向管理要效益，增强企业实力。

一是促使企业利用品牌优势，不断内联外引。兴华商场利用自身的优势，加强工商之间、省内外之间的合作，大力发展跨领域、跨地域的经济联合。一方面，长期与工业生产厂家协作，发展代销、经销、展销、联销业务，从而较快地实现商品的价值。商场设立专门的展销大厅，促使"引入销售"更加专业化。另一方面，深购远销，开拓埠际市场，打通南北商品大贸易、大流通的渠道。同时，引入外省名优新特产品，扩大商品零售和批发。兴华先后在国内20多个省选择150多个有实力、有销路的商业单位，建立购销网点，加强市场开发。每年都会定期邀请长期合作单位召开供货会，让利供应商品；加强对联营点、分销点的管理和联系，建立牢固的商品销售基地；重视货源信息管理，加强与生产合作伙伴沟通，推动新产品开发。

二是推动企业向管理要效益。商场十分注重管理的科学化和规范化，从而减少环节、加快流通和节约费用，提高经济效益。通过文明经商推进员工服务的规范化，把工作质量与个人利益挂钩，实行"三联计酬"浮动工资的分配制度（联销售、联利

⊃ 佛山市禅城区繁华商业街区——"东方广场"。该广场占地57万平方米，2002年12月首期工程完成并陆续投入使用。

润、联服务质量）；建立适应开架经营的职责规范，取消了过去柜组"一长制"的管理，建立起"一长三员"（柜组长和文明经商管理员、物价信息员、核算员）"分岗管理"的管理机制，各司其职、各负其责、共同管理；建立与规范管理相配套的考核管理制度，实行售货员服务质量等级标准考核机制，即把服务质量分解为五个等级，每两年评定或复评一次，鼓励职工达标晋升，考核结果与浮动工资挂钩。管理上的提升促进了文明经商。兴华商场连续多年被评为省、市"文明经商先进集体"，获评"佛山市文明先进单位"和团省委、省商业厅授予的"文明经商示范活动先进单位"等称号。

三是推动集团化经营管理，发挥集团优势。1990年12月25日，经佛山市政府批准，在兴华商场的基础上组建了兴华商业集团公司。随着产业结构和经营体制发生新的变革，兴华集团发挥国营商业的主渠道作用和优势，形成了紧密型联合层、半紧密型、松散联合层等三个层次的管理架构，进一步增强了企业实力。

（四）催生了更多功能和实力强大的商业体，与生产企业的联系得到加强，大大激发了佛山商业发展的活力

随着兴华商场的崛起，佛山各类商业主体如雨后春笋般涌现，使佛山成为展示中国商业发展和城市活力的一个重要窗口。城市和商业的繁荣，催生了更多商业形态。1985年，佛山第二大商场——玫瑰商场开业，成为了祖庙路的又一个商业明星。玫瑰商场不仅安装了空调，更采用闭路电视管理，在当时商业圈处于领先水平。

○ 1991年8月，楼高13层的升平商场新楼落成，成为当时佛山最大的商场之一。

新兴的兴华商场、玫瑰商场和传统的升平百货，构成了20世纪80年代佛山商业的三大领头羊。其一举一动，甚至能左右商品生产企业的生死存亡。在早期"统销统购"仍是商业主旋律、全国商品流通渠道有限的情况下，兴华商场和玫瑰商场通过创新展销、经销、代销和联销等手段，与全国多个生产企业联系并建立业务关系，刷新了相关产业的生产销售模式，大大激发了佛山的商业活力。

20世纪80年代后期，我国经济面临国内外双重压力。为应对国内经济过热和增长下滑，党中央提出治理经济环境、整顿经济秩序、全面深化改革的指导方针。在1989年至1991年底的三年治理整顿期间，商业市场发展放缓，而佛山兴华商场销售表现却逆市而行，很大程度上归功于开架销售模式激发的市场消费活力。

四、佛山创新商业经营销售模式的启示

在社会主义初级阶段，我国社会的主要矛盾是人民日益增长的物质文化需要同落后的社会生产之间的矛盾，由此推动了20世纪80年代佛山商品经济的发展和商业流通体制的改革进程。从凭票凭证购买到取消票证，从定量供应到开架销售，人民群众的消费需求和消费模式不断发生着变革。党的十八大以来，中国特色社会主义进入新时代，我国社会主要矛盾已经转化为人民日益增长的美好生活需要和不平衡不充分的发展之间的矛盾。这必然对一个城市的商业发展提出更高的要求。从佛山推进商业经营销售模式创新的历程中，我们可以得到一些有益的启示。

（一）党的政策引导是佛山商业经营模式革新和发展的强大动力

在佛山的商业体制改革中，特别是从计划经济体制向社会主义市场经济体制转变的过程中，佛山注重发挥党的政策的引导作用，成为改革的领导者和推动者，在逐步取消票证的改革进程中，率先引入超市新业态；在商品生产日益丰富、传统销售模式动力不足的情况下，支持兴华商场在国内首创开架式销售，使佛山的商业始终保持强劲活力。

（二）商业经营模式创新要遵循商品经济的基本规律

一是要立足于佛山制造业的生产优势。佛山能够率先取消票证，前提是能够生产更多、更丰富的商品支撑销售的放开和敞开供应，推动工业制造业发展成果不断转化，提高生活品质。"有家就有佛山造"。人民日益增长的美好生活需要，离不开佛山众多的制造业品牌。佛山商业发展的特色，就在于与本地优势制造业的结合。兴华商场和后来的百花广场等商业体，就是通过商业品牌的塑造，引入先进的消费理念和消费方式，发挥"佛山制造"的优势，培育新的商业模式。

二是要努力营造以消费者为中心的商业环境。想方设法方便顾客、吸引顾客，是兴华商场引进超市业态、推行取消票证、首创开架销售等商业模式创新的内在动力。除了开架式销售，兴华

⊃ 1997年1月18日，禅城百花广场开业，引起极大轰动。254米的第一高度，玻璃幕墙的现代建筑，一跃成为佛山地标。佛山首间肯德基、屈臣氏的加盟店，受到佛山市民的热捧，人潮不断，盛况空前。当时的佛山商业龙头升平百货进驻百花广场，也标志着佛山商业从老城区向新城区的转移。图为1997年，百花广场时装展示表演。（郭丽燕 摄）

商场在文商旅融合等方面也进行了一些有益的探索。如在主楼一至五层零售商业场地设计上，由13个商品部门和中西餐厅、游乐园、音乐厅、舞厅、天台花园、美容护肤中心、化妆艺术摄影部组成，经营项目囊括了商业部门管辖的行业的70%，努力为消费者提供全方位服务。此外，探索以文化内核带动旅游、商业，整合佛山美食、佛山功夫等元素打造富有岭南特色的佛山手信，引领佛山城市中心商圈发展。

三是要适应时代变化，不断优化消费场景和体验。百货商场的规模再大，都会受到时空和货架等限制，如果现场没有足够好的体验或价格优势，传统百货商场很难聚集更多人气。改革开放初期，兴华商场把握外部的消费潮流和趋势，抓住了消费者对方便、自在的追求，通过销售模式和销售场景的革新，取得了成功。随着时代的发展，个性化、多元化和健康、安全消费渐成主流，加上电商经济的冲击，实体商业应思考如何利用数字化撑起消费新模式，推动消费与多场景的深度融合。

（三）商业经营要重视维护消费自主权

《中华人民共和国消费者权益保护法》第九条明确规定，消费者享有自主选择商品或者服务的权利。在计划经济时代，商品凭票证供应，基本上没有太多消费自主权可言；单一的柜台式销售，也是对顾客自主权的一种限制。取消凭票证购物，本质上即是在物质足够丰富的前提下，取消对消费自主权的限制。开架式销售，也是让挑选商品的自主权回归顾客。随着经济的发展，商品市场空前繁荣，商品种类齐全，商品供应极大丰富，消费者的自主选择权得到充分体现。然而，在国内一些地方和领域，仍存在将优质产品和劣质产品捆绑销售的情形；在旅游市场，强制游客消费和"宰客"的现象仍然时有发生。要实现商业经营模式的可持续发展，务必重视维护消费自主权，充分保障消费者的合法权益。

新征程上，佛山市委、市政府高度重视消费环境建设和消费维权工作，紧紧围绕"创建放心消费城市，共享佛山美好生活"的工作理念，把消费者权益保护工作放在全市经济社会发展大局中考量、谋划，把以人民为中心的发展思想落实到全市消费环境建设实际工作中，牢固树立"消费者至上""消费维权共建共治共享共赢"理念，不断健全完善消费维权体制机制，增加消费维权公共服务供给，努力提高佛山市民对消费环境的感知度和满意度。

对外开放

佛 山

改革开放初期佛山引进外资的作用和影响

佛山外向型经济发展的历程与启示

佛山企业"走出去"的探索与经验

改革开放初期佛山引进外资的作用和影响

　　改革开放初期，佛山充分利用中央赋予广东的特殊政策和灵活措施，大胆引进外资，从率先发展"三来一补"企业起步，进而"借船出海"打造企业自主品牌。从1979年到1992年的10余年间，佛山在全国率先引进外资，扩大对外开放，对佛山乡镇企业的崛起和产业集群的形成发挥了巨大的推动作用，也为后来佛山率先探索建立社会主义市场经济体制、推进制造业立市、建设现代产业体系产生了深远的影响，奠定了佛山对外开放的基础。

一、改革开放初期佛山引进外资的背景

　　改革开放后，国门徐徐打开，引进外资成为实行对外开放的重要体现和必要举措。邓小平指出，坚持自力更生，不等于闭关自守，更不能排斥世界上一切先进成果，而是要放眼全球，学习、引进外国先进技术。邓小平说："我们是三个方面的开放。一个是对西方发达国家的开放，我们吸收外资、引进技术等等主要从那里来。"[①]1978年，中国大举引进西方先进技术和设备。引进西方先进技术和设备，需要巨额外汇。是时，佛山地区的社队企业迅速起步，工副业有一定发展，但工业生产条件和生产力仍然比较落后，外资成为推动经济和生

[①] 1984年11月1日，邓小平在中央军委座谈会上的讲话。

产技术向前发展的关键要素。

实施对外开放政策后，率先回来投资的多是香港和海外华商。通过引进外资，有利于进一步吸引港澳台同胞和海外侨胞参与"四化"建设。佛山毗邻港澳，地处改革开放前沿阵地，通过港澳地区引进国外的资金及先进技术、设备、材料等，具有天然的地理优势。同时，在香港、澳门工商界，就有不少企业家祖籍佛山，或与佛山渊源深厚、关系密切。因此，港澳乡亲成为佛山先行一步引进外资、促进本地经济发展的重要资源和优势。

二、改革开放初期佛山引进外资的发展历程

改革开放初期，佛山从引进资金到引进技术、设备，再到引进企业落户，引进外资的进程不断加快。从"三来一补"企业的蓬勃发展到"三资"企业的兴起，引进模式也是不断升级。

（一）大力发展"三来一补"（1978—1982年）[①]

"三来一补"包含"来料加工""来件装配""来样加工"和"补偿贸易"，是改革开放初期的一种开创性的对外贸易形式。1978年6月23日，顺德容奇镇与大进国际贸易（香港）有限公司签订佛山地区第一份来料加工业务协议，成立大进制衣厂，由港方提供设备、容奇镇提供厂房加工服装。同月，佛山市绣品工艺厂也与香港源盛有限公司签订来料加

○ 1982年，旅港乡亲何子良回乡兴办来料加工企业——星槎印染制衣厂，产品远销欧美、澳大利亚。

工钱包、皮手袋的协议，于7月投产。8月8日，大进制衣厂建成投产，成为全国第一批"三来一补"企业之一，拉开佛山引进外资的序幕。至年底，佛山地区签订来料加工

---

① 按：文章主要围绕"三来一补"业务在佛山的兴起和发展成熟展开，故叙述时间范围记至1982年。实际上，1982年后，发展"三来一补"业务在佛山乡镇企业日益普遍。随着1992年后社会主义市场经济不断发展完善和2001年中国加入世贸组织，越来越多的企业转向发展自主品牌。"三来一补"日渐式微，并逐渐被"三资"企业取代，不在文章叙述范围。

装配业务协议39项，总工缴费（加工费）3163.19万美元。

1979年1月，南海县里水玩具厂与香港幸福塑胶公司签订来料加工装配合同，成为南海县第一家"三来一补"企业。2月，佛山地区成立对外加工装配办公室，主管佛山地区的"三来一补"、合资合作企业的洽谈、签约、审批等日常工作。3月，佛山地区对外加工装配办公室改为佛山地区对外经济引进办公室。至年底，佛山地区共签订来料加工合同541项，签约期总加工费13681.31万美元，同比翻了两番。

1980年6月至7月，佛山地区召开第一次对外经济工作会议，进一步学习贯彻国务院"二十二条"[①]和省政府有关通知精神，围绕发展加工装配业务和补偿贸易，提出了"加强领导、积极宣传、部门配合，搞好布局、信守合同、按劳分配"的方针，推动佛山地区"三来一补"业务的迅速发展。是年，佛山地区来料加工装配引进业务共签订合同（协议）1700多项，总加工费2.3亿美元。佛山通过大力发展"三来一补"，引进一些比较先进的生产设备，使得一批濒临破产的企业，尤其是社队企业（乡镇企业）技术设备得到改造和提升，焕发了生机。

越来越多的外商纷纷涌入佛山地区，投资建厂或直接与当地工厂签订合作协议，开展加工贸易，与佛山各级党委的思想解放、大胆创新有密切关系。1980年，为进一步加强与港澳同胞和海外华侨的联系，南海县委决定举办"西樵山顶扒龙舟"这项具有南海特色的活动，广邀港澳乡亲和海外侨胞参与。南海的这一创举得到了省委和佛山地委的支持。这场在西樵山天湖举办的锦龙盛会，最终吸引了本县乡亲和邻近县、市群众近10万人观看，参加的港澳乡亲、海外华侨有1000多人。佛山地委和南海县委充分利用这一机会向港澳人士宣传中央对广东实行特殊政策和灵活措施的精神，介绍了家乡经济情况和潜力，欢迎他们回来投资。从港澳回来的乡亲乡贤感受到佛山的开放和诚意，纷纷考虑回乡办厂和开展贸易活动。是年，南海县同外商签订的协议达到363项，签约期加工费为5459万美元，是1979年的2倍多[②]。

1981年4月，佛山市石湾建筑陶瓷厂与香港南大行、香港敬利发展公司签订了关于引进日本自动压砖上釉生产线合同，共计利用外资39万美元，成为佛山地区第一个补偿贸易项目。是年，佛山地区共签订加工装配合同2050项，加工费总额2.26亿美元，其中引进设备价值610万美元；签订补偿贸易合同8项，利用和引进设备114万美元。

---

① 指1979年9月国务院颁布实施的《开展对外加工装配和中小型补偿贸易办法》。
② 黄琦、邹灿华：《南海先饮"头啖汤" 造就全国首富县》，中共佛山市南海区委党史研究室编：《佛山市南海区改革开放实录》，中共党史出版社2018年版，第12页。

"三来一补"贸易方式推动了佛山外向型企业的发展。1978年至1982年，佛山地区累计签订来料加工装配业务合同6708项，合同期加工费总额7.2亿美元，引进设备价值3264万美元，完成加工收入1.335亿美元，剔除偿还设备价款等，实际净收入7457万美元；签订补偿贸易合同35项，由外商投资409万美元，项目投产后结汇收入300万美元。

（二）"三资"企业的兴起（1983—1992年）

1981年，佛山市无线电四厂与香港运高电子产品有限公司合资经营"佛山电子有限公司"，成为佛山第一家中外合资企业。1983年起，"三资"企业（中外合资经营企业、中外合作经营企业、外商独资经营企业）在佛山兴起，成为佛山外资引进和发展的重要力量。改革开放初期，中国引进的大量"三资"企业中，属于"三胞"（港澳台同胞）的占比约70%，金额占一半以上。

1983年5月，佛山市①对外经济工作委员会②成立，内设引进科，负责"三来一补""三资"以及技术引进等利用外资项目的审批工作。1985年后，佛山更加重视引进外资的工作，同时强调要从着重大量引进先进设备技术转向着重加强管理、吸收、消化、创新。同年5月，佛山撤销对外经济贸易服务公司，成立佛山市对外经济发展公司，为外商投资提供政策咨询，代办外商投资企业的立项、报批、工商登记以及税务、外汇、海关登记备案等。5月和10月，佛山先后召开两次各市、县（区）外经委主任会议，传达贯彻全省对外经贸工作会议关于加强外资调控，调减外商投资非生产性、内向型项目的精神，提出两个"严格控制"（严格控制审批非生产性项目、严格控制审批宾馆餐饮等旅游项目），要求引进项目审批抓好"三个为主"（以外资为主，以生产性为主，以外销为主）。是年，全市有中外合作项目300个、中外合资项目51个（外商独资项目尚属空白），其中以劳动密集型加工项目和旅游、服务设施等第三产业项目为主。

在引进外资的过程中，佛山不断总结经验，重视保护外商投资的合法权益。1986年9月，市政府召开全市外商投资企业经验交流会，总结过去几年外商投资办企业的经验，要求各级政府和各部门、各行业把办好外商投资企业列入工作日程，切实抓紧

---

① 1983年5月，佛山地区撤销，原佛山地区所辖的部分县和县级佛山市合并成立新的地级佛山市。
② 至1992年8月，为适应改革开放的深入发展，市委、市政府决定，将佛山市对外经济工作委员会和市对外贸易局合并，成立佛山市对外经济贸易委员会。

○ 1983年，有英国面包大王之称的何景常先生为顺德县饮服公司创办兴顺面包厂，引进先进设备并作技术指导。

抓好；从生产经营自主权、所需资金、生产物资供应、税收政策等方面给予外商投资企业关心和支持，促其健康发展。接着在10月，市政府印发《关于进一步办好外商投资企业若干问题的意见》，提出切实保障外商投资企业依法行使生产经营自主权、严禁向外商投资企业乱摊派乱收费乱罚款、降低土地使用费和厂房租金等15条措施。12月，市委统战部、组织部等4个单位联合印发《关于做好外商投资企业统一战线工作的意见》，第一次提出了"经济统战"的概念，要求各级党委加强对外商投资企业统战工作的领导，充分发挥统战组织的作用。

至1987年，佛山市"三资"企业有426家，总投资16.8亿元（注册资本15.4亿元）。是年，全市出口贸易总值3481万美元，首次超过"三来一补"出口（总值1728万美元）。

在持续引进外资的同时，佛山逐渐形成了明确的发展外向型经济的思路。1988年1月，市委召开五届三次全会，提出以海外市场为导向，瞄准国际市场组织生产，走国际大循环经济发展之路，加速向外向型经济转变，促进经济结构从以加工工业为主向加工工业、能源、原材料并重转变，从低档次初级加工向中高档次深度加工为主转变，从中小型分散企业向大中型骨干企业为主转变。同月，由香港嘉扩实业有限公司独立投资399万美元设立的佛山市第一家外商独资企业——南海嘉扩纸品有限公司成立。7月，市委、市政府召开经济工作会议，总结佛山经济工作的主要经验，其中一条就是积极利用外资，引进先进技术设备，改造老企业，开拓新产品，发展外向型经济。11月，由香港溢达控股有限公司独立投资6280万美元建成的集纺、织、染于一身的大型纺织企业——广东佛山溢达纺织有限公司成立。这也是1988年佛山引进的最大的外商/港澳台商独资企业。1989年2月，市委、市政府强调，要坚定不移实行对外开放，大力发展外向型经济。同时强调，要充分挖掘资金潜力，保证重点，用好用活资金。

1988年，佛山利用外资数据创历史新高，批准外商投资企业650家（其中外商独资项目20多个，金额5520万美元），已投产253家，实际利用外资总额8.81亿美元；引进各种先进设备21万台、生产线530条。

其后，佛山在继续做好港资、澳资引进的同时，也加大了吸引台资的力度。1989年1月，市委、市政府召开对台工作领导小组扩大会议，提出下一步对台工作要以经济工作为重点，努力创造条件，吸引台资，发展佛山同台湾的经济合作关系，促进祖国的统一。5月，市政府成立台湾事务办公室，与市委对台工作领导小组办公室合署办公，实行一个机构、两个牌子。同年7月，佛山市第一家台资企业——南海里水金履鞋业有限公司成立。至年底，佛山有台资企业50家，1990年增加到103家，协议投资总额约2.28亿美元，其中台资7773.95万美元，金额仅次于港资。

佛山不断优化外商投资环境，提高引进外资水平。1989年8月，佛山市外商投资企业协会成立。佛山宣布，对外商实行3条新措施，包括快速审批独资企业；自由参资（含收购、参股、租借）佛山现有企业；市区"三资"企业放开用电、超用不收费。

1990年4月，中外合资企业佛山普立华科技有限公司成立，标志着佛山利用外资向技术先进型、出口创汇型转变。

1991年，佛山市"三资"企业出口总值约7.09亿美元，首次超过一般贸易出口，占全市出口总值的51.37%，成为佛山最主要的出口贸易方式。同时，外商在佛山的投资结构有较大改善，生产性项目及产品出口企业大幅增加。佛山初步形成了一个多层次、多渠道、多元化利用外资，以发展外向型经济为导向的格局。1992年，外商投资空前活跃，全市合同利用外资16.46亿美元，同比增长1.93倍，占历年合同利用外资总和的71%；实际利用外资3.63亿美元，同比增长41.2%。

● 1986年动工兴建的由佛山摩托车厂与美国蒂斯蒂公司合作成立的佛斯弟摩托车有限公司，引进意大利的悬挂式组装线用来生产男女装摩托车。该公司1990年建成，年产两轮摩托车10万辆。

1992年后，在建立社会主义市场经济体制的目标引领下，此前较早大量引进外资、发展市场经济的举措，对佛山整体经济和产业结构发展的作用和影响日益凸显。1993年是佛山过去历年利用外资成绩最好、吸引外资最多的一年，全市合同利用外资68亿美元，实际使用外资21亿美元。

总体而言，20世纪八九十年代，在佛山各级党委、政府的议事日程上，利用外资一直是一项极为重要的工作。市长、县长、区长和各级工业主管局、公司，以及工厂的负责人中，都有一人专门抓外经工作，对重点项目亲自过问，组织审议和拍板，从而形成和保持一个较完整、精干、高效率的外经工作组织体系。

三、改革开放初期佛山引进外资的作用、成效和影响

改革开放初期，佛山充分运用中央赋予广东的特殊政策和灵活措施，大力引进外资，发展外向型经济，对乡镇企业及传统产业集群的崛起和发展产生了深刻影响，加速了佛山的工业化进程，形成了影响至今的对外开放格局。

（一）促进了佛山外向型经济格局的初步形成

1978—1992年的10余年间，引进外资对佛山经济尤其是发展外向型经济带来重大变化：一是改革了进出口体制。下放进出口权，给予各县外贸公司进出口权，调动了各地扩大出口的积极性；打破专业外贸进出口公司独家经营进出口业务的局面，成立了一批地方工（农）贸公司，给一部分大中型生产企业以进出口权。二是建立健全了传统产业结构和管理体制。这一时期，佛山以现有企业为基础，积极进行出口商品生产体系建设，以适销对路的出口商品为对象，以开拓国际市场为目标，以增加创汇为目的，实行工农、技、贸多种形式的横向联合。同时，抓住全球产业结构调整窗口期，大力发展箱包、鞋、玩具、家用电器、塑料制品、人造花等新商品，并迅速形成了一定的生产规模。三是推动了企业经

⊃ 1986年南海飞行家用电器生产车间。

○ 20世纪90年代，菲律宾生力国际啤酒有限公司在顺德投资办厂。

营和管理体制改革。从1988年开始，佛山推动企业实行承包经营责任制，逐步走上了到企业"自主经营、自负盈亏、自我约束、自我发展"的轨道，使企业的管理水平达到新的高度，出口规模不断扩大，经济效益日益提高。四是"三资"企业占出口的比重迅猛增加。引进外资对全市的商品出口起到了巨大的推动作用。佛山的"三资"企业出口总额在1985年仅为246万美元，1992年已跃升到9.93亿美元，占全市出口总额的56%，比1985年增长402倍。

（二）全面提升了佛山的工业化水平

截至1991年，全市工农业总产值达到405.62亿元，相当于1978年的15倍多；国内生产总值145亿元，相当于1978年的11倍多；财政收入17.04亿元（含社会保险基金），相当于1978年的5.7倍。是年，佛山成为全国25个国内生产总值超百亿元、18个人均国内生产总值超4000元、36个主要社会经济指标率先跨进小康水平的城市之一。1992年，佛山实现地区生产总值219亿元（1990年不变价），同比增长33.7%；全市出口总值17.62亿美元，同比增长27.7%。

其中，引进外资发挥了重要作用。1980年到1984年，佛山不断引进海外的资金、技术、设备，从单机引进，到整条生产线引进，发展到引进关键设备与国产设备配套，首先对纺织、电子、家电、陶瓷、塑料、食品等行业进行了全面技术改造，后来发展到其他行业及乡镇企业。在1979年以前，市区工业设备70%以上是20世纪30年代至50年代生产的旧设备。其后，佛山引进了不少国外70年代末80年代初才有的设备，这些设备在市区工业设备中所占的比重在1980年初仅占0.73%左右，1983年第一季度即上升到10.88%。到1985年，全市已有50%的工业技术设备属国内先进水平。在佛山投产的喷水织机、电脑绣花机、电脑自动分色机、PVC四辊压延机组、P.E圆筒编织机、宽幅塑料编织机、RD－4型圆网印花机及蒸化机、彩色电视机生产线、辊道窑彩釉砖生产线等设备和技术，均属当时国际先进水平。整体上，1985年佛山市的工业水平约相当于50年代末的日本、60年代末的香港的工业水平。得益于先进的生产技术和设备，截至1985年，佛山创出省、市优质产品237个，其中获国家金质奖产品3个、银质奖产品12个，省优质奖产品84个；拥有35种工业拳头产品；出口工业产品已从1978年的150种增加到250种。截至1991年，全市累计利用外资12.3亿美元，引进国外先进设备19万台（套）、生产线600多条，超半数以上的设备达到国内先进水平，部分达到20世纪80年代末90年代初世界先进水平。

（三）为佛山传统产业集群的崛起打下了基础

1980年，佛山经济总量在国内城市之中并不算突出。改革开放初期引进外资，促使佛山传统产业崛起，产业从低到高，资源从有形产品到无形技术。1985年，佛山合同利用外资已经突破2亿美元。佛山市无线电厂的电容器、南海化肥厂的线路板、三水县的易拉罐都是当时引进的产品。这一时期，佛山引进的外资主要放在既有企业的技术改造上，目的是解决工业企业经济效益低的问题。市区的八个塑料厂通过利用外资、引进技术设备，推出发泡人造革、海绵塑料、复合塑料编织袋等新产品。原属佛山地委管辖范围内的顺德县桂洲、佛山市和中山市（县级）等重点电风扇厂，引进静电喷漆流水线、绕落线机等先进技术设备，提高了电风扇出口的竞争能力，一跃成为佛山外贸第一大商品，其中吊扇出口量占全国吊扇出口量的74%，远销美国、中东等32个国家和地区，成为一大优势产业。

20世纪80年代奠定产业基础、在全国有较大影响力的佛山产业集群，除风扇外，还有纺织、陶瓷、塑料、电子产品等。截至1991年，佛山是国务院批准的全国12个纺织基地之一；佛山陶瓷行业是全国主要的陶瓷综合生产基地，墙地砖产量占全国三分之一；佛山塑料制品行业的产品出口税利和产值常年位居全国同行业前茅；电风扇产量占全国的40%左右，出口约占一半；落地式组合音响和热水器产量约占全国三分之一；全国66类工业产品，佛山能生产的有34类、4310种。仅1980—1985年，佛山就从国外引进了各种设备10万台（套），生产线100多条，在各门类传统产业中都发挥了基础性作用，奠定了实体经济特别是制造业在佛山经济的基础和核心地位。

（四）推动了佛山形成不断对外开放的格局

引进外资促进了佛山的对外开放。通过港澳乡亲和海外侨胞引进的资金、技术及思维上的革新，在潜移默化中改变了佛山人。一批批农民洗脚上田、穿鞋进厂，走出家门结识港商、联谊在港乡亲，主动探索市场经济与企业经营，带动乡镇企业的快速发展。

与此同时，对外开放又赋予了佛山改革发展的动力。佛山籍港澳乡亲投资设立的"三来一补"企业，在佛山构成"店厂分离、前店在港/澳、后厂在佛"的新经济模式，为佛山发展外向型经济打下坚实基础。1984年，投资达2000万港币的旋宫酒店在祖庙路兴建，成为佛山首家、全国最早一批中外合作酒店，是20世纪80年代中期佛山利用外资发展的一个缩影。至1992年后，佛山围绕建立社会主义市场经济体制的目标，贯彻落实中央各项经济政策，按照"大商业、大市场、大流通"的发展思路，积极转变企业经营机制，调整商品结构，不断深化改革、扩大开放。

此外，利用外资也加大了佛山的对外贸易依存度（FTD），加快佛山制造融入全球市场。1978—1992年，佛山与港澳台地区及美国、日本、德国、英国、法国、意大利、泰国、马来西亚、西班牙、印度尼西亚、韩国等18个国家和地区进行了广泛的经

◕ 1987年1月1日，高明当时最大的侨资企业——联昌酒楼开业。

济技术合作，累计实际利用外资达到15.58亿美元，开办"三来一补"企业1000多家、"三资"企业2140家；引进生产设备21万台（套）、生产线近800条，对全市1800多家工业企业进行了不同程度的技术改造，形成了不断对外开放的格局。

四、改革开放初期佛山引进外资的经验

佛山在改革开放初期大胆引进外资、扩大开放，充分发挥在政策、地理、资源、人才等方面的优势，从而探索出一些宝贵的经验。

（一）重视加强对引进外资工作的组织领导，不断健全外经工作组织体系

佛山从一开始就重视抓好各级外经机构的组建工作。1979年春，佛山地区各县、市很快建立了外经委及所属单位；1983年机构改革，佛山坚持保留外经委，并从工业、财贸等部门及大学毕业生中抽调一批骨干到外经委工作，充实力量；所有对外加工装配的企业，都建立了监管小组；有些县的经委和工业局（公司）还设置了外经科（股）。至1985年，佛山已形成了一个比较完整、精干的外经工作组织体系。

在加强领导和健全组织工作中，佛山全力抓好领导和协调工作，明确规定：利用外资、引进技术工作，由市领导统筹，外经委牵头，"三委"（计委、经委、外经委）为主，各有关部门配合。各级党政主要领导对利用外资、引进技术的重大问题和重大项目亲自过问、组织审议和"拍板"。各级政府都有一名领导专门主管外经工作。各级工业主管部门、公司和工厂，都指定一名领导同志抓外经工作，并配备必要的专职外经干部。

在开展利用外资、引进技术的初期，干部中普遍存在畏难心态，认为这些事难办，缺乏信心；又怕外资冲击民族工业。针对这些情况，佛山组织广大干部认真学习和领会党的十一届三中全会以来党的路线、方针、政策，充分认识对外开放的大趋势；同时，市领导带头与外商联系，从而解除了干部的疑虑，增强了干部的信心，利用外资、引进技术工作很快就开展起来。

（二）发挥毗邻港澳的"地利"优势，充分调动港澳乡亲投资以解决资金不足等发展难题

佛山地区毗邻港澳，是全国著名侨乡之一，对外开放具有得天独厚的"地利"优势，最突出的优势是"三个70万"——海外华侨70万、港澳同胞70万、侨眷及港澳同

○ 1992年，南海旅港乡亲邝汇珍先生，投资1.2亿元在大沥创办亚洲铝型材厂。2006年，亚洲铝业被评为"全国明星侨资企业"。

胞直系亲属70万。在执行对外开放政策的初期，佛山充分发挥"三个70万"的优势，通过港澳工商界的佛山乡亲，积极引进外资和国外先进的技术，为解决资金不足、生产技术落后的矛盾开辟新的途径，为佛山发展农村社队企业、发展制造业经济增添了新的活力。

（三）用好国内和国外两种资金、两种资源和两个市场，注重利用外资和通过外部技术来改造和促进本地相关行业发展

改革开放前，与全国其他许多地区一样，佛山发展工业生产主要依赖于"就地取材、就地生产、就地销售"的小生产模式。实行对外开放政策后，佛山注重面向全国乃至全球的社会化商品生产，充分利用国内外两种资金、两种资源、两个市场，外引内联，大规模地引进先进技术，奠定了国民经济起飞的坚实基础。同时，借助外部技术力量，做好企业的技术改造。在早期引进的项目中，工业企业技术改造项目占了78.5%。

◯ 1996年，石湾鹰牌陶瓷集团有限公司购入意大利萨那特全球第一台5000吨陶瓷压机，生产世界上第一块大规格弧面抛光砖。图为产品自动化生产线。

佛山利用外资、引进技术做到了"五个相结合"（调整生产布局与重点行业改造相结合，劳动密集型与资金、技术密集型相结合，加快城市工业技术改造与带动农村经济发展相结合，引进设备与引进技术软件相结合，引进技术设备与消化、吸收、推广、创新相结合），加快了五大支柱行业（纺织、电子、塑料、陶瓷、服装皮件）的技术进步和商品的更新换代，发展了节能、交通建设项目和强化了工业企业的薄弱环节，扶持了经济后进地区的发展。

（四）注重通过政策引导和发动群众，创造有吸引力的投资（营商）环境，务实而灵活地创设引进外资和技术的方式办法

佛山勇于解放思想，拓宽发展思路，不断创新引进外资、技术的办法。

一是抓发动，千方百计吸引境外投资者。党政主要领导带头与外商、侨商和港商接触，宣传党的对外开放政策和家乡的建设成就和前景，使他们产生好感和信任。同时，发挥侨务、统战部门的作用，通过举办佛山工业成就展览会、"佛山秋色""西樵山顶扒龙舟"等活动，组织港澳同胞和海外侨胞回乡观光，切身感受家乡的变化，进行广泛深入的内外发动。佛山还注意发动基层群众，通过各自的港澳和海外关系，穿针引线，原则上哪个单位介绍和达成的项目，就优先安排给哪个单位。

二是创环境，即创造对外商、侨商和港商有吸引力的投资（营商）环境。政治上，平反冤假错案，落实华侨房屋政策。到1984年，佛山退还被挤占侨房工作已基本完成，这些措施进一步打消了旅港澳乡亲和海外华侨的疑虑，激发了他们回乡投资发展的热情。经济上，主要采取4条措施：坚持平等互利，使外商获得合理利润；讲求效率，方式灵活，恪守合同，信誉第一；组织好交通运输、通讯、口岸查验等服务性工作；妥善安排外商派驻佛山地区企业的业务和技术人员，为他们提供尽可能好的工作和生活条件。

三是多方式，引进和利用外资、技术的方式不拘一格。从一开始的"来料加工装配"到后来的合作经营、合资经营等，实行包括国际租赁、出口国信贷（买方信贷）、外汇补偿贸易贷款，或对进来设备暂不作价，以部分加工费抵设备价款，运用港澳和内地银行外汇借（贷）款引进技术设备，接受华侨、港澳同胞捐赠设备，等等。

（五）抓好利用外资企业的经营效益，统筹做好进出口及外汇管理，推动多种灵活的偿还方式解决外资偿还问题

佛山一方面抓好利用外资企业本身的经济效益，增强企业偿还能力；另一方面，

○ 2010年6月9日，中国一汽、德国大众、广东省政府、佛山市政府、南海区政府签订五方合作协议，正式确定一汽-大众新厂落户南海。

在政策许可的范围内，采取多种办法，解决综合偿还问题。一是原则上由企业或主管公司使用引进项目投产后的收入进行偿还。这有利于引导企业精心选择引进见效快、效益高的项目，锐意开发国外适销对路的产品，增加所生产的"洋货"的返销比重。二是基础建设类项目，如由本企业或主管公司偿还确有困难的，由市（县）地方留成外汇额度内统筹安排解决，人民币配套部分则由地方财政统筹安排解决。三是采用三角补偿关系，如石湾利华装饰砖厂，采用买方信贷方式引进意大利彩釉砖全工序生产线及工艺技术，通过香港一家公司经销商品，通过该公司解决偿还问题。佛山市纸箱厂引进日本全套技术设备，也是用这个办法。四是开展计划外代理出口。从1984年3月开始，佛山各级组织计划外商品，委托外贸专业公司代理出口，地方负责补亏，开辟外汇资金来源，以解决引进技术的偿还问题。五是加速发展第三产业，特别是旅游业，以增加和补充外汇来源。六是发挥本地农业优势，大力发展以农副产品为原料的出口食品加工业，抓紧对港澳的鲜活商品出口，提高创汇能力。此外，积极发展劳务出口，发展国外承包建厂、修路等工程业务。

（六）注重建设一支善于变通、熟悉业务、掌握信息、办事主动且高效的外经工作队伍

佛山市委、市政府注意抓好外经工作干部的政治教育和业务培训，建立起了一支政治素质高、业务能力强的外经工作队伍。这支外经工作队伍有5个特点。一是思想解放，善于变通，如运用卖方信贷、三角补偿、国际租赁等方式，对于外商投资建商品住宅，有些卖不出去，就采取变通措施，保本收购，既扩大了外经信誉，又利国益民。二是事业心和主动性强，不坐等外商上门，主动出去选项目、找对象；不坐等主管部门出题目，主动开展调查研究，搞规划、出点子、提单子。三是雷厉风行，办事效率高。如1984年，佛山平均每天完成签订合同11.8个，一些重点项目还要经省外经委谈判、审查、批准，工作量相当大。四是掌握信息、传递信息及时。佛山除了建立国际信息中心，还在香港设有经济实体性的常驻机构，曾派出100多人次到国外考察。为了及时向国内传播信息，他们还买样品回来展览，如1984年就先后两批次买回11个国家和地区的800多种样品，供各级有关部门和企业有关人员观摩。五是熟悉业务。有的外经委的领导长达30多年在工交部门工作，当过厂长、局长、计委、经委副主任，对工交情况熟悉；有的在财办工作多年，熟悉财贸业务。

五、改革开放初期佛山引进外资的启示

改革开放40多年来，在党中央的正确领导下，佛山依靠宽松的政策构建了亲商的环境，牢牢抓住经济全球化机遇，闯出了一条较高水平的对外开放之路，造就了雄厚的制造业基础和较发达的民营经济，"外向型"成为佛山经济的一个鲜明特征。迈入新时代，粤港澳大湾区、"一带一路"建设为佛山的创新发展带来了新的机遇，也要求佛山站在新的历史起点，认识自身优势的变化，找准未来发展定位。总结佛山在改革开放初期吸引外资的实践和经验，可为我们带来一些启示。

（一）面对世界之变、时代之变，佛山要发扬识变、求变的精神，抓准有利的外部条件发展自己

改革开放以来，中国大致经历了三大浪潮的推进与发展：第一次是20世纪80年代开始到90年代的开放浪潮，主要目的是引进外国直接投资，用于各地的基础设施建设和工业项目；第二次出现在2001年加入世界贸易组织之后，一直到2012年左右；第三次是从2013年开始的主动开放期，"一带一路"建设、举办进博会、设立自贸区等开放措施，进一步增强了中国经济的活力[①]。佛山抓准机遇，顺应全球经济发展趋势，在改革开放创新方面走出了独特的发展道路，积极融入全球化，造就了一批在全国有代表性的县域发展模式和民营企业发展样本。

（二）在更高起点上谋划对外开放布局，佛山要一如既往对标学习先进地区的发展经验，进一步提升外向型经济的发展视野和格局

佛山对标的第一个标杆是深圳。改革开放初期，虽然没有像深圳那样的经济特区政策，但佛山一直将深圳作为学习的标杆，灵活用好中央赋予广东的特殊政策和灵活措施，率先扩大对外开放，以引进外资为抓手，着力营造开放包容的政策环境。第二个标杆是港澳，这为佛山吸引和利用外资提供了发展模式和政企关系的样本。第三个标杆是以高端制造闻名全球的德国。通过对标制造强国与地区，佛山发展制造业经济、外向型经济的视野和格局也越来越宽广。

---

① 王辉耀：《开放的中国与世界同频共振》，载于《北京青年报》A02版（转载于光明网），2021年3月21日。

（三）佛山在对外经济活动中善于发挥国际市场的作用，有助于佛山进一步利用外资促进高质量发展，实现更大跨越

一是重视发挥企业的自主性。1992年之前，佛山更多地通过"放水养鱼"的模式，大胆放权，发挥市场作用。其后，只要有利于市场良性竞争、有利于民营企业健康发展的政策措施，佛山各级各部门都会积极努力地去争取和落实。这得益于佛山市委、市政府长期坚持带头服务企业、敏锐和灵活地把握经济发展方针的执政理念。

二是坚持对外开放不停步。2019年1月出台的《佛山市进一步扩大对外开放实现利用外资高质量发展若干政策措施》，通过加大外资引进力度、财政支持力度、用地保障力度、人才支持力度、金融支持力度，提升投资便利化、贸易便利化、税收便利化和科技创新水平；优化利用外资保障机制，切实保障企业及时享受各级政策红利，进一步提升佛山利用外资的质量和水平和精准招商引资工作水平，全力推动全市经济高质量发展。2020年12月，佛山对该政策进行了修订，把扩大对外开放、利用外资促进高质量发展推向更高台阶、实现更大跨越。

（四）良好的营商环境是佛山多年来持续吸引外商投资的一个重要因素，今后仍需要持续优化，着力打造一流营商环境

20世纪80年代起，佛山不断调整外经贸主管部门，以适应对外经济活动发展的需要，目的就是为外资进入佛山提供优质的服务，营造良好的营商环境。进入21世纪，佛山在提高利用外资水平方面进一步营造高效的投资环境。如政务环境方面，将市政府部门和单位的审批和核准事项减少54.6%，提高了办事效率，严格实行"收支两条线"，规范对企业的行政收费管理，实行政务分开，启动政府上网工程，增加工作透明度。服务环境方面，市外经贸局与佛山海关等职能部门建立和实施联席会议、现场办公和与重点投资项目企业联系制度，帮助和指导企业解决生产经营和进出口环节中遇到的实际问题。良好的综合环境，吸引了众多跨国公司前来佛山投资，并不断增资扩产。

佛山外向型经济发展的历程与启示

改革开放后，佛山不断解放思想，扩大对外开放，探索出以外向型经济①为导向、具有佛山特色的发展经济的路子。经过40多年的发展，"外向型"一直是佛山经济的重要特征。佛山充分利用了毗邻港澳、市场经济发育成熟较早的优势，以及中国加入世贸组织、"一带一路"建设等重大历史机遇，长期坚持发展外向型经济，同时经受住了多次国际金融危机及国际贸易壁垒和摩擦、新冠肺炎疫情等各种不利因素的冲击，为奠定珠三角制造业基础和促进全省经济的持续、健康发展作出了积极贡献。

一、佛山发展外向型经济的历程

改革开放后，佛山积极贯彻执行中央赋予广东的特殊政策和灵活措施，在对外开放上先行一步，迅速走上了发展外向型经济的快车道。

---

① 外向型经济：也称"出口主导型经济"，包括对外贸易（进出口贸易）、引进外资及对外投资等对外经济活动。

（一）发展"三来一补"和"三资"企业奠定佛山外向型经济基本格局（1978—1992年）

1979年，中央赋予广东、福建两省在对外经济活动中实行特殊政策和灵活措施，在扩大对外开放上先走一步。佛山充分发挥毗邻港澳、海外乡亲众多等人缘地缘优势，大力发展出口，积累资金，同时积极利用外资，引进先进设备和技术，提高经济整体发展水平，再进一步扩大出口，走出了一条"出口—引进提高—扩大出口—再引进提高—再扩大出口"的外向型经济发展路子。

1. 通过"三来一补"发展对外贸易

"三来一补"是佛山发展对外贸易和外向型经济最早的经济形式。1978年7月，国务院颁布《开展对外加工装配业务试行办法》，允许采取先办厂、后承接外商加工装配业务的"来料加工"方式。中共广东省委率先作出发展来料加工的决定，东莞、番禺和佛山地区的南海、顺德、中山等成为先行试点县。其后，在省有关部门和佛山地委的支持下，顺德县和南海县敢饮"头啖汤"，诞生了容奇大进制衣厂、里水玩具厂等最早的一批"三来一补"企业。

佛山在改革开放之初就大力支持外经贸的发展。20世纪70年代末至80年代初，佛山地区各市、县充分利用毗邻港澳的区位优势以及港澳地区劳动密集型加工产业转移的契机，以"洗脚上田""离土不离乡"的农民为主要劳动力，以乡镇企业为主要承载体（约占60%），以风险小、见效快的来料加工为突破口，在以劳动密集型为主的轻纺工业、电子工业、采矿业以及农副产品加工业等领域广泛开展起加工装配业务。

为加强领导和管理，1979年2月，佛山地区专门成立对外加工装配办公室（3月改为佛山地区对外经济引进办公室），主管佛山地区各市、县"三来一补"及合资合作企业的引进、洽谈、签约、审批等工作。3月起，佛山地区外贸局及各市、县外贸支公司纷纷成立了来料加工科（股），专门从事来料加工装配业务。

1980年6月底至7月初，佛山地区行署召开第一次对外经济工作会议，提出"加强领导、积极宣传、部门配合，搞好布局、信守合同、按劳分配"的方针，推动佛山地区"三来一补"的迅速发展。1981年4月，地区行署召开对外经济工作会议，提出多层次、多方式地开展"灵活贸易"，放手发展"三来一补"、合资合作及以货易货①、租赁贸易等。

---

① 以货易货：买卖双方各以等值的货物进行交换，不涉及货币的支付。

至1982年，佛山地区累计签订对外加工装配业务合同6708宗，合同加工费累计总额7.2亿美元，引进设备价值3264万美元，完成收入加工费1.335亿美元，剔除偿还设备价款等，实际净收入7457万美元；累计签订补偿贸易合同35宗，外商投资409万美元，项目投产后结汇收入300万美元。

2．先行试验外贸代理出口

1981年至1983年，广东充分利用中央赋予的特殊政策和灵活措施，在外贸领域先走一步，率先实施"外贸大包干"体制改革，打破了国家对外贸易高度集中的计划管理和国家外贸总（专业）公司垄断进出口贸易体制，外贸经营权和企业对外经营审批权层层下放。佛山地区及下辖各市、县和所属的外贸公司、部分生产企业获得了一定的对外贸易经营自主权，推动了佛山外向型经济的发展。

1984年，受国家汇率调整影响，为解决全国外贸出口严重亏损的问题，广东放弃"外贸大包干"，重回"统负盈亏"的外贸体制，原本下放地区、市（县）的商品出口经营权被收回。为了推动对外贸易的持续发展，佛山市委、市政府经过调查研究，由市政府向省政府和国务院上报《关于计划外产品由外贸代理出口，继续办好外贸综合基地的报告》，请示实施计划外产品由外贸代理出口制度①。2月，国家对外经济贸易部和省政府批复同意佛山作为外贸代理出口的先行点。3月，市政府成立外贸代理出

◐ 1984年4月10日，中外合资的广东健力宝有限公司（广东运动饮料厂）成立，生产的新型运动饮料——健力宝被誉为"中国魔水"销往世界各地。图为20世纪80年代该运动饮料厂厂址全貌。

---

① 计划外产品代理出口实质是通过农贸、工贸、技贸结合，由地方外贸总（支）公司和生产企业"借船出海"，取得外贸出口权，从而改善出口环境，扩大对外出口，实现生产企业和外贸公司"双盈利"。

口领导小组，全面开展这项工作。是年，佛山市出口总值20649万美元，地方外汇留成5000万美元。1987年5月，市政府正式向省政府提出试行超计划"代理出口"和"综合补偿"业务，并经省政府同意在全省率先实施。

超计划"代理出口"业务和计划外"代理出口"一脉相承，其改革实践为中央和省层面的外贸体制改革提供了经验和样本。在1988年、1991年全国外贸企业实施的两轮承包经营责任制改革和1994年全面实行的以汇率并轨、取消补贴、自负盈亏为标志的对外贸易体制改革中，佛山的代理出口经验均得到积极推广。在试点经验的基础上，佛山的对外贸易体制也开始走上了统一政策、放开经营、平等竞争、自负盈亏的发展道路。

3. 贯彻实施珠三角沿海经济开放区战略

1984年12月，广东省委召开地级市委书记会议，传达中央关于批准广东、福建两省继续实行特殊政策和灵活措施的会议精神。1985年2月，佛山市委召开县（市、区）委书记会议，贯彻实施"沿海经济开放区"建设这一国家战略，按照"贸—工—农"方针安排生产，组织经济发展新转变。同月，中共中央、国务院批转《长江、珠江三角洲和闽南厦漳泉三角洲地区座谈会纪要》，正式将佛山列入珠江三角洲沿海经济开放区。4月，佛山市委、市政府成立建设沿海经济开放区领导小组，并召开第一次会议，提出把一批工厂企业逐步转变为外向型企业。8月，佛山市委提出，要在继续发展内向型经济的同时转向大力发展外向型经济。

同年11月，省政府在佛山召开第二次珠江三角洲经济开放区规划工作会议暨第二次外经贸工作会议，明确珠江三角洲经济开放区的发展与外经贸的关系，提出建设珠江三角洲开放区的重点是要建设出口生产体系，并确定"一个中心、两个重点、两翼齐飞"（以出口收汇为中心，重点利用外资建立出口生产体系、重点开拓国际市场，"加工贸易"和"一般贸易"两翼齐飞）的出口生产体系建设方针。随后在12月，佛山市政府将原设在市政府办公室的珠江三角经

○ 1987年12月18日，顺德县容奇港通过国家验收正式对外开放，开辟了佛山市第一条到香港的客、货运直通航线。

济开放区办公室改为设在佛山市对外经济贸易委员会内。

1988年3月，国务院召开沿海地区对外开放工作会议，正式提出实施沿海地区经济发展战略，大力发展"两头在外、大进大出"的外向型经济，即将企业生产经营过程的原材料和销售市场都放在国外。7月，佛山召开经济工作会议，分析经济形势，贯彻实施国家沿海地区经济发展战略，强调要深化企业管理和经济体制改革，全面加快技术引进和企业技术改造，加快企业创新和开拓新产品，"以进养出"，大力发展以出口创汇为目标的加工工业[①]。

4．推动"三资"企业兴起

1983年5月，佛山市对外经济工作委员会（以下简称"市外经委"）成立，内设引进科，负责"三资"（中外合作、中外合资、外商独资）企业及技术引进等利用外资项目的审批工作。1985年5月，市外经委撤销对外经济贸易服务公司，成立佛山市对外经济发展公司，为外商投资提供政策咨询，代办外商投资企业的立项、报批、工商登记以及税务、外汇、海关登记备案等。5月和10月，佛山召开两次各县（市、区）外经委主任会议，要求审批项目抓好"三个为主"（引进项目以外资为主，以生产性为主，以外销为主）。

○ 1984年6月5日至7日，中共佛山市第五次代表大会召开，大会号召"把佛山建设成为一个轻纺工业发达、农村经济繁荣、内外贸易活跃、科学技术先进、人民生活富庶、城市整洁文明的社会主义新城市、新农村"。

"三资"企业的兴起，成为佛山发展外向型经济的重要推手。1986年4月12日，六届全国人大四次会议审议通过《中华人民共和国外资企业法》，为"三资"企业发展提供法律保障。9月，佛山市政府召开全市外商投资企业经验交流会，总结过去几年外商投资办企业的经验，要求各级各部门、各行业把办好外商投资企业列入工作日程，切实抓紧抓好。10月20日，佛山印发《关于进一步办好外商投资企业若干问题的意

---

① 至1990年底，国家给予珠江三角洲沿海经济开放区的优惠政策结束。

见》，贯彻《中华人民共和国外资企业法》[①]，提出切实保障外商投资企业依法行使生产经营自主权，严禁向外商投资企业乱摊派乱收费乱罚款、降低土地使用费和厂房租金等15条保障措施。

1988年1月5日至6日，中共中央政治局常委、国务院代总理李鹏到佛山视察，勉励佛山加快发展外向型经济步伐。随后，市委召开五届三次全会，提出以海外市场为导向，加速向外向型经济转变。年内，佛山第一家外商独资企业——南海嘉扩纸品有限公司、第一家台资企业——南海里水金履鞋业有限公司及佛山市外商投资企业协会先后成立。是年，佛山利用外资创历史最高水平，批准外商投资企业650家，实际利用外资总额高达8.81亿美元。至1990年，全市出口总规模达到10.3亿美元，实际利用外资累计超10亿美元。出口和利用外资的两个超"十亿"，标志着佛山外向型经济已发展到一个新的阶段。至1991年，佛山"三资"企业出口约7.09亿美元，占出口总值的51.37%，首次超过一般贸易出口，成为佛山最主要的出口贸易方式。至此，佛山初步形成一个多层次、多渠道、多元化利用外资，发展外向型经济的对外经济格局。

5．外向型经济发展走上市场化轨道

1992年，党的十四大提出建立社会主义市场经济体制的改革目标。市委、市政府把握国内外的有利机遇，致力于深化改革、扩大开放，包括转变经营机制，增强企业活力；调整商品结构，扩大出口销售；开拓远洋市场，扩大出口领域；开展招商活动，引导外资投向；开展补偿贸易业务，重点抓好"四个结合"[②]；加快企业转换经营机制，推动外贸综合改革，增强企业活力，推动外贸企业实现"五个转变"[③]；开展对外宣传，加强与港澳同胞及海外侨胞的沟通联系，进一步激发他们回乡投资办实业的热情，一系列举措使佛山的外向型经济发展走上了市场化轨道。

（二）对外贸易向更高层次发展及经受住东南亚金融危机的冲击（1993—2001年）

"八五"期间（1991—1995年），佛山以全面提高经济效益为中心，以国内市场

---

① 1986年4月12日经六届全国人大四次会议审议通过。

② "四个结合"：补偿贸易与技术改造结合；补偿贸易与租赁、信贷结合；补偿贸易与消化、吸收结合；双边补偿与多边补偿结合。

③ "五个转变"：从计划经济执行者向进出口业务自主经营者转变；从以创汇为主向创汇与效益并举转变；从货源收购者向货源拥有者转变；从单一经营向一业为主，多种经营转变；从以廉价取胜向以质优取胜转变。

为依托，以发展外向型经济为主攻方向，促进产业、产品结构优化调整，推动佛山经济向高层次、高科技、高效益方向持续、稳定、协调发展。1993年至1997年的5年里，佛山对外经济贸易取得了显著成效。外贸出口快速增长，出口总值从1992年的17.62亿美元增至1997年的45.18亿美元，年均递增18.5%；累计实际利用外资48.73亿美元，占历年实际利用外资总数的75.8%。利用外资的项目质量普遍提高，高新技术、基础设施和第三产业项目增多，投资结构日趋合理。1994年全市第一、第二、第三产业利用外资比重分别是0.42∶56.5∶43.18，第三产业利用外资所占比重比1993年提高了7个百分点。外资来源逐步向多元化方向发展。1995年有50家外国企业到佛山市投资，合同利用外资4.43亿美元，占合同利用外资总额的21.6%。佛山利用外资、引进技术从过去"饥不择食"向高、大、新方向逐步转变，质量不断提高。出口商品结构得到进一步优化，涌现了一批年出口额超亿美元的骨干商品。远洋出口比重逐年提高，远洋出口额由1992年的9330万美元增至1997年的6.32亿美元，年均递增46.6%。乡镇企业引进外资有重大变化，从引进一般中小型外资向引进国际大财团和知名大企业转变；从产品加工、劳动密集型向资金、技术密集型转变；从短期合作向长期合作转变；从单项引进向市场、技术、资金、人才、管理等综合引进转变；从层次较低的我方为主管理型向专业化、产业化管理型转变。同时，企业主动走出去，在国外投资办厂，建立起跨国经营的桥头堡，使佛山外向型经济向更高层次发展。

1996年，佛山实现国内生产总值636.96亿元，进出口贸易总额59.1亿美元（其中出口总值39.07亿美元），GDP对进出口贸易的依存度为77.9%，对出口贸易的依存度则为51.5%（接近或超过市场经济发达国家水平）；实际利用外资1.59亿美元，相当于全市当年社会固定资产投资完成额的64.4%。经济增长对商品出口、外资如此高的依存度，在全国亦不多见。1997年爆发的东南亚金融危机，波及周边的日韩等国家和中国香港、台湾等地区，以及欧美汇市或股市。佛山经济的外向型特征比较明显，经济发展对外部经济金融和市场环境依赖性强。然而，佛山的外向型经济在应对此次东南亚金融危机中却成功转危为机，甚至在此后形成了逆势增长的惯性。

东南亚金融危机对外向型经济体的影响，主要体现在两个方面。一是商品出口严重受阻。东南亚金融危机之下，亚洲很多国家货币相继贬值，导致出口产品的国际市场价格大幅度下降。佛山出口主要依赖劳动密集型产业及产品，1996年出口超亿元的主要是鞋类、服装、棉制品、电风扇、电子元器件、塑料制品、照相器材、棉布、首饰等产品，与东南亚各国的出口产业及其产品结构大致相近，加上劳动力成本上涨和汇价波动等因素，进一步压缩了原本的成本优势，出口难免受到影响。二是招商引资的不确定性增加。佛山利用外资80%以上来自港澳。在这场金融危机中，港币虽未受到冲击，但港股却未能幸免且深受影响，恒生指数创下历史新低。如果不能尽快摆脱这种影响，则会在很大程度上影响外资对佛山的投入和增加。

为化解东南亚金融危机的负面影响，佛山积极采取一系列对策，包括深入开展关于金融危机与佛山外向型经济发展的各项专题研究，充分认识危机可能影响的途径、范围、程度、方式乃至具体的产业、产品、企业、项目等；积极调整出口贸易的产品结构，努力提高出口产品的质量和档次，提高产品的国际市场竞争力；相应调整出口贸易地区结构，努力开拓欧洲、非洲、独联体国家和拉美市场以及海湾国家市场，同时做好部分商品出口转内销的补救性工作；进一步做好招商引资的各项基础性工作，改善投资环境和外资结构，注重吸收和利用技术含量高、规模大、期限相对长的国外资本，逐步改变过去较单一引进港资的局面；拓展对海外直接投资，如资源丰富、劳力充足且价格相对低廉的非洲国家，推动佛山外向型经济发展模式的战略性转轨。

通过实施"外向带动"战略，以及对出口商品结构和市场结构进行调整，佛山机电产品和高新技术产品出口份额扩大。2001年，全市出口总值63.6亿美元，同比增长10.8%；外商投资活跃，全市实际利用外资10.15亿美元，其中外商直接投资达9.9亿美元；累计利用外资金额144.3亿美元，实际利用外资金额107亿美元；累计批准成立"三资"企业5547家，注册资本84.16亿美元，实有外资企业2346家，投资总额153.32亿美元。

（三）推动企业走出国门和应对美国次贷危机的冲击（2002—2012年）

1. 加入世贸后佛山外贸、外向型经济迅猛发展

2001年12月中国加入世界贸易组织后，中央陆续调整修改、颁布了一系列经济政策法规。为准确、全面地帮助外商投资企业了解新政策，佛山及时组织海关、税务、金融、工商等职能部门开展各类研讨和讲座，帮助企业加深对新政策的理解。

中国加入世界贸易组织推动了佛山对外贸易和外向型经济发展的新高潮。2002年，佛山外贸进出口保持稳健、快速增长。全市进出口总值129.7亿美元，同比增长17.2%。其中，出口总值78.9亿美元，同比增长24.1%，含外贸企业出口26.8亿美元，同比增长12.6%；"三资"企业出口52.1亿美元，同比增长31%。进口总值50.8亿美元，同比增长7.8%，含外贸企业进口12亿美元，同比增长4.9%；"三资"企业进口38.8亿美元，同比增长8.7%。全市合同利用外资8亿美元，同比增长61.1%；实际使用外资10亿美元，同比增长57.2%。在吸引外商直接投资方面，批准成立"三资"企业项目270

项，同比增长11.6%；合同利用外资7.9亿美元，同比增长68.8%；实际利用外资9.8亿美元，同比增长60.3%。

为促进外资外贸持续稳健发展，佛山着力做好4个方面的工作，取得较好成效。

一是采取多种措施积极推进加工贸易转型升级。市一级成立加工贸易专责小组，指导五区外经贸局贯彻落实加工贸易新政策；主动与金融机构探讨企业融资的渠道与途径，协调企业解决资金周转困难；建立重点企业联系制度，通过大量的调研与分析，努力为企业争取好的政策；推进加工贸易扩大内销；通过媒体加大宣传力度，为企业举办外经贸、海关、企业三方政策咨询会，面对面解答企业疑难问题，促进对外贸易提速增效。

二是发起"发掘非洲商机之旅"，加快实施"走出去"战略。2007年6月，市委领导率佛山代表团参加2007非洲系列经贸活动，达成贸易、投资合作5.41亿美元，一方面促进了非洲市场开发，扩大了佛山产品的国际市场空间，另一方面促成了部分佛山企业到境外投资。2007年佛山批准设立境外企业9家，在短短两三年内共批准设立境外企业24家，总投资额2672万美元，主要集中在家电、建材等传统优势行业。

三是优化进出口服务，引导外向型企业主动适应外贸环境变化。在加入世贸组织后，国家对加工贸易、出口退税等政策作出重大调整。佛山加大对企业的政策指引，组织市各级外经贸部门加大调研力度，帮助企业理性分析，加快提高出口产品的附加值和技术含量。同时，以政策扶持为导向，引导企业做好品牌出口、高科技含量产品出口，从而调整优化全市出口商品结构。2007年，全市有311家企业、853个项目获得中央和省设立的国际市场开拓资金1350多万元，共有17家企业品牌被认定为2007—2009年广东省外经贸厅重点培育和发展的出口品牌，并向商务部推荐为"中国出口品牌"。

四是明确招商引资定位，推动企业增资扩产。佛山市委、市政府明确将招商引资项目作为优化佛山产业结构的重要抓手，提出"经济发展，项目第一"，要求招商引资主动出击、创新思维、有所作为。2007年，佛山外资项目增资15.83亿美元，占合同外资总额的59.4%，同比增长1倍多。同年，佛山引进的沃尔玛、乐购等大型知名商超相继落户开业。

2002—2007年，佛山外贸外资持续快速增长。至2007年，全市加工贸易出口总额120.8亿美元，同比增长13.9%；加工贸易进口总额60.7亿美元，同比增长4.5%。进出口贸易总值378.5亿美元、同比增长22.2%，其中进口总值首次突破100亿美元大关，外贸顺差145.3亿美元，增长28.7%。合同利用外资26.65亿美元，同比增长50.36%；实际利用外资15.73亿美元，同比增长38.33%，两项增幅分别比全省的平均增幅高12%和20%。

2. 应对美国次贷危机的冲击

这一时期，发展外向型经济的"佛山模式"的其中一个重要表现是"股份制民营企业＋外贸出口"，对国际市场订单的依存度高。这决定了佛山经济对外部经济波动及其影响非常敏感。

2008年发生的美国次贷危机，是继东南亚金融危机之后，佛山外向型经济受到的第二次较大的海外市场冲击，尤其是电气机械及器材制造业、陶瓷、家具等传统产业受到的冲击较大。至2009年，随着金融危机继续深化蔓延，全球经济下行，佛山出口贸易形势十分严峻，出口订单明显减少，以两三个月的短期订单为主，贸易量也明显下滑。一些欧美客户为缓解资金压力，要求推延订单的交货时间，变相推迟货款支付及节约仓储费用，造成佛山出口型企业不同程度出现回款难、回款慢的问题。在缺乏银行信贷支持的情况下，大多数加工企业生产经营的临时性资金不足，不得不依靠民间借贷、内部集资和向社会集资，不利于企业的良性发展。

面对世界经济下行的压力，佛山加强与金融机构和外向型企业的联动，共渡难关。一是发挥政府的"帮""促"作用，围绕重点行业、重点产品和重点规模企业，帮助和促进本地企业出口，包括为企业提供出口退税贷款贴息，协助企业对欧美反倾销、反补贴及各种非关税贸易壁垒进行应诉和抗辩等。二是抓住国家实施适度宽松货币政策的有利时机，推动银行业金融机构对实体经济的信贷支持，对贷款企业进行科学分类，准确把握出口企业贷款的风险点及加强贷后管理。三是帮助外向型企业采取积极措施，提高产品自主创新能力，积极培育企

⊃ 中国（三水）国际水都饮料食品基地。（佛山市新闻传媒中心供图）

业出口品牌，推动企业加强集团化建设，创新商业模式，开拓多元化市场。四是积极引导、督促银企沟通与合作，不断提升对外贸企业的金融服务水平，以及通过上市融资、发行企业债、发行资金信托产品、并购重组等方式解决企业融资难的问题。

在市委、市政府的领导下，佛山各级、各有关部门和企业团结一心，积极应对国际金融危机的冲击，扎实推进外经贸保份额、调结构、促转型，市场份额稳中有升，国际竞争力持续提高。2012年，全市出口总额401.5亿美元，合同外资金额33.05亿美元，实际吸收外资23.5亿美元，均保持正增长。与此同时，为进一步优化外贸结构，佛山通过推动品牌战略和企业"走出去"战略,推动企业转型升级。如伊之密机械装备、佛山照明在北美设立了研发中心,佛山莱诺家具在尼日利亚设立了工厂。

2012年3月,佛山启动产业链招商三年行动计划,目标是找准重点发展的战略性新兴产业进行"建链",围绕现有产业链条的缺失环节进行"补链",对现有优势产业链,从科技、金融、信息化提升以及品牌引领入手进行"强链"。是年,佛山新一批世界500强投资项目7个,累计投资的500强企业55家、共103个项目,投资总额达77.64亿美元。

(四)抓住共建"一带一路"和建设粤港澳大湾区重大机遇进一步"走出去"(2013—2019年)

1. 响应"一带一路"倡议推动佛山企业"走出去"

2013年9月和10月,习近平总书记分别提出共建"丝绸之路经济带"和"21世纪海上丝绸之路"(以下简称"一带一路")的倡议。2015年3月28日,国家发展改革委、外交部、商务部联合发布《推动共建丝绸之路经济带和21世纪海上丝绸之路的愿景与行动》。推进"一带一路"建设,既是中国扩大和深化对外开放的需要,也是加强和亚欧非及世界各国互利合作的需要。

◯ 2012年4月,顺德区启动商事制度改革。同年5月,区首张台港澳侨投资企业批准证书在区行政服务中心发出。(张嘉颖 摄)

佛山积极响应"一带一路"倡议,加快对东南亚、中东、北非等新兴市场"走出去"的步伐。政府组织企业参加共建"一带一路"国家和地区的陶瓷、卫浴、建材等著名展会,鼓励和支持企业开拓相关市场。2012年至2016年,佛山的外贸规模不断扩大,产品"走出去"的步伐不断加大,进出口总额总体呈上升趋势。在"一带一路"倡议的推动下,佛山机电产品的销售额和出口额明显提高。"十二五"期间,佛山一般贸易出口占出口总额的比重保持在53%以上,且呈现不断增长的趋势。2017年,佛山对东盟、美国、欧盟三大贸易体的进出口额保持增长,其中对东盟("一带一路"共建国家)、美国进出口额增长均达两位数。

与此同时,佛山对外投资也在不断升级。2012年至2016年,佛山境外直接投资企业超过170家，协议投资总额为34.5亿美元，新增境外直接投资企业数量占历年总量的一半以上，对外新增中方协议投资总额增长率从2015年的245.65%上升到2017年的490.69%，翻了接近1倍。在市委、市政府和各级、各有关部门的扶持和推动下，佛山企业快速扩大了国际市场份额，接纳世界先进科技，越来越多本土企业注重利用资本换取技术、品牌和时间，以较低成本对接国际资源，打通产业链上下游，实现快速做大做强的战略目标。

此后，佛山企业对"一带一路"共建国家和地区的贸易出口日益呈多元化格局。出口市场扩大到亚洲、欧洲、美洲、非洲、大洋洲的101个国家和地区。2019年，佛山对"一带一路"共建国家和地区进出口总额1546.9亿元，增长10.3%，发展势头良好，超过同期佛山外贸整体增速5.3个百分点。

2. 在粤港澳大湾区建设中构建"佛山＋香港"模式

2016年3月，国家"十三五"规划提出，支持港澳在泛珠三角区域合作中发挥重要作用，推动粤港澳大湾区和跨省区重大合作平台建设。同年11月，佛山市第十二次党代会报告提出，要融入粤港澳大湾区发展战略。2017年3月，市委提出，佛山要着重扮好3个角色：突出制造业，打造粤港澳大湾区的制造重镇；突出广佛同城，打造大湾区的核心区；突出承东启西的区位优势，打造大湾区辐射带动粤东西北振兴发展的桥头堡。佛山抢抓粤港澳服务贸易自由化等重大机遇，依托粤港合作高端服务示范区，推动佛山制造业与港澳服务业优质项目资源对接，增强佛山产业转型升级的动力，加快形成"世界科技＋佛山制造＋全球市场"的创新发展模式。7月，市委十二届四次全会中提出全面对接广州、深圳、香港、澳门四大中心城市，特别要用好广深两个超大城市和香港这个"超级联系人"，提升开放引领、创新驱动发展的水平。2018年初，市委、市政府进一步提出，建设粤港澳大湾区枢纽城市，要构建"佛山＋香港"合作新模式，深化与香港在科技创新、现代服务业等领域的合作交流，建设粤港澳合作高端服务示范区。

2019年2月，中共中央、国务院印发《粤港澳大湾区发展规划纲要》，标志着粤港澳大湾区建设进入全面实施阶段。市委、市政府迅速成立推进粤港澳大湾区建设领导小组，研究出台《关于贯彻落实〈粤港澳大湾区发展规划纲要〉的实施方案》，全力推进粤港澳大湾区建设。市委十二届八次全会强调，要牢牢抓住粤港澳大湾区建设这个"纲"，把稳经济、稳大局摆在最重要位置，集中力量做好稳就业、稳金融、稳外贸、稳外资、稳投资、稳预期等工作，劳动实现各领域、全方位的高质量发展。

2019年以来，佛山积极贯彻落实省委部署，以广佛极点建设为核心，注重抓政策落地、抓平台建设、抓项目建设，形成了推进粤港澳大湾区建设的佛山特点。在与广州共建粤港澳大湾区极点城市的同时，佛山积极与粤港澳大湾区其他城市开展合作，全力支持深圳先行示范区建设，积极对接横琴、前海、南沙等重大平台，加强与广州、深圳、东莞、惠州的产业协作，共同编制广佛惠超高清视频和家电产业集群、广深佛莞智能装备产业集群、佛莞泛家居先进制造业产业集群；深化与港澳的合作对接，推动恒生银行、澳门国际银行等港澳金融机构在佛山设立分支机构。

在新的历史条件下，佛山继续加快推动与粤港澳大湾区城市的互联互通互融，协同建设大湾区国际科技创新中心。纵深推进广佛极点建设，加强与广州在基础设施互联互通、产业科技协同发展、生态环境联防联治等方面的合作；继续支持深圳先行示范区建设，深化"深圳创新＋佛山制造"，加快建设深圳科技园佛山科创园；深化与港澳全方位合作，共建香港（佛山）科创转化合作区，加强与澳门中医药协同创新和产业化合作；推动三龙湾科技城、顺德粤港澳协同发展合作区建设提质增效；以"湾区通"工程为抓手，不断创新体制机制，在投资、贸易、资金流通便利化等方面加大探索力度。

（五）面对公共卫生危机和中美贸易摩擦的冲击稳健前行（2020年以来）

2020年以来，在中央、省的正确领导下，佛山统筹疫情防控和经济社会发展全局，继续推进开放型经济新体制建设，打造市场化法治化国际化营商环境，促进形成全面开放新格局。

2020年，佛山出台《佛山市扩投资促消费稳外贸外资工作方案》，修订出台《佛山市进一步扩大对外开放实现利用外资高质量发展若干政策措施（2020年修订）》（以下简称新"外资十条"）等。新"外资十条"降低外资项目奖励门槛，扩大政策覆盖范围，惠及更多外商投资企业。特别是围绕建设现代化产业体系，对世界500强企业在佛山投资的项目、符合地方发展"2＋2＋4"产业集群[1]的项目、年实际外资金额符合条件的新批及增资项目，分档次阶梯式予以奖励，最高可获2000万元补贴。截至2023年上半年，佛山拥有外资企业超6000家，世界500强企业投资项目超过122个。

同年，佛山启动全国跨境电商零售进口试点工作；启动中国（佛山）跨境电子商

---

[1] "2＋2＋4"产业集群：第一个"2"是培育装备制造、泛家居两个规模超万亿元产业集群；第二个"2"是培育汽车及新能源、军民融合及电子信息两个超5000亿元产业集群；"4"是指培育智能制造装备及机器人、新材料、食品饮料、生物医药及大健康四个超3000亿元产业集群。

务综合试验区线上平台暨线下园区建设；启用国内首个大件跨境电商商品出口集货仓——全球速卖通大件跨境华南运营中心；举办首届大湾区全球电商直采节暨1688超级买家天团佛山站活动。全年新批外商投资企业523家，涉及合同外资及港澳台资212.62亿元，同比增长85.05%，实际使用外资及港

○ 2021年9月25日，"2021佛山智造，跨境贸易"峰会在潭洲国际会展中心举行。（《佛山日报》供图）

澳台资45.92亿元；外贸进出口总值5060.3亿元，同比增长4.8%；增速连续2年居珠三角9个市第一位；新增对外直接投资企业（含机构）40个，签订对外并购项目11个；对"一带一路"共建国家和地区进出口1725亿元，同比增长11.5%。

与此同时，在中美贸易摩擦背景下，佛山创新招商方式，先后组织企业参加省商务厅举办的多场线上招商推介活动。面对国内外错综复杂的发展环境，2021年，佛山的外贸出口逆势创出新高，全年出口5007.4亿元，增长21.2%，其中对香港市场出口319.5亿元，增长35.7%；对美国市场出口933.1亿元，增长37.5%。2022年，佛山以制造业为重点促进外资扩增量稳存量提质量，确保外贸企业生产不中断，扩大开放赢得发展新优势，整体经济延续稳中有进的态势，外贸外资基本盘根基稳固。尽管面临全球市场需求收缩、供给冲击、预期转弱三重压力，佛山外贸出口仍实现平稳增长，彰显出佛山外向型经济的韧性。

二、佛山发展外向型经济的主要成就

40余年来，佛山坚持发展外向型经济，对外开放水平不断提升，对外贸易持续稳健发展，建立和巩固了以制造业为主体的经济结构，造就了一批国际知名的企业品牌。

（一）巩固了以制造业为主体的经济结构

早在1972年，佛山就是经贸部试点建立的全国第一个综合出口商品生产基地。1978年以前，佛山出口的产品以农副土特产为主，改革开放后转向以轻纺、机电等工

业产品为主。长期以来，外贸对佛山以制造业为主体的经济发展发挥了重要作用。一是有力促进了经济增长。以"十三五"时期为例，从2016年到2019年，外贸对佛山经济增长的年均贡献率超过25%。二是促进了产业转型升级。通过广泛参与国际分工、拓展国际市场，佛山家具、家电、陶瓷、机械装备等传统产业不断提质增效。三是提升了佛山全面开放新格局水平。进入"十四五"时期以来，佛山通过加强双向对外贸易经济合作，与全球200余个国家和地区开展进出口贸易，在47个国家和地区推进300余个境外直接投资项目，双向开放型经济水平不断提高。

（二）造就了一批国际知名的企业品牌

外向型经济的发展，推动佛山经济从本土制造走向跨国经营，培育壮大了一批外向型、国际知名企业品牌。2013年，中国首提"一带一路"倡议，推动中国与共建国家和地区朝着政策沟通、道路联通、贸易畅通、货币流通和民心相通的宏伟目标不断迈进。佛山积极响应，鼓励和引导一批优秀企业"走出去"，推动企业积极布局全球市场，在全球范围内配置技术、资本、人才等资源，用好国内外两个市场、两种资源，在全球化经营中，涌现出一批在国际竞争中崭露头角的本土优秀企业，企业品牌效应和国际竞争力不断增强。佛山建筑陶瓷、金属型材、家电、家具、五金制品、装备制造六大产业基地先后被商务部认定为国家外贸转型升级基地。在2020年"中国外贸百强城市"名单中，佛山的排名上升到第13位。

（三）促进了对外贸易的持续稳健发展

2020年以来，佛山认真落实中央、省"稳外贸"决策部署，努力稳住外贸基本盘。佛山全力落实减税降费、外贸扶持资金等帮扶外向型企业的政策措施，组织企业到国外"抢订单"，拓展多元化国际市场，切实帮助企业渡过难关。同时，全力稳增长，打好外贸高质量发展组合拳，大力发展外贸新业态，全面推进全国跨境电商综合试验区建设，全力打造高水平对外开放新载体，努力培育外贸高质量发展新动能。2022年以来，佛山加快出台《佛山市促进经济平稳增长若干政策措施》《佛山市经济高质量发展专项资金（外贸方向）申报指南》等一系列"稳增长"配套政策，多措并举"稳外贸"。2022年佛山外贸进出口总值6637.8亿元，规模再创新高，同比增长7.7%，增速居珠三角九市第一；新设外资企业727家，实际利用外资73.14亿元，同比增长1.2倍，增速居珠三角九市第一。随着消费市场快速复苏，佛山顶住了复杂严峻的国际环境等多重压力和困难，外经贸保持平稳增长。

（四）建立和巩固了高水平对外开放的根基

作为广东的一个地级市，佛山凭借草根经济、民营经济、实体经济的力量，跻身广东第三个GDP万亿城市。疫情之前的2019年，佛山经济增长率保持在6.9%，经济规模排在全国第17位；规模以上工业企业总产值2.32万亿元，排名广东第2位、全国第6位，成为外贸稳定发展的主力军。面对金融危机和新冠肺炎疫情等不利因素，佛山不断探索

⊃ 2022年2月14日，顺德新港作业现场。（《珠江商报》记者周焯杰 摄）

新型贸易方式，使外贸增长率一直保持正增长，推动了外向型经济高质量发展与制造业高质量发展协同并进。同时，尽管面临贸易保护主义严重、全球经济的衰退、新兴市场金融的脆弱性上升等不确定因素，佛山依托强大的创新驱动和生产制造能力，深化国际合作，不断推动传统制造业与工业服务、生产性服务深度融合，与数字经济和智能制造深度融合，与智慧城市、绿色发展深度融合，促进了制造业发展和对外开放同步高质量发展，坚定了佛山在扩大高水平对外开放上继续走在全国前列的信心。

三、佛山发展外向型经济的经验和启示

改革开放以来，佛山抓住了改革开放初期中央赋予广东特殊政策和灵活措施、20世纪90年代发展市场经济、21世纪初中国加入世贸组织和新时代共建"一带一路"、建设粤港澳大湾区等战略机遇，发挥区位优势和政策优势，率先扩大对外开放，同时经受住了外界两次金融危机和新冠肺炎疫情的考验和冲击，外向型经济茁壮成长、不断发展壮大，为新征程上推进更高水平对外开放、实现更好发展积累了重要经验，也为今后的进一步发展带来有益的启示。

（一）"敢"字当头闯出外向型经济主导的"佛山模式"

改革开放初期，佛山对外贸易已有一定基础，但仍面临原材料、能源基础供应长期紧缺，交通基础设施薄弱、人才不足等问题。为了扬长避短，发展外向型经济，佛

山"敢"字当头，在大力发展外向型经济上做足文章，闯出了以外向型经济为主导的"佛山模式"。一是敢于负债、敢于利用外资引进先进设备技术，敢于承担投资风险上新项目。佛山市各级干部较早地认识到，发展经济，必须跳出"既无外债、又无内债"的思想误区，吸取新兴工业国家（地区）借助外力、加快发展的成功经验。二是敢于"引进来"，发挥政策威力，大力发展引进外资，发展"三来一补""三资"企业等。三是敢于"走出去"，推动企业全球化经营，把生意做活。随着外向型经济朝着更深层次发展，佛山不满足于通过港澳出口和转口，而是逐步确立了"立足港澳，发展东南亚，拓展欧洲、南北美洲"的发展战略，乃至外国投资设厂，把生意做到国外，用好用足两个市场、两种资源。

（二）政务服务要有前瞻性才能适应外向型经济的发展

改革开放以来，佛山致力于从管理型政府转变为服务型政府，同时注重政务服务改革的前瞻性和引领性。1997年，为提高进出口商品质量，佛山贯彻"质量兴检"方针，制定了《口岸办事处工作人员岗位职责》等10多项规章制度，加强口岸建设，同时积极转变职能，帮助企业建立健全质量保证体系，解决质量管理中存在的问题，增强佛山制造在国际市场上的竞争力。为开拓新兴市场构建平台，2009年，佛山积极采取灵活多变的方式，为家电、轻工等传统行业开拓新兴市场搭建平台。2020年成为全国跨境电商零售进口试点城市后，佛山意识到进一步优化互联网营商环境的重要性，继续深化商事登记制度改革，优化"一网一门一次"政务服务，推进"一网通办、异地可办、跨层联办、掌上即办"，打造市场化、法治化、国际化营商环境；推出"港澳商事E点通"，实现香港澳门居民商事登记自助办理；启动"一照通"改革，实现"一企一照、一照通行"。

（三）坚持对外开放是佛山外向型经济不断拓展的动力

1982年4月，市委四届五次全会就明确提出"两个坚定不移"，其中之一就是坚定不移实行对外开放，引进先进技术，搞活经济。无论是金融危机还是国际贸易中的反倾销贸易壁垒，佛山始终坚定不移对外开放，保持了稳外贸、稳增长的发展格局。2009年，经受由美国次贷危机引发的国际金融海啸严峻考验之后，佛山致力于推进世界500强企业投资和增资的大项目落实，为经济率先突围作出积极的贡献。2020—2022年，佛山的外向型经济顽强止跌回暖，成为支撑广东外贸增长的重要力量。与此同时，佛山外贸的每一步增长和应对每一次外部危机，都找准了自己的优势产业，并在

● 2004年10月12日，2004中国佛山（日本）投资推介会在佛山宾馆举行。包括本田、丰田、日产等国际知名企业负责人和众多港澳客商共300多名企业家及高管应邀出席了大会。（杨耀桐　摄）

危机之外的市场寻找到新的商机。如2021年，佛山实现进出口双增长，其中出口增长21.2%，家用电器一项占出口额的比重达15%；进口增速为24.1%，进口额占比最高的是"珍珠、宝石及半宝石"以及钻石两项。又如2022年前三季度，在进口出现下滑情况下，佛山出口额实现8.4%的增速，传统产业服装、纺织品、鞋靴和箱包等品类出口实现快速增长，撑起了外贸大盘。

（四）加强与港澳合作是佛山外向型经济发展的基石

佛山与香港、澳门的合作，特别是佛港合作，是佛山发展外向型经济的重要组成部分。改革开放以来，佛山与香港在互补互利、利益共享的基础上，推动了产业投资、城市建设、文化交流等多个领域的紧密合作。全国最早一批"三来一补"企业——大进制衣厂由港方提供设备。佛山第一家外商独资企业——南海嘉扩纸品有限公司，由港资独立投资399万美元。1997年，佛山新登记注册外商投资企业201户，港商投资130户，占64.68%。CEPA①是内地与港澳经贸交流与合作的重要里程碑，让佛山与香港经贸关系更紧密。2008年9月，商务部选择佛山作为首批"落实CEPA示范城市"之一，广东省政府也把佛山列为5个港澳扩大开放政策在广东先行先试的试点城市之

---

① CEPA：内地与香港、澳门关于建立更紧密经贸关系安排的缩写，其实质是内地与港澳的自由贸易协议。

一。香港以服务业为主，而佛山制造业比重大，两地产业有很强的互补性。截至2008年底，在佛山设立的港澳资企业达6600家，占全市外资企业总数的79%，其中不少是对佛山地方产业发展起支柱作用的大企业；历年港澳资在佛山投资累计约120亿美元，占全市实际利用外资的65%。2017年粤港澳大湾区建设启动后，"香港＋佛山"为佛山制造业提升带来更广阔的合作空间，夯实了两地经济合作的基石。截至2022年，佛山有港资企业3609家，占外资企业比重达55.6%。

（五）"引进来"与"走出去"相结合是佛山外向型经济的特色

佛山市委、市政府历来重视外资"引进来"和企业"走出去"。贯穿20世纪八九十年代的"三来一补"和"三资"企业，为佛山引进了发展经济特别是制造业所需的资金、技术和设备。1987年，佛山市实施"走出去"战略，积极扩大外贸经营队伍，增设新口岸和起运点，组建一批地方性工贸结合的进出口企业，以港澳地区为跳板，把触角逐步延伸到欧美和日本等发达国家，进一步拓展对外经贸活动范围。

在2008年金融危机爆发后，佛山仍坚持引领更多企业"走出去"，连续四年赴日本和韩国举办系列投资推介活动；首次在东欧组织重要商务活动，推动企业加快开拓俄罗斯和东欧等新兴市场。2022年11月，佛山组织了一批企业家赴欧洲进行经贸之旅。这是2020年之后，广东省首个由地级市政府带队出境开展经贸交流的代表团。政府组团"出海抢单"，成为佛山实体经济突围的一个重要方向。

⊃ 佛山企业外贸出口景象。（《佛山日报》谭顺秋　摄）

佛山企业"走出去"的探索与经验

2008年以来，特别是新时代十年，在经济全球化浪潮的引领下，佛山深入实施"走出去"战略，一方面携手广深港澳等大湾区城市形成协同创新体系，加快建设面向全球的国家制造业创新中心，高水平推进新阶段粤港澳大湾区建设；另一方面，深度参与"一带一路"建设，不断提升对外开放水平，打造更高层次的开放型经济，走出一条"世界科技＋佛山智造－全球市场"的创新发展路径。

一、佛山企业"走出去"的动因和早期尝试

2008年之前，经过改革开放近30年的发展，佛山的对外贸易已积累了较深厚的基础，外向型经济特征明显。在各级党委、政府的支持和推动下，佛山的一些出口企业已不满足于传统的商品出口模式，而是大胆"走出去"，通过参加国外展销会、实施境外投资并购、建立工厂等方式，深耕国际市场，推动佛山产业"走出去"和"引进来"双向融合。

推动佛山企业"走出去"的因素有很多。从内因来说，一是外向型经济进一步发展的必然要求。从最早的"三来一补"到后来"三资"企业的兴起，很重要的一个生产经营导向就是出口贸易，产品代工出口远远多于自主品牌产品出口。在这个意义上，最早的"走出去"主要是在国际市场拓展商品销售和争取订单。二是制造业发展到

一定规模的结果。佛山是典型的制造业城市，随着国际市场竞争加剧和内销市场开放及相关政策趋于完善，不少企业及产品结构同质化的问题日益突出，低附加值的劳动密集型产品出口优势下降，发展到一定阶段，难免出现产能过剩或因产业升级导致的产业转移，一部分有条件、有实力的企业开始寻求把过剩或过时的产业和设备转移出去的路径。三是自主企业品牌发展壮大和出于境外上市的战略需要。企业要做大做强，需要进一步拓展海外市场，树立国际化品牌，增加全球市场份额。不少"走出去"的企业都有上市背景或动机。

从外因来看，随着经济全球化的进一步加深，一是出于降低成本，深度参与国际分工。当全球化发展到了一定程度，就会出现"全球采购、全球生产"模式，哪里的劳动力、土地、原材料和能源等生产成本低，同时具有一定的市场需求，哪里就有可能存在比较优势。只要当地的物流、基础设施和政策条件允许，就可能形成产业转移的吸引力。东南亚和非洲等新兴经济体对佛山企业的吸引力就在于此。二是"走出去"有利于消除贸易壁垒、经济危机等影响。当前国际环境日趋复杂，不稳定性、不确定性因素明显增多，对佛山企业乃至中国企业"走出去"的影响越来越大，既有消极的一面，也有积极的一面。

➲ 1980年，佛山第一艘去香港的轮船起航。

在20世纪八九十年代的对外经济活动中，佛山已经开始有意识地推动企业和产品"走出去"，扩大出口领域。1987年3月，佛山在美国纽约举办首届出口商品展销会，成交额2500多万美元。展销期间，佛山第一家驻美的中美合资企业——纽约振华国际贸易公司正式对外营业。1992年初，佛山市政府批转《关于开拓多元化市场工作意见报告》，对开拓多元化市场进行细致的规划和部署，并先后组织展销团到波兰、阿联酋、法国、英国等国家和地区推销商品，考察市场，结交客户。1998年，东南亚金融危机对佛山的出口贸易造成了一定的冲击，加上国内市场需求动力不足。为扩大对欧美地区的出口，佛山主动出击，积极举办产品展示会和扩大对外广告宣传，拓展出口。顺德组织了出口企业考察中南美地区，开发中南美市场。1998年初，佛山纺织集团在香港举办新产品展示会，共展出500多个品种、2000多个样品。20世纪90年代后期，佛山一些企业开始尝试"走出去"，在国外投资办厂，建立起跨国经营的生产链，为后来佛山企业在海外设厂的积累了经验。

二、佛山推动企业"走出去"的历程和做法

2008年以来，佛山加大对企业"走出去"的支持和扶持力度。佛山制造业抓住政策东风和拓展国际新兴市场的机遇，催生了海外设厂的四波浪潮，分别是2008年、2015年前后、2018年前后以及2022年以来。面对不一样的内外形势，各阶段也形成了差异化的做法。

（一）国际金融危机刺激佛山企业"走出去"（2008—2012年）

2008年，外贸政策和市场环境发生了较大变化，特别是席卷全球的金融海啸，使佛山的外向型企业普遍出现不同程度的经营困难。佛山各级党委、政府及外贸部门深入贯彻落实科学发展观，解放思想，开拓创新，积极应对金融危机带来的影响，促进外贸工作实现平稳较快发展。8月，广东省一次性安排外贸出口扶持资金2.3亿元。以此为契机，佛山加大对出口企业的宣传和培训力度，营造良好政策环境，以政策扶持为导向，引导企业做好品牌出口、高科技含量产品出口。

这一年，佛山加大企业"走出去"的力度，更多还是着眼于推动出口贸易。6月，佛山政企代表团先后在俄罗斯莫斯科、匈牙利布达佩斯和捷克布拉格等东欧城市举办了经贸合作洽谈会。这是佛山首次在东欧组织的重要商务活动，由政府组织企业"走出去"，推动出口企业加快开拓俄罗斯和东欧等新兴市场，实现贸易成交和意向协议金额1.8亿美元，达成合作项目40多项。8月，市政府主要领导率领佛山政企代表团赴澳大利亚墨尔本，举办投资贸易推介活动，反响热烈。9月，市委主要领导率团参加广东省东盟系列经贸活动，先后前往印度尼西亚、越南、马来西亚、新加坡等4个国家，进行经贸合作洽谈。贸易进出口协议涉及金额11.6亿美元，吸收利用外资合同和意向2.9亿美元，境外投资合同和意向达16.5亿美元。市有关部门分别组织了11家和7家企业参加2008年中国—东盟博览会和两岸建筑材料暨产品展，5家品牌企业参加中国品牌出口美国展和欧洲展。

在加快实施"走出去"战略的推动下，2008年佛山新批准设立的境外企业有16

家，累计批准设立的境外企业有64家，境外企业在境外累计再投资企业25家。一批知名企业如美的集团等，将"走出去"投资作为取得竞争新优势的重要途径。佛山还出台了鼓励企业参与联合国采购活动的实施意见，对参与联合国采购活动的中标企业和对帮助企业参与联合国采购活动的中介机构进行扶持。至年底，全市共有587家企业成为联合国采购注册供应商。为推动更多佛山企业在联合国采购中获益，佛山专门举办联合国采购业务交流和政策宣讲会，邀请联合国高级采购官员讲授联合国采购业务知识及采购意向，帮助企业获取更多信息增加中标概率。

2009年1月，佛山召开全市中小企业工作会议，传达省中小企业工作会议精神，部署全市促进中小企业发展工作，提出深入实施"走出去"战略，推动中小企业开拓国内外市场等五点要求。2010年，佛山组织200多家企业参加意大利博洛尼亚建材展、德国柏林电子展、中国品牌商品美国展等国际性展会。是年，美的集团通过海外全资控股子公司以5748万美元收购埃及Miraco公司32.5%的股份。这是佛山企业以海外并购的方式实现"走出去"战略的重要举措和尝试。是年，佛山新批准设立境外企业24家，同比增长26%。

2012年，佛山主要出口市场的份额基本保持稳定，新兴市场的出口增长在一定程度上缓解了欧盟市场严重萎缩对佛山企业的冲击。全市共有19家企业获核准在境外设立企业，中方投资额为3200万美元。截至年底，佛山可统计的海外生产性投资额达7.4亿美元，其产品销售虽不计入佛山出口总额，但巩固和提升了佛山制造的影响，多种因素共同促进外向型企业稳定发展。

（二）主动探索企业国际化发展路径（2013—2017年）

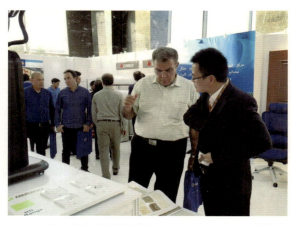

➲ 2016年，伊朗德黑兰佛山泛家居品牌产品采购节企业对接会现场。（阮凤娟　摄）

2013年秋，习近平总书记先后提出建设丝绸之路经济带和21世纪海上丝绸之路（以下简称"一带一路"）重大倡议。佛山积极响应、迅速谋划，推动市内企业开拓"一带一路"沿线新兴市场。

2015年，佛山获批成为全国制造业转型升级综合改革试点城市。同时，佛山开始建设"互联网＋智能制造"试点城市。这不仅有利于进一步

⊃ 2016年，伊朗德黑兰举行佛山泛家居品牌产品采购节开幕式现场。（阮凤娟　摄）

提升佛山制造业的地位，也有助于推动佛山制造业进一步走向国际化。12月8日，佛山成立推进"中国制造2025"联盟，首批推出50家"中国制造2025"示范创建企业，目标是通过"龙头示范"带动佛山制造向佛山智造转型。同日，在佛山新城中欧中心正式启动"制造强国、佛山探路——中国制造2025对话世界新工业革命"跨国大调研活动，由政府部门、企业界、智库等专家领导组成的调研组赴德国、美国、日本、以色列、瑞士5个国家调研。

是年，佛山以新兴市场、"一带一路"共建国家和地区为开拓重点，通过搭建合作平台，组织企业抱团参加土耳其、波兰"中国家居展"和印度自动化展等10多场国外重点展会，先后组织了荷兰、澳大利亚—新西兰、新加坡、意—法—英、卡塔尔5个经贸代表团，点面结合，突出成效。此外，佛山还切合企业需求，先后举办了"走进欧洲"、卡塔尔"中国制造展"、"家居建材布局美国市场"、"对接德国企业"、"走进非洲"等以推动企业"走出去"为主题的论坛和座谈活动。

是年，佛山新增境外直接投资设立企业（机构）42家，同比增长61.54%，其中新增中方协议投资额4.66亿美元，同比增长268.7%；对外投资持续优化提升，投资体量增长迅速，全年办理境外投资企业总投资额8.3亿美元，中方投资额4.64亿美元，同比分别增长72.9%和90.4%；合作层次不断深化，如东方精工公司收购意大利费兰度集团40%的股份，经营纸箱生产线和仓储物流设备，利用其相对成熟的销售渠道和市场，快速打通产业链上下游，谋求更广阔的市场。

2016年，佛山开拓"一带一路"沿线市场成效显著。依托在伊朗设立的佛山泛家居品牌产品体验馆，佛山大力拓展与伊朗及中东地区的贸易合作。此外，佛山还组织企业参加俄罗斯建材展、德国汉诺威工业展和俄罗斯、保加利亚、罗马尼亚经贸活动，以及美国、加拿大的展会和经贸活动等。全年对"一带一路"共建国家和地区出口1076.4亿元。是年，佛山新增对外直接投资企业（含机构）52家，比上年增长24.4%；新增中方协议投资总额8.37亿美元，增长79.5%；共签订对外并购项目17个（含美的集团收购日本东芝白色家电业务、东方精工收购意大利EDF有限责任公司等），中方协议投资额累计5.32亿美元。

2017年8月，佛山召开参与"一带一路"建设、推动实体经济"走出去"工作会议，围绕推进佛山开放型经济新体制建设，总结佛山参与"一带一路"建设中实体经济"走出去"工作情况，研究实体经济"走出去"的发展态势、困难和对策，促进实体经济"走出去"健康可持续发展。会议指出，以降低成本为动力、以开拓国际市场为目的的境外投资合作，为佛山参与"一带一路"建设、推动实体经济"走出去"创造了良好条件。会议提出，要结合产业发展实际，尽快研究编制佛山企业"走出去"系统性指导文件，加快建设海外自主营销平台。是年，佛山对"一带一路"共建国家和地区进出口1368.1亿元，占全市进出口总值的31.4%，其中对泰国、马来西亚、印度和越南等东南亚国家进出口总值超过100亿元，"走出去"战略步伐加快。同年，佛山市新增对外直接投资企业（含机构）43家，其中中方协议投资总额46.16亿美元，增长近5倍；签订对外并购项目9个（含美的收购德国库卡、以色列Servotronix，星阳资本收购美国电子工业控股等），中方协议投资累计49.93亿美元。

2017年，为更好地推动市内企业参与"一带一路"建设，引导和鼓励企业对外投资，佛山在2017年设立了资金规模1000万元的促进对外经济合作专项资金。同时，贯彻落实市委"把佛山打造为落实'一带一路'倡议的先行区"的要求，强调要在"一带一路"共建国家和地区打响"佛山泛家居"品牌，依托佛山优势产能，鼓励企业"走出去"。

（三）全方位推动佛山企业"走出去"（2018—2021年）

2018年3月，《政府工作报告》提出"来一场中国制造的品质革命"。这是中国经济已由高速增长阶段转向高质量发展阶段之后，中国政府对制造业发展提出的要求。佛山率先扛起"品质革命"的大旗。在省的支持下，佛山出台《关于在形成全面开放新格局上走在全省前列的行动方案》，把新时代中国对外开放新格局的深刻内涵与佛山经济社会特点相结合，明确提出要深度融入粤港澳大湾区和"一带一路"建设，统筹有利因素和资源规划佛山对外开放路径；继续大力推进佛山泛家居品牌产品海外展示体验馆建设三年行动计划（2016—2019年），先后在美国（6月）、南非（12月）和坦桑尼亚（12月）建设体验馆，重点开拓"一带一路"共建国家和地区新兴市场。是年，佛山新增对外直接投资企业（含机构）49家（个），签订对外并购项目7个；新增中方协议投资额超千万美元项目8个，中方协议投资2.2亿美元，占协议投资总额的73.14%。同时，佛山继续推动和指导市内企业申报中央、省的各项扶持资金，推动三级财政资金扶持企业"走出去"，全年帮助3家企业获中央财政外经贸发展专项资金（对外承包工程和境外投资项目）405.93万元，7家企业获广东省财政促进经济发展专项资金（"走出去"项目计划）1173.54万元，69家企业获广东省财政促进经济发展专项资金（招商引资）150.22万元；组织企业申报2018年佛山市促进对外经济合作专项资

⊃ 2018年3月6日，广东省智能制造创新示范园暨中德智能制造国际合作示范区启动及美的库卡华南总部基地动工仪式在顺德北滘举行。（《佛山日报》记者邓活生　摄）

金，扶持开展对外投资与承包工程企业12家（次），专项扶持资金（对外投资合作部分）765.69万元。

2019年，佛山深度融入"一带一路"建设，积极拓展对外开放空间，新增赴"一带一路"共建国家和地区直接投资企业（含机构）19家，同比增长23.07%。佛山设立的南非泛家居品牌非洲展示体验馆被商务部认定为国家级国际营销服务公共平台。同时，高质量开展中美经贸摩擦监测预警工作，深度挖掘非美市场潜力，积极应诉"双反"调查，保持外贸稳定发展。

◐ 高明持续抢抓重点外贸项目，加大对外贸企业扶持力度。图为高明珠江货运码头。（佛山市新闻传媒中心供图）

　　2020年起，佛山克服全球贸易紧张局势等带来的不利影响，继续抓实外贸与对外投资2条主线，全力稳住外贸外资基本盘，为全市经济稳定发展贡献了力量；探索佛山海外产业园区发展路径，创新境外经济贸易合作区发展模式；研究出台《佛山市境外经济贸易合作区建设计划》，鼓励佛山企业在境外建设经济贸易合作区；支持外贸企业开拓新兴市场，引导企业，尤其是陶瓷、机械、家电家具等优势产业企业参加"一带一路"共建国家和地区展会及经贸活动；支持企业建立海外营销体系，对平台方运营推广费用及企业的展位费、特装费、物流费给予支持。年内，佛山企业对外投资势头不减，全年新增赴境外直接投资企业40家，新增中方协议投资额3.81亿美元，同比增长148.82%。其中，广东文灿投资有限公司出资2.78亿美元申请备案并购全球知名汽车零部件供应商法国百炼集团，成为2020年全省第二大对外并购项目。

　　2021年，佛山将"一带一路"合作延伸至物流、科技、人文等领域，完善服务保障机制，拓展开放合作空间，深化国际经贸合作，实现"泛家居"产业全链条融入外贸新业态；以数字化技术赋能外贸高质量发展，联合国家级商协会首次举办面向"一带一路"单一国家线上展会，提升企业参展积极性及奖补效率；聚焦企业发展难题，推动企业与中远海运签署战略合作协议，启动"中小型直客纾困计划"，为企业提供个性化海运物流方案；推进"粤港澳大湾区组合港""湾区一港通"等业务模式创新，跨境贸易指标考评获全省地级市第一；建立重大贸易摩擦案件"一对一"服务企业工作机制，被国家发展改革委纳入支持民营企业改革发展典型做法并在全国推广；抢抓"双区"建设机遇，利用香港贸发局资源对接优质服务供应商，举办葡语国家商品对接会，支持企业"走出去"参与全球竞合；支持开拓新兴市场，加强家电、陶瓷、五金器材等传统产业的经贸往来，在集成电路、环境保护、矿产资源等新兴领域开展经贸合作，如格兰仕集团在新加坡设立集成电路实验室，广东邦普循环科技有限公司在印度尼西亚开展金属回收业务，广东吉瑞科技集团有限公司在印度尼西亚收购镍矿等。同年7月，为促进佛山企业"走出去"对外投资合作的数量和质量持续稳定增长，佛山还出台了《佛山市促进对外经济合作专项资金管理办法》。12月，广东省委、省政府印发《关于支持佛山新时代加快高质量发展建设制造业创新高地的意见》，明确提出要构建高水平对外开放格局，支持佛山深度参与共建"一带一路"，开拓国际贸易合作新空间。年内，佛山对"一带一路"共建国家及地区投资总额达8077万美元，新增对外投资企业（项目）46家（个）；海外并购的项目达21个，约占整体对外投资项目总数的50%，涉及新能源集成电路、高端光学装备等战略性新兴产业的多个领域。

（四）设立服务企业"走出去"专班（2022年以来）

2022年，面对西方发达国家"再工业化"、与中国产业科技"脱钩"等逆全球化思潮、去全球化现象，佛山坚持以高质量发展为中心，扎实推进外贸、外资、外包、外经、外智"五外联动"，加快建设贸易强市；推动外贸稳规模优结构，全力支持外贸企业"走出去"拓市场抢订单，推动企业构建海外营销网络。7月，佛山成立了服务企业"走出去"专班，在签证签注等方面为企业提供保障及服务；11月下旬，佛山组

⊃ 2022年，佛山市组团赴波兰、德国、匈牙利开展系列经贸交流活动。（佛山市商务局供图）

织由2家商协会、22家企业相关负责人等组成的经贸代表团赴波兰、德国和匈牙利开展经贸交流活动。其中，德国成为佛山企业新一轮"走出去"开拓市场的重要目标。这是自2020年初以来，广东省首个由政府带队组织企业家出境开展交流活动的经贸代表团，有助于佛山企业进一步认识欧洲家电等行业的市场格局，规划好在欧洲市场销售产品类型的布局，整合企业在欧洲的仓储和物流资源，打造多元化的销售渠道。

为防范对外投资合作风险，佛山加强风险预警，强化安全管理，规范企业海外经营行为，以提高企业"走出去"安全系数。与此同时，佛山从政府到企业都在探索创新"走出去"的做法。2022年9月27日是佛山首个"企业家日"和"人才日"，佛山召开品质革命大会，组织有关单位开展品质革命大调研，围绕"佛山优品商路全球"主题，探索全球布局、加快突围的新思路。2023年10月，市委召开常委会会议，强调要深刻把握新时代推动共建"一带一路"高质量发展的重大意义、发展机遇，找准落实支持高质量共建"一带一路"八项行动①的着力点，在推进更高水平的对外开放中实现更好发展。要用好国内外两个市场、两种资源，加强与"一带一路"共建国家的经贸合作，推动佛山产品占领"一带一路"新兴市场。

三、佛山企业"走出去"的特点

从过去10多年的发展历程及相关数据来看，佛山企业"走出去"的特点，主要有几个方面。

（一）对外投资的数量和体量同步提升

2012年至2016年，佛山境外直接投资企业累计超过170家，分布在全球五大洲的37个国家，协议投资总额34.5亿美元；新增境外直接投资企业数量占历年总量的58.4%，协议投资总额占历年协议投资总额的87.9%；再投资企业数量占历年再投资总数的39.3%。2015年起，佛山企业对"一带一路"共建国家和地区的投资进一步体现出数量、体量同步提升的发展特征。

---

① 支持高质量共建"一带一路"八项行动：构建"一带一路"立体互联互通网络、支持建设开放型世界经济、开展务实合作、促进绿色发展、推动科技创新、支持民间交往、建设廉洁之路、完善"一带一路"国际合作机制。

（二）"走出去"的方式和模式多元化

从合作到合资，再到并购，从"单打独斗"到"抱团共赢"，佛山企业"走出去"的方式日益多元化，包括以降低成本为动力的境外投资合作；以开拓国际市场为目的的境外投资合作；以并购高端要素为内容的境外投资合作；以建设并运营海外产业园区为载体的境外投资合作；等等。"十三五"期间（2016—2020年），美的、联塑、伊之密、精锢海工等一批企业"走出去"，为佛山企业跨国生产和经营、加速国际化进程做了积极的尝试和积累了宝贵的经验。一些行业龙头企业通过控股、参股或全资收购等方式，拓展全新业务空间，切入产业链高端环节，逐步形成了"买全球、全球造"新模式。一些具有技术和市场优势的佛山民营企业在加快海外并购步伐的基础上，充分利用并购关联产业的优质技术和品牌资源，反向拓展国内市场，率先走出了并购后反向国内再投资（被称为"新外资"）的成功试验，在一定程度上推动了国内国际双循环相互促进的新发展格局。

（三）新兴市场成为"走出去"的新风向标

新一轮"走出去"的浪潮下，佛山制造业正面临着复杂多变的投资经营环境。以2021年为例，佛山"走出去"的企业在全球21个国家和地区设立境外企业47家，数量排名前10的国家和地区依次为：中国香港、美国、新加坡、俄罗斯、马来西亚、孟加拉国、日本、越南、巴西、比利时。传统的欧美市场仍占相当比例。东南亚、非洲两大新兴市场成为佛山企业"走出去"的另外两个主要区域，其中"一带一路"共建国家和地区仍有很大的发展空间。

东南亚是最早承接佛山企业"出海"的地区之一，也是全球投资热度最高的区域之一。"十三五"期间，佛山企业在境外新增企业数量排名前10的国家和地区，有4个来自东南亚国家，包括印度尼西亚、越南、马来西亚和新加坡。过去，佛山企业为了竞逐成本洼地而走向东南亚，尽管东南亚劳动力成本、土地成本、关税成本等"显性"成本低，但产业配套不完整、采购市场不健全、营商环境不完善等问题提升了"隐性"成本。比如越南人工成本偏低，但因供应链缺失，部分原材料无法实现本土供给，加上当地员工技能生疏，限制了产能和接单量，佛山一些企业在当地投资建厂初期盈利能力不足。整体来看，佛山企业投资东南亚仍面临较大的成本挑战，未来的目标是朝精益化方向发展。

非洲市场则因为巨大的市场消费潜力，吸引了不少佛山企业投资布局。如今的非

⊃ 图为科达洁能股份有限公司的陶瓷压机生产线，其产品销往60多个国家和地区。（《佛山日报》供图）

洲多数国家的发展水平与中国20世纪八九十年代接近，由于市场短缺，各类商品需求潜力大、市场可塑性强。佛山企业在非洲投资布局通常采取多产品线、集团化经营的策略，以丰富的产品品类"撒网"，最大化地捕捉目标市场群体和空间。如博达集团就控制着非洲当地5000家供应商、近万个终端渠道，产品覆盖了纸尿裤、洗衣粉、陶瓷、五金等众多日用品类。

相比新兴市场而言，在传统的欧美市场，大多佛山企业投资时更看重当地技术与品牌，借此实现价值链的跃迁。从过程来看，佛山企业投资欧美最主要的手段是并购。2015年前后，佛山企业对欧并购进入高峰期，美的、大自然、德奥退、伊之密、东方精工等一批企业相继以并购方式进入欧美企业的股东会。其后，在跨国并购降温的大背景下，并购市场频频出现标的价格下调、主动找买家的情况，也有佛山企业趁机"逆风出海"和"抄底"收购。如2020年初，文灿集团完成对法国百炼集团的收购，实际交易金额比原计划下调10%。经过几年发展，法国百炼的业绩重新攀升，成为带动文灿增长的新动能。

四、佛山推动企业"走出去"的成效

10年来，佛山把参与"一带一路"建设工作作为"走出去"的重点任务，大力支持优势行业、企业主动"走出去"，在全球特别是"一带一路"共建国家和地区等新兴市场投资设厂，抢占全球产业高地，持续提升"佛山制造""佛山品牌"的国际竞争力和影响力，取得了积极的成效。

（一）提升了佛山对外开放水平

在佛山各级党委、政府和外贸部门的鼓励、支持和帮助下，越来越多佛山企业"走出去"，在海外投资设厂，特别是对"一带一路"共建国家和地区进行直接投资。新增对外投资企业及中方（佛山）协议投资额不断攀升，数量和质量均不断实现新飞跃。建设了多个佛山泛家居品牌产品海外展示体验馆，并实现"泛家居"产业全链条融入外贸新业态。海外并购对象不乏像库卡这样的德国工业巨头，数量和规模不断取得新突破。2015年以来，佛山对"一带一路"共建国家进出口总额不断创新高，抢抓粤港澳大湾区建设机遇，不断开拓国际贸易合作新空间，有力推动佛山构建高水平对外开放新格局。

（二）增强了佛山制造的国际竞争力

佛山深化实施"走出去"战略，帮助企业进一步参与国际分工、开拓国际市场、扩大市场份额，切实增强了佛山制造在全球的竞争力，提升了佛山品牌在海外市场的形象。如美的集团通过合资、合作和并购等方式，实现在美洲、中东、非洲、亚太、拉美等海外生产基地的布局，进而利用当地已经相对成熟的销售渠道和市场，提高了在家电、家具等传统领域的竞争优势，不断扩大国际市场特别是新兴市场的份额。同时，"走出去"的佛山企业利用资本换取技术、品牌和时间，得以快速吸纳世界先进科技，打通上下游产业链乃至延伸产业链条，实现快速做大做强的战略目标。以东方精工为例，2014—2016年，先后并购了意大利佛斯伯、EDF、弗兰度等三家行业领先企业，引进了新兴的物流仓储智能机械制造技术，完善和延长了其智能纸箱机械的产业链。此外，通过"走出去"，佛山企业有效实现低成本连接两个市场、两种资源，促进了商业经营模式的创新。

（三）带动了大批上下游企业抱团"出海"

佛山"走出去"的业态从传统优势产品的贸易逐步转向优势产业上下游链条的优质资产布局。2017—2021年，佛山联塑集团投资100亿元在全球建设20个自主海外营销平台项目"领尚环球之家"，为参与企业提供展示、销售、物流、仓储、跨境电商、信息化管理等全产业链服务。其中，在悉尼启动运营的首个"领尚环球之家"项目吸引了70余家佛山泛家居企业共同参与。此外，联塑还积极整合产业大数据，成立商业保理有限公司，为合作伙伴提供全方位的信息和金融服务，探索构建新型商业模式。

五、佛山推动企业"走出去"的经验

2022年，《佛山制造业海外设厂及供应链发展调研报告》发布，梳理了佛山八大重点产业的产业图谱。进入21世纪以来，佛山制造业在海外投资设厂的历程虽只有二十余年，但已经历多轮的发展浪潮，机遇和挑战并存。总结佛山制造"走出去"的经验，才能更好地把握新趋势、谋定新战法。

（一）推动企业"走出去"需要政企同心

为更好地推动和引导有条件的企业"走出去"，佛山各级党委、政府在政策和资金扶持方面不遗余力，整合国家、省、市各级政策资源，设立开放型经济新体制建设专项资金、促进对外经济合作专项资金等专项扶持资金，助力企业"走出去"。同时，结合产业发展实际，尤其是针对重点产业、重点国家和地区、重点工程和项目等，研究编制佛山企业"走出去"系统性指导和规范性文件。针对重点领域"走出去"企业在核心技术创新、人才引进培养、专利品牌建设等方面的迫切需求，在财政专项扶持的基础上，佛山进一步探索出台金融创新、税收减免等优惠政策，包括支持符合条件的"走出去"企业开展跨境双向人民币资金池业务；在符合国家和省外债发行管理规定的基础上，积极帮助向"一带一路"共建国家投资的企业申请发行外债，扩大对外投资规模；研究设立政策性跨境并购引导基金和境外投融资担保平台；就"走出去"企业的"返程投资"研究出台专项扶持办法；从2018年开始，市级财政每年投入人才引进资金不少于5亿元，五区相应做好配套等。此外，加快建设海外自主营销平台。如从2017年起在马来西亚、俄罗斯、南非等"一带一路"沿线重要节点及美国、欧盟等重点贸易投资对象，建成10个佛山泛家居品牌产品海外展示体验馆。

（二）倡导"三反"力量推动新一轮"走出去"

海外设厂对于佛山制造乃至中国制造来说早已不是新鲜事物。2008年国际金融危机前后是佛山第一波海外设厂的节点，主要集中在家电、家具、纺织等劳动密集型产业。2007年，基于越南的劳动力成本优势，美的在越南设立首个海外工厂。2015年作为佛山企业第二轮海外设厂热潮的节点，得益于国家共建"一带一路"相关政策的出台和推进。一批佛山企业前往东南亚、非洲等"一带一路"共建国家和地区开展投资合作，拓展国际新兴市场。科达洁能就是在这一时期去非洲建厂，利用非洲低廉的土地、劳动力成本优势，填补了当地陶瓷市场的空白。2018年前后，受国际贸易摩擦影响，为了避开贸易保护主义，佛山制造掀起第三轮海外设厂的热潮。标美服饰、大自然家居、联塑等企业都是在这个节点加快到海外设厂的步伐。

2022年，佛山制造迎来了海外设厂的第四波浪潮。受全球供应链的阻隔、物流成本飙升等因素影响，越来越多的佛山企业开始考虑在世界范围内的多点布局来应对复杂多变的投资经营环境和不可控风险。如美的集团加速推进"中国供全球+区域供区域"模式，2022年埃及生产基地和泰国空调新基地完成建设和投产，进一步完善主要家电品类的海外产能布局。截至2022年，美的集团拥有18个海外生产基地和24个销售运营机构，海外员工约3万人，覆盖东芝、Eureka、Comfee等智能家居品牌，Clivet高端中央空调品牌，高创传动、Motinova等工业技术品牌，及KUKA、Swisslog等机器人品牌。

新形势下，佛山倡导"三反"推动新一轮制造业"走出去"。一是反脆弱。佛山企业新一轮海外设厂的一大动力，就是以全球化多点布局来配置生产资源，分散或化解供应链断供风险，保障整个企业生产和销售网络的有效运营，降低对单一国家供应链的依赖。二是反常规。佛山企业海外投资决策不仅仅是出于单一生产要素成本考虑，而是看重新形势下的综合成本，从长远发展角度平衡风险与收益。三是反内卷。寻找更广阔的市场，特别是东南亚、非洲等新兴市场，是佛山企业（特别是传统产业）海外投资设厂的一大导向，目的是切入海外更为广阔的蓝海市场①。

（三）企业"走出去"要扎根当地做好"本土化"

佛山推动企业"走出去"一个最重要的经验，就是扎根当地做好"本土化"，具体包括管理、产品、供应链、股权四个维度的本土化。

---

① 叶洁纯、华声宇：《从佛山看中国制造"出海"新趋势》，"南方+"客户端，2022年11月29日。

首先是管理的本土化。佛山出海企业在这方面已形成了一定的共识。一方面是注重管理者的本土化，注重提拔当地人成为海外工厂的高管，让"本地人管理本地人"。比如美的集团在其全球20多个海外工厂中推行"1＋1"的机制，即在海外工厂的管理体系中，总经理由当地人担任，副总经理从国内外派人员担任，搭配管理。另一方面是重视管理方法的本土化。顺威集团早年在泰国建立了工厂，为了让泰国工厂的本地员工更好地理解生产工艺技术，集团派出专人将所有生产作业的动作整理成中文和泰文两种语言，甚至编成泰语教材和拍成视频。

其次是产品的本土化。在海外布局的佛山企业往往会根据目标市场的经济发展、人文习俗、消费水平等特点，对产品进行再研发、再改造，使其更加符合目标市场需求，真正打入海外市场。在非洲深耕多年的博达集团就专门在当地成立研发中心，所有产品都针对非洲市场需求来设计和改造。比如非洲人洗衣服用的地下水，硬度大约是中国的5倍。对此，博达集团专门定制了洗衣粉配方，打入当地消费圈层。

再次是供应链的本土化。不管是"掘金"东南亚市场，还是"拓荒"非洲、南美市场，佛山企业在广大发展中国家都会不同程度地面临产业链不完整的问题。能否克服难题，成了影响企业能否在当地最终立足的关键变量。为完善海外工厂供应链，佛山探索出以订单拉动供应链成长及延伸海外产业链条的做法，向本地供应商伸出订单"橄榄枝"，共同规划未来，帮助供应商成长的同时，完成在供应链本土化上的突破。

最后是股权本土化。这被视为企业海外投资的本土化新课题。股权本土化正成为一种全球布局新趋势，并可能成为未来决定企业出海成败的关键因素。对此，佛山开始注重引入投资目标国当地股东，以灵活多样的股权结构，增加佛山企业海外投资布局的选择性和宽容性，降低因当地管制与地缘政治影响对投资的风险和阻碍，尝试推进顶层股权结构上的高阶本土化。

（四）"走出去"要塑造良好的企业品牌形象

随着经济全球化进程加快，品牌已成为推动企业高质量发展的重要战略资源和提升国际地位、影响力的核心要素。加强品牌建设，塑造良好的企业和品牌形象，有利于"走出去"的佛山企业提升价值链地位，增强全球竞争力。除了企业自身的品牌形象塑造，佛山还重视"走出去"企业群体、企业家群体的整体形象打造。一是塑造产业高端形象。2021年，佛山"走出去"的业态从传统优势产品的贸易逐步转向优势产业上下游链条的优质资产布局，海外并购资产涉足新能源集成电路、高端光学装备等战略性新兴产业，从而有助于改变过去的低端产业形象，走"世界科技＋佛山智造＋全球市场"的创新发展路径。二是提升佛山服务型政府形象。各级党委政府是企业放心"走出去"的坚强后盾，有针对性地做好本国政策与出口国家和地区政策的沟通，努力做到企业去到哪里，就把服务做到哪里，才能让企业更放心"走出去"并取得成功。

附录 | Appendix
总目录

卷一

产业经济

佛山乡镇企业繁荣发展之路 / 002

"南海模式""顺德模式"的形成和发展 / 020

专业镇和专业市场的兴起和发展 / 036

传统产业的崛起及转型升级之路 / 055

佛山国有企业产权制度改革 / 072

佛山现代企业制度的建立与发展 / 088

信息化建设走在全国前列 / 104

金融、科技、产业融合创新探索 / 121

佛山打造"中国品牌之都"的实践探索 / 141

制造业转型升级综合改革的佛山示范 / 161

"佛山标准"打造中国制造品质标杆 / 180

走在前的佛山氢能产业发展 / 197

卷二

城乡融合

佛山行政区划和中心城区规划发展历程　/ 002

以土地为中心的农村股份合作制改革　/ 021

农村综合改革为全国探路　/ 040

城市环境综合整治的佛山经验　/ 059

"三旧"改造开创"佛山模式"　/ 077

广佛同城化发展历程、成果及启示　/ 098

农村"三块地"改革激发土地新活力　/ 117

广东城乡融合发展改革创新实验区的建设实践　/ 132

商贸流通

"以桥养桥、以路养路"投融资模式创新　/ 152

率先取消购物票证和首创开架式销售　/ 167

对外开放

改革开放初期佛山引进外资的作用和影响　/ 180

佛山外向型经济发展的历程与启示　/ 197

佛山企业"走出去"的探索与经验　/ 217

卷三

社会事业

全省农村精神文明建设学南海　/ 002

率先探索社会保险一体化　/ 018

改革大潮中的佛山文化建设　/ 032

"科教兴市"战略的实践 / 053

持续擦亮卫生城市"国字号"招牌 / 073

创建全国文明城市的历程和经验 / 090

"智慧安全佛山" / 109

政务服务

佛山推进行政审批制度改革的创新实践 / 126

顺德综合改革试验为全省全国探路 / 141

大部制改革的顺德样本 / 159

"简政强镇"事权改革的探索与经验 / 174

"一门式一网式"改革成为全国示范 / 189

持续优化营商环境的改革之路 / 204

党的建设

构建大党建工作格局的佛山探索实践 / 222

率先探索驻点联系制度创新基层治理 / 239

后 记
Afterword

面朝大海，春暖花开。佛山是改革开放的前沿阵地，改革开放给佛山带来了天翻地覆的变化。改革开放40多年来，佛山人民在党的领导下勇于改革、大胆创新，形成了大量具有鲜明时代特色的改革样本和实践经验。

为记录这段光辉历史，总结提炼改革创新历史经验，进一步激励佛山人民坚定历史自信、增强历史主动，加快推动改革开放史研究事业繁荣发展，更好地服务佛山市委、市政府工作大局，中共佛山市委党史研究室联合佛山市档案馆、佛山市人民政府地方志办公室、佛山市新闻传媒中心开展佛山改革创新实践研究，并将研究成果编著成《敢为人先立潮头——佛山改革创新实践研究》，为探索新时代佛山改革开放的实践路径提供借鉴和启示。

本书成稿后，广泛征求意见，并组织召开专家评审会，根据各方反馈意见加以修改完善，数易其稿。在编写过程中，得到了广东省委党史研究室、广东省社会科学院、佛山市委组织部、佛山市委政策研究室、佛山市委党校、佛山市发展和改革局、佛山大学等单位和部门的大力支持，王莹、邢益海、蒙荫莉、戚斗勇、张帆、牛麒麟、张磊等专家开展了深入细致的评审，提出了客观具体的指导意见。同时，还参阅了其他一些单位和部门以及研究者的资料汇编或研究成果，也吸收了许多专家学者的真知灼见，在此一并表示感谢。

实践发展永无止境，改革创新永无止境，对改革创新经验的总结和提炼未有穷期。作为历史经验总结的一种创新实践，希望本书能够成为读者认识佛山、了解佛山，读懂中国改革开放基层实践的重要窗口和宝贵资料。未来，我们还将继续开展佛山改革创新实践的研究与整理工作，不断挖掘、总结、提炼改革创新的"佛山经验"。相信在共同努力下，佛山改革开放史一定能像改革开放一样，"没有完成时，只有进行时"，不断取得丰硕成果。

由于编者水平、经验、思考和研究有限，本书存在不少粗浅、疏漏和不当之处，敬请广大读者批评指正。

本书编委会

2024年12月

敢为人先立潮头
——佛山改革创新实践研究
卷三

中共佛山市委党史研究室
佛山市档案馆 编著
佛山市人民政府地方志办公室

SPM 南方传媒 | 广东人民出版社

·广州·

图书在版编目（CIP）数据

敢为人先立潮头：佛山改革创新实践研究 / 中共佛
山市委党史研究室，佛山市档案馆，佛山市人民政府地方
志办公室编著. -- 广州：广东人民出版社，2025. 5.
ISBN 978-7-218-17510-2

Ⅰ. D619.653

中国国家版本馆 CIP 数据核字第 20245C94C5 号

GANWEIRENXIAN LI CHAOTOU—FOSHAN GAIGE CHUANGXIN SHIJIAN YANJIU

敢为人先立潮头——佛山改革创新实践研究
中共佛山市委党史研究室　佛山市档案馆　佛山市人民政府地方志办公室　编著

出　版　人：肖风华

责任编辑：廖智聪
装帧设计：友间文化
责任技编：吴彦斌

出版发行：广东人民出版社
地　　址：广州市越秀区大沙头四马路10号（邮政编码：510199）
电　　话：（020）85716809（总编室）
传　　真：（020）83289585
网　　址：https://www.gdpph.com
印　　刷：广州市岭美文化科技有限公司
开　　本：787mm×1092mm　1/16
印　　张：47.25　字　　数：600千
版　　次：2025年5月第1版
印　　次：2025年5月第1次印刷
定　　价：158.00元（全三册）

如发现印装质量问题，影响阅读，请与出版社（020-85716849）联系调换。
售书热线：020-87716172

《敢为人先立潮头——佛山改革创新实践研究》编纂委员会

前言

Preface

　　改革开放是决定当代中国命运的关键一招。从邓小平"不改革死路一条"的大声疾呼，到习近平总书记"将改革进行到底"的铮铮誓言，中国共产党带领全国人民接续奋斗，在中华民族伟大复兴的新征程上阔步向前。

　　党的二十大报告指出，"深入推进改革创新，坚定不移扩大开放，着力破解深层次体制机制障碍，不断彰显中国特色社会主义制度优势，不断增强社会主义现代化建设的动力和活力"。创新是引领发展的第一动力，是改革开放的生命。创新才能把握时代、引领时代。改革开放40多年来，中国人民弘扬改革创新精神，勇于开拓进取，坚决破除阻碍国家和社会发展的一切思想羁绊、体制障碍和利益藩篱，成功闯出了中国特色社会主义这条新路。

　　珠江三角洲地区是我国改革开放的先行地区，是我国重要的经济中心区域，在全国经济社会发展和改革开放大局中具有突出的带动作用和举足轻重的战略地位。佛山①位于广东珠三角腹地，自古以来就是工商业重镇，明清时期是"中国四大名镇"之一。改革开放后，佛山焕发出无穷的生机活力，实现了从岭南鱼米之乡向全国经济重镇的跃升，与广州共同构成粤港澳大湾区三大极点之一，是广东第三座地区生产总值超过万亿元的城市，也是全省第二个、全国第四个规模以上工业总产值突破 3 万亿元的城市。

　　佛山的改革创新实践、成就和经验，是中国改革开放事业不断取得进步的重要见证和历史缩影。40多年来，佛山人民在党的领导下紧紧抓住机遇，发扬敢闯敢试、

---

① 本书所称"佛山"，泛指改革开放之初的佛山地区和所辖的佛山市（县级），以及1983年行政区划调整后的佛山市（地级），主要涉及今佛山市五区范围。1983年6月，经国务院批准，撤销佛山地区，成立地级佛山市，下辖南海县、顺德县、三水县、高明县、中山县，以及原来的市区（祖庙、普君、升平、永安）、郊区（张槎、环市、澜石）和石湾镇。同年12月，中山撤县设市（县级），由佛山市代管。1984年6月，佛山市区、郊区和石湾镇分别设为汾江区（1987年改为城区）和石湾区两个市辖区。1988年1月，中山划出设地级市。自此形成今天的佛山市域范围。

敢为人先的精神，砥砺奋进，取得经济、社会全面发展，人民生活水平快速提升的显著成就，在各个领域的体制改革中承担着国家、省的试点任务，探索出许多走在全省乃至全国前列、具有佛山特色的改革创新范例。如在全国率先探索实施以土地为中心的农村股份合作制改革、信息化建设、"一门式一网式"政务服务改革；成为全国制造业转型升级综合改革试点城市，民营企业占全市经营主体的90%以上；推动民营企业"走出去"、打造面向全球的国家制造业创新中心，成为名副其实的"中国品牌之都""中国氢能产业之都"；在全省率先探索"三旧"改造、城乡融合发展改革创新实验、驻点联系制度……这些既是佛山改革创新探索前行的样本，也是波澜壮阔的佛山改革开放史上的华章，体现了佛山的改革创新勇气和时代担当，为新征程上推进高质量发展、实现中国式现代化提供有益的参考。

实践出真知，鉴史昭未来。为记录好、研究好、总结好佛山的改革创新案例，为各级党委和政府提供资政参考，为后来者留存历史经验，中共佛山市委党史研究室联合佛山市档案馆、佛山市人民政府地方志办公室、佛山市新闻传媒中心编写了这套《敢为人先立潮头——佛山改革创新实践研究》，选取改革开放以来佛山在政治、经济、文化、社会、生态及党的建设领域中具有代表性的创新做法与实践探索，图文并茂展现佛山改革创新实践的历程、所取得的成就、得到的经验和启示。

本书编写重点把握好三个定位：一是立足佛山研究佛山，从佛山的实际出发，依托改革开放的历史背景，梳理好佛山改革创新探索过程。二是跳出佛山观察佛山，从更高的站位、更广的视角，客观总结佛山走在全省乃至全国前列的改革举措，印证佛山一系列改革创新"敢为人先""饮头啖汤"的历史意义。三是回顾佛山展望佛山，

以党委、政府为叙事主体，寻找党领导佛山人民大胆改革创新的规律和启示，为佛山高质量发展提供资政参考。

本书编写遵循"党史姓党"的原则，坚持唯物史观和正确党史观，坚持党对一切工作的领导；分为3卷，共设7个板块40个专题，各专题按照编年体与纪事本末体相结合的体例，所述改革历程无明确截止时间节点的，时间下限最迟记至2023年底。以市委、市政府及有关部门的文件等一手权威材料为主要来源依据，吸收市、区档案史志部门的最新专题研究成果，做到论从史出、客观评价；涉及经济发展数据的，主要以市委、市政府和相关主管部门当年公布或最新核定的数据为准；按照党史部门的语言规范，力求表述准确、言简意赅、通俗易懂，对专有名词以页下注或括号注的形式加以说明；为叙事方便和简洁，相关历史事件、活动主体为市、区有关部门的，一般以"佛山"笼统指称。

改革再出发，千秋伟业风华正茂。让我们紧密团结在以习近平同志为核心的党中央周围，深入学习贯彻习近平新时代中国特色社会主义思想和习近平总书记视察广东重要讲话重要指示精神，高举中国特色社会主义伟大旗帜，弘扬改革创新精神，贯彻新发展理念，全面落实省委"1310"具体部署，进一步全面深化改革，加快发展新质生产力，助力中国式现代化建设，在新征程上书写高质量发展的新篇章！

本书编委会

目录 | Contents

社会事业

全省农村精神文明建设学南海 / 002

率先探索社会保险一体化 / 018

改革大潮中的佛山文化建设 / 032

"科教兴市"战略的实践 / 053

持续擦亮卫生城市"国字号"招牌 / 073

创建全国文明城市的历程和经验 / 090

"智慧安全佛山" / 109

政务服务

佛山推进行政审批制度改革的创新实践 / 126

顺德综合改革试验为全省全国探路 / 141

大部制改革的顺德样本 / 159

"简政强镇"事权改革的探索与经验 / 174

"一门式一网式"改革成为全国示范 / 189

持续优化营商环境的改革之路 / 204

党的建设

构建大党建工作格局的佛山探索实践 / 222

率先探索驻点联系制度创新基层治理 / 239

附录

总目录 / 256

后记 / 259

社会事业

佛 山

全省农村精神文明建设学南海

率先探索社会保险一体化

改革大潮中的佛山文化建设

"科教兴市"战略的实践

持续擦亮卫生城市"国字号"招牌

创建全国文明城市的历程和经验

"智慧安全佛山"

全省农村精神文明建设学南海

20世纪80年代以来，佛山南海贯彻物质文明和精神文明"两手抓、两手都要硬"的方针，坚持改革成果共享、城乡统筹发展，创造性地开展社会主义精神文明建设活动，在全国率先"贺文明"，使人民群众的生活水平、精神面貌、科学文化素质和整体文明素质有了较大的提高，社会风气发生显著变化。南海创建文明村镇的经验，得到省委的肯定，成为全省农村精神文明建设的样板——"农村精神文明建设学南海"。迈向21世纪，南海又先后成为首批"广东省文明城市""全国创建文明城市工作先进城市"，城乡文明创建工作取得丰硕成果，为佛山五区同创全国文明城市积累了宝贵的经验。

一、南海农村精神文明建设的历程

20世纪八九十年代，南海县（市）委①坚持两个文明一起抓、两个任务一起下、两个建设一起上，有组织、有规划、有步骤地在农村开展文明镇、村、户建设活动，在全省率先敲锣打鼓进村到户"贺文明"，农村精神文明建设成为全省推广的样板，进而开展广东省文明城市和全国文明城市创建工作。

---

① 1992年9月23日，南海撤县设市。

⊃ 20世纪80年代末90年代初的南海县城（现桂城）。

（一）改革开放初期探索文明村镇建设（1983—1986）

1979年10月，邓小平在中国文学艺术工作者第四次全国代表大会上的祝词中明确提出："我们要在建设高度物质文明的同时，提高全民族的科学文化水平，发展高尚的丰富多彩的文化生活，建设高度的社会主义精神文明。"[①]1982年9月，党的十二大进一步把建设高度的社会主义精神文明确定为我国社会主义现代化建设的一个战略方针。大会指出：社会主义精神文明是社会主义的重要特征，是社会主义制度优越性的重要表现。

改革开放初期，南海大力发展社队（乡镇）企业，经济发展迅速，群众生活显著改善，广大农民逐步富裕起来，健康安定、积极向上的社会环境和精神面貌正在形成。但是，农村中也出现了一些亟待解决的问题，如有些乡村"室内现代化，室外脏

---

① 《邓小平文选》第二卷，人民出版社1994年版，第208页。

⊃ 1983年11月，佛山市首个省级文明村——南海县桂城镇叠南江头村及其文化室。（南海区档案馆供图）

乱差"；部分群众的思想道德水平、法制观念和集体观念有待提高。在全国、省、市推进文明村镇、文明单位和"五好家庭"建设的背景下，南海较早启动文明村、户创建活动，其中以叠南江头村为试点，开展城乡"脏乱差"治理，修桥整路、栽花植树，使这个原本破旧凌乱的村庄面貌焕然一新。1983年11月，江头村被省命名为"文明和睦村"。这是佛山第一个文明村。

1984年1月21日，中共中央办公厅转发中宣部、中央书记处农村政策研究室《全国文明村镇建设座谈会纪要》，要求在全民"五讲四美三热爱"①活动的基础上，进一步推动农村开展文明村镇和文明单位创建活动。2月，佛山市委、市政府、佛山军分区召开建设社会主义精神文明表彰大会，市委《关于文明村镇建设的报告》要求各级按照省委宣传部提出的"六抓六治六变"②标准，按照"县抓一两个镇、区抓一两个乡、乡抓一两个村、以点带面"的方法抓好佛山文明村镇创建试点工作。1985年4月，佛山市委、市政府召开全市文明单位命名表彰大会，要求各级党政领导把精神文明建设摆上议事日程，继续抓好文明村镇和文明单位创建工作。1986年9月3日，佛山下发《关于把"五好家庭"活动纳入精神文明建设总体规划的通知》，把"五好家庭"建设情况作为参评文明村、文明楼和文明街的重要条件之一，要求30%以上家庭成为"五好家庭"的才能评上文明村、文明楼和文明街。9月26日，市委召开常委会扩大会议，提出从美化环境入手，以抓好"三化一包"③为突破口，分系统、按类别在全市广泛深入开展文明单位创建活动。会议提出重点抓好南海的小榄、大沥、九江和顺德的桂洲等11个城镇的环境整治，发挥城镇精神文明建设的示范和辐射作用，逐步形成"以点带面、以市带县、以城带乡、以镇带村"的文明单位创建格局。

---

① "五讲四美三热爱"：讲文明、讲礼貌、讲卫生、讲秩序、讲道德；心灵美、语言美、行为美、环境美；热爱祖国、热爱社会主义、热爱中国共产党。
② "六抓六治六变"：抓生产发展治穷变富、抓思想教育治旧变新、抓文化科学治愚变智、抓社会秩序治乱变安、抓服务质量治差变优、抓环境卫生治脏变美。
③ "三化一包"：净化、美化、绿化和门前一包。

1986年10月9日，省委贯彻党的十二届六中全会《中共中央关于社会主义精神文明建设指导方针的决议》精神，提出要加强对精神文明建设的领导，制定必要的规划、落实措施。1987年3月12日，省委五届六次全会原则通过《广东省社会主义精神文明建设规划》，对全省精神文明建设作出规划部署，保证社会主义建设的方向。①

按照省委的动员和部署，南海县委于1986年10月30日成立了由县委副书记任组长的南海县精神文明建设领导小组，又于1987年3月在县第六次党代会上提出《南海县社会主义精神文明建设规划（1987—1990）》（同年7月在县委六届二次全会上通过），提出"搞好环境保护和村镇建设"等7项工作，两个文明建设同步发展，实行以城镇带动农村，改善城乡卫生面貌，建设优美环境，目标是初步建成一个文明富庶的新南海。

（二）全国率先"贺文明"造就"全省学两南"（1987—1992）

为进一步推进南海的两个文明建设，20世纪80年代后期，南海在农村广泛开展文明村、户创建活动，走出了一条"以城镇为龙头、以村户为基础，以道路为纽带，城乡一体、共建文明、共求安宁、共促繁荣"创建农村文明镇、村、户的路子，把农村精神文明建设推上了一个新的台阶。

1987年初，佛山各县在完成撤区设镇、改乡为行政村的基层建制调整后，陆续选择一两个镇铺开文明镇创建工作试点，开展创"三优"②活动。10月，佛山召开全市13个重点镇创"三优"经验交流会，首次对全市重点镇创文明镇情况进行检查评比和交流，提出"认识、规划、建设、管理、提高"的文明镇建设十字方针，明确"经济发展好、镇容镇貌好、文教事业好、社会风气好、以镇带村好"的5条文明镇建设标准。

按照佛山的部署，南海县委在1987年7月通过的《南海县社会主义精神文明建设规划（1987—1990）》中提出，要两个文明建设同步发展，以城镇带动农村，改善城乡卫生面貌，建设文明富庶的新南海。

1988年9月，佛山市精神文明建设委员会③（以下简称"市文明委"）就文明镇建设提出，要用规划指导城镇建设，实施规划要有严肃性和连续性；城镇建设实行"四

---

① 中共广东省委党史研究室编：《中共广东历史大事记（1949—2004）》，广东人民出版社2005年版，第466页、第481页。

② "三优"：优美环境、优良秩序、优质服务。

③ 1988年8月，佛山市精神文明建设领导小组改为市精神文明建设委员会。

个统一"①；城镇要把管理监督队伍和门前"三包"队伍建立起来；要重视城镇基础设施的建设。1989年3月，按照佛山市委、市政府发出的《关于命名表彰1988年文明镇、文明工厂的决定》，南海西樵、大沥等6个镇被命名为首批佛山市文明镇，同时又是广东省文明镇，成为"双文明镇"，受到市的表彰。11月，佛山市委召开农村政治思想工作会议，提出文明镇建设要贯彻"提高、扩展、延伸"的方针，实行重点城镇"一镇带三村"，其他城镇"一镇带一村"，以点带面，全面铺开文明村的创建工作，并在文明村创建示范点上开展创建文明户试点活动。

按照佛山市委提出的"抓基层、打基础"要求，南海县结合实际，在农村开展评选文明户、创建文明村活动。为了探索经验，1990年4月，南海县选择了大沥镇联滘管理区作为开展创建文明村、户活动的试点。

联滘过去是个有名的"垃圾村"，村民在农闲时，外出收购、捡拾废旧的塑料袋和尼龙纸，返村后进行分拣，能够出售的变成商品，不能卖出的则成为垃圾，弃在村中的路旁和鱼塘，整个管理区"脏乱差"情况突出。南海县委与大沥镇党委探讨认为，如果开展文明村、户创建活动能够改变其面貌，则作为试点最有说服力，整个创建经验就值得推广。

在联滘试点过程中，南海以党在农村的各项方针、政策为依据，以省委提出的要求为目标，以搞好村风民风、改变村容村貌为重点，在充分发动群众的基础上，由管理区精神文明建设管理组订立"十个自觉，十个没有"②的评选标准，让村、户联系对照，实行自报公议、全面审核、三榜定案、张榜公布、送牌上门。整个评选过程中，工作组坚持标准、着眼教育、寓教于评、以多促少、动态管理。经过5个月的努力，试点工作取得了预期效果。联滘管理区评出文明户508户，占参评总户数的84.2%，村风民风和村容村貌发生了很大的转变。9月，南海县委在大沥镇召开全县创建文明村、户现场会议，总结推广大沥联滘试点的做法、经验。此后，南海在全县农村广泛、深入

---

① "四个统一"：统一规划，统一征地，统一开发，统一建设。
② "十个自觉，十个没有"：自觉完成国家各项派购任务，按规定完成各项农事活动，按时缴交土地承包款项，没有丢荒耕地；自觉遵守计划生育各项政策规定，没有违反计划生育行为；自觉执行《土地管理法》《水法》，没有擅自占地建房和扩大住宅基地，以及阻塞河涌和污染河水的现象；自觉执行《兵役法》，没有逃避兵役登记和服兵役；自觉遵纪守法，搞好安全防范，没有赌博、偷窃、嫖娼卖淫等违法行为；自觉抵制封建陋习等不良倾向，没有搞封建迷信活动；自觉做到诚实礼貌、团结友爱、健康文娱、家庭和睦，珍惜幸福生活，没有虐待老人、夫妻打架、邻里纠纷的现象；自觉遵守社会公德和执行《婚姻法》，婚姻嫁娶要坚持勤俭办事，没有在恋爱、婚姻问题上的不道德行为和违法婚姻现象；自觉遵守《义务教育法》，坚持好学进取，抓好子女教育，没有适龄子女弃学现象；自觉做好卫生美化，搞好个人卫生和家庭环境卫生，养成良好卫生习惯，没有脏乱差现象。

地开展创建文明村、户活动，探索总结出一条以城镇为龙头，以村、户为基础，以道路为纽带，城乡一体，共建文明的南海精神文明建设的路子，涌现出一批文明水平较高的村庄。

1990年5月，佛山市文明委在南海县召开全市创建文明村、户活动工作会议，总结推广南海县、三水县的试点经验，归纳了"七化""八风"①的文明村创建标准，要求坚持稳扎稳打、逐步推广的方针，以城镇为中心，以村户为基础，以道路为纽带，开展文明镇、村、户、路四个层次的创建活动，逐步形成城乡一体化的精神文明创建格局。5月31日，市委、市政府发出《关于在全市农村开展创建"文明户"活动的意见》，要求各部门加强领导，齐抓共管，搞好规划，积极发动群众参与，切实加强农村思想政治工作和群众性精神文明建设，促进农民思想道德素质的提高和农村社会风气的好转。

1991年，佛山54个镇、350个管理区（村）、969个自然村开展文明镇、村、户的创建活动，共评出文明户57984户。其中，南海县委系统总结各先行点的经验，在全县农村分期分批推开文明村、户创建活动，收到显著成效，仅上半年，全县有14个镇、16个管理区开展创建文明户活动试点，评出了文明户6530多户。②

1992年1月，为了树立典型、表彰先进，南海县委先是组织了4个文明村检查验收组，到各镇对申报文明村的26个村庄实地考核验收，③最后评出里水镇里水村、大沥镇上漖村、桂城镇江头村等23个村达标；接着又组织了6个祝贺团，分赴23个文明村，开展隆重、热烈的"贺文明"活动。县领导在村民大会上宣读县委、县政府关于授予"文明村"称号的决定，给村长戴大红花，在村里挂文明村牌匾，一时传为佳话。南海的举措得到了省委的充分肯定和高度评价。是月，省委办公厅向全省通报《南海县从"贺富"到"贺文明"，创建文明单位的活动情况》，指出南海县委在农村积极开展创建文明村、户活动，使舆论导向从"贺富"转到"贺文明"，为农村思想政治工

---

① "七化""八风"："七化"指村头标志化，道路沟渠硬底化，吃水自来水化，厕所卫生化，禽畜专栏化，保洁经常化，村前村后绿化、美化；"八风"指爱国爱乡风、遵纪守法风、兴文重教风、敬老爱幼风、邻里和睦风、计划生育风、婚事新办风、丧事简办风。
② 中共佛山市南海区委党史研究室编著：《佛山市南海区改革开放实录》，中共党史出版社2018年版，第300页。
③ 这次文明村评选，重点是对计划生育和遵纪守法两个指标作了硬性规定，其中计划生育合格率必须高于全县85%的平均水平，违法犯罪的人数必须在全村总人口的5‰以下，否则"一票否决"。

⊃ 南海区梦里水乡艺术河畔。

作和精神文明建设找到了新的突破口，走出了新的路子。[1]

　　同月，市委、市政府决定授予表现突出的南海县里水镇里水村、桂城镇江头村等10个村"十佳文明村"和"文明村标兵"称号；命名南海县桂城镇和高明县明城镇为佛山市文明镇。至此，全市15个重点镇全部被评为佛山市文明镇。1992—1994年，佛山市连续3年开展"十佳文明村"评选活动，共评选出30个"文明村标兵"，并每年由市、县领导班子和有关部门负责人组织开展"贺文明"活动，推动文明村建设，形成争创文明村、户的热潮。

　　南海县创建文明户、文明村镇的工作大大向前推进了一步。截至1992年3月底，全县18个镇有198个管理区、556个自然村开展了创建活动，完成了文明户评选工作的村有329个，33801户挂上了文明户牌子，占总户数的86.15%；566个自然村在近两年的时间里累计投入村庄环境建设的资金达1.02亿元，使村容村貌和环境卫生大为改观，涌现了一批标准较高的社会主义新村庄。此外，在全县各镇城区的党政机关、企事业单位，累计7552户被评为文明户，占参评总数的94%。南海的精神文明建设成果，得到

---

[1] 中共佛山市南海区委党史研究室编：《中国共产党南海历史大事记（1978—2011）》，中共党史出版社2014年版，第84页。

⊃ 南海西樵山狮王挑
战赛。（李均良　摄）

了中央领导的关注和肯定。3月18日，中共中央政治局常委、中央书记处书记李瑞环到南海县里水镇里水村视察文明村建设工作，对南海县两个文明建设的成果表示满意，强调精神文明建设要多做实事。

1992年4月，广东省委在南海县召开广东省创建文明户、文明村镇经验交流会，总结推广南海县的经验。会议肯定南海县制定创建标准、做好宣传发动工作、以村带户、以户促村，建立完善管理机制等做法经验，并组织与会代表到桂城、平洲、大沥、里水等镇的文明村、户参观学习。省委书记谢非指出，南海创建文明村、户的经验，为精神文明建设落实到基层提供了好的经验，形成了一种群众自我教育、自我激励、自我约束、自我管理的机制，其经验有普遍意义，应该在全省推广。谢非号召全省精神文明建设学"两南"（即城市街道的精神文明建设学广州的南华西街，农村的精神文明建设学南海），把广东省的社会主义精神文明建设提高到新水平。10月，省委在南海大沥镇召开广东省创建文明城镇座谈会，推广南海创建文明城镇的做法与经验，研究和部署在全省范围内开展创建文明城镇活动。南海精神文明建设成为全省标杆。

（三）深化文明创建工作成为"全国创建文明城市工作先进城市"（1992—2002）

成为全省农村精神文明建设样板，是南海城乡精神文明建设同步发展的新起点。1992年起，南海按照佛山关于重点城镇一镇带三村、其他城镇一镇带一村等要求，积极建设一批文明村示范点，并在示范点开展文明户创建活动。1993年，佛山又对文明创建活动提出了"提高、带动、重点、评比"的工作要求。1月15日，南海召开1992年度"贺文明"大会，命名67个文明村、108个文明户标兵和102个文明经营单位。[①]截至11月，佛山54个镇（街道）下辖98%的管理区、82%的村开展了创建文明村、户活动。全市累计评出一级文明镇20个、文明村标兵20个、县级以上文明村255个、文明户36万户，达到了预期的目标，推动形成城乡精神文明同步发展的新格局。

其后，佛山以创建全国文明城市为目标，实行抓城市带农村、抓重点带一般、抓基层打基础、抓"龙头"带"龙身"、抓两头带中间的工作方针，精心组织开展创建文明单位活动。南海在文明村、户建设方面形成的样板作用持续发挥，推动佛山全市形成既抓巩固，又抓提高的发展态势。1995年1月，《南海市精神文明建设发展规划意见（1995—2010）》出台，并制定《南海市"文明管理区"标准》和检查验收办法，要求积极开展创建高标准文明村镇活动——其中文明村占70%以上，文明户占90%以上。在南海等地的努力和推动下，截至1998年9月，佛山累计评出文明户43.9万户，占全市农户总数的85.3%；文明村1458个，占全市自然村总数的41.44%；命名38个文明镇，占全市城镇总数的67%。

1995年10月，南海被列为广东省创建文明城市的先行点之一，文明村镇与文明城市创建整体推进。1996年，根据省委把南海列入学习张家港、创建现代文明城市示范点之一的决定，南海先后制定出台《南海市创建现代文明城市规划意见》和《南海市"九五"期间社会主义精神文明建设实施规划（1996—2000）》，提出通过3—5年时间，把南海建成广东省文明城市。1997年秋，南海被中央文明办确定为全国精神文明建设活动示范点。以此为契机，南海进一步推动省文明城市和全国文明城市的创建工作，把文明城市的创建成果辐射到各镇（街道）中，重点在城区开展新型社区建设，在农村提高文明村镇的创建水平。

1999年，根据形势的变化[②]，南海对原来的"文明管理区"标准进行修改，对照"五好"[③]制定实施新的"文明达标村"标准。是年，南海被评为广东省首批文明城市；里水镇里水村被评为全国创建文明村镇工作先进单位。

---

① 中共佛山市南海区委党史研究室编：《中国共产党南海历史大事记（1978—2011）》，中共党史出版社2014年版，第94—95页。

② 1999年，根据省委的部署要求，南海开展新一轮农村基层管理体制改革，把原来的管理区改为行政村，原管理区辖下的村改为村民小组。

③ "五好"：班子建设好、经济发展好、村容村貌好、科教文卫事业好、社会风气好。

2000年起，佛山以"创建文明城市、文明村镇和创建文明单位、文明行业"为载体，深入开展精神文明创建活动。南海农村精神文明建设的样板作用已经融入文明城市建设的大潮之中，并推进以"高起点规划、高标准建设、高效能管理、高品位文化、高素质农民"为内容的高标准现代文明村镇建设，为广东率先基本实现现代化作出示范。为树立标杆，南海在文明达标村的基础上，进一步制定文明示范村的标准，高标准建设文明示范村。截至2002年，南海的文明村增加到980多个，其中有10个被命名为文明示范村。2002年10月，南海被中央文明委授予"全国创建文明城市工作先进城市"称号；桂城街道东二村被授予"全国创建文明村镇工作先进单位"称号。同年12月南海撤市设区后，农村精神文明建设逐步融入佛山五区同创全国文明城市工作中。

二、南海农村精神文明建设的成效

从试点探索文明村镇建设到创建广东省文明城市和全国文明城市，南海根据形势的变化和经济社会发展的需要，按照省、市部署，不断调整创建思路和目标，推动"两个文明"建设有机结合、城乡文明同步发展，建成了一批省、市文明镇和一大批的文明村、户，并先后成为全省农村精神文明建设学习的样板和"全国创建文明城市工作先进城市"，成效显著。

一是改变了广大农村的面貌，促进了党的方针、政策在农村基层的落实。如计划

⮎ 2022年7月8日，南海区举行"寻踪千年遗产　续写六脉华章"——2022年南海区"多彩乡村　弘扬岭南文化"主题教育实践活动启动仪式。（南海区档案馆甘发雄　摄）

生育、义务服兵役等基层工作难点。创建文明村、户活动的持续深入开展，较好地促进了这些难点问题的解决。同时，南海农村实现了大变样，交通、绿化、公园等基础设施有了翻天覆地的变化。

二是促进了乡风文明。创建文明村、户活动开展后，农村的社会不良风气和不文明现象大为减少，农民的法纪观念和安全防范意识显著增强，促进了社会文明新风尚发扬光大。在南海许多乡村，处处可见家庭和睦、邻里团结、尊老爱幼，新事新办蔚然成风；讲公德、树新风、讲文明、重礼貌、讲卫生、爱清洁等文明风尚已逐步成为广大农民群众自觉遵守的行为准则。

三是促进了农村党员干部作风的改进。在文明创建活动中，在南海县委的领导和推动下，广大农村党员、干部不仅发挥带头作用，率先使自己所在的家庭成为文明户，还积极帮助其他村民创建文明户，从而进一步密切了基层党群、干群关系。

三、南海农村精神文明建设的经验

改革开放后，南海在推进精神文明建设中勇于解放思想，创造性地开展"贺文明"活动，推动各级掀起争创文明的社会风气和创建氛围，极大提升了农村的整体文明水平，形成"全省农村精神文明建设学南海"的一个典型，把两个文明建设工作不断推向前进。

（一）重视规划，在财力物力上给予保障

一方面，南海把精神文明建设作为一项长期事业来抓，注重做好高起点、长远规划。从1987年起，南海先后制定了《南海县社会主义精神文明建设规划（1987—1990）》《南海县"八五"期间社会主义精神文明建设规划（1991—1995）》《南海市精神文明建设发展规划意见（1995—2010）》《南海市创建现代文明城市规划意见》以及《南海市"九五"期间社会主义精神文明建设的实施规划（1996—2000）》等，以规划指导行动，使精神文明建设各项工作做到长远规划、循序渐进，有计划、有步骤、有重点地分步实施，协调物质文明建设的同步、健康发展。另一方面，南海历来重视加强对精神文明建设的投入，在财力、物力上给予保障。1989—2002年，11年间，南海县（市）和镇（街道）两级共投入建设文明村资金累计达24.63亿元。[1]

---

① 中共佛山市南海区委党史研究室编著：《佛山市南海区改革开放实录》，中共党史出版社2018年版，第303页。

● 2021年4月23日，南海区党史百场共读暨艺术四季群众文艺展演活动启动仪式在里水镇南三花工委旧址举行。（陈天颢　摄）

（二）充分调动群众的积极性，发挥村民主体作用

南海在创建文明村镇、文明户的活动中，根据广大农民群众从众、向上的心理，采取不限比例和以少数带多数、以多数促少数的办法，吸引绝大多数群众支持和积极参与；坚持把评比标准交给群众，实行评选标准、评比方法、预选名单和评选结果"四公开"，让群众自我对照、自行申报、互相比较，使群众人人成为参与者，个个自觉将自己摆进去，从而形成群众自我教育、自我管理、自我约束、互相监督的良好创建氛围。在创建过程中，南海紧紧地抓住文明村、文明户两大目标，发挥村民主体作用，作为由点到面推进两个文明建设的农村主阵地。

（三）结合实际，注重评选标准的可操作性

在开展文明村镇、文明户创建和评选活动中，南海注重把"软"任务转化成"硬"指标，把党和国家关于农村发展的方针政策和省委对加强城乡精神文明建设的要求融会贯通，结合本县实际，制定"十个自觉，十个没有"的评选标准。南海从试点工作总结归纳形成的"七化""八风"等文明村创建标准，条文简、内容实，看得见、摸得着，可操作性强，从而走出了一条具有南海特色的精神文明建设的路子。

（四）引入竞争机制，加强动态管理

为使创建文明村、户活动始终保持常建常新，南海在实践中坚持引入竞争机制，实行动态管理。文明户评选工作不搞一阵风，也不搞终身制。各管理区、自然村建立

了文明户的档案资料管理制度，经常了解、考核文明户标准的执行情况，坚持每月一检查、每季一通报、半年一评议、年终一总评的做法。如在规定的考察期内达到了标准，就及时为该家庭挂上"文明户"的牌子。对已评上文明户的家庭，一旦发现有违反标准的情况，给予教育、限期改正，对未能如期改正的则撤销其文明户称号。

（五）"硬件"建设和"软件"建设并举

精神文明建设的成果虽然主要表现为非物化的思想、观念等形态，但这些非物化的成果往往以特定的物质形式为载体表现出来。南海充分认识到，"硬件"建设与"软件"建设同时并举，是精神文明建设的客观要求。在创建文明村、户活动中，南海着力把整治村容村貌，改善农村投资环境、工作环境、生活环境作为突破口，努力建设经济发达、生活富裕、社会进步、环境优美的社会主义新农村。同时，不断加强农村思想文化阵地建设，组织农民群众学习科学文化知识，加强对广大农民群众进行党的基本路线、爱国主义、集体主义、社会主义的思想教育，使农村两个文明建设互相推动，切实取得成效。20世纪80年代末90年代初，南海坚持把教育摆在优先发展的战略位置，十分重视文化教育特别是农村基础教育的投入，各镇、村办学条件优良，教师待遇改善较大，使农村学生得到好的教育，为精神文明建设在基层的持续发展增添了动力。

（六）创建为民，坚持抓实事、求实效

南海坚持把文明村镇创建活动作为一项改善农村生产和生活条件，促进农村物质文明发展，为人民群众谋福祉的民生工程。一方面，各级以推进精神文明建设为抓手，着力为人民群众排忧解难，抓实事、办好事、求实效，切实改善人民生活、生产环境等，使农村环境不断优化，镇容村貌明显改善，公共文化和基础设施建设大幅增强。另一方面，群众得到了实惠，更加支持并主动参与文明创建活动，从而"形成了群众自觉要求上进的大气候"①。

四、南海农村精神文明建设的启示

文明创建永远在路上。2002年之前南海推进农村精神文明建设的经验和成就，为之后南海持续推进"千村和谐文明村"创建工程、美丽文明村居建设和佛山五区同创

---

① 谢非：《在广东省创建文明户、文明村镇经验交流会上的讲话》，1992年4月8日。

全国文明城市取得成功积累了经验，也为新时代深化推进精神文明建设工作带来一些有益的启示。

（一）精神文明建设要与物质文明建设相适应

改革开放后，南海县委带领人民群众把农村搞活变富，使广大农民甩掉了贫穷的帽子。富裕起来的农民，步入了物质文明日益丰富的生活模式，也对精神文明产生了迫切的需求。物质生活的富裕并不意味着精神生活的富有，两者可以相辅相成，也可能背道而驰。因此，对富裕起来的农民，必须加以正确的引导，使其与物质文明建设和发展相适应，同步提升精神文明建设水平，满足群众日益增长的文化需要，提高农村生活质量。在这个问题上，先富起来的南海作出了重要的努力和探索，找到了创建文明村镇、文明户这种行之有效的农村精神文明建设方式和途径，走出了建设文明富庶新南海的路子。

（二）农村精神文明的发展要重视基层党组织建设

文明村、文明户是最接近群众的基层单位，基层党组织有意识并自觉地把文明村、文明户建设作为一种新的战略决策与部署来认真对待，对于调动群众的积极性更加直接有效。加强基层党的建设工作，特别是提升党员领导干部的思想和作风建设水平，是增强党的凝聚力和战斗力的基本保证。如果农村基层组织建设工作比较薄弱，党和群众的凝聚力涣散，农村精神文明建设就不可能取得好的成效。南海文明村、文明户建设工作从试点到全面铺开，推进过程扎实有效，与南海县委历来重视以农村党支部为核心的基层党组织的建设、带动农民思想觉悟和精神面貌提升密不可分。

（三）农村精神文明的发展要重视文化教育

中国农村绵延数千年的小农经济生产方式，使广大农村的农民在过去相当长一段时间里存在守旧、落后的思维定势。推动农业农村现代化，无疑需要在中国特色社会主义的理论框架下，帮助农民更新思想、转变观念。这也是农村精神文明建设面临的一大课题。南海县在精神文明建设中，注意引导和教育农民群众更新思想观念，发挥农民作为农村精神文明建设主体的作用和积极性。同时，南海重视推进实施科技、教育兴农的战略，逐步把农业发展转移到依靠教育科技进步和提高劳动者素质的轨道上来，成为帮助广大农村脱贫致富、富上加富的关键举措。如果不从农村教育这个基础环节入手，不断提高广大农民的文化水平，要把农村精神文明建设搞上去是很难的。

⮕ 大型艺术装置《醒》在南海千灯湖亮灯。（桂城街道办事处供图）

（四）农村精神文明的发展要重视法治建设

法治既是社会治理的基本手段，也是精神文明建设的重要环节和目标。过去，由于法治体系不健全，一些农村领导干部不懂法甚至乱用法，不少农民群众法律意识较为淡薄。只有通过加强法治建设，农村精神文明建设才能持续稳定发展，农民的切身利益和农村的长远利益才能得到有效的保障。南海在文明村、户建设中，把法治宣传教育作为一项重要内容同步推进。如"十个自觉，十个没有"的文明户评选标准，其中就有6条分别涉及《中华人民共和国义务教育法》《中华人民共和国婚姻法》《中华人民共和国兵役法》《中华人民共和国土地管理法》《中华人民共和国水法》和计划生育相关法规等，使之成为广大群众有意识的、自觉的行动。

（五）农村精神文明的发展要重视审美观的培育

20世纪80年代以来，随着经济的迅速发展，南海人民在全国先富起来，对美好生活、美好事物、美好环境的审美追求被不断激发。比如：人的心灵美、语言美、行为美、人情美和环境美，以及现代的技术美学、建筑美学、环境美学、信息美学，等等，这些审美观念在南海农村地区日益深入人心，对美的追求已成为推动社会发展进步的强大动力。南海在推进文明村、户的建设中，十分重视美化人们的心灵和千村万户的环境，使人们逐渐形成并坚定一种新的农村生活观念，即社会主义的新农村，应该是美的农村；社会主义的家庭，应该是美的家庭。南海为促进乡风文明总结出来的"七化""八风"充分体现了审美观的价值驱动，成为激发村民积极向上、推动农村精神文明建设的强大力量。

率先探索社会保险一体化

社会保险制度的建立与健全，是社会主义市场经济体制建立与完善的重要组成部分。改革开放后，佛山市委、市政府较早意识到社会保险工作对经济体制改革和劳动人事制度改革的重要作用，于1984年起率先实行劳动保险制度。1992年，佛山启动医疗保险制度改革，并在全国率先推行社会保险一体化。此后，佛山社会保险制度和体系沿着一体化的路径不断推进和深化，至2007年全面实现一市五区社会保险由市级统筹，形成具有佛山特色的城乡一体化社会保障体系。此后，特别是2012年以来，佛山进一步完善社会保险制度，深化医药卫生体制改革、养老制度改革等，建立起一体化的基本医疗保险制度，不断推动"健康佛山"高质量发展。

一、佛山探索社会保险一体化的历程

改革开放初期，随着工业化的快速发展，佛山大量农村剩余劳动力涌入二、三产业，社会保险制度从"合同用工"和退休社保制度起步，较早发展起养老、生育、工伤、失业、医疗等险种，为佛山在全国率先推进社会保险一体化改革打下了坚实基础。

（一）试行"合同用工"和退休社保制度（1983—1992）

1983年3月至4月，广东省劳动局召开以推行"三大改革"（劳动用工、工资和社会保险制度改革）为中心任务的全省劳动工作会议，贯彻中共中央关于"三结合"（劳动部门介绍就业、自愿组织起来就业、自谋职业三结合）的就业方针，鼓励改革"平均主义"的工资分配制度和"统包统配"的用工制度，提出积极推行劳动合同制度、改革现行的工资制度和改革劳动保险制度，逐步实行社会劳动保险（由社会进行统筹保险）。6月，刚设为地级市的佛山选择纺织、轻工、饮食服务行业在全省率先开展试行劳动合同制的工作。

劳动合同制（即"合同用工"制度）的推行是社会保险一体化改革的前提。1984年1月，市政府批转市劳动局制定的《佛山市试行劳动合同制暂行办法》（3月起在全市范围内试行），规定全民单位、县以上大集体单位以及中外合资合作企业从社会上新招收的工人（含离退休职工子女顶替、征地农民招工）一律改为合同制工人，实行退休养老社会劳动保险制度，保险基金统一由市、县劳动局下属的劳动保险公司负责筹集、发放和管理。4月，顺德、南海两县的国营企业、集体企业以及市直国营企业全部试行劳动合同制。10月，市劳动局举办用工制度和劳动保险制度改革学习班，介绍推广佛山旋宫酒店（中外合作企业）等6个单位的经验，强调全市国营、大集体企业以及"三资""三来一补"企业要全面推行"合同用工"制度。11月，市政府出台《佛山市职工退休基金统筹暂行办法》，决定从1985年1月1日起，在市属国营、集体企事业单位全面试行职工退休费用由社会统筹，其中，国营企业职工退休金由市劳动局下属市劳动保险公司统筹，集体企业职工退休金由市人民保险公司统筹。为加强对劳动保险工作的领导，1984年12月，市政府成立了佛山市社会劳动保险领导小组。

1985年6月，市政府批转市劳动局制定的《佛山市劳动合同制工人合理流动转移试行办法》，规定合同制工人经批准可依照原单位工资待遇流动转移。1986年7月，国务院下发关于改革劳动制度的4个规定（《国营企业实行劳动合同制暂行规定》《国营企业招用工人暂行规定》《国营企业辞退违纪职工暂行规定》《国营企业职工待业保险暂行规定》），在国营企业新招工人中全面推行"合同用工"制度，废止过去离退休职工由"子女顶替"的做法。8月，市政府召开动员大会，在市内国营企业贯彻实施国务院改革劳动制度4个规定。11月，市政府制定出台改革劳动制度的《佛山市国营企业实行劳动合同制补充办法》《佛山市国营企业招用工人补充办法》《佛山市国营企业职工待业保险补充办法》3份补充文件，再次明确国营、集体、"三资"企业从社会招录工人统一实行劳动合同制，养老保险金由企业按职工工资总额的20%、月工资的3%缴纳，从1986年10月1日起连同国务院、省政府的规定和实施细则一并执行。

经过3年打破所有制界限的劳动合同制改革之后，佛山启动了劳动保险体制改革。

1987年2月，市政府印发《关于市直集体企事业单位职工退休金统筹交由市劳动局管理的通知》，决定从5月1日起，市属集体企业事业单位退休金的统筹管理工作由市人民保险公司移交市劳动局下属的市劳动保险公司，便于市财政对退休金收支的统一监管。5月，市政府办公室发出《关于在城镇集体经济组织中建立退休基金统筹的通知》，对城镇凡属于"独立核算、自负盈亏、能正常支付工资"的集体经济组织建立退休制度，退休基金由各级劳动部门统一统筹。9月，市政府办公室批转市劳动局制定的《佛山市劳务市场管理试行办法》，发挥市场机制调节劳动力供求的作用，全面开放劳务市场。同月，佛山举办首届"佛山市劳务市场综合服务大会"。1988年8月、1989年8月，佛山又连续举办第二届、第三届劳务市场综合服务大会。

1987年，佛山共有劳动合同制工人14747人，占工人总数的11.94%。1988年，佛山出台规定，技工学校新招收的学生，毕业后不再包分配，到单位工作的一律实行劳动合同制，进一步压缩"统包统分"固定用工的渠道。劳动合同化管理缩小了不同所有制之间职工待遇的差别，也有利于社保一体化的推进。

1990年2月，市政府决定成立佛山市社会保险局（6月改称佛山市社会保险事业局）。同时，原市劳动保险公司并入市社保局，负责市区企业职工退休金的统筹及行政事业单位人员人寿保险工作。这是全省乃至全国第一家地方社保专门机构，标志佛山建立起覆盖固定工、合同工的社会养老保险体系。社会保险专门机构的设立，使佛山社会保险体制改革步入正轨。佛山市社会保险事业局成立后，年内即推出了临时工养老保险和团体社会治安人身保险。不久又建立了女职工生育保险、职工大病医疗保险，接管了职工待业保险，还通过增加财政投入、使用历年基金结余等办法解决医保基金缺口问题，建立起覆盖全民、城乡一体、政策统一的医疗保险制度。1991年7月，佛山被省劳动局批准为广东省全员职工劳动合同化管理和岗位技能工资改革试点城市。鉴于该项试点改革工作是一项社会综合系统工程，牵涉面广、政策性强，12月，市政府专门成立了佛山市劳动制度改革领导小组。

（二）在全国率先推进社会保险一体化改革（1992—2007）

1992年，佛山全员劳动合同制改革与社会保险一体化改革几乎同时启动，相得益彰。2月，佛山确定市化工厂、南海糖厂、顺德酒厂等11家企业为劳动制度改革第一批试点单位。3月，全面铺开改革试点。4月，佛山开展全员职工劳动合同化管理和岗位技能工资改革试点方案经省劳动局批准实施，标志着佛山实行企业职工全员劳动合同化管理全面启动。7月，佛山化工厂举行劳动合同签订仪式，成为佛山首家实行全员劳动合同制的企业。

同年11月起，佛山在全国率先推行社保一体化，首先在市直机关、事业、企业单位全部职工（包括固定工、合同工、临时工）中实行养老、医疗、工伤、待业、生育等社会保险收费、管理一体化的社会保险一体化改革，即不分企业所有制，不论职工身份（合同制职工或临时工）、城乡户籍，不分险种，统一按上年度全市各企事业单位职工平均月工资收入和离退休费总额的20%计征综合保险费，由社会保险事业局统筹安排，以确保所有在册劳动者在生育、年老、疾病、伤残、死亡、失业等，在暂时或永久丧失劳动能力时，获得国家的固定资助。佛山在全国率先推进社保一体化，推动社会保险制度改革向多项目、多层次、全方位的方向发展，也为进一步深化企业改革创造了必要的条件。

同一时期，佛山积极推进包括生育保险在内的妇女社会保障体系的建立健全工作，以社会保险一体化助推妇女社会保障水平提升。作为广东省生育保险试行区，[①]佛山自1991年4月开始执行生育保险。从1992年11月1日起，佛山全面推行社会保险一体化，将生育保险纳入社会保险一体化统一管理。这一做法在全省乃至全国都是超前的。社会生育保险政策实施近3年，其带来的实惠使企业尝到了不少甜头。1993年底，全市（区）1173个单位执行了社会生育保险制度，投保率98%；市直的"三资"企业基本上都参加了生育保险。这在一定程度上促进了就业方面的男女平等；平衡了女少男多和女多男少企业之间的经济负担；切实保障了女职工的合法权益，促进了女职工劳动保护措施的落实。保险覆盖面广，也有利于女职工生育价值得到全社会认可。

1993年8月，佛山确定以实现职工全员劳动合同制为重点，推进劳动工资和保险制度改革。至1995年9月，佛山实行劳动合同制的国有和县以上集体所有制企业共2655家，职工393854人，分别占全市企业和职工总数的98%和99.3%，基本完成企业职工全员劳动合同化管理的任务。这个阶段，佛山还推行了国有（集体）企业工资制度改革和职工住房补贴制度改革。

1993年，佛山继续完善和巩固社会保险一体化改革成果，扩大社会保险覆盖面。至年底，参加社会保险一体化改革的机关、企事业单位累计1267个，职工191986人。其后，佛山率先推行私营、个体工商户从业人员综合社会保险。其后，佛山进一步深化社会保险一体化改革。1996年8月，市政府印发《佛山市私营企业、个体工商户实行社会保险的暂行办法》，将私营企业和个体工商户纳入佛山市一体化社保体系，扩大

---

① 从1989年开始，广东省把女职工生育保险制度的改革作为保障女职工工作的一项重要内容来抓。

了社会保险覆盖面，促进了劳动人员的流动和企业的公平竞争。

1995年7月，佛山顺德在全国率先建立城乡居民最低生活保障线，对贫困户实行定期救济补助。1996年9月，佛山全面建立最低生活保障制度，其中城区保障标准为每人每月230元，在国内76个大中城市中位居第一。1997年9月，佛山开始实施《佛山市区社会援助实施方案》，在全国率先建立起以市政府为主导，以110为指挥枢纽，全天候、全方位整体联动的社会公共援助机制。

与此同时，佛山在农村也开展了医疗保险方面的探索和改革。1997年，佛山参加合作医疗和医疗保险的农业人口比例达74.85%，为广东省地级市之最。至2000年9月底，全市企业养老保险、失业保险参保率达95%；养老、失业社会保险费征缴率达95%；养老金社会化发放率达100%，提前完成省里下达的各项指标任务。这为佛山进一步在全市农村推行社会保险一体化改革打下了基础。

2001年1月，市政府出台《佛山市医疗卫生体制改革方案》，以建立城镇职工基本医疗保险制度为核心，构建适应社会主义市场经济体制的医疗卫生服务新体系，较早启动了医疗卫生体制改革的步伐。是年，全市实现了养老、失业保险参保率和社会保险费征缴率达98%，养老金社会化发放率达100%的目标。同年6月，省政府领导到佛山调研时，肯定佛山劳动社会保险工作做得扎实，走在全省前列。至2002年，全市社会保障体系不断完善，城镇职工养老和失业保险覆盖率以及基本医疗保险单位参保率均达95%以上。同年8月，省政协调研组到佛山调研医疗保险制度改革情况，认为佛山实施医疗保险制度改革，是全省搞得最早、起步最快、成绩最好的地区之一。

2002年底，佛山进行行政区划调整，确立了"一市辖五区"的发展格局，对社会保险的市级统筹提出了进一步的要求。佛山市委、市政府非常重视社会保险统筹层面

● 2005年6月27日，顺德区社会工伤保险康复所在东华骨伤科医院正式启用。

的提高，积极推进制度改革和扩大社会保险覆盖面。

2004年7月，市政府出台《佛山市社会保险市级统筹实施办法》，明确全市五区社会保险实行市级统筹，统一全市养老、失业、工伤和医疗保险的征缴基数和比例、待遇的计发办法以及基金管理、核算与拨付使用办法。2006年6月，市政府又出台《佛山市进一步完善社会保险市级统筹的实施方案》，自同年7月起，基本养老、工伤、失业三大险种一步到位，全面实施市级统筹；医疗保险则分步过渡。同时，佛山市社会保险基金管理中心更名为佛山市社会保险基金管理局，区社会保险基金管理中心相应更名为市社会保险基金管理局垂直管理的分局。至2007年7月，佛山全面实现社会保险市级统筹。统筹后各险种基金实行市级统一管理、核算与拨付。

实现社会保险市级统筹，有利于提高全市社保基金的抗风险能力，同时为全市的劳动者和用人单位提供一个合理流动和公平发展的空间，对实现"同城生活，同城待遇"起到有力的推动作用。针对区域之间经济发展不平衡，财政、企业、职工承受能力差异较大的情况，对于经济承受能力相对较弱的区，佛山采取逐步过渡的缴费办法，确保最终全面实现社会保险市级统筹。

（三）佛山探索社会保险一体化的深化（2007—2020）

"十一五"时期（2006—2010年），佛山城乡一体化发展向纵深推进，全市55个镇（街道）撤并为33个，620个村（居）撤并为565个，初步实现城乡户籍管理、规划建设、社会保障体系、劳动力管理、人居环境建设和义务教育"六个一体化"。其中，实现城乡户籍统一管理，市内户籍人口统一登记为佛山居民户口，为城乡居民享受平等待遇消除了体制性障碍；基本实现城乡居民医疗保险全覆盖，城乡居民基本医疗保险和门诊基本医疗保险参保率分别达98%、96%；完善农村居民养老保障体系，建立了全征土地农村居民基本养老保险、农村居民（以灵活就业形式）"大社保"和"新农保"3套养老保险制度；2007年秋季起，全市城乡义务教育免学杂费、书本费。这一时期，佛山坚持统筹城乡发展，加大"两个反哺"（工业反

● 2008年7月1日，继顺德区后，佛山居民门诊基本医疗保险工作在各区全面实施。

哺农业、城市反哺农村）的力度，制定实施一系列政策措施，使农村经济社会取得了长足发展，农村居民社会保障问题得到逐步解决。

2009年6月，佛山成立深化医药卫生体制改革工作领导小组，全力推进佛山市深化医药卫生体制改革各项工作。2010年1月，市委、市政府印发《关于深化医药卫生体制改革的实施意见》《佛山市医药卫生体制改革近期重点实施方案（2009—2011年）》，明确深化医药卫生体制改革的指导思想、基本原则和基本任务。同年11月，市政府召开深化医药卫生体制改革工作会议，研究和部署实施国家基本药物制度，完善药品供应保障体系。2011年5月，市政府通过《2011年佛山市医药卫生体制改革工作意见》，并召开深化医药卫生体制改革工作会议，明确医药卫生体制5项重点改革，着力推进基本医疗保障制度的建立和完善，全面开展基层医疗卫生单位综合改革，完善基层医疗卫生服务体系建设，推动基本公共卫生服务均等化，积极探索公立医院发展新模式，落实便民惠民措施，发挥中医特色和优势，提高医疗卫生服务效率。至2011年底，佛山基层医疗卫生机构综合改革任务基本完成，全市29家基层医疗卫生机构实行了管理体制、用人分配机制、补偿机制、基本药物集中采购等方面的综合改革。

这一阶段，推动实现包括农村居民在内的佛山人人享受养老保险，是佛山市委、市政府重点谋划和推进的一项工作。2009年10月，市委、市政府召开全市新型农村社会养老保险（简称"新农保"）工作会议，提出从10月起，在全市全面铺开"新农保"试点准备工作，按照"保基本、广覆盖、有弹性、可持续"的基本原则，同时考虑农民承受能力等多种因素，制定具体可行的缴费方式。11月，市政府办公室印发《佛山市农村居民参加企业职工基本养老保险制度实施意见（试行）》。文件规定年满16周岁至退休年龄（男年满60周岁，女年满50周岁，不含当月）之间的本市农村户籍居民（在校学生除外）按市现行企业职工养老保险缴费标准逐月征缴，享受与企业职工一致的待遇。2010年1月1日起，佛山正式实施"新农保"制度。3月，佛山市委、市政府召开佛山市"新农保"工作座谈会，要求全市至2011年底基本完成"新农保"全覆盖目标，特别是农村居民要全部完成参保。截至2010年12月底，全市农村居民参保缴费人数达84.4万，农村居民纳入保障覆盖率达92.9%。至2012年，佛山"新农保"基本实现对农村适龄居民的全覆盖，走在全省乃至全国的前列。

2012年，佛山被卫生部选定为居民健康卡首批试点地区，启动全国通用的居民健康卡发放工作。2013年10月，佛山市政府办公室印发《佛山市"十二五"期间深化医药卫生体制改革实施方案（2013—2015年）》，巩固前一阶段医改成果，提出"十二五"期间全市各项医改工作任务。2015年，佛山市基本公共卫生服务项目在全省考核中位居第一。

"十三五"时期（2016—2020年），佛山不断完善分级诊疗、现代医院管理、全民医保、药品供应保障和综合监管制度5项基本医疗卫生制度，推动全市医疗卫生服务能力不断提升，居民健康水平不断提高，人民群众获得感、幸福感不断增强。

○ 2011年1月30日下午，佛山市人力资源和社会保障局工作人员展示佛山市社会保障（市民）卡。（崔景印 摄）

2017年7月1日起，经佛山市委、市政府同意，《佛山市公立医院取消药品和医用耗材加成调整基本医疗服务价格实施方案》正式实施。2018年4月，市政府进一步出台《佛山市深化医药卫生体制综合改革实施方案》，提出12项重点工作，包括整合区域医疗卫生服务资源，构建协同发展的医疗卫生服务体系；坚持以人民健康为中心，促进基本公共卫生服务均等化；以家庭医生签约服务制度为基础，加快建立科学合理的分级诊疗制度；全面深化公立医院改革，逐步建立科学有效的现代医院管理制度；发挥医保关键性、基础性作用，不断完善全民医保体系；健全规范有序的药品、医用耗材供应保障制度；强化全行业监管，建立严格规范的综合监管制度；不断加大财政对医疗卫生的投入力度；改革人事薪酬制度，建立健全卫生人才培养和激励制度；推动全民健康信息化建设；充分发挥中医药服务优势，打造中医药强市；大力发展健康服务相关产业。2019年5月，佛山被国家医疗保障局确定为疾病诊断相关分组（DRG）付费国家试点城市，成为全国30个试点城市之一，也是广东省唯一入选的试点城市。

二、佛山推进社会保险一体化的举措和成效

改革开放以来，佛山以探索社会保险一体化为核心，推动劳动就业保障、养老保障、生育保障、医疗保障、城乡最低生活保障、社会福利及救济等与群众基本生活密切相关的社会保障制度改革，取得了重大成效，建立起具有佛山特色的城乡一体化社会保障体系。

（一）建立了城乡就业培训机制，改善了城乡就业环境

佛山在试行"合同用工"和退休社保制度的同时，十分重视城乡就业的稳定。

1987—1989年，佛山连续举办3届劳务市场综合服务大会，促进就业。2006—2010年，佛山各级财政安排就业专项资金2.95亿元，主要投入职业培训补贴、职业介绍补贴、社会保险补贴、公益性岗位补贴等方面，有力促进了就业工作。2010年，全市登记失业率为1.86%，大大低于国家和省要求控制在4.1%和4%的标准。2020年9月，在人力资源和社会保障部组织开展的"人社扶贫助力全面建成小康社会优秀成果宣介活动"中，"提升精准服务降低面试成本——广东省佛山市劳务协作就业服务扶贫平台助力脱贫攻坚"项目入选"人社扶贫工作优秀案例"。这是广东省唯一入选案例，同时被评为2020年度佛山十大网络正能量项目。

（二）建立了比较全面的医疗保障体系，初步解决了"看病难"问题

2007年7月，佛山实现城镇职工医疗保险全市统筹，建立起城乡一体的居民医疗保险制度。为更好地解决人民群众"看病难、看病贵"的问题，2008年7月1日起，佛山在全省率先全面推行居民门诊基本医疗保险制度，通过倡导"小病进社区门诊，大病进医院治疗"的就诊观念，有效减轻市民的普通医疗门诊费用负担。2006—2010年，佛山市财政一般预算安排居民基本医疗保险的资金投入达到9.25亿元。2019年起，佛山坚持"全域参与、精深分组、公开透明、注重激励、强化监管"的原则，推进疾病诊断相关分组（DRG）付费改革工作，同年底被国家医疗保障局评为疾病诊断相关分组（DRG）付费改革"进度优秀"试点城市和"经办管理较完善"试点城市。2020年，佛山继续推进城市医疗联合体建设，优化医联体布局，医疗联合体数量由18个调整为9个。全市二级、三级公立医院全部参与医联体建设，与社区卫生服务中心建立稳定的合作关系，医联体覆盖的机构127个，初步形成公平竞争、优质多得的医疗机构发展新环境，以及"医、保、患"三方共赢的局面。

（三）建立了完善的养老保障体系，使群众养老问题得到逐步解决

改革开放以来，佛山逐步建立起以城镇企业职工基本养老保险制度、全征地农民养老津贴、新型农村养老保险（"新农保"）为主要内容的城乡一体化养老保险制度。2007年到2011年，佛山6次提高城镇职工养老待遇，人均提高养老待遇731元/月，增长87.86%。至2012年，佛山"新农保"率先基本实现全覆盖。

2020年，为加强老年人健康管理，佛山依托社区卫生服务机构为辖区老年人提供基本的健康管理服务，为65岁以上的老年人建立健康档案，每年免费提供1次健康体检及健康评估服务，及早发现老年人的健康问题，并指导有健康问题的老年人及时就

⟳ 2023年11月24日，共商佛山市医养康养产业发展大计暨佛山市医养康养产业协会2023年度理事会、监事会及会员大会在禅城区举行，佛山医养康养服务平台正式上线。（佛山市新闻传媒中心供图）

诊等。推进家庭医生签约服务，重点落实老年人等重点人群的健康管理；为有需要的老年人提供家庭预约出诊、居家护理指导、家庭病床、家庭康复指导、健康咨询与指导等上门服务；为年老体弱的孤寡老人、残疾人及长期卧床患者开展送医送药上门服务。截至2020年底，全市共组建家庭医生团队1438个，有203万居民签订家庭医生服务协议，签约覆盖率达56.7%，重点人群签约覆盖率达65.73%，其中老年人签约覆盖率达73.09%；全市老年人健康管理率达70%以上。

（四）建立了比较完善的社会救助体系，使困难群体的权益得到保障

佛山较早建立城乡统一的"低保"制度，社会救济救助体系日益完善。佛山从1994年7月开始建立社会援助机制，经过3年多的严密组织和协调运作，逐步建立和完善了最低生活保障对象分类救助制度、城乡"低保"特困居民基本医疗救助制度、农村特困家庭危房改造制度、农村"五保"［保吃、保穿、保医、保住、保葬（孤儿为保教）］对象补助制度和基本生活费用价格指数上涨与低收入居民临时生活补助联动机制等各项民生工程，切实提高了佛山社会救助水平。南海走在佛山五区的前面，至2003年已全面建立居民最低生活保障机制。[1]2008年1月起，佛山统一全市最低生活保

---

① 《在中国共产党佛山市南海区第十次代表大会上的报告》，2003年4月27日。

障制度，提高了佛山低保水平，尤其增强了对产业人口的吸引力。

（五）进一步完善了社会保险基金管理机制，使资金安全得到保障

随着社会保险制度的进一步完善，社保基金管理的内容和范围不断扩大，社保基金的资金量猛增，加强社保基金管理日趋重要。"十一五"时期，佛山加大了社保基金管理力度，制定统一规范的管理实施办法和相关管理程序，加强社保基金制度建设，并扩大基金预决算编制范围，整体反映社保基金全面情况；同时，规范账户管理，建立资金上缴通报制度，确保资金安全与社保基金上缴的及时性，有效地促进了社保基金管理的进一步规范。全市城镇职工社保基金实现市级统筹管理后，所有险种实现当年收支平衡，并在2010年实现养老保险个人账户100%做实，全面解决了历史遗留问题。

2019年，佛山市社会保险基金管理局通过开展"拉网式"排查，全面梳理了社保经办服务全流程的各个风险点，形成佛山社保经办领域重大风险点清单以及防范和化解佛山社保经办领域重大风险点工作台账。同时，通过开展"打击欺诈骗保，维护基金安全"专项行动，加强对定点医疗机构的检查和监管，严厉打击违法违规行为，切实保障了医保基金的安全。

三、佛山探索推进社会保险一体化的经验启示

佛山作为全国率先推进社会保险一体化改革的城市，面临的挑战大，所取得的经验也具有代表性和典型性，因而历来受到全国各地的关注。

（一）组建统一的管理机构、做好规划和布局是社会保险一体化改革的保障

在推进社会保险一体化改革中，佛山注重建立统一管理机构，并进行全面的规划和布局。

改革开放初期，佛山的社会保险事业分属劳动、人事、民政和人民保险公司4个部门管理，至20世纪80年代末90年代初，虽然先后建立了企业固定职工退休费和劳动合同制工人社会养老保险统筹制度，但由于缺乏统一的社会保险制度和长远的综合性规划，致使社会保险项目不全、社会化程度不高、资金分散，影响了社会保险事业的发展，也制约了企业转换经营机制的改革。1990年开始，佛山对原有的社会保险体制进行全面改革，2月设置直属市政府领导的社会保险局（6月改称社会保险事业局），负

责全市各项社会保险工作的规划和管理，从而迅速地推进了全市社会保险工作的深入发展，仅1年时间，市区参加保险的单位和职工均增加了1倍以上。

在实行了40多年的公费、劳保医疗制度之后，1992年，佛山在全国率先开展医疗保险制度改革。1994年，佛山又对医疗保险规定作了修改，调整了医疗保险基金的征集办法和住院医疗费的负担比例，在职和退休职工本人都要负担一部分。1999年起，佛山以"低水平（缴费）、广覆盖""建立医疗保险个人账户"的原则对医疗保险制度作进一步改革，专门成立了佛山市医疗保险制度改革工作领导小组，加强对医疗保险制度改革工作的领导。

（二）在探索社会保险一体化模式中追求改革的成效

如果说20世纪90年代初的社会保险一体化改革是抹平不同所有制企业之间职工的社会保险待遇，那么其中的医疗保险一体化改革则是抹平城镇与乡村、职工与居民的地区差异和身份差异，形成城乡一体、待遇一致的医保制度。这是一个具有里程碑意义的进步，是佛山对我国医保制度改革的一次重大突破。

社会保险一体化改革，实现了城乡居民和不同所有制企业职工身份上的平等，也体现了所有制经济的平等，符合社会主义市场经济发展的要求。改革后，不再区分职工医保和居民医保，全市只有一个医保制度，覆盖所有参保人，并使参保人享受同样的医保待遇，包括住院、门特（门诊特定病种）、门慢（门诊慢性病）、大病保险等。

（三）要让人民群众得到真切的实惠，改革才能得到广泛的支持

佛山推进社会保险一体化改革，让人民群众更公平地分享发展成果，以门诊特定病种为例，在改革前，居民医保的门特待遇远低于职工医保。改革后，居民和职工门特定病种数量及报销比例达到一致。此外，在职职工和退休职工也享受统一待遇，如在住院报销方面，两者的报销比例和起付线达到统一，在一类医院住院报销比例都可达95%。同时，对于备受关注的大病保险，佛山的改革在大病保险"二次报销"的基础上，将最高支付限额从20万元提高到30万元，并针对部分重病拓展大病保险药品目录。社保一体化改革后，职工身份参保人不设等待期，自缴费次月起即可享受待遇，停止缴费次月起才停止享受待遇，医保待遇更高、更快。

2017年，佛山整合职工医疗保险和居民医疗保险，建立起一体化的基本医疗保险制度。这次改革降低了企业和职工缴费费率，并大幅提升居民医保待遇，居民医保在

政策范围内，报销比例从以往的75%提高到90%左右，惠及全市近500万参保人，关键点就在于统一医保待遇，使更多群体享受到同等的医保待遇。

（四）保证公平科学合理是实现改革稳步前行的关键

佛山实行社会保险一体化后，不分企业所有制，统一按一个工资基数、一个比例计算综合保险费。因此，不同所有制企业的负担得到均衡，国有企业的活力明显增强。保险制度社会化程度的提高，促进了不同所有制企业在市场经济中公平合理的竞争，减少了种种社会矛盾。不同行业之间，同行业中不同所有制之间，同一企业内部临时工、合同工与固定工之间，在待业、养老、医疗等社会保险上一视同仁、待遇平等。在国有企业转换经营机制过程中，调整出来的固定工，不再为转移到其他单位、其他所有制企业、其他工种后的社保福利待遇而担心，也不必再为生、老、病、死而犯愁，从而保证了企业转换经营机制工作的顺利实施。

社保降低费率既为企业和个人"减负"，让企业轻装上阵，也有利于企业改革的推进。改革后，基本医疗保险分为两档，一档包括住院医疗、家庭病床、门诊特定病种、门诊慢性病种等7种待遇，二档则在一档基础上延续原职工医保的个人账户政策。居民只能参加一档，而职工则可由用人单位整体选择参加一档或二档。基本医疗保险一档和二档的选择同时涉及个人医保账户的选择。公平、广泛、科学、合理，成为佛山社会保险一体化改革的基本路径。

（五）社会保险制度改革需要强化全面统筹和配套

社会保险一体化改革需要全面统筹，包括对社会保险和劳动制度、工资制度的统筹，对非公有制企业职工参加社会保险的统筹，以及对中央、省属企业职工及各县（区）的市级统筹等。1992年佛山开展社会保险一体化改革时，曾把驻市区的中央部属及省属企业纳入全市的社会保险统筹范围。到1993年末，全市参加社会保险一体化的机关、企业、事业单位及职工覆盖面达9成以上，但地方保险体系在涵盖中央、省属机构工作人员方面遇到困难。1993年，国家对金融机构进行行业性的保险费统筹，驻佛山的金融机构纷纷退出市级保险，加入行业保险系统。同年，佛山以建立社会主义市场经济体制为基点，紧抓劳动、工资、保险3项制度综合配套改革的主线，促进了社会保险制度与劳动制度、工资制度的进一步衔接。1996年，市政府下发《佛山市区私营企业、个体工商户实行社会保险的暂行办法》，要求私营企业、个体工商户从业人员、劳务输出人员，不分城乡户籍，均必须参加社会保险。2007年7月，佛山全面实现社会保险市级统筹，各险种基金实行市级统一管理、核算与拨付。

社会保险一体化改革也要做好全面配套，甚至打"补丁"的工作。从实施劳动合同制，到探索社会保险一体化，再到社会保障制度改革的深化，佛山历来重视改革的配套联动。以医保为例，2019年2月，佛山市医疗保障局挂牌成立。以此为契机，佛山积极推进多层次的医疗保障体系建设和"三医联动"（医疗、医保、医药联动）改革，通过推进疾病诊断相关分组（DRG）付费改革工作、药品和医用耗材供应链改革，维护医保基金安全，推行佛山市商业补充医疗保险"平安佛医保"等，构建多层次医疗保障体系。佛山还启用跨省及省内异地住院医疗救助"一站式"结算，取消异地就医和医疗救助所有盖章手续，只需通过手机应用程序（APP）、网站、电话（传真）等方式进行备案登记，解决了参保人"垫支跑腿"问题，从而为参保人提供更加便捷高效的医保配套服务。

改革大潮中的佛山文化建设

佛山是岭南文化的重要发源地之一。改革开放后，在经济持续快速增长的同时，佛山着力推进国家级历史文化名城、岭南文化名城建设，推动佛山从"文化大市""文化强市""文化导向型城市""高质量文化导向型名城"向"传承岭南广府文脉领头羊"提质升级，文化建设成效显著，成为"全国文化体制改革工作先进地区""国家公共文化服务体系示范区"。"佛山文化现象"在改革开放的大潮中不断推陈出新，结出硕果。

一、改革开放以来佛山文化建设的历程

改革开放后，佛山坚持文化体制改革创新，推进国家级历史文化名城、岭南文化名城建设，焕发岭南广府文化新活力，持续推动文化事业繁荣发展。

（一）大胆改革创新促进佛山文艺事业发展（1981—1990）

改革开放之初，佛山积极解放思想，在社会主义文化建设上取得了一些积极成果。1981年11月，佛山地委发出《关于深入贯彻中发〔1981〕31号文件①的意见》，肯定前一阶段各级党委、政府运用各

---

① 即中共中央发出的《关于关心人民群众文化生活的指示》，1981年8月15日。

种形式传达贯彻中央31号文件所取得的成绩，同时针对有些领导仍未重视群众文化工作、贯彻中央指示不得力等情况，要求各级党委、政府加强领导，继续组织各级干部和群众深入学习，深刻领会中央31号文件精神，促进城乡社会主义群众文化工作的发展；坚持为人民服务、为社会主义服务的方向，教育、引导群众开展和参加正当的文化娱乐活动，寓教育于文化娱乐之中；发动和依靠群众力量，筹集资金，因地制宜，加强大队一级文化活动网的建设；配备好文化工作干部，并注意关心和解决他们的生活福利等问题，以调动他们的工作积极性。

1983年11月，佛山市委召开县委书记会议，进一步贯彻党的十二届二中全会和省委召开的市、地委书记会议精神，要求"两个文明"建设一起抓，积极开展健康的文化活动。12月21日至26日，佛山市委召开由市、县、区三级干部参加的农村经济工作会议，要求抓好农村思想政治工作，党员分工联系到户，做好群众工作，开展建设文明村活动，大力建设文化中心，开展科技文化活动，用社会主义思想占领文化宣传阵地。

被誉为"北有北京琉璃厂，南有佛山艺术社"的佛山市民间艺术研究社，改革开放后将佛山剪纸艺术融入现代装饰之中，发展成为大型装饰艺术。1984年，佛山市民间艺术研究社为广州花园酒店设计创作了3幅巨型剪纸壁画，成为当时中国最大的剪纸壁画，被中外人士誉为"中国名壁画"。从1985年起，每逢中秋等重要节日，佛山市民间艺术研究社都会在新加坡举办内容丰富、形式多样的扎制彩灯会，受到当地华人华侨热烈欢迎。

1986年开播的系列短剧《万花筒》（由佛山话剧团与广东省电视台合作拍摄），是国内首个把系列短剧作为一个独立的电视剧艺术样式制作经营的电视节目。该剧摒弃了英雄人物高、大、全的艺术形象套路，以市民化的语言表现群众日常生活，推出后名噪一时，创造了连续播放100多集的全国纪录。

同年8月，佛山市委召开农村群众文化工作会议，贯彻省委关于开展"四位一体"（即传播科技知识、提供经济信息、开展文体活动、进行思想教育四种功能）文化室活动的指示精神，研究兴办城乡"四位一体"文化室，推动"两个文明"建设的措施，随后下发《关于贯彻全市农村群众文化工作会议精神的通知》，要求各级党委和政府把兴办城乡"四位一体"的文化室，作为"两个文明"建设的一项重要工程来抓，作为整党的重要内容抓好；县区两级要通过调查研究，制订开展"四位一体"文化室活动的规划，搞好文化室的建设，并组织有关部门对文化室的活动实行齐抓共管。

同年下半年，鉴于很多市民自发建设小型共用天线（俗称"鱼骨天线"），经市政府批准，市广电局以群众集资形式改造市区的共用天线，进而开办佛山有线电视台。至年底，市广电局设立网络服务公司，联合建成市区统一的共用天线网。1987年7月，佛山利用这个网络自办电视节目，极大地推动了市区电视网络的发展。1988年12月，广播电影电视部到佛山考察调研，肯定"佛山有线电视先建网模式"这一敢为人先的创新做法。随后，广播电影电视部和省广播电视厅先后两次在佛山召开现场会议，推广佛山经验。

同年9月，佛山电台开播。至1991年8月，佛山电台在全国率先实行全天候24小时广播。

1990年，《佛山文艺》联手佛山电台成功举办"九十年代第一天"大型征文活动，从而声名鹊起。1994年，《佛山文艺》改为全国首家文学半月刊，月发行量超过50万册，成为全国发行量最大的文学原创期刊之一，是国内文艺类期刊的一个标杆。

（二）建设历史文化名城造就"佛山文化现象"（1991—2002）

早在1987年，佛山就提出重建琼花会馆（粤剧最早的行业会馆）。1988年，佛山提出了"一年起步、三年奠基、五年发展、十年腾飞"的文化发展总体构想。自20世纪90年代起，在佛山市委、市政府的直接推动下，佛山文化部门把申报国家级历史文化名城工作摆上议事日程，陆续编制了《历史文化名城佛山概述》《古镇佛山》《佛山文物分布图》等图文影像资料。1994年，广东省第一部地级市志——《佛山市志》出版。全书共10卷、250多万字，为佛山历史文化名城地位和内涵提供了系统、全面的史料依据。

1991年1月，佛山市政府正式向上级有关部门申报佛山为国家级历史文化名城。2月，省政府公布佛山市为省级历史文化名城，并向建设部、国家文物局申报国家级历史文化名城。1992年3月，佛山市委、市政府成立佛山市历史文化名城建设领导小组，着力抓好祖庙博物馆等8个具体项目。1993年3月，中共中央政治局常委、国务院总理李鹏为佛山题词"历史名镇改革先锋"。同年，《佛山历史文化名城建设总体规划》出台，明确佛山文化发展的坐标和方向，将"历史文化名城"建设作为实施文化战略的基点。1994年1月，经国务院批复同意，佛山被列入第三批国家历史文化名城行列。同年8月，佛山市委、市政府通过《佛山市城市总体规划修编纲要》，文化建设成为重要内容。1999年5月，市政府发布通告，确定祖庙民居群为佛山市区历史街区。

在推进"历史文化名城"建设过程中，佛山积极稳妥地推进文化体制改革，转变文化行政管理部门的职能，推动实现政事分开、政企分开、管办分离，实现"三个转变"，即以办文化为主逐步向以管文化为主转变，从以管理政府文化服务机构设施为主逐步向管理全社会文化设施为主转变，从以行政手段为主逐步向以经济和法律手段为主转变。同时，佛山努力营造文化发展的制度环境，制定实施关于市文化局、市文学艺术工作者联合会职能配置、内设机构、人员编制的方案，加强对营业性舞厅、卡拉OK歌舞厅、音乐茶座等文娱产业的管理。2000年1月和2002年5月，佛山市政府先后出台《佛山市政府审批制度改革若干规定》和《佛山市政府第二轮行政审批制度改革若干规定》，详细规定了市文化局保留和取消审批、核准事项的目录。2002年，佛山加大对历史文化资源保护和利用的力度，先后编制出台《佛山老城历史文化资源产业化构想》《佛山市建设文化名城规划纲要》《佛山市域历史文化名城保护规划》《佛山老城核心区域保护方案》等一系列文件，将佛山历史文化名城的范围由原城区扩展至全市。

这一阶段，佛山文化建设取得丰硕成果，涌现一批具有标志性、代表性的文化活动（栏目）品牌，被称为"佛山文化现象"。其中，佛山新年音乐会的举办（1990年底首次举办，之后每年一次）开全国城市新年音乐会的先河，并探索出一种文化产业的新模式；1995年起佛山图书馆在全国率先举办公益讲座（2005年命名为"南风讲坛"），至2019年累计举办3000多场、100多万人次听讲，成为佛山的一个文化品牌；1995年，佛山市文化局、顺德容奇镇文化站被人事部、文化部授予"全国文化先进集体"称号；1997—1998年，佛山顺德、三水、南海3个县级市分别被评为全国文化先进市、首届全国广播电视先进市（县）、广东省文化先进县（市）；1999年底佛山举

○ 1990年12月31日，佛山市音乐家协会协同佛山市文联举办佛山第一届新年音乐会，属全国首创。从此，一年一度的新年音乐会成为"佛山文化现象"。

⊃ 1999年，佛山秋色文化节活动。

办"历史名城世纪豪情　佛山秋色欢乐节"开幕式和"喜迎2000年秋色大巡游"（自2009年起，佛山秋色①巡游定为每年举办一次，在金秋时节举行），参加演出和巡游的大型彩车有11辆，秋色工艺品3000多件，演员达4800多人。

（三）以文化体制改革推动建设岭南文化名城（2003—2011）

2003年，文化体制改革试点在全国启动，广东被中央确定为全国文化体制改革综合试点省。随后，省委、省政府出台《中共广东省委、广东省人民政府关于加快建设文化大省的决定》《广东省建设文化大省规划纲要（2003—2010年）》《广东省文化体制改革试点工作方案》。按照省的部署，佛山市政府制定出台《佛山市建设文化名城规划纲要》，文化建设步入快速发展、务实创新、逐步升级的阶段。该纲要提出分步骤实施创新战略、产业战略、精品战略、人才战略，目标是到2010年，基本建立起适应社会主义现代化要求的文化发展格局、文化管理体制及运行机制，使佛山市成为

---

① 2008年，佛山秋色被列入国家级非物质文化遗产名录。

市民综合素质普遍提高，文化经济繁荣，具有先进配套的文化设施、高素质的文化人才、高品位的文化精品、优质的文化产业、繁荣有序的文化市场、富有吸引力的文化环境、一流的文化服务体系，社会文明进步，城市形象鲜明，文化发展主要指标省内领先，文化综合实力居全省前列的文化名城。

同年6月，佛山市第九次党代会提出把建设文化名城作为佛山的三大目标之一，并强调文化名城建设必须围绕现代化大城市和群众精神文化生活需求开展，使佛山文化发扬光大，走向海内外。11月，佛山市委召开全市文化名城建设工作会议，对文化名城建设工作进行部署，并审议通过佛山市委、市政府《关于加快建设文化名城的决定》《佛山市建设文化名城规划纲要（2003—2010年）》及《关于加快文化名城建设的若干配套政策》。2004年1月，市委、市政府正式印发《关于加快建设文化名城的决定》。2005年，市委、市政府组建了佛山传媒集团。这是国内首家跨媒体集团，对国有传媒资源的整合与创新得到中央宣传部肯定。自此，佛山文化建设步入法治化、常规化、系统化、人文化、精细化的"五化"发展轨道。

这一阶段，佛山把主办、承办重大文艺活动作为建设文化名城的重要推动力，先后举办"魅力佛山·琼花焕彩——2003年佛山粤剧文化周"和"中国戏剧之命运"研讨会（2003年）、"魅力佛山·2004年琼花粤剧艺术节"（2004年）和承办第七届亚洲艺术节（2005年）、全国农村公共文化服务工作经验交流会（2005年）、中国广东国际音乐夏令营（2005年），以及第十二届省运会开、闭幕式大型文艺晚会（2006年）等，弘扬传统岭南文化，凸显城市文化内涵，提升城市整体文化形象，既扩大了佛山的知名度，也增强了市民的文化认同感和自豪感。其中，第七届亚洲艺术节是中

◐ 2005年11月12—19日，第七届亚洲艺术节在佛山举行。

⊃ 2003年6月17—19日，中共佛山市第九次代表大会召开。大会提出"建设产业强市、文化名城和现代化大城市"的战略目标。

⊃ 2006年11月8—25日，广东省第十二届运动会在佛山市举行。

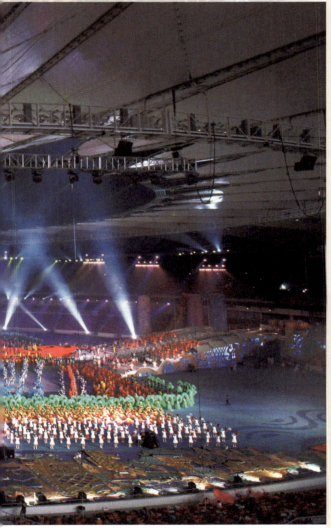

国首次在一个地级市举办国际性的重大文化活动。活动期间举行了亚洲文化部长论坛，出席论坛的亚洲20多个国家的文化部长共同签署《佛山宣言》，成为佛山市文化建设进程中一个标志性的文化符号。

其后，在"建设产业强市、文化名城、现代化大城市与富裕和谐佛山"的总目标下，佛山文化建设工作的重点开始向保障市民基本文化权益、改善并提高市民文化生活质量转移，实现文化权益保障和文化消费需求的双翼腾飞。

2007年3月，市政府发布《佛山市文化发展"十一五"规划（2006—2010年）》，加大公益性文化设施建设和管理的力度，强化基层公共文化服务功能，建立和完善多层次、全方位的城乡公共文化服务体系，确立和巩固优势文化品牌。

2008年7月，市委十届五次全会进一步提出建设岭南文化名城。根据市委决策，2009年2月，佛山市政府发出《关于进一步推进岭南文化名城建设的若干意见》，提出在3—5年内统筹建设城乡公共文化服务体系，壮大文化创意产业，加强文化遗产保护，打造特色文化品牌，扩大对外文化交流等要求，目标是打造公共文化服务体系基本完善、人文环境富有魅力、文化产业蓬勃发展、文化综合实力居全省前列的文化名城，为建设文化强国发挥更大的作用，争当广东"文化强省"建设的排头兵。针对文化产业发展结构不合理、市内各区域发展不平衡、产业政策不明晰、公共文化服务仍需加大投入的现状，同年5月，佛山制定出台《佛山市文化产业发展规划（2008—2020年）》，对文化产业发展方向、具体目标、实现方式、总体布局、区域分布及8个重点项目作了详细规划，以加快全市产业结构的转型和文化产业建设的步伐。2011年，佛山明确提出，力争通过3年时间，全面提升城市品质，全力推进岭南文化名城建设。同年8月，历时9年编纂的《佛山市志（1979—2002）》正式出版，为配合岭南文化名城建设提供了重要的地情资料保障。

2010年，市委十届九次全会提出"智慧佛山文化先行"，围绕建设"四化融合，智慧佛山"的发展理念，与《"四化融合，智慧佛山"发展规划纲要（2010—2015年）》相配套，制定出台《"智慧佛山文化先行"实施意见（2010—2015年）》，提出以大视野布局大规划，以大智慧构筑大工程，以大举措弘扬大文化，以大手笔做强大产业，为"四化融合，智慧佛山"建设提供良好的文化环境和内源动力，把佛山建设成为文化氛围浓郁、城市形象鲜明、文化发展主要指标省内领先、文化综合实力居全省前列的"文化魅力之城、文化创意之城、文化民生之城"，实现"文化，让城市更美丽""文化，让城市更强大""文化，让城市更和谐"的目标。

2012年2月，在全国文化体制改革工作会议上，广东省被评为"全国文化体制改革工作先进地区"，包括佛山在内的广东省10个市也同时被评为"全国文化体制改革工作先进地区"。

↪ 2010年第16届亚运会火炬传递（佛山站），具有佛山岭南特色的文艺表演。

⊃ 2017年11月，广东（佛山）创意城市博览会在广东潭洲国际会展中心举行，以"创意城市·美好生活"为主题，设"创意城市""创意生活""创意休闲""创意设计""创意美食"5大展区，这是全国首个定位为创意城市、凸显文化创意设计的展会，以"文化+科技+创意"为特点，来促进"城、产、人、文"的融合。

（四）建设"文化导向型城市"推动文化升级（2012—2019）

党的十八大以来，以习近平同志为核心的党中央高度重视文化建设和旅游发展。习近平总书记对文化和旅游工作的一系列重要论述重要指示，推动文化和旅游工作取得历史性成就、发生历史性变革。

2015年1月，市委十一届六次全会提出，要以优秀岭南文化丰富城市内涵。同年，围绕《佛山市城市升级两年延伸行动计划》，启动《佛山市文化升级两年行动计划（2015—2016年）》，并颁布佛山首部地方性法规《佛山市历史文化街区和历史建筑保护条例》。

这一阶段，佛山大力推进建设公共文化服务体系示范区（项目）。其中，南海区的"县域公共文化服务体系建设工程"被列为首批国家公共文化服务体系示范项目；禅城区、南海区、顺德区同时创建广东省第一批公共文化服务体系示范区。2015年，佛山获得第三批国家公共文化服务体系示范区创建资格，市委、市政府迅速出台《佛山市构建现代公共文化服务体系实施意见》《佛山市创建国家公共文化服务体系示范区建设规划（2015—2017年）》及《佛山市创建国家公共文化服务体系示范区工作方案》，全面铺开创建工作，为公共文化服务体系建设提供了政策保障。

2016年，按照省委、省政府统一部署，佛山全面启动自然村落历史人文普查工作这一意义重大的文化工程，以自然村为对象，对全市五区各村落名称、地理环境、历史沿革、姓氏源流、人口状况、民族、民系、方言、民居、宗祠、风俗习惯、家谱族谱、族规家训、宗教信仰等情况进行普查。至2018年，佛山完成对全市3371个自然村的普查，并形成一套5卷共12册、近600万字的《全粤村情（佛山卷）》。这是中华人民共和国成立后佛山首次全面的乡情调查，摸清了"家底"，为助力佛山实施乡村振

○ 2017广东（佛山）非遗周暨佛山秋色巡游于11月3日晚举行。图为开路队——大灯笼《佛山秋色》。（甘建华　摄）

兴战略提供了重要的基础地情信息支撑。

2017—2019年，佛山大力推进"文化佛山"三年行动计划，围绕"文城相融、文经相促、因文善治、因文立名"理念路径，突出建设更具品质的文化导向型城市目标任务，抓紧建设"一区三城一中心"①重点环节。市委强调，要坚持以文化筑牢城市文明根基、以文化涵养城市品格、以文化彰显城市精神、以文化塑造城市形象。

"十三五"时期，佛山文化体制改革和文化事业发展不断取得新突破：合并组建新的佛山市文化广电旅游体育局，顺利完成机构改革；稳妥有序推进市图书馆、文化馆、博物馆等20余家事业单位法人治理改革，"局长放权、馆长让权、理事会掌权"的改革思路得到文旅部肯定；佛山"邻里图书馆"、南海智慧图书馆、三水"祠堂＋文化"模式被列为广东省公共文化服务体系示范项目；"粤书吧""两中心②融合"试点稳步开展；完成20个历史文化街区保护规划编制，并公布祖庙—东华里等9处历史文

---

① "一区三城一中心"："一区"为国家公共文化服务体系示范区；"三城"为博物馆之城、粤菜粤厨名城（世界美食之都）、世界功夫之城；"一中心"为南方影视中心。
② "两中心"：综合性文化服务中心和旅游咨询中心。

化街区保护规划；以工业设计、影视产业为带动的文化创意产业稳步增长；举办广东（佛山）非遗周暨秋色巡游活动、金鸡百花电影节、佛山功夫电影周、国际篮联篮球世界杯、定向世界杯、欧洲高尔夫巡回挑战赛佛山公开赛、中国龙舟大奖赛等大型知名活动，文化影响力不断增强；佛山大剧院、佛山国际体育文化演艺中心、佛山市文化馆、佛山市博物馆等一批高品质文化设施拔地而起，成为新的城市地标。截至2019年底，全市已有及在建博物馆（含纪念馆、名人故居）133家、美术馆（艺术馆）83家，共计216家，较2016年增加120家。

（五）提升文化品质推动文化高质量发展（2020年至今）

2020年9月，佛山制定实施《佛山市建设高质量文化导向型名城三年行动计划（2020—2022年）》，延续"文化佛山"三年行动计划，制定了四大发展任务、16项行动举措，推动佛山从"文化大市""文化强市""文化导向型城市"向"高质量文化导向型名城"提质升级。其中，在"奋进新时代"方面，实施新时代思想引领工

○ 2017年11月25日，佛山功夫嘉年华之2017南海武术大赛在西樵山天湖公园举行，武术表演队伍正在现场进行南家拳武术表演。（《佛山日报》记者王澍　摄）

程、新时代文化治理工程、新时代公共文化高质量发展工程、新时代文艺发展繁荣工程，推动佛山大步迈入改革开放、城市发展的新时代；在"重塑大佛山"方面，实施国土空间规划行动、古村古镇活化行动、古风古韵营造行动，实现空间重构、山河重整、乡村重生，守望底蕴深厚的佛山精神，传承岭南历史文脉；在"传承岭南味"方面，通过建设粤菜粤厨名城（世界美食之都）、博物馆之城、世界功夫之城、休闲湾区旅游目的地名城，全面发力弘扬佛山岭南风味、提升佛山岭南品位、挖掘佛山岭南"玩"味；在"提升国际范"方面，推动文化时尚现代化、文体产业规模化、竞技赛事专业化、文化交流常态化大发展，全面提升佛山的"国际范"。

2021年11月，市第十三次党代会报告提出，佛山务必成为传承岭南广府文脉的领头羊，要坚定不移推动文化繁荣发展，持续焕发岭南广府文化新活力。2022年8月，《佛山市争当传承岭南广府文脉领头羊三年行动方案（2022—2024年）》出台，提出推进实施八大行动、28项具体举措，并在2022年度推进首批40个重点项目，着力打造岭南广府文化高地。

二、佛山推进文化建设的主要做法和成效

改革开放后，特别是党的十八大以来，佛山按照"五位一体"总体布局，加强党对文化建设的领导，在文艺精品创作、公共文化服务、地域文化研究、文旅融合发展、对外文化交流等方面不断探索和创新，取得了良好成效，推动社会主义文化事业在佛山繁荣发展，形成后工业时代城市转型升级对城市文化品质追求的佛山做法、佛山样本。

（一）以社会主义核心价值观引领文化体系建设

1. 传承岭南传统文化坚定文化自信

佛山是岭南广府文化的重要发源地。五彩斑斓的岭南广府文化，是佛山这座历史文化名城的灵魂与血脉。佛山坚持培育和践行社会主义核心价值观，深入挖掘和弘扬佛山优秀传统文化，致力于打造成为传承岭南广府文脉的领头羊，持续激活非遗发展活力，推动陶瓷文化、功夫文化、龙狮文化、美食文化、工匠文化大放光彩，进一步坚定文化自信。

2015年以来，佛山不断提升城市文化内涵，夺得全国文明城市"三连冠"；成为全国"志愿之城"试点城市；成功创建国家公共文化服务体系示范区；建成佛山大

● 岭南方言文化博物馆于2021年9月开放，是经广东省委宣传部批准设立的全国首家省级实体语言类博物馆。

剧院、佛山文化馆、佛山国际体育文化演艺中心，成功举办一批国家级、国际性文体活动；桑园围成为广东省首个入选世界灌溉工程遗产名录的历史水利工程；博物馆之城建设不断深化，截至2023年3月，全市已有及在建博物馆（纪念馆、名人故居）156家、美术馆（艺术馆）99家；世界美食之都、世界功夫之城等城市特色文化形象逐渐树立，其中顺德作为佛山美食文化的代表于2014年获颁"世界美食之都"荣誉称号，在南海形成了"黄飞鸿杯"狮王争霸赛等一批文旅体活动品牌。

2. 用好红色文化资源赓续红色血脉

佛山是一片拥有光荣革命传统的红色热土。在这片热土上留下了为数众多的红色革命遗址和感天动地的革命先辈奋斗故事。佛山历来重视做好红色文化传承工作，以激发党员干部群众干事创业的动力和活力。

2021年，佛山围绕庆祝中国共产党成立100周年和开展党史学习教育，大力推进党史宣讲进机关、进校园、进社区、进园区、进企业等；评选出"佛山十大红色名片"和"佛山优秀红色文化名片"；公布首批佛山市中共党史学习教育基地；举办革命文物里的"板凳课堂"活动、"看万山红遍——佛山革命文物展"等，加强爱国主义教育；将红色题材与佛山粤剧、功夫、醒狮等本土文化元素有机结合，创作出庆祝建党百年题材的粤剧《鸿胜馆》；举办"百年芳华千秋伟业——佛山市庆祝中国共产党成立100周年系列艺术作品展"，用美术、书法、摄影、民间工艺等形式充分展示党的百年光辉历程，弘扬伟大建党精神；开展"庆祝中国共产党成立100周年——寻找广东原创好歌曲"征集活动，并举办"永远跟党走——佛山市庆祝中国共产党成立100周年红色领航主题影展、优秀原创歌曲发布仪式"；等等。

3．强化佛山城市文化对外宣传交流

佛山重视开展文化交流活动。一方面，举办多种大型文化活动，讲好佛山文化交流互鉴的故事。通过举办"广艺舟——纪念康有为诞辰160周年全国书法名家学术展"，加强青少年书法教育，并使全国"康有为奖"书法评展、广东省"大沥杯"中青年书法篆刻展长期落户佛山，提升"中国书法城"文化品质；连续举办9届"岭南诗会"和"腊八诗会"，举办了3届全国长诗公益品鉴和中国长诗奖，擦亮"广东诗歌城"文化品牌；举办2021中国影视艺术高峰论坛，邀请全国数十所著名高校教授及国内教育、影视专家为推动中国影视行业高质量发展建言献策；开展"影载中华情·圆梦新丝路"国际优秀影片展映与交流研讨和"风起岭南——佛山城市文化推介"等活动；在北京、上海等城市举办"佛山传统建筑题材画展""诗书佛山——佛山诗歌100首书法展"等，展现佛山独特的城乡风貌和文化魅力；举办中国（佛山）大湾区功夫电影周，为粤港澳大湾区扛起"世界功夫之城"的文化使命。

另一方面，整理本土文艺成果，讲好佛山文化底蕴深厚的故事。如2016年以来，在市委直接推动和指导下，共推出《佛山历史文化丛书》7辑，作为佛山一项系统性的大型文化工程，是世界了解佛山历史文化的一个窗口；出版《乡土佛山——佛山村落故事集》，展现佛山村落民俗文化；推出《佛山文化概览》，通俗化地反映佛山社会经济、历史文化等方面的发展；编有《诗意佛山》《画说佛山》《诗书佛山》等作品，并汇编12卷本《春江水暖——佛山文艺40年作品选粹》，传承佛山历史文脉，展现佛山人在改革开放中勇立潮头、奋勇争先的气质；出版《石湾艺术陶瓷研究集成》《陶瓷诗话》等理论著作，其中《石湾陶塑篇》收录于《中国工艺美术全集》。

（二）建立文艺精品标识打造佛山城市文化品牌

1．健全文艺精品创作机制

优化文艺创作机制，培育文艺创作"主力军"和"后备军"，推动中华优秀传统文化创造性转化、创新性发展。2018年出台《佛山市文艺精品专项扶持实施意见》《佛山市文艺精品专项资金申报指南》，年均投入文艺精品专项资金约5000万元，探索形成"上下联动、各投资源、共创精品"的创作生产机制，推出"省市区镇四级联动""广佛共创""市区联动"等合作模式，建立"五个一工程"广佛联创协作机制和广佛艺术家联盟等，深入促进广佛文艺人才的研讨、培训及合作；出版《文艺名家谈艺录》《文艺名家评传》等系列丛书，启动佛山市重点文学创作项目，编辑出

版《佛山艺术》《岭南文学》《佛山诗坛报》等刊物，宣传推介本土作家的作品；加强"互联网＋文艺"建设，成立佛山市网络作家协会，引导新文艺组织和新文艺群体成为繁荣文艺事业的有生力量。此外，佛山与广东粤剧院等联合出品的首部4K全景声粤剧电影《白蛇传·情》获得第十九届中国电影华表奖优秀故事片奖；以佛山本土文化"红头巾"为题材的长篇儿童文学《星岛女孩》获第三届曹文轩儿童文学奖首奖；报告文学《志愿战"疫"的佛山力量》获全国第三届"志愿文学"征文大赛报告文学优秀奖。

2．打造红色教育精品路线

佛山发挥红色资源的精神支撑作用、产业带动作用、文化涵养作用、引领带动作用，教育引导广大党员群众振奋精神再

➦ 建于1992年的全国一级图书馆——佛山市图书馆。

出发、争先进位再创业，助力佛山高质量发展干出业绩、闯出新路。2023年7月，佛山以"践百年初心赏百里芳华"为主题，发布"1＋5"红色教育精品路线①，并为第五批佛山市党员教育基地授牌。截至2023年，佛山共命名五批、55个特色鲜明的市级党员教育基地。

（三）以市民精神文化需求为导向强化公共文化服务

1．抓基础设施建设，健全公共文化服务体系

2019年，在市委、市政府的领导和推动下，佛山成功创建为国家公共文化服务体系示范区，南海、禅城、顺德也成功创建为广东省首批公共文化服务示范区；智能文化家、联合图书馆等实践创新成效显著；国际体育文化演艺中心、市文化馆、佛山大剧院相继建成投入使用；市级、区级图书馆和文化馆均为国家一级馆，32个镇（街道）文化站均为省特级站。同时，全市村（社区）综合性文化服务中心和体育健身设

---

① "1＋5"红色教育精品路线：1为贯穿全市"百里芳华"党建引领乡村振兴精品线；"5"为五区精品路线。

施覆盖率达100%。深入开展全民健身活动，佛山50公里徒步等品牌活动影响广泛。佛山广电、电视覆盖率达100%，基本实现电视高清化改造。

2．抓文化人才队伍建设，丰富文化服务供给

佛山成立了市文艺志愿者服务团，并组建"红色文艺轻骑兵"队伍。至2022年初，全市文艺志愿服务组织共63个，活跃志愿者2000余人。为丰富文化服务供给，佛山实施文艺家"结对子、种文化"计划，创新"文艺惠民＋文艺阵地"建设模式，引导文艺工作者投身惠民服务；积极探索文艺志愿服务品牌化发展，创办"佛山文艺大讲堂"；推出"四季情韵"系列文艺进企业大型演出；开展"我们的中国梦——文化进万家"和佛山市文艺志愿者新春走基层等系列活动，组织全市书法名家、书法艺术志愿者为群众挥毫达1000余人次。

3．抓文体活动策划，提升公共文化服务内涵

为了使公共文化服务内容更"对味""接地气"，佛山开展"深入生活扎根人民"实践活动，精心策划举办一批高质量艺术活动，创作更多讴歌党、讴歌祖国、讴歌人民、讴歌英雄的新时代力作，如功夫粤剧《将军令》、大型粤剧《南海十三郎》等。同时，策划举办全民综艺大舞台、"佛山韵律·舞动全城"广场舞展演、镇（街道）男子篮球超级联赛、村（居）龙舟赛等群众性活动，把优质文体资源送到群众身边，不断提升城乡文明内涵。

（四）构建内涵式高质量发展的现代文化产业体系

1．积极培育新型文化业态

佛山进一步发挥"文化＋"的功能，强化文化创意和科技创新两大支撑，以科技进步和技术研发创新提升文化产品和文化服务附加值，加强商业模式、管理模式、运营模式、服务平台创新，支持奖励"文化＋科技""文化＋互联网""文化＋创意""文化＋金融""文化＋旅游"等新型文化业态和优秀项目，推动文化产业发展从单一创新模式向综合创新生态体系延展，促进产业结构优化升级，使佛山成为具有国际竞争力的创意文化产业集聚高地。

2．推动城产人文深度融合

佛山从区位交通、城市公共品质和生活配套等方面发力，使区域财富增长能力形成良性循环，推动城产人文深度融合，进一步提升人民群众的幸福感、获得感。南海区桂城街道是佛山城产人文深度融合的一个典型代表，2022年在全国率先通过打造城市主题产业社区、探索"产业基金＋产业社区"招商体系等举措，进一步创建城产人

文深度融合的现代都市产业示范区。

3．优化文化企业营商环境

佛山把抓文旅产业市场主体培育作为发展文旅产业的关键一环，通过推进旅游市场专项整治行动及常态化开展扫黑除恶工作，实施文体娱乐业和住宿业倍增计划，开展"展翅——佛山市初创文创企业扶持行动"，持续优化文化企业营商环境，支持文化创意产业特别是小微创意企业加快成长。

4．扶持领军企业带动文化产业高质量发展

为促进文化产业高质量发展，佛山还通过企业评选实现精准扶持。2022年，佛山首次进行全市文化企业评选，结合佛山过去3年文化产业的特点和发展重点，在全市规模以上文化企业的基础上，结合经济效益、社会效益、规模实力、产业创新、品牌效应五大指标，通过数据分析、走访企业、专家评审、信用审核等程序，最终评选出30强名单。截至2021年，佛山全市文化产业增加值和规模以上法人单位总数不断增长，实现总营收近千亿元，其中入选30强文化企业的总营收为101.78亿元，贡献比超过一成。

三、佛山文化建设的经验启示

作为"全国文化体制改革工作先进地区""国家公共文化服务体系示范区"，佛山的文化建设成效显著、经验突出，为新征程上贯彻落实党的二十大精神，扎实推进文化事业和文化产业繁荣发展提供了有益的借鉴和启示。

（一）以高度的文化自信，为高质量发展提供强大动力

习近平总书记指出，没有高度的文化自信，没有文化的繁荣兴盛，就没有中华民族伟大复兴。建设社会主义文化强国是实现中华民族伟大复兴的基础支撑。坚定文化自信、增强文化自觉、实现文化自强，事关国家前途命运、民族发展进程和人民利益福祉。随着文化日益成为一个城市核心竞争力的重要组成部分，国内各大城市更加重视塑造自己的城市文化品牌，确立自身文化发展的主题。佛山也把文化主题和文化标识建设放在更加重要的位置，发挥传统文化的优势，初步培育了具有佛山特色的文化IP，强化城市文化主题功能；加强对乡村振兴、全面小康、建党100周年等重大题材的艺术创作，用优秀的文艺作品鼓舞人，用好的文化产品塑造人；加强社会各界的参与度，提升城市文明建设的成效，引领城市精神、塑造城市文脉、提升城市品质；坚持

⇨ 西樵岭南文旅产业集聚区是佛山市十大现代服务业产业集聚区之一。（通讯员区韵鸣 、《佛山日报》记者王伟楠　摄）

以重大项目拉动城市文化主题建设，促进文化产业高质量发展；坚持推陈出新、项目为王，规划建设一批展现非物质文化遗产、历史文化资源的重大项目，着力打造城市文化地标和精品城市文化品牌。

（二）开辟文化产业转型新路径，扶持文创产业做大做强

佛山重视文创产业高质量发展，通过加大文创产业扶持力度、推动产业结构升级、创新产业发展模式，着力提升全市文创产业发展的层级。一是立足文化企业需求，针对文创产业发展中的薄弱环节，精准设计扶持措施，并通过政策叠加提升扶持效能，推动文化产业的繁荣发展。二是紧抓重点文化领域，设立文化产业发展专项资金，培育和扶持一批文创产业龙头企业，形成示范带动效应，引导和扶持佛山文化产业做大做强。三是推进文创产业供给侧结构性改革，着力解决佛山低端文化产品供给积压、高端文化产品供给不足等结构性问题，提升文创产品质量，培育文创产业升级的着力点与新动能，增强文创产业的市场竞争力。四是创新文创产业发展模式，以"文化＋"理念，推动文化产业与科技、旅游、制造业、服务业等深度融合发展，推

动动漫游戏、影视演艺、信息服务、创意设计、文化会展等产业发展，深化文化与其他产业的跨界融合，推进数字化文旅融合发展，提高各产业间的协作效率，增强佛山文化企业的活力。

（三）推动优秀传统文化传承和创新，打造文化高地

丰富的历史文化是佛山文化建设的宝贵资源，蕴含着庞大的转化势能。佛山重视传统文化的传承和创新。一是优化传统文化创新的布局，制定关于历史文化资源开发创新的整体性规划，由市一级进行统筹协调，推动各区联动，形成文化布局合理、要素有效配置、资源统筹运营的传承体系，努力打造中华优秀传统文化的传承创新示范区。二是创新传统文化转化的方式，通过对传统文化中的文化标本进行提炼、创新转化成极具辨识度的地域文化符号和美学元素，加强佛山传统文化精品IP的开发与推广。三是打造传统文化创新转化的载体。借助网络直播、创意赛事等新媒体、新思维，拓宽传统文化的宣传途径，提升佛山传统文化的传播输出能力，推进佛山特色文化地标的建设，加快城市公共文化服务平台的建设，引领佛山文化产业的发展，提升传统文化传承创新的水平和文化辐射力。

（四）拓宽文化传播渠道，强化历史文化名城形象

佛山把促进地方特色文化传播作为提升城市文化自信的重要手段，塑造和强化历史文化名城形象。一是以丰富的文化传播推广手段，对传统文化进行再加工、再创造，推动文化融入城市建设、产业发展、体制改革等方面，提升佛山的文化品位和影响力。二是整合融媒体资源，建立健全文化传播平台，推进优秀文化影视节目创作，以精良的文化产品吸引各年龄层的读者和观众，同时在"学习强国""佛山＋"等平台加强宣传佛山特色文化内容，加深新老市民对佛山文化的认识和理解。三是加强微传播，顺应移动网络技术的发展趋势和潮流，积极应用新媒体、新平台、新技术，拓宽文化传播弘扬渠道，完善文化传播体系。

（五）加强海外传播，增强佛山文化名片的国际影响力

随着经济全球化的加深，本土文化的海外传播受到广泛关注和重视。佛山通过创新内容和载体、拓宽渠道，加大对佛山"世界功夫之城"等国际文化名片的海外传播力度，增强佛山城市的海外影响力。一是抓住机遇融入粤港澳大湾区建设和"一带一路"建设，推动佛山文化"走出去"。二是在保证网络意识形态安全和网络安全的

前提下，拓展多元化的国际文化传播渠道，向世界传播佛山声音、讲好佛山故事，向海外乡亲宣扬家乡建设和成就。三是积极举办或引入国际性重大文体活动赛事等，把佛山打造成为广东省乃至国家对外文化交流的重要窗口，进一步提升佛山文化的影响力。

（六）完善公共文化服务体系，增强文化惠民的力度

党的二十大从推进中国式现代化的高度，指明了进一步完善现代公共文化服务体系，持续推进公共文化服务创新，不断提高公共文化服务效能的前进方向。为创建国家公共文化服务体系示范区，佛山注重公共文化服务平台建设和内涵提升，形成多层次、功能强大的城乡公共文化服务体系。结合当前文化产业的发展趋势，佛山需要进一步完善公共文化服务体系，增强文化惠民的力度。一是加大对公共文化设施建设和服务的投入力度，构建多元化资金投入机制，提升公共文化服务数字化水平。二是创新公共文化服务的运营模式，积极借鉴其他省、市公共文化服务建设的优秀成果，结合企业、群众需求开展多样化的文化惠民项目和活动，形成以政府为主导、各阶层社会力量协同建设的运营模式。三是充分考虑各镇（街道）、村（居）之间的发展差异，进一步优化公共文化服务区域布局，缩小城乡发展差距，全面提升基层公共文化服务质量和水平。

"科教兴市"战略的实践

1985年起，根据经济社会发展的需要，佛山提出和实施"科技建市"战略，开启了佛山科教事业进步发展的崭新局面。1995年起，佛山贯彻落实"科教兴国""科教兴粤"战略部署，牢固树立科技是第一生产力的理念，把教育摆在优先发展的地位，全面实施"科教兴市"战略，先后被评为"创建全国科教兴市先进城市""广东省推进教育现代化先进市"，并推进国家创新型城市建设，取得了科技和教育事业的丰硕成果，探索出重要的实践经验。

一、佛山实施"科教兴市"战略的进程

改革开放后，佛山对科技、教育发展推动经济社会进步的认识和探索，经历了一个不断改革深化的过程，从而促成了佛山"科教兴市"战略思想的形成、确立和实施。

（一）"科教兴市"战略的酝酿与准备（1985—1995）

1. 推进科技体制改革，实施"科技建市"战略，推动产业技术进步

1985年3月，《中共中央关于科学技术体制改革的决定》印发，提出"经济建设必须依靠科学技术、科学技术工作必须面向经济建设"的战略方针。5月，佛山市委、市政府召开全市科技工作会议，贯彻党

中央的决定，提出4个方面的科技体制改革措施，包括改革拨款制度，提高科研单位自我发展能力；开拓技术市场，推动技术商品化；调整科技系统的组织机构，建立多种形式的科研与生产联合体；改革科技人员的管理制度，创造广开才路的条件与环境，开创佛山科技工作新局面。6月，佛山召开第一次全市工交系统引进技术消化吸收工作经验交流现场会，要求加快企业技术改造和技术引进步伐，强调技术引进要实行"三个转变"，即从大规模的引进仿制为主转变为引进和消化吸收创新并重，从重"外引"轻"内联"转变为"外引内联"并举，从内向型工业转变为外向型工业。7月，市政府成立引进技术消化吸收工作领导小组，组织实施以引进设备的消化、吸收、创新项目为主要内容的科技攻关计划，领导小组办公室设在市经委。同月，市政府印发《佛山市农业科技体制改革若干问题的暂行规定》《关于技术市场管理暂行规定》《关于扩大科研机构自主权的规定》《佛山市科技人员管理的暂行规定》，推动落实关于科技体制改革的各项措施。

1985年9月，佛山制定出台《关于鼓励引进设备、技术吸收、创新工作的暂行规定》，并编制下达《佛山市1985年消化吸收引进技术设备计划》（47个项目）和《佛山市1985年—1988年消化吸收引进技术设备三年规划》（34个项目）。12月，市政府举办第一次技术招标洽谈会，吸引全国科研院所、大专院校、厂矿企业及金融、科技管理机构等141个单位、400多名代表到会，共签订技术合同20份，涉及机械、陶瓷、电子、纺织、食品、医药、化工等行业。1987年12月，佛山举办第二次技术招标洽谈会，共签订各类技术合同17份，进一步开拓了技术市场。

实施"科技建市"战略，是佛山实施"科教兴市"战略的准备阶段。1986年，佛山市委、市政府正式确立"科技建市"战略，开始推进国家"星火计划"和"火炬计划"。6月，佛山召开全市农村科技工作会议，传达省贯彻实施"星火计划"工作会议精神，部署推动国家科委"星火计划"在佛山的推进实施，要求力争尽快上一批项目，特别是对农副产品出口基地、乡镇企业发展有示范和推广意义的、科技与经济紧密结合的"短、平、快"项目。至1989年，佛山共实施"星火计划"项目42个（工业22个、农业20个），其中列为国家级的项目11个、省级项目20个、市级项目11个，总投资近1.2亿元。

1986年7月，佛山市政府批复同意市科委《关于共建航空工业部624研究所佛山科技开发中心的协议书》，成立航空工业部624研究所佛山科技开发中心，承担市内外厂矿企业技术开发任务。1987年2月，佛山市政府又批复同意市科委与洛阳船舶材料研究所（725研究所）横向联合，共建725研究所佛山科技开发中心，与佛山本地企业开展院企合作进行新技术、新产品开发。10月，市政府办公室印发《关于部署引进设备消化吸收工作》的通知，并转发市经委编制的《1987年和"七五"期间消化吸收引进技术设备计划》（安排"七五"期间技改项目共175项），要求坚持以内涵发展为主、以名优产品为龙头、以骨干企业为中心，有计划、有步骤、有措施地组织实施行业配套性技术改造，争取到1990年有50%的主要产品和80%的主要设备达到国际或国内20世纪70年代末80年代初同类先进水平。

1987年，佛山市委、市政府制定了《关于加速佛山市科技体制改革的若干规定》，推动佛山科技工作加快发展。4月，佛山市委、市政府召开佛山首届科技进步奖颁奖大会，表彰获得1984—1985年佛山市科学技术进步奖的70项成果，并号召全社会形成"尊重知识、崇尚科学"的良好氛围。10月，国家科委把顺德县北滘镇

⊃ 20世纪90年代的北滘工业区。

列为国家首批、广东省第一家"星火技术密集区"建设试点。1992年9月，国家科委正式授予北滘镇"国家星火技术密集区"和"国家星火科技产业示范镇"称号。

1988年1月，市委召开五届三次全会，提出以海外市场为导向，国内市场为依托，集体经济为主体，一二三产业齐发展，五个轮子一起转；依靠科学技术进步，推动经济向高层次、高技术、高效益的方向持续、稳步上升，作为佛山经济工作的长期指导方针，同时明确了科技进步对经济发展的重大意义。

1989年8月，在省委宣传部、省经济体制改革委员会办公室举办的"广东改革论坛"报告会上，市政府介绍佛山以科技体制改革推动产业技术发展的经验做法。通过"三引"（引进资金、引进技术、引进设备）和企业技术改造革新，佛山已经初步建立起金字塔型的产业技术结构。其中，市直属和县属企业向高技术发展，成为经济技术的龙头，构成金字塔的塔顶；镇一级重点发展有一定规模的企业，作为骨干企业，每个镇着力办好几个骨干企业，成为金字塔的中部；村一级放开发展各种种养业和加工业，包括农副产品加工和工业品配件加工，发展农业的新技术、新品种，这一层面最大，成为金字塔的底部。

2. 推进教育管理体制改革，普及九年义务教育，把教育摆在优先发展的战略地位

1985年10月，省委、省政府下发《关于贯彻〈中共中央关于教育体制改革的决

定〉的意见》，提出加强基础教育，有步骤地实行普及九年制义务教育，并决定分"三步走"：1988年在基础较好的40多个县（市）完成，1990年在经济发展和教育基础中等水平的50多个县（市）完成，1992年在其余10多个经济、文化比较后进的县完成。11月，市委、市政府召开全市教育工作会议，制定出台佛山教育事业发展的规划和措施，提出全市到1988年率先全面完成普及九年制义务教育的设想。

1986年，佛山在实施"科技建市"战略的同时，加强教育事业的发展。2月，市政府召开全市教育工作会议，提出教育工作的3项主要任务，包括普及初中教育，发展九年制义务教育；加快师资培训的步伐，改善各级各类学校的办学条件；发展职业技术教育和抓好成人教育，为"四化"建设培养更多的人才。9月，省教育厅在顺德县召开首批普及初中教育市县座谈会，肯定佛山顺德等地推进普及初中教育的工作。10月，省人大常委会审议通过的《广东省普及九年义务教育实施办法》公布。12月，市

⊃ 1986年2月，在佛山师范专科学校基础上成立佛山大学。

⊃ 1987年，顺德县实现普及九年义务教育，县（市）域适龄儿童入学率达99%，初中升高中60%以上，成为全国基础教育先进县。图为顺德县第一中学。

八届人大常委会第二十四次会议通过《佛山市普及九年义务教育实施办法》（翌年4月正式印发实施），该办法提出到1988年佛山要全面实现普及初等教育。同时，改革县（市）以下办学体制，实行行政、人事、财政"三权"下放。其中，下放学校行政管理权，形成县管高中、镇管初中、村办小学的体制；下放人事权，向镇级下放中小学教师调动、使用、奖罚权；下放财政管理权，实行县（市）对镇经费包干。这种改革放权有效调动了各级办学的积极性，解决财源、生源、师源3个难题，全市普及初等教育进展顺利。1987年，佛山市城区和顺德县提前实现普及九年制义务教育。

1988年1月，佛山市委、市政府召开全市教育工作会议。总结了教育工作5个方面的经验：各级领导认真把教育摆上议事日程；端正办学指导思想，提高教育质量；分级管理，加快基础教育的发展；加强横向联系，依靠社会力量办学，加快人才培养；建立一支稳定的质量较高的教师队伍等。

1988年5月，省委、省政府作出《关于普通教育体制改革的决定》，提出改革普通高等学校的招生、分配制度，实行分级办学，推行校长负责制，改革中等教育结构等。7月和8月，佛山市委、市政府落实省委、省政府的决定，再次召开全市教育工作会议，并成立佛山市教育工作领导小组，出台《关于进一步振兴教育事业的决定》，要求切实把振兴教育放在经济发展战略的重要位置；实行分级办学，完善教育管理体制，巩固和提高普及九年制义务教育；改革教育投资体制，拓宽教育经费的筹集渠道；积极开展勤工俭学活动，增强学校的自我发展能力；努力建设一支力量足够、素质较高的教师队伍；努力提高教师的社会地位和生活待遇；改革教育结构，为振兴经济培养人才；改革学校领导体制，积极推行校长负责制。市委强调，各级党委和政府要确立"百年大计，教育为本"的战略思想，真正把教育放在经济发展战略的首要位置，纳入当地经济发展的总体规划，逐步使教育事业形成一个结构合理、各类教育协调发展的新体系；通过增加财政拨款，提升教育质量，促进科学技术、教育成果与佛山城市建设相结合。是年，经省检查组验收（石湾区和南海县、三水县、高明县），佛山全域实现普及九年制义务教育。

1992年10月，党的十四大提出"必须把教育摆在优先发展的战略地位"。佛山贯彻落实党的十四大精神，落实教育优先发展战略，推进包括职业教育在内的各类教育迈上新台阶，带动产业经济和技术发展。1993年12月，市科委、佛山国家高新区管委会努力推进全市科学技术开发和高新技术开发区的发展，建设博士后站，引进高新技术项目和高层次人才，积极推动科技"星火计划"的实施。1994—1996年，全市列入星火计划项目85项，其中国家级28项，省级57项。

○ 1992年12月，经国务院批准，佛山国家高新技术产业开发区成立，规划面积10平方公里，由佛山市城北区、城南新区、顺德市小黄圃天然岛三部分组成，是全国最早的53个国家高新区之一。

（二）全面实施"科教兴市"战略（1995—2005）

1995年3月，市政府在市十届人大三次会议的工作报告中提出，坚持以科技教育为原动力，进一步加快科技进步和提高劳动素质。为此，佛山各级政府大力推进科技进步，继续把教育放在优先发展的战略地位，大力发展教育事业。是年，佛山大学与佛山农牧高等专科学校合并组建佛山科学技术学院。同年，全市四县（市）两区均成为国家教委公布的首批实现"两基"（基本普及九年义务教育，基本扫除青壮年文盲）的县（区）。

同年5月，《中共中央、国务院关于加速科学技术进步的决定》出台，提出实施"科教兴国"的重大战略，坚持教育为本，把科技与教育摆在经济、社会发展的重要位置，增强国家的科技实力及向现实生产力转化的能力，提高全民族的科技文化素质，把经济建设转移到依靠科技进步和提高劳动者素质的轨道上来。1998年，广东省委也做出了"科教兴粤"的战略部署。①

"科教兴国""科教兴粤"战略的先后提出，推动佛山将"科技建市"（以及"科技兴市"）转向"科教兴市"战略。市委贯彻党中央以及省委的决策部署，推动科技事业再上新台阶。12月，市委七届四次全体（扩大）会议提出，在指导思想上，坚持把科技进步作为经济社会发展的主要推动力，从战略上、规划上、政策上、领导上确保"科教兴市"的实施。同时明确提出，"九五"期间，要积极实施"科教兴

---

① 1998年，广东省委、省政府正式作出实施"科教兴粤"战略的重要决策部署，把发展科技、教育，提高全民科学文化素质放在经济和社会发展的突出位置。

市"战略，切实改变经济增长的推动基础，把经济发展转移到依靠科技进步和提高劳动者素质的轨道上来。1996年5月，市政府在市十届人大四次会议的工作报告中相应提出，"九五"时期，实施"科教兴市"战略，加快建设教育强市。随着佛山从"科技建市"转向"科教兴市"，科技与教育形成了良性互动的态势。

围绕"科教兴市"战略，佛山制定了一系列目标和指标。市政府强调，要继续增加对科技、教育的投入，采取有效措施，加速科技进步，把经济发展转移到依靠科技进步和提高劳动者素质的轨道上来；要深化科技体制改革，建立和完善推动科技进步的机制；"九五"期间，要力争大中型企业和企业集团建立起省级或市级工程技术开发中心，高新技术产品产值占全市镇以上工业总产值的比重从1995年的10.8%提高到18%以上，科技进步对国民经济增长的贡献率达50%；要切实把教育作为现代化建设的基础性产业优先规划、优先安排、优先实施，力争到20世纪末，基本形成与社会主义市场经济和现代化建设相适应的教育体系，教育综合实力显著提高。在教育改革、办学机制、教学设施、教育普及程度和教育质量等方面的主要指标，达到全省、全国的先进水平。

20世纪90年代，在佛山各县级市中，南海依托信息化建设，教育走在前面。1995年1月，南海召开全市①教育工作会议，吹响"科教兴市"的号角。同年10月，南海贯彻党中央"科技兴国"战略和省委部署，明确提出"科教兴市"的战略决策。在这一战略的引领下，南海"科教兴市"成果显著。1995年南海被国家教委公布为首批扫除青壮年文盲市（县）；1997年被国家教委评为"全国'两基'工作先进市"。1997年4月，全省教育督导工作暨县（市、区）普通教育综合水平督导评估试点工作会议在南海召开，会议把南海市和深圳市南山区作为评估教育强市（县、区）的试点。同年6月，南海被省教育厅批准为"广东省现代教育技术示范市（县）"。1999年，南海提出以教育信息化促进教育发展、带动教育现代化的战略思路。2000年，南海被国家信息化推进工作办公室列为国家信息化试点城市，还被教育部定为全国中小学信息技术教育试验区，教育信息化建设步伐加快。2002年6月，南海被省政府授予"广东省教育强市"称号，成为广东省第一个教育强市（县级）。

1997年4月，佛山市政府在十届人大五次会议报告总结1996年工作时指出，1996年全面实施"科教兴市"战略，科技教育事业有新发展。在部署1997年工作时，市政府强调要继续实施"科教兴市"战略，推动科技进步，提高劳动者素质。

---

① 1992年9月23日，南海撤县设市，由佛山代管。

1998年，《佛山市科学技术普及工作"九五"计划和2010年规划》经市政府批准实施，明确指出科普工作是佛山市实施"科教兴市"战略的一项基础性工作，并规定佛山市科普经费按市区总人口年人均0.5元计算，由市财政拨给市科协掌握使用，使市科协多年来未理顺和解决的科普经费问题得到妥善解决，有利于推动科普工作更加广泛、深入、持久地开展。5月，佛山被科技部授予1997年度"创建全国科教兴市先进城市"称号。在这次考核中，佛山的科技与经济综合实力居全国第六位。李肇杰等4人被科技部授予1997年度"全国科教兴市先进个人"称号。同年6月，在全市科学技术进步颁奖大会上，市委、市政府强调，要进一步落实邓小平关于"科学技术是第一生产力"的思想，提高实施科教兴国战略的自觉性；在企业技术创新能力、高新技术产业、非公有资本与高新技术的结合以及培养、引进科技人才等方面要有新的发展。

2000年，全市基本实现普及高中阶段教育。同年12月，由政府资助、以企业方式运作的综合性科技服务中介机构——佛山市生产力促进中心成立，向中小企业提供科技服务。作为中心的重要组成部分——市高新技术成果转化基地正式启用，其下属四个工程技术中心之一的生物技术中心也同时投入正式运作。

进入21世纪后，佛山继续全面推进"科教兴市"战略，推动实现教育现代化。2001年8月，市委、市政府召开全市教育工作会议，贯彻《中共中央、国务院关于深化教育改革全面推进素质教育的决定》和省委、省政府的实施意见，结合佛山市实际，确立了新时期佛山教育改革和发展的主要任务和奋斗目标：全面推进素质教育，加快改革和发展步伐，坚定不移实施"科教兴市"战略，教育发展水平位居全省前列，在2006年率先基本实现教育现代化。为此，佛山着力做好几个方面的工作。

一是强化结合。2001年1月，市政府发出《关于推动产学研合作，促进企业技术创新的意见》，推动科技与经济的结合，加速科技成果产业化和用高新技术改造传统产业，引导和促进全市企业与高校、科研院所紧密合作。10月，市委发出《关于加快教育改革和发展的若干意见》，要求把教育事业摆在适度超前、优先发展的位置，建立与社会主义市场经济和社会发展相适应的新型的现代教育体制；建立素质教育的创新教育模式，加快培养具有创新精神和实践能力的高素质人才；建设一支适应素质教育的高素质的校长和教师队伍。这一阶段，科教工作的重点是：强化结合、培育能力、优化环境。科教在经济、社会发展中的作用开始显现。至2004年8月，市委、市政府召开"科技·教育·人才"大会，进一步提出全面实施"科教兴市""人才强市"战略，要着重抓好传统产业改造、职业教育推进、用人机制建设三个方面的工作。

二是转型升级。高新技术产业作为国民经济的先导产业，具有科技含量高、发展速度快、带动辐射作用大等特点。2000年以来，佛山按照突出重点的原则，结合实际重点发展电子信息、新材料、光机电一体化、生物医药和环保等高新技术产业。同年8月，中国科学院科技政策与管理科学研究所和佛山科委在佛山召开传统产业升级与技术创新研讨会，围绕"高新技术产业化与高新技术改造传统产业""技术创新机制中市场与政府的作用""技术创新与体制创新"等议题展开研究讨论。双方还签订长期合作协议，商定共同促进中国科学院新成果、新技术转化及佛山社会、经济发展。至2005年，佛山电子信息产业增长速度快，年均增长速度在40%以上，占规模以上工业的比重迅速提高至接近10%，成为本市工业经济的重要增长点之一。对此，市委、市政府进一步提出，要把电子信息产业发展成为21世纪的战略性先导产业；要紧跟以数字化、网络化为代表的国际信息技术发展主流，实现从传统电子工业向现代信息产业的战略性转型；重点加快发展数码光学产品、数字视听设备、电子元器件、电子通信设备、计算机及其附件、光纤电缆、软件以及为改造提升传统产业服务的产品；新材料、光机电一体化、生物医药和环保等产业应加速重点领域核心技术和关键技术的研发、应用和产业化进程，培育发展一批骨干龙头企业和主导产品；要把发展高新技术产业同改造提升传统产业有机结合起来，促进以高新技术集成与产业融合为特征的新兴产业发展。

三是优化环境。为建设广东第三大城市，实现产业强市，必须解放思想，更新观念，与时俱进，开拓创新。为此，佛山牢固树立加快发展的强烈意识，各级政府及各有关职能部门进一步简政放权，转变职能，改进作风，根据各自的职能制定相关的配套政策和措施。2005年，佛山成为继深圳市之后，广东省第二个教育强市，教育综合实力和发展水平居全省前列。

（三）"科教兴市"战略的深化（2006—2022）

1. 推进教育现代化（2006—2017）

2006年初，佛山正式成立市教育现代化建设工作领导小组。4月，佛山市委、市政府印发《关于加快推进教育现代化的决定》，并制定《佛山市教育现代化建设实施意见（2006—2010年）》和《佛山市教育事业发展"十一五"规划》等文件，加快推进教育现代化建设。同月，市委、市政府在顺德召开全省首个以"教育现代化建设"为主题的工作会议，对全市教育现代化建设工作进行部署，就佛山教育未来5年的发展目标，提出要建立国民教育体系和终身教育体系，扩大优质教育资源，提升教师队伍水平，持续提高教育投入比例。总体目标是到2010年在全省率先基本实现教育现代化，

◐ 2010年顺德教育基金百万行。（佛山市档案馆供图）

教育综合实力居全国同类城市前列。8月，经省政府同意，佛山成为广东省第一个教育现代化建设试点市，加快发展职业教育和学前教育，进一步提高教育质量，全力推进教育现代化建设。

　　2010年，佛山开始实施完全免费的义务教育，人才总量增加到75万人。同年，佛山成为首批广东省创建教育综合改革试验区，开展现代职业教育体系建设试点。2012年底，佛山通过省的督导验收，成为全省首批"广东省推进教育现代化先进市"。2014年4月，市政府主要领导代表市委、市政府接受了由省教

育厅颁发的"广东省推进教育现代化先进市"牌匾。

2016年5月，佛山举行全市教育工作会议暨创建职业教育综合改革示范市推进会，要求佛山教育工作牢固树立新发展理念，力争到2020年，在全省率先实现高水平教育现代化。2017年7月，市政府正式印发《佛山市全面提升教育现代化发展水平实施方案（2017—2020年）》，对未来几年佛山的教育改革做出系统部署，明确到2020年，佛山要实现更高水平教育现代化，建成教育综合改革示范高地，成为国内一流教育强市。

⟳ 2017年6月20日，佛山科学技术学院（现佛山大学）北院新校区（北区）房建项目举行交接仪式，图为佛科院北院新校区图书馆。（王伟楠　摄）

2．建设国家创新型城市（2005—2022）

建设创新型城市在某种程度上是"科教兴市"战略的升级版。2005年10月，党的十六届五中全会提出"建设创新型国家"。打造创新型城市，成为一个区域在国际竞争中取得优势的决定性因素，也成为衡量区域经济参与者竞争力的重要标志。是月，佛山召开提高自主创新能力工作大会，按照把佛山建设成创新型城市的指导思想，制定了《佛山市产业技术自主创新"十一五"专项规划》，对全市开展自主创新工作进行了部署。12月，市委九届八次全会提出了关于建设创新型城市的策略，即围绕建设"产业强市、文化名城、现代化大城市与富裕和谐佛山"的总目标，坚持"自主创新、重点跨越、支撑发展、引领未来"的方针，组织实施佛山创新型城市建设。

2006年7月，佛山出台《关于提高自主创新能力，提高产业竞争力的实施意见》。12月，市政府召开全市科技工作会议，强调要坚持"自主创新、重点跨越、支撑发展、引领未来"的方针，全面推进佛山创新型城市建设。2007年1月，佛山顺利通过国家知识产权工作试点城市的考核验收，5月，佛山进一步向国家知识产权局提出申报创建国家知识产权示范城市。10月，经国家知识产权局批复同意，佛山成为国家知识产权示范城市创建市。

自2007年起，佛山加大了建设创新型城市的力度。9月，佛山印发《佛山市建设创新型城市实施方案（2006—2010年）》。根据方案，佛山成立建设创新型城市领导小组，并建立健全创新型城市建设目标责任制和考核评价制度，将有关指标纳入对各区领导的任期考核指标体系中。

2009年4月，佛山印发发《关于提高自主创新能力促进高新技术产业发展的若干意见》。2010年3月，佛山召开全市加快自主创新推动产业结构调整工作大会，提出要有一个明确的自主创新、结构调整的路线图，从政府层面，要创造有利于自主创新、结构调整的体制机制。按照市委、市政府的部署，8月，市政府办公室印发了《佛山市产业结构调整指导意见》和《佛山市工业产业结构调整实施方案》。2011年3月，市政府与中国科学院签订《深化院市合作加强产业技术创新与育成中心建设协议》，把产学研合作推向新台阶。

自2012年开始，佛山进入创建国家创新型城市的新阶段。11月，市委、市政府召开创建国家创新型城市动员大会，印发《佛山市国家创新型城市试点规划纲要（2013—2020年）》（征求意见稿）。2013年1月，市政府出台《佛山市建设国家创新型城市总体规划（2013—2020年）》和《佛山市建设国家创新型城市实施方案（2013—2020年）》，明确将打造国家创新型城市作为佛山新一轮发展的主要推动力，实施创新驱

⊃ 佛山"双十园区"之海创大族机器人智造城。

动的核心战略，目标是到2017年，基本建成国家创新型城市；到2020年，全面建成国家创新型城市。为此，佛山调整成立建设国家创新型城市工作领导小组，由市政府主要领导牵头，领导小组办公室设在市科技局，全面统筹和协调推动国家创新型城市建设工作。2013年1月下旬，佛山又出台《佛山市科技创新团队资助办法》《佛山市重大科技项目资助办法》《佛山市科技创新平台资助办法》《佛山市专利资助办法》4个配套文件，正式形成建设国家创新型城市"1+1+4"系列文件，为佛山创新型城市建设工作搭建了全方位的政策支撑体系。4月，市政府与省科学技术厅签署框架协议，共建国家创新型城市。

2015年11月，《佛山市深入实施知识产权战略加快创新驱动发展行动计划（2015—2017年）》出台，实施"鲲鹏计划""繁星计划""英才计划""乘龙计划"和"清风计划"五大计划，推动佛山到2017年发明专利年申请量达10000件。是年，科技进步对佛山经济增长贡献率提高到65%。

2016年，佛山进一步明确围绕打造面向全球的国家制造业创新中心，走"世界科技＋佛山智造＋全球市场"的创新发展之路，并制定《佛山市创新驱动发展三年行动计划（2016—2018年）》。同年11月，市第十二次党代会正式确立建设面向全球的国家制造业创新中心的奋斗目标，提出打造"一环创新圈"的工作构想。2018年1月，

◗ 高明区科技创新创业中心。（佛山市新闻传媒中心记者洪海　摄）

《佛山市"一环创新圈"战略规划》正式发布，以禅南顺（三龙湾）高端创新集聚区为创新极核，构建"1＋5＋N"创新平台体系（又称"一核五平台多节点"创新体系①），打造一个全新的高端创新集聚区，对接广深科技走廊，助力佛山建设成为面向全球的国家制造业创新中心。7月，市委十二届六次全会通过佛山为广东实现"四个走在全国前列"作出更大贡献的系列决议，其中就包括到2022年全面建成国家创新型城市。

2021年佛山被中国科学技术协会确定为"科创中国"试点城市之后，迅速制定出台建设方案，提出要在"十四五"期间与100个以上的国家级学会和国际学术技术机构达成合作，建立10个以上产业技术创新联盟，新建10个以上院士专家工作站，推广应用100项以上先进技术等；梳理全市"2＋2＋4"产业集群，在关键技术、关键基础材料、核心零部件、工艺装备等方面的关键瓶颈和薄弱环节，选取重点行业进行研究，

---

① "一核五平台多节点"创新体系："一核"指禅南顺（三龙湾）高端创新集聚区；"五大平台"包括南三产业合作区、广东金融高新区、国家军民融合创新示范区、青年湖电子信息产业园、空港经济区；"多节点"指鼓励各区积极挖掘创新潜力，培育围绕一环众多创新节点，共同构筑一体化、多层次的创新体系。

推进深层次产学研资用合作，解决佛山制造业"卡脖子"技术难题。同年11月，市第十三次党代会提出"515"高质量发展战略目标，要求优质教育资源均衡配置，对促进区域协调发展具有重要意义。是年，佛山新增国家专精特新"小巨人"企业20家、省专精特新企业135家，科技型中小企业入库5024家；财政对科技投入持续保持100亿元以上；全社会科学研究与试验发展投入超过342.3亿元，同比增长18.6%，高于全市GDP增速10个百分点。

2022年，佛山制定出台《佛山市国家知识产权强市建设示范城市工作方案（2022—2025年）》，为佛山进一步打造制造业创新高地，争当地级市高质量发展领头羊提供有力措施和坚强保障。

二、佛山实施"科教兴市"战略的成效

20世纪90年代中期以来，佛山全面实施"科教兴市"战略，取得了一系列重要成效。经过近30年锐意进取，佛山立足自身的创新基础、产业特色和区位优势，围绕产业链部署创新链，围绕创新链布局产业链，组织实施区域创新体系建设、制造业创新

⊃ 季华实验室联合我国显示领域优势研究单位、产业链上下游企业，共同推动显示行业产业升级，培育千亿产业集群。（通讯员李明瑞、《佛山日报》记者王伟楠　摄）

转型、产业技术前沿布局和民生科技发展，推动了佛山科技进步、教育发展、产业转型升级和经济高质量发展。

（一）促进了佛山科技实力的整体提升

在深化实施"科教兴市"战略过程中，佛山不断调整、升级，高标准建设"一区一园一城"科技创新高地，强化区域创新协同联动，构建起"人才引育＋技术研发＋成果转化＋产业应用"协同创新体系。2002年5月28日，在广东省科学技术奖颁奖大会暨科技创新"六个一"工程成果展示会上，佛山共有17项科技成果荣获2001年度广东省科学技术奖，获奖成果数量在全省名列前茅。2021年，佛山全社会研发经费支出占地区生产总值比重为2.91%。高标准谋划建设"一区一园一城"科技创新高地，三龙湾科技城、佛山国家高新区支撑作用逐步凸显，佛中人才创新灯塔产业园加快建设。季华实验室基础设施建设速度和成效均居省实验室前列，仙湖实验室引进全职院士团队。新成立有研（广东）新材料技术研究院，全市科技创新平台41个。新增国家高新技术企业1382家，总数达7100家。科技型中小企业培育孵化加快推进，全市科技企业孵化器115家、众创空间86家。同年，佛山建设国家创新型城市通过验收，科技创新综合竞争力居全国地级市第四位；被中国科学技术协会确定为"科创中国"试点城市。

（二）促进了佛山教育水平的领先发展

在教育方面，佛山坚持立德树人根本任务，构建起学生思想政治教育大体系，形成全员全过程全方位的育人格局。"十三五"时期，佛山着力推动学校美育体育发展，学生体质健康优良率36.87%、达标率96.04%，艺术教育实现3个全省率先①，优秀传统文化与地方戏曲进校园成为佛山市中小学艺术教育的亮点特色。同时，佛山在教育体制改革和教育质量提升方面取得巨大进展。"双减"（减轻义务教育阶段学生作业负担和校外培训负担）政策得到严格贯彻实施，使"回归学校教育主阵地"成为基础教育的主旋律，推动"课堂内外双提质"。以教研为引领推进形成良好教育生态，在全省率先构建市、区、镇、校四级教研体系，推动农村特别是薄弱地区教研力量得到增强。截至2021年，通过新（改、扩）建、民转公、购买民办学位等方式，佛山义务教育公办、民办结构得到不断优化调整。全市义务教育大班额实现"零增量"，控

---

① 3个全省率先：在全省率先将陶艺融入课堂，并创建陶艺教学实验基地；率先编印和使用由省教育厅出版认证的粤剧校本教材；率先开展全市性中小学师生规范字书写大赛，创建市级书画重点学校。

辍保学工作完成率100%；全市普通高中第一轮分类创建收官；残疾儿童少年义务教育入学安置率100%；全市困难家庭学生接受资助4.95万人次，补助资金1.06亿元。

（三）推动了佛山产业转型升级

在实施"科教兴市"战略进程中，佛山注重培育发展战略性新兴产业，加快发展现代服务业，带动了全市服务业的转变；以"四化融合"构建"智慧佛山"，提升自主创新能力，加快构建有利于转变经济发展方式的体制机制，促进了优势传统产业转型升级，从而形成了培育发展战略性新兴产业与传统产业转型升级相互促进的格局；发挥了广东金融高新技术服务区的优势，在全省率先探索"金融、科技、产业融合"发展模式，推动了金融、科技、产业融合与国家创新型城市建设协同发展。

2000年，全市高新技术产品产值占工业总产值的比重达18.2%，全市共有319个项目列入各类科技计划，其中，40项列入国家级计划，建成一批企业技术研究开发中心，信息化指数达49.5%[①]。经科技部审核，佛山获1999—2000年度"全国科技进步先进市"称号。2001年9月，省政府派检查组到佛山，就佛山贯彻省委、省政府关于依靠科技进步推动产业结构优化升级的情况进行检查，认为佛山推动科技进步工作特色鲜明，肯定佛山全力推进产学研合作、促进企业技术创新取得的成绩。

（四）推动了佛山制造业经济高质量发展

围绕装备制造、智能家居、汽车及新能源、军民融合及电子信息、智能制造装备及机器人、新材料、健康食品、生物医药及大健康等重点产业，佛山"加长板、补短板"，打好产业基础高级化、产业链现代化攻坚战，引导产业由聚集发展向集群发展全面提升，增强了产业链、供应链的稳定性和竞争力。2021年，佛山国家高新技术产业开发区形成装备制造、智能家居和光电3个产值超1000亿元的产业集群，以及生物医药、新材料和新能源3个产值超100亿元的产业集群，实现传统产业转型升级与新兴产业同步崛起。同时，佛山加快推进制造业的数字化转型，使佛山制造业竞争力得到大大提升。2021年，佛山软件和信息技术产业规模以上企业全年完成营业收入224.24亿元，比上年增长10.81%；电子信息制造业全年实现产值828.9亿元，比上年增长2.2%；半导体及集成电路战略性新兴产业集群全年实现总产值67.58亿元，比上年增长30%；

---

① 中共佛山市委党史研究室编：《中国共产党佛山历史大事记（1919.5—2010.12）》，中共党史出版社2011年版，第628—629页。

培育认定数字化、智能化示范工厂22家、示范车间64个。

三、佛山推进"科教兴市"战略的经验和启示

佛山推进和深化"科教兴市"战略，促进了科技、教育事业的发展，奠定了制造业发展格局和水平。新的征程上，佛山坚持制造业当家，推进高质量发展，仍然可以从这一历史进程中得到一些宝贵的经验和启示。

（一）要坚持科技是第一生产力

党的二十大报告指出，必须坚持科技是第一生产力、人才是第一资源、创新是第一动力，深入实施科教兴国战略、人才强国战略、创新驱动发展战略，开辟发展新领域新赛道，不断塑造发展新动能新优势。佛山始终坚持科技是第一生产力，并清晰意识到，"科教兴市"战略的关键在于创新，只有坚持创新，攻克关键核心技术难题，才能切实提高生产力；也只有掌握核心科技，才能不断发展，反过来进一步推动落实"科教兴市"。

（二）要以科技创新引领产业升级

党的二十大报告提出，推动战略性新兴产业融合集群发展，构建新一代信息技术、人工智能、生物技术、新能源、新材料、高端装备、绿色环保等一批新的增长引擎。在佛山市委看来，以更大力度推动科技创新引领产业升级，才能全力跑出高质量发展的"加速度"。在深化实施"科教兴市"战略推动产业高质量发展上，佛山十分重视推进数字经济发展战略，完善数字基础设施，加快培育新业态新模式，推进数字产业化和产业数字化。一方面，全力推进数字产业化，加快培育超高清视频显示产业集群。2021年，广佛惠超高清视频和智能家电产业集群被列为首批国家先进制造业集群培育对象。佛山和广州、惠州三地政府签订战略合作协议，成立集群建设工作领导小组，初步建立"市场＋政府＋社会组织"的集群共治共建模式。同时，全面推进半导体及集成电路产业发展，加快培育发展智能制造装备及机器人产业。另一方面，促进产业数字化提升。出台《佛山市推进制造业数字化智能化转型发展若干措施》及配套操作细则，从制造业转型、金融支持、服务供给能力、人才培养、公共服务5个方面加快推进制造业数字化、智能化转型发展。

⬗ 截至2023年12月19日，高明区基础教育集团增至5个，覆盖城乡27所学校（幼儿园）。图为高明华英学校。（佛山市新闻传媒中心供图）

（三）要努力提升科技自立自强能力

在提升科技自立自强能力上继续走在全国前列，是习近平总书记对广东工作的重要指示和殷殷嘱托。推进实施"科教兴市"战略，不可能面面俱到，应该在有重点、有选择地引进先进技术的同时，逐步增强自主创新能力，朝着高水平自立自强的方向不断迈进。党的十八大以来，佛山出台的《佛山市建设国家创新型城市总体规划（2013—2020年）》和《佛山市建设国家创新型城市实施方案（2013—2020年）》，提出实施企业创新主体提升等十大工程，构建技术创新、现代产业、创新服务、创新人才、环境支撑五大体系，被认为是比较全面的创新发展规划和方案。以季华实验室、仙湖实验室等为代表的佛山创新势力和平台，在自主创新能力建设方面发挥的作用不亚于高等院校。在这方面，佛山有望探索出一条以科教推动中国式现代化的新路径。

（四）要尊重知识，重视教育和人才

尊重知识、尊重人才，把教育摆在优先发展的战略地位，是佛山实施"科教兴市"战略的基本理念。改革开放以来，佛山一直重视和大胆起用一批能人，把人才作为推动科技进步、社会进步和经济发展的第一资源。新时代新征程，佛山坚持制造业当家，着力培育和引进高技能人才。2021年，佛山强力推进基础教育人才引育及布局计划，重点推进人才引进政策实施、人才载体建设和人才服务管理，壮大高层次人才规模，激发各类人才创新活力。截至该年底，全市有基础教育领域国家"万人计划"教学名师、省"特支计划"（广东省高层次人才特殊支持计划）教学名师、省名师名校长、正高级职称教师和省特级教师、领军人才等高层次人才662人；引进全职院士3人，省"珠江人才计划"团队11个，领军人才4人；全市有研发人员7万人；有市科技创新团队184个，其中兼职院士32人、国家杰出青年24人、高级职称602人。培育和引进高素质劳动者和专门人才，过去为佛山实施"科教兴市"战略提供了智力支撑，未来仍将为佛山建设现代化产业体系发挥巨大的作用。

持续擦亮卫生城市
"国字号"招牌

20世纪80年代以来，在佛山历届党委、政府的领导和推动下，佛山继承和发扬"全国爱国卫生运动红旗城市"的优良传统，坚持不懈开展爱国卫生运动，于1992年成功创建为第一批国家卫生城市。2002年后，佛山五区同创国家卫生城市，于2007年再获命名，并于2011年、2015年、2019年、2021年通过复审，夺得国家卫生城市"五连冠"的佳绩，持续擦亮卫生城市"国字号"招牌，让"卫生红旗"始终在佛山高高飘扬。进入新时代，佛山巩固国家卫生城市创建成果，积极推进从卫生城市向健康城市提标升级，贯彻落实"健康中国"战略，建设"健康佛山"，卫生健康创建工作走在全省乃至全国前列。

一、佛山创建国家卫生城市的实践历程

佛山是一座有着爱国卫生运动光荣传统的城市，早在1960年就被中央爱卫会命名为国内首个"全国爱国卫生运动红旗城市"。是年3月，全国城市爱国卫生运动现场会议在佛山召开。佛山市委、佛山市爱卫会分别介绍佛山开展爱国卫生运动的情况和根治下水道的经验。此后，爱国卫生运动的热潮在佛山不断延续，在广东省多次卫生检查评比中，佛山均名列前茅。省卫生厅还将佛山下水道防蚊装置制成模型，送到北京参加全国卫生科研成果展览。持续的爱国卫生运动使佛山人民保持良好的清洁卫生习惯。这种人人爱清洁、家家讲卫生的

良好风气一直持续到改革开放初期的精神文明建设和创卫行动中，并不断取得新的
成果。

（一）持续开展清洁卫生活动，融入社会主义精神文明建设（1981—1990）

改革开放之初，佛山以开展"五讲四美"（讲文明、讲礼貌、讲卫生、讲秩序、
讲道德；心灵美、语言美、行为美、环境美）和"全民文明礼貌月"等活动为抓手，
推进清洁卫生、环境美化等工作，并把清洁卫生活动融入各种精神文明活动中。1981
年3月，佛山地委宣传部、卫生局等单位联合发出开展"五讲四美"活动的倡议。1982
年2月28日，地委批转地委宣传部《关于在全区广泛深入开展"全民文明礼貌月"活
动的意见》，要求各级党委把这一活动作为建设社会主义精神文明的一件大事来抓，
通过大搞清洁卫生，净化、绿化和美化环境，解决一个"脏"字；整顿公共秩序，自
觉遵守和维护社会公德，解决一个"乱"字；开展学雷锋、树新风活动，提高服务质
量，解决一个"差"字。随后在3月，佛山地区各县、市组织开展第一个"全民文明礼
貌月"活动。佛山地委、地区行署组织各县、市开展万人上街大搞环境卫生活动。是
月，各县、市党政领导分别带领干部群众大搞清洁卫生行动3至6次，参加人员127万多
人次，清理垃圾2万多吨。

1983年3月，按照省委统一部署，佛山开展第二个"全民文明礼貌月"活动。佛山
地区各地在整治"脏乱差"取得成效的基础上，开展搞好优质服务、建立优良秩序、
创造优美环境和学雷锋、学先进的"三优一学"竞赛活动，提升了"全民文明礼貌
月"活动的水平。

◐ 1982年，佛山城区沙塘居委
会老人在祖庙路设立市容卫
生监督岗。（杨耀桐　摄）

在精神文明建设工作中，佛山十分重视发动群众开展环境卫生工作。从20世纪80年代后期至90年代初，佛山结合文明户、文明村镇等创建活动，抓好环境卫生和医疗卫生。1984年1月21日，中共中央办公厅转发中宣部、中央书记处农村政策研究室（1988年改称中央农村政策研究室）《全国文明村（镇）建设座谈会纪要》，要求在全民"五讲四美三热爱"活动的基础上，进一步推动农村开展文明村镇和文明单位创建活动。2月，佛山市委、市政府和佛山军分区召开建设社会主义精神文明表彰大会，要求各级按照省委宣传部提出的"六抓六治六变"标准，按照"县抓一两个镇、区抓一两个乡、乡抓一两个村、以点带面"的方法抓好全市文明村（镇）创建试点工作。

1985年8月，省委召开"两个文明"建设现场会，要求物质文明和精神文明"两个文明"一起抓，从"三化"（净化、绿化、美化环境）入手，做到精神文明工作"四有"（有精神文明工作年度计划、有技术培训和文娱活动阵地、有专业和业余文化队伍、有评比制度）。年底，汾江区、石湾区以搞"三化"、创"三优"、评"三佳"（最佳服务员、最佳售货员、最佳乘务员）为主要内容，开展创文明街道、文明居委会、文明科室、文明商店、文明车间、文明医院等系列精神文明创建活动。

按照"两个文明"一起抓的方针，佛山把美化环境放在重要位置来抓。1986年9月，市委召开常委会扩大会议，提出从美化环境入手，以抓好"三化一包"为突破口，在全市广泛深入开展文明单位创建活动。会议规划重点抓好佛山市区、中山市区和石湾、小榄、黄圃、大良、容奇、桂洲、大沥、九江、官山、西南、高明11个城镇的环境整治，发挥城镇精神文明建设的示范和辐射作用。10月，市精神文明建设领导小组在汾江区召开全市环境"三化"工作现场会，推广汾江区的街道居民实行门前"三包"（包卫生、包秩序、包绿化）等举措搞好环境卫生的经验。

1987年10月，市精神文明建设领导小组召开全市13个重点镇创"三优"（优美环境、优良秩序、优质服务）经验交流会，明确"镇容镇貌好"等5条文明镇建设标准。其后，佛山连续5年组织文明镇检查评比、观摩交流会，推动全市文明镇创建工作。1988年6月，市精神文明建设领导小组召开全市创建文明工厂座谈会，就创建文明工厂提出"厂容厂貌好"等5条标准。9月，市精神文明建设委员会召开15个重点城镇文明建设观摩交流活动汇报会，要求城镇把管理监督队伍和门前"三包"队伍建立起来。接着，佛山又推行"七化""八风"的"文明村"创建标准，其中"七化"中有4个方面为卫生建设相关内容。

同年10月，国务院提出到2000年实现"人人享有卫生保健"的战略目标。按照规划，我国农村实现"人人享有卫生保健"的基本途径和基本策略是在全体农村居民中实施初级卫生保健（简称"初保"）。佛山各级党委、政府在发展经济的同时，始终关注群众的卫生保健工作，把做好初保工作作为密切党群关系、促进城乡经济发展和社会稳定的民心工程来抓。佛山顺德、南海作为省、市初保试点，制定规划及成立相关组织机构，积极开展初保建设工作。

1990年2月，佛山被省爱卫会授予"广东省卫生城市"称号。同年12月，在全国爱卫会①对455个城市的卫生检查评比中，佛山被评定为"十佳"卫生城市（地级市）。

（二）推进新一轮爱国卫生运动，成为第一批国家卫生城市（1990—1992）

国家卫生城市是国家授予一个城市环境卫生方面的最高荣誉，也是评价和反映一个城市整体发展水平和文明程度的重要标志。

1990年，根据全国爱卫会的规划，佛山提出以创建国家卫生城市（简称"创卫"）为动力，将全市爱国卫生运动推上新的水平，由此掀起新一轮的"创卫"行动。4月16日，市政府办公室发出《关于佛山市创建国家卫生城市工作计划的通知》，要求各级持续扎实开展爱国卫生运动，共同推进佛山"创卫"工作。

1992年2月，市政府成立创建国家卫生城市领导小组，由市政府主要领导担任组长。接着，市政府制定《佛山市创建国家卫生城市目标分解表》，把九大项目任务、指标、责任部门、完成时间和责任人分解到各有关部门、单位，以保证创建各项工作落实。4月，全国爱卫办专家组对佛山"创卫"工作进行调研，认为佛山的创建工作扎实，组织领导和市民卫生意识强，管理机构健全，基础较好，不仅除"四害"（蚊子、苍蝇、老鼠、蟑螂）工作是南方首个达标城市，厕所建设和管理水平也高。9月，全国爱卫会对佛山市"创建"工作进行考核鉴定，认为佛山（市区）已达到国家卫生城市各项标准。12月29日，佛山被全国爱卫会命名为国家卫生城市。同时，佛山市市长被授予"国家卫生城市市长奖"。

（三）推进卫生综合改革试点工作，成为全省首个初保工作全面达标市，五区同创国家卫生城市（1993—2007）

自1992年成为全国首批国家卫生城市后，佛山采取一系列措施巩固创建成果，城市基础设施进一步优化完善，城市人居环境进一步提升，市民生活幸福指数不断攀升。

---

① 1988年8月11日，中央爱国卫生运动委员会更名为全国爱国卫生运动委员会（简称"全国爱卫会"），作为国务院议事协调机构。

1993年4月，市政府批准实施《佛山市卫生综合改革试点方案》，从改革卫生管理体制、转变医院经营机制、完善医院分配机制、改革医疗卫生服务模式、探索医学教育体制改革、推进初级卫生保健、改革医疗保健制度、开拓国际医药卫生市场8个方面推进和深化卫生体制改革。为保证改革顺利进行，佛山出台了10个配套文件，对稳定医疗秩序、促进卫生事业健康发展起到了积极作用。其后，省卫生厅将《佛山市卫生综合改革试点方案》全文转发全省各地参考，卫生部也对佛山的改革给予了肯定和支持。

经过多年的持续整治，佛山各项爱国卫生工作取得了显著成效。1994—1996年，三水、石湾、高明和城区先后通过省初保达标审评验收，加上1991年率先达标的南海、顺德，佛山成为全省首个初保工作全面达标市（地级），提前4年实现国务院提出的2000年"人人享有卫生保健"的目标。全市卫生资源总体水平接近中等发达国家水平，医疗设备逐步实现现代化。

1997年，佛山召开全市初保总结表彰大会，总结近10年初保工作成绩和经验，提出以初保为龙头，继续巩固、提高初保达标成果，抓好农村各项卫生建设，重点抓好群众生活质量和生命质量的提高，突出抓好农村合作医疗、集资医疗、卫生站建设和城市社区卫生服务工作。按照市委、市政府的决策部署，佛山一方面继续把解决农村的饮水和厕所卫生问题作为农村爱国卫生的工作重点，另一方面广泛开展文明村和卫生城镇创建活动，以提高环境保洁质量和加强垃圾管理为突破口，使初保达标成果得到巩固和提高，群众生活质量和环境质量再上新台阶。

南海撤县设市后，也于1996年6月提出创建国家卫生城市的目标。1998年，南海被评为"全国初保工作先进单位"。[①]1999年，南海全面启动环境现代化建设和"五创"（创建国家卫生城市、优秀旅游城市、环保模范城市、信息城市和文明城市）工程，把"创卫"作为"五创"工程的基础和龙头来抓。2000年2月，南海被全国爱卫会授予"国家卫生城市"称号，成为广东省第一个通过国家卫生城市考核鉴定的县级市。同年，顺德、三水被命名为"广东省卫生城市"。

2002年12月佛山行政区划调整后，形成一市五区（辖禅城区、南海区、顺德区、高明区和三水区）的格局，卫生城市创建工作开始纳入市级统筹。2004年，市政府正式作出佛山五区同创国家卫生城市的决定。2007年，佛山五区同创国家卫生城市成功并获全国爱卫会命名。同时，全市有15个镇创建成为"国家卫生镇"。

---

① 初保工作：农村初级卫生保健工作。

（四）巩固提升国家卫生城市，建设"健康佛山"（2007—2023）

2011年、2015年、2019年，佛山均顺利通过国家卫生城市复审，长期保留这一荣誉称号，"卫生红旗"始终在佛山高高飘扬。2008年、2020年、2021年，佛山还三次获评"中国最具幸福感城市"（地级市）。2021年，佛山以高分通过国家卫生城市复审，重新被确认为国家卫生城市。同时，全市有13个镇（街道）顺利通过"国家卫生镇"复审并获得重新命名。同年，全市共有226个村被授予"广东省卫生村"称号。至此，全市共创建省卫生村1831个（高明区、三水区以自然村为创建单位），省卫生村受益人口覆盖率达99.79%。

2017年以来，佛山贯彻落实党的十九大提出的"实施健康中国战略"，在多年卫生健康创建工作成果和经验的基础上，积极推进从卫生城市向健康城市提标升级。是年8月，佛山成为全省首批7个健康城市试点市之一。其后，佛山通过健全爱国卫生工作机制、促进健康教育与健康促进工作新发展、推动市容环境卫生全面提升、探索城市绿色发展新路径、落实重点场所卫生管理工作、切实保障食品和饮用水安全、加快推进公共卫生与医疗服务供给侧改革、科学有效实施病媒生物预防控制八大举措，在健康教育与健康促进、市容环境卫生、环境保护、重点场所卫生、食品和生活饮用水安全、公共卫生与医疗服务、病媒生物预防控制等方面取得了实实在在的成绩，巩固提升了国家卫生城市创建成果，进一步提高了人民群众的生活质量和健康水平。

2022年，佛山围绕实施新时代爱国卫生十大行动，强化部门联动，聚焦城乡环境综合整治，有力筑牢疫情防控环境基础，卫生创建工作再上新台阶，完成"省卫生村"扫尾工程，实现省卫生村、省卫生镇、国家卫生镇全覆盖的卫生创建工作"大满贯"目标。禅城区爱卫办获"全国爱国卫生运动70周年先进集体"称号。"健康佛山"建设稳步推进，出台《健康佛山行动（2022—2030年）》，大力推进"健康细胞"建设，以点带面推进健康城市建设。全市共创建健康村（居）533个，占全市村（居）数量的89.73%；城市居民健康素养水平为31.16%，高于全省居民健康素养平均水平，加快推动佛山新时代爱国卫生工作从环境卫生治理向全面社会健康管理转变。

2023年4月，佛山召开2023年爱国卫生工作暨国家卫生城市复审[①]动员部署会议，动员全市各级、各部门和广大居民群众大力开展爱国卫生运动，推动爱国卫生工作高

---

① 按照新的评审管理办法，国家卫生城市复审由3年固定时间段复审调整为命名后3年内随机抽查复审。从2023年开始，全国爱卫办将按照新办法、新标准对国家卫生城市进行新一轮复审。

⊃ 南海区"有为水道"乡村振兴连片示范区。

质量发展，常态化做好巩固国家卫生城市工作。佛山市委、市政府强调，要坚决打好基础设施这个硬件达标升级战，以推进新型城镇化进程为抓手，加快推进新城区建设和老城区改造，突出抓好城中村、城乡接合部公共基础设施建设；坚决打好专项整治问题导向攻坚战，聚焦重点领域、紧盯薄弱环节，治理"脏、乱、差"等问题，集中开展环境卫生、集贸市场、食品行业"三小"场所和重点场所"四小"行业等专项整治。坚决打好依靠群众全民参与大会战，充分利用新闻媒体、微信等各种载体，借助各类公共场所公益广告宣传牌，大力开展巩卫、爱卫宣传，形成全民齐参与、共建共享的浓厚氛围。

在国家卫生健康委的支持下，佛山全面贯彻省委"1310"具体部署①和《中共广东省委 广东人民政府关于推进卫生健康高质量发展的意见》总体谋划，坚持以人民健康为中心，锚定高质量发展主题，持续深化医药卫生体制改革，着力构建"市优、区强、镇活、村稳"健康共同体，走出了一条对标中央要求、符合市情实际、满足群众期盼的卫生健康高质量发展之路。

---

① 省委"1310"具体部署："1"指锚定"走在前列"总目标；"3"指激活改革、开放、创新"三大动力"；"10"指奋力实现"十大新突破"。

二、佛山创建和巩固国家卫生城市的做法及成效

自1990年提出创建国家卫生城市后，佛山大力推进卫生环境和基础设施建设、医疗卫生条件改善及饮用安全卫生水等初级卫生保健工作，迅速创建成为第一批国家卫生城市，还获得了"全国十佳卫生城市""洁净城市""全国农村改水先进城市""国家园林城市""除四害工作全面达标城市""全国食品卫生示范区""国家食品安全示范城市"等荣誉，得到了中央和省的肯定。

（一）强化目标分解，确保各项工作落实

一是突出重点，加强基础设施建设。1990—1992年，佛山结合创建绿化城市、治理汾江河环境污染等工作，先后投入6.5亿元整治城市环境，使全市环境卫生有了显著提升，大街小巷实现道路硬底化，厕所冲水电脑控制化，垃圾处理填埋化，市区立体绿化。

二是建立健全基层卫生管理组织。健全市、区（县）爱卫会，在街道设立城建卫生办公室；健全市、区（县）城市管理、市政、园林、环卫、消毒、杀虫机构。

⊃ 2000年12月29日，市委、市政府召开汾江河综合整治工作会议，部署动员新一轮汾江河整治工作，实现"河水清、河岸美、交通畅、无洪涝"的整治目标。图为整治后的汾江河景色。

⊃ 全市积极开展爱国卫生运动。图为干净整洁的西樵镇上金瓯社区松塘村。

三是大力整治卫生死角。1990年5月，佛山出台《佛山市区市容环境卫生管理办法》。随后，各级相关部门进一步落实"门前三包"政策，有计划、有针对性地发动卫生突击检查，开展联合行动，清理整治违章建筑，处罚乱摆卖、乱丢垃圾等行为。

四是表彰先进，树立典型。1990年3月，佛山市委、市政府召开大会，纪念佛山市荣获"全国爱国卫生运动红旗城市"30周年，表彰一批佛山市卫生先进单位和先进个人。其后，佛山坚持每年开展"卫生先进单位"和"先进之家"评比活动，以先进典型推动形成"创卫"热潮。

（二）加强硬件建设，持续改善医药食品卫生条件

一是重视镇级医院建设，建立和健全基层初级卫生保健机构。佛山大力开展乡镇卫生院建设，各镇（街道）均设有卫生院，同时加强对农村卫生站的管理和指导。"八五"期间（1991—1995年），佛山累计拨出资金1.4亿元投入乡镇卫生院的建设，落实省政府提出的卫生院"一无、三配套"（无危房，房屋、人员和设备配套）的要求。1993年，全市乡镇卫生院全部由集体所有制转为全民所有制，并实行以镇政府管理为主的双包管理新体制。同时，对具备条件的卫生院开展医院分级管理，促进乡镇卫生院搞好软硬件建设，使之达标或上等级。至1992年底，全市评定三级甲等医院2

家、二级甲等医院13家、二级乙等医院4家、一级甲等医院40家、一级乙等医院14家，成为全国率先完成医院分级管理的城市。一、二、三级医院之间还建立健全了逐级技术指导、卫生支农和双向转诊制度，使农村医疗卫生条件显著改善。

二是加强药品、食品和饮用水卫生监督管理。1990—1993年，佛山连续4年通过省的食品卫生验收，被评为"全国食品卫生示范区"。计划免疫（疫苗接种）连续多年全面达标。至2000年底，全市农村共有152万多人饮上自来水，普及率达95.96%；共有卫生户厕34.23万个，普及率达70.57%；粪便无害化处理率达83.1%；参加合作医疗或医疗保险的农业人口覆盖率达56.3%，基本建立起以合作医疗和医疗保险为主的农村医疗保障体系。1992年，作为初保试点的顺德、南海两个县级市分别以92.47分和89分的高分，位居全省试点县（市）前列，顺德还被评为"全国农村初保达标先进市"，巩固了"人人享有卫生保健"的成果。

三是加强各医疗单位硬件建设，积极引进先进设备，改善医疗条件。1992—1993年，全市各镇卫生院增加医疗设备1582台（件），开展人才培训2603人（次）。至1994年底，全市90%以上的镇卫生院新建或扩建了门诊或住院大楼。同时，通过各级财政资金、卫生部门自筹、港澳同胞捐赠等方式，购买了大批先进医疗卫生器械。至

2002年，全市卫生部门所属医疗、卫生、保健机构建筑面积达210.9万平方米，拥有万元以上设备9282台，其中100万元以上的先进设备170台，医疗卫生条件进一步改善。

截至2018年，佛山拥有医疗卫生机构1715个，建立起15分钟社区卫生服务圈。2020年，佛山基层医疗卫生机构（含镇、街道二级医院）诊疗量占总诊疗量比例达到65%以上，构建起与经济社会发展相适应、居民健康服务需求相匹配，更加便利、安全、有效、优质的整合型医疗服务体系和分级诊疗格局。家庭医生服务成为分级诊疗落地的重要抓手。佛山自2013年起开展家庭医生示范点建设试点工作，截至2022年5月19日（第12个"世界家庭医生日"），全市共组建家庭医生团队992个，签订服务协议的居民约288万人，重点人群签约覆盖率达81.54%。

（三）加快推进卫生健康村镇建设

20世纪八九十年代，佛山广泛开展文明村和卫生城镇创建活动，以提高环境保洁质量和加强垃圾管理为突破口，推动群众生活质量和环境卫生质量再上新台阶。2000—2002年，佛山有7个镇被命名为"国家卫生镇"，17个镇（街道）被命名为"广东省卫生镇"，66个村被命名为"广东省卫生村"。

⊃ 三水区荷香湖公园。

进入21世纪后，特别是新时代以来，佛山通过持续开展创建国家卫生城市活动，推动城市升级、美的乡村建设、健康村镇打造等行动，促使镇村在文化生活设施、公共卫生服务等方面实现整体提升。如禅城区南庄镇紫南村，不仅拥有设备完善的社区卫生服务站，还实现全民社保和二次门诊医保，成为"广东省健康乡村示范村"；顺德区大良街道新滘社区每月邀请医生为村民开展健康讲座，针对0—3岁儿童家庭开展早教班，推广最先进的早教理念和教学玩具，被评为佛山市四星级健康村。至2018年，佛山建成169个健康村，省级以上卫生镇覆盖率达到95.8%。随后，佛山又以"健康细胞"工程为抓手，以点带面推动健康城市建设。截至2021年底，全市共创建不同星级健康村（居）488个，健康社区157个，1035个单位和152587个家庭成功创建为佛山市"健康细胞"。同年，佛山积极探索健康企业建设的新路径，打造一批健康企业示范样本，有49家企业创建为"健康企业"，创建数量位列全省地级市之首。[①]同年，佛山有13个镇（街道）通过全国爱卫会复审，重新确认为国家卫生乡镇（含大沥镇、西樵镇、九江镇、丹灶镇、里水镇、北滘镇、陈村镇、龙江镇、容桂街道、乐从镇、均安镇、杏坛镇和伦教街道）。

（四）治污与监督并举，形成环保共治格局

2007年，针对污染严重的绿岛湖，佛山启动了产业转型升级，通过挖湖重建生态，建设都市产业区，养殖被称为"大气和水质状况监测鸟"的白鹭，使绿岛湖片区成为佛山中心城区最大规模的城市生态区。绿岛湖的蝶变，是佛山强化治污、保护建设生态文明的一个缩影。

自2012年佛山成立环境保护委员会开始，环保治理工作由市长挂帅督办，推动形成市、区及各部门共治的"大环保"格局。市民也参与环保监督。佛山各大河涌旁立起蓝色的河长制公示牌，印有二维码，方便市民对该条河涌污染情况进行监督和投诉；村级工业园区的企业门口也立起了环境信息公示牌，市民可扫二维码进行监督。

（五）试点建设省和国家食品安全示范城市

2013年，佛山在广东省内率先创建食品安全示范市。2014年，针对备受群众关注的"瘦肉精"等食品安全问题，佛山在全省率先推行肉品统一配送，并出台《佛山市食品安全责任追究办法》，为食品安全责任设置"高压线"。其后，佛山连年开展打

---

① 佛山市卫生健康局：《砥砺前行，佛山爱国卫生工作成效显著》，2022年3月21日。

击食品违法犯罪"百日行动"，铁腕严惩不法分子。2015年和2016年，佛山先后被纳入广东省食品安全示范城市创建试点和第三批国家食品安全示范城市创建试点。2017年，出台《佛山市食品安全"党政同责、一岗双责"责任制实施办法（试行）》及《佛山市食品生产加工小作坊集中管理办法》（全国首部），以2000万元财政投入撬动3.5亿元社会投入，完成对全市311家农贸市场升级改造。佛山还针对酒类、饮料、零副食品、肉类及肉制品、食品"三小"（小作坊、小经营店和小摊点）、网络订餐等环节重点开展食品安全监管。

2018年起，佛山重点推进放心肉菜示范超市建设工作，打造"3＋100"食品安全放心市场（1家放心肉、1家放心鱼、1家放心菜的"放心肉菜示范批发市场"和100家A级市场）；实施餐饮业质量安全提升工程，建成"明厨亮灶"餐饮单位2万家；打造建设标准高、检验能力强、管理规范的食品小作坊集中加工中心，全面推广小摊贩集中经营、集中管理模式，每个区新建成2个以上食品小摊贩集中摆卖点等，食品"三小"监管工作成效明显。此外，佛山还建立食品安全跨部门联合检查工作机制，每月安排一次联合检查，每次抽查数量不少于10家，全年覆盖32个镇（街道），对发现的食品安全隐患进行及时处理整改。2023年11月，佛山被命名为国家食品安全示范城市，在食品卫生健康领域又添一块"国字号"招牌。

（六）新技术助推公厕与垃圾收运升级

2016年10月1日起，佛山首部地方政府规章《佛山市城市市容和环境卫生管理规定》正式施行，聚焦市容市貌卫生，重点加快公厕升级改造、完善城市垃圾收运系统、加强农贸市场规划建设管理。其中，实施"厕所革命三年行动计划"，至2020年基本实现城镇厕所干净整洁、使用方便、舒适美观的目标。在垃圾收运工作方面，佛山基本建成"一镇一站、一村一点"及"村收集—镇转运—市、区处理"的城乡生活垃圾收运处理体系，建起众多干净整洁的垃圾压缩中转站。集贸市场及周边的卫生问题也在多次迎复检工作中不断改进提升。

（七）实现病媒生物密度监测网络全覆盖

为了普及防病知识，佛山通过"佛山疾控"微信公众号等平台，为市民提供除"四害"等专业建议，做好科普宣传，预防疾病的发生，同时密切监测，建立起由政府主导、专业公司消杀和群众性爱国卫生运动相结合的病媒生物防控工作机制。省卫计委自2015年起在佛山禅城开展登革热防控示范区试点工作，登革热疫情分布情况和

○ 2020年12月，改造后的丰收涌。（吴宇　摄）

各社区网格的蚊媒密度情况可在GIS地图上形象展示，实现疫情信息、蚊媒密度超标事件的快速流转、处理，有效防止了登革热疫情暴发流行。至2018年，佛山建成覆盖全部镇（街道）及健康村居、省卫生村的以蚊媒为主的病媒生物密度监测网络，市、区、镇（街道）监测覆盖率达到100%。同时，佛山通过建立监测预警机制和病媒生物投诉处置机制，科学合理应对和处置由病媒生物引发的突发公共卫生事件。

（八）全面推进无烟环境建设

佛山大力推动无烟党政机关建设，继续巩固无烟医疗卫生机构、无烟学校建设成果。2021年佛山共申报创建广东省无烟单位684个。截至该年底，全市共创建无烟单位3661个（其中无烟党政机关482个，无烟卫生计生机构152个，无烟学校1669个，其他单位1358个），数量居全省地级市前列。

三、佛山创建国家卫生城市的经验

改革开放以来，佛山营造浓厚的"爱卫"氛围，与时俱进创新、拓展卫生健康建设工作方式方法，不断丰富"创卫"内涵，尤其是在创建、巩固国家卫生城市的工作中，积累了丰富的实践经验。

（一）常抓不懈，持续推进"爱卫""创卫"活动

环境卫生工作贵在坚持。佛山重视赓续和发扬"全国爱国卫生运动红旗城市"的优良传统，使"卫生红旗"的信念始终深入人心，党政军民学共同推动全市爱国卫生运动开展和国家卫生城市创建工作。面对国家卫生城市的每一次复审，佛山各级党委、政府将其视为新的创建工作来抓，务实推进，确保不断取得更好的成绩。在2020年开始的新冠肺炎疫情防控工作中，佛山发扬这一传统，坚持以人民健康为中心，深入开展爱国卫生运动，助力抓好常态化疫情防控，得到了人民群众的广泛支持，为2021年实现国家卫生城市"五连冠"打下了坚实基础。

（二）注重宣教，增强群众卫生健康意识和素质

从推进卫生环境建设，到推进初级卫生保健达标和创建国家卫生城市，佛山坚持把加强环境卫生教育、健康教育作为爱国卫生运动的基础工作来抓，建立了覆盖城乡的健康教育网络，广泛开展健康教育和健康促进活动，有效提升群众的卫生健康意识和素质。在迎接国家卫生城市复审工作中，佛山创新宣传方式方法，导入视觉识别系统，制作微信打卡宣传小程序、制作宣传教育短视频、编写爱卫主题歌及宣传片、推出健康教育宣传栏目和宣传海报等，向广大市民群众传达爱国卫生理念，保持了全民"创卫"的良好氛围。

（三）加强保障，健全卫生环境保护体制机制

佛山坚持系统治理的思维，建立健全环境卫生保护体制机制，作为提升环境质量的保障。完善城市管理机制，全面推行环卫"大保洁""大市政"模式，持续开展城乡环境卫生整洁行动和"美丽乡村，环卫先行"活动。创新环境保护工作机制，在全省率先设立专职环保警察，推动环境防治立法，创设地方特色查处制度，逐步建立起具有佛山特色的环境防治综合体系。强化部门协同、城乡联动，市、区、镇（街道）、村（居）四级联动，常态化开展人居环境综合整治，推动环境卫生质量和市容市貌全面提升。

⊃ 通过推进城市市容治理和环境卫生管理立法，全市城市面貌焕然一新。图为公园一角。

（四）抓住重点，开展各项专项整治行动

为了持续改善环境质量，佛山紧盯重点领域，强化精细治理，深入推进生态文明建设，探索出城市绿色发展新路径。

一是长期重视对医院、学校、农贸市场、城中村、生产企业等重点场所卫生专项整治，集中解决一批环境卫生顽疾，使各类场所卫生管理水平得到进一步提高，公共场所卫生许可证持证率达100%，实现公共场所卫生监督量化分级管理全覆盖。结合落实"创文""创卫"等工作，进一步提升"六小场所"①卫生管理水平。加大城区公厕的建设和升级改造力度，市内公厕基本达到二类公厕标准。积极开展职业卫生宣传

---

① "六小场所"：小餐饮店、小食品店、小美容美发店、小浴室、小旅馆、小歌舞厅等。

教育和示范企业创建等活动，稳步推进职业病防治工作，确保不发生重大职业病危害事故。

二是狠抓食品安全。围绕创建国家食品安全示范城市，佛山落实食品安全"党政同责、一岗双责"责任制，率先整合实施三大风险管理制度，监督落实食品从业人员持有效健康证明上岗等，使食品生产经营各环节管理更加规范；进一步规范牲畜屠宰防疫工作，实行肉品统一配送；开展餐饮单位食品安全监督量化分级管理，食品生产环节和食用农产品集中交易市场风险分级覆盖率达100%。

三是加强生活饮用水安全。全市完成了所有省级集中式饮用水源保护区和乡镇级集中式饮用水源保护区的标准化建设，集中式饮用水水源地一级保护区水质达标率、安全保障达标率多年保持100%。

四是切实防控重点疾病。佛山认真贯彻落实《中华人民共和国传染病防治法》等法律法规，建立了较为完善的疾病预防控制网络，扎实开展重点疾病监测与防治。同时，广泛发动群众"除四害"，不断加大对病媒生物防制基础设施的投入，规范开展病媒生物监测工作，不断提高科学除害水平。

（五）创建为民，切实提升群众的满意度

多年来，佛山城市人居环境稳步提升，赢得了人民群众"好口碑"，在"公众对城市环境的满意率大于80%"这一复审指标上均能取得优异成绩。这也是佛山持续以高分通过国家卫生城市复审、在全省复审城市中排名前列的关键所在。佛山坚持把民生改善作为卫生城市建设的出发点，重点提升改造老旧小区、农贸市场、公共厕所、城中村及城乡接合部、背街小巷等重点区域的卫生基础设施，全面提升市容环境卫生和城市的整洁度和美观度，促使城乡生产生活环境都有了"质"的改变，群众对市区卫生状况满意率不断提升。

创建全国文明城市
的历程和经验

2015年，佛山经过近10年的努力，从广东省文明城市跃升为全国文明城市，并于2017年、2020年连续两次通过复评，获得全国文明城市"三连冠"。佛山坚持文明创建永远在路上，适时提出争创全国一流文明城市和全国文明典范城市，持续深化文明实践、文明创建、文明培育，取得丰硕的成果，部分经验在全省乃至全国推广，有力推动了新时代佛山精神文明创建与城市高质量发展。

一、佛山创建文明城市的早期实践

自20世纪90年代起，佛山市委、市政府开始大力推进文明城市建设工作。2005年佛山被命名为广东省文明城市。10多年的探索和实践，为佛山创建全国文明城市积累了丰富的经验，打下了坚实的城市基础。

1991年5月，佛山印发《佛山市"八五"期间精神文明建设规划》，提出在"八五"期间逐步把佛山建设成为经济繁荣、文化发达、环境优美、社会稳定、风气良好、人民安居乐业的文明城市。其后，佛山按照"以城带乡，以镇带村，以点带面，软硬兼顾，城乡一体"的工作思路，加强对精神文明建设的领导，积极推进农村精神文明建设，广泛开展建文明城市（城镇）、创文明单位、做文明市民等活动。

1996年3月，佛山市委、市政府进一步提出，要以创建全国文明城市为目标，以强化思想道德文化建设为重点，精心组织群众性创建文明单位活动，在广度、深度和高度上下功夫、出成果。1998年8月12日，佛山召开创建文明城市工作会议，传达中央以及省有关精神文明建设工作会议精神，讨论《佛山市参加全省创建文明城市竞赛活动实施方案》，部署佛山创建广东省文明城市的工作。同年10月，市委、市政府对全市（含南海、顺德等县级市）创建文明城市工作进行再动员、再部署，围绕市容环境、市民素质以及治安管理3个方面作了重点安排。

1999年9月，南海被命名为首批广东省文明城市，佛山、顺德被评为省创建精神文明先进市。全市有9个单位被评为省文明单位，5个村（镇）被评为省文明村镇，4个单位被评为文明窗口单位，9人被评为广东省精神文明创建活动积极分子。同月，在全国精神文明建设表彰电视电话会议上，佛山市公安局110报警服务台、佛山电力工业局、南海里水镇里水村、顺德北滘镇受到中央精神文明建设指导委员会的表彰。

2002年10月，在北京召开的全国精神文明创建工作先进单位表彰大会上，南海被评为全国创建文明城市工作先进城市；南海桂城街道东二村和顺德均安镇三华村被评为创建文明村镇工作先进村。同年12月，随着南海、顺德等撤市设区，佛山市委、市政府统筹一市五区开展文明城市创建工作。2004年12月，在南海区大沥镇召开的全市创建文明村镇经验交流会上，市委、市政府提出了力争在2005年创建省级文明城市的工作目标。

2005年5月，佛山印发《佛山市创建广东省文明城市实施方案》，提出加强廉洁高效的政务环境建设、加强公平公正的法治环境建设、加强规范守信的市场环境建设、加强健康向上的人文环境建设、加强安居乐业的生活环境建设、加强可持续发展的生态环境建设、大力开展扎实有效的精神文明创建活动7个方面的工作，努力构建和谐佛山，并强调要力争在2005年建成广东省文明城市。12月，佛山创建省级文明城市的工作受到由省领导带队的省文明城市考察团的充分肯定。接着，省委、省政府召开全省精神文明建设表彰电视电话会议。佛山作为全省获得"广东省文明城市"称号的4个城市之一，受到省委、省政府的表彰。

二、佛山创建全国文明城市的历程

全国文明城市是中央文明委对全国精神文明建设成绩突出，物质文明、政治文明、精神文明、生态文明和社会建设协调发展，在全国具有示范性作用的城市授予及

⊃ 2009年2月24日，南海区桂城街道南桂社区卫生服务站整洁光亮，前来就诊的市民着实不少。佛山全面落实《关于进一步加强基层医疗卫生机构建设的意见》，完善社区卫生服务站信息化基础设施配套。

命名的最高荣誉称号。经过近10年的努力，佛山于2015年首次成功创建全国文明城市。在其后的两次复评中，佛山继续保留这一荣誉称号。其间，佛山的文明城市创建目标也不断提升，市委、市政府先后提出争创全国一流文明城市、全国文明典范城市的目标。

（一）启动创建（2006—2009）

2006年是佛山创建全国文明城市（一般简称为"创文"）工作的起点，创建全国文明城市工作及目标纳入"佛山市'十一五'规划纲要"（1月13日经市十二届人大四次会议通过）。4月26日，佛山印发《关于佛山市创建全国文明城市工作的实施意见》，提出佛山在2008年成为全国创建文明城市工作先进城市、2011年进入全国文明城市行列的目标，并就落实推进全国文明城市创建工作提出主要任务和工作重点、实施步骤和工作措施。5月26日，佛山召开创建全国文明城市动员会暨精神文明建设总结表彰会，正式启动佛山创建全国文明城市工作（此前，广东省仅有深圳市、中山市在2005年被评为"全国文明城市"），并把争创全国文明城市作为推动佛山未来5年城市发展的综合性抓手。会上还对顺德区北滘镇等86个获得国家、省、市各级文明单位称号的单位和个人进行表彰。

"创文"工作启动后，佛山迅速做好规划部署，将全国文明城市测评体系中的122项基本指标任务分解到105个职能部门和单位，开展专项整治。同时，围绕全面推进精神文明建设，开展一系列活动，积极营造良好的社会文明环境，树立向上向善的社会公德标杆。2006年，佛山正式启动十佳"美德之星"评选工作，其后不断延续，成为佛山精神文明建设的一个亮点和品牌。2007年，佛山在全省率先建立"六支队伍"①，关爱未成年人的健康成长。同年，佛山启动"十好"和谐文明村居创建工作，打造"礼仪佛山"品牌。2008年，佛山开展系列"绿色文明"活动，向广大市民宣传环保的重大意义。2009年，佛山启动"情暖佛山"系列活动，在五区特别是窗口单位打造具有佛山特色的关爱品牌。

（二）全力推进（2009—2011）

2009年9月，佛山召开创建全国文明城市工作会议，在总结前3年"创文"工作的基础上，对全市未来3年"创文"工作作进一步部署，提升全市政务、法治、市场、人文、文化、生活、治安、生态8个环境质量，力争到2011年跨入创建全国文明城市工作先进城市行列（实际上对创建目标作了务实的调整）。市委领导强调，创建工作要以解决人民群众最关心、最现实的利益问题为重点，加强城市基础设施建设，加大城市和衷共济，提高市民文明素质和城市整体文明程度，推动经济建设、政治建设、文化建设和社会建设的协调发展。

2010年12月，市委、市政府召开佛山创建全国文明城市工作情况汇报会，对佛山创建工作的总体情况、现阶段创建基础及创建难点等进行总结，并部署下一步"创文"工作。市委强调，要把创建全国文明城市作为2011年市委、市政府工作重中之重，创建工作要一步到位、力争成功。为此，佛山按照中央和省的要求，成立了由市委书记担任组长和市长担任总指挥的佛山市创建全国文明城市工作领导小组，下设办公室（简称"市创建办"）作为执行机构。年底，佛山召开创建全国文明城市再动员会，全面部署和动员创建冲刺工作。会议强调2011年全力争创全国文明城市的目标，明确佛山在2011年正式申报全国文明城市。市"创文"工作领导小组就"创文"达标责任、实施城市"亮点"工程、加强城市基础设施建设、加大城市环境综合整治力度、实施"市民教育"战略等方面提出明确的要求，强调创建工作要做到思想上更统

---

① "六支队伍"：班主任队伍、法制副校长队伍、家庭教育指导队伍、青年志愿者队伍、青少年文化队伍和"五老"（离退休老干部、老战士、老专家、老教师、老模范）队伍。

一、行动上更明确责任；要坚持五区同创，体现佛山组团式创建文明城市的特点；要抽调强有力的人员集中精力做好创建工作；要实行"创文"工作与单位绩效考核挂钩，与领导班子成员实绩考核挂钩，对未能完成达标任务的要实施问责；要坚持创建为民、创建惠民。市政府还与五区及市公安局、市城市综合管理局、市交通运输管理局等责任部门签订了"创文"达标责任书。

2011年1月，市委积极响应省委关于创建珠三角全国文明城市群的部署，推动佛山创建全国文明城市工作进入全面冲刺阶段。接着，佛山印发《佛山市创建全国文明城市工作方案》，并召开创建全国文明城市专项整治阶段工作会，提出从2月至6月，重点围绕交通秩序、环境污染、社会治安、城市景观4个方面进行专项整治，同时提升市民文明素质和城市文化品质。市委强调，要借助创建全国文明城市的契机，找出问题，解决问题，提升佛山城市科学管理水平，增强佛山城市核心竞争力。

同年7月，佛山成为省文明委拟向中央文明委推荐的广东省3个获全国文明城市提名资格的城市之一（只有获得提名资格的城市才能申报参评全国文明城市）。佛山获省推荐全国文明城市提名资格，意味着佛山"创文"工作有了实质性进展，得到省文明委的肯定。佛山随即召开"创文"阶段总结会，提出要将"创文"工作从上半年的冲刺阶段转入常态化工作阶段，与加强社会建设结合起来，以群众的幸福安康为出发点和归宿点，让新老佛山人团结一致，加快建设和谐社会、公共社会、智慧城市、信用城市、文明城市和幸福社区。

12月20日，全国精神文明建设工作表彰大会在北京召开。在第三批全国文明城市（区）、文明村镇、文明单位评选中，佛山正式获得全国文明城市提名资格，被确定为下一轮（2014年评检）全国文明城市参评对象。同时，顺德区容桂街道办事处、中国移动通信集团广东有限公司佛山分公司获"全国文明单位"称号，南海区西樵镇获"全国文明镇"称号，三水区西南街道木棉村获"全国文明村"称号。12月30日，佛山召开"创文"工作座谈会，研究部署新一轮"创文"工作安排，着力做好4个方面工作，一是着力抓好"创文"工作三年规划；二是着力抓好长效机制的建立健全；三是着力抓好公共文明指数测评；四是着力抓好宣传动员与市民教育。

（三）全面冲刺（2012—2015）

2012年2月，根据《全国文明城市测评体系》《全国未成年人思想道德建设工作测评体系》的内容和要求，市创建办制定了《佛山市创建全国文明城市工作计划（2012—2014年）》，作为佛山冲刺创建全国文明城市的指导性文件，着力优化政务环境、法

⊃ 2012年2月6日，首届公益慈善盛典在机关大礼堂举行。志愿者在宣读倡议书。

治环境、市场环境、人文环境、生活环境和生态环境，促进全市物质文明、政治文明、精神文明、生态文明和社会建设协调发展，把创建活动与造福市民结合起来，坚持五区同创、全民参与，把创建工作的着力点放在基层，力争2014年跨入第四批全国文明城市行列。

同月，市委、市政府召开城市升级三年行动计划暨创建全国文明城市工作动员大会，将冲刺阶段的三年"创文"工作和城市升级三年行动计划一同部署、一同推进，力促城市软硬环境同步提升。会议强调，城市升级和"创文"是提升佛山城市品质和展现佛山城市形象的宏伟工程，事关佛山未来的城市竞争力，各区、各部门必须做好这两篇文章。为了强化落实，在随后的人民满意政府建设、城乡环境整治、政务环境改善、社会信用体系建设等工作中，佛山均将其与"创文"工作紧密结合起来，打出"组合拳"，推动组织机制、工作机制、考评机制相继建立并不断完善。

2012年起，佛山持续开展美化、绿化、净化、亮化工程，加大市政基础设施和园林绿化力度，开展城市环境综合整治，依法打击"黑网吧"，加强网吧管理和校园周边环境综合治理，打造具有佛山特色的"微文明"市民行动系列活动品牌，在全市确立了15个"微文明在社区"活动示范点；开展"讲文明、树新风"和"发现好人，温暖你我"等活动，在群众中掀起了讲文明、做好事的热潮。2013年，佛山启动全民阅读、文明交通、文明旅游等活动，举办全国道德模范与身边好人交流活动，着力提升城市文明程度和市民文明素养，文明创建工作取得更加明显的成效。

佛山获得全国文明城市提名资格后，接受中央文明办组织开展的每年一小检、三年一大检（又称"国检"），向创建全国文明城市的目标全面冲刺。其中，2012年、

2013年的小检得分分别占10%、20%，并顺利通过"国检"；2014年大检得分占70%，这一测评成绩尤为关键。为此，佛山调整思路，紧扣两个测评体系要求，加大改善和提升力度，全面推进全国文明城市创建，最终顺利通过这一轮"全国文明城市"评检。

2015年2月28日，在北京人民大会堂举行的全国精神文明建设工作表彰暨学雷锋志愿服务大会上，第四届全国文明城市名单发布。佛山经过多年的努力，终于获得"全国文明城市"称号，还获得了"全国未成年人思想道德建设工作先进城市"称号。同时，南海区丹灶镇、顺德区乐从沙边村获第四届"全国文明村镇"称号；佛山市公安局交警支队、广东电网公司佛山高明供电局、禅城区祖庙街道铁军社区获第四届"全国文明单位"称号。

（四）巩固提升（2016—2021）

佛山获评全国文明城市之后，又于2017年通过国家复检（评），保留了这一荣誉称号，并被中央文明办列为五个全国文明城市巡礼城市之一，先后5次在全国或全省

⊃ 高明区坟典村内建成环境优美的休闲公园，里面立有社会主义核心价值观标识。

⤷ 位于三水区西南街道康乐路上，一位市民正在自行车专用道上骑车。（《佛山日报》记者王澍 摄）

会议上作典型发言，美丽文明村居建设经验入选中央文明网2019年全国五个城市"文明创建品牌故事"案例，平均每天就有一条关于佛山文明创建的经验刊登在中国文明网上。

2018年，佛山启动新一轮全国文明城市创建（复评）工作。佛山市委、市政府坚持"文明实践永无止境，文明创建永远在路上"的理念，围绕补齐短板和问题整改，出台《佛山市奋夺全国文明城市"三连冠"工作方案》等文件，部署了九大重点工程，以培育和践行社会主义核心价值观为主线塑造文明城市灵魂，以基层文明创建为抓手拓展文明城市阵地，以提升市民文明素质为根本充实文明城市内涵，不断巩固提升文明城市创建成果。在此基础上，佛山提出了争创全国一流文明城市的发展目标。

在此过程中，佛山着力构建与宜居宜业宜创新的高品质现代化国际化大城市相匹配的精神文明建设工作格局，不断擦亮"大爱佛山""敬业之城""乐善之城""志愿之城""工匠精神""企业家精神"等特色文明创建品牌。广大党员干部群众积极响应市委、市政府号召，主动作为、众志成城、勇于担当、甘于奉献，自觉养成和践行文明习惯，主动投身各类志愿服务活动，让文明创建久久为功，文明新风深入人心。通过持续开展全国文明城市创建工作，佛山的城市品质和内涵不断提升，社会管理和公共服务更加规范，市民道德素养和文明风尚显著提升。

2020年，佛山又迎来三年一次的全国文明城市复评。4月，佛山召开创建全国文明城市工作推进会，解读《2020年佛山市精神文明建设工作要点》《佛山市奋夺全国文明城市"三连冠"工作方案》，同时出台《佛山市建设高质量"志愿之城"行动计划》等多份文件，吹响了佛山奋力夺取全国文明城市"三连冠"的冲锋号。11月，佛山通过复评（测评成绩居省内获评全国文明城市的6个地级市之首），经中央文明委确认，继续保留全国文明城市的称号，实现全国文明城市"三连冠"。同年，佛山还入选中国最具幸福感城市（地级市）。

2021年11月，在中共佛山市第十三次代表大会上，市委提出，佛山要争创全国文明典范城市，构建岭南文脉轴线。在新的目标引领下，佛山毫不松懈，不断巩固提升文明城市创建成果，为争当全省地级市高质量发展领头羊提供有力思想保证、精神力量和道德滋养，迈向全国文明典范城市建设新征程。

三、佛山争创全国一流文明城市的做法和特点

作为每个城市梦寐以求的城市名片和城市品牌，全国文明城市测评项目多、覆盖范围广、评比标准高、考察方式严，体现一座城市的综合治理能力和文明程度。佛山不仅一次申报成功，而且还获得"三连冠"，创建做法卓有成效，形成了自身特点。

（一）构建符合佛山实际的特色文明创建模式

从创建全国文明城市到争创全国一流文明城市，佛山积极培育践行社会主义核心价值观，着力完善形成"大爱佛山""志愿之城""乐善之城""敬业之城""信用佛山"五大工作品牌，推动特色文明创建不断升级。

⊃ 禅城南庄镇龙津古训景观。

一是坚持五区同创，"创文"永远在路上。佛山以敢为人先的开拓精神和务实勤劳的拼搏精神，开创出全国有名的工业文明。至2015年，佛山的地区生产总值突破8000亿元大关，人均地区生产总值突破10万元，跻身高收入城市行列。物质文明达到一定程度后，创建全国文明城市、追求更高层次的精神文明，

➲ 位于三水区西南街道健力宝南路的道路分隔带上，创建全国文明城市的广告十分醒目。（《佛山日报》记者王澍　摄）

成为佛山的坚定追求。佛山坚持五区同创和全民参与，成功摘得"全国文明城市"牌匾。在人民大会堂获得称号的当天，佛山提出了"'创文'永远在路上"的口号。2015年7月，佛山迅速出台《佛山市文明城市建设三年提升计划（2015—2017年）》，对未来3年的文明城市创建、提升工作进行重点部署。随后，佛山还出台打造乐善之城的"乐善365"行动计划，先后开展文明餐桌、文明礼仪、文明交通、文明旅游、网络文明五大文明风尚主题月活动。佛山五区也先后启动"乐善行动日"系列活动、"微文明·净静生活"市民行动等，带动新一轮市民素质和城市文明形象的提升。其中，禅城区聚焦短板重点攻坚，特别是聚焦老旧小区、农贸市场、背街小巷、医院周边、交通秩序、环境卫生等薄弱领域，持续开展由区党政领导班子牵头负责的18个专项提升行动；南海区结合城市大脑建设推动智慧创建，把文明城市创建工作与提升南海营商环境、开展摩电整治、建设南海区新型农村社区工作结合起来，加强精细化管理；顺德区设立农村人居环境红黑榜制度，坚持日常维护和专项整治相结合，分步分类对主次干道、商业大街、背街小巷、农贸市场、社区小区等重点部位进行全面排查和优化提升；高明区结合城市治理、城乡网格化推进文明创建，对中心城区内的乱摆卖、

○ 2024年10月11日，三水芦苞镇独树岗村迎来一年一度的重阳千叟宴。（《佛山日报》记者王澍　摄）

垃圾乱堆放、环境卫生脏乱、"牛皮癣"及乱拉挂等问题，结合城市治理、城乡网格化等工作推进问题解决；三水区开展"文明创建一张网"数字管理系统季度测评，将区内44类实地考察场所及众多测评点位纳入"文明创建一张网"数字管理系统，坚持每季度开展测评，按区直部门和镇（街道）分两类排名，并向社会发布文明指数，在媒体公布排名、测评结果，末位两名须提交书面说明。

二是积极推动基层精神文明建设。2015年起，佛山的"创文"步伐从城市向基层和村居深化推进，紧扣城市升级两年延伸行动计划，把文明创建与"百村升级行动""美丽乡村"建设等紧密结合，将文明创建从城市延伸到村居这一最基层的社会细胞。2016年1月28日，佛山召开全市村居精神文明建设工作交流会，确定把建设"美丽文明村居"作为加强基层文明建设的抓手，并与20个文明建设示范（特色）村居负责人签订创建责任书。为调动基层的积极性，同年2月至4月，佛山还组织全市730多个村居开展"我心中的文明村居"大讨论活动50余场，极大激发了全社会的创建热情，共吸引13万人次参与讨论，通过网络平台收集到文明村居标准（愿景）2万多条。在同年出台的《佛山市美丽村居建设工作方案》中，佛山贯彻落实新发展理念，从环境美、风尚美、人文美、服务优4个方面，统筹推进美丽文明村居建设，目标是到2018年底前，全市村居全面达到市级美丽文明村居建设标准，文明城市创建向广度、深度延伸。其中，"环境美"落实"一编二拆三清四改五建六美"的总要求，细化到公厕建设、污水处理等；"风尚美"按照"一村一品"的思路实施，打造特色村居文化品牌；"人文美"突出古村落风貌和文化保育，传承岭南风韵；"服务优"聚焦村居公共服务改善与提升。2016年5月31日，在广东省创建文明镇（街道）工作电视电话会议上，佛山作为发言代表介绍文明村居建设做法，受到省的肯定。

三是重视探索精神文明建设服务实体经济发展的新路径。佛山专门开展针对300万佛山产业工人的社会主义核心价值观进企业活动，探索构建宣传思想文化工作服务实体经济发展的新路径，助力打造国家制造业创新中心。全市五区均拿出了具体的方案和举措，首批10个市级示范点和40个区镇级示范点建设加速推进。企业示范点不仅开展了核心价值观车间、工厂景观建设，还开展工匠评选、寻找最美职工等丰富多彩的活动，为广大外来员工提供精神层面的关怀，也有助于企业留住人才。

◐ 三水区西南街道西南公园门口文明旅游的宣传海报。（《佛山日报》记者王澍　摄）

四是大胆创新创建全国一流文明城市的方式方法。一方面，加强制度创新。根据佛山实际情况及打造全国一流文明城市的需要，相关部门优化调整现有督查督办、季度测评、专项测评、年度考评等制度；积极建立健全各级好人、道德模范扶助机制，大力营造好人有好报的社会氛围；探索建立群众性精神文明创建的激励机制，不断提升基层文明创建的积极性。另一方面，推行"互联网＋文明创建"工程。通过建立精神文明创建信息化管理工作系统，对文明单位、文明村镇、文明社区等创建主体进行信息化管理，对各区及市直责任单位文明城市创建工作进行动态管理，实现工作台账化、档案电子化、创建网格化、督查考评动态化和宣传多元化等，推动文明创建工作常态化、信息化和规范化。

（二）推进文明行为立法

2021年，市人大常委会将《佛山市文明行为促进条例》纳入年度立法工作计划，目的是通过加强文明行为立法，将社会主义核心价值观的相关要求转化为可操作性的法律规范体系，以法治方式规范公民行为习惯养成。8月，《佛山市文明行为促进条例（草案）》经市第十五届人大常委会第四十五次会议第一次审议，市人大常委会法工委根据常委会审议意见和前期调研座谈收集到的修改意见，形成了草案修改稿，并公开征求意见。其后，经市十五届人大常委会第五十一次会议（2021年11月9日）通过，省十三届人大常委会第三十九次会议（2022年1月16日）批准，《佛山市文明行为促进条例》于2022年3月1日起施行。

《佛山市文明行为促进条例》落实精神文明建设的要求，以提升公民的文明素养和城市的文明水平为目标，助力佛山打造一流营商环境，为佛山创建全国一流文明城市、争创文明典范城市提供有力的法治保障。文件对基本规范、保护生态环境、爱护公共卫生、维护公共秩序、文明经营等方面作出详细规定，结合时代发展和现实需要，对一些文明新风尚作出正向倡导和强调。比如，结合新冠肺炎疫情

⬤ 禅城区环卫工人在石湾三友岗大扫除。（《佛山日报》记者符诗贺　摄）

防控形势，提出保持社交距离，自觉遵守公共场所设置的"一米线"文明引导标识，推行分餐制、使用公筷公勺等。文件还制定了不文明行为重点治理清单，对常见、突出的不文明行为实施重点治理。同时，探索以劳代罚、强化教育弱化处罚等措施，如当事人自愿参加社会服务，可以依法从轻、减轻或者不予行政处罚。此外，佛山还通过用行动悔改的鲜活案例教育违法者，推动全社会营造尊法、守法的良好氛围，全面提升公民思想觉悟、道德水准、文明素养和社会文明程度，从而达到德治、善治的目的。

（三）持续完善志愿服务制度和工作体系

2016年1月，佛山出台《佛山市建设"志愿者之城"三年行动计划（2016—2018年）》，进一步提升志愿服务制度化水平，力争到2018年底，建成兼具制度化、信息化、专业化、常态化、国际化的高质量"志愿之城"，全市志愿服务发展水平居全国前列，更好助力文明城市建设工作。为此，佛山计划在全市推广南海区桂城街道"社工＋志愿者"的社区志愿服务标准化建设经验，深入开展"到你身边"志愿服务活动，组织开展法律、文体、科技、医疗卫生"四进"社区（村）志愿服务活动，使志愿服务更加贴近群众、贴近基层，推动基层善治。

围绕建设高质量志愿服务统筹体系、高质量志愿服务运行机制、高质量志愿服务组织和队伍、高质量志愿服务阵地和项目、高质量志愿服务激励保障、高质量志愿服务文化传播六大方面，佛山积极推进25项建设任务，包括提升志愿服务线下阵地的示范性功能，深化志愿V站、好人工作室联建模式，打造示范性品牌，突出一站一特色，制定全市站点电子地图，建立档案库，出台站点制度化、规范化、标准化文件，搭建集新时代新思想传播、志愿文化展示、志愿项目开发、志愿服务创意体验等多功能的新型矩阵，构筑覆盖全市的志愿服务风景线、风景带。

为健全志愿服务嘉许激励机制，佛山还把星级志愿者认定与城市信用体系建设、城市诚信优待制度相结合，实施《佛山市志愿者守信联合激励加快推进青年信用体系建设行动计划》，完善志愿服务激励回馈机制，争取更多爱心商家加入；完善志愿服务积分入户、入学等激励政策，倡导和推动有关单位在招考、招工、招生、评优时，优先考虑有志愿服务经历者。

此外，佛山还积极探索为规模性的志愿服务组织配置专业社工人员，为相关领域的社工机构组建志愿服务队伍提供专业技术指导和支持；探索"互联网＋志愿服务"，完善志愿服务"一网一证一计划"建设，推进网络文明志愿者队伍建设；探索开展"志愿河长制""志愿湖长制"服务；探索建立志愿者抚恤、奖励基金；等等。

（四）推动创建工作常态化

2021年初，佛山出台《佛山市创建全国文明城市重点专项工程常态化工作方案（2021—2023）》，明确提出围绕改善市容环境、促进生活便利、优化交通出行、深化文明实践四大方面，由市委、市政府6名分管领导分别牵头挂帅，常态化推进关于创建全国文明城市的15项重点专项工程。这15个重点专项工程是将2020年省文明委制定印发的"九大行动"与市文明委实施的"九大重点工程"进行合并提升形成的，对全面提升佛山城市形象和品质、增强广大市民的获得感、幸福感有重要作用。为强化工作统筹力度，各重点专项工程分别由市委、市政府相关分管领导牵头负责，并确定1个牵头单位、若干配合责任单位，制定时间表、路线图，完善激励和约束机制，明确责任、奖勤罚懒。

截至2022年，15个重点专项工程取得一定成效。在改善市容环境方面，打造公益广告"文明风景线"，建成景观小品774处；打造"4个100%"（机关及直管直属单位覆盖率达到100%、设施设备投放率达到100%、分类参与率达到100%、分类投放准确率达到100%）垃圾分类标杆单位，推动312个老旧小区改造及全市超过60%的村庄达到美丽宜居村标准。在深化文明实践方面，通过开展公共文化设施"效能革命"等打造了1300多家邻里图书馆及"祠堂＋文化"等示范项目。

（五）实行任务清单管理

2022年7月，佛山召开深化全国文明城市创建工作推进会，出台《佛山市深化全国

⊃ 市民在卫生整洁的市场购物。（李丹丹　摄）

文明城市创建重点任务清单》，提出五大方面、12项重点任务，争创全国文明典范城市。一是强化督导巡查力度，创新推行"分片督导""包干督办""点位管理员"等工作机制，开展一轮地毯式全覆盖督导巡查。二是夯实文明创建厚度，开展新时代文明实践中心（所、站）规范达标行动和文明村镇提质行动等，把居民精神文化生活是否丰富充实、社会风气是否良好作为创建全国文明城市的重要内容之一。三是实招出击，在全市打造27个文明路口示范点，由市公安局、区公安分局及交警支队、交警大队领导干部担任"点长"，负责组建管控团队，加强路口秩序维护，特别是在工作日早晚高峰时段严管严查不戴头盔、闯红灯、乱穿马路、逆行等行为；试用AI系统，通过摄像头自动识别城市管理中常见的行为，进一步提升全市32个镇（街道）城市管理精细化水平。

截至2022年，佛山有全国文明村10个、全国文明镇2个，省级文明村8个、省级文明镇8个。

四、佛山创建全国文明城市的经验

佛山自2006年启动创建全国文明城市，到2020年底连续第三次获评全国文明城市，探索总结出不少宝贵经验。

（一）严格对照标准找差距补短板

紧紧围绕经济建设推进全国文明城市创建工作，促进两个文明建设相互联动、协调发展，把抓经济的提速增效与抓文明创建的建城育人有机结合、相互促进，是佛山开展全国文明城市创建工作的基本做法。在首次创建过程中，佛山严格遵照全国文明城市测评标准和体系，全面系统抓落实。在复评迎检过程中，又注重分析测评体系出现的新变化、新要求，如针对2021年版全国文明城市测评体系5个方面的新要求[1]找差距、补短板。

---

[1] 一是更加突出政治要求，将"信仰坚定"加入文明城市的定义之中；二是更加突出精神文明，相关指标占比从29%提高到40%；三是更加突出民生导向，在测评指标总量精简的大前提下，与民生相关的指标占比大幅提升、要求进一步提高；四是更加突出群众主体，群众满意度最低标准由85%提升到95%，群众参与率最低标准由95%提升到98%；五是更加突出城市核心竞争力和综合实力，新增完善科技创新体制机制，提升全社会研发支出占比和全员劳动生产率等指标。

⊃ 三水区西南街道广海大道与同福路交口的人行天桥上创建全国文明城市的标语。（《佛山日报》记者王澍　摄）

（二）坚持参评与常态化创建相结合

从佛山等地的实践来看，创建全国文明城市主要存在两个方面的难点问题，一是硬件指标，包括经济发展水平、城市公共设施建设、城市综合管理水平、生态环境保护情况等；二是软件指标，如社会风尚、市民素质、市民对政府各项工作的满意度和"创文"的参与率、党政机关和窗口行业的服务水平等。对此，佛山在推进创建和迎接复检的工作中，坚持突击提升与日常改进相结合、参加评测与常态化创建相结合，两种手段都不放松，确保创建出实效、见长效。

（三）充分发动人民群众广泛参与

全国文明城市测评体系把人民群众满意与否作为主要评判依据，使人民群众成为创建文明城市最有力的参与者和最广大的受益者。从实践来看，市民参与率可以说等于创建成功率。为了解决"创文"中的一些"老大难"问题，佛山注意广泛发动市民自觉参与创建工作及提升自身素质，让市民不仅知晓创建，更关心创建、融入创建，鼓励和号召市民参与改造环境、移风易俗的实践活动，形成健康、科学、文明的行为和生活方式，争当文明市民，从遵守社会公德、坚持文明出行、加强人际互助、发扬见义勇为等小事做起。佛山还重视把公民思想道德建设作为基础，大力开展职业道德、社会公德、家庭美德、个人品德建设，倡导爱国、敬业、诚信、友善等社会主义核心价值观，广泛开展社会主义荣辱观教育实践活动，推动全市、全社会形成市民群众主动参与所在单位和社区"创文"的良好氛围。

（四）重视发挥全市五区的特色和亮点

"五区同创"是佛山"创文"工作的突出特点。佛山五区整体属组团式城市形态，中心建成区呈散点分布，参评面积大，许多指标需五区同创、同步对接、形成合力才能达标。为此，佛山坚持"五区同创，条包块管"的创建原则，将区、镇（街道）作为创建主阵地，同时要求市各责任单位做好本系统创建任务的达标统筹、制定措施、组织培训、协调指导工作，实现市、区联动，形成强大合力，也使五区共同受益，从而打造具有佛山特色的文明创建品牌。

（五）注重强化服务推进城乡一体化创建

在推进"创文"的实践中，佛山针对窗口服务行业采取相应的整治和规范措施，对诸如燃气、供热、自来水、供电、公交、出租汽车、铁路、长途汽车客运站、民航机场、环卫、风景园林、物

⊃ 文明交通志愿者引导行人有序通过斑马线。（《佛山日报》供图）

业服务、邮政、电信、银行、医疗、宾馆、旅行社、商业零售、工商、税务、110、派出所、交警等相关服务提出了具体的整治和规范路线图、时间表。同时，坚持城乡一体化思路，把创建全国文明城市与创建国家卫生城市结合起来，从整治环境卫生入手，加快城市文明向农村地区辐射。通过城乡一体化创建，扎实推进文明小区、文明村镇、文明行业等创建活动，佛山全面地改善和优化了群众的生活环境，满足了道路硬底化、四周绿化、环境洁化、灯光美化、家庭净化、风气优化、文化生活健康化、服务社会化和群众性精神文明建设活动系列化等要求，使佛山城市形象得到全方位优化，城市品位大大提高，整个城市呈现出浓厚的现代文明气息。

"智慧安全佛山"
——全国社会治理创新典范

　　2018年，在此前10余年"平安佛山"建设工作实践和经验的基础上，佛山启动"智慧安全佛山"项目，以科技支撑为核心，积极创建国家安全发展示范城市，构建起"一平台、三中心、N应用"的城市安全治理新模式，同时探索出一条具有佛山特色的应急管理"12345"（即"一条红线、两种思维、三种模式、四个衔接、五种能力"）经验。2021年9月，佛山被国务院安全生产委员会办公室（简称"安委

⊃ "智慧安全佛山"系统。（罗朝辉　摄）

会办公室"）确定为首批国家城市安全风险综合监测预警工作体系建设试点城市之一，通过搭建城市安全运行综合监测预警平台，打造"监测中心、指挥中心、研究中心"三位一体的城市安全风险监测预警建设模式，获安委会办公室肯定。党的二十大以来，佛山坚定不移贯彻总体国家安全观，着力保平安护稳定促发展，建设更高水平的"平安佛山"，使人民群众的安全感和幸福感不断增强，基层治理现代化水平不断提升。

一、建设"智慧安全佛山"的实践历程

经济发展、社会进步和人民群众安居乐业，有赖于安全稳定的政治和社会环境。改革开放40多年来，佛山实现经济社会的跨越式发展。作为制造业大市，佛山市委、市政府自2007年起持续推进"平安佛山"建设工作，2018年起以科技为支撑，进一步建设"智慧安全佛山"，促进全市经济社会安全健康发展。

（一）创建"平安佛山""法治佛山"，夯实社会安全法治基础（2006—2017）

2006年8月，佛山召开全市社会治安综合治理工作会议，重点完善基层综治工作网络，组建镇（街道）综治工作中心，并在村（社区）设立综治办，整合基层资源，形成合力，建立"大综治"的工作格局。会议还提出用5年时间实现"五个确保"，即确保社会政治稳定、确保社会治安稳定、确保经济秩序良好、确保社会公共安全、确保人民安居乐业。

从2007年开始，佛山按照中央以及省的部署，开展平安创建工作。1月，市委办公室、市政府办公室转发市委政法委员会、市社会治安综合治理委员会《关于在全市深入开展平安建设活动的意见》。该意见就全市深入开展平安建设工作进行部署，要求各地、各部门积极预防和有效化解矛盾纠纷，确保社会政治稳定；加强"严打"整治工作，依法打击各类违法犯罪；加强社会治安防范体系建设，进一步推进综治整体联防联动工作；加强社会治安管理工作，维护社会秩序和公共安全；加强基层基础工作，夯实平安建设的基础；加强公民道德建设和法制宣传教育，从根本上提高公民道德素质和法制观念；目标是至2010年，全市社会政治稳定、社会治安稳定、治安防范能力增强、社会公共安全保卫管理水平明显提高、经济社会发展环境优化、人民群众安全感增强。同年12月，佛山召开平安创建工作动员部署会议，针对不同领域的平安

创建工作问题，分阶段推进平安学校、平安市场、平安医院、平安企业、平安家庭等"平安细胞"建设。2009年2月，佛山市南海区启动建设全省强综治创平安促发展先行区。6月，全省加强镇（街道）综治信访维稳中心建设珠三角片会在南海召开，推广交流南海先行区建设工作经验。

2010年起，佛山以"四化融合、智慧佛山"建设引领新发展，通过信息化、工业化、城镇化、国际化的相互融合、相互促进、共同发展，努力把佛山打造成为新兴产业发达、社会管理睿智、大众生活智能、环境优美和谐以及国际化程度较高的智慧城市。同年8月，市政府召开全市消防工作会议，部署在全市范围内开展"创平安、迎亚运"消防安全专项治理工作，要求确保涉亚场所"零火灾"、涉亚周边"零差错"和全市重大火灾隐患"零存量"。

2013年1月，佛山召开政法综治维稳工作会议，提出要主动适应群众对政法工作的新要求，全面铺开"平安佛山"和"法治佛山"建设。随后，市委办公室、市政府办公室先后印发《佛山市平安创建工作十年计划（2013—2022年）》和《佛山市平安创建工作三年行动计划及任务分工（2013—2015年）》。6月，佛山召开"平安细胞"工程建设推进会，强调创建平安校园、平安文化场所、平安医院和平安市场是创建"平安佛山"的重要组成部分，也是惠及广大人民群众的民心工程、民生工程；各个行业的"平安细胞"建设，按照"谁主管谁负责"原则，由行业主管部门牵头，负主导责任。7月，市平安创建工作领导小组办公室制定了《佛山市平安创建工作分工方案》。

在"平安佛山""智慧佛山"建设中，信息化手段得到广泛应用。至2013年6月，全市建成封闭、半封闭和物业管理安全小区5000多个，社区警务"e超市"117个。针对佛山流动人口多的情况，2012年至2014年5月，佛山各级政府投入资金建成一类视频监控点1.1万个、治安卡口264个、各类视频探头13万多个，在全省率先完成治安视频联网应用，实现"一点布控、全网响应"。佛山市综治暨平安创建工作获得2015年度全省考核第一名。

与此同时，"智慧佛山"建设也延伸到数字城管和网格化管理，为"智慧安全佛山"建设打下了基础。2012—2016年，佛山通过开展城市升级三年行动计划和两年延伸计划，将城市管理从粗放型向精细化转变，加大对企业安全生产的管控，优化社区工作人员配置及完善以社区为中心的服务体系，全面推进"智慧佛山"建设；进一步加强规划管理的信息化，探索市、区规划管理"一张图"平台建设工作，提高规划管理水平和效率；推动数字化城市管理的建设，在"数字城管"建设的基础上，将"数字城管"的功能向地下管线管理方面拓展，同时依托"数字城管"的平台，以网格化

⊃ 2017年9月8日，黄岐派出所走进黄岐中学，开展平安南海大巡讲安全防范宣传活动并模拟紧急情况。组织全校学生进行紧急疏散演练，提高师生们的安全救生技能。（《佛山日报》记者王澍 摄）

⊃ 2017年，根据佛山市委、市政府"全力打造更高水平的平安佛山、更高品质的法治佛山"要求，禅城区社会综合治理云平台积极探索综合管理、主动防控、智慧应用的现代化社会治理3.0版模式。

管理和社会化服务为方向，促进城市管理向服务群众生活转变。

2016年，佛山以落实综治责任制为抓手，以提升社会安全指数和群众安全感满意度为目标，以创新完善社会治安防控体系为主线，多措并举推进社会治理创新，其中，"综治中心＋网格化＋信息化"工作在全省推广。截至年底，佛山社会治安防控体系建设和"飓风2016"专项行动综合绩效居全省第一位，为全市经济健康平稳发展、社会和谐稳定营造了良好的社会环境。2017年以来，佛山以平安校园、平安家庭、平安交通、平安企业、平安医院5个领域为重点狠抓"平安细胞"创建工作，"积小安为大安"，广泛发动社会力量参与"平安佛山"创建，形成全民创平安的浓厚氛围，夯实了社会安全法治基础。

（二）建设"智慧安全佛山"，全方位推动"平安佛山"建设（2018年以来）

习近平总书记指出："国泰民安是人民群众最基本、最普遍的愿望。实现中华民族伟大复兴的中国梦，保证人民安居乐业，国家安全是头等大事。"党的十九大报告强调，统筹发展和安全，增强忧患意识，做到居安思危，是我们党治国理政的一个重大原则。统筹推进各项安全工作，要突出抓好政治安全、经济安全、国土安全、社会安全、网络安全等各方面安全工作。以"智慧安全佛山"项目建设为抓手，平安建设工作从经济、社会领域进一步扩大到政治、网络等领域。

随着城市人口、功能和规模不断扩大，佛山的城市运行系统日益复杂，城市安全风险总体呈现出风险体量大、灾害隐患多、监管力量不足的特点，仅靠全市千余名监管人员，无法做到有效安全管控。城市风险体量大、环节多，相互关联又彼此耦合，一旦任何节点出现阻塞或损坏，都会影响城市的安全运行。为了破解这一难题，在市委、市政府的推动下，2018年5月，佛山与清华大学在城市安全领域构建"政产学研用"全方位合作机制，正式启动"智慧安全佛山"建设。

"智慧安全佛山"项目借鉴国外工业化城市风险管控经验，利用物联网、视频识别、航空遥感等感知技术，全面梳理、辨识城市安全运行潜在的薄弱环节，构建起"一平台、三中心、N应用"的城市安全治理新模式。即通过搭建城市安全运行综合监测预警平台，建设九大风险监测专题，打造"监测中心、指挥中心、研究中心"三位一体的城市安全风险监测预警建设模式，从而实现对城市安全风险24小时不间断监测、智能化预警和快速处置，进一步加强对民众生命财产安全的保障能力。

2019年1月12日，佛山出台实施《佛山市安全生产风险管理办法》，要求全市各级政府及负有相关安全生产监督管理职责的部门以风险可控为目标，依靠科技和信息化、大数据手段，开展安全生产基础调查、风险点危险源辨识和分类、风险评价和分级、风险控制、风险监控预警、风险监督检查、风险应急处置等风险管理工作，推动佛山由传统安全管理向现代风险管理转变，进一步增强佛山生产安全事故防控能力，努力压减生产安全事故总量；构建全市安全生产风险点危险源数据库，实现风险点危险源清单化、图表化、动态化管理。是岁，佛山启动国家安全发展示范城市创建工作，持续深化应急管理改革创新，探索出一条具有佛山特色的应急管理"12345"经

➲ 2018年4月19日，禅城区社区综合治理云平台。（吕润致　摄）

验，有力保障了全市安全形势持续稳定向好。2019年，全市共发生各类生产安全事故477起，死亡302人，同比分别下降21.8%、9.3%。全市安全生产事故起数、死亡人数等主要指标自2005年以来连续15年保持下降态势，安全生产总体形势持续稳定向好。

同年11月，中国安全产业大会在佛山南海开幕，超3000位国内外安全领域专家学者、企业代表出席大会，共同探讨新时代安全产业发展的新情况、新问题、新趋势，吹响新时代安全产业发展的新号角。

2020年12月，在第十五届中国全面小康论坛上，由佛山市安全生产委员会推选的"推动智慧安全佛山建设探索城市安全治理模式转型升级"项目获得"2020年度中国十大社会治理创新典范"称号。市政府还围绕"智慧安全佛山"项目建设在论坛上作主题演讲，分享佛山在探索城市安全治理路径上的先行经验。

进入"十四五"时期，佛山积极依靠科技提高应急管理的科学化、专业化、智能化、精细化水平，建设一体化的佛山城市安全综合运行系统，形成全景呈现城市安全态势、精准预报预警安全风险、高效科学处置突发事件、及时复盘提升治理效能的有机闭环。按照"技术复用、资源共享、机制联动、集约共建"的原则，打造成粤港澳大湾区城市安全区域性中心，实现从城市"单打独斗"到粤港澳大湾区"合作共治"的转变。

2021年9月，佛山被列为国家城市安全风险综合监测预警工作体系建设试点城市。安委会办公室认为，城市安全风险监测预警是城市安全治理体系和治理能力现代化的重要标志，佛山打造的智慧安全项目具有重要意义。

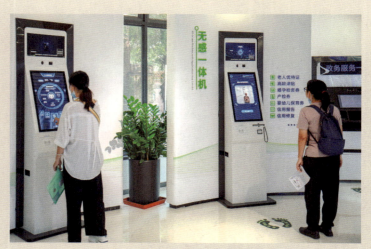

至2022年，"智慧安全佛山"项目在全市布设物联网传感器13120套，汇聚全市35个单位的7493万条基础数据、7616公里管网数据，构建总量超过24TB的城市安全大数据资源池，实现跨部门、跨区域、跨层级的数据融合共享，平均每天产生上亿条数据，为城市安全综合治

● 2021年8月30日，禅城区社会治理中心大数据服务区在广东（佛山）软件产业园对外开放。

理提供有力支撑。

2023年3月，佛山与广州签署应急管理合作框架协议，加强广佛两地突发事件信息通报、应急资源共享、突发事件协同处置、联合应急演练等跨区域应急联动协作，探索建立互访机制、常态联络机制、紧急会商机制。

同年12月，市委、市政府召开"平安佛山"建设工作会议，全面落实省委"1310"具体部署和平安广东建设工作会议精神，推进建设更高水平的平安佛山工作。市委强调，各级各部门要深入贯彻落实习近平总书记关于平安建设的重要论述精神，坚定不移贯彻总体国家安全观，以保平安护稳定促发展的实际行动体现忠诚拥护"两个确立"、坚决做到"两个维护"；要紧紧围绕政治更安全，推进维护政治安全体系和能力建设，深化反渗透反颠覆反恐怖斗争，加强国家安全教育，筑牢国家安全人民防线；要紧紧围绕社会更安定，落实重大突发事件"四个一"应急处置机制，强化矛盾纠纷排查化解，深化新兴领域风险治理，守住不发生系统性风险底线；要紧紧围绕人民更安宁，常态化推进扫黑除恶斗争，依法严厉打击违法犯罪行为，持续开展安全生产隐患排查整治，增强群众安全感和幸福感；要紧紧围绕网络更安净，深化网络空间综合治理，强化源头净网、严以治网、技术护网，做大做强正面宣传，营造清朗网络空间；要紧紧围绕基础更安稳，坚持和发展新时代"枫桥经验""浦江经验"，健全党建引领基层治理体系，强化技术赋能、文化支撑，提升基层治理现代化水平。

二、建设"智慧安全佛山"的主要做法

在"能监测、会预警、快处置"建设目标的引领下，"智慧安全佛山"项目边建设、边应用、边完善，在保障城市安全方面开展了一系列工作。

（一）协同抗击新冠疫情，守护群众生命安全

2020年初暴发的新冠肺炎疫情，是对"智慧安全佛山"的真实应用和严峻检验。佛山迅速成立了由市委主要领导担任总指挥的市疫情防控指挥部（简称"指挥部"）。按照指挥部的统一部署和要求，各级应急管理部门将疫情防控有关通知、防疫常识、复工复产等各项具体要求及时汇集，利用应急广播平台，通过全市1090个"村村通"大喇叭、400个村居LCD显示屏和170万广电网络机顶盒"智慧天气"终端平台向市民滚动播放。

随着疫情阻击战的深入开展，佛山依托气象预警信息发布平台、"村村通"平台等形成宣传矩阵，更方便快捷地将市委、市政府的决策和指挥部的要求传达到佛山的每一个角落，确保防疫不留死角。市应急管理局负责为指挥部和有关部门提供防范化解重大风险的技术保障。在抗击疫情过程中，市应急管理局组织清华大学佛山城市安全研究中心科研团队，迅速研发佛山市新冠肺炎疫情实时态势管理系统，全面归集本市疫情信息，实时汇聚各类疫情防控措施落实情况、救治情况、防疫物资情况、舆论情况等防疫工作数据。同时，该平台还接入四大类、近3000路重点视频监控信号，将各级多方资源供需配置通过"防疫一张图"呈现，以其可视化技术、大数据分析技术作为全市疫情防控工作的一站式疫情分析数据平台，为疫情综合分析、研判和决策提供及时精准的动态信息。

（二）建立科学的环境安全应急预警机制

佛山成立了城市安全运行监测中心，构建自然灾害、事故灾难、公共卫生等领域全域覆盖的立体化感知网络，全面实时感知城市生命体征指标的细微变化，真正把城市安全风险解决在萌芽之时、成灾之前。随着"智慧安全佛山"项目的边建设边应用，在森林防火、降雨防汛、燃气泄漏预警等公共安全应急管理服务上形成了一套较为全面的、科学的环境安全预警体系，成效逐渐显现。这些预警成功背后蕴含着城市安全管理的佛山思维。从2018年以来，市委、市政府坚持"理念引领、技术推动、管理创新、实战应用"的原则，以"智慧安全佛山"项目建设为引领，打造了三位一体城市安全风险监测预警建设模式，带来灵敏的应急预警和迅速的处置。在2021年前，"智慧安全佛山"项目能够实现每月400余起警情提前发现，其中不乏台风防御、森林火情、高风险企业安全、电梯困人等多种突发险情类型。随着佛山安全基石逐渐筑牢，该项目吸引了不少省市及科研院所、企事业单位参观考察。佛山还与云浮、肇庆和珠海等周边城市签署城市安全联动合作协议，按照技术复用、资源共享、机制联动、集约共建的原则，与签约城市共享"一网感知态势、一网纵观全局、一网风险研判、一网指挥调度、一网协同共治"的智慧安全城市建设成果，为全省乃至全国的城市安全建设贡献佛山经验、佛山技术。

（三）创新应急联动和城市安全治理新模式

作为城市安全治理创新的典范，"智慧安全佛山"项目从政府搭台、市场运营、社会共进3个方面入手，坚持以理念创新引领技术创新，以技术创新倒逼制度创新，打造政府、市场、社会多元共治的城市治理共同体，推动城市安全治理体系和治理能力现代化，形成人人有责、人人尽责、人人享有的治理新格局。同时，以"智慧安全佛山"项目为契机，佛山还致力于发挥粤港澳大湾区极点城市的辐射带动作用，按照技术复用、资源共享、机制联动、集约共建的思路，向大湾区城市快速复制佛山城市安全管理经验成果，构建起全国首个城市群安全应急联动合作机制。

以森林防（灭）火为例，佛山有林地面积近100万亩，如何守护林区安全，避免山火发生和蔓延，责任和意义重大。2020年3月，为夯实佛山市森林防（灭）火工作，佛山正式启动组建森林消防综合救援队工作，组建了一支全省一流、一专多能、一队多用，以森林灭火为主责的专业化、规范化、标准化、信息化的综合性森林消防救援队伍。同年8月，佛山与江门、肇庆、清远、云浮等周边城市签订森林火灾应急救援联动合作协议。11月，邻市突发山火，佛山火速进行跨市支援，派出森林消防综合救援队，在短短数小时内成功协助完成山火扑救工作。自组建以来，佛山市森林消防综合救援队多次参加应急任务，以信息化为依托，顺利完成各项抢险救灾工作。

城市安全管理是一项长期且复杂的系统工程，需要社会各界力量的广泛参与。为此，佛山组建了应急管理联合创新中心，引入科研院所、保险机构、技术服务机构等社会力量，参与城市安全治理，培养本地科研技术创新和服务团队，深入开展森林火灾、防风防汛、危险化学品、地质灾害等典型事故灾害的应对技术研究。与此同时，佛山还搭建应急管理综合应用平台，构建可视化信息汇聚、数字化分析研判、智能化辅助决策、精细化指挥调度的智能实战系统，实时监测城市运行风险，科学研判灾情险情发展趋势，为"智慧安全佛山"保驾护航。

（四）打造统一的城市安全"智慧大脑"

营造安全的城市环境，是社会治理智慧化的一大落脚点，推动城市"加数前行"，将为社会安定、人民安宁提供有力支撑。2021年5月，省第十三次党代会提出，要把安全发展贯穿发展各领域全过程，加快完善共建共治共享社会治理格局，以一市一域的安全稳定夯实全省全域长治久安的坚实基础。2022年7月，市委十三届四次全会贯彻中央以及省有关会议和文件精神，着力打造城市安全"智慧大脑"，走出一条具有佛山特色、时代特点的市域社会治理路子。

一是编织一张网，"空天地"一体化将触角前移，节省资源，提高效率。自2021年起，禅城区率先探索，打造数字化生态网格，采用"一表式综合巡"，实现"上面千条线，下面一张网"。这一生态网格可推动问题快速解决，把风险隐患消除在萌芽

○ 2022年5月，禅城区成立智慧社会治理办公室，负责全区社会治理统筹协调指挥调度工作，各镇（街道）、村（居）同步成立智慧社会治理中心、社会治理工作站，开展网格化管理工作。图为古灶村党群服务中心。（禅城区委党史研究室供图）

阶段。2022年以来，南海区应用卫星遥感、无人机等搭建的"空天地"一体化治理体系，在全域土地综合整治等社会治理领域大显神通。以南海区为代表，佛山五区由无人机等数字技术织成的"天网"，在违建查处、环境治理、应急管理、城市管理等多个领域扮演着越来越重要的角色。

二是数据大一统，协同实现跨部门共治。虽然"一张网"提升了治理前端的应对能力，但要真正提升治理效能，还必须从"全局一盘棋"的角度加强统筹，通过信息化系统"化零为整"。在禅城区，一个村居挂了23个牌子，承接13个部门业务，需要填报171种表格。而在南海区，各级的业务系统超过70个，存在大量重复巡查、反复录入等问题。南海区于2018年启动"城市大脑"建设，2019年"城市大脑"一期建成投用。其后，集约化建设的国际二维码统一赋码平台、智慧城市运行平台、低代码应用服务平台、无人机服务平台等公共赋能平台相继上线。禅城区初步建成数字孪生的"三维禅城"，让城市有了"眼睛、鼻子和耳朵"，延伸治理触角，实现全域灵敏感知。截至2022年，全市五区都建设有各自的覆盖全域的城市安全"大脑"，实现人、物、地、事、组织等数据底数全清、相互关联。

三是数字化深度融入社会治理领域。通过生态网格APP，"网格吹哨，部门报到"，佛山构建起"发现问题自下而上、解决问题由上而下"的高效协同双向对流机制，大大提升了治理时效和质效。

四是建设智治中枢，让城市更"聪明"。在禅城区社会治理中心的大数据服务区，3台"大数据分析"触控一体机汇聚禅城20多万商事主体和全国2.6亿家企业的数据作为数据源，并不定期增量更新。这些数据应用场景都离不开一个"城市大脑"支撑。"城市大脑"整合全区10个机房，归集96个部门近32亿条数据，融合全区9390多路视频监控、800多个传感器、1000多个移动终端，日均为各条线部门提供数据122万次，支撑智慧党建、文明创建等45个业务应用。2022年7月，南庄村智慧化社会治理工作站正式成立，成为全区首个接入区"城市大脑"的村级工作站。在"城市大脑"的助力下，禅城区搭建起"禅治慧"系统，基层村居日常填表报数工作大多改由"数字员工"代劳，大大减轻基层网格员的负担，提升了基层治理工作效率和服务水平。

三、建设"智慧安全佛山"的成效

"智慧安全佛山"项目一期工程投入运营后，迎来了新冠疫情的考验。对于应急管理工作聚焦"全灾种、大应急"的任务需要，该项目致力于打造政府主导、科技支撑、社会共进的城市安全"多元共治"格局，进一步优化"责任""科技"及"共治"体系，发挥支撑作用，从源头上防范化解重大安全风险，成效逐步显现。

（一）构造了城市安全"全景画像"

通过搭建应急管理综合应用平台，佛山整合汇聚了全市35个单位约7493.1万条基础数据、7616公里管网数据，构建了总量超过24TB的城市安全大数据资源池，实现跨区域、跨层级、跨部门、跨系统、跨业务的数据融合，形成城市安全运行状态"全景画像"，为城市安全综合治理提供了有力支撑。

（二）构建起城市安全"感知网络"

通过构建桥梁、燃气、消防、排水、电梯、轨道、交通、林火、高危企业等九大监测专项，布设1万多套物联网传感器，对全市7座桥梁、204.7公里燃气管网地下相邻空间、78平方公里范围易涝区域、40家高风险企业、21.5公里地铁保护区等实现24小时在线监测和自动预警，佛山初步构建起城市安全运行态势立体化感知网络，实现"一网感知态势"。

（三）建立了城市安全治理联动机制

通过编制印发《佛山市城市安全运行风险监测预警联动工作机制》，明确各级各部门及城市基础设施权属单位的职责，规范桥梁、燃气、排水、电梯、轨道交通、消防、企业、森林防火等城市基础设施运行安全风险监测报警联动处置流程，佛山形成了科学、精准、高效的城市安全运行风险监测预警联动处置机制。自2020年以来，佛山城市安全运行监测中心已成功参与处置台风防御、森林火情、地下燃气管线泄漏、地面塌陷等多种类型的监测预警，先后发布台风、林火、强降雨等预警分析报告132份，2021年全年累计处置警情2228起。

（四）打通了城市安全治理"神经末梢"

通过建设应急现场指挥通信系统，充分运用4G/5G、卫星通信、无线通信等多种网络链路和指挥车、无人机、单兵图传、数字集群、卫星电话等多种通信设备，保障事故灾害一线、现场指挥部、后方指挥中心在通信中断、道路中断、供电中断等极端情况下的通信畅通，切实解决应急管理"最后一公里"问题。

四、建设"智慧安全佛山"的经验与启示

佛山从"平安细胞"建设升级到"智慧安全佛山"建设，在经济、社会、文化、生态环境、人体健康及资源供给等方面保持一种动态稳定的状态，从而加强了对自然灾害和突发事件的预防处理和恢复能力。城市安全是城市可持续发展的必要条件，没有城市经济、社会和生态环境的稳定与安全就不可能有城市高效的可持续发展。作为国家城市安全风险综合监测预警工作体系建设的试点城市之一，佛山积累了一些值得推广的经验，也可以为未来的平安建设工作带来一些重要的启示。

（一）要坚持人民至上，不断增强人民群众的安全感，加强全民城市安全预警意识

"智慧安全佛山"的建设不仅满足了行政管理的需要，更重要的是带动了产业发展和民生服务，使城市运行更安全、更健康、更便捷、更幸福，从而推动佛山各领域的安全健康发展。为了使"智慧安全佛山"运转更有实效，推动广大市民养成安全预警意识，佛山着力加强对市民的城市安全教育，在机关、企事业单位和学校、社区等

⊃ 2022年5月17日，传习"佛山警拳" 守护"平安禅城"——"功夫文化"融合"平安禅城"主题培训活动在同济社区举行。（佛山市公安局禅城分局供图）

开展城市安全的宣传与教育，使市民了解智慧安全城市的作用和突发事件预防与处理的方式。同时，在电视台、电台、报纸、网站的一些黄金时段以公益广告的形式，围绕城市安全风险监测预警平台，就如何保障城市安全运行等问题，与市民互动交流，做好全民安全宣传教育工作。

（二）要坚持系统思维，进一步打通多层级扁平化综合管理，构建立体式智能化治理体系

佛山结合安全发展示范城市创建工作，根据实际统筹开展城市安全风险综合监测预警，积极构建全面统筹领导、统一监测调度、联动响应处置的工作体系。"智慧安全佛山"建设聚焦城市安全管理的主要问题和突出风险，积极借鉴典型做法，加大试点示范工作力度，将强化城市安全风险防范工作纳入城市重点工作，充分利用科技手段，加快建立健全城市安全风险综合监测预警工作体系，提升城市安全风险辨识、防范、化解水平。一是坚持系统思维。树牢安全红线意识，完善安全责任体系，强化"科技兴安"，加强安全生产法治建设，综合治理、统筹推进，全面提升城市安全发展水平。二是推动技术创新实现扁平化管理。"智慧安全佛山"项目坚持以理念创新

➲ 2022年6月7日，佛山两级法院联合开展普法宣传活动。（佛山市中级人民法院供图）

引领技术创新，打造"一平台、三中心、N应用"的城市安全治理新模式，搭建应急管理综合应用平台，推动跨区域、跨层级、跨部门、跨系统、跨业务的数据融合，实现数据资源共建共享共用，形成城市安全治理"佛山模式"。三是以智能化手段推进社会治理现代化。为全面筑牢安全发展的底线，佛山加快完善矛盾纠纷多元化解机制，构建"综合网格＋综治中心＋'粤平安'云平台"的全覆盖立体式智能化工作体系，积极探索一条具有佛山特色、时代特点的市域社会治理路子，有力推动了佛山城市和社会治理现代化。

（三）要进一步发挥网格化治理效能，借力"一网统管"，切实做好服务群众"最后一公里"

至2020年，佛山已经初步形成网格五级社会治理格局，运行的"智慧安全佛山"项目借助网格化资源，与全面承接社会治理、群众服务等职能"一格管全面"实现融合，发挥更大效能。一方面，优化网格化治理事项、清单内事项，协调调度专业力量开展专项工作，特别是将安全事项搭载"一网统管"，结合三级网格，推动各类问题的发现、上报、解决、落实；组织开展每日巡查走访，收集群众诉求，排查、发现、上报问题及各种安全隐患，如消防安全、公共卫生、医保低保、卫生防疫等。另一方面，各级网格协同处理发现的问题，对处理结果进行评价，核对、更新网格基础信息，精准掌握网格动态，组织动员群众开展自我管理、自我服务，遵循"一进、二看、三访、四报、五办、六反"的闭环式工作流程，打通服务群众"最后一公里"。如今，随着"智慧安全佛山"项目与已经运行的"一网统管"相互借力、相互补充，佛山以数字化为支撑、以网格为单元、以资源整合为依托、以人民群众广泛参与为后盾，融合了全市的人、地、物、事、组织等信息于一体，使佛山更加智慧、更加安全。

（四）要善于借助人工智能，不断提高数字化管理水平，使风险防范和化解更精准和智能

提升现代化城市治理水平，要积极借助人工智能。佛山初步形成了政府领导、多部门联动、及时高效、统一监测的智慧城市安全保障机制。"智慧大脑"的开发利用，侧重于大数据的收集、整理和分析，甚至仿真现实安全事态发展的可能性。基于传统安全防范的经验，不断吸收科学技术，借助数字化分类与分析，有利于加快智慧安全城市的创新发展，是"智慧安全佛山"的成功之路。佛山整合多部门业务为一个综合网格，通过APP形成一张生态网格快速解决问题、排除隐患；通过可视化技术、大数据分析等技术，为突发事件的分析、决策、处理以及预防提供动态信息支撑；通过反馈的数据，挖掘潜在监测问题，坚持完善、优化智慧安全城市的监测管理模型。同时，在极端条件下，如发生断电、断路、断网等临时故障，能够高效采取应对措施，使风险防范更精准、应对更有力、化解更智能。

（五）要加强与周边城市的联动和安全合作，推动完善粤港澳大湾区城市群安全联动合作机制，形成共建共治共享新格局

为实现"一网指挥调度"，切实提升城市安全风险处置能力，佛山先后编制印发《佛山市应急管理信息化建设任务书》《佛山市区（镇）应急指挥中心建设指南》《佛山市现场应急通信保障方案与建设指南》等指导性文件，重点加强和规范市、区、镇（街道）三级应急指挥中心和应急现场指挥通信保障能力建设。随着珠三角城市群建设，尤其是粤港澳大湾区建设的不断推进，跨市抢险救灾和应急管理已成为新常态。佛山基于"智慧安全佛山"项目，积极推动珠江西岸城市群安全应急联动合作机制建设，先后与珠海、肇庆、云浮等周边的地级市签订城市安全联动合作协议，区域城市群安全联动合作机制逐渐成熟。广佛同城、广佛肇等城市群一体化发展理念正深入城市安全和应急管理的层面。这些合作着眼于建立区域性城市安全服务中心，可辐射带动周边其他更多的城市，推动形成粤港澳大湾区城市安全治理的共建共治共享新格局。

（六）要积极汲取国外智慧安全管理的先进经验，依托车联网、物联网、智慧建筑等技术手段，强化协同治理

"智慧安全佛山"项目建设，借鉴并吸收了国外智慧安全城市建设的一些经验。

一是车联网技术。美国底特律将云计算聚合到汽车硬件当中，将汽车实时数据上传至交通安全管理云平台，提高了司机驾驶安全性，相关机构也可以通过车流信息数据库提高交通规划的效率。佛山参考这项技术，运用车联网将车辆位置、速度和路线等信息构成大规模交互网络，实现导航、通信、音频、视频、辅助驾驶等各种应用聚合，及时获得道路最新状态、汽车实时数据和交通安全状况，保障交通人员安全等。 二是智慧建筑技术。英国伦敦的水晶宫利用光能供热，回收利用工艺水，实时监控大厦数据，这种方法能够充分利用可再生资源，提高能源使用效率。佛山在建设"智慧安全佛山"时，以现代建筑技术、信息技术、控制技术为技术基础，实现通信、办公、监控、消防等应用的聚合，打造安全、舒适、便利、节能以及信息交互及时的"智慧建筑"，如升级大厦信息与控制系统，在绿色节能的同时，保证内部安全。三是数字与物理社区协同治理。虚拟化、多元化的网络特性有助于帮助物理实体社会解决治安问题。数字与物理社区统筹协作，可为智慧城市培育出更好的发展环境。美国纽约的城市犯罪活动互动地图就利用了这项技术，在地图内标注出曾发生犯罪的位置，帮助市民和旅游人员规避风险和打击犯罪。"智慧安全佛山"项目跟相关企业合作时吸收借鉴相关经验，如在地图应用上更新显示突发安全事件，提醒群众远离危险等。

政务服务

服务

佛 山

佛山推进行政审批制度改革的创新实践

顺德综合改革试验为全省全国探路

大部制改革的顺德样本

"简政强镇"事权改革的探索与经验

"一门式一网式"改革成为全国示范

持续优化营商环境的改革之路

佛山推进行政审批制度改革的创新实践

作为改革开放的先行地，广东承担着全国行政审批制度改革先行先试的重任，而佛山可以说是"试点中的试点"，肩负着为全省乃至全国行政审批制度改革积极探路的使命。党的十八大以来，佛山在全国率先探索"一门式"政务服务改革，启动"三单管理"改革，开展行政审批标准化建设，首创行政审批服务事项"跨城通办""容缺受理"和办事结果省内包邮等服务机制，为打造高效服务型政府、优化营商环境提供了有力的政务服务支撑。2018年5月，中共中央办公厅、国务院办公厅下发《关于深入推进审批服务便民化的指导意见》，对深入推进审批服务便民化工作作出部署。佛山作为6个全国推广典型案例中唯一的地级市，"一门式一网式"经验做法在全国推广。此后，佛山落实推进"减证便民"行动，在全省首创"否决权上移"管理机制等，推动政务服务高质量发展，在全国起到了良好的示范作用。

一、佛山行政审批制度改革的背景和历程

推进行政审批制度改革、简政放权和转变政府职能，是积极稳妥推进行政管理体制改革的核心任务。20世纪90年代中期，沿海地区大兴招商引资。如何优化行政管理体制，为外商投资企业创造良好的发展环境，吸引更多的投资，成为当时沿海各地首要完成的任务。随后，党中央、国务院开始酝酿行政审批制度改革。1998年，深圳在全

○ 罗村行政服务中心。

国率先开展行政审批制度改革。1999年7月，广东省政府成立行政审批制度改革工作领导小组，在全国先行先试，正式启动第一轮行政审批制度改革，将原有的1972项审批事项减少了767项。2001年、2004年，广东省又先后开始第二、第三轮行政审批制度改革，进一步精简审批事项，规范审批行为。

2001年，在广东先行经验的基础上，国务院成立行政审批制度改革工作领导小组，批转《关于行政审批制度改革工作的实施意见》，全面启动行政审批制度改革。

在此背景下，佛山贯彻落实省的部署，率先成立行政审批制度改革办公室，从经济领域入手，对照中央和省级改革成果，清理行政审批事项，仅2004年（第三轮）就取消审批事项157项，清理出日常管理事项216项。2008年5月，佛山正式启动以"两横两纵"为特色的第四轮行政审批制度改革，全方位提升行政服务水平，成为广东省3个创新行政审批方式的试点城市之一。

（一）萌芽阶段：精简行政审批事项和设立行政服务中心（1998—2002）

1998年，深圳在全国率先探索精简行政审批事项的改革。为推进招商引资工作，加快投资项目的审批速度，佛山及南海、顺德紧跟深圳的改革步伐，大力推行以清理行政审批事项为重点的行政审批制度改革，并于1999年开始第一轮行政审批制度改革，首先在经济领域取消了大量的审批事项。2001年，国务院、省政府酝酿取消一批行政审批事项，[①]并部署各地统一清理。借着这股东风，佛山按照省的部署开展了第二轮行政审批制度改革，要求各部门对照国务院、省政府的改革成果，精简行政审批

---

① 2002年11月，国务院正式取消第一批789项行政审批项目。

⊃ 2003年3月28日，佛山市人民政府行政服务中心启用仪式现场。

事项，并尝试在工商登记领域建设统一集中的办事大厅（未启动）。这轮改革于2002年底完成，在前一轮改革保留下来的审批事项中进行再清理，继续取消了一批审批事项。

2002年1月，南海率先设立行政服务中心并正式对外办公。3月，根据佛山市十一届人大五次会议提出的1号议案，佛山市政府决定设立行政服务中心，推进行政审批制度改革，对各部门实施的行政审批行为进行组织、协调、管理、监督和服务，管理"一站式"审批服务大厅，实施有关政府公共服务改革和发展等职能。2003年3月，市行政服务中心正式启用。随后，其他各区行政服务中心相继建成，可为外来投资者提供"一站式""一条龙"审批服务。

这个阶段，与全省其他地市一样，佛山的行政审批制度改革以实体改革为主，改革的主要任务是精简行政审批事项，因而呈现封闭式特点，不可避免存在一些问题，如缺乏理论指引和认识，对行政审批的理解较为模糊，往往靠感性认识判断行政审批事项的取消与否，缺乏科学依据；形式主义较为严重，注重"唯数字"的政绩，公布的行政审批事项数目与实际不符等。这也为开展新一轮行政审批制度改革埋下了伏笔。

（二）发展阶段：行政审批走向制度化、常态化和电子化（2003—2007）

2002年12月南海、顺德、三水、高明撤市设区及成立禅城区后，为保持五区作为经济发展主战场的稳定局势，佛山市政府推进简政放权，通过委托放权的形式赋予各区更多的行政管理权，使三水、高明、禅城享有与顺德、南海同等的区级行政管理权。至2005年，佛山五区全部建成区级行政服务中心。

佛山经过前两轮清理审批事项和简政放权后，仍然存在家底不清、事权界限不明、事权操作规程不透明等问题。2004年底至2005年，以贯彻落实《中华人民共和国行政许可法》为契机，佛山市政府统一部署一市五区彻底清理审批事项，明晰市、区权限，具体化审批内容，规范和公开审批操作规程。这次改革克服了形式主义，摸清了家底，将中央、省属垂直管理单位纳入清理范畴，明确界定了行政许可、其他审批和日常管理三类审批事项，并依法界定了每一项审批事项的设定依据、实施主体、审批条件、申请材料、审批程序、审批收费和市、区的管理权限，引入社会监督，扩大公众参与，广泛征求社会意见。同时，市政府出台《佛山市行政审批管理监督暂行规定》，对行政审批在佛山市的适用、公开、实施、监督和责任追究以及审改办的日常工作部门和职责分工作了明确规定，为行政审批的管理和监督提供了制度保障。

2006年6月至2007年4月间，佛山借鉴深圳的做法，部署建设行政审批电子监察系统，对市、区所有保留实施的行政审批事项进行在线监察，巩固2005年行政审批制度改革成果。这个阶段，佛山的改革主要有几个特点：一是城市管理体制上形成"大佛山"格局，从过去只注重实体改革向实体改革和程序改革并重、健全外部机制与内部机制并重转变；改革任务从精简审批事项为主逐步向推进政务公开、规范审批程序、加强管理监督、改进政府服务、下放审批事权转变；审批机制向健全行政审批管理、运行和监督机制转变。二是改革的范围扩大、力度加强，深入到审批的具体运行，因而更具专业性，更加务实、理性，改革机构统筹协调能力显著提升。三是行政审批开始走向制度化、常态化和电子化，不但注重改革的日常化、电子化、标准化、规范化和电子信息的应用，还注重社会评估机制，引入高校公共管理专业力量，以课题合作形式，对各单位的改革意见进行评估分析。

（三）深化阶段：全面深化行政审批制度改革成为省级试点（2008—2013）

2008年5月，在省委、省政府的部署推动下，佛山积极解放思想，启动新一轮行政审批制度改革工作。这轮改革的主要任务是：以"提升效能、改善服务"为原则，着力于体制、机制和管理方式的创新，压缩审批"内循环"，从"两横两纵"——部门内设机构之间、部门与部门间的横向运行模式及市、区、镇（街道）之间、部门内部上下层级之间的纵向运行模式，进一步梳理和优化审批流程，积极探索和推进行政审批权相对集中和集中监管，推行跨部门并联审批，压缩内部环节和时限，深化简政放权，减少管理层级，推行联网审批，链条式整体公示审批流程、承诺审批时限。同时，推进三项配套措施，构建市、区、镇（街道）三级政府统一、高效、便民的行政服务体系，健全各部门行政审批内部工作制度，统一各区办事标准，推进"一站式"网上审批等。

是年，全市55个部门、200多个单位参与改革，市、区统一推进，分批完成。市、区两级部门（含14个中央、省属部门）713项审批（管理）事项共压缩时限4383天，压缩环节720个，75%的事项执行简单程序和一般程序后实现了10天内办结。

佛山推行的"两横两纵"在全省乃至全国范围内都是一大创新。改革通过"内部整合、部门并联、简政放权、分级管理"，创新审批运行管理模式，进一步优化审批流程，形成相对统一的审批业务规范。

2010年，佛山成为广东省创新行政审批方式试点城市，并在省内率先推行"简政强镇"事权改革，全面深化推进行政审批制度改革工作，开展第四轮行政审批（管理）事项清理，进一步完善和深化简政放权，推进跨部门联合审批。通过委托、服务前移等方式，重点推进区向镇（街道）下放行政管理事权，扩大镇（街道）的经济社会管理权限。其中，禅城区下放207项，南海区下放401项，顺德区下放3197项，高明区下放318项，三水区下放304项。其中除顺德区外，其他四区所下放的均为行政审批（管理）事项；顺德区下放事项中行政审批（管理）事项为694项。随着越来越多的行政事权下沉，佛山构建起市、区、镇（街道）、村（居）四级行政服务中心网络，与群众日常生产生活密切相关的行政服务事项逐步延伸到村（居）行政服务中心办理（代理）。截至2012年5月，全市建有各级行政服务中心机构767个，其中，33个镇（街道）建有40个行政服务中心，760个村（居）建有721个行政服务中心。至此，全市80%以上的行政审批业务可在区和镇（街道）办理。

2010年10月，佛山开始尝试进入行政审批改革"深水区"。南海区率先将改革从审批领域向验收领域延伸，并选择狮山镇作为镇级联合验收试点。在南海试点经验的基础上，2011年7月，市政府召开会议，在全市推广实施建设工程项目竣工联合验收改革。2012年1月，市政府出台《佛山市工程建设项目竣工联合验收改革推广实施工作意见》，全面推广这一改革成果。

同年，佛山成为广东省深化行政管理体制改革试点，启动新一轮以行政审批制度改革为龙头的行政管理体制改革。佛山把握时机，完成建设省网上办事大厅佛山分厅这一电子服务平台，初步形成实体行政服务中心与网上办事大厅相结合的服务新模式，促进行政服务网络全覆盖。

这次改革以加快转变政府职能为核心，以行政审批制度改革为龙头，以顺德、南海改革经验为样本，实现市、区、镇（街道）三级联动改革。与前四次主要任务为简政放权的改革相比，这次改革不动机构和人员，重点梳理市级各部门职能，配套推进社会组织建设，改革企业注册登记制度，侧重解决政府职能缺位、越位、错位的问题，推动政府加快转型，从根本上解决深层次矛盾和问题，包括清理各部门职能并公示、优化行政审批流程和模式、改革企业注册登记制度、培育发展和规范管理社会组织、建立健全政府购买服务制度、推进行政体制综合改革试点、配套推进其他各项改革、协同推进深化行政体制改革八大方面。

2012年4月，禅城区将原分散在建设（含人防、质检）、规划、环保、消防、气象等部门的建设工程验收业务剥离出来，整合集中由联合验收办统一办理有关业务，同时从相关部门抽调业务骨干派驻联合验收办集中办公，全权代表本单位履行验收监管职责。这项整合工作已有"一门式"改革的雏形。

2013年9月，南海区被省机构编制委员会列为广东省行政审批标准化建设试点，进一步深化行政审批制度改革，积极提供可复制、可推广的经验。同年12月，南海在全省首创行政审批"负面清单"，推行负面清单、准许清单、监管清单"三单"管理机制，着力构建"差异化管理"和"无差异审批"新格局，实现透明公平、监督有力的权力运行新机制。禅城区和南海区的探索，推动佛山在全面深化行政审批制度改革中开始形成自己的特色和做法。

（四）成熟阶段："一门式一网式"等经验做法的形成（2014—2021）

2014年3月起，禅城区在全国率先探索开展"一门式一网式"政务服务改革。9月，禅城区"一门式"改革率先推行"合门并窗"，实行"只进一道门、一窗可办结"。2015年，这项改革获评为全国"创新社会治理"最佳案例。2016年，国务院督查工作组将禅城区"一门式"政务服务改革作为地方政府典型经验进行通报表扬和宣传。2018年5月，中共中央办公厅、国务院办公厅印发《关于深入推进审批服务便民化的指导意见》，总结推广佛山"一门式一网式"经验做法。该意见指出，佛山以"互联网＋"技术为支撑，打破部门层级界限、政务藩篱和信息孤岛，变多门为一门，变多窗为一窗，实现进一个门可办各种事、上一张网可享受全程服务的"一门式一网式"政务服务新模式。

一是持续简政放权，推行就近服务。佛山出台《佛山市权责清单监督管理办法》，实行市、区、镇（街道）三级权责清单目录管理，全市各级各部门一张清单管理，管住审批服务改革的源头。按照应放尽放、能放都放的原则，佛山85%的许可和公共服务事项、98%的业务均下沉到基层办理，建设全覆盖的政务服务体系，除在市、区、镇（街道）、村（居）四级建成787个行政服务中心（站）外，还在全市布设1567台自助服务终端，把服务之门开在群众的家门口。

二是推行行政审批标准化，实现无差别审批服务。佛山推广南海区在行政审批标准化建设上的试点经验，统筹市、区两级56个系统、1828项许可和公共服务事项，编制办事指南和业务手册，细化365个标准要件，同时全面应用于综合窗口、审批部门及网上办事大厅。在统一审批服务标准基础上，对综合窗口人员实行标准化培训，使之从"单项运动员"向"全能运动员"转变。同时，制定前后台流转标准、数据对接标准、物料流转流程规范、诚信总则等，推动"一门式一网式"政务服务标准化、规范化运行，减少政务服务的主观性、随意性和差异性，基本实现"认流程不认面孔、认标准不认关系"的无差别服务。

三是实行一口受理、受审分离，强化部门业务协同。佛山将过去按部门划分的专项窗口整合成民生、公安、注册登记、许可经营、投资建设、税务6类综合窗口，推行一个综合窗口受理，群众办同一类事项无须再逐个窗口跑。综合窗口受理后，通过信息系统流转给部门审批，部门审核通过后再统一反馈到综合窗口，由综合窗口发证，实现"一窗"综合办理（结）。

四是加强业务协同配合，提升即办服务。佛山出台《申请材料标准应用规范》《电子表单应用规范》，规范10460类材料，形成732个自然人表单和482个法人表单，建成电子材料库和电子表单系统；通过建立前后台对接机制、电子材料流转机制等，提高部门之间、上下级之间、前台与后台之间的协调配合；加大授权力度，简单事项由部门直接授权窗口办理，复杂事项推行电子签章和电子材料流转办理，综合窗口将材料电子化并通过系统流转给部门，部门根据电子材料作出"信任审批"，从而改变了过去纸质材料流转费时费力的局面。

五是探索打破区域限制，不断拓展"通办"事项。佛山按照标准统一、体验一致、跨界协同、运转高效的标准，进一步试点探索跨镇、跨区、跨市通办，减少企业和群众上下跑、两地跑的次数。实现区、镇（街道）行政服务大厅扁平化、同质化，区内任一大厅均可办理全区所有事项。2016年起，佛山南海首创"广佛跨城通办"，122个事项可与相邻的广州市荔湾区互办，随后将通办范围进一步扩展到白云、花都等区，以满足广佛"候鸟"的办事需求。2019年5月，南海又在全国首推"湾区通办"，与香港实现政务通办。

六是加快数据共享，推行一网通办。佛山积极探索整合电子政务职能，设立数据统筹机构。按照成本最小化、效益最大化的原则，竭力贯通系统之间的数据交换通道，变群众来回跑为部门协同办。将群众办事材料整合到信息系统，打造法人和自然人基础数据库，提高办事材料的复用率；将不同的业务申请表格整合到一张表，推行"一表通"，开发自助填表系统，使群众办事较多的69个事项实现自助填表；将"一门式一网式"政务服务延伸到网上办事大厅、自助服务终端、12345热线，由综合窗口统一受理网厅和实体大厅的办件申请，形成网上办事为主、实体办事为辅、自助办事为补的行政服务新格局。

⊃ 2007年9月1日，市政府整合原12345市长专线的资源，正式开通"佛山市12345行政服务热线"，为全市的市民、企业提供"统一、规范、高效、便捷"的电话咨询服务，咨询范围包括政府各职能部门的行政审批、行政执法及其他行政服务事项。

（五）高质量发展阶段：数字政府改革建设走在全省前列（2022年以来）

数字政府建设是推动政府治理体系和治理能力现代化的有力举措，也是提升政府数字化履职能力的重要支撑。进入"十四五"时期，特别是2022年以来，佛山围绕政务服务改革、数据要素市场化配置改革等关键领域，加快推进"数字政府2.0"建设，打造"一站服务、一窗受理、一网通办、一号响应"等企业服务新模式，持续提升数字化服务和治理能力，有效有力赋能高质量发展；把深化涉企政务服务摆在重要位置，以服务实体经济和制造业为出发点，不断优化升级"益晒你"企业服务体系，为制造业当家注入新动能。

2022年，佛山持续推进"全程网办、全市通办"专项改革，打造受审分离"一窗通办"服务模式。全市各级行政服务中心共设置窗口1858个，累计办理业务超789万笔。继续探索跨区域合作机制，打破地域限制和行政壁垒，累计与北京、广州、武汉、郴州、双鸭山、黔东南等29个地区实现通办事项8577项。广泛推行"拿地即开工"、分阶段办理施工许可、竣工联合验收、告知承诺免审批等改革措施。建成"一网共享"数据共享平台，健全数据共享机制，搭建了326个通用数据分析模型，为各区、各业务部门提供通用支撑能力。

二、佛山推进行政审批制度改革的主要做法

从审批事项精简到审批时限约束，再到审批程序的公开和透明化，这是一个渐进的过程。经过近10年的发展，佛山的行政审批制度改革开始从这两方面过渡到"两横两纵"运转职能的改革，进而探索"一门式一网式"政务服务模式的创新改革。

（一）推行"两横两纵"改革

佛山推行的"两横两纵"行政审批流程，是在"全市一盘棋"的思路下形成的。48个行政部门根据同城便利的服务原则，相对统一和规范了全市的审批流程和审批标准，初步解决了过去同一个事项五区不同操作标准的问题，最大限度地限控了审批自由裁量权。同时，行政审批标准化也有利于信息化的推进，实现资源共享。

1．"两横"内部整合和部门并联

第一横是内部整合，审批机关通过整合内设机构的审批职能，归并非法定的审批环节，推动部门审批职能向一个内设机构集中，减少内设机构间的职能交叉和重复审批，促进审批服务与监督职能分离。以国土部门为例，在市局设立综合科、区局设立综合股（科），统一履行部门内行政审批职能，改变以往多个科室一起行使审批权的状况，提升审批服务的效能。

第二横是部门并联，对跨部门行政审批事项建立横向的并联审批制度，形成"牵头受理、抄告相关、同步审批、内部流转、限时反馈"的审批工作机制，将串联式审批改为串联、并联相结合，避免因流程不清、责任不明、协调不畅造成的互相推诿扯皮和效能低下。2008年，佛山重点推行工程报建、工商登记、房地产权登记3个领域并联审批程序改革。其中，工程报建并联审批共涉及24个关联部门，改革前审批时限为200多个工作日，改革后压缩到45个工作日；工商登记并联审批涉及49个经济行业、20个行政审批单位的96项前置审批事项，改革后整体审批时间最多可缩短33个工作日；房地产权登记实行并联审批以后，正常情况下二手房在23天之内就能完成交易办证。

2．"两纵"简政放权和分级管理

第一纵是简政放权，对下放层级管理的事项和需两个层级以上逐级审批的事项，明晰市、区、镇（街道）审批机关之间的审批权限和审批流程，形成职责清晰、上下联动的纵向审批管理关系。截至2009年10月，佛山共有356个事项涉及放权或服务前移，90%以上面向企业、群众的审批业务可在区和镇（街道）办理，给企业和群众带来极大便利。2012年10月，南海区全面开通区、镇（街道）、村（社区）三级网上办

事大厅，在全省率先实现三级联网办事系统村（居）全覆盖。2020年9月起，南海区实施政务服务扁平化改革，在国内首推撤销区级行政服务中心大厅收件窗口，把政务服务资源、审批权限下沉镇（街道），逐步实现区行政服务中心受理的事项100%下沉到镇（街道）行政服务中心办理。

第二纵是分级管理，对审批机关内部上下层级的权限配置进行分级管理，将审批事项的审批权限和职责自下而上分解到科员、科长、分管副局长、局长，最大限度地减少内部审批环节。

（二）深化施工许可证制度改革

佛山行政审批制度改革在一些重大关键领域不断深化，如工程建设项目审批，作为权钱交易的重点领域，历来是行政审批改革的难点。为进一步深化佛山工程建设项目行政审批制度改革，优化营商环境，2021年9月，佛山出台方案，试行分阶段办理施工许可证改革工作，采取设计一项、建设一项方式，极大缩减了整体设计和相关审批手续办理的时间，大幅提升了项目开工建设速度，且未因此发生工程建设质量安全方面的问题，改革取得明显成效。

为及时总结经验，扩大实施范围，2022年8月，佛山重新修订2021年的试行方案，将实施范围扩大为所有新建房屋建筑工程项目，在实施范围进一步扩大的基础上，对实施主体相关条件进一步放宽，对改革实施阶段进一步完善，对原改革方案内容进一步优化。

● 2021年11月1日，佛山发出首张零售药店"守信快批"许可证（电子证照）。（佛山市新闻传媒中心供图）

（三）推行"一门式一网式"改革

佛山在全市推行并在全国推广的"一门式一网式"政务服务模式，有不少做法来自禅城区的探索实践，如无差别审批服务、一口受理、受审分离、数据共享等。

1．一窗简化受理程序

佛山从2014年起探索推行的"一门式"改革（含自然人"一门式"和法人"一门式"），从解决企业和群众"最后一公里"问题出发，充分利用信息化技术，"让数据多跑路，让群众少跑腿"。过去群众和企业办事要在众多窗口中寻找一个对应的窗口，且服务窗口的设立以管理部门为限，办事费时费力。改革后，设立统一的综合窗口，跨部门、跨专业、多业务的服务人员在一个窗口即可接办多项事务，实现一窗办理，简化了受理程序。

2．按照系统标准化、规范化操作

佛山推行的"一门式"改革，表面上看是"一个窗口"受理办事，实质上是内部用统一的规范和标准，梳理管理事项，将之整合固化到综合信息系统，实现办事标准化、规范化。群众和企业无须面对审批部门和干部，在办事大厅通过叫号到窗口办事，"只认窗口，不认面孔"。后台系统随机派件，审批人员按照系统指引操作，屏蔽了人情关系，等于把审批权力关进了"笼子"，压缩了自由裁量权的空间，切断了产生权力腐败的链条。

3．破解"信息孤岛"，推动各个部门通联

依托"一门式"综合信息平台，后台系统联通各个信息系统，打破信息孤岛，实现数据信息共享，群众信息"一次生成、多方复用、互认共享"，避免重复提交材料和循环证明，真正构建起无边界的业务协同，使行政效能最大化。在流动人口、社保、计生等国家、省、市24个系统全面实行通联，同时使用电子章、电子化数据，减少申请材料，实现办事"最多跑一次"甚至"一次不用跑"。

佛山"一门式一网式"政务服务改革充分运用大数据，提高行政审批和决策的科学性、精确性和有效性，同时对接广东省网上办事大厅，构建起立体化服务网络，实现服务事项"一门在基层，服务在网上"。

三、佛山行政审批制度改革的成效

佛山坚持以方便企业、群众办事为出发点和着力点，以行政审批改革为突破口，

持续推进政务服务改革创新，为优化营商环境、促进经济社会高质量发展增添动力和活力。

（一）实现行政审批事项标准化

2015年，佛山完成编制并发布《佛山市政务服务体系审批服务事项通用指导目录》，共涉及市、区两级58个部门1924个行政审批和公共服务事项，实现全市行政审批事项的标准化，并提出了标准引领、平台支撑、数据赋能、政民互动四个方面的解决方案，围绕建设"整体、透明、智能、高效、廉洁"政府的总体目标，构建了"服务标准化、平台集约化、过程在线化、运行一体化、业务数字化"的政务服务创新标准体系。其后，经过统筹谋划，佛山对市、区两级55个系统1833项许可和公共服务事项编制办事指南和业务手册，细化415个标准要件，全面应用于综合窗口、审批部门、网上办事大厅。同时，制定前后台流转标准、数据对接标准、物料流转流程规范等，推动实现"认流程不

⮕ 2022年，《经济日报》发表报道《广东佛山为企业提供超20万次靠前服务——推动重大项目快审快批快建》。

认面孔、认标准不认关系"的无差别服务。2018年8月，国务院办公厅发出《关于部分地方优化营商环境典型做法的通报》，通报28项优化营商环境的典型做法，佛山在推进政务服务"一网、一门、一次"改革方面的"审批服务标准化"为其中之一。

（二）工程建设项目审批换挡提速

过去，工程建设项目审批经常面临办事难、办事慢、多头跑、来回跑等现象及投诉，一直是佛山行政审批制度改革一块难啃的"硬骨头"。2005年，佛山启动工程报建并联审批改革，将涉及20个部门的工程报建审批流程分解为立项规划选址、用地审批、初步设计审批、建设工程规划许可、施工许可5个环节并联审批。2018年底，佛山又推进工程建设项目审批全程网办。经过多次改革，佛山工程建设项目审批制度改革换挡提速，全流程审批时间比以往压缩70%，比全国规定时间压缩60%以上。随后，

佛山还大力推进工程建设项目风险等级分类改革、深化社会投资低风险简易项目审批改革等，积极推进"标准地"供应和区域评估成果转化共享，全面实现工业项目"拿地即开工"，强化工程建设项目审批管理效能监督；深化数据共享应用，全面提升项目"全程网办"申报便利度和智能化。

○ 广东一方制药有限公司通过"佛山扶持通"申领企业用气补贴44.97万元实现秒到账。（佛山市财政局供图）

（三）政务事项跨地区通办不断拓展

2015年，在总结禅城区"一门式"改革试点经验的基础上，佛山在全市推行"一门式一网式"改革，包括推行"综合服务、受审分离"，实现"一窗通办"；推行"标准运行、电子流转"，实现"同城通办"；推行"一号申请、主题服务"，实现跨部门审批"协同联办"；推行"两厅融合、互联网＋"，实现"一网通办"。其后，佛山政务服务事项进一步拓展到"广佛跨城通办""湾区通办"等，为粤港澳大湾区城市融合发展探路。

四、佛山行政审批制度改革的经验

20多年来，佛山在行政审批制度改革上探索和积累了具有地方特色的做法和经验，多次获得中央和省的肯定。回顾这段历史，可以为今后的政务改革工作带来有益的启示。

（一）转变思想观念，优化行政权力运行

佛山将转变思想观念贯穿行政审批制度改革全过程，摒弃官本位和特权思想，打破重管制、轻服务监督的思想，改变重市场、轻社会的思想，秉持民本位和市场本位思想，树立服务型政府思想，优化政务服务和权力运行。如推行"受审分离、一窗通办"，倒逼权力公开更透明；推行"标准运行、同城通办"，倒逼权力行使更规范；推行"一号申请、主题服务"，倒逼部门协同无壁垒；推行"在线服务、一网通办"，倒逼权力运行更高效；推行"电子流转、全程监控"，倒逼权力监督无死角。

（二）把改革纳入法治化轨道

佛山将法律法规渗透到行政审批制度改革的各方面，建立健全相应的制度体系，推动法治政府建设，确保审批事项的设立有法有据，审批事项的调整和取消经过法定程序，审批的监督评价有制度支撑。如编制《佛山市行政审批标准化建设试点推广工作实施方案》《佛山市通用审批系统廉政风险科技防控平台建设的工作方案》《佛山市行政许可和公共服务事项流程标准应用规范》和《佛山市"一号一窗一网"政务服务标准体系规范》等。

（三）系统性、全方位统筹推进改革

佛山的实践表明，在国家层面统筹制定统一的改革标准规范及相关政策法规，确保改革"全国一盘棋"推进的前提下，地方党委和政府要系统性、全方位推进行政审批改革，促进改革成果惠及社会更多的领域和人群。佛山各级树立"全市一盘棋"思想，在系统全面分析基础上，从组织领导、顶层设计、工作推进和技术支撑等方面进行统筹，制定统一的改革实施方案，编印统一的改革操作手册，将统一全市行政审批标准作为工作的重中之重，建成全市统一的行政审批标准管理系统，搭建统一的综合受理和申办流转平台，形成"统一受理、抄告相关、联合审批、限时反馈、信息共享"的工作机制，实现跨部门联合审批、协同联办。

（四）以群众需求为导向提升政务服务质量

佛山以便民利民为导向，以满足企业群众需求、方便企业群众办事为工作指引，从审批公开、便捷高效、低成本若干维度开展工作。通过审批标准化工作促进公开，通过打造通办模式、联办模式和"O2O"（线上到线下）模式促进办事简便和高效，通过强化数据应用，促进数据跑腿，降低社会成本，推动行政审批服务全方位提挡升级。

（五）利用"互联网＋"推进行政审批信息化工作

佛山历来重视信息技术，依托管理互联化、数据化和大数据应用，创新治理方式。借助信息技术手段，建立统一的综合受理和协同调度系统，解决数据孤岛和技术壁垒问题，畅通信息，加强系统与各区、各部门自建系统的实时数据交换。沉淀政务服务数据，建设审批服务数据库，对其加以分析应用，为政府相关工作提供数据支撑。全方位推动实体大厅和网上办事大厅"两厅融合"，实现各服务环节在两厅互换和融合。开设"注册登记""经营许可"和"投资建设"网上主题服务入口，实现法人事项线上线下合一通办，并铺设"市民之窗"自助服务终端等。

（六）充分发挥社会多元主体作用

佛山摒弃"万能政府"观念，尊重市场主体地位，重视社会组织作用。在市场能自主调节和承担风险的领域，主动削减政府经济管制；对市场调节有缺陷的领域，依法设置行政审批；对确需保留的事项，做好事前审批和事中事后监管；对社会组织能自管自律的领域，转移政府审批职能，增强社会治理能力。

从闭门改革转向开放改革，推动公众参与，凝聚智慧合力，是佛山行政审批制度改革不断取得新突破、新经验的关键所在。在审批改革中，佛山注重加强专家论证和推动社会公众参与，使专家、媒体代表和有关利益群体代表参与审批改革论证和评估成为必经程序，以公众满意度作为改革成功与否的评价标准之一。在此基础上，理性判断取消或保留哪些审批事项、如何简化审批程序和创新审批方式等，提高制度优化和事项精简的有效性。开通和优化佛山市政府12345热线服务平台，整合网站、微信等渠道，集成网络问政综合平台，畅通民意表达渠道，有利于发挥群众在行政审批制度改革中的作用，提升群众的参与感和获得感。

顺德综合改革试验
为全省全国探路

　　1992年，顺德被广东省确定为综合改革试验县（市①）。在这场改革试验中，顺德市委、市政府以行政体制改革为先导，以公有企业产权制度改革为突破，以农村经营体制改革为基础，以社会福利制度改革为配套，开展一系列综合改革试验，为市场经济和民营经济的发展释放了活力。至1998年，顺德在全国较早建立社会主义市场经济体制，经济步入良性发展的轨道，实现了经济社会发展的飞跃。此后，顺德一直承担着广东改革开放的多项重要任务，继续作为全省深化县（市、区）体制改革、推进科学发展、探索现代化建设路径的重要试验田。

一、顺德综合改革试验的背景和动因

　　20世纪80年代末90年代初，顺德基本完成了初级工业化和乡村城镇化，初步实现从传统农业县向工业县的转变。顺德的经济总量以每年两位数的速度增长，是广东省乃至全国发展最快的地区之一，也是广东省拥有国家一级企业和省级先进企业最多的地区之一，全国十大乡镇企业一半以上聚集顺德。顺德家电和燃气具产品风靡全国市场。顺德的迅速崛起被视为珠三角地区发展外向型经济的一个典型，被誉

---

① 1992年3月26日，顺德撤县设市。

为广东"四小虎"之一。

1992年1月29日，邓小平在视察顺德时勉励顺德思想要更解放一些，胆子要更大一些，步子要更快一些。2月，顺德被省确定为综合改革试验县（同年9月17日被省批准为综合改革试验市），探索以企业产权改革为核心的综合改革试验。

顺德探索综合改革试验，是建立社会主义市场经济体制的内在要求。顺德综合改革试验的动力来自地方经济和社会快速发展的内在需要，非上级要求。这是顺德综合改革试验能够走出传统的机构改革模式，开辟一片新天地的关键。1992年10月，党的十四大确立了社会主义市场经济体制的改革目标。实际上，在此之前，珠三角地区特别是顺德、南海等地，这种改革需求来得更早，也更为迫切。顺德过去以政府主导型经济为主、数量扩张型为特征的工业化发展模式逐步显露出其局限性。在尝试采取承包制、租赁制等多种形式对公有企业进行改造但效果并不理想的情况下，顺德决定寻求公有经济在新的历史条件下新的实现形式，根据生产力发展内在要求和企业运作的内在联系，从市场经济的角度出发，对所有制结构和企业法人治理结构进行适应性调整和制度创新。顺德市委、市政府克服过去计划经济体制的束缚，敢于破除既得利益的刚性结构，科学、合理地设计改革方案，最大限度地减轻转制过程中的"阵痛"，发挥改革的最大智慧，制定出最优方略。

顺德探索综合改革试验，是转变政府职能，理顺政府与市场、企业关系的必经之路。顺德综合改革试验方案是建立在对市场经济条件下政府与市场、政府与社会、政府与企业的关系定位的科学分析之上而制定的，促使政府职能从性质和方向上、权限与内容上、实现方式及管理手段上转变，使政府从计划经济的"全能政府"和垄断式"审批型政府"中摆脱出来，向专业型、引导型、服务型政府转变，强化政府的决策、监督、"守夜人"（维护市场秩序、保护市场合法权益）等核心职能，转移、弱化乃至取消审批、直接投资、微观管理企业等非核心职能，平衡好政府的职能配置，解决管理上的"部门割据"问题，从而解决政府职能上缺位、错位、越位问题。此外，政府面对现代社会利益主体多元化、利益形态多样化，主动从社会自主（一般竞争性）领域的某些层面中退出，扶持和培育社会中介组织，推行社区建设和公共服务，而不是把过多的矛盾与负担集中在自己身上，从而使社会参与的自主性、企业的营利性、市场的公平性得到更充分的体现。

二、顺德综合改革试验的历程

顺德综合改革试验主要是围绕公有企业产权制度改革而进行的，但是，其他配套改革的难度并不比产权制度改革轻松，所取得的成效也与产权制度改革形成了共振。1992年5月28日，顺德市委、市政府向广东省委、省政府提交《关于顺德市开展综合改革试验，加快经济发展的请示》，提出要"加大改革分量，加快改革步伐，从四个层次全面展开综合改革试验。"9月，省委、省政府批准顺德市为综合改革试验市，延续之前作为综合改革试验县的功能，承担为广东改革探路的重任，并作出7项政策性规定，扩大顺德部分管理权限。

从1992年5月开始，顺德抓住机遇，以"三个有利于"（是否有利于发展社会主义生产力，是否有利于增强社会主义综合国力，是否有利于提高人民生活水平）为准则，开展以行政体制改革为先导，公有企业产权制度改革为突破，农村经营体制改革为基础，社会保障（福利）制度改革为配套的综合改革，到1995年基本完成。由于这四项改革的启动与结束时间不完全一致，整个综合改革试验进程约持续至1998年。

（一）以行政体制改革为先导（1992—1993）

在这场轰动全国的改革试验中，以转变政府职能为核心的机构改革首当其冲。1992年内，顺德原有的56个党政机构一下子精简为29个，人员编制也由原来的1200多人减至900多人。改革不到一年，政府各有关部门办事效率明显提高，各项事业蓬勃发展。这次改革被誉为"最全面、最深刻、最彻底"的一次基层改革。

1992年6月24日，佛山市委、市政府作出《关于把若干审批权限委托给县的决定》，把固定资产投资及新开工项目、利用外资审批程序、税收减免及税务管理、"农转非"（农村户籍转为非农村户籍）、土地管理、人事用工、金融管理7个方面的部分审批权限下放给县（含县级市、区）。至1993年底，佛山市把省赋予的经济管理权限，包括固定资产投资、新开工项目、"农转非"等15项审批权限下放或委托给各县（市、区）。

针对过去行政管理体制上存在的机构臃肿、层次重叠、效率低下的弊端，顺德启动行政体制改革。一是从1992年9月开始，采取"先拆庙，后转变职能"的办法，对顺德市、镇两级党政机构进行全面改革。半年时间，市一级党政机构从原来的56个精简为29个，部门内设机构精简125个。精简机构中，对同类机构进行合并，一些部门撤销，而对宣传、武装、计划生育、公安、司法、财政、税务、民政、卫生、审计、劳保、环保、国土、水电、交通等部门予以保留，并强化管理。同时，按照市场经济的要求重新确定各部门的职能。各镇也相应开展机构改革，镇一级党政部门从29个减至18个。至1993年底，顺德市党、政、群部门人员精简25.8%；镇级党、政、群部门人员精简近1/3。

二是开展转变政府经济职能的改革，建立统一、高效、协调的领导体制。1993年开始，建立"一个决策中心（市委常委会），四位一体（市委、市人大、市政府、市政协）"的领导体制。党政领导班子职务交叉，市人大常委会主任、副市长、市政协主席均由市委常委兼任；市委常委会决定的事情，按各自的职责范围分别落实，克服互相扯皮现象，做到"全市一盘棋"。1993年，行政机构改革进入实质性阶段，广东省确定佛山作为全省机构改革的试点，佛山市委、市政府部署两年完成全市机构改革任务。11月，佛山市机构改革领导小组成立。

三是实行政企分开、政资分离（政府把公共事务的管理职能与公有资产管理所有者的职能分开）。公有资产管理职能由公有资产管理委员会专门负责，由过去的实物形态管理向价值形态管理转变。主管经济的部门对下属企业从直接的微观管理转到政府引导、协调、监督和服务等宏观管理上。党政机构一律不能开办企业，已办企业全部转换经营机制（简称"转制"），进行公司制改组，与原党政机构脱钩，其公有资产统一归公有资产管委会管理。同时，严禁党政干部经商办企业。这样一来，政府从过去直接经营企业的复杂事务中解脱出来，把主要精力用于宏观引导和管理，强化社会管理职能和社会服务职能，创造优良的投资环境和平等竞争的环境等，解决了过去"市长做厂长""市长找市场"的角色错位问题。

四是清理各种行政事业性收费，制止"三乱"，全面实行行政收支两条线制度。首先，实行"票款分离"的行政管理收费制度，规范行政事业收费管理。其次，推行政府采购制度，市属机关公务用车的燃油、保险、维修以及购买办公用品等采购公开向社会招标，增加政府公共物品和服务采购活动的透明度。第三，改革市属机关福利制度，特别是完善市属单位公费医疗的管理办法。

五是进一步落实"两公开一监督"（公开办事程序，公开办事结果，接受群众监督）制度。顺德市政府编印了《顺德政务》，把能够公开的政府文件以及部门的重要文件、重要的领导讲话、政务活动和人事任免等予以公开，增加政府工作的透明度。大力推广"两公开一监督"制度。从1995年开始，实行"六个行政"（依法行政、规范行政、高效行政、透明行政、服务行政、廉洁行政）和"三为服务"（为改革开放服务、为经济服务、为基层服务），为建立一个高效、廉洁、公正的行政体系创造良好环境。

通过改革，精简了人员，转变了职能，理顺了关系，改善了服务，顺德初步建立起适应市场经济的政企分开的行政管理体制，以及规范化的办公制度和办事程序，明确各部门的职能，确保各司其职。

（二）以公有企业产权制度改革为突破（1992—1996）

顺德公有企业产权制度改革大体可以分为准备和实施两个阶段。

准备阶段从1992年到1993年，主要是4个方面的工作：一是思想理论准备。组织广大干部群众认真学习邓小平关于建设有中国特色社会主义的理论，充分认识社会主义的本质及什么是社会主义市场经济体制、为什么要进行产权制度改革等基本理论问题，以统一认识、明确方向。二是政策准备。为顺利推进产权制度改革，在试点取得经验的基础上，制定了关于资产评估、产权界定、财务处理、社会保障、监督保证和社会服务等一系列的政策和规则。三是组织准备。市、镇两级成立转制领导小组，加强对转制工作的领导。同时，组建市投资控股总公司（下设工、商、建、农四个分公司）和各镇的投资控股公司，作为公有资产的代理主体，具体组织实施产权制度改革和公有资产产权的经营管理。四是资金准备。为了使改革平稳过渡，准备了一定的应急资金，为职工的退休、遣散、医疗等方面提供保障。

1993年6月7日，顺德市委、市政府印发《关于转换机制、发展混合型经济的试行办法》，明确提出要通过企业产权制度改革，"促进以股份制为主要形式的多种经济成分并存的混合型经济的发展路子，建立适应市场机制的公有资产管理运营体制"。这场关于公有企业转制的产权制度改革由市到镇，分层次按计划在3年内完成。

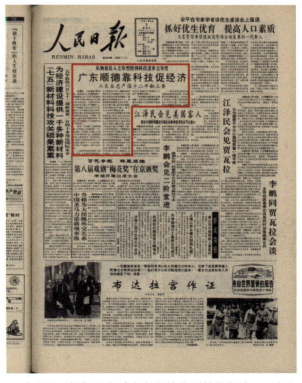

○ 《人民日报》刊发《广东顺德靠科技促经济　工农业总产值十二年翻三番》的报道。

实施阶段从1993年下半年开始，顺德按照"产权明晰、责任明确、贴身经营、利益共享、风险共担"的目标，开始实施公有企业转制改革。转制过程分为相互联系的三个步骤：一是清产核资，界定产权；二是确定转制企业的转制方案；三是签订转制合同，建立新的企业制度。顺德企业转制的基本方式有：兼并困难企业，组建资产一体化的企业集团；组建股票上市的股份有限公司；组建股票不上市的股份有限公司；向员工出售产权，形成混合型有限责任公司；向外商转让部分产权，组建新的中外合资企业；采取租赁经营或风险抵押和承包等形式实行公有民营和清产拍卖等。

同年11月22日，顺德市属企业转换经营机制签约仪式举行，顺德糖厂、顺德酒厂、广东顺德轻工业品进出口公司、广东顺德食品进出口公司等8家企业成为第一批转制企业。

在推进企业转制过程中，顺德市委、市政府从实际出发，把原公有制企业分为三种类型，区别对待，实行"抓一块，转一块，放一块"，即抓住高科技企业、规模企业、垄断性企业和公共产品企业，实行公有资产控股（其公有资产比例从50%—100%不等）；转换一般竞争性企业，实行公私合营、公有民营、股份合作制等；放掉扭亏无望、资不抵债的企业，实行拍卖、破产清算等。

经过3年多的改革，至1996年底，顺德市的公有企业转制工作基本完成。完成转制的企业有896家，占市、镇两级公有企业的82.7%。从行业来看，工业企业311家、商贸企业485家、建筑企业27家、农业企业65家、其他类型的企业8家。从产权结构来看，市、镇两级的公有产权占61.2%、市外内联公有产权占1.2%、个人私有资本产权占22.6%、国外资本产权占15%，合计公有产权与私有产权的比例为62.4∶37.6。从体制上来看，市、镇两级涉及的1001家企业中，由政府（公资部门）独资经营94家，控股经营50家，参股经营21家，股份合作制235家，租赁经营331家，合作经营249家，停产21家。总体来看，市、镇两级企业中公有资产的比重由原来的90%多调整为62.4%，重点投向关系国计民生的基础产业和高新技术产业，而且资产的质量和创利能力大大提高。

（三）以农村经营体制改革为基础（1992—1998）

这项改革经历了1993年前的试点，1994年的大发展，1995年至1997年的巩固、完善，1998年之后的提高4个阶段，主要体现在几个方面。一是完善农村股份合作制。先是在农村经济社集体产权方面进行改革试点。1992年5月在容奇镇容山管理区成立股份合作社，1993年春在勒流镇的大晚、清源和陈村镇的仙涌3个管理区展开农村股份合作社的试点。在总结经验基础上全面推广农民持有股份，按股分红。1993年8月19日，顺德市委、市政府借鉴南海等地的做法和经验，印发《关于推行农村股份合作制的意见》，开始在全市范围内推行以土地为中心的农村股份合作制改革。到1998年，顺德共组建起农村股份合作社274个，其中"一区一社"177个。

二是加强农村财务管理工作。通过界定和登记产权，办理契证，强化管理。全市所有农村股份合作社共建立橱窗式财务公布栏535个，实行民主理财，接受农民监督。

三是推进部分农村管理区（村委会）的合并工作。调整优化农村基层行政和经济组织设置。取消以原生产队（自然村）为单位设置村委会和经济社的建制，原则上以管理区为单位设置村委会和股份合作社，为生产要素的适度集中创造条件。全市由2272个生产队级的经济社组建为267个股份社，管理人员减少2／3。

四是全面开展理顺农村基层管理体制工作。在结束北滘镇试点工作的基础上，1999年，撤销管理区办事处，设立村民委员会（简称"村委会"）[①]。新一届村委会产生后，村党支部书记当选为村委会主任的占90%。顺德市一边推进村民自治，全面实行村务和财务公开，一边妥善解决外嫁女及其子女2.2万人的权益问题，化解农村的社会矛盾。

五是实行股份合作社股份固化和资产量化改革。通过改革，顺德农村72万人获得一次性股权配置。在依法、自愿、有偿的前提下，促进土地合理流转，农户与村集体组织协商，解决好补偿和互利关系后，农户可以把土地交还给集体，由集体统一发包，公开竞投，让种养业能手多用地、用好地。

通过建立村级行政管理新体制，规范农村基层干部的分配制度，村委会和居委会的工作职能转移到重点搞好社会管理和社区服务上来，为加快顺德农村的城市化（城镇化）进程提供了体制支撑。

（四）以社会福利制度改革为配套（1994—1998）

从1994年开始的社会福利制度改革，一是剥离改制企业的离退休人员。按规定，在转制时，企业必须为已离退休的人员投保养老和住院医疗保险，按每人每年工龄600元标准投保后，离退休人员全部由新成立的社会保险局按月发放退休金和支付住院医疗费用，由企业保障过渡到了社会保障。

[①] 1999年，管理区撤销，改为行政村。至2002年，通过合并村和村改居，顺德原来191个行政村、31个居委会合并为109个行政村、88个居委会，村（居）总数减少25个。

二是强制推行养老保险和住院医疗保险，实现从企业福利向社会保险的根本性转变，为深化改革创造了一个稳定的社会环境。对在职职工，全市实行社会共济和个人储蓄相结合，同时规定除亏损企业外，转制企业遣散人员不得超过职工总数的5%。被遣散的原固定工，以一年工龄干部1100元、工人1000元的标准发给遣散费，这种做法被形象地称为"买断工龄"。

三是在镇以上企业全面推行社会养老保险、医疗保险、工伤保险和失业保险。其中，养老保险实行社会共济与个人账户相结合，企业每月按工资总额的10%为每个在职职工投保，职工本人以工资的5%作投保储蓄。企业改制前已离退休的人员，由原单位或产权接收单位，按每人每年工龄600元的标准，全部转向德安保险公司投保，由该公司按月发放离退休费。医疗保险制度主要包含门诊包干制度和住院医疗保险制度，由企业根据经济能力选择险种，保费由企业和个人各负担50%。其中门诊包干制度按照工龄分档次发给包干经费；住院医疗保险设无限额报销和2万元限额报销两种。工伤保险的保费全部由用人单位支付。

四是完善最低生活保障制度，建立危重病特殊救助制度和低收入家庭子女入学补助制度，提高社会弱势群体的保障水平，做好困难救济工作。对农村月人平均收入不足150元、城镇不足200元的贫困户，政府予以补足。对城镇的无依无靠、无工作能力的"三无户"，由政府每月发放救济费180元。对"五保户"则每人每年补贴2500元。

通过实施这几项配套改革，有效地维护和保障了转制企业广大职工的养老和医疗福利，解除了职工的后顾之忧，初步实现了职工养老和医疗保障社会化，对维护社会大局的长期稳定发挥了重要作用。

三、顺德综合改革试验的成效

顺德以产权制度改革为核心的综合改革试验之所以能够取得成功，主要得益于三个因素。一是邓小平视察南方尤其是到访顺德，营造了良好的改革氛围、鼓励了改革的信心；二是推进行政体制改革，在内部营造了良好的政务环境；三是构建社会保障体系，营造了人心稳定的社会环境。

（一）综合改革试验推动了顺德自身的发展

顺德综合改革试验目标明确，以转变政府职能和推进企业产权制度改革为核心，提高工作效率，促进企业和经济良性发展，因而实施方案能够迅速推进。至1998年，

⊃ 2009年8月24日，顺德召开开展综合改革试验工作动员大会。（顺德区档案馆供图）

顺德初步建立起社会主义市场经济的基本框架，经济社会发展步入了良性循环的健康轨道。1999年1月，省委领导在顺德调研时指出，顺德的综合体制改革试验方向是对的，效果也明显，对全省县一级城市具有普遍意义。

（二）顺德综合改革试验推动了全省的改革进程

经过综合改革试验，顺德地方政府转变了职能，初步建立公共服务型政府；精简了机构，减少了环节，提高了效率；改革从实际出发，实操性强，受到干部群众欢迎。顺德改革的经验得到省委、省政府的肯定并在全省推广。佛山市委、市政府坚决执行省的决定，支持顺德改革。在这种上下一致的推动下，顺德能够一直处于改革前沿。反过来，顺德又推动了广东全省的改革，发挥了顺德作为全省改革开放的前沿地作用。

（三）综合改革试验开启了顺德作为全省乃至全国改革先锋的格局

1999年，基本完成综合配套改革的顺德被省赋予地级市经济社会管理权限，成为全省率先基本实现现代化的试点之一。根据省委、省政府的部署，到2005年，顺德要实现"五个翻一番"和"十个上新水平"。其中，"五个翻一番"包含地区生产总值、全部财政收入、城乡居民储蓄余额、全市电话普及率和城市化水平都要翻倍。此后，顺德加快推进新型工业化，积极参与国际竞争。2006年，顺德成为国内率先实现地方生产总值1000亿元的县域经济体。综合改革试验为顺德行政管理体制和市场经济体制打下了良好的基础。2009年，佛山市顺德区再次启动大部制改革，为全省乃至全国机构改革探路。

四、顺德综合改革试验的经验

顺德综合改革试验是一套改革的"组合拳"，行政体制改革、企业产权制度改革、农村经营体制改革和社会福利（保障）制度改革相互作用、相互影响而又相辅相成。

（一）确立机构改革在综合改革试验中的先导地位

在顺德综合改革试验中，以转变政府职能为核心的行政体制改革具有牵一发而动全身的作用。这场改革的最终目标是完成计划经济到市场经济的转型，建立社会主义

⊃ 2022年9月，顺德区桂畔河碧道新滘工业园区段建设完成。（顺德区以水兴城办供图）

市场经济框架。虽然改革的核心问题是产权问题，但要解决产权问题，就不能不解决其他一连串相关问题。比如，把企业产权转让出去之后，以前管理企业的那些部门怎么办？政府和企业分开之后，如何服务企业，政府的职能如何转变？转制过程中产生的社会问题，比如下岗职工的医疗、养老等社会保障问题怎么办？所有这些改革都会改变原有的利益格局，那些阻力如何化解？顺德的做法是综合配套三步走。第一步是"先拆庙、再搬神"，改革先从政府自身开始；第二步是"断香火、嫁靓女"，有了良好的政务环境之后，再进行产权制度改革；第三步是"安置好、有保障"，构建社会保障体系，把下岗人员都安置好。

● 《经济日报》刊发《顺德密码》的报道。

行政管理现代化有赖于政治民主化、经济市场化、文化多样化等行政体制的现代化。顺德抓住了转变政府职能这一核心问题，清醒地认识到行政体制现代化是现代化建设的根本和关键。

（二）企业产权制度改革以建立现代企业制度为核心

在创建新体制的过程中，顺德首先瞄准了企业产权制度改革这个关键的突破口，实际上就是要调整和完善所有制结构，探索公有制的实现形式。顺德企业产权制度改革是在准备比较充分的基础上进行的，经过深入细致的调查研究后，在理论、政策、组织、资金等各方面做了大量的准备，有计划、有步骤地展开改革。

在"产权清晰、权责明确、政企分开、管理科学"的现代企业制度四大目标中，建立"产权明晰"的产权制度，是建立现代企业制度的关键和基础性工作，离开这一条，其他三条就难以落实。顺德正是抓住企业的产权制度改革这个核心来推进建立现

● 2024年3月29日，顺德村改协会四周年庆典暨高质量·工业建筑设计颁奖典礼上颁发了2024年度"高质量·工业建筑设计"优秀设计奖。（佛山市新闻传媒中心记者陈炳辉 摄）

代企业制度的。顺德企业产权制度改革的目标叫作"转机建制"（转换企业经营机制，建立企业新体制），全市国有企业、乡镇企业以及其他形式的城乡集体所有制企业，多数都按照建立现代企业制度的要求去做，其实就是集中精力进行全面的产权制度改革，并取得良好的成效，其经验值得总结。

一是坚持公有制经济占主体地位的原则。顺德全市镇以上公有企业进行"转机建制"的工、商、贸、农、建筑等企业896家，占企业总数的82.7%，转制后市、镇两级拥有的公有资产占62.4%，避免落入把产权制度改革视为"私有化"的误区。

二是为寻找公有制企业转制的具体形式进行了富有成效的探索。顺德产权制度改革主要是采取股份制形式，即按照国家的有关政策和《中华人民共和国公司法》的要求，把国有企业、集体企业改造成为股份有限公司（几家大型企业获准改造为上市的股份有限公司），有政府控股的、政府参股的，也有少数几家部分股权转让给外商；还有的企业改造为股份合作公司；有的实行国有民营或公有民营（采取承包、租赁等形式）。总之，根据企业的不同情况和条件，从实际出发，采取各种形式改制、转制，不搞"一刀切"。推行股份制是建立现代企业制度的有效形式，在一定程度上扬弃了原来的私人资本、私人企业的局限性，发展了混合所有制经济，完善了公有制为主体、多种所有制经济共同发展的基本经济制度。这是符合我国社会主义初级阶段国情的，有利于调动一切积极因素，同心协力发展社会生产力。

三是把体制改革和调整、优化存量资产结构结合起来。顺德从公有企业转制中获取的大笔资金收入，除一部分向银行偿还企业债务外，其他部分用于建立职工社会保障基金、发展交通能源和教育事业等。这不仅摸清了"家底"（资产总量）、理顺了企业与银行的债务关系，也为企业发展和全市经济社会事业的发展增添了后劲。

四是把体制改革与改进企业管理、增加投入进行技术改造结合起来。顺德通过"转机建制"的改革，建立起政企分开、产权明晰的产权体制，相应建立市场化的激励机制与自我约束机制，从而为强化管理、增加投入进行技术改造建立了动力机制。转制后的企业普遍产生了节约成本、挖掘潜力、优化资源配置的改革效应，变粗放经营为集约经营，大大提高了生产率和经济效益。1992年顺德亿元以上产值的企业只有18家，实施转制改革后的1995年，这类企业增至86家。

五是坚持配套改革、整体推进。顺德的企业产权制度改革，不仅与政府机构改革、转变政府管理职能、强化政府的社会管理职能结合起来，还与建立社会福利（保障）制度等结合起来，既是综合改革试验的一大特色，也是这场改革能获得成功的宝贵经验，为政企分开、企业转制后的企业和职工发展提供了重要条件和保障。

（三）农村综合改革致力于推进城乡融合发展

顺德农村经营体制改革，既与企业产权制度改革密切相关，也是顺德农村工业化、城市化快速发展的必然要求。为了适应这些变化，地方党委、政府不断地进行改革，调整生产关系，以适应生产力的发展，促进农村经济再上新台阶。

改革开放以来的40多年里，顺德先后经历多轮农村综合改革，在这一系列改革进程中，有一条不变的主线，就是城乡（一体化）融合发展。在工业化、城市化进程中，农业农村的面积在缩小，但是农村、农业、农民问题依然存在。而城乡融合则是农村综合改革的重要目标之一，其中体制机制的融合尤为重要。顺德借鉴南海经验，从实际出发推行以土地为中心的农村股份合作制改革，实行股份合作社股份固化和资产量化改革，等等。这些改革措施最终促进了顺德的城市化（城镇化）进程和城乡融合发展。

（四）完善社会保障体系增强改革的社会承受力

顺德坚持量力而行的原则，积极创建"社会共济与个人保障相结合"覆盖全社会的社会保障制度，成立统一的社会保障管理机构——社会保险事业局（加挂"顺德市德安社会保障公司"牌子），并在各镇设立分支机构。无论是建立养老、医疗、工伤等社会保险制度，还是实行最低生活保障制度，社会福利（保障）制度改革作为配套改革措施，大大增强了推行公有企业转制和农村股份合作制的社会承受力。

五、顺德综合改革试验的启示

回顾1992—1998年顺德推行的综合改革试验，可以从中得到启发，为其他地方的综合改革带来有益的启示。

（一）敢于解放思想、更新观念是改革成功的前提

"顺德经验"的普遍意义在于顺德改革的基本思路，而不仅仅是某一个具体的操作。顺德的综合改革之所以力度大、进展快，首先是由于顺德人的思想观念更新得快。1992年，邓小平视察顺德，给顺德广大干部群众以极大的鼓舞和改革的信心，全市掀起学习贯彻邓小平南方谈话精神的热潮。顺德人深刻领会了解放思想、实事求是这一邓小平理论的精髓，尤其是着重理解"改革是经济社会发展的强大动力""三个有利于""发展才是硬道理"等理论的精神实质。

顺德不仅敢于解放思想，还做到了理论联系实际。当人们从不同角度总结顺德经验的时候，顺德市委、市政府领导却保持着十分清醒的头脑，深入调查研究，认真分析总结顺德改革发展的新情况、新问题，认识到过去改革的局限性，必须不断解除旧体制对生产力发展的束缚，进一步调整和完善所有制结构，探索和创新公有制的实现形式，寻求新形势下改革发展的新路子。

（二）产权突破、整体推进是改革行之有效的方法

顺德改革从产权制度突破，开展全方位的综合改革，各项改革协调配套、相互促进，从而减少新旧体制的摩擦，使改革力度大、见效快，是行之有效的方法。

改革整体推进，有利于攻克改革难关。比如，公有企业转制改革在全市范围内进行，可以集中财力，综合解决改革中的困难。顺德把企业转制取得的收入集中，用于安置下岗职工、建立社会保障体系，以及归还银行债务、扩大和加强基础产业、基础设施、优势产业建设等。这样不但可以解决公有企业改革中的困难，还可以从整体上盘活公有资产的流动重组，使优势企业获得更多的生产要素投入，使整个公有经济活起来。

（三）做好政府职能转变是改革成功的关键

党政机构改革是改革的"硬骨头"。顺德从政企分开、政资分离这些环节进行突破。通过改革，界定党政机构的职能，建立了独立的公有资产监管和营运体系。

适应市场经济的要求，顺德把党政机构改革与企业制度创新结合起来，把政府职能转变建立在企业产权制度改革的基础上。从1992年开始，顺德在启动企业产权制度改革的同时进行了机构改革，把经济体制改革与政府行政体制改革结合起来，两个方面改革同时展开，互相促进，收到事半功倍的效果。

（四）改革要顺应时代变化要求不断突破

顺德每一次引领全省乃至全国的重大改革，都是以农村改革为配套，不断寻求新突破。

1993年，顺德第一次农村改革祭起了"三板斧"：改革村委会的建制，以当时的管理区为单位设立了村委会；推行农村股份合作制，组建了股份合作社，实现了从村民到股民的转变；通过土地承包制的"三改"，将原来的长期承包变为短期承包、将

⊃ 2019年9月23日，顺德率先建设广东省高质量发展体制机制改革创新实验区工作推进会在顺德区行政大楼会议中心礼堂召开。

⊃ 顺德区委、区政府推出的"919人才工程"将继续助力顺德打造一流营商环境。（《珠江商报》记者周焯杰 摄）

原来的分包变成投包、将分散承包变成连片承包。顺德第一次农村改革扩大了集体经济组织规模，明晰了集体经济组织内部的产权关系，完善了土地承包制度，促进了顺德农村生产力的发展，使农村的区域设置、经营机制初步与市场经济接轨。2001年，在城市化加速的大背景下，顺德又开启第二次农村改革，固化股权和量化资产，明确集体股收益不能用于分配，只用于公共福利；明确了村级集体资产由村的资产公司来管理；明确村一级不允许新办工业区；等等。这些改革措施基本建立起了适应城市化进程的农村体制机制，进一步加快了顺德城乡一体化步伐，奠定了之后近20年顺德农村发展格局。但是，改革并没有就此停步。2011年，顺德启动第三次农村改革。这次被外界评价为"打补丁"的改革，推出了15项具体措施。其中最引人关注的有4项：创新地设立了村一级行政服务站；建立了区、镇、村三级农村集体资产交易平台；按照"大稳定小调整"的原则，对股份社股权继承、转让、赠予的流转原则和办理程序进行了规范；着力解决了部分农村留用地和宅基地问题。2020年，顺德又迎来了新一轮农村综合改革的最佳"窗口期"。顺德的第四次农村改革，既是落实国家乡村振兴战略的有力举措，也是承担好省委赋予顺德率先建设广东省高质量发展体制机制改革创新实验区重任，推动农村高质量发展的重要途径。

（五）改革需要调动各方面力量和积极性

在推进综合配套改革工作中，顺德注意把各方面的积极性调动起来，把改革的阻力化为动力。

首先，顺德综合改革试验的顺利推进，领导班子起了根本保证作用。顺德市委、市政府领导班子敢冒风险、敢闯敢干，在推进企业产权制度改革时，虽然外界议论纷纷，但是领导班子坚持认为，不进行改革，不调整所有制结构，顺德就难以继续发展，因而顶住压力、迎难而上，终于打开转制工作的新局面。

第二，让广大干部群众了解改革、理解改革，真心实意拥护改革、参与改革。在企业转制中，一些人对改革不大理解，怕企业转换经营机制后会削弱公有经济，影响职工工作和生活。针对这些问题，顺德市委、市政府通过多种形式，发动有关部门和人员有的放矢地进行启发引导，促使他们能够从长远利益出发，认识到广大干部群众是改革的最终受益者，从而调动了改革的积极性。

⊃ 纵横交错的顺德杏坛高赞立交。（郑伟锋　摄）

第三，构建改革利益共同体，形成改革的合力。改革过程中，顺德明确提出，改革要建立一个利益共享、风险共担、充满活力的新体制。在企业转机建制中，通过产权改革，使经营者和职工成为企业财产的所有者，成为企业的主人，真正把他们的利益与企业的利益紧密结合起来，形成新的利益主体。在政府机构改革中，通过对部门权力和利益的调整，全面实行行政收支两条线，各部门的收费一律上缴财政，所需经费由政府审核，财政足额拨给。这样，将全市党政部门的预算外资金纳入财政管理，干部待遇不变，从而解决了过去只顾所在部门利益的问题，形成了改革合力。

（六）要处理好改革和发展、稳定的关系

在顺德地方党委、政府看来，改革是克服困难、推进经济不断发展的根本出路。大改革大发展，小改革小发展，不改革只有死路一条。因此，在20世纪90年代初，当顺德"三个为主"的发展模式陷入局限、受到挑战的时候，顺德果断地推进新一轮改革，通过体制创新促进经济增长方式的转变。

与此同时，顺德坚持"发展才是硬道理"的原则，把改革与发展有机地结合起来，在改革中加大发展的力度，通过发展巩固改革的成果，相互促进，同时使广大干部群众在改革发展中得到实惠，从而更加支持改革。比如，加大企业联合兼并的力度，推动规模经济的发展；实施名牌战略，提高产品的竞争力；加快发展高新技术产业，促进经济走向更高层次；加快资本的流动与重组，调整不合理的经济结构；大力发展"三高"农业，加速农业产业化进程；等等。

为了使改革能够顺利推进，顺德还善于营造一个稳定的环境，减少改革和发展的阻力。一是充分做好改革前的准备工作；二是改革针对不同的情况，分类指导，协调推进；三是采取实际措施，减少改革的负面影响，保证了改革工作的平稳过渡。

大部制改革的顺德样本

　　1992年，顺德市大部制改革开创了我国县域行政体制改革的先河。2009年，佛山市顺德区①再次启动大部制改革，力度更大，成效也更为显著。顺德的探索实践，为当时全国的机构改革积累了宝贵的经验。在党的二十大报告中，习近平总书记对转变政府职能、深化行政执法体制改革等作出了重点部署，提出了明确要求。加快行政管理体

○ 顺德高新区。（《珠江商报》记者周焯杰　摄）

---

① 2002年12月8日，顺德撤市设区。

制创新，深化建设服务型政府，对于推进经济、政治、社会体制改革稳步前行和难点突破，推动政府治理现代化，具有重要的现实意义。顺德的大部制改革为当时全国县级行政区域提供了改革的样本，至今仍有一定的参考借鉴价值。

一、顺德大部制改革的背景

20世纪90年代初，顺德县（市）率先实行以制度创新为主的综合配套改革，冲破了传统计划经济体制的束缚，成为率先建立市场经济体制和实行产权制度改革的地区之一。2009年，顺德区进一步深化大部制改革，是出于应对当时国内外政治经济环境以及自身经济社会发展的需要，并在中央以及省、市的支持和推动下实现的。

⊃ 2009年，顺德区被广东省委、省政府确定为"落实科学发展观试点区"，率先开展以行政体制改革、社会体制改革和基层治理改革为重点的一系列综合改革试验。图为8月24日，顺德区召开改革动员大会。

（一）经济发展迫切需要推进行政管理体制改革

顺德的面积不大，虽然只有6个镇、4个街道、202个村（社区），但经济体量很大。2000年起，顺德连续多年居于全国百强县（区）之首，是全国县域经济发展的排头兵。2009年，顺德实现地区生产总值1711.93亿元，工业总产值4289.39亿元，位列县级市前列，甚至高于许多地级市。

改革开放后，顺德以"集体经济为主、工业为主、骨干企业为主"的经济发展模式，通过党委、政府主导和推动，实现了经济快速发展，成为全国闻名的制造业基地。家用电器、家具制造、纺织服装、精细化工、汽车配件、机械装备、电子信息、医药保健、包装印刷等传统支柱产业得到较快发展。其中，家电业产值占全区工业产值近一半，是全国三大白色家电制造基地之一，美的、格兰仕等家电企业成为全国行业龙头。顺德产业结构持续优化，由传统装备制造向智能化、精密化转化，智能装备产业走向集群化发展。

然而，随着经济体量的增大、管理内容的增多，原有的政府行政管理体制与市场经济发展之间的矛盾不断显露出来。在过去市场主体发育不充分的环境下，通过政府直接投资，或采取企业借债、政府担保并给予减税、免税的方式发展工业企业，这种发展模式为乡镇企业的崛起提供了资金和资源的支持，解决了企业起步难的问题。但这种政企不分的模式也存在产权不清、权责不明的弊端，甚至导致政府职能错位越位，在一定程度上削弱了市场的资源配置作用。

2009年之前，顺德地方经济的发展势头有所减缓，全国百强县"龙头"地位也从2005年起下滑。受原有体制机制障碍的牵制，政府各个部门间职能交叉、多头管理问题严重，党政系统职能重叠，制约了政府履行服务企业、服务社会的职能。比如，改革前顺德有超过10万家企业和个体工商户，而区质监局只有30多人，难以肩负起服务和监管如此庞大市场主体的重担。又比如，容桂街道有50万常住人口、330亿元的地区生产总值和超千亿元的工业产值，而街道办事处却只有90个公务员编制，且没有相应的审批权和执法权，难以应付纷繁复杂的社会管理任务。因此，改革前的顺德可以说是"市一级的经济总量、县一级的人口规模和科一级的管理权限"。

⊃ 佛山顺德区城区。

面对严峻的困境，顺德区委、区政府意识到，要适应新时期产业经济升级发展的需要，行政管理体制改革已经迫在眉睫，而通过探索大部制改革，有利于加快转变政府职能，提高政府运行效率，能够带动顺德经济继续向更高层次发展，为经济发展注入新的活力。

（二）党中央支持和鼓励探索行政管理体制改革

1999年，中共中央、国务院《关于地方政府机构改革的意见》指出，"政府部门管理体制不适应社会主义市场经济的要求，部门职权利益化的倾向，造成一些部门、地区、行业之间的分割，加剧了部门、行业和地区的保护主义"。2008年党的十七大后，行政管理体制改革的呼声越来越高，在社会上掀起了热烈的讨论，使得人们对行政管理体制改革充满期待。

⇨ 2009年11月2日，顺德大部制改革实施后，各个部门重新刻印公章。图为工作人员使用新刻印的"佛山市顺德区国土城建和水利局"公章给文件盖章。

党的十七大报告明确提出，要"加大机构整合力度，探索实行职能有机统一的大部制机制"。党的十七届二中全会通过的《关于深化行政管理体制改革的意见》进一步提出通过深化行政管理体制改革，进一步消除体制性障碍，切实解决经济社会发展中的突出矛盾和问题。《关于深化行政管理体制改革的意见》的出台，表明党中央支持和鼓励地方结合实际情况，对行政管理体制进行改革创新。在当时看来，大部制是行政管理体制改革的重要方向，是政府组织架构调整与政府运行机制再造的统一，其内涵不仅包括部门机构之间的合并或重组，更注重体系和机制的有机统一。

（三）传承改革精神和改革经验成为大部制改革的底气

广东是中国改革开放的先行地，顺德区则是广东经济改革的开路先锋之一。顺德今天的发展成绩，是不断进行改革取得的；顺德发展的历史，也是不断自我改革的历史。

改革开放初期，顺德积极利用靠近香港的便利，大力发展"三来一补"业务，促进了电子电器、纺织制衣、日用化工等行业的快速发展，实现了经济上的腾飞。自

20世纪90年代以来，顺德民营企业不断发展壮大，推动城乡一体化加快发展，农村经济向城市经济转变，家电、家具行业产品远销国内外，区域经济向国际经济跨越，市场经济不断完善和成熟。在发展过程中，顺德不断进行改革，率先探索出闻名全国的"顺德模式"以及以产权制度改革为核心的综合配套改革的经验。

一直走在社会主义市场经济体制改革前沿的顺德，在政府机构改革方面在全省"先行一步"，1992年和1999年，顺德先后被确定为全省综合改革试验县、率先基本实现现代化试点市，分别探索经济社会管理综合改革和实现现代化路径。

因此，顺德人的血液里有改革创新的基因，这片土地上蕴含着丰富的改革经验。经济学家吴敬琏称顺德为"中国的缩影"。顺德人强烈的改革意识，敢为人先的改革精神，善于在改革经验之上继续改革的优良传统，为顺德大部制改革提供了充分的底气和精神动力，为行政体制改革破题。

二、顺德大部制改革历程及主要内容

2009年9月16日，顺德大部制改革工作正式启动。这轮改革，是在1992年机构改革基础上的深化和优化，为全省乃至全国探索了县区级行政管理体制的新模式。

（一）顺德大部制改革的历程

1992年9月17日，广东省委、省政府批准顺德市为综合改革试验市，作出七项政策性规定，扩大顺德部分管理权限。这是一次以行政体制改革为中心的系列综合改革，重点通过产权制度改革，对政府角色重新定位，旨在减少政府对市场的干预。以产权制度改革为突破口，把政府行为从企业行为中剥离开来，厘清政府与企业的关系，使政府的公共管理职能与国有资产管理职能相分离，初步建立起适应社会主义市场经济的行政管理体制。在此次机构改革中，顺德市按照"一个中心，四位一体"①的行政管理架构，对党政部门作了较大的精简，大部制改革由此发端。1999年，广东省赋予顺德市行使地级市的管理权限，并直接对省负责，为顺德进一步探索大部制改革奠定了良好基础。

2008年8月16日，在深圳召开的广东省体制改革务虚会上，顺德1992年的改革被提及。随后，顺德区委、区政府积极开展改革探索，率先开始实践大部门体制、行政审

---

① "一个中心，四位一体"：党委、人大、政府、政协四套班子联席会议机制，形成一个决策中心。

批制度等一系列改革，改革的力度之大、影响之深远超1992年。同年11月，在广东省经济特区工作会议上，广东省委、省政府正式决定，将顺德确定为大部制改革的两个试点之一（另一个试点是深圳）。顺德改革这块牌子如何擦亮，成为一个重要议题。

针对行政管理体制上存在的政府职能转变不到位、组织架构和层级责权关系未完全理顺、管理和运行机制仍待完善等突出问题，为加强改革的理论支撑，提高改革的科学性，顺德区委托国家行政学院专家开展"顺德深化行政管理体制改革研究"项目研究，组成了研究课题组，先后对福建省石狮市编办、海南省编办和儋州市编办、深圳市编办和光明新区管委会、上海市编办和浦东新区管委会、闵行区编办等单位进行实地调研考察，广泛征询各级领导和专家学者的建议，并查阅收集了当时国内各地政府机构改革的相关资料，参考吸收了港澳地区和新加坡政府机构设置与运行的有益经验，紧密结合顺德实际，形成了机构改革的初步方案。

方案设计之初，区委曾计划在局之下设立职能详尽的科室"署"（二级局），以解决机关人员安置问题与上下对口问题，但都在国家机构设置中找不到相关依据。改革方案的主要负责人讨论后认为，区县作为国家和省市决策的执行层，应考虑如何使执行力更强。因此，改革要结合实际，不能太冒进。

2009年8月中旬，在充分论证和修改的基础上，顺德区委、区政府在广东省编办和省内专家的帮助指导下，经过研究和设计，形成了正式方案，并报广东省委、省政府批准。

同月，广东省委、省政府正式批复同意佛山市顺德区继续开展综合改革试验工作，并同意在维持顺德区现有建制不变的前提下，除党委、纪检、监察、法院、检察院系统及需要全市统一协调管理的事务外，其他所有经济、社会、文化等方面的事务，赋予顺德区地级市管理权限。同意顺德区深化行政管理体制改革，先行先试，试行大部制，理顺与镇（街道）财权、事权关系，增强基层活力。9月14日，《佛山市顺德区党政机构改革方案》获广东省委、省政府批复，顺德由此启动了以转变政府职能为核心，以优化组织结构、理顺责权关系、创新运行机制、精简管理层为主要任务，以党政群联动为主要特征的大部制综合改革试验工作。9月16日，顺德召开副科级以上干部动员大会，大部制正式实施。根据《佛山市顺德区党政机构改革方案》，顺德区的党政机构由41个部门变为16个部门，精简幅度接近2/3。改革从通过到宣布、人员上岗到位，只用了3天。除了改革的速度惊人，人性化的人事安排也为改革平稳开展发挥了重要作用。

为了精简人员，同时保证编制不突破，在各局各部正职转副职的同时，原有的副

⊃ 顺德区陈村镇努力为以水兴城作出陈村示范。图为陈村镇南涌四季公园。(《珠江商报》记者周焯杰 摄)

职则在待遇不变的情况下被任命为"局务委员"（2011年初改为副局长），而各部门的编制也被调整为最多"一正九副"，超编者通过退休等方式逐步消化。

顺德先行一步，为佛山其他区大部制改革提供了经验和示范，2010年6月，禅城、南海、高明、三水等其他四区也对顺德大部制的体制模式进行了不同程度的复制借鉴，如采取党政部门合署办公模式，对党政部门进行了精简。

省有关部门还积极协调部分垂直管理部门下放权限，帮助顺德制定、完善改革方案并加快方案批复等。2011年1月28日，中共广东省委办公厅下发《关于进一步完善和深化顺德行政体制改革的意见》，明确指出："对放权和支持力度大的部门进行通报表扬；对改革不力的部门进行通报批评：对干预或阻挠改革的单位和个人要追究责任，对改革过程中违法违纪的有关人员要严肃处理。"同年5月，省委有关领导带队赴顺德督查对接工作。

顺德的改革，得到了上级党委和政府的肯定与支持。2010年12月，省委办公厅、省政府办公厅下发《关于推广顺德经验在全省部分县（市、区）深化行政管理体制改革的指导意见》，在省内推广顺德大部制改革经验。至2012年底，有29个县（市、区）在不同程度上复制了顺德大部制改革的举措。2011年，国家"十二五"规划纲要中明确提出"坚定推进大部门制改革"，对顺德大部制改革试点工作给予肯定。2013年国务院机构改革方案很大程度上汲取了广东经验，包括佛山经验、顺德经验。

2012年12月，全国人大常委会授权国务院在广东行政审批体制改革试验中可以调整部分法律规定，为顺德的行政审批改革理顺了法律制度，为改革提供了实质性的保障。在中央以及省、市的大力支持下，根据相关部署，顺德区进行了新一轮全方位、宽幅度、深层次的行政管理体制改革和创新，力度之大、创新之多引起了社会各界的强烈反响，成为广东行政体制改革实践的典型。

（二）大部制改革的具体内容

在1992年的机构改革中，顺德依据"同类合并、另起炉灶、保留强化、转性分离"的原则，将56个党政部门精简为29个，各部门内设机构精简了125个，在编人员精简了223人。

2009年的顺德大部制改革，被视为"大部门"实行得最为彻底的一次机构改革。以"同类项合并、党政联动、扁平管理、科学分权"的原则为指导，顺德系统梳理了包括部分双管直管单位党委机构、政府机构和群团组织，对职能相同、相近、相似的部门进行有机整合，通过党政联运，把政府职能分为政务管理、经济调节与市场监管、社会管理与公共服务三大类型，41个党政部门实际整合为16个，其中党的机构6个、政府部门10个（另有若干政府部门与党委合署办公，实行一套人马、两块牌子）。

一是机构精简。此次大部制改革深入推进党政机构部门合署办公，在1992年机构改革首次实行市委办和政府办、纪委机关与监察局等党政机构合署办公的基础上，进一步推进党政联动，对党政群部门中相同、相近、相似的职责进行整合。

2009年大部制改革后顺德区党政部门一览表

党政系统	部门
区委	区纪委机关（与区政务监察和审计局合署办公）
	区委办（与区政府办、区委决策咨询和政策研究室合署办公）
	区委组织部（区委机构编制委员会办公室）
	区委宣传部（与区文体旅游局合署办公）
	区委政法委（与区司法局合署办公）
	区委社会工作部（与区民政宗教和外事侨务局合署办公）

续表

党政系统	部门
区政府	区发展规划和统计局
	区经济促进局（主管经贸、科技、信息产业、农业）
	区教育局
	区公安局
	区财税局（整合区财政局、区地方税务局职责）
	区人力资源和社会保障局（主管人力资源、社会保障、社会保险等）
	区国土城建和水利局
	区卫生和人口计划生育局
	区市场安全监管局（整合工商、质监、安监、食品、卫生等市场监管职责）
	区环境运输和城市管理局（环境保护、交通运输、港口行政、市政市容等）

二是职能拓宽。在规划、经济、建设、文化、市场监管等领域组建新的大职能部门，综合履行行政职能，在一定程度上将外部沟通内部化，解决了"小部门"的沟通协调问题。比如，通过整合原环境保护局职责、原城市管理行政执法局职责、原建设局的公用事业管理职责、原交通局除交通建设以外的职责，组建区环境运输和城市管理局；通过整合原经济贸易局、原农业局、原科技局的职责，组建区经济促进局等。

三是界限打破。广东省委、省政府赋予顺德区地级市管理权限，为顺德推进大部制改革创造了有利条件。在此条件下，顺德区委、区政府依托大部制改革，把部分原本属于省、市垂直管理的部门职能划归地方管理，打破了垂直管理部门和地方管理部门之间的界限。部分原来由省、市垂直管理的工商、地税、质监、食品药品监管及公安、国土、规划、社保基金管理、气象等部门被纳入属地管理。

四是决策扁平。2009年大部制改革以专业化分工原则为指导，区领导（包括区委常委、副区长以及新设的政务委员）分别到大部门兼任部门领导，负责大部门的工作。区领导兼任大部门领导参与联席会议决策，体现顺德实行大部制决策更贴近实际和更扁平化。由区委、区人大、区政府、区政协几套班子"四位一体"的区联席会议负责全局性重大决策，使决策可以大幅度压缩层级，形成"联席会议—部门—业务科室"的决策、执行机制，减少了原来党政副职分管、秘书长协调两个环节，使决策更加科学和扁平化。

五是配套健全。顺德大部制改革较为注重配套机制的建立，此次改革的配套举措包括：推进事业单位分类改革，深化镇级行政管理体制改革，深化社会管理体制改革，深化财政管理体制改革，建立完善区级党政机构、镇（街道）效能监督考核体系以及建立和完善人员编制的动态调整机制。这些配套改革进一步厘清了区和镇责权利关系，重新界定政府与市场、政府与社会的关系，减少了大部门对市场和社会的过度干预，有力地保障了顺德大部制改革的推进。

顺德区实施大部制后，在一些方面出现了上级的改革思路与顺德区大部制改革过程中体制形态不一致的情况，这需要上级与顺德共同探寻，在顺德大部制改革基本方向和上级改革思路之间，找到一个最佳平衡点。以区食品药品监督管理局为例，2014年，经过顺德区与广东省相关部门的多次沟通，省相关部门支持顺德采取设置食品药品监督管理局与市场监督管理局合署办公的形式进行改革。通过这种形式，顺德既完成了省关于单独设置的任务要求，又保持了大部门数量不变，在上级要求与自身改革方向之间取得了新的平衡。2014年，省政府、市政府支持顺德区把安全生产综合监管职能从区市场监督管理局分离出来，单独设置区安全生产监督管理局，以体现对安全生产工作的重视和加强。

三、顺德大部制改革的成效

顺德大部制改革将社会主义市场经济和政府行政管理体制优化对接，取得了较大的成效。

（一）开创了新的党政联动模式

顺德在全国县级行政区域中开了先河，在党政联动改革方面先行先试，将党政群部门进行有机整合，实现了行政机构的优化设置。党委、政府系统的整合是行政管理体制改革的难点，区委部门和区政府部门合署办公，在这方面做出了突破性贡献。通过机构精简并实现有机整合，形成了分工合理、职责明确、协调有序的大部门体系，部门职能由外部化转为内部化，解决了过去部门分设过细、多头管理、部门间"踢皮球"的问题，极大提升了沟通协调效率和执行效率。

（二）解决了政府职能转变难题

顺德大部制改革的一个特征是实现了服务型政府的转变，政府部门不再事无巨细全抓全管，而是强化宏观调控，关注重点转移到市场监管、社会管理和公共服务三大领域。通过强化市场监管职能，着力营造良好发展环境，避免对社会经济生活进行过多干预。通过强化社会管理职能，加强基层社会管理、公共服务和市场执法等一线力量，推动更多的社会主体参与公共治理，实现社会管理主体多元化。

（三）创新了扁平化决策运行机制

决策权、执行权、监督权相对独立，是顺德大部制改革的亮点之一。根据"决策民主化和扁平化、执行集中化和统一化、监督外部化和独立化"原则，顺德创新了决策权、执行权、监督权分工明确、统一协调的高效运行新机制。一是决策权集中化。创新建立"四位一体"的区领导联席会议决策机制，对全局性重大决策负责。二是执行权高效化。建立扁平化的执行机制。区联席会议的决策直接由合并后的10个大部门执行，减少了区领导分管和副秘书长协调两个环节，提高了决策和行政效率。三是监督权独立化。创新建立大监督机制。由纪委（监察局）、审计局、信访局合并的政务监察和审计局集中行使纪检、监察、审计、信访等职能，整合监督资源和力量，由纪委向各部门派驻纪检监察组或专职监察人员，形成了大监督工作格局。

（四）实现了更高效的事权配置

事权调整是大部制改革的核心内容之一，顺德大部制改革中大部门职能职责的调整不可避免地带来镇（街道）事权的重新划分，因此，"简政强镇"成为大部制改革的重要配套改革之一。在改革过程中，顺德坚持"宏观决策权上移，微观管理权下移"的原则，将部分县级管理权限下放到街道和镇，给镇（街道）放权，镇（街道）向社会放权，促进了社会组织的蓬勃发展。一些政府过去管不了、管不好的社会事务通过委托、授权和购买服务的方式，依法交由法定机构和社会组织承担，促进全社会参与公共事务治理。其后，为配合事权下放，镇（街道）建立行政服务中心，提高了镇（街道）行使事权的能力，也为社会提供了便

◑ 2022年，顺德区启动"物业城市"试点工作，图为大良街道"物业城市"智能管理平台。（顺德区委办公室供图）

利的窗口服务。为配合权力下放，顺德配套推进了行政审批制度、事业单位和社会管理体制改革，废除和减少行政审批事项和政府微观管理职能，降低市场准入门槛和企业运作成本，方便了群众办事，提高了办事效率。在上级政府的大力支持下，顺德区委、区政府又以大部制改革为契机，推出商事登记改革，降低各类市场主体准入门槛，极大激发了市场活力。

四、顺德大部制改革的经验与启示

大部制改革的顺德经验体现了"科学发展、先行先试"探索服务型政府建设的努力，是地方党政体制与机制具有突破意义的改革；体现了思想解放的创新精神和求真务实的实践气魄，对我国地方行政体制改革特别是县级层面具有特殊的借鉴价值。

（一）顺德大部制改革经验

1. 四级联动有力领导

顺德大部制改革是一次中央以及省、市、区四级联动大力推行的改革。省委主要领导多次对顺德提出要求：允许（这项）改革失败但不许不改革。有上级党委、政府的领导和支持，是改革得以顺利推进的关键因素。同时，顺德具备了较好的改革资源。作为县级市（区），顺德被广东省赋予了经济、社会、文化等方面事务的地级市管理权限，广东省专门协调垂直管理部门向顺德移交部分权力，佛山市也把部分市级行政审批权下放给了顺德，为改革奠定了扎实的基础。与此同时，顺德本身对领导机制的创新探索也起到了重要作用。党领导集体决策、统筹分工的领导体制，成为实施大部制改革的基础和灵魂。

2. 系统谋划创新探索

顺德大部制改革的顺利进行，取决于科学系统的谋划。实施大部制改革之前，顺德区专门委托国家行政学院专家开展"顺德深化行政管理体制改革研究"项目研究。课题组对顺德内外多地进行了实地考察，征询各级领导、专家学者以及基层工作人员的意见，充分研究了港澳地区和新加坡政府的有益经验。为了让改革方案更加贴合地方实际，又广泛邀请省内专家参与。此次改革中探索了不少创新举措，如争取省的支持，创新设置区政务委员职务，解决了因区领导兼任大部门领导形成的职数不足的问题；创新设置局务委员职务，解决了改革前副局长这个级别干部的安置问题，并为今后逐步调整职数留下了空间；创新监督体制，实行监督权外移，由纪委向各部门派驻

⊃ 2022年，顺德区容桂街道实施"美岸"提升工程。（容桂街道办供图）

纪检监察组或专职监察人员，解决了部门权力集中后"左手监督右手"的问题。

3．三权分离有效监督

顺德大部制改革确立了决策权、执行权、监督权相对独立又协调统一的机制，消除了以往政府同时担任"组织者""执行者"和"裁判员"三重角色的局面。大部制通过区联席会议进行集体决策、大部门首长制高效执行、体制内外合力监督三大"法宝"解决了权力过于集中、难以有效监督的问题。

4．配套措施助力转变

顺德大部制改革的目的不仅是"物理反应"，实现政府机构框架的重构与整合，更是"化学反应"，进行职能转换、架构重组，建设一个服务型政府。与之相配套的一系列改革措施在这个"化学反应"中起到了重要的"催化"作用。顺德区委、区政府在这次改革中下大力气，开展了一系列配套改革，包括事业单位分类改革，深化镇级行政管理体制改革，深化社会管理体制改革，深化财政管理体制改革等，对利益格局进行重新调整，使政府在一些市场主体不愿参与的公共服务薄弱领域承担起应有的责任，同时将政府部门的部分功能释放出来，更好发挥市场与社会的活力。

5．科学调配人力资源

机构改革不可避免涉及人员分流，触动部分干部的利益。科学统筹安排好人力资源，才能够极大减少改革阻力。按照"编制不突破、人员不降级"的原则，妥善调整安置干部，创新设置政务委员、局务委员等，在一定程度上解决了人员安置的难点，有效减轻了部门裁撤的阻力，实现了平稳过渡。通过改革，一批优秀中青年干部被提拔到新的领导岗位上来，增强了顺德下一轮改革发展的中坚力量。

（二）顺德大部制改革带来的启示

顺德大部制改革被赋予了示范区角色，承担着为其他地区提供改革经验的试点重任。顺德大部制改革的历程和经验，对今天改革再出发、再深化有较大的启示。

1．要以提升政府治理和服务能力现代化为目标，进一步深化优化行政管理体制

顺德大部制改革注重几个方面的政府治理能力建设与提升，包括政务诚信水平和法治化治理能力的提升。顺德先后出台《顺德区行政机关规范性文件管理规定》《顺德区依申请公开政府信息办法》等文件，完善了依法行政的体制机制，促进权力运行效能的提升。《企业经营审批事项目录汇编》《企业经营行业监管分工目录》两大目录清单的出台，建立了"宽准入、强监管"的新模式，同时进一步明确了政府职权。

2．要围绕推动经济产业转型发展，推动服务型政府的职能转变

大部制改革实施后，顺德区根据新职能定位，出台和完善了产业发展规划、城市总体规划、社会发展规划、文化产业发展规划，较好地将政府职能引导到促进科学发展和经济增长上。如区经促局改革后实现了三大产业统筹发展、协调管理的格局，推出了"龙腾计划"等一批重大产业政策，促进产业融合发展。区市监局对执法力量进行整合，使企业和社会只需接受来自一个部门的管理、一支执法队伍的检查，避免多头检查、多头执法的情况，得到了企业和群众的好评。

3．要着眼于公共服务水平的提升，夯实改革的群众基础，推动改革成果与群众共享

顺德实施大部制改革后，不断推进各项配套改革，积极培育社会中介组织和社会工作机构，向社会组织释放出部分政府职能和事项，将政府行政服务水平推上了一个新的水平。同时，一些行业协会组织如顺德区中小企业促进会积极参与社会公共事业，得到相关部门的大力支持。改革后，顺德区着力推进民生实事，社会主体积极参

与社会发展，提供日益丰富的社会服务，获得了群众的广泛认可，取得了良好的社会成效。区民生部门集中力量，在解决看病难、停车难、养老保障、城乡交通路网等问题上取得了实质性的突破。

4. 要建立科学的动态评估体系，为行政体制机制持续深化改革提供依据

大部制改革是一项长期复杂的工程，在实施过程中需要不断完善改革评估机制，扩大社会参与和监督，通过系统收集大部门运行的履职情况、部门间协调情况、行政效能情况、社会公众评价、改革效果等信息，进行科学分析研判，对大部制改革运行情况进行全面客观的综合评价，提出调整意见和发展方向，逐步形成一套较为合理、成熟、规范的指标体系和评价制度，为大部制的优化和有效运行提供依据。

5. 要建立完善信息共享和大数据治理机制，提升行政体制机制运行效率

信息技术与治理方式在政府系统的广泛运用，对政府提出了职能转变的要求，也为建设服务型政府提供了条件。在大力推进"数字政府"建设的今天，各级党委、政府要提高决策和执行水平，需要建立形成信息机制与大数据治理的理念，主动转变治理框架，提高治理水平，增强服务能力。要大力推动政府信息系统和公共数据依法开放共享，加快政府信息平台整合，消除信息孤岛，全面构建不同政府部门之间的互联接口、更新通道，将原本分散存储在不同行业、不同部门的数据，作为一个整体统一管理、整合共享，构建全面无缝隙的服务格局。

"简政强镇"事权改革的探索与经验

　　佛山是镇域经济先发地区的典型，镇域的产业集群化和市场化水平较高，对基层治理能力提出了新的要求。佛山市委、市政府一直在探索如何创新镇（街道）行政管理体制和机制，使之与镇（街道）经济社会发展水平相匹配。2009—2010年，在顺德容桂、南海狮山的试点经验基础上，佛山全面开展"简政强镇"事权改革工作。佛山此次改革涉及面广、执行力度大、效果显著、经验深刻，成为全国有名的

　➲ 从空中俯瞰国家级南北向主干道105国道北滘段，双向10车道的柏油马路上车水马龙。

行政体制改革标志性事件。经过改革，佛山逐步理顺市、区、镇三级行政管理体制，将公共事务管理权力有序地下放镇（街道）基层，推动形成"简政强镇"的基层治理格局，激发了镇域经济的发展活力。

一、佛山开展"简政强镇"事权改革的背景

2009年之前的30年，广东省主要的改革和发展重点是中心城市、大城市、地级市，将资源优先配置到大中城市，相对忽略了对县域、镇域经济的投入，使得县镇经济社会发展相对滞后。在"简政强镇"事权改革之前，佛山各镇（街道）在相当长的一段时间里面临着"人大衫小""脚大鞋小"的资源制约，以及"镇级的权限、县级的人口、市级的经济"的尴尬局面。

（一）镇（街道）撤并后大而不强[①]

2001年起，佛山经过对区、镇（街道）行政区划调整，按照"撤小并大，撤弱并强"的思路，完成了全市五区的镇（街道）撤并工作。

2002年12月，国务院批复广东，同意佛山市行政区划调整，设立禅城区，同时南海、顺德、三水和高明撤市设区。佛山进入"一市辖五区"的城市发展新征程。为了提升基层行政效率，佛山市委、市政府统筹发展全局，开始思考和谋划在行政机制上向镇（街道）一级放权的探索，进一步厘清市、区、镇（街道）的权属关系，为基层治理松绑。

经过撤并整合，至2010年，佛山五区仅有21个镇、12个街道，撤并比例近一半。然而各镇（街道）过去长期面临的"人大衫小""脚大鞋小"的资源制约，以及"镇级的权限、县级的人口、市级的经济"的尴尬局面，并没有得到有效的解决。相对滞后的乡镇管理体制，没有能力提供与经济发展水平相适应的公共服务，这种现象被称为"小马拉大车"。

面对社会经济发展对政府治理体系和治理能力提出的新要求，为了实现良好的社会治理，市、区统一认识，由上而下推进大部制改革和"简政强镇"事权改革。在优化整合全市行政区划的基础上，佛山对市、区、镇三级政府的管理职责和行政事务处

---

① 这里所说的"大"，指区划调整后镇（街道）行政区域变大、人口规模增加和经济体量大；"不强"，指的是相应的行政管理事权不足和配套的政策机制不完善等。

理权限进行合理界定，并在后续的几年逐步过渡和适应。

（二）"大部制"改革要求提升地方行政效率

2008年3月，十一届全国人大一次会议审议通过了关于国务院机构改革方案的决定。新一轮的机构改革方案强调转变政府职能，提出以构建服务型政府为核心的"大部制"改革，总目标是"到2020年建立起比较完善的中国特色社会主义行政管理体制"。这轮改革首次提出"大部制"的概念，对许多职能交叉重叠的部门进行了整合。改革后，国务院仅设置27个部门（除国务院办公厅外）。随后，地方各级政府也相应推进新一轮的机构改革。

2009年3月，中央下发《关于深化乡镇机构改革的指导意见》，新一轮乡镇机构改革由点到面扎实推进、全面铺开，涉及中国3.46万个乡镇。此轮改革旨在明确乡镇定位、转变乡镇职能，着力建立健全精干高效的乡镇行政管理体制和运行机制，全面推进乡镇体制机制创新，建设服务型政府，巩固党在农村的执政基础。

同年，佛山以顺德为试点，率先开展了区级大部制改革工作。9月，顺德区体制改革领导小组公布了大部制改革的"三定"方案，落实对现有党政机构的整合优化工作。在此之前（8月），顺德区体制改革领导小组镇（街道）改革方案组就提出，"强镇扩权"并不是所有的职权都要强，而是服从于发展需要，该强的强，该弱的弱。改革的原则是"规范镇（街道）建设发展职能，强化镇（街道）管理服务职能，授权镇（街道）行政执法职能"。

二、佛山探索和深化"简政强镇"事权改革的历程

2009年3月，广东省委、省政府深入贯彻落实科学发展观，按照党中央、国务院的统一部署，印发《广东省人民政府机构改革方案》，正式启动新一轮行政管理体制改革。其后，广东省选择佛山市顺德区容桂街道、南海区狮山镇等4个镇（街道）率先推行"简政强镇"事权改革试点工作。7月，省委、省政府发布了《中共广东省委办公厅、广东省人民政府办公厅关于富县强镇事权改革的指导意见》，结合《珠江三角洲地区改革发展规划纲要（2008—2020年）》，统筹推进全省"简政强镇"工作，赋予各级地方政府发展本地社会经济的责任以及相应的权限，建设适应服务型政府要求的乡镇政府管理体制。随后，省委、省政府积极推进经济发达镇行政管理体制改革试点工作，创新镇级行政管理体制，继续推进佛山市顺德区容桂街道、南海区狮山镇和东

莞市塘厦镇、石龙镇开展"简政强镇"事权改革试点工作。

（一）佛山先行探索"简政强镇"事权改革（2009—2010）

2009年11月，根据省委、省政府有关精神和指示，佛山印发《佛山市"简政强镇"事权改革试点指导意见》，确定顺德区容桂街道、南海区狮山镇作为两个省级试点率先开展"简政强镇"事权改革。

作为试点，顺德区按照"宏观决策权上移，微观管理权下移"原则，在产业发展、城市建设、社会管理等方面，依法赋予容桂街道县级行政管理权限，向容桂街道下放第一批行政审批事项、处罚事项和日常管理权限事项共316项（方面），共涉及区12个部门，重点包括：赋予更大的组织人事管理权，如事业单位人员、机关聘员的招考录用，镇级事业单位的增设、撤销、合并的审批，街道工作机构正职任免审批等；赋予更大的发展权。狮山镇"简政强镇"事权改革试点工作全面启动后，由镇政府任命"简政强镇"事权改革12个内设机构负责人，新机构同时挂牌运作，正式承接区首批下放事权，包括11个部门共116项行政审批和行政执法事项。经过改革，南海区职能部门将100多项各类权限授权或委托狮山镇行使，狮山镇则被依法赋予部分县级管理权。

2010年4月，省委、省政府在顺德区召开了全省富县强镇事权改革工作现场会，

⊃ 2010年4月29日，全省富县强镇事权改革工作现场会在顺德召开。

⬤ 2010年7月15日，顺德区简政强镇事权改革动员大会在区行政大楼会议中心召开。

向全省推广顺德区和狮山镇、容桂街道的改革经验。同月，市委召开扩大会议，研究决定参照顺德区的改革模式，在禅城区、南海区、高明区和三水区全面推进大部制改革，在全市其他31个镇（街道）①全面推行区向镇（街道）下放行政执法权的"简政强镇"事权改革。

5月，佛山市深化行政管理体制改革工作现场会在顺德区召开，会议总结推广顺德区容桂街道和南海区狮山镇"简政强镇"事权改革试点经验，正式下发《佛山市区级党政机构改革实施意见》和《佛山市"简政强镇"事权改革实施意见》，指导全市开展区级大部制改革、镇（街道）级"简政强镇"改革工作。会议提出，除顺德区外，其余四区党政机构改革在当年6月底前完成；各镇（街道）"简政强镇"事权改革工作于上半年启动，9月底前完成。

7月，佛山下发《关于区向镇（街道）下放行政管理事项指导目录（第一批）的通知》《关于区向镇（街道）下放行政执法权的指导意见》，下放除公安局、教育局、交警、社保之外的行政审批事项261项到镇（街道），涉及基层党政机关、企事业单

———————————

① 至2010年，佛山五区共有镇（街道）33个。

位和群众办事的日常管理事项84项。根据市委、市政府的部署要求，禅城、南海、三水、高明四个区参照顺德区开展区级大部制改革和镇级"简政强镇"改革工作，重点对职能相同、相近和相关的部门进行有机整合，原则上只设置16个、最多不超过17个党政部门。

至9月，南海区全面完成"简政强镇"改革，理顺了区镇权责关系，扩大了镇（街道）的管理权限；理顺了政府与社会的关系，优化了政府职能；提升了镇（街道）管理效率和服务水平。禅城区召开"简政强镇"事权改革工作会议，正式启动"简政强镇"事权改革工作。高明区发布《关于"简政强镇"事权改革的实施意见》，召开动员大会，部署改革事宜，297项行政审批事项被正式授予镇（街道）。三水区采取"一镇一策"模式，先后在乐平镇、芦苞镇等7个镇（街道）推进改革工作，镇（街道）根据自身需求提出放权清单，累计延伸镇（街道）可办理事项525项，搭建镇级行政审批架构，设立镇（街道）行政服务中心，前后端共同发力。

是月，佛山按计划完成全市31个镇（街道）的"简政强镇"事权改革工作，扩大镇（街道）对本行政区域内事务的管理和处置权限。其中，对综合指数在400以上的特大镇（街道）依法赋予其县级经济社会管理权限。同时，作为本次改革的配套内容，市政府下发了《佛山市进一步完善和深化事权下放工作的意见》《佛山市行政服务中心体系建设工作意见》和《关于政府服务延伸到村居工作的指导意见》，将完善和深化事权下放、政府"一站服务"延伸到村居、推进事业单位分类改革一并实施。

是年，全国层面的"强镇扩权"改革试点工作启动。中央编办会同中央农办、国家发展改革委、公安部、民政部、财政部在全国13个省份确定了25个经济发达镇进行行政管理体制改革试点。佛山市南海区狮山镇为广东省入选的3个试点镇之一。"强镇扩权"并非简单扩大经济发达镇的经济社会管理权限，这一改革同时融合了工业化、城镇化的特点。

（二）镇级行政体制改革的进一步深化（2011—2022）

2011年1月28日，省委办公厅下发《关于进一步完善和深化顺德行政体制改革的意见》，确定顺德区为省直管县试点，赋予顺德在行政执法、财政管理、参会发文、干部人事等方面的"地级市权限"；同时明确，顺德区在党委、纪检、监察、法院、检察院系统和市现有的规划、统计管理模式，社保基金、住房公积金等各项市级统筹基金及东平新城仍维持现有管理体制。

同年10月，广东省明确提出选择部分地级以上市城区开展城市基层管理扁平化改革试点，形成"二级政府、三级管理"或"一级政府、两级管理"的新体制。作为全省社会改革综合试点，顺德出台《关于推进社会体制综合改革加强社会建设的意见》，借鉴香港经验，探索建立"一级政府、两级管理、三级服务、社会参与"的扁平化行政管理模式和协同共治格局。

⊃ 南海区狮山镇中心城区。

　　2012年以来，佛山围绕提高政府治理体系和治理能力现代化，聚焦基层政府治理，加强基层治理有效性，开展了新一轮镇（街道）管理体制改革，继续推进"强镇扩权"改革试点工作，取得一系列积极成效。2016年12月，中共中央办公厅、国务院办公厅印发《关于深入推进经济发达镇行政管理体制改革的指导意见》，明确："省（自治区、直辖市）政府可以将基层管理迫切需要且能够有效承接的一些县级管理权限，包括行政审批、行政处罚及相关行政强制和监督检查权等赋予经济发达镇，制定目录向社会公布，明确镇政府为权力实施主体。"2018年12月，省委办公厅、省政府办公厅印发《关于深入推进经济发达镇行政管理体制改革试点的实施方案》，综合考虑区域协调发展的需要，为增强改革的代表性，在不同区域探索经济发达镇行政管理体制改革的路径和模式，除了2010年已纳入全国试点的3个镇（含南海区狮山镇），确定（增加）了10个试点镇（含顺德区北滘镇）。2019年，广东贯彻落实中央关于深入推进经济发达镇行政管理体制改革的决策部署，深化"强镇扩权"改革试点工作，组织制定《广东省人民政府赋予经济发达镇行政管理体制改革试点镇县级行政职权通用目录》，明确赋予试点镇325项县级行政职权，镇政府为权力实施主体，着力解决以往改革没能解决且广受诟病的乡镇执法主体资格问题。

　　这一阶段，佛山在落实推进南海区狮山镇、顺德区北滘镇两个试点镇工作的基础上，积极总结和推广经验，深化推进五区各镇（街道）管理体制改革工作。此轮改革很大程度上继承了"简政强镇"事权改革的理念，通过现代化信息技术和智能电子设备的应用，减轻镇（街道）政府部门的事务性工作负担，为承接更多事权腾出人力和场地资源，在更大程度上为基层松绑。同时，进一步统筹优化党政机构，加快转变镇（街道）职能；进一步厘清市、区、镇的权属关系，向镇（街道）一级放权。

在持续深化的"简政强镇"事权改革中，佛山贯彻中央、省的决策部署，推动各区普遍将事权下放至镇（街道）。如2022年1月，高明再向镇（街道）下放186项行政管理事权，同时大幅提升镇（街道）终审权比例。调整后，镇（街道）可办事项已达2623项，多数事项群众家门口就能办理。新增下放事权以行政许可类事项为主，如新增下放的建设工程规划类许可证核发等59项行政许可事项，都是项目落地前后的必要审批事项。这被称为：以政府权力"减法"，换市场活力"加法"。

三、佛山"简政强镇"事权改革的主要做法和成效

佛山作为全省开展"简政强镇"事权改革的先行区，自2009年底出台《佛山市"简政强镇"事权改革试点指导意见》后，以狮山、容桂等广东省试点镇为牵引，大力推进镇（街道）行政管理体制改革，在全市范围内进一步明确了各级政府职责，并逐步将面向社会、面向基层以及方便群众办事的审批权限下放区一级、镇一级，推动形成发展在基层、权限在基层、管理在基层、责任在基层的行政运行机制，取得了积极的成效。

（一）佛山"简政强镇"事权改革的主要做法

一是自上而下统筹制定出台事权改革方案。省、市、区和镇四级政府统筹协调、制定出台和细化事权改革政策方案，促进宏观政策理念分解落地。2009年底，省政府办公厅下发《关于富县强镇事权改革的指导意见》。同年11月，佛山印发《佛山市"简政强镇"事权改革试点指导意见》，指导顺德区实施改革。2010年5月，市政府下发《佛山市"简政强镇"事权改革实施意见》，在全市广泛开展大部制改革，在镇（街道）开展"简政放权"、强镇惠民的改革。6月，省委办公厅下发《关于简政强镇事权改革的指导意见》，提出科学定位政府职能，扩大镇级管理权限；推进行政体制创新，拓展经济发达镇试点；理顺纵向权责关系，加强镇级财力保障等8项主要任务。随后，各区按照省、市指导意见，结合实际相继出台了相应的实施意见和政策。

二是由点到面逐步扩展事权改革实施范围。"简政强镇"事权改革从单一试点发展为多区并进，将试点的成功经验推广至其他区域，为全市事权改革取得成功提供经验支撑。2009年11月，"简政强镇"事权改革试点工作正式在顺德区容桂街道和南海

区狮山镇启动。根据《佛山市"简政强镇"事权改革试点指导意见》，容桂街道与狮山镇两个试点细化推出改革方案，在扩权基础上，重新配置行政管理职能。通过由点到面的事权下放改革，佛山理顺市、区、镇三级行政体制之间的权责关系，除需由区统一协调管理的事项外，将经济发展、市场监督、公共服务、社会管理、民生事业等方面的县级管理权限下放到镇（街道），推动基层提高行政效率、降低管理成本，建立服务型政府。基层政府管理水平的提高，促进

○ 2009年，市委、市政府在南海区狮山镇、顺德区容桂街道试行"简政强镇"事权改革，赋予两镇（街道）县级经济社会管理权限。图为11月9日，容桂街道举行"简政强镇"事权改革试点挂牌仪式。

了镇（街道）基础设施完善和公共服务供给水平提升，增强镇（街道）的发展能力。

三是动态优化、及时调整提升事权改革实施质量。简政放权改革主要围绕横向的精简政府机构、纵向的下放事权两个方面进行，相应出台政策文件和实施方案。佛山市委、市政府主导开展简政放权的行政管理体制改革，依据社会经济发展和民众需求，动态调整对镇（街道）的公共事务管理事权下放，不断优化和更新政策方案及修正执行过程中的偏差，以确保改革的效果让群众满意。政策理念的延续性和动态更新保障了镇（街道）体制改革取得预期成效。基于经济社会发展的需求，佛山持续推进的"简政强镇"事权改革为经济社会高质量发展提供稳定的政治支撑，为佛山制造向佛山"智造"转型奠定了坚实基础。

（二）佛山推进"简政强镇"事权改革的成效

2009—2010年，佛山在顺德容桂、南海狮山试点探索"简政强镇"事权改革，进而推广到全市五区，取得了显著成果，推动各镇（街道）因地制宜差异化发展，健全和优化了组织架构，理顺了市、区、镇之间的事权关系，提升了民生服务质量，推动了基层治理能力不断提高，夯实了党在基层的执政根基。

1. 优化了镇（街道）组织架构

市委、市政府落实省委、省政府的部署，将镇（街道）综合性办事机构缩减为9至11个，将区级派驻双重管理机构控制在3个以内，实现全市镇（街道）机构的名称基本

统一。为加强与区级大部制改革紧密衔接，全市在区大部门对应的镇（街道）统筹机构加挂牌子，确保镇（街道）机构与区级职能部门基本对应、衔接顺畅。在工商、质监属地管理改革中，全市将镇（街道）工商所由区级管理调整为镇（街道）管理，在工商所、食品药品监管分局基础上率先组建镇（街道）市场监管分局，作为区市场监管局的派出机构，实行双重管理、以镇（街道）为主，各镇（街道）的市场监管力量获得较大充实，个别镇（街道）的行政（执法）编制增加了七成以上。同时，市委、市政府也在探索将质量监管关口前移到镇（街道），进一步加强基层监管和执法力量，加强镇（街道）人大建设，明确镇人大设1名专职主席，街道人大工作委员会设1名专职主任。全市进一步明确司法、人民武装、工青妇等按有关规定和章程设置。通过有效整合优化机构，解决镇（街道）七所八站、条块分割、运转低效等问题，同时配足配强镇（街道）力量，确保上下衔接到位、事权稳妥落地。

2. 扩大了镇（街道）行政事权

一是明确镇（街道）扩权范围。市政府印发了《区向镇（街道）下放行政管理事项的指导目录》，明确镇（街道）扩权范围，确保依法依规下放权限。对综合指数在400以上的特大镇（街道）依法下放县级经济社会管理权限。例如，外商投资3000万美元以下的企业投资项目，镇（街道）即可审批，由此缓解工业园"投资项目审批难"的问题，提升基层招商引资效率。

二是事权下放实现"一镇一策"。区别于以往"一刀切"的做法，佛山推动各区采取"一镇一策"，充分考虑镇（街道）的实际情况、承受能力，由镇（街道）按需选择，区级按清单放权，先易后难、分批下放。其中，南海区平均下放镇（街道）事权260项，高明区平均下放170项，三水区向5个较大镇（街道）平均下放了210项行政审批（管理）事权。

三是实现大量审批事务下放至镇（街道）。市、区做好业务轮训，明确有权必有责，加强执法、廉政和效能监察，建立以行政首长和工作主管为重点的行政问责制度、行政过错责任追究制度等，保障依法行政，推进市向区、区向镇（街道）多轮下放行政管理事权，除涉及城乡规划、土地总体利用、跨区管理、重大建设和监管事项、需综合平衡的民生事项等五大类事项由市级统筹外，其余85%以上的审批服务事项和90%以上的业务均下沉到区和镇（街道）办理。

3. 理顺了区与镇（街道）事权关系

市委、市政府统筹主导在三水区试点编制镇（街道）"权责清单"通用目录，梳理出镇（街道）各内设机构、双管机构承担的法律授权、上级委托、上级服务前移、上级改变内部管理权限（下放派出机构）等类型的职权平均2479项。在三水区各镇（街道）"权责清单"经验基础上，省编办编制了赋予经济发达镇的县级事权目录。

为进一步理顺区与镇（街道）的事权关系，顺德区开展了区镇权责异构改革，进一步强化了区级对全区性、行业性经济社会发展战略、规划和政策的研究编制、指导实施执行以及评估检讨、完善提升的统筹作用，强化了区级对具有引领性、带动性的园区和平台建设，以及招商引资、产业布局的统筹作用，对于专业要求高、技术性强、发生量少或涉及重大公共安全的职能事项，原则上由区级负责执行；减少区镇两级共审事项，实行"一个审批事项一级政府负责"。直接面向社区、企业和市民的公共安全、市场秩序、企业服务、社会工作、社区管理和民生服务等经济社会管理服务事项，主要由镇（街道）负责和履行，实行属地管理并负主要责任。尤其是操作简单、标准明确、指引清晰、量大面广的审批项目，一律下放至镇（街道）行使，使得管理上更方便有效。

4. 提升了镇（街道）办事效率

佛山在各镇（街道）、村居建立了784个行政服务中心，实现行政服务全覆盖、管理标准化，建成了行政服务15分钟办事圈。在全省率先将网上办事大厅延伸到镇（街道）、村居，并铺设自助服务终端，构建了"一网一端一中心"的办事体系。在全国率先探索"一门式一网式"政务服务模式改革，并在镇（街道）全面实施，推行"综合服务、受审分离"一表登记、联合审批"两厅融合、同城通办"等，大力推进数据共享，全方位改善服务环境，提高办事效率。

镇（街道）事权改革打通了服务群众的"最后一公里"，群众基本做到小事不出村、大事不出镇，切身感受到了改革带来的变化。佛山的这项改革获得全省推广，中央编办也专门在佛山召开"互联网＋审批"研讨会，组织各省、市学习借鉴佛山经验。

5. 构建了镇（街道）多元共治格局

一是在镇（街道）开展"社会治理网格化"工作，通过大数据、物联网等技术创新，构建"互联网＋"网格化服务管理模式，逐步实现城市管理、社会管理、居民服务精细化。禅城区在镇（街道）实施"一门式"综合执法改革，建设了社会治理云平台。南海区在里水镇试点基础上，在全区各镇（街道）推行了网格化管理，设立了社会治理网格化信息平台，整合建立包括人口、经济、环境、地图等7个方面的基础信息数据库，共享公安、民政、卫生、计生、流管、城管等部门社会服务管理的信息资源，将网格内的人、地、物、事、组织等信息全部纳入数据库管理，供镇（街道）网格员使用。二是加强镇（街道）政务公开，完善政府信息公开制度和平台建设。镇政府（街道办事处）完善决策流程，充分发挥党代表、人大代表、政协委员在公共事务决策中的作用，积极开展广泛、多层次的制度化决策协商。三是进一步完善了镇（街道）决策咨询制度，各镇（街道）建立了公共决策咨询委员会，加强了公共决策的制度化、规范化、程序化，建立了反馈民意、吸纳民智、参与决策、监督执行的机制。一些镇（街道）还建立了市民定期评议会制度，就属地公共事务直接咨询市民代表意见，接受社会评议和监督。

四、佛山"简政强镇"事权改革的典型案例

作为佛山最早探索"简政强镇"事权改革的试点镇（街道），顺德区容桂街道和南海区狮山镇走出了符合自身发展需要、具有本地特色的改革发展路子，成为全省乃至全国的典范。

（一）顺德区容桂街道

容桂街道是顺德中心城区的重要组成部分，也是珠江三角洲地区重要的工业制造基地，在全市31个镇（街道）中名列前茅。为加快容桂街道的经济发展步伐和提高发展质量，2009年11月启动"简政强镇"事权改革试点工作后，顺德区委、区政府出台《关于理顺区镇（街道）行政管理权限的意见》，按照"宏观决策权上移、微观管理权下移"原则，在保持容桂街道建制不变的前提下，通过授权、委托和下延机构等方式，在产业发展、市场监管、社会管理等方面依法赋予容桂街道办事处县区级行政管理权限。

一是扩展行政管理权限。2009年12月，顺德区下放给容桂街道316项权限，涉及组织工作办公室、财政办公室等10个部门。按照简政放权的原则，顺德区政府在下放审批权限的同时，把相应的执法权限也下放到容桂街道，使其社会管理能力更到位、更有效。至2010年9月，顺德把区级8大类、5205项行政管理事项中的3197项事权下放镇（街道），使容桂街道成为广东省"管事"最多的镇（街道）之一。

二是重组党政职能机构。容桂街道首先整理出党委、政府机构共28个职能部门，然后按照"同类合并、上下对接、权责一致"的原则，把28个部门和街道单位及部分双管单位整合为13个（含11个机构、2个分局），正职领导均由街道党工委副书记、委员和办事处副主任兼任，实现了党政决策的科学化和管理的扁平化。为了畅通和拓宽

民意表达渠道，2010年1月，容桂街道成立了顺德区第一个镇（街道）级公共决策与事务咨询委员会。

三是提升政府服务水平。2010年5月，容桂街道筹建的容桂行政服务中心投入使用，将各个职能部门集中在一个共2层、占地面积1390平方米的办公场地，设置了70个对外窗口，实行"一站式"窗口服务，大大方便了市民群众办事。

通过试点"简政强镇"改革，容桂街道探索了地方基层治理体系创新的路径，为实现地方政府从管理者向服务者转型，实现基层治理体系和治理能力现代化积累了经验，对其他镇（街道）具有一定的借鉴意义。

（二）南海区狮山镇

2012年起，南海区狮山镇充分利用佛山高新区这一国家级发展平台，站在更高层面上谋划、推动区域经济发展和城市规划建设，"园镇融合"改革取得了良好成效，为经济发达镇行政管理体制改革提供了样本。佛山高新区与狮山镇融合发展，佛山高新区管委会与狮山镇政府实行"一套人马、两块牌子"，实现良好的行政管理运作。同时，狮山镇推动社会管理职能下移，按照"能放则放、能放尽放"的原则，将与基层群众密切相关的事项能下放的全部下放到官窑、小塘、罗村、大圃4个社会管理处；将南海区派到狮山镇的机构如区人力资源和社会保障局基层分局、区环境运输和城市管理局基层分局、国土资源管理所、水务管理所、交通管理所、司法所等下放由镇管理，实行区、镇双管。佛山高新区管委会还承接了首批54项市级经济管理权限，实现了市、区、镇三级审批一站办结，实现了"办事不出狮山镇"。

五、佛山"简政强镇"事权改革的经验

佛山"简政强镇"事权改革秉持"尊重基层，尊重实践"的理念，厘清和优化市、区、镇（街道）的管理权属关系，为基层松绑。这项改革的实施，形成了具有佛山特色的方法和路径，为全省乃至全国推进"强镇扩权"改革提供了宝贵的经验。

（一）坚定正确政治方向，树立宏观政策理念

"简政强镇"事权改革取得成功的核心在于坚持党的领导，坚持党建引领，为改革提供正确方向和理论指引。如在改革过程中，各镇（街道）党（工）委建立综合治理委员会、公共服务委员会、综合行政执法委员会等统一指挥协调的工作平台，由

分管相关工作的党委委员担任委员会主任，统筹协调镇（街道）有关部门共同解决问题，凸显了强化基层党组织统筹引领的原则和特点。市、区、镇（街道）各级党（工）委和政府主动学习领会党中央、国务院和省委、省政府关于简政放权、赋能强镇的方针政策，结合本市、本区和本镇（街道）的实际，及早谋划，制定相关落实方案。在深化推进"强镇扩权"事权改革中，各级党委、政府始终坚持党的领导，坚定中国特色社会主义道路和信心，坚守改革底线和红线不动摇，保障了新的改革思路和要求由上而下贯彻落实。

（二）立足本地实际，服务经济发展和民生需求

佛山推进行政管理体制改革走在全国前列，其中一个经验就是能够坚持把简政放权改革的着力点放在适应社会经济发展，解决因经济发展导致的市场规制问题，以及因人口增加等变化引发的公共服务供给和公共事务治理能力不足的困境。佛山是镇域经济发达的典型，改革开放后，佛山较早开始了市场化进程，涌现出了一大批经济发达的乡镇，在镇域形成了产业结构相对成熟、市场化水平高、人口集聚等显著特征。经济体量的急剧提升，必然对基层政府的社会治理能力、公共服务能力、行政审批制度等方面提出了更高的要求。如何创新镇（街道）行政管理体制机制，使之与经济社会发展水平相匹配，与民生需求紧密结合，一直是佛山探索的重点。在南海区狮山镇，随着"简政强镇"事权试点改革的完成和不断深化，公共管理服务水平不断提升，营商环境改善，产业升级转型，实现了城市品质不断提升和经济稳健发展，战略性新兴产业快速发展壮大，新增了大量的就业岗位，使常住人口持续快速增长，城乡居民人均收入增长与经济发展同步，切实提高了城乡居民的幸福感获得感。整体而言，2009—2010年集中力量推进的"简政强镇"事权改革，在佛山发挥了承前启后的作用，既是对此前乡镇撤并等相关改革的再优化，也为之后的镇（街道）行政管理体制改革搭建了整体框架，打通了行政事权下放的路径，服务基层经济发展和民生需求。

（三）科学把握节奏，由点到面有序推进

"简政强镇"事权改革是党中央、国务院针对简政放权改革作出的重要决策部署。在广东省由佛山、东莞作为市一级试点率先开展，在佛山以南海、顺德作为区一级试点率先探索实践，分别开展横向和纵向层面的事权改革。基于容桂街道、狮山镇试点经验，佛山统筹全市五区各镇（街道）全面推进"简政强镇"改革工作，并取得

预期成效，为广东省乃至全国提供了佛山经验，理顺了区、镇权责关系，扩大了镇（街道）的管理权限；理顺了政府与社会的关系，优化了政府职能；提升了基层行政效率和服务水平。

（四）实施三大改革，提升改革的系统性

佛山在"简政强镇"事权改革中配套实施行政审批制度改革、农村综合改革、社会管理改革三大改革，将改革延伸到社会层面。一是推进行政审批制度改革，通过"减、优、集、转"等方式向社会转移服务与管理事项，创造条件依法将行业管理与协调、社会微观事务服务与管理、技术与市场服务等功能转移给具有资质条件的社会组织。二是开展农村综合改革，强化基层党组织的核心领导地位，规范农村集体资产管理等。三是实施社会管理改革，大力培育发展社会组织，发挥工青妇组织职能作用，完善社会自治、自律和自我发展的灵活管理新机制，使村（居）建立的行政服务站成为党和政府在基层执政、服务的坚实平台。

（五）推进"横向简政"与"纵向放权"相结合

佛山"简政强镇"事权改革的探索和实践，突出"横向简政"和"纵向放权"相结合，实现改革目标。通过稳步下放事权，使镇（街道）政府（办事处）可以行使部分县区级经济发展和社会管理权限，扩大了镇（街道）一级发展经济的自主权，优化了镇（街道）行政职能，推动镇（街道）回归社会管理和公共服务本位。在新的历史条件下，这项改革赋予镇（街道）应对新挑战的信心与能力，有利于更好地解决基层新问题，为镇域高质量发展提供稳定、高效的体制机制支撑。

总体而言，佛山过去在行政管理体制改革上面临和解决的难题，也是其他许多地级市面对的共性问题。"简政强镇"事权改革反映了各地进一步解放和发展生产力的切实诉求。在某种意义上，佛山的"简政强镇"事权改革既延续了"求真务实""敢为人先"的改革基因，也代表了地方行政管理体制改革的趋势和方向。佛山将继续向前推进行政体制改革，做到长远性与现实性相结合、目标性与资源匹配性相结合、创新性与规范性相结合，确保改革工作一步一个脚印，取得新突破和新成效。

"一门式一网式"
改革成为全国示范

2014年起，佛山禅城区在全国率先探索实施"一门式一网式"政务服务改革，以"互联网＋"技术为支撑，打破部门层级界限、政务藩篱和信息孤岛，实现进一个门可办各种事、上一张网可享受全程服务的政务服务新模式，成为全国行政审批服务的典范。2018年5月，中央下发《关于深入推进审批服务便民化的指导意见》，向全国推广6个审批服务便民化的典型案例。佛山"一门式一网式"经验做法是其中之一。同年10月，佛山又凭借"一门式一网式"政务服务模式改革实践项目，获"中国法治政府奖"。

一、佛山推行"一门式一网式"改革的动因与历程

深化行政审批制度改革、加快政府职能转变是党的十八大和十八届二中、三中全会部署的重要改革。佛山探索推行"一门式一网式"政务服务新模式改革，是佛山推进简政放权、提高行政效能、建设服务型政府的重大举措，也是营造法治化国际化便利化营商环境的重要内容。

（一）佛山推行"一门式一网式"改革的动因

一是贯彻落实党中央、国务院关于深化行政审批制度改革的部署，加快转变政府职能，推进服务型法治政府建设。党的十八大提

出，要完善权力运行制约机制，推行地方各级政府及其工作部门权力清单制度，依法公开权力运行流程；深化行政审批制度改革，继续简政放权，推动政府职能向创造良好发展环境、提供优质公共服务、维护社会公平正义转变。2015年以来，国务院以推进简政放权、放管结合、优化服务（统称"放管服"）为抓手，三管齐下，对行政监管机制进行优化创新，推动各级政府为市场主体松绑减负，推行"一口受理""网上办理"审批模式，加快向服务型政府的角色转变。

二是适应创业创新主体大众化趋势，打造国际化、法治化营商环境，提高地方综合竞争力。过去较长一段时间，"审批多""审批难"成为阻碍市场经济发展、抑制市场活力的重要因素。2015年以来，在经济下行压力加大，国内国外两个市场竞争激烈的背景下，围绕贯彻落实《国务院关于大力推进大众创业万众创新若干政策措施的意见》，如何建设与国际接轨的、有利于创业创新的现代化市场环境，完善政务服务体系，让办事的企业和群众少跑腿，成为包括佛山在内的各地政府不懈努力的方向。

三是试水"互联网＋政务服务"，创新行政方式，以求打通政务服务"最后一公里"。传统的审批"办事难"主要体现在"四多四少"（证明多、材料多、往返多、时间多和指引少、服务少、协同少、共享少），阻碍了"放管服"改革整体目标的落地。虽然地方各级政府已不同程度推进简政放权，为市场松绑，但企业、群众的改革获得感仍不强，服务群众"最后一公里"的问题尚未解决。在"互联网＋"大潮下，落实"互联网＋政务服务"的改革思路，利用现代网络技术，有望进一步解决"办事难"问题。

在市委、市政府的支持和推动下，南海区、顺德区因地制宜，较早地在不同领域和环节上大胆创新，努力让市民享受到更多改革带来的实惠。2012年4月，顺德区成为全国商事登记制度改革试点，为后来推行商事登记"一门式一网式"服务、探索注册登记便利化打下了基础。2013年9月，南海区成为广东省行政审批标准化建设试点区。同年12月，南海区推出广东省首份"负面清单"，并在全国首创"三单"（负面清单、准许清单、监管清单）管理模式。

（二）佛山"一门式一网式"改革的兴起与推广

1. 禅城区率先启动"一门式"政务服务改革（2014—2015）

2014年3月，禅城区借鉴上海"一门式"服务经验，成立了由区主要领导担任组长的禅城区行政效能提升小组，以祖庙街道、石湾镇街道和培德、同安社区为试点，率先在全国探索开展"一门式"政务服务改革。

此前，群众办事往往需要跑多个部门、走多个流程。禅城区以推进"一门式"政务服务改革为抓手，探索群众办事的阳光新捷径。9月，禅城区成立由区委主要领导担任组长的行政审批制度改革领导小组，领导和推进"一门式"政务服务改革。禅城区的主要做法是：推行"合门并窗"和"只进一道门、一窗可办结"，将各职能部门的专业办事大厅整合到行政服务中心大厅一个"口"，将过去按部门业务划分的"专项业务办理窗口"合并为"综合服务窗口"，授予每个综合窗口相同的职能，对接政府的所有行政审批服务，包括跨部门、跨行业事项，实现任一窗口都可办理相同的事项。

一是为群众办事提速。改革后，群众办事不需在多个大厅、多个窗口之间来回跑腿，办事"只认窗口""不认面孔（部门）"，进一个门即可办理各种事项。以镇（街道）为例，群众办事平均等候时间由原来的10—15分钟缩短到5—10分钟；即办事项由30项增加到78项；60%办理量实现即办；47种材料实现复用，群众办事不用重复提交材料。

二是为企业经营增效。法人"一门式"构建"线上受理、网上审批、一口办结"的行政审批新模式，实现一窗办理441个事项，一门办理570个事项，超过六成事项可在网上办理。2015年8月，禅城区核发全国首张符合国家"三证合一""一照一码"18位编码标准的营业执照。

三是为监管"强身"。禅城区同步建立了"一门式"在线监察系统，统筹全区20种投诉、咨询渠道，监督直接嵌入审批流程，通过大数据沉淀和预警分析，贯通权力运行的"事前、事中、事后"监督。

四是为政府服务"添翼"。"一门式"改革以身份证和营业执照为索引，分别建立了自然人库和法人库，强化对群众和企业的"全生命周期"服务，逐步完善社会征信体系。

禅城区在全国率先探索推行"一门式"改革，得到上级领导和部门的重视、关注和指导，并在2015年获评为全国"创新社会治理"最佳案例。省政府主要领导在考察时，肯定"一门式"改革创造了"一门在基层，服务在网上"

● 2015年11月19日，禅城区行政服务中心的禅城公安"一门式"大厅，禅城启用全国首台身份证自助申领机，禅城市民可自助办理第二代居民身份证。

的政务服务新模式。随后，这项改革在全省推广，并为全国政务服务模式改革探路。

2．佛山五区全面推行"一门式"政务服务（2015）

2015年4月，佛山把"一门式"政务服务改革列入年度重点改革专题，并作为2015年全面深化改革的头号任务，由市委主要领导主抓，市行政服务中心牵头和统筹。5月，佛山召开深入探索"一门式"政务服务创新体系建设论证会，评审通过《佛山"一门式"政务服务创新体系建设方案》。7月，市委全面深化改革领导小组第五次会议（现场会）全面总结推广禅城区"一门式"改革做法，要求市和其他各区在两个月之内达到禅城的建设水平，率先将佛山建设成为全省乃至全国地级市中"一门式"改革示范市。8月，经市委、市政府同意，市委办公室、市政府办公室印发《关于全面推进佛山市"一门式"政务服务创新体系建设的实施方案》，在五区全面推广禅城区"一门式"工作理念和"把简单留给群众，把复杂留给政府"的服务思想，建立市、区、镇（街道）、村（社区）四级政务管理一体化运行机制和同城化服务模式，努力打造标准统一、体验一致、跨界协同、运转高效的政务服务"佛山模式"。为加强领导，市委、市政府成立佛山市全面推进"一门式"政务服务创新体系建设领导小组。至9月底，全市各区、各镇（街道）均实现自然人"一门式"对外服务。至12月底，市、区两级均开设了"企业综合服务窗口"和"工程验收综合服务窗口"，积极探索法人"一门式"服务。

8月12日，佛山召开"一门式"实践与"互联网＋政务"探索研讨会。会议认为，佛山"一门式"政务服务改革是落实中央简政放权精神的具体实践，具有典型意义，这种模式对全国有借鉴和推广价值。9月，佛山"一门式"政务服务改革被省列为推广项目。

同年，南海区大胆创新，在全市率先实施工程类"一窗通办"新模式，共纳入660个审批服务事项。至年底，全市基本形成"一窗通办，全城通办"的政务服务"佛山模式"。

3．推进"互联网＋政务服务"深化"一网式"改革（2016）

2016年，佛山在全面实施"一门式"政务服务体系改革的基础上，改进系统平台，推进行政审批标准化，拓展"一门式一网式"政务服务改革。2月，《佛山市进一步深化"一门式一网式"政府服务改革实施方案》出台，进一步明确改革目标，细化改革任务，提出要形成全市统一的改革模式并及时总结经验，为全省提供标准化、可推广复制的改革模板。

4月18日，省政府召开全省推进"互联网＋政务服务"改革工作电视电话会议，以佛山推进"一门式一网式"改革为案例展现改革成效。省政府主要领导建议各地分头

➲ 2016年2月1日，市民周满添向记者展示刚拿到的工商登记业务收件回执，这是南海区行政服务中心现场办理的首单跨城通办业务。（张弘弢 摄）

➲ 2016年3月，以禅城区改革为基础的佛山"一门式一网式"改革，被广东省作为"一门式一网式"政务服务改革的标准和蓝本，在全省推广实施。4月26日，国务院办公厅发文给予肯定。其后成为全国简政放权的样本。

到佛山考察学习"一门式一网式"政务服务改革经验，将改革从佛山向珠江三角洲其他地区，再向粤东粤西稳健推开。4月26日，国务院办公厅转发国家发展改革委等部门《推进"互联网＋政务服务"开展信息惠民试点实施方案》，肯定佛山"一门式"服务的探索实践，要求用两年时间，在全国80个城市试点"互联网＋政务服务"，目标是"一号一窗一网"。

9月，国务院吸取佛山"一门式一网式"政务服务改革的经验做法，出台《加快推进"互联网＋政务服务"指导意见》。12月，佛山出台《加快推进"互联网＋政务服务"暨深化"一门式一网式"政府服务模式改革实施方案》，提出统一规范"一窗受理"服务模式，深化完善"一网通办"服务模式，全面实施"一号申请"服务模式。至年底，佛山市、区、镇（街道）三级行政服务中心初步完成"一门式一网式"政府服务体系改造。

4．经验做法成为典型案例向全国推广（2017—2018）

2017年5月，佛山市禅城区成为国务院开展基层政务公开标准化规范化试点。同月，市政府召开全市加快推进"互联网＋政务服务"暨深化"一门式一网式"政务服务模式改革推进会。会议指出，佛山政务服务改革工作走在全省乃至全国的前列，要持续创新，开展统标准、统平台，通系统、通数据的全市统筹工作，坚持"全市一盘棋"，加快推进"一网通办"。11月，佛山市"一门式一网式"政务服务模式入选第三届（2017年）中国"互联网＋政务"优秀实践案例50强，成为全国改革创新的典型案例。

⊃ 2017年9月29日，禅城"一门式"办税服务厅推出国地税联合办税终端，为纳税人提供更全面的自助办税服务。

　　2018年5月，中共中央办公厅、国务院办公厅下发《关于深入推进审批服务便民化的指导意见》，对深入推进审批服务便民化工作作出部署。佛山"一门式一网式"经验做法作为附件的6个典型案例之一向全国推广，是入选案例中唯一的地级市。同时，《人民日报》刊发介绍佛山有关做法的文章，总结佛山建设"数字政府"经验成效——让数据多跑路、群众少跑腿，做到"把简单留给群众，把办理交给标准，把复杂留给系统"。5月22日，新华社以《从"模糊条款"到"透明审批"——广东佛山市推进政务服务标准化建设取得实效》为题，报道佛山不断推进政务服务标准化建设，全面应用于综合窗口、审批部门、网上办事大厅，基本实现"认流程不认面孔、认标准不认关系"的无差别服务，让居民和企业少跑腿、好办事、不添堵。10月28日，佛山"一门式一网式"政务服务模式改革实践项目获评第五届"中国法治政府奖"。

二、佛山"一门式一网式"改革的特点与成效

　　从2014年到2018年，经过近5年的改革和实践，佛山"一门式一网式"政务服务模式趋于成熟，特点鲜明、突出，取得了显著成效。

（一）佛山"一门式一网式"改革的特点

　　"一门式一网式"改革的核心是"由群众跑腿转变为信息跑路"，即顺应大数据时代行政体制改革要求，运用信息化手段，促进公共服务标准化和均等化，通过"一号（一个身份证号）、一窗（一个综合窗口）、一网（一套系统）"，推进审批流程

再造、部门间数据共享，由群众跑腿转变为信息跑路，提高群众的获得感。为此，实行一口受理，一窗通办；"专业人员"变"全能人员"；前台统一，后台贯通；数据沉淀，实时动态。借助信息技术，通过"五化"（标准化、信息化、阳光化、数据化、人性化）建设，梳理、整合、再造政府部门行政审批事项，推动"两个集中"（政府不同职能部门的多个办事大厅向一个集中、不同业务多个办事窗口向一个集中），实现"六个办"（一窗办、马上办、限时办、网上办、天天办、全区通办），为群众提供便捷、高效、人性化的政务服务。

1. 持续简政放权，推行就近服务

按照《佛山市权责清单监督管理办法》，实行市、区、镇（街道）三级权责清单目录管理，全市各级各部门一张清单管理，管住审批服务改革的源头。同时，按照应放尽放、能放都放的原则，85%的许可和公共服务事项、98%的业务均下沉到基层办理，把服务的门开在群众的家门口。

2. 推行行政审批标准化，实现无差别审批服务

在统一审批服务标准的基础上，对综合窗口人员实行标准化培训，使之从"单项运动员"向"全能运动员"转变。同时，制定前后台流转标准、数据对接标准、物料流转流程规范、诚信总则等，推动"一门式一网式"政务服务标准化、规范化运行，

⊃ 顺德区"一门式"个人办事窗口。

减少政务服务的主观性、随意性和差异性，基本实现"认流程不认面孔、认标准不认关系"的无差别服务。

3. 实行一口受理、受审分离，强化部门业务协同

将过去按部门划分的专项窗口整合成民生、公安、注册登记、许可经营、投资建设、税务6类综合窗口，推行一个综合窗口受理，群众办同一类事项不需再逐个窗口跑。综合窗口受理后，通过信息系统流转给部门审批，部门审核通过再统一反馈到综合窗口，由综合窗口发证，实现"一窗"综合政务服务。

4. 加强业务协同配合，提升即办服务效率

通过建立前后台对接机制、电子材料流转机制等，提高部门之间、上下级之间、前台与后台之间的协调配合。加大授权力度，简单事项由部门直接授权窗口办理，复杂事项推行电子签章和电子材料流转办理，综合窗口将材料电子化并通过系统流转给部门，部门根据电子材料作出"信任审批"，改变纸质材料流转费时费力的状况。

5. 探索打破区域限制，不断拓展"同城通办"

按照标准统一、体验一致、跨界协同、运转高效的标准，进一步试点跨镇（街道）、跨区、跨市通办，减少企业和群众上下跑、两地跑的次数，实现区、镇（街道）行政服务大厅扁平化、同质化，各区内任一行政服务大厅均可办理全区所有事项。

6. 加快数据共享，推行"一网通办"

探索整合电子政务职能，设立数据统筹机构。按照成本最小化、效益最大化的原则，竭力贯通系统之间的数据交换通道，变群众来回跑为部门协同办，形成"网上办事为主、实体办事为辅、自助办事为补"的政务服务新格局。

（二）佛山全面推行"一门式一网式"改革的成效

2017年5月，佛山召开加快推进"互联网＋政务服务"暨深化"一门式一网式"政务服务模式改革推进会，将改革从禅城区向全市推广，并取得了令人瞩目的成效。

一是310个事项实现"零跑腿"。佛山将过去以部门业务划分的专项业务办理窗口合并为综合服务窗口，授予每个综合服务窗口相同的职能，对接政府的所有行政审批服务，包括跨部门、跨行业事项。改革后，每个综合窗口平均可办理322项审批服务事项，群众办事更高效。

二是政务服务实现标准化。在国务院"放管服"改革的总体要求下，佛山"一门式一网式"政务服务改革以"微创手术"的方式，打通群众办事"最后一公里"。过去市民在办事过程中，经常出现递交的文件与政策要求不相符合的情况。政务服务标准化运行，避免了审批服务人员因人、因事、因地按不同标准差异化实施，自由裁量权被严格限制，让"微权力"得到最大程度的约束，也减少了政务服务的主观性、随意性和差异性。

⊃ 三水区行政服务中心五楼"益晒你"企业服务中心的办事大厅内，市民们正在办理相关业务。（《佛山日报》记者王澍 摄）

三是大部分事项实现即办。办结这些事项，过去需要等待4个工作日，改革后现场就能拿到结果。"一门式一网式"改革的理念是"把简单带给群众、把复杂留给系统"，通过"一号、一窗、一网"，推进审批流程再造、部门间数据共享，促进公共服务标准化和均等化。在禅城区法人"一门式"服务大厅日均办理量近300宗，其中网上办理量占70%。

四是各种业务全流程网上办。"一门式一网式"改革建立起"全科医生"式的前台服务，真正打通了服务群众的"最后一公里"。在禅城区"一窗通办"做法的基础上，佛山引入"互联网＋"思维，构建出"O2O"（线上到线下）政务服务新模式，实现了"一网通办""一端通办""一号通办"，推动政务服务由线下实体大厅向线上网上办事大厅（简称"网厅"）转移，并在全国率先推出以一体化、开放式接入平台为特点的"市民之窗"自助政务服务终端，可24小时满足市民绝大多数行政审批服务需求。改革后，市、区共6402个事项全部接入网厅，其中5820项可实现全流程网上办理，占比超过90%，基本实现进网厅可以办理所有行政审批服务事项。

三、佛山"一门式一网式"改革的经验

佛山探索推进"一门式一网式"政务服务改革，形成了一系列经验，值得复制推广。

（一）充分利用信息技术推动改革

佛山主动适应大数据时代对提高行政效率的要求，运用信息化手段，推进审批流程再造、部门间数据共享，促进公共服务标准化和均等化，由群众跑腿转变为信息跑路，大大减轻了群众的负担。

一是一口受理、一窗通办。佛山将各职能部门的专业办事大厅整合到行政服务中心大厅一个综合服务窗口，并授予每个综合窗口相同的职能，对接政府的所有行政审批服务，包括跨部门、跨行业事项，任一窗口都可办理相同的事项。群众办事"只认窗口""不认面孔（部门）"。同时，借助二代身份证读卡器、高拍仪等设备，进一步优化操作系统，使排队叫号、系统受理、材料流转、后台操作等流程时间大幅缩短，工作效率不断提高。

二是前台统一、后台贯通。佛山以"三单管理"作为权力源、裁量权梳理的基础，编制出"负面清单""权力清单"和"监管清单"，实现前台业务操作的统一性。建设"一门式"主系统，在不改变各专线子系统架构的基础上，采取"一主机、双屏幕"操作模式，通过虚拟机和远程桌面技术，实现前、后台系统贯通，前台与后台审批联动，审批服务信息实时流转、共享。

三是数据沉淀、实时动态。"一门式"主系统对群众办事过程的数据信息进行动态收集，通过一个身份证号码建立诚信系统。对证明材料、表格样式和范例进行标准化设计推广，推行"表单云"和自助填表系统。同时，通过"一门式"主系统的业务数据分析，及时掌握业务办理情况，找准群众和企业的个性化需求，适时调整业务强化和流程优化方向，为实现公共服务精准化和指导新经济发展提供数据支撑。借鉴电子商务模式，将"一门式"主系统与网上办事大厅对接，通过实时互动、物流交付等措施推进"一网通办"。通过电子章部分替代物理章，将申请材料通过高拍仪即时实现电子化，窗口工作人员审核资料盖章后即可上传至后台工作人员审核。对一些可逆的办理事项，采取

➲ 在禅城区政府行政服务中心魁奇路大厅，市民在使用禅城区"一门式"自助填表系统。（周春　摄）

"先信任、再审核"模式，签订诚信确认书后可立即办结。同时，建立"一门式"在线监察系统，对审批全过程进行实时监督。

（二）找准突破行政效能的难点

改革坚持实事求是，走群众路线，以群众、企业办事体验倒推改革设计，突破重点、难点问题，将复杂审批转变为便捷服务，提高政府行政效率和群众的满意度。

一是解决权力放下难的问题。"一门式"改革通过事项的梳理和标准化建设，在不突破上位法的情况下，将审批人员手中的权力"放"给了无差别、标准化的信息系统。工作人员按照系统指引"照单抓药"，群众办理量大、审批技术含量低、程序简易的事项实现窗口即办，办理过程全留痕，使过去的人情办事没有了空间。群众办事便捷，操作简单，轻松完成各项事务，获得感持续提升。

二是解决信息共享难的问题。"一门式"改革在不破坏原有系统和不威胁各专线子系统安全性的前提下，采取横向对接、纵向跳转的方式，通过开放部分数据、进行数据比对、提供"是"与"否"信息确认等方法，逐步打通信息孤岛，进而实现信息共享，实现群众信息"一次生成、多方复用、互认共享"，避免群众重复提交材料和循环证明。

三是解决业务协同难的问题。"一门式"改革通过主系统与专线子系统的联通，以抓取数据比对验证、推广应用电子章等多种方式，把过去的线下串联审批变成线上并联审批，实现了跨部门、跨层级协同审批、关联事项审批和容缺审批。

四是解决整合调配难的问题。过去，专业窗口的设置导致各个窗口忙闲不均，服务人员积极性得不到充分发挥。改革后，窗口工作人员归属行政服务中心统一管理，通过绩效考核制度、星级窗口评比等激励办法，促使工作人员更加专注于业务，人员岗位属性进一步强化，潜能充分激发，行政效率明显提升。

（三）加强全流程培训和标准化建设

一是全面推进高强度培训。编制具体详细的业务手册，制定电子政务数字证书和电子印章管理暂行办法、物料流转工作流程、窗口工作人员激励机制、诚信机制（总则）等系列规章细则，签订相关委托业务协议，保障窗口工作人员权利。制定有针对性的培训计划，对相关工作人员开展多轮的业务知识和系统操作培训，辅之以简明易懂的操作系统，使之胜任跨部门、跨专业、多业务的窗口岗位。窗口工作人员统一由行政服务中心管理，通过培训、授权以及系统支撑，既可以综合受理业务，更可以跨部门、跨专业审批综合业务，使"专业人员"变成"全能人员"。同时，成立由政府工作人员、群众、专家学者和技术人员等各方代表组成的评估组，建立了问题收集、跟踪、解决机制，定期对"一门式"改革工作进行跟踪评估，及时发现和解决改革中遇到的问题。

二是及时进行标准化建设。标准化建设是推进"一门式"改革的基础。按照"三单管理"做法，对政府审批事项进行全面梳理，厘清部门职责权限，对纳入"一门式"服务的事项进行服务标准化梳理，向社会公开，严格限制工作人员的自由裁量权。

四、佛山"一门式一网式"改革的启示

佛山"一门式一网式"改革启动早、见效快，在全国的影响力大，梳理其改革历程、特点、成效和经验，对于深化推进简政放权、提升行政审批服务效能、优化营商环境等工作大有裨益。

（一）优化营商环境是政务服务改革的目标导向

优化营商环境是"放管服"改革的目的，也是"一门式一网式"改革的目的。2018年7月27日，在国务院新闻办公室举行的优化营商环境政策例行吹风会上，佛山介绍改革经验，就提到深入推进"放管服"改革，突出开展"一门式一网式"政务服务模式改革，全面优化营商环境。

推进"放管服"改革，落脚点是优化营商环境。为激发市场活力，增强内生动力，佛山落实简政放权，大幅削减和不断优化调整审批事项，能取消的坚决取消，能下放的及时下放。营商环境的关键是营造市场的公平和秩

⊃ 2018年7月25日，禅城区行政服务中心举办市民体验团活动，市民分别体验"IMI"身份认证和办事"零跑腿"事项，并到智慧新城大厅体验法人"一门式"改革措施。（甘建华　摄）

序。为此，佛山通过加快建立新型市场监管模式，强化事中、事后监管，创新开发应用广东省首个覆盖市、区、镇（街道）三级的市场服务监管平台，实现对市场主体的

全生命周期服务和有效监管。同时，健全"双随机、一公开"监管机制，规范市场执法行为，推进跨部门的联合监管和"互联网＋监管"，实行守信联合激励和失信联合惩戒，减少和限制监督中的重复、烦苛和自由裁量权。

（二）提升行政效率是建设有效政府的重要目标

佛山"一门式一网式"改革的核心理念是"把简单带给群众、把复杂留给系统"，总体目标是让企业、群众办事更便捷，建设人民满意的政府。优化服务、提升服务效率和增强企业群众获得感，是这项改革的出发点和落脚点。

一是通过"受审分离、一窗通办"，倒逼权力更公开更透明。在不改变现有行政架构、不调整部门法定职责的前提下，把各部门行政审批和公共服务事项的前台受理发证与后台审批相分离，受理发证权通过委托方式授权给综合窗口行使，审批权仍由各部门依法行使。服务人员从"专科医生"变为"全科医生"，企业、群众办事更简单。依法明确或清除"模糊条款""兜底条款""负面条款"，或缩小自由裁量空间，促使部门权力运行更加公开透明和高效。

二是通过"标准运行、同城通办"，倒逼权力行使更规范。建立全市统一的政务服务标准体系，编制出台《佛山市一门式一网式政务服务规范》，包括大厅建设规范、服务标准、事项实施标准、跨部门联办标准、数据标准、服务评价考核标准等内容，对权力运行要素进行"最小颗粒化"梳理，操作简单方便，指引清晰易懂。

三是通过"一号申请、主题联办"，倒逼部门协同无壁垒。在企业投资经营领域，按照"一号申请、一表登记、一窗受理、一图辅导、一档管理"原则再造跨部门审批业务流程，以申请人的办事需求为导向推行"主题服务"。将原来的多个业务办件号统一为一个，将各部门的申请表单整合实行"一表制"，取消各部门重复材料实行"一事一档"，建立"统一受理、抄告相关、联合审批、限时反馈、信息共享"的联审联办机制。

四是通过"在线服务、一网通办"，倒逼权力运行更高效。开通网上办事大厅、"市民之窗"自助办事终端、"佛山行政服务"微信公众号，通过网厅、自助终端、手机移动终端等多种渠道全方位推行网上在线服务，全面提供线下实体大厅与线上网厅的"两厅融合"服务。建立"个人空间"和"企业空间"，推动信息共享、数据跑腿，最大化集约利用数据代替人工服务和人工审批，减少因申请人提供虚假材料、虚假证明或不规范材料、不准确数据，以及因审批经办人员疏忽等因素带来的审批出错和审批腐败，提高资料审查效率。

五是通过"电子流转、全程监控",倒逼权力监督无死角。通过搭建佛山市"一门式一网式"综合受理和申办流转平台,与20多个部门自建业务系统无缝对接、实时数据交换,所有业务办件必须通过该系统进行"统一流转",从而实现跨部门、跨区域、跨行业的政务服务标准化运行、全过程留痕;建设"佛山市政务服务效能监督系统",对服务事项的实施进行全覆盖、多维度、全过程监督,全市所有审批服务事项按标准接入该系统,借助信息化手段,采取现代与传统相结合的方式,科学设置监督点,对权力进行监督,让抽象的法规条文、裁量经验以及隐性的个体行政行为变成可视、可控、可量化评价。

(三)群众体验和获得感是检验改革成败的试金石

佛山"一门式一网式"改革取得了多方共赢的成果,使改革赢得广泛支持。

一是市民办事更便捷、更舒心。"一门式一网式"政务服务改革给群众带来最直观的体验就是办事更"简单"、审批更快捷。群众进"一扇门"、对"一个窗"、登"一张网"、跑一次腿,甚至零跑腿就能办成事。

二是促进了大众创业、万众创新。通过商事登记制度改革,降低准入门槛,创新登记方式,推动信息共享,企业通过服务大厅窗口、网上办事大厅、自助服务终端、银行服务窗口等平台就可提出注册登记申请。注册开办企业越来越简便、审批办证效率越来越高。

三是降低了市场投资制度性成本。面对经济下行压力,高效的政务服务打破部门间的"条块分割""各自为政"和"信息孤岛",降低了企业投资的经济成本、时间成本和机会成本,增强企业的投资信心,提高地方发展竞争力。同时,建立申报辅导区,为投资者提供个性化的报批辅导,自动推送个性化的审批流程图,也有利于让企业办事跑腿次数和时间大幅减少,政务服务更加贴心和周到。

四是行政资源更集约、权力运行更阳光规范。佛山"一门式一网式"改革倒逼各部门合理配置行政资源,加强依法行政,促进信息共享、阳光行政、廉洁行政、业务协同。政务服务大数据库为政府决策提供了有力支撑,政务服务能力和决策能力得到提升。通过政务服务标准化运行和全程留痕监督,各种审批服务事项办理均实现"晒在阳光下""关在笼子里"。政府的服务意识明显增强,周末办事预约、应急专窗、上门代办等贴心服务的跟进,更进一步密切了党群和政群关系。

（四）依托互联网技术建设数字政府是大势所趋

佛山"一门式一网式"政务服务要发挥效能，最核心是大量利用互联网、信息化技术和大数据，实现以技术替代人工，减少人为因素。

一是无差别审批服务。杜绝人情关系、削减和限制自由裁量权，以"三单管理"作为权力源、裁量权梳理的基础，标准化配置到系统流程中，前台与后台审批联动，实现无差别审批。

二是信任审批。佛山"一门式一网式"改革以后台改革创新为重点，强化自助办理、电子章应用，建立"一门式"容缺审批机制。按"信任在先、审核在后"的模式，建立全流程无纸化电子审查和电子预审制度，实行全程电子材料与纸质材料相结合的办件流转方式，普及电子章使用，提高电子材料的流转速度，让群众和企业办事少填表、少跑路、少交材料、少费时，真正实现把"复杂留给系统"。

三是数据共享。佛山"一门式一网式"改革打通信息壁垒，创新数据共享方式，跳转与接口相结合连起"信息孤岛"；采取"一主机双屏幕"操作模式，运用跳转对接、内存共享等多种方式，联通社保、计生等国家、省、市、区专线系统。实现前台和后台系统贯通、审批联动，变线下串联审批为线上并联审批，实现了跨部门、跨层级协同审批、关联事项审批、容缺审批；对接广东省网上办事大厅，构建一张立体化服务网络，实现服务事项"一网打尽"、做到"一门在基层，服务在网上"。

持续优化营商环境的改革之路

　　优化营商环境，是市场经济健康发展的需要，也是我国深化体制改革的必然趋势。习近平总书记强调，营商环境只有更好，没有最好。党的二十大报告提出了"完善产权保护、市场准入、公平竞争、社会信用等市场经济基础制度，优化营商环境"的明确要求。改革开放以来，佛山历来重视营商环境工作，从实行农工商综合经营到鼓励、扶持、引导民营企业做强做大做优，从探索实施"一门式一网式"政务服务改革到推行"一网通办"等，佛山着力加强法治建设、优化政务服务、保护知识产权、建立信用体系、优化税收制度，建立健全从进入、经营到退出全生命周期的企业服务体系，持续优化营商环境。2021年以来，佛山深化"放管服"（简政放权、放管结合、优化服务）改革，积极构建"益晒你"企业服务体系，把"打造一流营商环境"作为"一号改革工程"，不断营造市场化、法治化、国际化、便利化营商环境，有力推动佛山经济持续健康发展。

一、佛山持续优化营商环境的改革历程

　　营商环境是市场主体从准入、生产经营到退出全生命周期相关的政务环境、市场环境、法治环境、人文环境、生态环境等外部因素和条件的总和。世界银行于2001年首次提出"营商环境"这一概念。不过，在此之前，佛山实际上在行政管理、市场经营等领域已有一些基

于改善和优化营商环境的探索实践。

（一）佛山优化营商环境的早期探索（1978—1992）

改革开放之初，佛山地区积极解放思想，实行农工商综合经营，坚持国营、集体和个体一齐上，大力发展社会主义商品经济，鼓励个体经济发展。"无农不稳、无工不富、无商不活"的观念日益深入人心。各级政府开始逐步放宽工商业经营限制，在简化个体工商业注册手续和促进资金、人才等生产要素市场配置方面展开积极探索。

1. 探索个体工商业注册管理改革，放宽经营

1984年10月20日，党的十二届三中全会通过《中共中央关于经济体制改革的决定》，要求实行政企职责分开、简政放权，正确发挥政府机构管理经济的职能，扩大企业自主权，增强企业活力等。是年，佛山贯彻党的方针政策，出台《佛山市个体工商业发证管理改革、放权松绑的办法》，对企业注册登记管理"解绳松绑"。

1988年8月，佛山市政府批转佛山市工商行政管理局《关于工商行政管理改革意见》，明确放宽企业经营范围和经营方式，除国家和省仍有规定不准经营的项目外，其余全部放开经营；允许一业为主，多种经营，批零结合；敞开市场大门，对进入佛山经营销售的所有生产资料和农副产品，不准设卡检查，实行不限价政策；"三来一补"产品经有关部门和海关核准、照章纳税后，允许内销。1992年，佛山进一步放宽政策，改革专营许可证制度，210种专营许可证仅保留其中8种，放宽对各类企业（含个体工商户）经营范围、经营方式、注册资金、名称的限制。

2. 探索资金、人才等生产要素市场配置

为建设与生产流通相适应的资金市场，佛山着手推进金融体制改革，从1985年开始陆续成立了佛山市信托投资公司、广东发展银行佛山分行、佛山市城市信用社等金融机构，逐渐形成以人民银行为领导、专业银行为主体、各种金融机构并存的金融体系。

同时，为提高企业生产水平和创新能力，佛山积极引进生产技术，变革人才引进体制和劳务市场。在技术引进方面，1985年佛山举办第一次"技术招标洽谈会"，汇集机械、陶瓷、电子、纺织、医药等行业技术骨干，会上共签订技术合同20份，技术协议书59份。在人才引进方面，1983年以前，佛山劳动用工制度延续过去"统包统配"固定工制度，企业的择人权和劳动者的择业权主要集中在政府劳动部门。为推动人才要素由市场配置，1987年，市政府同意市劳动局开办劳务市场，并颁布《佛山市劳务市场管理试行办法》，标志着佛山市劳务市场开始形成。

（二）市场经济体制下改善营商环境的进展（1992—2011）

南海和顺德是佛山较早推进市场经济体制改革，改善提升营商环境的区域。1992年起，围绕贯彻落实邓小平"南方谈话"精神和党的十四大关于建立社会主义市场经济体制的目标，佛山大力推进经济体制改革，调动农村劳动力和土地资源，大力发展工商业。

1. 探索市场经济体制下的土地和企业产权制度改革

1992年起，顺德作为广东省"综合改革试验县（市）"，试点开展以产权改革为核心，包括行政管理体制改革、农村体制改革等一系列配套改革的综合改革。这些改革经验在佛山其他地区推广，为国有企业、民营企业和混合所有制企业的发展创造了良好的体制环境，现代企业制度也在改革进程中逐步确立。1993年，南海在农村全面推广以土地为中心的股份合作制改革，将分散的土地资源有效整合，促进了农村土地经营权流转和市场化经营，满足了二、三产业进一步发展的建设用地需求。

2. 提高工业园区硬件和软件水平，优化投资环境

1992年后，佛山南海、顺德等地按照"建设大市场、发展大贸易、搞活大流通"的方针，加大力度搞活市场经济，形成国有、集体、私营、股份联营、外贸等多元化的市场投资体系。同时，依托农村土地资源和工业技术优势，建立起各类工业园区，为产业经济集群化发展拓展了空间，奠定了佛山20多个产业集群的雏形。

2002年12月，佛山完成"一市五区"建置和行政区划调整。为进一步扩大产业规模，统筹建设门类齐全、配套完善的现代产业体系，2003年，佛山出台《关于进一步优化佛山投资环境增强招商引资竞争力的若干意见》，提出以整合资源和完善各项配套设施为重点，大力推进工业园区建设。一方面，按照"高起点规划、高标准建设、高效率管理"的原则，提升佛山国家高新区的水平，同时对各区、镇分散的工业园进行优化整合。另一方面，优化各园区内的"五通一平"基础设施，并加强生产区、居住区、商业区以及文化教育设施建设，创建一流的"园中村"。对于有口岸通商服务需求的产业园，佛山推动设立口岸报关报验中心，推行多部门联合办公服务，在口岸服务中逐步推行电子商品预归类、电子价格审核、电子查验"3e"系统，加快实施以电子申报、电子转单、电子通关为主要内容的"三电"工程，切实提高通关效率和检验质量，改善对外经济服务。

3. 实施"科教兴市"战略，营造科技创新氛围

2007年9月，佛山发布《佛山市建设创新型城市实施方案（2006—2010年）》，

提出实施"科教兴市"和自主创新战略，以创新主体、创新机制和创新环境建设为重点，构建包括产品研发、质量检测认证、职业教育培训、电子商务和现代物流五大体系在内的产业创新平台，建设创新型城市；实施人才培养工程，形成以高等院校、职业技术学院为主体，市内外各种社会培训资源共同参与的多层次、广覆盖的教育培训网络，开展大规模的创新人才培训。

（三）新时代推进单项改革优化营商环境（2012—2018）

党的十八大之后，佛山各级党委、政府和相关部门着力提高市场监管水平，探索建立市场准入负面清单，深化商事制度改革，开始有意识、系统性地探索开展一系列优化营商环境的单项改革。

1. 提高市场监管水平

2013年12月，禅城区在全市率先成立商会调解与诉讼调解中心，创建依法、联动、高效的商会调解模式与诉调衔接机制，及时处理商事纠纷。2014年，市政府发布《关于促进金融科技产业融合发展的实施意见》，探索成立佛山金融仲裁院、金融犯罪侦查支队，建立金融监管和金融审判联席会议制度，形成高效完备的金融监管体系；加大对侵犯专利、商标、版权、商业秘密等知识产权违法行为的打击力度，提高知识产权保护和市场监管水平。

➲ 2012年7月16日，顺德商事登记制度改革全面铺开，市民"零首期"成功注册公司。

2．建立市场准入负面清单

2013年，顺德区以"清单"方式公布了《企业经营审批事项目录汇编》，分行业梳理了商事主体进入相关行业并取得经营资格所需办理的许可审批及对应的政府主管部门，成为全国首份市场准入的负面清单，为企业经营提供清晰的指引。2015年，佛山按照"法无禁止皆可为"的投资准则和"法无授权则不可为"的权力约束准则，提出建立以准入负面清单和行政审批清单为基础的企业投资经营准入制度。

● 2018年6月6日，佛山进一步深化商事制度改革、打造更便利的营商环境，率先在佛山高新区（狮山镇）启动"证照分离"改革试点。图为佛山高新区（狮山镇）行政服务中心工作人员向申办人颁发佛山市第一份"证照分离"备案文书。

3．深化商事制度改革

2018年，佛山出台《关于进一步深化商事制度改革优化营商环境的若干意见》，提出多项"放管服"改革措施，如深化"多证合一、一照一码"改革，企业在办理营业执照后即能达到预定可生产经营状态，大幅缩短企业从筹备开办到进入市场（生产）的时间；依托"一窗受理"和"一网通办"等基础载体，深化推进"一门式一网式"政务服务改革；探索注册登记"容缺登记"制度；推进企业简易注销登记改革；等等。

同年8月，《国务院办公厅关于部分地方优化营商环境典型做法的通报》文件中，佛山凭借推行审批服务标准化成效明显、创造典型做法，成为被通报表扬的优化营商环境典型做法的28个案例之一。

（四）深化综合改革进一步优化营商环境（2019年至今）

2019年以来，佛山以政务服务改革为抓手，不断深化营商环境综合改革，着力打造一流营商环境，进一步激发市场主体活力和社会创造力。

1．启动营商环境综合改革1.0方案

2019年10月，《佛山市深化营商环境综合改革实施方案》正式出台，标志着佛山迈入营商环境综合改革阶段。为营造市场化、法治化、国际化的营商环境，该方案提出深化商事制度改革、深化工程建设项目审批制度改革、推进法治化营商环境建设、

完善企业投资管理体制、深化市场监管综合改革、不断深化政务服务改革六大主题，每项改革主题对应多项具体措施。11月，佛山进一步总结提炼出"1+7+N"工作体系。"1"指一个总领方案，"7"是七项社会重点改革措施，分别为深化商事制度改革，推进工程建设项目审批制度改革，不动产登记制度改革，推进政务服务"一网、一门、一次"改革，优化纳税营商环境，推进跨境贸易便利化，加强信用监管；"N"为与营商环境相关的"N"项优化措施，主要有获得用水用电用气便利化改革、公共资源交易制度改革、知识产权创造和保护、推进扶持政策标准化改革、包容普惠创新等。

2. 推行营商环境综合改革2.0方案

2020年6月，佛山印发《佛山市进一步深化营商环境综合改革2020年工作要点》，提出聚焦共渡难关提升企业获得感、围绕重点改革擦亮佛山品牌、对标一流不断打造服务型政府三项改革主题。鉴于新冠疫情给经济社会尤其是企业生产经营和发展带来的负面影响，结合2019年营商环境综合改革方案实施结果的评估情况，该工作要点提出了2.0升级版的营商环境综合改革措施，包括研究制定小型低风险社会投资项目简易审批程序；以三龙湾高端创新集聚区、三水新城启动区和西江新城北片区作为试点，

⊃ 佛山"益晒你"企业服务中心，企业在办理相关业务。（《佛山日报》记者符诗贺　摄）

启动区域评估报告的编制工作；取消企业间办理存量非住宅交易网签并广泛宣传和逐步推进"一窗办理"，促进不动产登记便利化；全面推广V-tax远程可视化办税系统、银税互联自助办税平台，大力宣传"减税宝""云退税"和"企业自主申请研发项目前置鉴定"等，着力建设纳税便利化的"佛山样本"。

随后，佛山五区积极落实市委、市政府部署和要求，启动营商环境改革升级行动。以高明区为例，2019年，高明区开始实施"拿地即动工"改革，首个试点项目从拍地到动工仅13天，比佛山设定的工程建设项目30个工作日审批时限缩短17天；进一步扩大改革试点范围，将试点范围由原来省、市、区重点产业项目（不包括房地产和商住项目）扩大为区内所有产业投资项目（房地产和商住、危险化学品项目除外），并取消了投资额在5亿元以上的条件限制。此外，高明区还建立了"企业首席服务官"制度，以包干的形式为重点在建企业、规上企业和高新技术企业等提供专职的企业服务，推动政企"零障碍"对接。

3. 以"一号改革工程"的气魄打造一流营商环境

2021年是"十四五"规划的开局之年，佛山市委、市政府把打造一流营商环境作为"一号改革工程"。同年12月，佛山发布《构建佛山"益晒你"企业服务体系打造一流营商环境的行动方案（2022年度版）》，提出深化商事制度"1时代"改革、工程项目高效审批改革、办税服务"零上门"改革、跨境贸易便利化改革、金融服务普惠性改革、行政审批"标准化"改革、政府采购"阳光化"改革、行政监管"精准化"改革、法治化环境机制改革等改革行动，进一步优化佛山营商环境。

为进一步激发市场主体活力和社会创造力，2020年以来，佛山将"落实减证便民工作"列入深化"放管服"改革重点任务，作为转变政府职能、减轻群众负担、释放企业活力的关键举措。2020年11月，佛山高新区还被《人民日报》和《环球时报》评为2020年度区域营商环境创新创优标杆园区。2023年，由佛山市司法局报送的"佛山市社保经办机构推行告知承诺制办理供养亲属抚恤金申领业务"案例，作为广东省唯一送选案例，入选司法部"减证便民"十大优秀案例。为持续深化"放管服"改革，助力优化营商环境，佛山继续通过前端做好制度建设、中端深化改革推进、末端加强监督反馈，不断优化告知承诺流程，最大限度为办事群众减证明、减环节、减负担，真正做到"减证便民"，切实提升群众的体验感、获得感和幸福感。

二、佛山优化营商环境的典型做法与成效

从改革开放初期的"敲锣打鼓贺富"创举，到新时代的佛山"益晒你"企业服务体系，佛山注重因势利导完善企业服务体系，持续优化营商环境，在改革创新之路上亮点多、看点足，卓有成效。

（一）开展"敲锣打鼓贺富"，鼓励发展家庭副业

党的十一届三中全会之前，受"左"的思想影响，佛山地区广大农村的家庭副业发展受到很大限制。改革开放后，这种状况逐步扭转。以南海县为例，1981年后，南海县委坚持集体和个人一起上的方针，积极鼓励和支持社员利用工余时间发展家庭副业，认为既可增加社会物质财富，又能增加社员收入，富得更快。为鼓励发展家庭副业，县委、县政府发动财贸、供销、外贸等部门，从资金、种苗、技术、销售等方面给予社员支持和扶助，同时总结推广一些发展家庭副业致富、家庭年纯收入万元以上的典型。

与此同时，南海县委连续3年（1980—1982）开展"敲锣打鼓贺富"，带领广大干部群众冲破"怕富"的思想桎梏，并出台引导农民勤劳致富的一系列措施，在广大农村掀起"学富、比富、创富、赶富"的热潮。在这样的政策环境下，全县干部、社员、农民主动开拓创富门路，想方设法提升产量，力求创造更多的财富。

（二）鼓励个体经济发展，培育壮大市场主体

改革开放初期，佛山支持农村剩余劳动力"洗脚上田"，发展二、三产业，包括家庭副业，为各县市场主体的快速增加营造了相对宽松的市场环境和氛围。1981年3月，南海县社队经济管理委员会成立，下设"一局三司"（社队企业管理局、住宅建筑公司、建筑材料公司、花木公司），颁布《南海县队办企业经济管理暂行条例》，有力推动了社队企业特别是队办企业发展。在党的富民政策支持下，20世纪80年代，佛山的个体经济得以快速增长。

（三）探索行政管理体制改革，提升政务服务效能

为建立与市场经济相适应的管理体制，克服政府部门多头管理的弊端，1992年5月起，被称为"拆庙搬神""摘乌纱帽"的顺德行政管理体制改革正式启动，政府部门全部按工作性质和职能进行"撤、并、建"。这次政府机构"撤、并、建"改革力度

之大，虽无"大部制"之名，却有"大部制"之实，理顺了部门之间的关系，明确了部门分工，按照"宏观决策权上移，微观管理权下移"原则，减少了管理层级，提高了行政效率。如国土城建与水利局，在原科室数量不变的前提下，拆分、合并成立新的科室，使得该局共计288项行政审批事项中的149项优化了办理时限。又如顺德人社局，通过职能调整，将原本由8个科室分项进行审批的51个事项"打包"，全部交由审批服务科负责。

（四）持续开展土地制度改革，保障市场用地需求

1993年8月，市委、市政府总结南海经验，印发《关于推行农村股份合作制的意见》，在佛山全面推广以土地为中心的农村股份合作制，促进了土地经营权流转和开发利用。至2007年，佛山土地开发强度已达32.8%，其中南海的土地开发强度更接近50%，远远超过30%的警戒线，土地供求矛盾凸显，亟须改造低效用地，提高土地综合利用效率。为改变散、乱、低端的产业形态，培育壮大新兴产业，缓解土地资源紧缺局面，是年6月，佛山出台《关于加快推进旧城镇旧厂房旧村居改造的决定》及配套的指导意见，明确"三旧"改造的主要对象及目标任务，强调抓好"三旧"改造管理，加大政策扶持力度，拉开了"三旧"改造大幕。同年底，南海推出"海六条"——《关于理顺历史遗留建设用地使用权确权问题的意见》，指出满足6项条件的历史遗留建设用地可进行确权，并相继出台了《关于集体建设用地转为国有用地的意见》《关于进一步理顺"三旧"改造建设用地使用权确权问题的意见》《关于加快推进旧城镇旧厂房旧村居改造工作的补充意见》等一系列与"三旧"改造相关的政策文件。

2019年7月，佛山南海成为广东省唯一的城乡融合发展改革创新实验区，为全省城乡融合高质量发展探路。2020年9月，《佛山市南海区建设广东省城乡融合发展改革创新实验区实施方案》正式出台，聚焦农村土地制度改革，在不突破永久基本农田总量和控制线、生态保护红线以及规划控制指标前提下，以开展全域土地综合整治为突破口，系统规划南海区土地、生态、产业和城市布局，推动城乡融合发展。

无论是农村股份合作制改革、"三旧"改造，还是城乡融合发展改革创新，土地都是最核心的生产要素，也是影响各地招商引资的关键。佛山土地制度改革聚焦土地分散、低效利用的状况，着力盘活土地存量，促进土地流转，为经济发展腾挪出成片成带土地，开创城乡土地集约利用新局面，有力保障市场主体的用地需求。

（五）找准症结，破解市场主体融资难题

佛山民营企业众多，融资难、融资贵是长期困扰企业发展壮大的症结之一，主要有3个方面原因，一是民营企业主要通过银行取得资金支持，融资渠道较为单一；二是很多民营企业经营时间短、规模小；三是银企之间的信息不对称，出于防范信贷风险的考虑，银行需要深入了解企业经营状况，而信息不对称成为横亘在银企之间的现实问题。

针对这些顽疾，2015年，佛山先后出台《佛山市支持企业融资专项资金管理暂行办法》《关于进一步促进融资性担保行业规范发展的意见》等文件，加大政策支持力度，提升融资性担保机构的整体实力，缓解中小微企业和"三农"发展融资难、融资贵等困境。同时，通过实施政策性转贷、打造数字金融服务平台和完善民营企业融资增信体系三大创造性举措，增强银企之间的信息交流，提升银行向企业放贷的积极性，切实降低企业融资成本。其中，政策性转贷资金自2015年设立以来，共为近万家佛山企业提供超1600亿元资金支持。佛山着力打造的"粤信融"平台，截至2021年8月，累计注册企业14万家，签订授信合同企业1.6万家，撮合银企融资20566笔，涉及金额2250亿元。2021年，佛山支持企业融资的三大措施受到国家发展改革委肯定，并向全国复制推广。

2022年1月，《佛山市促进2022年经济一季度开好局为全年稳中求进夯实基础的若干举措》出台，强调要提升金融服务实体经济的能力，鼓励金融机构对符合条件的贷款进行展期，加大对首贷、无还本续贷的支持力度。3月，佛山又成立首转贷服务专区，拓展了转贷资金申请渠道。2023年2月，佛山出台《佛山市政策性小额贷款保证保险子项目实施细则》，创新政策性小额贷款保证保险业务模式，推动实体经济发展。

（六）优化政务税务服务，提升市场主体获得感

2019年3月，佛山出台《佛山市加快推进一体化在线政务服务平台建设工作实施方案》，打造市政务服务平台，推进线上"一网通办"，提升政务服务便捷性。2022年6月，佛山又出台《佛山市加快推进政务服务"全程网办、全市通办"深化数字政府改革建设工作方案》，进一步强化事项管理标准化，打破办事的时空限制。

1. 企业开办事项实现"一网通办"

佛山依托信息化建设优势搭建的"一网通办"平台，整合开办企业各环节，减少材料填报，压缩企业开办时间。要开办企业，只需登录广东政务服务网（佛山）的

开办企业专区，填报一份表单信息就能实现设立登记、印章刻制、银行开户、发票领取、员工参保等多项业务申报，极大提升了企业开办效率，降低了开办成本。不仅如此，佛山还建成"自主申报、智能审批"的商事登记审批系统，实现企业登记24小时"不打烊"。"24小时自助智能办照"服务平台自2019年上线后，至2022年，办理业务已超过40万笔，减少市场主体往返窗口120万人次，压缩材料800万份。2021年9月，佛山支持开办企业的创新举措被国家发展改革委列入支持民营企业改革发展的典型做法，向全国各地推广。

● 2021年7月12日，顺德区正式实施商事登记"全区通办""跨城通办"。

2．惠企利民资金实现"秒速直达"和"限时直达"

2019年，佛山建设了集政策发布与资金申报于一体的佛山市扶持资金综合服务平台（简称"佛山扶持通"平台），推行政府扶持资金直达企业、个人改革，切实解决优惠政策申报难、兑现难的问题，确保惠企利民政策取得实效。针对条件明确、以大数据为依托的扶持资金，实行"秒报秒批秒付"；针对无法实现"秒速直达"的情形，则编制统一的服务指南与材料清单，推行"限时直达"。

2021年4月，佛山推出总额约5亿元的首批补贴资金"秒到"企业行动，涵盖高新技术企业研发费用补贴，工业企业用气补贴，中国专利奖、广东专利奖资助等5项内容，约8000家企业可享受该政策福利。截至2022年4月底，工业企业用气补贴等39项政策共超22.8亿元政府补贴"秒到"企业、个人，惠及4.67万家次企业、25.29万人次。全市共推出111个事项"限时直达"，平均兑现时间由4个月压缩为2个月。

3．税务服务更加便捷高效

一是优化申报流程，减少纳税次数。推行财产税和行为税"十税合并"申报，纳税人申报城镇土地使用税、印花税等税种时，在电子税务局系统实现"一次填报、多税申报"，避免相同数据重复填报，减少了纳税人填表数量。二是推动税费事项在线办，降低纳税时间。纳税人可选择"零跑动办税平台"、"粤税通"小程序办理相关业务，"零跑动办税平台"是远程可视化平台，纳税人足不出户就能完成问题咨询、业务办理、满意度评价，大幅缩短了办税时间。三是减税降费，提升市场主体信心。佛山认真落实减税降费政策，减轻受疫情影响企业的税费负担，助力市场主体复工复产。

（七）创新监管与知识产权保护模式，维护市场主体合法权益

1. 创新精准、包容的行政监管模式

一是首创"人工智能＋双随机"监管模式，提升监管精准性。2019年11月22日，佛山发布《关于在市场监管领域全面推行部门联合"双随机、一公开"监管的实施意见》，以监管方式创新提升监管效能。佛山建成覆盖市、区、镇三级的监管服务信息化平台，通过整合各部门涉企数据，共归集142个部门的许可、处罚等各类涉企数据30多亿条，据此构建每个企业的数据画像。在此基础上，选取行业类别、股东出资方式等12项关联性高的因子为基础构建模型，从而识别出高风险市场主体，做到早发现、早预警、早整改，实现守法不扰、违法必查，最大程度降低行政监管对企业正常经营活动的影响。

二是推行包容审慎监管和"双免"监管。精准把握政策界限，推行柔性执法，制定免罚、减轻处罚清单，给予市场主体一定的纠错机会，体现惩教结合、包容审慎的监管理念。2022年3月1日，佛山发布第一批372项包容审慎监管事项清单，涉及公安、税务、交通等五大领域，鼓励个别部门先行先试带动全市多个执法领域推行包容审慎监管。这一监管方式有助于市场主体及时纠正违法行为，减少违法行为记录，提升市场主体的获得感和满意度。

2. 提升知识产权保护水平

一是推进专利侵权纠纷行政裁决示范点建设。2020年8月起，佛山开展为期2年（2020—2021年）的专利侵权纠纷行政裁决试点工作，发挥行政机关化解专利侵权纠纷作用，促进行政裁决与市场监管综合行政执法相融合。出台《佛山市专利侵权纠纷行政裁决工作规程》，构建涵盖市、区两级的专利侵权纠纷行政裁决体系，规范行政裁决执法行为，相关经验做法在全省各地市推广。

二是健全知识产权司法保护体系。2021年1月，佛山出台《关于全面加强知识产权司法保护的实施意见》，提出充分发挥审判职能作用，提高知识产权司法保护水平，促进公平竞争，营造尊重知识产权价值的营商环境。禅城区人民法院新城知识产权法庭建成后，集中管辖佛山五区知识产权一审民事一般案件，成为全国第二家、广东第一家知识产权专业化法庭，增强了佛山知识产权保护专业性，促进了制造业行业的良性竞争。

三是加强中国（佛山）知识产权保护中心建设。搭建"一站式"服务窗口，综合受理专利预审、版权登记、知识产权公证等业务，为市场主体提供高效服务。2021

年，佛山在157个国家知识产权示范城市中排名第9，获国家知识产权局通报表扬。

（八）健全信用体系，规范市场主体行为

健全的社会信用体系，能够降低制度性成本，是优化营商环境的重要内容。佛山围绕市场经济运行各领域各环节，搭建数字化信用平台，建立失信惩戒机制，构建协同信用监管机制，着力规范市场主体行为，推动诚实守信成为市场运行的价值导向和各类市场主体的自觉追求。

1．建设数字化信用平台

2008年1月，佛山出台《关于推动佛山市中小企业信用服务体系建设指导意见》，目的是全面建立市场主体信用记录，优化企业信用评分机制，推进信用监管信息公开，探索建立信用修复机制；积极引导行业组织和信用服务机构协同监管，推动形成全社会共同参与的监管机制；提高市场主体生产经营活动的透明度，为新闻媒体、行业组织、利益相关主体和消费者共同参与监督市场主体创造条件。2021年以来，佛山加快推进信用门户网站——"信用佛山"建设，在全省率先建成城市公共信用信息管理系统，构建"一个平台、两个网站、三套目录、四个主体库"的信用平台架构体系，着力提升信用监管信息化建设水平。这一平台也成为首个与"信用广东"互联互通互查的地级市平台。同年，该平台还实现了"信易贷"数据全覆盖，并获评全国2021年度"信用示范平台网站"。

2．建立失信惩戒机制

2019年10月，佛山印发《佛山市加快推进社会信用体系建设构建以信用为基础的新型监管机制实施方案》，围绕健全失信联合惩戒对象认定机制，深入开展失信联合惩戒行动。佛山结合市场主体信用分类分级管理工作，建立完善诚信红黑名单制度；根据本部门的业务特点，梳理明确各业务事项实施守信激励与失信惩戒的具体措施及操作细则；在制定和实施失信惩戒措施时，建立市场主体自我纠错、主动自新机制，针对不同程度的失信行为采取不同程度的惩戒措施；加强重点领域的信用信息共享和工作协同，逐步建立健全信用联合奖惩机制。

（九）塑造城市特色，提升市场主体营商人文环境

人文环境是优化营商环境不可或缺的重要因素。文化是城市的灵魂，一个城市整体的文化氛围、人们的精神状态能够对投资创业产生极大的影响。佛山大力弘扬历史文化，凝练城市精神，打造城市文化名片，培育特色鲜明的城市品牌，为市场主体投

资兴业营造良好的人文环境。

作为国家级历史文化名城，佛山过去发达的手工业孕育了佛山传统文化中精益求精的工匠精神。随着时代的发展，佛山"敢为人先、崇文务实、通济和谐"的人文精神，推动了城市经济社会的快速发展。

2022年6月，佛山举办"佛山十大城市文化名片"评选活动，最终选出了祖庙、西樵山、黄飞鸿、康有为、佛山醒狮、石湾公仔、佛山武术、佛山粤剧、佛山秋色、顺德美食作为"佛山十大城市文化名片"。佛山还着力打造"世界功夫之城""世界美食之都""陶艺之都""博物馆之城"等文化名片，以及中国南方影视中心等文化产业集聚区，不断增强城市文化积淀的厚度。

在涵养人文精神的基础上，佛山着力培育公正高效的政务服务精神、诚信担当的企业家精神和开放包容的市民精神。这三种精神相互交融、促进，为产业的发展营造了良好的人文氛围。

三、佛山持续优化营商环境的改革经验

佛山得改革风气之先，市场经济底蕴较为深厚，长期重视提升企业服务、优化营商环境，在不断的改革发展进程中积累了一定的经验。

（一）坚持党的领导，勇于自我革命

佛山围绕完善企业服务体系、优化营商环境推进的各项改革，面临各种风险和挑战，在市委的正确领导下，佛山各级各部门不断攻坚克难，开创营商环境持续优化向好的新局面。同时，佛山作为改革开放的前沿阵地，积极探索政府机构改革、行政审批制度改革，以及建立"一把手"权力清单和负面清单机制等，体现了佛山各级党委和政府敢于刀刃向内，以自我革命的勇气提升政府效能、打造一流营商环境的魄力和决心。

（二）坚持以民为师，尊重基层首创精神

这一经验有两个典型事例。20世纪90年代初，南海罗村下柏管理区村民人均分到的土地不足1/5亩，难以实现规模经营。再加上当时村民选择收入更高的非农就业，导致土地抛荒。在这种情况下，村民自发将土地整合到一起，提供出租承包经营。下柏自发开展的试点做法，实际上隐含着股份合作制的雏形，也取得了不错的效果。同

时，南海其他几个试点管理区反响也很好。随后，按照佛山市委、市政府《关于推行农村股份合作制的意见》，农村股份合作制得以在全市推广。2021年6月，佛山启动"营商环境大家谈"大讨论系列活动，邀请社会各界人士就佛山营商环境的堵点、难点问题建言献策，有力推动了《佛山市加快打造一流营商环境的行动方案（2021—2022）》的制定与完善。这些事例充分体现出基层群众解决问题的智慧和能力。各级党组织和党员干部要尊重基层首创精神，坚持"以民为师，问计于民"。

（三）坚持问题导向与目标导向相结合

佛山改善和优化营商环境的一个重要经验，就是坚持问题导向。如针对土地分散化与工业发展需要连片土地的矛盾，佛山大力推动土地制度改革；针对部门之间权责不清、相互推诿的现象，佛山试点推进机构撤、并、建；针对企业融资难题，佛山积极出台一系列政策拓宽融资渠道，促进银企对接。同时，佛山坚持问题导向与目标导向相结合，以改革最终目标倒逼改革任务落实。佛山深化营商环境综合改革1.0方案、2.0方案，就是为打造一流营商环境而进行的整体谋划，确定了多项改革重点任务，旨在全方位优化营商环境。

（四）坚持依靠信息化、数字化建设

佛山注重以信息化建设为抓手优化营商环境，建成覆盖市、区、镇（街道）、村（居）各级党政部门的电子政务网络，部门之间的信息互联互通不断深入，提升了数据的一致性和权威性。佛山"数字政府"建设成效显著，力求让数据多跑路，让企业和市民少跑腿，为市场主体提供更便捷的服务。依托广东政务服务网佛山分厅等平台，企业和市民无须跑腿即可办理业务；"佛山通"APP为企业和个人提供政务公开、劳动就业等多项服务。2021年，佛山"益晒你"企业综合服务平台开通。2022年，佛山推出"数字政府2.0"建设规划，以网络信息安全保障为基础，推行首席数据官制度试点，强化数字政府建设考核评估，着力构建"发展型""智治型""服务型"数字政府，促进营商环境持续优化。

（五）坚持对标国际先进、国内一流

佛山充分发挥区位优势，全力打造全国营商环境高地。如2020年底佛山市禅城区印发的《深化营商环境综合改革行动方案》，对标国际可比的营商环境指标体系，参照世界银行营商环境评估指标，基于用户体验角度，从快速有效审批、深化银企合

◐ 2022年9月16日，全市首宗"验收即发证"项目在禅城成功办理。

作等方面发力，促进营商环境升级。2021年印发的《构建佛山"益晒你"企业服务体系打造一流营商环境的行动方案（2022年度版）》，对标国家营商环境评价前三名城市，提出了涵盖商事制度、工程项目审批、办税服务、跨境贸易便利化、金融服务普惠性等领域的改革措施，优化对企业的全生命周期服务。

（六）坚持构建亲清政商关系

良好的政商关系能够实现政企沟通"零距离"、政策落实"零障碍"、损害企业利益行为"零容忍"。佛山在全省率先提出构建亲清政商关系指引，2022年，佛山将9月27日定为"佛山市企业家日""佛山市人才日"，彰显佛山对企业家和人才的尊重，激发企业家和各类人才干事创业的热情。另一方面，佛山持续探索建立亲清政商关系，强化源头防腐。2016年4月出台的《佛山市政商关系行为守则》和《佛山市政商关系若干具体问题行为指引（试行）》，明确规范公职人员与企业人员之间的公务交往。2021年，市委十二届十二次全会首次将构建"亲而有度，清而有为，无事不扰，有求必应"的亲清政商关系写入市政府工作报告，引起社会强烈反响。

（七）坚持营造市场化、法治化、国际化的营商环境

坚持市场化方向。佛山创新实施"一照通行"系列改革，市场准入更宽松。2018年出台的《佛山市完善产权保护制度依法保护产权的实施方案》，旗帜鲜明地保护民营企业产权。2020年出台的《佛山市公平竞争审查工作实施规范》，强化公平竞争审查工作，营造公平竞争的市场环境。

坚持法治化方向。2022年7月1日起施行的《佛山市市场主体服务条例》，是全国第一部以服务市场主体为内容的地方性法规，将佛山优化营商环境的有效做法固化为条例，增强市场主体信心。佛山创新监管和知识产权保护模式，也有利于法治化营商环境的建设。

坚持国际化方向。佛山持续深化与港澳台经贸合作，主动对标全球营商环境评价体系，构建与国际接轨的营商环境。如推行"提前申报"模式，探索出口"抵港直装"和进口"船边直提"方式，不断改善口岸营商环境。《构建佛山"益晒你"企业服务体系打造一流营商环境的行动方案（2022年度版）》提出，深化跨境贸易便利化改革，推行"单一窗口"系统集成、口岸收费公开透明、外商投资自由便利等改革，打造国际化营商环境。

⬥ 佛山"益晒你"企业服务中心。（《佛山日报》记者符诗贺　摄）

党的建设

佛 山

构建大党建工作格局的佛山探索实践

率先探索驻点联系制度创新基层治理

构建大党建工作格局的佛山探索实践

　　党的建设是一项系统工程。佛山历来重视党的建设工作，持续推动党建工作落地见效、守正创新。特别是党的十八大以来，佛山坚持以习近平新时代中国特色社会主义思想为指导，提出"大党建、大服务、大治理"的工作理念，突出基层党建与基层治理创新相结合，探

⊃ 2021年5月11日，顺德区党史学习教育进村居暨新时代文明实践工作现场会在容桂细滘举行。（《珠江商报》记者陈炳辉　摄）

○ 村民在点票选举村干部。随着农村管理体制的变迁，基层的民主参与程度、自治范围也在不断地扩大和完善。（龙翔 摄）

索推进"堡垒型＋服务型"党组织建设，全面构建"1＋N＋X"区域化党建格局①，以党建工作提质增效赋能经济社会高质量发展，走在全省前列。

一、佛山构建大党建工作格局的探索历程

2010年以来，佛山以深入开展"创先争优"活动为抓手，积极探索非公企业党建工作，着力加强基层党组织建设。2015年起，在探索推进非公企业党建工作、驻点直联制度等取得重要经验的基础上，佛山市委提出"大党建、大服务、大治理"的工作理念，与开展"三严三实"专题教育同步，着力推动区域化党建试点工作，突出基层党建与基层治理创新相结合，推进"堡垒型＋服务型"党组织建设。截至2023年底，佛山共有20653个基层党组织和32.75万名党员。迈向第二个百年奋斗目标，佛山坚定不移贯彻落实全面从严治党战略方针，全面激发基层党组织生机活力。

（一）加强党的基层组织建设，积极探索非公企业党建工作（2010—2013）

2010年8月，佛山市委发出《关于抓好经常性党的建设的意见》，贯彻党要管党的原则，明确提出党委要用足够的精力抓党的建设，建立党委定期研究党的建设的制度；大力抓好党员教育工作，建立和完善党员轮训制度，逐步恢复或建立镇级党校，

---

① "1＋N＋X"区域化党建格局："1"是区域内核心党组织，"N"是区域内的党政机关、各类企事业单位等党组织，"X"是区域外各类党建和服务资源。

逐步推进党员电化教育；健全党的组织生活制度和民主生活制度；按照"坚持标准，保证质量，改善结构，慎重发展"的方针，认真抓好发展党员的工作，并重视在青年、妇女、知识分子和生产一线职工中发展党员；根据新的情况，适时调整、理顺和改进党的基层组织设置，采取积极的办法，在中外合营企业中建立党的组织；加强农村外出党员的管理、教育，及时向他们传达党的有关政策，布置有关任务；抓好党的作风建设，建立抓党风责任制，领导作表率，端正党风，着重抓以权谋私和严重官僚主义两个方面的问题；不断加强各级领导班子建设，搞好对县以上领导班子及其成员的民主评议；深入开展"创先争优"活动；建立对党的建设情况定期汇报和检查督促制度，每年年终向市委提交专题报告。

2011年2月，佛山市委召开常委会扩大会议，学习贯彻省委主要领导在佛山调研时的讲话精神，强调要加强全市基层党建"创先争优"工作。3月，中央组织部调研组到佛山，就非公企业党建工作进行调研，并召开珠江三角洲6市非公企业党建工作座谈会，认为佛山从推动经济社会发展、促进社会和谐稳定、巩固党的执政基础出发，开展非公企业党建工作的经验探索，在全党全社会具有重要价值。6月27日，佛山举行庆祝中国共产党成立90周年大会，强调要通过深入开展"创先争优"活动，进一步激发广大党员干事创业的热情和动力，把各级党组织建设成为践行科学发展观、引领"民富市强幸福佛山"建设的强大先锋队，努力推动佛山在现代制造业、智能城市和幸福佛山建设3个方面工作走在全省前列，争当"加快转型升级，建设幸福广东"的排头兵。12月，市委组织部、市总工会、团市委、市妇联联合印发《佛山市关于建立"六共"机制推进"两新"组织党群建设一体化的意见》，实施工作共商、组织共建、资源共享、活动共办、人才共用、骨干共培的党群一体化"六共"机制，推动"两新"组织党建与群团组织优势互补、合力发展。

2012年8月，佛山召开全市"两新"组织党建工作现场会，要求各级"两新"组织党工委以创新精神解决好党组织覆盖不够全、党组织发挥作用不够强、党组织班子建设难、党员管理教育难和党建资源分配难五个"两新"组织党建的共性问题。11月，中央组织部下发《关于建立健全党员承诺践诺制度的意见》《关于在窗口单位和服务行业基层党组织和党员中建立"三亮三比三评"制度的意见》《关于建立基层党组织晋位升级长效机制的指导意见》《关于继续推动基层党组织和广大党员学习先进争当先进的意见》《关于加强行业系统基层党建工作的意见》5个文件，推动建立"创先争优"长效机制。随后，佛山市委转发文件和传达省委通知精神，要求各单位结合实际，认真贯彻执行。

2013年，佛山强化党建工作的责任制，制定出台《关于落实"书记抓、抓书记"基层党建工作责任制的意见》，实行党委（党组）书记挂钩联系基层和"书记项目"台账跟踪、进度报告、分析评议等制度；筛选50个党建项目进入市级"书记项目"库，其中市委"书记项目""实施党员民营企业家培养工程"等5个项目入选省库。是年，全市社会组织的党组织覆盖率由年初的73.3%提高到89.8%，创建市级"两新"组织党建示范点50个和区级示范点100个。

（二）构建"1＋N＋X"区域化党建格局，打造"堡垒型+服务型"基层党组织（2014－2015）

2014年是全面深化改革的开局之年，也是佛山构建大党建工作格局的关键之年。1月27日，佛山转发中央党的群众路线教育实践活动领导小组《关于认真学习贯彻习近平总书记在党的群众路线教育实践活动第一批总结暨第二批部署会议上的讲话的通知》，同月29日，佛山市委成立全面深化改革领导小组和党的群众路线教育实践活动领导小组。

2月10日，市委召开佛山市党的群众路线教育实践活动动员大会，要求采取"统一部署、梯次展开（市、区领导机关先行，镇、街道和村、社区及其他基层组织依次推进）、压茬进行"的办法，从2014年2月至9月，在全市开展党的群众路线教育实践活动，重点解决"四风"突出问题、关系群众切身利益问题、联系服务群众"最后一公里"问题。3月27日，市委党的群众路线教育实践活动领导小组转发省委《关于结合开展第二批党的群众路线教育实践活动进一步加强市、县领导班子建设的指导意见》等6个文件，对市、县领导班子，镇（街道）、行政村（社区），各级党的代表，执法监管部门和窗口单位、服务行业，非公有制经济组织，社会经济组织6类党组织和党员群体深入开展党的群众路线教育实践活动进行分类指导。7月1日，南海区率先启动镇（街道）领导村（社区）驻班制，全区176名镇（街道）领导每周二下午到249个村（社区）驻点上班。接着，南海区在镇（街道）领导村（社区）驻班制基础上，又启动实施"区驻点＋镇驻班＋村常驻"三级直联制，并建立区委联系社群工作部、各镇（街道）联系社群工作办公室、各村（社区）联系社群工作室的三级党联工作机构。

佛山南海对直联制的探索，既是开展党的群众路线教育实践活动的一个重要抓手，也是推进基层治理现代化、实现基层治理重构的一项重要举措，成为全省的一个典型。8月1日，在南海区大沥镇凤池社区党委专题组织生活会上，省委主要领导就基层治理、外来务工人员融入及社区党组织联系群众等方面提出具体要求，强调要推进基层社会治理创新，探索化解社会矛盾的长效机制。随后，市委、市政府根据省委要求，制定出台"直联制"及创新基层社会治理"1+6"系列文件，构建基层治理重构的整体框架。

同月，佛山市委主要领导调研禅城区区域化党建工作情况。禅城区将区域化党建融入创新基层治理大格局，率先探索"1+N+X"区域化党建格局，推动建设"堡垒型+服务型"党组织。区域化党建与"一门式"行政服务改革、社会综合治理云平台共同构成禅城基层治理创新的三大支点，为基层民众提供针对性服务，实现"民心在基层聚集、问题在基层解决服务在基层拓展"。

在推广南海、禅城探索经验的基础上，佛山加快构建大党建工作格局。8月5日，市委印发《关于建立镇（街道）领导干部驻村（社区）直接联系群众制度的实施意见》，提出驻点人员、地点、时间和方式"三固定一创新"，落实掌握社情民意、化解基层矛盾、宣传政策法规、加强基层党建四大任务，在全省率先探索开展镇（街道）领导直接联系群众，建立驻点直联制度，解决联系服务群众"最后一公里"问题。9月9日，市委出台《佛山市实施大抓基层建设服务型党组织行动方案》及5个配套文件，形成"1+5"系列文件。该行动方案以推进基层服务型党组织建设为主线，统筹考虑基层书记队伍建设、党员队伍优化活化、党员民营企业家培养、整顿软弱涣散党组织、构建区域化党建格局等工作，用3到5年时间，通过强化服务功能、健全组织体系、建设骨干队伍、创新服务载体、整合党建资源五大措施，实现基层党组织"六有"目标，重构基层组织，强化组织领导核心地位。

9月17日，市委、市政府印发《关于创新基层社会治理的意见（试行）》，提出有序推进基层治理"一强四化"改革，力争用3—5年时间，构建起以党组织为核心、村居自治组织为主体、经济组织为基础、社区服务中心为平台、群团社会组织为协同、公众参与为路径、民主法治为保障的基层社会治理新格局。

截至2014年10月上旬，佛山全市共有625名镇（街道）领导干部直接联系738个村（社区）群众共13748人。佛山的经验做法得到省委的肯定。同月，省委在全省范围推行佛山探索实践的镇（街道）干部驻点直联制，解决联系服务群众"最后一公里"问题，实现党员联系群众全覆盖。同年底，佛山召开全市党的建设工作会议，深化构建大党建工作格局。在总结提升禅城区试点经验基础上，佛山出台《构建区域化党建格局行动计划》，并列入2015年全市党建领域改革和基层党建重点项目。

2015年1月20日，佛山出台《关于重构基层社会治理模式的实施方案》，作为佛山创新基层社会治理"1+6"系列文件的配套文件之一，提出坚持把抓基层党建和创新基层治理结合起来，全面部署创新基层社会治理工作，包括全面推行"政经分离""政社分开"；提升村（社区）党组织统筹领导力，推进形成区域化党建格局；规范和完善自治组织功能，健全村（居）委会运作机制，创新村（居）民自治形式；加强社区服务中心以及社区服务队伍建设，探索社区网格化管理；规范集体经济组织管理，完善农村资金、农村资产、农村资源"三资"管理制度，建立健全区、镇（街道）、村（居）三级互联互通的农村集体"三资"管理服务平台体系（含农村集体资产交易、农村股权流转、财务监控、村务公开四大平台）。

4月7日，佛山召开党建工作暨群团工作会议，围绕建设"堡垒型+服务型"党组织的要求，明确构建"1＋N＋X"区域化党建格局。会议强调，党的建设特别是基层党组织建设，对于小到一个村居、大到一个地区的发展都具有重要支撑和保障作用。会议要求以党建带群建，引导工、青、妇等群团组织主动融入大党建格局。4月21日，市委党的建设工作领导小组印发《佛山市构建大党建格局工作要点》。提出整合党建资源，形成党建工作合力，扩大党的组织和工作覆盖，推进党建引领基层组织重构，构建"1＋N＋X"区域化党建格局。4月29日，市委组织部、市直属机关工委印发《关于开展市直机关在职党员进村（社区）报到推动构建"1＋N＋X"区域化党建格局的工作方案》，全面推行市直机关在职党员进村（社区）报到制度。

同月，中共中央办公厅下发《关于在县处级以上领导干部中开展"三严三实"专题教育方案》，明确"三严三实"专题教育作为党的群众路线教育实践活动的延展深化，作为加强党的思想政治建设和作风建设的重要举措，要融入领导干部经常性学习教育，不分批次、不划阶段、不设环节，不是一次性活动，在全党开展"三严三实"专题教育。

按照党中央和省委重要部署，佛山在全市开展"三严三实"专题教育，推动构建"1＋N＋X"区域化党建格局的实践，让基层党组织在和谐发展、社会治理中发挥更大作用，赢得广大人民群众更大的认同、拥护和支持。5月19日，佛山召开"三严三实"专题教育工作会议，对全市开展"三严三实"专题教育进行具体安排。市委强调，各级要深入贯彻落实党中央提出的党委（党组）书记带头讲党课等四项"关键动作"、省委提出的分级分类开展专题轮训等两项"指定动作"和市委提出的倡导整治"为官不为"、推进区域化大党建格局两项"自选动作"，不但要高标准严要求，更要拿出实招争取实效。

6月下旬，佛山市、禅城区、祖庙街道共同举办2015年入党积极分子培训班暨新党员宣誓仪式。近700名入党积极分子参加培训，372名新党员参加入党宣誓仪式。这是市、区单位横向协作，市、区、街道三级联动，构建大党建工作格局的一次重要尝试。

同月，省领导到佛山开展践行"三严三实"迎"七一"走访慰问活动，肯定佛山"1＋N＋X"区域化党建格局的探索不仅是佛山的亮点，也是全省的亮点。

与此同时，佛山坚持把"1＋N＋X"区域化党建当作延续党的群众路线教育实践活动成效的一个重要抓手，针对每个村、社区的需求不一样，问题不一样，要求村（社区）党组织在"1＋N＋X"区域化党建格局中，牵头整合区域内外党组织的党建资源和服务资源，把机关党组织和工青妇的力量集中起来，下沉村（社区），支援区域化党建，更好地解决人民群众的多样化需求。

2015年12月22日，佛山召开2015年度各区区委书记抓基层党建工作述职评议会。市委强调，要进一步强化"抓好党建是最大政绩"观念，突出"堡垒型＋服务型"基层党组织建设主线，强化基层党组织政治功能和服务功能。省委组织部肯定佛山率先以建设"堡垒型＋服务型"基层党组织为主线构建大党建工作格局，基层党的建设工作走在全省前列。

佛山紧密结合"三严三实"专题教育，通过构建"1＋N＋X"区域化党建格局，提升基层党建、机关党建、工青妇等群团组织建设，使机关党组织、工青妇组织更加接地气，更加靠近群众，使党员党性修养得到进一步培养和增强，使基层党组织、机关党组织和工青妇组织对内增强政治功能，对外优化服务功能，从而形成"堡垒型＋服务型"基层党组织。2015年，全市共有83个市直机关单位党组织组建98个工作团队，分别与107个村（社区）进行对接，首批集中报到的市直机关在职党员达2530人；建立"1＋N＋X"区域化党建试点单位258个。[①]基层党建工作合力明显增强，形成了全市上下齐抓共管、党群合力、大抓基层的良好氛围，大党建格局初步形成。

（三）全面加强基层党组织建设，深化形成"党建引领"工作新格局（2016—2020）

2016年5月，佛山召开党的群团工作会议，提出要把群团改革纳入2016年的重点改革项目，加快形成"党建引领，党群共建"的党群一体化工作格局。8月，佛山印发《关于进一步加强佛山市社会组织党的建设工作的实施意见》。该意见提出以建设

---

① 中共佛山市委党史研究室编：《中国共产党佛山历史大事记（2011.1—2016.12）》，中共党史出版社2016年版，第271页。

"堡垒型＋服务型"基层党组织为主线，推动党组织政治核心作用在市内社会组织有效发挥，党员干部队伍建设明显加强，党的组织和工作覆盖率进一步提高。

2018年，佛山站在全市工作战略和全局的高度审视基层党组织建设，制定实施《佛山市加强基层党组织建设三年行动计划（2018—2020）》，把基层党建工作放到促进改革发展稳

➲ 在党员报到站值班的在职党员。（覃征鹏　摄）

定、创新基层社会治理的大局中系统谋划、整体推进，坚持问题导向、啃硬骨头，推动基层党组织建设全面提质、提升，使全面从严治党不断向基层延伸，赋能全市经济社会高质量发展。为落实三年行动计划，8月29日，市委出台《关于实施村（社区）重要事权清单管理强化党组织领导核心地位的意见（试行）》，创新探索重要事权清单管理制度，目的是理顺基层政府与村级组织的关系，完善村级权力监督机制，提升乡镇和村为民服务能力，完善基层治理的体制和机制。这项制度在五区得到全面落实，其中以三水区最为典型。作为全省乡村振兴综合改革县区级试点，三水区自2019年起创新实施村、组两级重要事权清单，共梳理17项重要事权111个议事决策流程，将党建引领融入乡村公共事务，明确基层党组织参与、审核、把关的重要事权，强化了党组织的凝聚力，重点破解了党组织弱化虚化边缘化问题，也在实操层面破解了谁"话事"，怎么"话事"，在什么环节和重点领域用什么程序"话事"的问题，促进了乡村治理公开透明、有序规范，探索出党建引领乡村治理的新路径。2020年，三水区"办事有清单干事有底气"的重要事权清单管理制度探索经验刊登于《人民日报》，并入选中组部、中农办评定的第二批全国乡村治理典型案例。

2019年，全市各级党组织坚持以习近平新时代中国特色社会主义思想为指导，深入学习贯彻习近平总书记对广东重要讲话和重要指示批示精神，坚决落实省委、省政府"1＋1＋9"工作部署，扎实开展"不忘初心、牢记使命"主题教育，推动基层党建全面提质，党的建设各项工作实现新的进步。

在落实三年行动计划的推进过程中，2018年，佛山把抓好党建工作作为各区和市直单位年度综合考核指标的最大权重，对五区的考核权重由14%提高到23.5%，对市直单位的考核权重由14%提高到21%。2019年，佛山又把党建考核指标单列，并作为绩效

考核独立系数，同时推动117家市属国有企业及160家区属国有企业把党建工作要求写入公司章程，完善企业法人治理结构，建立"先党内、后提交"的议事决策机制。

2020年4月，市委党的建设工作领导小组召开会议。会议强调，2020年是全面建成小康社会决战决胜之年，也是"十三五"规划收官之年，党建工作标准必须更高更严，要牢牢把握新时代党的建设总要求，坚定不移推动佛山党建全面进步全面过硬；要高质量打好基层党组织建设三年行动计划收官战，争取全面实现村党组织书记、村委会主任、村集体经济组织负责人三个职位"一肩挑"。

同年，佛山在农村探索构建"行政村党组织—网格（村民小组）党支部（党小组）—党员联系户"三级党建网格，实行网格化管理、精细化服务、信息化支撑，做到组织建在网格上、党员融入群众中，使党组织的政治功能和服务功能有机融合、相互促进；在城市社区，织密"社区党委—住宅小区党支部—党员楼长"三级党建网格，建立到户到人的一张"网"，精细到辖区群众的每个"点"，形成横向到边、纵向到底，开放式、全覆盖的区域化党建格局。截至2020年底，佛山全市建立一级党建网格70个、二级党建网格6386个、三级党建网格2.52万个。

与此同时，佛山鼓励支持各区结合实际，大胆探索、勇于创新，进一步深化大党建工作格局。禅城区开展智慧化基层社会治理改革，以市域社会治理现代化为引领，把现代技术和传统手段结合起来，聚焦综合治理、政务服务、诉求化解三大领域，构建"1＋1＋3＋N"智慧化社会治理体系①，推进社会治理体系和治理能力现代化。

（四）织密"区域+行业"党建"两张网"，以高质量党建推动基层治理现代化（2021年至今）

2021年是实施"十四五"规划的开局之年，佛山持续深化大党建工作格局，以高质量党建引领基层治理效能提升和经济社会高质量发展。5月，佛山市委出台《佛山市加强党的基层组织建设三年行动计划（2021—2023年）实施方案》，以"完善组织体系开启新征程""提升党建引领基层治理效能""高质量党建推动高质量发展"为主题，提出9个方面主要任务、34项重点工作，推动全市党的基层组织建设。同时，市委党的建设领导小组办公室印发《关于实施重要事权清单管理巩固村（社区）党组织

---

① "1＋1＋3＋N"智慧化社会治理体系：第一个"1"指构建一个以区级为统筹、镇（街道）为枢纽、村（社区）为底座的智慧化社会治理架构，第二个"1"指整合政府部门和群众参与治理渠道，设立网格、热线、大数据三大服务区，打造一个能感知、会思考、可进化的城市大脑，"3"指创新"生态网格""无感政府""智慧枫桥"三大智慧化治理，"N"指推进一批应用场景。

⊃ 2022年3月12日，党员志愿者正在挥动铁锹植树。（《佛山日报》记者刘乙丁　摄）

领导地位的意见》，在三水区重要事权清单管理制度探索经验的基础上，进一步明确有利于巩固村（社区）党组织领导地位的重要事权及其实施的主要流程，明确在实施重要事权中发挥村（社区）党组织领导作用的关键环节和主要方式，切实巩固村（社区）党组织在基层各类组织和各项工作中的领导地位，为佛山争当全省地级市高质量发展领头羊提供坚强组织保证。

　　同年11月，佛山市第十三次党代会提出，要大抓基层大抓支部，落实新一轮基层党组织建设三年行动计划。2022年初，市委党的建设工作领导小组以一号文件印发《佛山市大抓基层大抓支部推动党建高质量发展重点任务清单（2022—2023年）》，从强化思想引领、完善组织体系、党建引领基层治理、队伍建设、强化新保障等五大方面制定了35项重点任务，通过完善"区域＋行业"党建"两张网"、创建"四强"（政治功能强、支部班子强、党员队伍强、作用发挥强）党支部等，激发基层党建新动能，为实现"515"战略目标，奋力争当地级市高质量发展领头羊提供坚强组织保证。此外，佛山还大力提升党建引领城市基层治理效能，完善形成"街道大工委—社区大党委—小区党支部—党员楼长"城市四级联系服务群众机制，做实街道、社区党建联席会议制度，协商民生服务事项。

2022年11月，佛山出台《关于建立健全党建引领基层治理体系的实施意见》，针对多元治理主体协同不够、"条条"与"块块"权责划分不清、常态化参与基层治理的力量不足和途径不畅、信息集成和智慧治理水平不高、平急转换机制不完善、基层基础保障不到位等影响基层治理效能提升的因素，首次提出建立"一核多元、简约高效"的党建引领基层治理体系。一是突出党组织的领导核心作用，把"多元"主体统筹起来，发挥多元治理主体协同作用，把党的政治优势、组织优势转化为治理优势和发展动能，加快完善共建共治共享的基层治理格局。二是推动各类组织实现"序化结构"，在镇（街道）层面，发挥三个委员会①作用，强化镇（街道）基层治理任务承接基点功能；在村居层面，通过赋能与减负并举，强化村（社区）的基层社会整合服务功能。该意见提出，到2025年，党的基层组织政治功能和组织功能明显增强，统筹协调、组织动员、服务群众、应急能力明显提高，网格化管理、精细化服务、信息化支撑的基层治理平台更加完善。

2023年3月，佛山召开党建引领基层治理暨全科网格建设工作推进会，强调要把建立健全党建引领基层治理体系、加强全科网格建设作为中国式现代化、佛山高质量发展的重要内容扎实推进，力争用3到5年时间，实现基层治理"一张网"统、"一个格"管的目标。

二、佛山构建大党建工作格局的成效

通过构建和深化大党建工作格局，佛山有效盘活了各级党组织的力量资源，扩大了广大党员干部特别是机关党员接触群众、服务基层的途径，带动群团参与，形成党建引领基层治理的良好局面。基层党组织增强了向心力，在联系服务群众"最后一公里"工作中增强了凝聚力，在解决基层治理难题中树立了威信，巩固了党组织在基层各类社会组织、各类群体中的核心领导地位。

（一）加强了基层党组织的建设，巩固了党的执政基础

基层党组织在各项工作的领导作用不断加强。在利益纠葛复杂、关系盘根错节的农村，通过法定程序，佛山有村级集体经济的561个村（居）全部实现党组织书记、村（居）委会主任、村级集体经济组织负责人"三个一肩挑"；通过开展村（社区）党

---

① 三个委员会：镇（街道）综合治理委员会、公共服务委员会、综合行政执法委员会。

⮑ 2022年5月27日，市民政局举办佛山市社会组织党员志愿服务进社区活动。图为社会组织为群众现场教学急救知识。（黄盛炜　摄）

组织书记和书记储备人选全员轮训，撤换调整"四不"书记，排查清理"三类人员"村干部，选派717名优秀机关干部到538个软弱涣散、集体经济薄弱、村级工业园整治难等村（社区）党组织担任第一书记、副书记和驻村工作队员，提升了农村干部队伍的素质，夯实了基层党建工作的根基。区域内各级党组织与群团组织、社会组织协同发力，突破了以往松散、单一的"人情式""援助式"共建关系模式，实现党建资源跨行业、跨领域、跨区域深度融合，从而形成了以基层党组织为核心的区域化党建"共同体"，使党在基层各项事业的领导核心地位得到加强，巩固了党的执政基础。如南庄镇吉利村组织开展"党员志愿者寻找身边流动党员"活动，新增编入流动党员累计20余名，在参与区域活动、提供服务方面发挥重要作用，建立起"关系在企业、活动在区域、奉献双岗位"的党建文化新常态。

（二）推动了基层善治，实现基层治理九成问题在镇村解决

有了思想共识和组织、制度保障，大党建格局构建工作卓有成效。各区、各镇（街道）和村居开始涌现出一大批"1＋N＋X"区域化党建试点，成为"堡垒型＋服务型"基层党组织建设中的重要载体。镇（街道）党组织与村居党组织、城管部门、群众等成为"网格化"管理的共治力量，把工作做到居民家门口，实现九成问题在镇村解决的目标。禅城培德社区、兰桂社区和三水乐平产业社区，是佛山加快形成"1＋N＋X"区域化党建格局的缩影。如培德社区将机关、事业单位、社会组织、企业等众多资源"沉"到了社区，让社区过去难以开展的服务和活动活跃起来。社区内众多老

人、困难群体享受到保健讲座、送医送药上门、健康档案等服务；分散的老党员、流动党员的管理，党员活动也活跃起来；残疾人的就业需求，通过区工商联牵线企业，得到了对接和满足；通过社区服务平台，医院也更好地了解市民的健康需求，开设

● 禅城区石湾镇街道党工委组办党支部积极推动"支部建在小区上"工作。

老年病专科，促进了医患关系的改善。物业管理难题得到有效解决，"支部建在小区上"贯穿基层治理末梢，使党支部成为解决群众急难愁盼问题的前沿阵地，进一步提升了群众的幸福感与满意度。

（三）打破了行政壁垒，完善了基层党组织的沟通协调机制

区域化大党建格局将区域内各党组织有机联合起来，打破了以往属地内各党组织的行政壁垒，初步实现了村居党建和社会资源配置的优化、组织效能的提升。党建联席会议制度的建立，促进了党组织力量统筹和沟通常态化。兼职委员制度的建立，推动了村居建设管理重大事项的协商和监督。"驻点联系"和"双联系"制度的推行，拓宽了市、区、镇（街道）、村（社区）四级沟通渠道，增强了基层治理能力。佛山全市2180个机关、企事业单位党组织9.58万名在职党员到居住地所属社区开展"双报到"，也调动了社区的党建资源。至2021年，全市推动"五类"企

● 高明区明阳村党群服务中心。（明阳村村委会供图）

业①单独组建党组织534个，数量居全省前列。

（四）强化了党群纽带，提升了基层党组织服务群众的能力

首先是党员志愿服务队伍得到充实，一批在职党员、离退休老党员、流动党员以及"三官一师"积极参与区域化党建，成为联系服务群众的工作骨干，让群众切身感受到党组织就在身边，党的关怀和服务就在身边，夯实了党群紧密联系的基础。其次是统筹资源能力得到增强。一批基层村居党组织通过开展区域化党建，统筹资源的能力得到锻炼和增强，从而将资源优势转化为服务群众的实效。再次是阵地建设得到发展。基层党组织办公活动场所等基础设施建设的投入加大，综合服务功能得到充分拓展，进一步满足了群众日益增长的学习、生活、娱乐等活动需求；镇（街道）党校、党群服务中心、党员教育基地遍布城乡，成为佛山党员培训和联系服务群众的重要阵地。最后是促进了村居重要事权清单化管理和决策规范化。佛山首创的村（社区）重要事权清单管理改革，在关键环节发挥审核把关作用，使村（社区）管理、决策更加规范。

（五）强化了责任担当，充分发挥基层党员的先锋模范作用

佛山实施两轮基层党组织建设三年行动计划，为广大基层党员提供了更广阔的施展才华的舞台，进一步激发了党员的政治热情和工作干劲。至2021年，全市设立党员示范岗1.3万个，并围绕政策法规宣传、民意收集反馈、村务财务监督等15类岗位设置9718个无职党员岗位。同时，推动党员干部主动到群众中去解决实际问题；"行政村党组织—网格

⊃ 黄龙村党群服务中心。

---

① "五类"企业：民营企业全国500强、民营企业全省百强、上市公司、本地龙头企业和规模以上工业企业。

（村民小组）党支部（党小组）—党员联系户"三级党建网格日益成熟和完善，全市建立一级党建网格790个、二级党建网格6386个、三级党建网格25189个。党员在网格中领岗履职，统筹在职报到党员、无职党员、党员楼长等力量，随时随地联系服务群众。此外，佛山探索实施的基层党员积分量化管理、评星定级，也大大提高了党员的积极性，党员先锋模范作用得到充分发挥。

三、佛山构建大党建工作格局的经验

构建和深化大党建工作格局，是一项长期性工程，需要久久为功。佛山市委始终牢记使命和重托，深入贯彻新时代党的建设总要求，坚持把抓好党建作为最大政绩，创新探索构建大党建新格局，使党始终成为佛山经济社会发展和广大基层组织的坚强领导核心，推动佛山党的建设工作不断开创新局面。

（一）强化思想铸魂，抓牢政治建设锤炼党性，健强上下贯通、执行有力的组织体系

党的创新理论是构建大党建工作格局的思想根基。佛山始终坚持践行习近平总书记关于党的建设的重要思想，以改革创新、锐意进取的精神全面推进党的建设新的伟大工程在佛山落实落细。从2015年认真开展"三严三实"专题教育，到2016年推动"两学一做"学习教育常态化制度化，再到2019年深入开展"不忘初心、牢记使命"

⊃ 佛山市党史学习教育进万企系列活动是佛山市党史学习教育的一大特色活动。图为佛山市党史学习教育进万企首场活动在广东格兰仕集团公司举办。（佛山市委党史学习教育办供图）

主题教育和2021年开展党史学习教育，2023年开展学习贯彻习近平新时代中国特色社会主义思想主题教育，佛山始终坚持以习近平新时代中国特色社会主义思想为指导，以党的政治建设为统领，持续增强各领域基层党组织政治功能，扎实筑牢党员干部对党忠诚的政治灵魂，充分发挥基层党组织的政治功能，引导全市广大党员干部筑牢理想信念，

⊃ 顺德区北滘镇黄龙村新时代文明实践站内，黄龙村巾帼奉心社的成员们正在进行手工制作。（《佛山日报》记者王澍　摄）

补足精神之钙，汇聚起干事创业的强大精神力量，为党中央决策部署通达"最后一公里"提供重要保障。

（二）突出全面覆盖，织密党建立体网络，打造城市基层党建共同体

党的组织覆盖面是检验党组织政治领导力的重要标准。面对错综复杂的内外形势和繁重的改革发展任务，佛山坚持大抓基层、大抓支部，站在全市高质量发展一盘棋的高度谋划各领域基层党组织建设，积极统筹领导干部驻点直连、基层党建示范点建设、搭建"两新"组织党建工作体系、推动党群共建，串点成线、连线成片、聚片成带，基层党组织组织力不断提升，与辖区内单位、企业、社会组织党组织等构筑成社区治理网络，把不同领域的党建工作纳入一体化党建范畴，将党建延伸到城市治理体系的末梢单元，推动各方力量的参与融合，凝聚起更广泛群体实现共治共享，形成"你中有我、我中有你"的区域化党建联合体，实现共建共享、齐抓共管的局面。在城市，在各条战线，从非公企业、社会组织、互联网企业、协会、商会等行业党组织、实现各类基层党组织和党的工作全覆盖。从"线下"到"线上"，"两新"党组织"应建尽建""应联尽联"，为佛山高质量发展装上"红色引擎"。

（三）结合中心任务，找准党建服务高质量发展切入点，凝聚"大党建"合力

佛山坚持系统思维和开放理念，有效整合各类党建资源，构建开放、高效、融合、互动的"大党建"工作体系、推动党建工作与中心工作、重点任务、日常工作的有机统筹、深度融合，以高质量党建引领高质量发展，提高党领导经济社会发展的能

力。通过树立"党建＋"系统思维，按照项目化、网络化、集成化的思路，构建党建+经济建设+社会治理+民生服务+重点项目+互联网的"大党建"工作体系。加强党建工作信息化建设，实现党建工作科学化、网络化和智能化。抓紧补齐制度短板，着力破解党建工作重点难点问题，建立健全基层党组织规范化建设的制度机制，完善党建工作责任体系，设立党员示范岗、党员责任区、党员突击队，引导党员干部在攻坚克难中探索创新，切实提高服务能力和服务水平。

（四）持之以恒正风肃纪，擦亮"大党建"廉洁底色，推动全面从严治党向基层延伸

佛山持续深化党风廉政建设，坚定不移推动全面从严治党向基层延伸。出台了《关于进一步加强城乡基层党风廉政建设的意见》《佛山市基层正风反腐三年行动实施方案》等制度，开展城乡基层腐败和作风问题专项治理，聚焦基层执法领域侵害企业和群众利益突出问题进行专项整治，严惩"微腐败"、严控"微权力"，使党员干部作风持续改进、基层政治生态持续向好。佛山出台《关于进一步加强对村（社区）干部监督的意见》，全覆盖建设村（社区）纪检组织，强化对基层党员干部的监督，提升村（社区）监察站履职效能，推动监察职能向基层延伸。紧盯"关键少数"，做实做细对"一把手"的监督，佛山在全省率先探索建立"一把手"权力清单和负面清单，强化全面从严治党，努力把各级党组织锻造得更加坚强有力。

率先探索驻点联系制度
创新基层治理

2014年7月起，佛山南海作为党的群众路线教育实践活动省委主要领导联系点，率先试点探索镇（街道）领导干部驻点普遍直接联系群众工作制度（简称"驻点联系制度"，又称"直联制"）。从驻班制到直联制，南海区不断深化完善"驻点联系＋网格化＋户联系"制度，形成以"更直接、全覆盖、常态化和制度化"为特色的直联工作经验。南海的实践经验迅速在佛山和全省推广，巩固了党组织在基层的执政基础，提升了基层党组织服务群众的能力，激发了基层社会治理的新活力，构建了基层善治新格局，为落实新时代党的建设总要求、努力把各级党组织锻造得更加坚强有力、推进基层治理现代化探路。

一、南海探索实施直联制的历程

佛山市南海区经济实力强劲，长期居于全国百强区前列，基层治理创新格外重要。2014年7月，根据广东省委"更直接、全覆盖、常态化、制度化"的部署，南海区率先开展镇（街道）领导干部驻点普遍直接联系群众工作制度，构建起"区驻点＋镇驻班＋村常驻"的三级驻点联系工作体系，明确"三固定一创新"机制[1]，促使176名镇（街

---

[1] "三固定一创新'机制：固定时间、固定地点、固定团队成员和创新联系方式。

道）领导沉下身子、贴近群众，推动法官、检察官、警官、律师等专业化力量下沉基层，全力打造多方参与的"大驻点联系"格局，打通党员干部联系服务群众的"最后一公里"。

（一）直联制的启动（2014）

2013年11月，党的十八届三中全会作出《中共中央关于全面深化改革若干重大问题的决定》，明确提出推进国家治理体系和治理能力现代化，强调推进社会治理体制创新，推动基层管理向基层治理转型。2014年2月，广东省委主要领导到第二批党的群众路线教育实践活动联系点南海区指导工作时，要求南海区在推动基层社会治理转型方面先行先试。6月，省委主要领导参加佛山市委常委会班子专题民主生活会指导开展党的群众路线教育实践活动时，又要求佛山"探索基层治理创新"，为全省提供经验。同月，市委召开常委会（扩大）会议，贯彻落实省委主要领导在南海区委常委班子和佛山市委常委班子两场专题民主生活会上的指示，提出要抓好两大课题研究和探索，其中一项是研究和探索重构基层社会治理的课题。

随后，南海全面启动镇（街道）领导干部驻点联系制度。7月1日，南海率先启动镇（街道）领导村（社区）驻班制，全区176名镇（街道）领导每周二下午分别到249个村（社区）驻点上班。紧接着，南海出台《关于建立镇（街道）领导干部直接联系群众制度的工作意见》，就建立直联制作进一步部署，全区推开驻点联系工作。8月，在镇（街道）领导村（社区）驻班制基础上，南海正式启动实施"区驻点＋镇驻班＋村常驻"三级直联制，并建立南海区委联系社群工作部（简称"区委党联部"）、各镇（街道）联系社群工作办公室、各村（社区）联系社群工作室三级党联工作机构，承担南海区直接联系群众工作的统筹协调任务。区委党联部着手建立直联工作数据库，为有关决策提供数据支持。同月，南海区召开党的群众路线教育实践活动整改落实和建章立制工作会议。会议强调，要以直联制为抓手扎实推进党的群众路线教育实践活动，做好整改和建章立制工作，并以"三看"①来检验实践效果。

（二）直联制的推广（2014—2015）

在南海试点经验的基础上，直联制很快在佛山全市推广。2014年8月5日，佛山

---

① "三看"：看老百姓反映强烈的问题有无得到解决，看党员干部作风有无发生根本转变，看践行群众路线的长效机制有无建立。

市委下发《关于建立镇（街道）领导干部驻村（社区）直接联系群众制度的实施意见》，在全市范围推行直联制，对驻点干部提出落实"掌握社情民意、化解基层矛盾、宣传政策法规、加强基层党建"四大任务。至10月上旬，全市共有625名镇（街道）领导干部下沉到基层，直接联系738个村（社区）、13748名群众。同月，省委组织部召开全省建立乡镇（街道）领导干部驻点普遍直接联系群众制度工作部署会议，在全省范围推行佛山南海试点探索的直联制。会上，南海区委介绍以"更直接、全覆盖、常态化和制度化"为特色的直联制经验。

同年9月，佛山出台关于建设服务型党组织的"1＋5"系列文件，包含《佛山市实施大抓基层建设服务型党组织行动方案》1个主体文件和《佛山市实施"五强书记建设工程"行动计划》《佛山市党员队伍优化活化行动计划》《佛山市党员民营企业家队伍培养行动计划》《佛山市整顿软弱涣散基层党组织行动计划》《佛山市构建区域化党建格局行动计划》5个配套文件。"1＋5"系列文件主要以推进基层服务型党组织建设为主线，按照"健全组织体系、建设骨干队伍、强化服务功能、创新服务载体、构建服务格局"五大任务要求，统筹推进基层党建工作，强化基层党组织的核心地位和服务功能。紧接着，佛山印发《关于创新基层社会治理的意见（试行）》，提出有序推进基层治理"一强四化"①改革，力争用3—5年时间构建起以党组织为核心、村（居）自治组织为主体、经济组织为基础、社区服务中心为平台、群团社会组织为协同、公众参与为路径、民主法治为保障的基层社会治理新格局。12月，市委、市政府召开全市构建公共法律服务体系推进基层社会治理法治化工作会议，贯彻落实《关于构建公共法律服务体系推进基层社会治理法治化的实施方案》提出的12项任务措施，要求在1年内完成建立公共法律服务三级实体平台，"三官一师"（法官、检察官、警官、律师）直联村（居）工作机制和以人民调解为基础，与行政调解、司法调解相衔接的"大调解"机制。

2015年，佛山对前期推进直联制的经验做法进行了初步提炼和总结。1月20日，佛山印发配套的《关于重构基层社会治理模式的实施方案》，进一步形成创新基层治理的"1＋6"系列文件。按照"坚持把抓基层党建和创新基层治理结合起来"的工作思路，佛山全面部署创新基层社会治理工作，一是全面推行"政经分离""政社分开"；二是提升村（居）党组织统筹领导力，推进形成区域化大党建格局；三是规范

---

① "一强四化"：强化基层党的领导和村（居）管理民主化、矛盾解决法治化、基本公共服务均等化、集体经济管理规范化。

和完善自治组织功能，健全村（社区）委会运作机制，创新村（社区）民自治形式；四是加强社区服务中心以及社区服务队伍建设，探索社区网格化管理；五是规范集体经济组织管理，完善农村"三资"（资金、资产、资源）管理制度，建立健全区、镇（街道）、村（社区）三级互联互通的农村集体"三资"管理服务平台体系，并形成关于农村集体资产交易、股权（股份）流转、财务监管的三大平台。

（三）直联制的深化（2015—2016）

2015年1月上旬，南海区召开直联工作会议，对全区直联工作进行再动员、再发动和再部署。区委强调，南海要从基层党建的战略角度出发，坚定不移推进直联工作，不断创新直联方式和内容，引领和推动经济社会转型发展。由此，镇（街道）领导干部驻点联系群众制度提升到区域化大党建格局建设中。同月，"南海创新建立直联制"入选"南海影响力"2014年度十件大事。

同年4月，佛山召开党建工作暨群团工作会议，围绕建设"堡垒型＋服务型"党组织的要求，提出构建"1＋N＋X"区域化党建格局，即在具备条件的农村、社区、产业园区、商圈选择党建基础好、统筹驾驭能力强的党组织作为龙头（"1"），与区域内各单位党组织（"N"）建立联合党委或片区党委，与区域外单位党组织（"X"）

◐ 2015年6月30日，南海区党建暨驻点联系专题联席会议在九江镇烟南村召开。

建立联动关系。会议还要求以党建带群建，引导工青妇等群团组织主动融入大党建格局。随后，佛山印发《佛山市构建大党建格局工作要点》。是年，佛山全市建立260个区域化党建试点，组建739个驻点联系团队，组织83个市直机关在职党员到107个村（居）报到，基层党建工作合力明显增强，初步形成了全市上下齐抓共管、党群合力、大抓基层的良好氛围和区域化大党建格局。

按照市委部署，南海建立以村（社区）为单位，镇（街道）驻点团队召集，区域内各党组织，驻点的区直部门党组织、群团组织、"两代表一委员"（党代表、人大代表、政协委员）、"三官一师"等相关主体以及党员群众代表广泛参与的党建暨驻点联系专题联席会议机制。6月底，南海首次由镇驻点团队召集的党建暨驻点联系专题联席会议在九江镇烟南村召开。会议指出，召开这样的专题联席会议，目的在于通过驻点团队统筹各方力量，进一步强化村（社区）党组织，引领村（居）转型升级。11月，南海区委举办全区直联专题培训班，进一步深化直联工作。区委强调，各级领导干部要紧紧围绕区委对直联提出的"双重定位"（夯实基层党建、引领村（居）综合转型升级）战略要求，着力推动和深化驻点联系全覆盖，实现以直联加强基层党建、以基层党建深化基层治理、以基层治理引领转型发展，共同推动"品质南海"建设和基层治理优化。2016年1月，"深化直联引领转型发展"入选"南海影响力"2015年度十件大事。

在南海的引领、示范带动下，镇（街道）领导干部驻点联系群众制度引入政法等领域。2015年4月佛山印发《佛山市"三官一师"直联村（居）制行动细则》，在全市推开"三官一师"直联村（居）工作。到8月底，全市参加此项工作的"三官一师"共2274人，实现对738个村（居）的全覆盖。

在市、区、镇（街道）的合力推动下，全市深化建设镇（街道）领导干部驻点联系群众制度，推动形成基层治理佛山特色品牌。5月，佛山出台《关于开展机关在职党员进村（社区）报到推动构建"1＋N＋X"区域化党建格局的工作方案》，铺开市直机关在职党员到村（社区）报到工作，实现"1＋N＋X"区域化党建和干部驻点联系制度的上下衔接。8月，市直83个机关单位党组织组建起103个工作团队，与佛山五区109个村（社区）党组织完成结对子。同月，佛山召开全市创新基层治理工作会议，提出要牢固树立"大抓基层"的鲜明导向，以"党建引领"推动基层社会治理转型，逐步构建"一体两翼"①基层治理格局的任务和目标，打响基层治理佛山特色品牌。

---

① "一体两翼"："一体"即狠抓基层组织建设；"两翼"即突出化解社会矛盾和创新基层社会服务。

12月，市委召开2015年度各区区委书记抓基层党建工作述职评议会，把全面从严治党的要求落实到五区，强化区级党委抓基层党组织建设的政治功能和服务功能。其后，佛山每年召开各区区委书记抓基层党建工作述职评议会议，形成常态化、制度化。同时，在市委的推动下，各区也建立健全镇（街道）、村（社区）书记抓基层党建工作述职评议制度，实现抓党建述职评议工作全覆盖。

2016年起，佛山围绕整顿村（社区）软弱涣散党组织、提升基层党组织服务群众能力，为镇（街道）领导干部驻点联系群众制度"打补丁"。1月28日，佛山印发《关于精准认定软弱涣散村（社区）党组织的办法》，以区为单位，按5%—8%的比例排查整顿村（社区）党组织。随后，市、区从严从实排查出村（社区）基层48个软弱涣散党组织，占全市村（社区）党组织总数的6.6%，按照"一村一策"整顿思路，分别选派48名村（社区）第一书记，调整7名软弱涣散党组织书记，推动软弱涣散党组织完成转化提升。4月，佛山印发《关于进一步深化完善镇（街道）领导干部驻点普遍直接联系群众制度的通知》，提出以驻点联系和"三官一师"直联村（社区）双融合为重点，衔接"两代表一委员"和到村（社区）报到的市、区直机关在职党员，以及辖区内的党员企业家等，引导多种力量下沉基层，充实以镇（街道）驻点团队为核心的联系服务群众力量体系，实行市、区、镇、村四级联动，构建以镇（街道）驻点团队为核心的统筹协调机制，创建"一会两清单"（联席会议、资源清单、任务清单）系统解决问题机制平台，实现服务群众全覆盖，全面提升村（社区）党组织服务功能。

同月，佛山召开党的建设暨市区镇领导班子换届工作会议，提出全面深入推进"堡垒型＋服务型"基层党组织建设，以强化党建引领推动基层社会治理创新。一是统筹推进各领域基层党建，狠抓基层党建重点领域和薄弱环节，大力整顿软弱涣散基层党组织。二是积极推进群团组织改革，统筹推进高校、国企、"两新"组织等领域的党建，推动"1＋N＋X"区域化党建扩面提质，包括探索推进党工青妇"四位一体"联动共建，结合国企改革提升党建水平，结合服务民营经济提升非公企业党建水平等，进一步完善社会组织党建工作。三是以"双直联"（驻点联系与"三官一师"双融合）和"1＋N＋X"区域化党建结合，完善资源整合、纵向下沉、精准对接机制，完善基层治理体系。

随后，各区进一步落实镇（街道）党政领导干部直接联系群众制度全覆盖、常态化。至5月底，全市32个镇（街道）625名领导干部分别驻点738个村（社区），实现入户联系全覆盖。6月29日，南海区委召开"两学一做"学习教育暨"书记走基层"党建工作座谈会。会议指出，要进一步加强村（社区）党组织建设，夯实基层党建工作的领导核心；发挥直联统领作用，精准掌握各类群体的服务需求；严格党员教育管理，焕发党员干部干事创业的激情活力；打造有影响力的综合平台，让党建工作得到有力承载，全面开拓南海党建发展的新格局。

（四）直联制进入新阶段（2017年以来）

2017年起，南海的直联制开始了"四化"（网络化、法治化、社会化、精细化）进程。1月中旬，南海区出台《党建引领网格直联推动环境整治建设"家·南海"——南海环境整治十年百万图拍摄对比行动指引》，以绿色发展理念为引领，积极实施"品牌南海"发展战略，吸引社会公众参与环保事业，按照"直联+网格化"的基层治理思路，通过党建引领、网格直联，全面推动环境整治和生态文明建设。6月30日，区委召开"推进'两学一做'、深化驻点联系"推进会暨村（社区）"两委"干部轮训动员会。会议指出，党的工作最坚实的力量支撑在基层，要将"党建引领、网格直联、融和共治家·南海"作为村（社区）党委的工作主线，将全区268个村（社区）建设成为美丽幸福的家·南海。

10月18日，《人民日报》刊发文章《佛山南海区以驻点联系+户联系+网格化完善基层治理——干群沟通无断点、群众诉求零延误》，报道南海区党建引领基层善治，推进和深化"驻点联系+党员户联系+网格化"的探索与成效。

同年7月，佛山召开全市基层治理工作会议，提出坚持以基层党建引领基层治理转型，推动基层治理"三个转变"[①]，实现基层治理向"四化"转型，逐步构建起"一个龙头，四个体系"[②]的新型基层治理体系。随后，佛山印发《关于进一步加强基层治理工作的意见》，提出23条意见，作为指导佛山基层治理转型的纲领性文件。

2018年5月，佛山召开全市乡村振兴工作会议，贯彻中共中央、国务院《关于实施乡村振兴战略的意见》，以"组织振兴"为主线，发布"1+7+X"系列政策文件，包括市委、市政府《关于推进乡村振兴战略的实施意见》1份主文件，以七大突出问题为导向的分类行动方案，以及若干份配套政策文件。会议强调，要全面强化农村基层党组织建设，坚持以党建引领基层治理，全力推动农村基层社会治理体系和治理能力现代化。

---

① "三个转变"：由管理向治理转变，一元向多元转变，传统向现代转变。

② "一个龙头，四个体系"：突出镇（街道）一级的龙头作用，构建科学的组织动员体系、全覆盖的联系服务体系、开放多元的共治体系、法治化的矛盾化解体系。

　　7月，佛山召开全市加强基层党组织建设工作会议，制定出台《佛山市加强党的基层组织建设三年行动计划（2018—2020年）实施方案》等3份文件，围绕加强基层党组织建设提出一系列措施，部署推动全面从严治党向基层延伸。会议强调，要坚持党建引领、"干"字当头，把加强基层党组织建设作为当前的"头号工程"。会议要求各级各部门从全市工作战略和全局的高度，抓紧抓实基层党组织建设。

　　其后，佛山各级进一步深化完善镇（街道）领导干部驻点联系群众制度，并将其纳入基层党建系统的整体建设。2021年1月佛山印发《关于加强党员干部联系服务群众工作的若干措施》，提出12项加强党员干部联系服务群众的措施，包括：建立市领导联系区、镇（街道）、村（社区）制度，建立区领导全覆盖联系村（社区）制度，深化镇（街道）领导干部驻点联系制度，建立健全领导干部接访下访和包案化解制度，建立"大学习、深调研、真落实"常态化制度，建立党支部工作联系点制度，建立机关、企事业单位党组织和党员"双报到"（党组织和在职党员到社区报到）制度，建立党代表和党员人大代表、政协委员联系服务群众制度，健全完善重大事项决策征集群众意见制度，建立健全加强对困难党员群众和弱势群体关爱保护长效机制，做实做

⊃ 2021年6月25日，九江镇举行"轮渡上的党课"启动仪式。（九江镇供图）

细三级党建网格①，建立健全群众诉求服务体系。

2021年5月，市委办公室出台《佛山市加强党的基层组织建设三年行动计划（2021—2023年）实施方案》。2021—2023年，佛山分别以"完善组织体系开启新征程""提升党建引领基层治理效能""高质量党建推动高质量发展"为主题，着力完善联系服务群众工作机制，深化"党建统领·三治融合②"乡村治理体系，完善党建引领的街道社区治理格局；抓党建促乡村振兴，强化党建引领经济社会发展，推动党建引领基层社会治理现代化等。为充分发挥基层党组织战斗堡垒作用，佛山制定出台《关于推进党建引领基层社会治理现代化的实施方案》，推进建设"1＋5＋N"党群服务体系③，通过强组织、稳基层、重引领等举措，探索形成群众诉求网格化工作模式，将基层党组织的政治优势和组织优势成功转化为实实在在的治理效能，获得群众好评。

二、南海推进实施驻点联系制度的主要做法

2014年7月起，南海试点探索实施镇（街道）党委到村（居）驻班制度。同年12月，南海推进党员户联系工作，扩大基层党组织和党员联系群众的深度和广度，让每名党员都联系群众、每名群众都有党员联系。

⮕ 户联系党小组党员与小区群众面对面沟通。（佛山市新闻传媒中心供图）

（一）南海区、镇领导定时定点到村（居）"上班"

南海把驻点联系制度作为开展党的群众路线教育实践活动整改落实、建章立制的重要举措，在省委主要领导"点题"后，迅速于2014年8月出台《关于建立

---

① 三级党建网格：村（社区）党组织、经济社（住宅小区）党支部、户联系党小组。

② "三治融合"：基层社会治理体系中的自治、法治、德治融合。

③ "1＋5＋N"党群服务体系：1个市党群服务中心，5个区党群服务中心和一批镇（街道）、村（社区）、村民小组（经济社）、住宅小区、园区、商圈、楼宇和大型非公企业、大型社会组织等党群服务中心（站）。

镇（街道）领导干部直接联系群众制度的工作意见》。随后，在不到1个月的时间里，南海以镇（街道）领导村（社区）驻班制为主体，向上下两头延伸，推动区一级实施区领导驻点联系、村（社区）一级实施村（社区）干部常驻联系，从而形成覆盖区、镇（街道）、村（社区）三级，更系统、可持续的直接联系群众制度。

按照制度设计，南海区领导每人驻点联系所挂钩镇（街道）的1—2个村（社区），每月到村（社区）驻点开展工作1次；镇（街道）领导班子成员按照"三固定一创新"的要求，到村（社区）开展驻点联系工作，以接访、探访等各种方式直面基层百姓，确保联系群众更直接、常态化。

按照"三固定一创新"的要求，驻班时间固定在每周的星期二；驻班地点可设在村（社区）党代表工作室、社区党群服务中心乃至榕树头、群众家里等；驻班团队成员包括"两代表一委员"、机关工作人员、工青妇等群团组织、党员志愿服务队、企业代表等各类群体；联系群众的方式则包括定点接访、重点约访、带案下访、上门回访、论坛听证等，同时还结合"微访谈"、微信平台等载体，开展线上驻班。一般情况下，"三固定一创新"的信息须提前3个工作日在村（社区）公开栏公布。

（二）搭建区、镇（街道）、村（社区）三级直联体系

在镇（街道）领导村（社区）驻班制的基础上，2014年8月起，南海推行"1+2"模式，即向上下两头延伸，搭建起"区驻点+镇驻班+村常驻"三级直联工作体系。9月2日，南海区委联系社群工作部、南海区各镇（街道）联系社群工作办公室、村（社区）联系社群工作室挂牌成立，标志着南海"区—镇—村"三级党联工作机构初步成形。2015年，南海又建立起以村（社区）为单位，由镇（街道）驻班团队召集，区域内各党组织，驻点的区直部门党组织、群团组织、"两代表一委员""三官一师"等相关主体以及党员群众代表广泛参与的党建暨驻点联系专题联席会议机制。

此外，南海区建立了直联意见处置平台及社情民意数据库，在电子监察系统全覆盖的基础上，在各村（社区）设置指纹报到和视频监管两个系统，形成了对镇（街道）驻班工作的实时检查和实时跟进。从驻班制到直联制，南海区在制度体系上动态完善和深化区、镇（街道）、村（社区）三级干部联系群众的方向和做法，深入巩固党组织在基层的核心领导地位，以此推动基层治理体系重构，走向基层治理现代化。

南海的驻点联系工作处于一个动态的完善过程中，促使区委决策层不断创新问题的解决办法。从"三固定一创新"到"四原则"（更直接、全覆盖、常态化、制度化），再到"双定位"（作为党建战略安排、基层治理抓手），南海的驻点联系制度

⊃ 区镇直联团队开展志愿服务。（佛山市新闻传媒中心供图）

初步形成"以驻点联系加强基层党建、以基层党建深化基层治理、以基层治理引领转型发展"的框架体系。

其后，作为驻点联系制度的重要延伸和补充，南海又率先探索了党员户联系制度，通过全面实施"驻点联系＋党员户联系＋网格化"制度，推动区内党员以户为单位联系居民家庭户、非户籍家庭户、工商企业户和各类社会组织，目标是充分发挥党员骨干的先锋模范作用，让每名党员都联系群众、每名群众均有党员联系着，从而实现全区7万名党员对300万常住人口的深入联系。

（三）重点落实驻班制，把矛盾化解在基层

基层矛盾能否及时化解，很大程度上影响执政稳定。驻班制在深化提升以往挂钩制度的基础上，明确要求镇（街道）领导每人固定挂钩1—2个村（社区），定期驻点上班、现场办公，听取群众意见、解决群众诉求、办好民生实事，着力把矛盾化解在基层。驻班时间具体视村（社区）实际情况定为每周半天或每两周半天（统一安排在星期二下午）。除急难险重情况外，镇（街道）原则上不得在该时段安排会议。

同时，驻班制要求驻班领导采取定点接访、重点约访、带案下访、上门回访等多种方式，"面对面、背靠背"多方征求群众意见和建议，明确驻班领导"谁承办、

谁负责"的原则，对群众提出的具体问题，能够解决的要抓紧解决。从而引导群众依法有序反映问题，确保把矛盾和问题化解在基层，所在村（社区）无越级上访、集体上访。

为了防止形式主义，驻班制要求镇（街道）领导班子成员亲自制定村（社区）驻班制年度工作计划，带头示范和推动落实。南海要求各镇（街道）每年6月中旬制定具体实施方案，确保驻班制工作在6月底前全面推行。南海区部分镇（街道）也制定相关的制度加以落实。如狮山镇把驻点挂钩（驻班）工作成效（帮扶了什么事情、帮扶多少群众、解决了什么问题等）作为考核班子成员和镇各部门的内容。

（四）织密三级党建网格，推动基层善治

2019年6月19日，南海出台《关于织密三级党建网格、创新新时代联系群众工作的工作方案》，提出按照"居住相邻、从业相近、便于管理、注重实效"的思路，组织党员以党小组为单元、以户为单位常态化、制度化联系服务群众，目标是通过织密三级党建网格、创新新时代联系群众工作，做到每名党员都联系群众、每名群众都有党员联系着，做到群众在网格内联系、意见在网格内收集、情况在网格内掌握，切实强化党对基层各类组织和一切工作的领导，实现"党建引领·一呼百应"。

根据工作方案，南海坚持"组织建在网格上、党员融入群众中"。行政村（社区）作为第一层网格，依据在册党员人数升格为党委或党总支，领导统筹网格内党的建设和基层治理。村民小组（经济社）作为第二层网格设置党支部，重在加强党员教育管理、监督同级集体经济组织运作，共组建1748个网格党支部、覆盖2081个村民小组（经济社）。村民小组（经济社）下再设置第三层网格，以党员村民居住分布、生产生活传统为依据划分并设置党小组，重在直接联系服务群众，共建成5156个网格党小组，平均每个党小组有党员8.5名、联系服务群众233户（含非户籍），形成以村级党组织为领导核心、村民小组（自然村）党支部为战斗堡垒、党小组为"神经末梢"、党员为"根系"的引领乡村治理主干体系。

南海设立三级党建网格，以党小组为单元，利于凸显党员职责和身份，善于发挥党员能力特长，便于增进群众感情，既克服了个体党员力量有限的问题，又避免了一些党员成为"沉默者或旁观者"，让党员在乡村治理中切实发挥先锋模范作用[1]。南海织密三级党建网格的做法和经验，于2019年6月入选中组部、中央农办评定的首批全国

---

[1] 吴春燕：《广东佛山南海区：织密党建网格引领乡村善治》，载于《光明日报》2019年7月2日4版。

乡村治理典型案例，同年12月被省委组织部纳入《广东省贯彻中国共产党农村基层工作条例的若干举措》，在全省予以推广，发挥了重要的示范效应。

2020年2月8日，南海出台《关于进一步强化三级党建网格作用发挥打赢疫情防控阻击战的工作指引》，在疫情防控中全面夯实三级党建网格，锻造全面进步全面过硬基层党组织，推动形成党建服务网格化、规范化、制度化治理格局。4月9日，南海发出《关于进一步深化三级党建网格建设、推动城乡融合发展改革创新实验区建设的通知》，进一步深化建设"简便务实管用"的村（社区）三级党建网格，推动广东省城乡融合发展改革创新实验区建设。该通知要求各村（社区）党组织按照"全编全进"的原则，将第1、2类人员（网格党员、非网格党员），以及村（社区）"两委一社"干部和其他工作人员全部编入户联系党小组；同时，按照"能编能进"的原则，第3、4类人员（网格志愿者、网格其他工作力量）尽量编入户联系党小组，建强网格队伍，围绕城乡融合发展改革创新实验区建设、村级工业园改造等重点开展工作，引领乡村善治。

三、南海实施直联制的成效

在新时代推动全面从严治党向基层延伸的过程中，南海不断深化完善"驻点联系＋户联系＋网格化"制度，与党建引领基层治理工作相结合，与基层网格化治理、整顿软弱涣散村（社区）党组织相结合，巩固了党组织在基层的执政基础，提升了基层党组织服务群众的能力，推动了基层善治。

（一）强化了主业意识，形成了"党建引领、网格直联"基层治理格局

南海通过全面实施"驻点联系＋户联系＋网格化"，将基层党建和基层治理统筹谋划、同步推进，使党在基层的领导核心地位更加巩固，基层善治水平不断提升。全面实施镇（街道）领导干部直接联系群众制度后，2016年，南海又建立健全镇（街道）、村（社区）书记抓基层党建工作述职评议制度，将抓党建述职评议工作覆盖全部村（社区）书记，把抓好党建作为最大的政绩，使基层党组织的党建主业意识有了很大提升。随着各镇（街道）、各单位不断加大党建工作力度，有意识地推进党建工作和中心工作的紧密结合，党建引领作用明显增强。

（二）深化了驻点联系，解决了联系、服务群众的"最后一公里"问题

直联制创新了群众工作模式，把"送上门"变为"走下去"，不仅改进了领导干部作风，密切了党群干群关系，促进了基层和谐稳定，更引领和推动了村（社区）经济社会的转型升级。开展驻点联系工作以来，南海坚持"更直接、全覆盖、常态化、制度化"，围绕夯实基层党建、引领村（社区）综合转型升级的双重定位，不断巩固党在基层的领导核心地位，促进基层稳定发展。在驻点联系工作进入常态化的形势下，南海落实三级党委责任，完善专题会议研究制度，推进处理流程规范化、标准化，解决问题高效化。区委每月、镇（街道）每1—2周、村（社区）每周召开班子会议，专题研究驻点联系工作，重点研究解决群众关心关注的突出问题，从而实现了驻点联系相关问题收集、转交办理、跟踪反馈等电子数据的整合联通，让基层的诉求得到充分表达和传递，并通过对话协商等机制，让问题得到妥善解决。

截至2016年6月，南海区249个村（社区）和外来人口集中区域共建立266个驻点，开展驻点97期，直接联系群众677622人次，收到问题11958条，解决问题10968条。开展驻点联系工作以来，南海各类越级上访数量大幅下降。

● 2021年10月，里水镇海南洲社区悦园小区党支部联合物业、业主代表等开展融和圆桌议事会表决通过小区事项。（佛山市委组织部供图）

（三）经验推广到全省，实现党员干部联系群众全覆盖、常态化、制度化

2014年10月起，广东下发《关于建立乡镇（街道）领导干部驻点普遍直接联系群众制度的意见》，推广南海试点经验，在全省范围内推行驻点联系制度，近2万名乡镇（街道）领导干部组团驻村直接联系群众，推动直接联系群众全覆盖、常态化、制度化。

领导干部驻点办公，直面群众需求，使基层党群关系更加和谐。在九江镇的古村烟南，榕树头下听民意解民困已成为九江的党建品牌。而烟南村也成为该镇率先开展户联系全覆盖的试点。在丹灶镇罗行社区，聚焦当地老旧街道小贩占地经营、拥堵严重等问题，驻点团队开展了实地走访，所制定的"党群共建示范路——罗行社区鼎安路整治提升计划"获得了区镇两级政府20万元财政支持。在桂城的平东社区，驻点团队针对当地的玉器产业发展困境，联系相关部门开展了深入调研，制定了玉器产业发展的方向和远期规划，引导玉器产业逐步实现从单一经营向多元化方向发展。每逢星期二，里水镇党委书记都在文教村办公，既可以帮村民解决一些实际问题，也可以更多地给村民解释法规政策，听听村民发牢骚。

（四）提升了群众满意度，推动了基层善治

南海通过加强基层党建创新，以"党建引领、网格直联"思路，全方位推进党建引领工作，有力推动了经济社会全面发展；在解决群众切身利益问题上做了大量工作，使群众满意度不断提升。在党建引领下，南海基层善治水平不断提升。地跨广佛路的沥南社区辖区面积大，流动人口多，治安形势一直不太乐观。南海通过强化党建对其进行精准整顿，一方面依托驻点联系团队，建立整顿工作组，提升社区党组织的凝聚力和战斗力；另一方面，推进社区治理网格化工作，将公安、安监、城管、消防、卫生等部门管理资源和力量引入村（社区），由村（社区）党组织统筹领导，实现了巡查全覆盖、处置更快捷、联动更高效。2016年，沥南社区的案发数量同比下降42.5%。

四、南海探索实施直联制的经验启示

在省委、市委的部署推动下，南海试点探索直联制目标明确、推进有力、成效突出，为落实新时代党的建设总要求、努力把各级党组织锻造得更加坚强有力、推进基

层治理现代化提供了宝贵的经验和启示。

（一）党的宗旨必然要求领导干部密切联系群众

党的宗旨是全心全意为人民服务。镇（街道）领导干部驻点普遍直接联系群众、服务群众，做法的关键是固定联系的人员、时间、地点，规范联系的任务，建立运作、登记、评价机制，保证联系工作规范有序。驻点联系的日常工作主要有四项。一是向群众宣传党的路线方针政策，帮助群众领会党委、政府的决策部署精神，指导、引导村（社区）和群众开展工作；二是全面掌握所驻村（社区）群众的基本情况和生产生活信息；三是广泛听取群众的意见，沟通思想，增进理解，形成和谐融洽的党群干群关系；四是对群众反映的问题，能够现场解决的就现场解决，不能现场解决的报请有关部门按程序办理。只有党员干部真正将群众关心的问题放在了心上、落到了实处，群众对党委、政府的满意度才会越来越高。

（二）直联制应有保障机制

建立直联制的保障机制，主要体现在责任到位、资金到位、统筹到位、考评到位"四个到位"。只有强化保障作用，才能开创"最直接、全覆盖、常态化、制度化"的驻点联系工作新局面。其中，在资金上，把驻点联系工作专项经费列入区、镇（街道）两级财政预算，并积极引导社会公益资源参与，进一步建立健全以村（社区）为单位、财政投入为主、鼓励社会资金多渠道参与的经费保障机制。在考评上，南海的试点探索，为广东其他地区密切联系群众、加强基层治理提供了好办法、好经验，并形成了一套联系群众的机制。从南海的实践来看，这种做法能够持久并取得实效，很大程度在于加强考核。正因为如此，广东省在推广南海经验时，就把加强干部考核作为一项重要内容。

（三）重心下沉已成为基层治理的必然趋势

城市化进程产生很多新社区（包括城市社区和农村社区）。随之而来的，是社区内迅速增加的新面孔——除了以前的村民，还有来自其他地区甚至其他国家的外来人口，比例越来越高，有的社区甚至被民间称为"联合国社区"。佛山很多村（社区），户籍常住人口少于非户籍常住人口，其中在东部地区有大量的"广佛候鸟"。复杂的人口结构和巨大的文化差异，给社区工作人员带来了数不清的治理难题。大量涌入的外来人口，打破了原有的基层治理结构。如何构建与新形势相适应的基层治理新秩序，不仅是南海的问题，也是整个珠三角地区乃至全国经济发达地区共同面临的问题。选择南海作为试点，一是说明"老方法"适应不了"新情况"；二是说明党群联系沟通还不够，解决实际问题的能力还不够；三是说明基层发挥党员的先锋模范作用发挥得还不够。过去基层党组织和政府做了不少工作，然而群众不一定买账，究其原因，就是许多干部下基层少，接触基层不够，接地气不够，因而无法完整、准确地对社情民意进行分析研判，对基层群众的真实诉求把握不准。有的社区虽有上百名党员甚至有上千名党员志愿者，然而面对广大人民群众的需求和矛盾，仅靠干部队伍还远远不够。因此，除了机关干部之外，南海还把各级党代表、"三官一师"等各种力量整合起来，推动更多力量下沉基层。"驻点联系"不是简单地为联系而联系，而是出于增进党群感情、解决群众实际问题的目的，真正实现基层党组织与群众的"供需对接"。南海探索的"驻点联系＋户联系＋网格化"做法，推动了党员干部工作重心下移、作风转变、能力提升。

（四）直联制是推动基层善治的重要路径

在直联制及团队成员的推动下，南海区各村（社区）的组织动员、公共服务、多元共治、矛盾化解、转型发展机制建立起来，群众对基层党组织的认同感不断增强，非户籍人口的归属感也不断增强，形成"党建引领、网格直联、融和共治家·南海"的局面，推动了基层善治。直联制能否有效推行，除了要有科学的制度设计，还在于是否有强化的责任保障。一是强化镇（街道）的主体责任，镇（街道）党（工）委主要领导是第一责任人。二是强化村（社区）的承接责任，包括事前收集情况、事中主动配合、事后跟踪落实。三是强化市、县（市、区）的督导责任，包括督查、暗访执行落实情况，做好驻点联系情况的考评工作等，为防止形式主义架起一根高压线。

附录 | Appendix
总目录

卷一

产业经济

佛山乡镇企业繁荣发展之路 / 002

"南海模式""顺德模式"的形成和发展 / 020

专业镇和专业市场的兴起和发展 / 036

传统产业的崛起及转型升级之路 / 055

佛山国有企业产权制度改革 / 072

佛山现代企业制度的建立与发展 / 088

信息化建设走在全国前列 / 104

金融、科技、产业融合创新探索 / 121

佛山打造"中国品牌之都"的实践探索 / 141

制造业转型升级综合改革的佛山示范 / 161

"佛山标准"打造中国制造品质标杆 / 180

走在前的佛山氢能产业发展 / 197

卷二

城乡融合

佛山行政区划和中心城区规划发展历程 / 002

以土地为中心的农村股份合作制改革 / 021

农村综合改革为全国探路 / 040

城市环境综合整治的佛山经验 / 059

"三旧"改造开创"佛山模式" / 077

广佛同城化发展历程、成果及启示 / C98

农村"三块地"改革激发土地新活力 / 117

广东城乡融合发展改革创新实验区的建设实践 / 132

商贸流通

"以桥养桥、以路养路"投融资模式创新 / 152

率先取消购物票证和首创开架式销售 / 167

对外开放

改革开放初期佛山引进外资的作用和影响 / 180

佛山外向型经济发展的历程与启示 / 197

佛山企业"走出去"的探索与经验 / 217

卷三

社会事业

全省农村精神文明建设学南海 / 002

率先探索社会保险一体化 / 018

改革大潮中的佛山文化建设 / 032

"科教兴市"战略的实践 / 053

持续擦亮卫生城市"国字号"招牌 / 073

创建全国文明城市的历程和经验 / 090

"智慧安全佛山" / 109

政务服务

佛山推进行政审批制度改革的创新实践 / 126

顺德综合改革试验为全省全国探路 / 141

大部制改革的顺德样本 / 159

"简政强镇"事权改革的探索与经验 / 174

"一门式一网式"改革成为全国示范 / 189

持续优化营商环境的改革之路 / 204

党的建设

构建大党建工作格局的佛山探索实践 / 222

率先探索驻点联系制度创新基层治理 / 239

后 记

Afterword

　　面朝大海，春暖花开。佛山是改革开放的前沿阵地，改革开放给佛山带来了天翻地覆的变化。改革开放40多年来，佛山人民在党的领导下勇于改革、大胆创新，形成了大量具有鲜明时代特色的改革样本和实践经验。

　　为记录这段光辉历史，总结提炼改革创新历史经验，进一步激励佛山人民坚定历史自信、增强历史主动，加快推动改革开放史研究事业繁荣发展，更好地服务佛山市委、市政府工作大局，中共佛山市委党史研究室联合佛山市档案馆、佛山市人民政府地方志办公室、佛山市新闻传媒中心开展佛山改革创新实践研究，并将研究成果编著成《敢为人先立潮头——佛山改革创新实践研究》，为探索新时代佛山改革开放的实践路径提供借鉴和启示。

　　本书成稿后，广泛征求意见，并组织召开专家评审会，根据各方反馈意见加以修改完善，数易其稿。在编写过程中，得到了广东省委党史研究室、广东省社会科学院、佛山市委组织部、佛山市委政策研究室、佛山市委党校、佛山市发展和改革局、佛山大学等单位和部门的大力支持，王莹、邢益海、蒙荫莉、戢斗勇、张帆、牛麒麟、张磊等专家开展了深入细致的评审，提出了客观具体的指导意见。同时，还参阅了其他一些单位和部门以及研究者的资料汇编或研究成果，也吸收了许多专家学者的真知灼见，在此一并表示感谢。

　　实践发展永无止境，改革创新永无止境，对改革创新经验的总结和提炼未有穷期。作为历史经验总结的一种创新实践，希望本书能够成为读者认识佛山、了解佛山，读懂中国改革开放基层实践的重要窗口和宝贵资料。未来，我们还将继续开展佛山改革创新实践的研究与整理工作，不断挖掘、总结、提炼改革创新的"佛山经验"。相信在共同努力下，佛山改革开放史一定能像改革开放一样，"没有完成时，只有进行时"，不断取得丰硕成果。

　　由于编者水平、经验、思考和研究有限，本书存在不少粗浅、疏漏和不当之处，敬请广大读者批评指正。

本书编委会

2024年12月